기업회계

2·3급 | 한권으로 끝내기

끝까지 책임진다! 시대에듀!

QR코드를 통해 도서 출간 이후 발견된 오류나 개정법령, 변경된 시험 정보, 최신기출문제, 도서 업데이트 자료 등이 있는지 확인해 보세요!
시대에듀 합격 스마트 앱을 통해서도 알려 드리고 있으니 구글 플레이나 앱 스토어에서 다운받아 사용하세요.
또한, 파본 도서인 경우에는 구입하신 곳에서 교환해 드립니다.

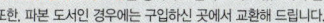

편집진행 김준일 · 백한강 · 권민협　|　**표지디자인** 김도연　|　**본문디자인** 김기화 · 고현준

Profile

| 김경태 세무사

[자격 및 경력]

- 한양대학교(경영/관광) 졸업
- 세무법인위드 광명점 대표 세무사
- CFP®(국제공인재무설계사)
- 경영지도사(재무관리)
- 서울지방세무사회 세무조정감리위원
- 조세연구학회 정진포럼 정회원
- 조세혁신위원회 정회원
- 한국FP협회(KFPA) 정회원
- 중소기업 전문 경영컨설팅사업부 운영
- MetLife생명 VIP전문 세무(동행)상담
- 한국정책방송원KTV '청년창업시대' 세무자문 출연
- 월간 닥터스 비즈니스리뷰 'GAEWON' 세무칼럼 연재
- 송파구사회적경제센터 프로보노(전문상담/강의)

[저서]

- 기업회계, 세무회계, 회계관리 1급, 재경관리사[시대에듀]

기업회계는 그 특성상 복잡하고 방대한 이론과 회계기준 용어의 지나친 전문성 등으로 인해 회계를 처음 접하는 입문자들에게는 다른 나라 언어로 보일만큼 어렵게 느껴지는 과목이다. 이에 기존의 학습서에서 탈피하여 입문자들도 본서를 통해 쉽게 학습할 수 있도록 이론을 풀어 최대한 단순하게 설명하고 중요 부분은 사례를 통해 이론을 문제에 적용하는 과정 속에서 회계의 기본 원리를 자연스럽게 습득하도록 집필하였다. 또한, 지나치게 이론적이거나 실무에서 접하기 어려운 부분 등의 지엽적 내용들은 과감히 삭제하여 현행 시험의 기출문제와 난이도에 맞는 범위 내에서 단권화할 수 있게 하여 짧은 시간 안에 소기의 성과를 달성할 수 있도록 눈높이 집필에 역점을 두었다.

본서는 다음과 같은 특징을 갖고 집필하였다.

첫째, 기출문제를 철저히 분석하여 집필하였다.

최근 3~4년간 출제된 기업회계의 기출문제를 모두 담았으며 일부 기출문제는 현행 기업회계기준에 부합하도록 수정·보완하였다. 대부분 이런 종류의 검정시험이 문제 은행식으로 출제되는 점을 감안하여 챕터별로 '기출문제'를 완벽히 수록하여 즉시적인 이론내용의 확인과 점검이 가능하도록 했으며, 최근 기출문제는 따로 편집하여 실제시험 분위기를 체험하며 시험에 대비하도록 구성하였다.

둘째, 기업회계 2급을 본서로 준비하는 가운데 자연스럽게 3급까지도 커버할 수 있게 구성하여 효율적인 수험준비를 할 수 있게 하였다.

바라건대 본 교재가 기업회계를 통해 회계전문가로 한걸음 나아가려는 수험생들에게 작게나마 밑거름이 되어 훗날 성공의 자리에서 좋은 추억거리로 기억되길 기원한다. 저자의 부족함으로 인해 최선을 다하였지만 본서에 대한 두려운 마음 다스릴 길 없다. 독자제위의 충고와 질책을 겸허히 수용할 것이며, 앞으로도 부족한 부분은 계속해서 연구하여 보완해 나갈 것을 약속한다.

끝으로 본 교재의 출간을 지원해주시고 집필기간 내내 후원해주신 시대에듀 이해욱 전무이사 님께 머리 숙여 감사를 드리며, 긴 시간동안 부족한 저자를 위해 고통스런 편집 작업에 함께 해주신 편집부 관계자분들께 감사를 전한다. 아울러 집필기간 동안 많은 시간 함께 해주지 못한 가족들과 세무법인 위드 임직원들께 감사의 마음을 전한다.

연구실에서 저자 올림

자격시험 안내

◤ 개 요

재무회계와 원가회계 등 기업회계의 이론과 실무에 관한 자격시험을 시행하여 그 능력을 객관화된 등급으로 인증함으로써, 회계 관련 교육방향을 제시하고 평생학습과 취업기회를 확대하며, 전산회계처리능력과 더불어 기업에서 필요로 하는 체계적이고 수준있는 지식을 겸비한 전문인력을 양성하여 산업계의 요구에 부응하면서 국가발전에 기여하고자 함

◤ 응시자격 및 시험과목

종 목	응시자격	시험과목
기업회계 2급	연령, 학력, 경력 제한 없음	재무회계, 원가회계
기업회계 3급		회계원리

◤ 시험시간 및 일정

종 목	시험시간	시험일정
기업회계 2급	80분	연 6회 실시
기업회계 3급	60분	(2월, 4월, 6월, 8월, 10월, 12월)

※ 시험일정은 시행처의 사정에 따라 변동될 수 있습니다. 자세한 정보는 한국세무사회 국가공인자격시험 홈페이지(license.kacpta.or.kr)로 접속하여 확인하여 주십시오.

◤ 원서접수 및 응시료

접수기간	각 회별 원서접수 기간 내에 접수
응시료	25,000원
접수방법	한국세무사회 국가공인자격시험 홈페이지(license.kacpta.or.kr)로 접속하여 단체 및 개인별 접수 (회원가입 및 본인사진등록 필수)
주의사항	접수 마지막 날은 18:00에 마감하며, 신분증 미소지자는 응시가 불가함

◤ 시험장소

서울, 부산, 대구, 광주, 대전, 인천, 울산, 강릉, 춘천, 원주, 안양, 안산, 수원, 평택, 성남, 고양, 의정부, 청주, 충주, 제천, 천안, 당진, 포항, 경주, 구미, 안동, 창원, 김해, 진주, 전주, 익산, 순천, 목포, 제주

※ 상기지역은 상설시험장이 설치된 지역이나 응시인원이 일정 인원에 미달할 때는 인근지역을 통합하여 실시함

◤ 검정기준

기업회계 2급	재무회계와 원가회계에 관한 지식을 갖추어 대기업 또는 중소기업의 회계실무자로서 회계전반에 관한 업무를 수행할 수 있는 능력을 평가함
기업회계 3급	회계원리에 관한 지식을 갖추고 기업체 등의 회계담당자로서 회계업무를 처리할 수 있는 능력을 평가함

◤ 평가방법 및 합격기준

종 목	시험과목	평가방법	합격기준
기업회계 2급	재무회계	25문항 객관식 4지선다형	합산평균 70점 이상
	원가회계	25문항 객관식 4지선다형	
기업회계 3급	회계원리	40문항 객관식 4지선다형	70점 이상

◤ 평가범위

기업회계 2급		기업회계 3급
재무회계	원가회계	회계원리
회계의 기초	원가의 개념	회계의 기초
금융자산의 회계처리	원가의 흐름과 요소별 원가계산	금융자산의 회계처리
재고자산의 회계처리	부문별 원가계산	재고자산의 회계처리
비유동자산의 회계처리	개별원가계산	비유동자산의 회계처리
부채의 회계처리	종합원가계산	부채의 회계처리
자본의 회계처리	원가정보활용	자본의 회계처리
수익과 비용의 회계처리		수익과 비용의 회계처리
결산과 재무제표		결산과 재무제표

◤ 합격자 발표

해당 회차별 발표일에 한국세무사회 국가공인자격시험 홈페이지를 통해 발표

◤ 자격증 신청

한국세무사회 국가공인자격시험 홈페이지(license.kacpta.or.kr) → [자격증] 메뉴에서 신청가능

범위별 출제 포인트

◥ **2급 재무회계**

회계의 기초	회계의 기본원리
	회계의 일반원칙과 회계공준
	기업의 재무상태와 경영성과
	거 래
	계정기입 방법
	분개와 전기
	결산(회계의 순환과정)
	전표의 기입(매입전표, 매출전표)
	전표별 금액의 계산과 분개
	일계표(전표집계표)의 작성
금융자산의 회계처리	현금및현금성자산의 회계처리
	단기금융상품과 단기매매증권의 회계처리
	매출채권의 회계처리
	기타채권의 회계처리
재고자산의 회계처리	상기업의 재고자산
	제조업의 재고자산
	서비스업의 재고자산
	상품 매입과 매출에 대한 부가가치세의 회계처리
	재고자산의 평가방법(선입선출법, 후입선출법, 평균법)
	매입할인과 매출할인
비유동자산의 회계처리	유형자산의 취득, 관리와 처분(자본적 지출과 수익적 지출)
	유형자산의 감가상각
	무형자산의 취득과 상각
	투자자산의 개념과 종류
	기타비유동자산의 개념과 종류
부채의 회계처리	유동부채의 개념과 종류
	비유동부채의 개념과 종류(사채발행, 이자지급, 상환)
자본의 회계처리	주식회사의 자본(자본금, 자본잉여금, 이익잉여금, 자본조정, 기타포괄손익누계액)
수익과 비용의 회계처리	수익과 비용의 개념과 종류
	수익과 비용의 대응
	매출액과 매출원가
	판매비와관리비
	영업외수익과 영업외비용
	중단사업손익
	법인세비용
결산과 재무제표	결산(시산표와 정산표의 작성, 오류수정, 자산에 관한 결산정리, 손익에 관한 결산정리)
	총계정원장의 마감
	재무상태표의 작성
	손익계산서의 작성
	이익잉여금처분계산서의 작성
	결손금처리계산서의 작성

◥ 2급 원가회계

원가의 개념	원가의 개념과 종류
	원가의 분류와 구성
	원가계산의 종류
원가의 흐름과 요소별 원가계산	원가의 흐름과 기장
	제조기업의 결산
	제조원가명세서와 재무제표
	재료비, 노무비, 제조경비, 제조간접비의 배부
부문별 원가계산	부문별 원가계산의 기초
	부문별 원가계산의 절차
개별원가계산	개별원가계산의 기초
	개별원가계산의 절차와 방법
종합원가계산	종합원가계산의 절차
	종합원가계산의 종류(단일종합원가계산, 공정별종합원가계산, 조별종합원가계산, 연산품원가계산, 등급별종합원가계산)
원가정보활용	표준원가계산

◥ 3급 회계원리

회계의 기초	회계의 기본원리
	기업의 재무상태와 경영성과
	거 래
	계정기입 방법
	분개와 전기
	결산(회계의 순환과정)
	전표의 기입(입금전표, 출금전표, 대체전표)
	전표별 금액의 계산과 분개
금융자산의 회계처리	현금및현금성자산
	단기금융상품과 단기매매증권
	매출채권과 기타의 채권
재고자산의 회계처리	상기업 · 제조업의 재고자산
	매입장과 매출장
	재고자산의 평가방법(선입선출법, 후입선출법, 평균법)
비유동자산의 회계처리	유형자산의 취득 · 관리와 처분
	유형자산의 감가상각(정액법, 정률법)
	무형자산의 개념과 종류
	투자자산의 개념과 종류
	기타비유동자산의 개념과 종류
부채의 회계처리	유동부채의 개념과 종류
	비유동부채의 개념과 종류
자본의 회계처리	개인기업의 자본금(인출금)
	주식회사의 자본
수익과 비용의 회계처리	매출액과 매출원가
	판매비와관리비
	영업외수익과 영업외비용
	중단사업손익
	법인세비용
결산과 재무제표	결 산
	총계정원장의 마감
	재무상태표의 작성
	손익계산서의 작성

hoa 200% 활용법

핵심이 압축된 이론, 하나도 놓치지 마라.

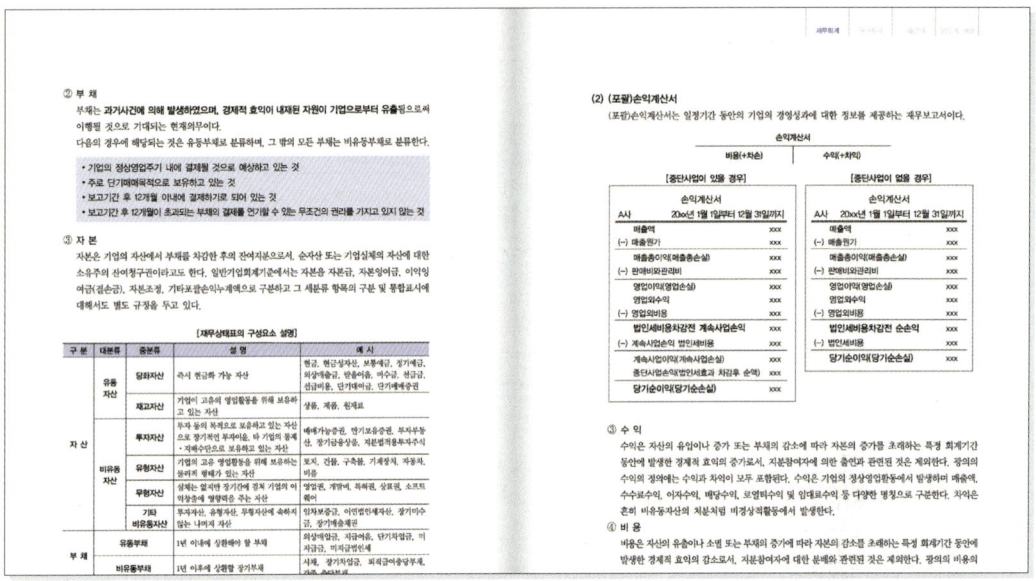

▶ 시험에 나오는 핵심이론만을 응축하여 한눈에 들어오도록 구성하였습니다. 수록된 이론 하나, 하나가 시험문제와 연결되어 있음을 기억하며 확실하게 학습하시기 바랍니다.

단원별 기출문제를 활용하라.

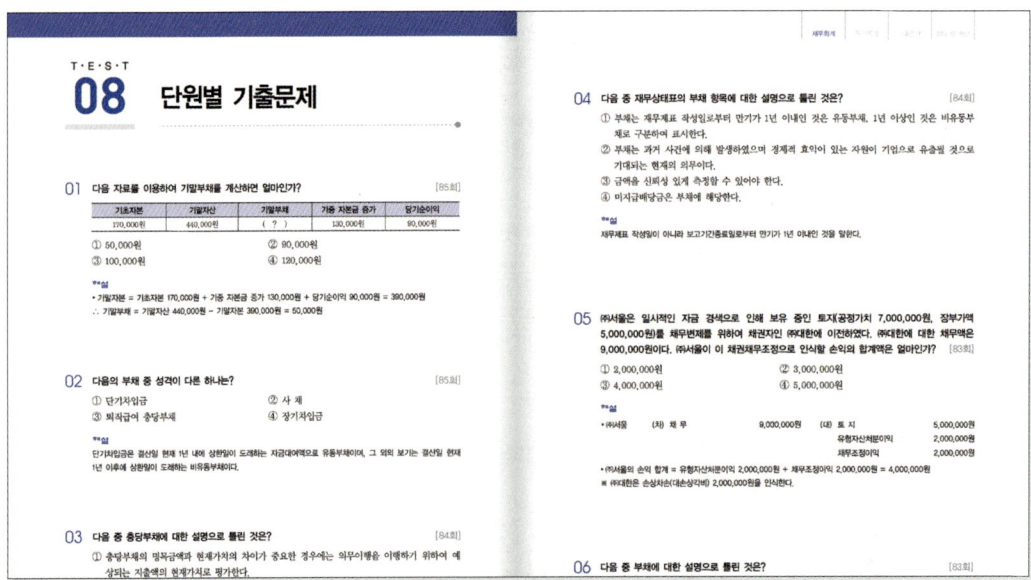

▶ 단원별 기출문제는 실제 시험에 출제된 기출문제들 중 중요유형을 엄선한 후 단원별로 분류하여 수록한 문제들입니다. 해당 문제들을 통해 단원별 기출유형을 정확하게 파악하시기 바랍니다.

예제, 더 알아두기, TIP을 활용하라.

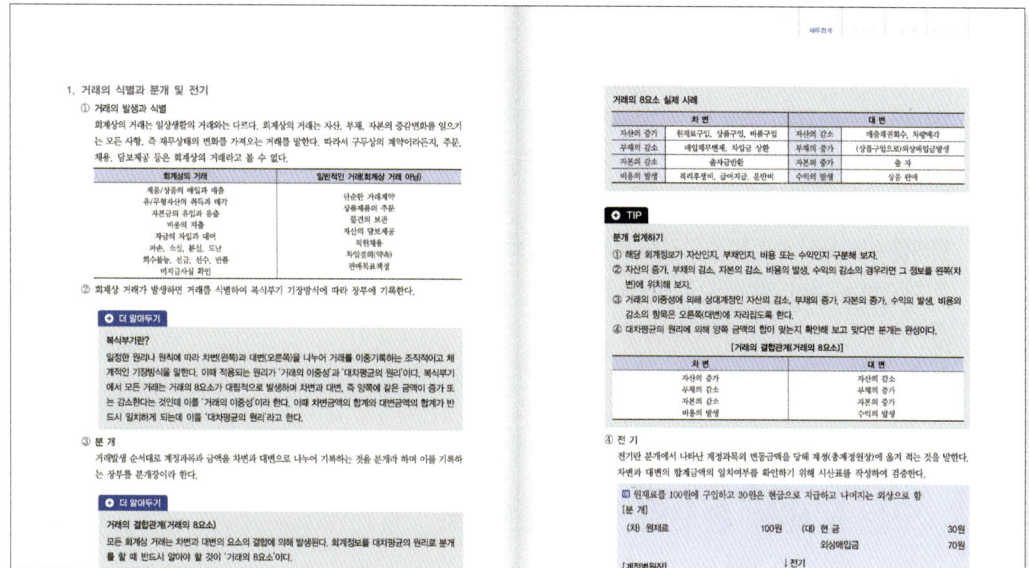

▶ 정확한 이론의 이해를 위해 예제는 반드시 직접 풀어보시길 당부드리며, 어려운 용어와 개념은 더 알아두기를 통해 학습하시고, TIP을 활용하여 핵심이론을 쉽게 정리하시길 바랍니다.

최근 기출문제는 실전처럼 풀어라.

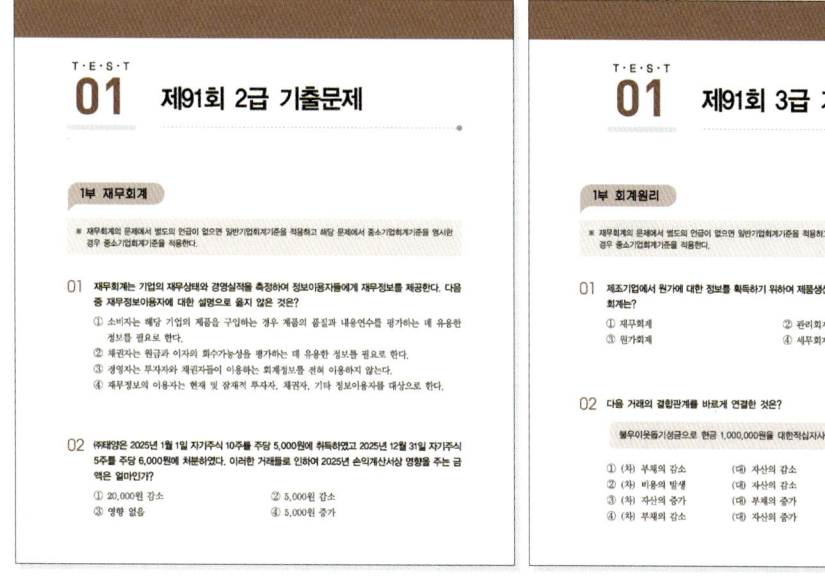

▶ 현재 학습정도를 정확하게 파악할 수 있도록 최근 기출문제는 실제 시험과 동일한 환경에서 풀이하시길 바라며 틀린 문제는 꼭 오답노트에 정리한 후 반복하여 풀이하시길 바랍니다.

단기합격 필살전략

1 용어에 익숙해져라.

영업손익, 금융원가, 선일자수표, 미성공사 등 기본적 회계 지식을 갖춘 수험생들이 보기에도 생소한 용어들이 넘쳐나는 것이 기업회계입니다. 이러한 회계기준 용어의 지나친 전문성을 해소하는 방법은 용어에 익숙해지는 것입니다. 익숙해지라는 것은 용어를 전문적으로 정확하게 아는 것과는 다릅니다. 물론 전문성 있게 파악하셨다면 좋겠지만 시험문제가 전부 객관식 4지선다형의 문제이므로 그 용어가 어떠한 의미이고 유사한 용어가 무엇인지 정도, 즉, 보면 이해되는 정도로 익숙해지길 권합니다. 회계의 원리를 이해하신 수험생은 이것을 위해 우선 전체적으로 도서를 1회독하여 자신의 회계지식과 비교한 후 학습하는 것이 전략적으로 좋습니다.

2 모든 문제는 손으로 직접 풀어라.

회계 문제는 손으로 직접 풀이하여야 합니다. 머리론 핵심이론을 이해하고 있어도 실제 시험장에서는 당황하거나 시간이 부족하여 풀이가 이루어지지 않는 경우가 많습니다. 이러한 상황을 방지하기 위해서는 많은 문제를 손으로 직접 풀어보는 방법뿐이 없습니다. 본서는 급수별 최신 기출문제 6회분씩을 실제 시험과 동일하게 풀이할 수 있도록 제공할 뿐 아니라 2~4년 전 기출된 문제를 단원별 연습문제로 수록하고 있어 문제은행 방식에 최적화되어 있습니다. 본서에 수록된 문제들을 직접 풀고 연습하시어 실제 시험에 대비하시길 바랍니다.

3 전략을 가지고 시험에 임하라.

학습에는 정도가 왕도지만 합격에는 전략이 첩경입니다. 그러므로 시험 자체를 분석하여 전략을 수립할 필요가 있습니다. 기업회계는 합산점수 평균 70점을 합격점으로 합니다. 즉, 재무 70점, 원가 70점이나 재무 96점, 원가 44점이나 다 같은 합격입니다. 기본 전략으로 재무와 원가를 아울러서 계산이 필요 없는 단순 이론문제를 먼저 빠르게 푼 다음 계산문제(재무가 자신 있는 분은 재무를, 원가가 자신 있는 분은 원가)를 풀길 권하며 풀이의 소요시간이 길거나 명확하지 않은 것은 후순위로 미루는 것을 권합니다. 이러한 전략적 스킵(Skip)을 위해 자신이 이해한 부분과 취약한 부분이 무엇인지를 인지하고 있어야 하며 이론학습에서도 자신이 있는 부분에 집중하기보다는 잘 모르지만 간단한 부분에 시간을 투자하여 점수 상승의 폭을 크게 가져가는 것이 필요합니다.

초단기 버닝 플랜 3주 완성

구 분	기 간	일 정
정 독	1일	재무회계 1장 ~ 13장 이론부분 : 자신의 회계지식과 비교, 흐름 파악
재무회계	2일	1장 재무회계이론과 재무제표 ~ 2장 현금및현금성자산
	3일	3장 매출채권과 기타 수취채권 ~ 4장 재고자산
	4일	5장 유형자산
	5일	6장 무형자산 ~ 7장 금융자산(금융부채)과 유가증권
	6일	8장 부채 ~ 9장 사채와 채무증권
	7일	10장 자본 ~ 11장 수익과 비용
	8일	12장 회계변경과 오류수정 ~ 13장 중소기업회계기준 개괄
	9일	재무회계 단원별 연습문제 오답 정리(관련 이론 복습)
정 독	10일	원가회계 1장 ~ 6장 이론부분 : 자신의 회계지식과 비교, 흐름 파악
원가회계	11일	1장 원가회계의 개념
	12일	2장 원가배분과 부문별 원가계산 ~ 3장 개별원가계산
	13일	4장 종합원가계산 ~ 6장 표준원가
	14일	원가회계 단원별 연습문제 오답 정리(관련 이론 복습)
문제풀이	15일	제91회 기출문제 풀이 및 오답정리, 취약부분 보강학습
	16일	제90회 기출문제 풀이 및 오답정리, 취약부분 보강학습
	17일	제89회 기출문제 풀이 및 오답정리, 취약부분 보강학습
	18일	제88회 기출문제 풀이 및 오답정리, 취약부분 보강학습
	19일	제87회 기출문제 풀이 및 오답정리, 취약부분 보강학습
	20일	제86회 기출문제 풀이 및 오답정리, 취약부분 보강학습
	21일	오답노트 반복학습

※ 위 초단기 버닝 플랜은 기업회계 2급 합격을 기준으로 작성되었습니다. 회계의 원론적 기초 및 재무회계의 기본적 이해가 완성되어 있는 전공자 및 자격취득 준비생에게 추천하며 회계 입문자이신 수험생들은 시간적 여유를 두고 플랜의 흐름을 따라 학습하길 권합니다.

이 책의 차례

PART 1

2026 hoa
기업회계 2 · 3급

재무회계

지식에 대한 투자가 가장 이윤이 많이 남는 법이다.

– 벤자민 프랭클린 –

01 재무회계이론과 재무제표

01 회계의 의의

1. 회계의 정의와 목적

(1) 회계의 정의

회계는 정보이용자(경영자, 주주, 채권자, 과세당국, 미래의 투자자 등)가 기업활동에 대한 적절한 판단이나 의사결정을 할 수 있도록 경제적 정보를 식별하고 측정하여 체계적으로 전달하는 과정을 말한다.

> '회계는 정보이용자가 합리적인 판단이나 의사결정을 할 수 있도록 기업 실체에 대한 유용한 경제적 정보를 식별하고 측정하여 전달하는 과정이다.'

최근 들어 회계의 기술적 서술만을 강조하지 않고 하나의 정보시스템으로서의 역할을 강조하고 있으며, 비화폐적 정보와 미래에 대한 정보도 회계정보의 범위에 포함시켜 의사결정의 유용성을 보다 강조하도록 하였다.

(2) 회계의 목적(재무보고 목적)

회계는 다음과 같은 유용한 정보를 시기적절하게 관련자들에게 제공함으로써 이들이 자본시장이나 기타 시장에서 한정된 자원을 효율적으로 배분하도록 하는데 그 목적이 있다.

① 재무상태, 경영성과, 현금흐름, 자본변동에 대한 정보제공

회계정보는 기업실체의 재무상태, 경영성과, 현금흐름 및 자본변동에 대한 정보를 제공함을 통해 미래 현금창출능력을 평가하는데 정보를 제공한다.

② 정보이용자의 투자 및 신용의사결정에 정보제공

투자자 및 채권자는 기업에 유입될 미래 순현금유입의 금액, 시기 및 불확실성에 대한 측정을 하는데 있어 도움을 주는 정보를 필요로 한다. 따라서 이들의 욕구를 충족할 수 있는 회계정보를 통해 사회 전체적인 자원의 효율적 배분도 실현될 수 있는 것이다.

③ 미래 현금흐름예측에 정보제공

투자 또는 자금대여를 위해서는 기업실체의 미래 현금유입을 예측하여야 하는데 재무보고를 통해 미래 현금유입금액, 시기, 불확실성 등을 예측하는데 유용한 정보를 제공한다. 이를 통해 투자자 등이 얻게 될 배당 또는 이자, 주식의 매도금액, 채권의 만기금액 등을 예측할 수 있게 된다.

④ 경영자 경영평가 시 정보제공

소유와 경영이 분리된 현대 기업경영에서 주주는 자신이 직접 기업을 경영하지 않고 전문경영인에게 기업경영을 위탁하게 된다. 이를 위탁받은 경영자는 주주들을 대신하여 기업의 경제적 자원을 효율적으로 관리하고 경영할 책임을 갖게 되는데 이를 수탁책임이라 하며, 수탁책임을 효과적으로 수행했는지의 여부를 재무회계정보를 통해 평가받게 된다.

(3) 회계의 사회적 기능

회계정보는 크게 다음과 같은 사회적인 책임과 기능을 담당하고 있다.

① 자원의 효율적 배분

기업외부의 정보이용자들은 개별기업의 회계정보를 통해 보다 효율적이고 생산적인 기업과 그렇지 않은 기업을 구분할 수 있게 된다. 이를 통해 자신이 가지고 있는 한정된 경제적 자원을 비효율적인 기업에서 효율적인 기업으로 이전하게 되어 사회 전체적으로 효율성을 높이게 된다.

② 수탁책임보고

일반적으로 기업의 소유와 경영은 분리되어 경영자에게 수탁책임이 있다고 보는데, 수탁 경영성과를 주주들에게 확인시키기 위해 경영자는 회계정보를 주주들에게 제공하게 된다.

2. 재무회계의 기본가정(회계공준)

재무회계의 기본가정은 회계이론 전개의 기초가 되는 가정들, 즉 재무회계가 존재하기 위한 전제조건을 말한다. 기본가정에는 기업실체의 가정, 계속기업의 가정, 기간별 보고의 가정이 있다.

(1) 기업실체의 가정

기업실체의 가정이란 기업을 소유주와는 독립적으로 존재하는 회계단위로 간주하고 이 회계단위의 관점에서 그 경제활동에 대한 재무정보를 측정, 보고하는 것을 말한다. 일반적으로 개별 기업은 하나의 독립된 회계단위로서 재무제표를 작성하는 기업실체에 해당한다.

(2) 계속기업의 가정

기업실체의 경영활동에 있어 청산이나 사업축소 등을 가정하지 않고, 그 목적을 수행하기에 충분할 정도로 장시간 동안 존속한다는 것을 가정한다. 이런 가정이 없다면, 재무제표는 청산가치 등에 의한 다른 기준의 재무제표를 작성하여야 할 것이다. 계속기업의 가정은 역사적원가 평가의 근거를 제공한다.

(3) 기간별 보고의 가정(회계기간)

계속기업의 가정을 통해 기업은 영속적으로 기업활동을 하지만 인위적인 기간구분이 없다면 마냥 기업활동이 끝나기만을 기다릴 수 밖에 없을 것이다. 기간별 보고의 가정은 기업실체의 경영활동 정보를 이용자측면에서 적시성 있게 제공받게 하기 위해 일정기간의 단위(예 1년)로 분할해서 재무제표에 반영하게 하는 가정이다.

3. 회계정보의 질적특성

(1) 근본적 질적특성

① 목적적합성(관련성)

목적적합성이란 정보이용자의 합리적인 의사결정을 위해 목적적합한(관련성) 정보를 제공해야 한다는 것이며, 목적적합한 정보는 과거, 현재, 미래의 사건을 평가·예측하거나 그러한 결과의 과거 기대치를 확인 또는 수정하도록 도와주어 사용 여부에 따른 의사결정의 차이를 발생시키게 한다. 하부 요소로는 다음과 같은 것이 있다.

㉠ 예측가치와 피드백가치

- 예측가치 : 정보이용자가 기업실체의 미래 재무상태, 경영성과, 순현금흐름을 예측하는 데 그 정보가 활용될 수 있는 능력을 말한다. 예를 들어, 반기 재무제표에 의해 발표되는 반기 이익은 올해의 연간 이익을 예측하는데 활용될 수 있다.
- 피드백가치 : 당초에 정보이용자에게 제공된 회계정보가 그 기대치를 확인 또는 수정하게 함으로써 의사결정에 영향을 미칠 수 있는 능력을 말한다. 예를 들어, 어떤 기업실체의 투자자가 특정 회계연도의 재무제표가 발표되기 전에 그 해와 그 다음 해의 이익을 예측하였으나 재무제표가 발표된 결과 당해 연도의 이익이 자신의 이익 예측치에 미달하는 경우, 투자자는 그 다음 해의 이익 예측치를 하향수정하게 된다. 이때 당해 연도의 보고이익은 피드백가치를 갖고 있는 정보이다. 예측가치와 피드백가치는 서로 분리되지 않고 상호보완적으로 사용된다.

㉡ 적시성 : 적시성은 정보가 의사결정에 영향을 미칠 능력을 상실하기 전에 의사결정자에게 전달되어야 한다는 시간적 개념으로, 정보 자체가 가지는 특성이 아니라 목적적합성을 보조하는 특성을 가진다.

적시성 있는 정보라 하여 반드시 목적적합성을 갖는 것은 아니나, 적시에 제공하지 않은 정보는 주어진 의사결정에 이용할 수 없으므로 목적적합성을 상실하게 된다. 그러나, 적시성을 있는 정보를 제공하기 위해 신뢰성을 희생해야 하는 경우가 있으므로 경영자는 정보의 적시성과 신뢰성과의 균형을 고려해야 한다.

> **예 목적적합성이 향상되는 사례**
> - 자산의 공정가치 평가
> - 재무제표의 분기 또는 반기 보고
> - 진행 중인 손해배상 소송의 결과를 예측할 수 없는 상황에서 해당 손실(이익)금액을 재무제표에 반영하는 것

② 신뢰성

회계정보가 유용성을 가지려면 신뢰할 수 있는 정보이어야 한다. 신뢰성은 다음의 요소로 구성된다. 첫째, 회계정보는 그 정보가 나타내고자 하는 대상을 충실히 표현하고 있어야 하고, 둘째, 객관적으로 검증가능하여야 하며, 셋째, 중립적이어야 한다.

㉠ 표현의 충실성 : 기업실체의 회계정보가 필요한 기술과 설명을 포함하여 정보이용자가 서술되는 현상을 이해하는데 필요한 모든 정보를 포함하는 것이다. 즉, 실제 지급해야 할 외상매입금이 100만원인데 측정하여 재무제표에 표시한 금액은 101만원일 때 완전한 서술성은 1만원만큼의 차이를 갖게 된다고 할 수 있다. 또한, 표현의 충실성을 확보하기 위해서는 회계처리대상이 되는 거래나 사건의 형식보다는 그 경제적 실질에 따라 회계처리하고 보고하여야 한다.

> **➕ 더 알아두기**
>
> **형식보다 실질의 우선**
>
> 재무제표의 회계정보가 특정 거래나 사건에 대해 충실하게 표현하기 위해서는 그 사건의 법률적 형식만이 아니라 경제적 실질에 따라 표시하여야 한다.
>
> 예 리스의 법적 형식은 임차계약이지만, 경제적 실질의 관점에서 자산과 부채의 정의를 충족하므로 리스이용자는 리스거래 관련 자산과 부채를 인식하여야 한다.

㉡ 검증가능성 : 검증가능성은 회계정보가 나타내고자 하는 경제적 현상을 충실히 표현하는지를 확인하는데 도움을 주며, 합리적인 판단력이 있고 독립적인 다른 관찰자라도 어떤 서술이 충실한 표현이라는데 의견의 일치를 이끌어낼 수 있는 것을 의미한다.

검증가능성은 서로 다른 관찰자가 어떤 서술이 충실한 표현이라는데 비록 반드시 완전히 일치하지는 못하더라도 의견이 일치할 수 있다는 것을 의미한다.

㉢ 중립성 : 회계정보가 신뢰성을 갖기 위해서는 편의 없이 중립적이어야 한다. 의도된 결과를 유도할 목적으로 회계기준을 제정하거나 재무제표에 특정 정보를 표시함으로써 정보이용자의 의사결정이나 판단에 영향을 미친다면 중립적이라 할 수 없다.

> **➕ 더 알아두기**
>
> **근본적 질적특성의 적용**
>
> 정보가 유용하기 위해서는 목적적합하고 충실하게 표현되어야 한다. 목적적합하지 않은 현상에 대한 충실한 표현과 목적적합한 현상에 대한 충실하지 못한 표현 모두 정보이용자가 좋은 결정을 내리는데 있어 도움이 되지 않는다.
>
> 상충되는 질적특성 간의 선택은 재무보고의 목적을 최대한 달성할 수 있는 방향으로 이루어져야 하며, 질적특성 간의 상대적 중요성은 상황에 따라 판단되어야 한다.

(2) 보강적 질적특성

① 비교가능성

비교가능성은 정보이용자가 항목 간의 유사점과 차이점을 식별하고 이해할 수 있게 하는 질적특성을 말한다. 다른 질적특성과 달리 비교가능성은 단 하나의 항목에 관련된 것이 아니다. 즉, 비교하려면 최소한 두 항목이 필요하다. 기업실체의 재무상태, 경영성과, 현금흐름 및 자본변동의 상대적 평가를 위해 다음과 같이 동일 **기업실체 내**에서 기간별 비교와 **기업실체 간** 비교가 가능해야 회계정보의 유용성을 높일 수 있다.

    ㉠ 기간별 비교가능성(계속성, 일관성) : 동일기업 내에서 **기간별**로 재무제표를 비교할 수 있어야 한다.

    ㉡ 기업별 비교가능성(통일성) : **다른 기업**의 재무제표와도 기업 간 재무제표를 비교할 수 있어야 한다.

> **➕ 더 알아두기**
>
> **비교가능성과 유사개념과의 비교**
> - 일관성 : 일관성은 비교가능성과 관련은 되어 있지만, 동일하지는 않는다. 일관성은 한 보고기업 내에서 기간 간 또는 같은 기간 동안에 기업 간, 동일한 항목에 대해 동일한 방법을 적용하는 것을 말한다. 비교가능성은 목표이고, 일관성은 그 목표를 달성하는 데 도움을 준다.
> - 통일성 : 비교가능성은 통일성이 아니다. 정보가 비교가능하기 위해서는 비슷한 것은 비슷하게 보여야 하고, 다른 것은 다르게 보여야 한다.

② 이해가능성

이해가능성은 이용자가 정보를 쉽게 이해할 수 있어야 한다는 것으로 정보를 **명확하고 간결**하게 분류하고 **특징** 있게 표현하면 이해가능성이 높아지게 된다. 정보의 이해가능성을 확보하기 위해서는 회계정보 용어 및 평가기준을 통일시켜야 하며 정보이용자는 회계정보에 대한 이해할 수 있는 능력을 배양해야 한다.

보강적 질적특성은 가능한 한 **극대화**하여야 한다. 그러나 보강적 질적특성은 그 정보가 목적적합하지 않거나 충실하게 표현되지 않으면 개별적으로든 집단적으로든 정보를 유용하게 할 수 없다.
또한, 보강적 질적특성을 적용하는 것은 어떤 규정된 순서를 따르지 않는 반복적인 과정이며, 때로는 하나의 보강적 질적특성이 다른 질적특성의 극대화를 위해 감소되어야 할 수도 있다.

③ 제약요인

    ㉠ 비용과 효익과의 관계 : 원가는 재무보고로 제공될 수 있는 정보에 대한 포괄적인 제약요건이다. 즉, 특정 정보로부터 기대되는 효익은 그 정보를 제공하기 위해 소요되는 원가를 초과해야 함을 의미한다. 그러나 효익과 원가의 평가는 주관적 판단이 요구되므로 회계기준제정기구의 평가가 필요할 수도 있다.

ⓒ **중요성** : 특정 정보가 생략되거나 잘못 표시된 재무제표가 정보이용자의 의사결정에 영향을 미칠 수 있다면 그 정보는 중요한 정보라 할 수 있다. 중요성은 단순히 금액의 크기로만 결정되지 않으며 금액이 적더라도 해당 항목의 상대적인 성격이 중요할 경우에는 중요성을 갖고 있다고 할 수 있다. 중요성은 정보의 유용성을 충족하기 위한 주된 질적특성이라기보다는 재무제표 표시와 관련한 임계치나 판단기준으로 작용한다. 예를 들어, 신규사업부문의 당기순이익이 '0'이 라 하더라도 그 정보의 성격이 정보이용자의 당해 기업의 미래위험과 기회를 평가하는데 중요한 정보라면 재무제표에는 정확하게 표시되어야 할 것이다.

4. 회계의 분류

회계는 일반적으로 정보이용자를 기준으로 재무회계, 관리회계 및 세무회계로 분류된다.

(1) 재무회계

일반적으로 재무제표 중심의 회계로 기업 외부정보이용자(투자자 및 채권자 등)의 의사결정에 유용한 정보를 제공하는 외부보고목적의 회계이다. 재무제표는 일반적으로 인정된 회계원칙에 따라 작성되어 이용자들의 이해관계를 조정하고 신뢰성을 재고하며 비교가능성을 높여야 한다. 재무회계는 주로 과거 정보를 전달하는데 주력하며 기업전체의 정보시스템을 포괄하고 있다.

(2) 관리회계

기업 내부정보이용자(경영자)의 경영의사결정에 유용한 정보를 제공한다. 내부보고목적의 회계로서 '일반적으로 인정되는 회계기준'이 아닌 주관적인 추정과 판단을 상당히 포함하고 있다. 관리회계를 위해서는 원가계산정보가 필요한데 이를 따로 '원가회계'라고 하며 외부보고목적의 제품원가계산에 사용된다. 관리회계보고서는 특정한 보고양식이나 작성원칙의 지배를 받지 아니하고, 과거정보는 물론 이고 현재 및 미래정보를 포함하고 있다는 점에서 그 특징이 있다.

(3) 세무회계

외부정보이용자(과세관청)에게 과세소득을 적정하게 산정하여 과세표준과 산출세액에 대한 정보를 제 공한다. 세무회계목적의 별도의 장부를 작성하는 데에는 많은 노력과 시간이 필요하므로 일반적으로 기업회계와 법인세법의 차이를 조정(세무조정)하여 과세소득을 산출하여 과세한다.

02 재무제표의 인식과 측정

1. 재무제표의 기본요소와 인식

재무제표는 기업의 재무상태와 경영성과를 체계적으로 나타내는 것이다. 재무제표에는 다음의 것을 포함한다.

- 재무상태표
- 손익계산서(포괄손익계산서)
- 현금흐름표
- 자본변동표
- 주석(유의적인 회계정책의 요약 및 그 밖의 설명)[주]

[주] 상법 등 관련 법규에서 이익잉여금처분계산서의 작성을 요구하는 경우에는 재무상태표의 이익잉여금에 대한 보충정보로서 이익잉여금처분계산서를 주석으로 공시한다.

(1) 재무상태표(B/S : Balance Sheet)

특정 시점(회계기간말)에 회사가 보유하고 있는 경제적인 자산, 부채, 자본에 관한 정보를 제공하는 재무보고서를 재무상태표라 한다. 정보이용자들이 기업의 유동성, 재무적 탄력성, 수익성과 위험 등을 평가하는데 유용한 정보를 제공한다.

재무상태표	
자 산	부 채 자 본

① 자 산

자산은 **과거사건의 결과**로 기업이 **통제**하고 있고, **미래 경제적 효익이 기업에 유입**될 것으로 기대되는 자원이다. 자산은 기업이 보유하고 있는 자원으로서 금전적 가치가 있는 것(유·무형의 재화나 채권)으로서 크게 유동자산과 비유동자산으로 구분한다.

다음의 경우에 해당되는 것은 유동자산(당좌자산, 재고자산)으로 분류하며, 그 밖의 모든 자산은 비유동자산(투자자산, 유형자산, 무형자산, 기타비유동자산)으로 분류한다.

- 기업의 정상영업주기 내에 실현될 것으로 예상하거나, 판매 또는 소비할 의도가 있는 것
- 주로 단기매매목적으로 보유하고 있는 것
- 보고기간 후 12개월 이내에 실현될 것으로 예상하는 것
- 현금이나 현금성자산으로서, 교환이나 부채 상환 목적으로의 사용에 대한 제한 기간이 보고기간 후 12개월 초과가 아닐 것

또한, 유동자산에는 비유동금융자산의 유동성대체 부분을 포함하고 있다.

② 부 채

부채는 **과거사건에 의해 발생하였으며, 경제적 효익이 내재된 자원이 기업으로부터 유출**됨으로써 이행될 것으로 기대되는 현재의무이다.

다음의 경우에 해당되는 것은 유동부채로 분류하며, 그 밖의 모든 부채는 비유동부채로 분류한다.

- 기업의 정상영업주기 내에 결제될 것으로 예상하고 있는 것
- 주로 단기매매목적으로 보유하고 있는 것
- 보고기간 후 12개월 이내에 결제하기로 되어 있는 것
- 보고기간 후 12개월이 초과되는 부채의 결제를 연기할 수 있는 무조건의 권리를 가지고 있지 않는 것

③ 자 본

자본은 기업의 자산에서 부채를 차감한 후의 잔여지분으로서, 순자산 또는 기업실체의 자산에 대한 소유주의 잔여청구권이라고도 한다. 일반기업회계기준에서는 자본을 자본금, 자본잉여금, 이익잉여금(결손금), 자본조정, 기타포괄손익누계액으로 구분하고 그 세분류 항목의 구분 및 통합표시에 대해서도 별도 규정을 두고 있다.

[재무상태표의 구성요소 설명]

구 분	대분류	중분류	설 명	예 시
자 산	유동자산	당좌자산	즉시 현금화 가능 자산	현금, 현금성자산, 보통예금, 정기예금, 외상매출금, 받을어음, 미수금, 선급금, 선급비용, 단기대여금, 단기매매증권
		재고자산	기업이 고유의 영업활동을 위해 보유하고 있는 자산	상품, 제품, 원재료
	비유동자산	투자자산	투자 등의 목적으로 보유하고 있는 자산으로 장기적인 투자이윤, 타 기업의 통제·지배수단으로 보유하고 있는 자산	매매가능증권, 만기보유증권, 투자부동산, 장기금융상품, 지분법적용투자주식
		유형자산	기업의 고유 영업활동을 위해 보유하는 물리적 형태가 있는 자산	토지, 건물, 구축물, 기계장치, 자동차, 비품
		무형자산	실체는 없지만 장기간에 걸쳐 기업의 이익창출에 영향력을 주는 자산	영업권, 개발비, 특허권, 상표권, 소프트웨어
		기타비유동자산	투자자산, 유형자산, 무형자산에 속하지 않는 나머지 자산	임차보증금, 이연법인세자산, 장기미수금, 장기매출채권
부 채	유동부채		1년 이내에 상환해야 할 부채	외상매입금, 지급어음, 단기차입금, 미지급금, 미지급법인세
	비유동부채		1년 이후에 상환할 장기부채	사채, 장기차입금, 퇴직급여충당부채, 각종 충당부채
자 본	자본금		주주가 회사에 납입한 자본금액	보통주자본금, 우선주자본금
	자본잉여금		자본거래 결과 증가한 이익	주식발행초과금, 감자차익, 자기주식처분이익
	자본조정		자본거래 결과 발생한 손실 등을 임시적으로 처리하는 계정	주식할인발행차금, 자기주식, 배당건설이자, 자기주식처분손실
	기타포괄손익누계액		손익계산서상의 당기순손익 계산 시제외되는 포괄손익을 집계하는 계정	매도가능증권평가손익, 해외사업환산손익, 파생상품평가손익
	이익잉여금		손익거래에서 발생한 이익 중 배당 등을 차감한 후에 사내에 유보된 잉여금	이익준비금, 기타법정적립금, 임의적립금, 차기이월미처분이익잉여금

(2) (포괄)손익계산서

(포괄)손익계산서는 일정기간 동안의 기업의 경영성과에 대한 정보를 제공하는 재무보고서이다.

<table>
<tr><td colspan="2" align="center">손익계산서</td></tr>
<tr><td align="center">비용(+차손)</td><td align="center">수익(+차익)</td></tr>
</table>

[중단사업이 있을 경우]

손익계산서	
A사 20xx년 1월 1일부터 12월 31일까지	
매출액	xxx
(−) 매출원가	xxx
매출총이익(매출총손실)	xxx
(−) 판매비와관리비	xxx
영업이익(영업손실)	xxx
영업외수익	xxx
(−) 영업외비용	xxx
법인세비용차감전 계속사업손익	xxx
(−) 계속사업손익 법인세비용	xxx
계속사업이익(계속사업손실)	xxx
중단사업손익(법인세효과 차감후 순액)	xxx
당기순이익(당기순손실)	xxx

[중단사업이 없을 경우]

손익계산서	
A사 20xx년 1월 1일부터 12월 31일까지	
매출액	xxx
(−) 매출원가	xxx
매출총이익(매출총손실)	xxx
(−) 판매비와관리비	xxx
영업이익(영업손실)	xxx
영업외수익	xxx
(−) 영업외비용	xxx
법인세비용차감전 순손익	xxx
(−) 법인세비용	xxx
당기순이익(당기순손실)	xxx

③ 수 익

수익은 자산의 유입이나 증가 또는 부채의 감소에 따라 자본의 증가를 초래하는 특정 회계기간 동안에 발생한 경제적 효익의 증가로서, 지분참여자에 의한 출연과 관련된 것은 제외한다. 광의의 수익의 정의에는 수익과 차익이 모두 포함된다. 수익은 기업의 정상영업활동에서 발생하며 매출액, 수수료수익, 이자수익, 배당수익, 로열티수익 및 임대료수익 등 다양한 명칭으로 구분한다. 차익은 흔히 비유동자산의 처분처럼 비경상적활동에서 발생한다.

④ 비 용

비용은 자산의 유출이나 소멸 또는 부채의 증가에 따라 자본의 감소를 초래하는 특정 회계기간 동안에 발생한 경제적 효익의 감소로서, 지분참여자에 대한 분배와 관련된 것은 제외한다. 광의의 비용의 정의에는 기업의 비경상적인 활동으로 인한 차손도 포함한다. 기업의 경상영업활동의 일환으로 발생하는 비용은 매출원가, 급여 및 감가상각비 등이 있으며, 비용은 일반적으로 자산의 유출이나 소모의 형태로 나타난다. 일반기업회계기준에서는 비용의 분류방법으로 '기능별 분류법'만 가능하다.

⊕ 더 알아두기

기능별 분류법

비용을 매출원가, 물류원가, 관리활동원가 등과 같이 기능별로 분류하는 방법으로 '매출원가법'이라고도 한다. 이 방법에서는 최소한 매출원가를 다른 비용과 분리하여 공시하여야 하며, 매출액에서 매출원가를 차감한 금액을 매출총이익으로 구분하여 표시해야 한다. 성격별 분류방법보다 재무제표이용자에게 더욱 목적적합한 정보를 제공할 수 있지만, 비용을 기능별로 분류하는데 있어 자의적인 배분과 주관적인 판단이 개입될 수 있다.

※ 재무회계개념체계에서는 '차익'과 '차손'으로 표시하고 있지만, 손익계산서상에서 확인하면 '영업외손익'에 해당하는 항목이다.

⑤ 당기순손익

당기순손익은 수익에서 비용을 차감한 금액을 말한다.

(3) 현금흐름표

기업의 일정기간의 현금의 유입과 유출을 나타내는 재무제표로서, 당해 회계기간에 속하는 현금의 유입과 유출내용을 정확하게 표시하기 위하여 경영활동을 각각 영업활동, 투자활동, 재무활동으로 구분하여 이에 따른 현금의 유입과 유출을 나누어 표시하고 있다.

> **➕ 더 알아두기**
>
> **현금흐름표**
>
> 1. 개 념
>   - 현금흐름표는 기업의 현금흐름을 나타내는 표
>   - 현금흐름정보는 현금성자산의 창출능력과 현금흐름의 사용용도를 평가하는데 유용한 기초를 제공한다.
>
> 2. 용어의 정의
>
> | 현 금 | 보유현금과 요구불예금 |
> |---|---|
> | 현금성자산 | 유동성이 높은 단기투자자산으로서, 확정현금으로 전환이 쉽고 가치변동위험이 적은 자산 |
> | 영업활동 | 기업의 주요 수익창출활동(투자활동, 재무활동이 아닌 기타의 활동) |
> | 투자활동 | 장기성 자산 및 현금성자산이 아닌 기타 투자자산의 취득과 처분 |
> | 재무활동 | 납입자본과 차입금의 크기 및 구성내용에 변동을 가져오는 활동 |
>
> 3. 현금흐름의 유형
>   (1) 현금및현금성자산
>   ① 현금성자산은 단기의 현금수요목적으로 보유하며, 투자자산도 확정현금으로 전환이 용이하고 가치변동위험이 적어야 하는데, 취득일부터 3개월 내에 만기일이 도래하는 투자자산도 현금성자산이다(지분상품은 현금성자산에서 제외하나, 상환일이 정해진 우선주 등은 현금성자산이 될 수 있다).
>   ② 은행차입은 재무활동인데, 즉시 상환할 당좌차월은 현금관리의 일부를 구성하므로 현금성자산이다.
>   (2) 영업활동현금흐름
>   영업활동현금흐름은 주요 수익창출활동에서 발생하며, 예를 들면 다음과 같다.
>   ① 재화의 판매와 용역제공으로 인한 현금유입
>   ② 로얄티, 수수료, 중개료 기타 수익의 현금유입
>   ③ 재화 용역의 구입에 따른 현금유출

④ 종업원 관련 직·간접 현금유출

⑤ 보험회사의 수입보험료, 보험금, 연금 등의 현금유입과 유출

⑥ 법인세의 납부와 환급(단, 투자·재무활동에 명백히 관련된 것은 제외)

⑦ 단기매매목적의 계약으로 인한 현금유입과 현금유출(단, 설비매각 관련 처분손익의 현금흐름은 투자활동현금흐름)

(3) 투자활동현금흐름

투자활동현금흐름은 미래 수익창출을 위해 지출한 정도를 나타내므로 별도로 구분공시 하는데, 예를 들면 다음과 같다.

① 유형자산, 무형자산, 장기성 자산의 취득·처분에 따른 현금유출입

② 지분상품·채무상품·조인트벤처(공동약정)투자지분 취득·처분에 따른 현금유출입(단기매매목적의 상품취득지출·상품처분유입은 제외)

③ 제3자에 대한 선급금 대여금에 대한 현금유출 및 회수에 따른 현금유입(금융회사의 현금 선지급과 대출채권은 제외)

④ 선물계약, 선도계약, 옵션계약, 스왑계약에 따른 현금유출입(단기매매목적인 경우 제외)

(4) 재무활동현금흐름

재무활동현금흐름은 자본제공자의 청구권 예측에 유용하므로 별도구분공시하며, 예를 들면 다음과 같다.

① 주식이나 지분상품의 발행에 따른 현금유입

② 주식취득 상환에 따른 소유주에 대한 현금유출

③ 담보, 무담보부사채, 어음 발행, 장·단기차입금의 현금유입

④ 차입금의 상환에 따른 현금유출

⑤ 리스이용자의 금융리스부채 상환에 따른 현금유출

4. 보고방법

영업활동	영업활동현금흐름은 다음 방법(직접법 or 간접법) 중 한가지로 보고한다.	
	직접법	총현금유입과 총현금유출을 주요 항목별로 구분표시하는 방법(권장)
	간접법	Ⅰ. 영업활동으로 인한 현금흐름 　1. 법인세비용차감전순손익 　　(+) 현금의 유출이 없는 비용 등의 가산 　　　감가상각비, 퇴직급여, 유형자산처분손실, 사채상환손실, 영업무관 대손상각비, 영업무관 외화환산손실, 금융자산평가손실/처분손실 등 　　(−) 현금의 유입이 없는 수익 등의 차감 　　　사채상환이익, 유형자산처분이익, 금융자산평가이익/처분이익 등 　　(±) 영업활동으로 인한 자산·부채의 변동 　　　재고자산의 감소(+)/증가(−) 　　　매출채권의 감소(+)/증가(−) 　　　매입채무의 증가(+)/감소(−) 　　　미지급법인세의 증가(+)/감소(−) 　　　이연법인세차의 감소(+)/증가(−) 　　　이연법인세대의 증가(+)/감소(−) 　　　선수금의 증가(+)/감소(−) 　　　선급금의 감소(+)/증가(−) 　　　(단, 이자 및 배당금 수취, 이자지급 및 법인세납부는 직접법을 적용하여 별도 표시해야 함)

<table>
<thead>
<tr><th colspan="3" style="text-align:left">• 총현금유입과 총현금유출을 주요 항목별로 구분하여 총액으로 표시(직접법)
※ 단, 대체적 방법으로 포괄손익계산서상의 수익과 비용, 재고자산과 영업상 채권채무의 변동을 보여주는 간접법으로 표시할 수 있다.</th></tr>
</thead>
</table>

투자 활동	투자활동으로 인한 현금유입액		투자활동으로 인한 현금유출액	
	유동자산의 감소	단기대여금의 회수	유동자산의 증가	현금의 단기대여
		미수금의 회수		미수금의 증가
		유가증권의 회수		유가증권의 취득
	비유동자산의 감소	장기성예금의 감소	비유동자산의 증가	장기성예금의 증가
		투자유가증권의 처분		투자유가증권의 취득
		관계회사주식의 처분		관계회사주식의 취득
		관계회사사채의 처분		관계회사사채의 취득
		장기대여금의 회수		현금의 장기대여
		토지의 처분		토지의 취득
		건물의 처분		건물의 취득
		기계장치의 처분		기계장치의 취득
				연구개발비의 지급
				창업비, 개업비의 지급

<table>
<thead>
<tr><th colspan="3" style="text-align:left">• 총현금유입과 총현금유출을 주요 항목별로 구분하여 총액으로 표시(직접법)
※ 단, 대체적 방법으로 포괄손익계산서상의 수익과 비용, 재고자산과 영업상 채권채무의 변동을 보여주는 간접법으로 표시할 수 있다.</th></tr>
</thead>
</table>

재무 활동	재무활동으로 인한 현금의 유입액		재무활동으로 인한 현금의 유출액	
	유동부채의 증가	당좌차월의 증가	유동부채의 감소	당좌차월의 감소
		미지급금의 증가		미지급금의 감소
		단기차입금의 차입		단기차입금의 상환
	비유동부채의 증가	사채의 발행	비유동부채의 감소	사채의 상환
		전환사채의 발행		전환사채의 상환
		장기차입금의 차입		장기차입금의 상환
		관계회사로부터의 장기차입		관계회사차입금의 상환
	자본의 증가	보통주의 발행(발행가액)	자본의 감소	유상감자 자기주식의 취득
		우선주의 발행(발행가액)	배당금의 지급	
		자기주식의 처분	이연자산의 증가	신주발행비의 증가 사채발행비의 증가

(4) 자본변동표

자본변동표는 자본의 크기와 그 변동에 대한 정보를 제공하는 재무제표이다. 자본금, 자본잉여금, 자본조정, 기타포괄손익누계액 및 이익잉여금의 증감 변동에 관한 포괄적 정보를 제공한다.

(5) 주 석

주석은 재무제표 본문에 금액표시 항목에 대한 세부설명으로, 진행 중인 소송사건 같은 금액으로 표시되지 않는 비재무적 정보에 대해 기호를 붙이고 난외 또는 별지에 관련 내용을 서술하는 것을 말한다. 주석에는 유의적인 거래와 회계정책, 주석공시를 요구하는 사항을 포함한다.

- 재무제표 작성근거와 구체적인 회계정책에 대한 정보
- 일반기업회계기준에서 주석공시를 요구하는 사항
- 재무제표 어느 곳에도 표시되지 않지만 재무제표를 이해하는 데 목적적합하다고 판단되는 정보
- 우발상황 또는 약정사항과 같이 재무제표에 인식되지 않는 항목
- 상법 등 관련 법규에서 작성을 요구하는 경우의 이익잉여금처분계산서(또는 결손금처리계산서)

⊕ 더 알아두기

이익잉여금처분계산서(또는 결손금처리계산서)란?
기업의 전기이월이익잉여금에 당기순이익을 가산하여 처분 전 이익잉여금을 구하여 이의 처분사항을 보고하기 위해 작성하는 표

2. 재무상태표의 기본구조

(1) 구분표시의 원칙(구분계산의 원칙과 혼동하지 말 것)

재무상태표는 자산·부채 및 자본으로 구분하고, 자산은 유동자산 및 비유동자산으로, 부채는 유동부채 및 비유동부채로, 자본은 자본금·자본잉여금·자본조정·기타포괄손익누계액·이익잉여금으로 각각 구분하는 원칙을 말한다.

- 자산 : 유동자산 → 당좌자산, 재고자산
  비유동자산 → 투자자산, 유형자산, 무형자산, 기타비유동자산
- 부채 : 유동부채와 비유동부채
- 자본 : 자본금, 자본잉여금, 자본조정, 기타포괄손익누계액, 이익잉여금(결손금)

(2) 총액주의

자산·부채 및 자본은 총액에 의하여 기재함을 원칙으로 하고, 자산의 항목과 부채 또는 자본의 항목을 상계함으로써 그 전부 또는 일부를 재무상태표에서 제외하여서는 안 된다.

(3) 1년 기준

자산과 부채는 1년을 기준으로 하여 유동자산 또는 비유동자산, 유동부채 또는 비유동부채로 구분하는 것을 원칙으로 한다.

(4) 유동성배열법

재무상태표에 기재하는 자산과 부채의 항목배열은 유동성이 높은 항목부터 배열하는 유동성배열법을 원칙으로 한다.

당좌자산 → 재고자산 → 투자자산 → 유형자산 → 무형자산 → 기타비유동자산의 순서로 배열

(5) 잉여금 구분

자본거래에서 발생한 자본잉여금과 손익거래에서 발생한 이익잉여금은 혼동하여 표시하여서는 안 된다.

(6) 미결산항목 및 비망항목

가지급금 또는 가수금 등의 미결산항목은 그 내용을 나타내는 적절한 과목으로 표시하고, 대조계정 등의 비망계정은 재무상태표의 자산 또는 부채항목으로 표시하여서는 안 된다.

재무상태표			
A사	20xx년 12월 31일 현재		
자 산		**부 채**	
Ⅰ. 유동자산	xxx	Ⅰ. 유동부채	xxx
당좌자산	xxx	Ⅱ. 비유동부채	xxx
재고자산	xxx	**자 본**	
Ⅱ. 비유동자산	xxx	Ⅰ. 자본금	xxx
투자자산	xxx	Ⅱ. 자본잉여금	xxx
유형자산	xxx	Ⅲ. 자본조정	xxx
무형자산	xxx	Ⅳ. 기타포괄손익누계액	xxx
기타비유동자산	xxx	Ⅴ. 이익잉여금	xxx
자산총계	xxx	**부채와자본총계**	xxx

3. 손익계산서의 작성기준

(1) 발생주의

모든 수익과 비용은 그것이 발생한 기간에 정당하게 배분되도록 처리하여야 한다.

(2) 실현주의

수익은 실현시기를 기준으로 계상하고 미실현 수익은 당기의 손익계산에 산입하지 아니함을 원칙으로 한다.

(3) 수익비용의 대응

수익과 비용은 그 발생원천에 따라 명확하게 분류하고 각 수익항목과 이에 관련되는 비용항목을 대응 표시하여야 한다.

(4) 총액주의

수익과 비용은 총액에 의하여 기재함을 원칙으로 하고 수익항목과 비용항목을 직접 상계함으로써 전부 또는 일부를 손익계산서에서 제외하여서는 아니된다. 즉, 자산과 부채는 원칙적으로 상계하여 표시하지 아니한다. 다만, 기업이 채권과 채무를 상계할 수 있는 법적 구속력을 가지고 있고, 채권과 채무를 동시에 결제할 의도가 입증되면 상계하여 표시할 수 있다.

또한, 매출채권에 대한 대손충당금 등은 해당 자산이나 부채에서 직접 상각하여 표시할 수 있으며, 이는 상계에 해당하지 아니한다.

03 보고기간 후 사건

1. 의 의

보고기간 후 사건이란 보고기간 말과 재무제표가 사실상 확정된 날(재무제표 발행승인일) 사이에 발생한 사건을 말하는 것으로 후속사건이라고도 한다. 여기서 재무제표 발행승인일*주)은 경영조직, 법적 요구사항, 재무제표를 작성하고 완성하기 위한 절차 등 여러 가지 요건에 따라 달라질 수 있는데, 일반적으로는 정기주 주총회 제출용 재무제표를 발행하도록 이사회에서 승인한 날을 말한다.

*주) 우리나라 회계환경에서의 '발행승인일'은 원천적으로 재무제표의 이사회승인일이나 예외적으로 재무제표가 주주총회에서 수정승인 된 경우 주주총회수정승인일로 한다.

보고기간 후 사건은 다음 두 가지 유형으로 구분된다.

수정을 요하는 보고기간 후 사건	보고기간 말에 존재하였던 상황에 대해 증거를 제공하는 사건
수정을 요하지 않는 보고기간 후 사건	보고기간 후에 발생한 상황을 나타내는 사건

이러한 보고기간 후 사건은 이익이나 선별된 재무정보를 공표한 후에 발생하였더라도 보고기간 말부터 재무제표 발행승인일까지 발생한 모든 사건을 포함하여야 한다. 그리고 재무제표 발행승인일 이후의 사건은 반영하지 않으므로, 기업은 재무제표의 발행승인일과 승인자를 공시하여야 한다.

2. 수정을 요하는 사건

수정을 요하는 보고기간 후 사건은 재무상태표일 현재 존재하였던 상황에 대한 추가적 증거를 제공하는 사건으로서 당초 재무제표 금액에 영향을 주는 사건을 말한다. 그러므로 수정을 요하는 보고기간 후 사건이 발생한 경우 그 영향을 반영하여 재무제표를 수정하여야 한다.

즉, 재무제표에 이미 인식한 금액은 수정하고 재무제표에 인식하지 아니한 항목은 새로 인식해야 한다.

> 보고기간 말 존재했으나, 보고기간 후 추가적 정보 발견 시 재무제표를 소급하여 수정
> • 이미 인식한 금액 → 수정
> • 인식하지 아니한 항목 → 새로 인식

수정을 요하는 보고기간 후 사건의 예는 다음과 같다.

- 보고기간 말에 존재하였던 현재의무가 보고기간 후에 소송사건의 확정에 의해 확인되는 경우
- 보고기간 말에 이미 자산손상이 발생되었음을 나타내는 정보를 보고기간 후에 입수하는 경우나 이미 손상 차손을 인식한 자산에 대하여 손상차손금액의 수정이 필요한 정보를 보고기간 후에 입수하는 경우로서 다음과 같은 경우를 말한다.
  - 보고기간 후의 매출처 파산은 일반적으로 보고기간 말의 매출채권에 손실이 발생하였음을 확인하는 추가적인 정보이므로 매출채권의 장부금액을 수정할 필요가 있다.
  - 보고기간 후의 재고자산 판매는 보고기간 말의 순실현가능가치에 대한 증거를 제공할 수 있다.
- 보고기간 말 이전에 구입한 자산의 취득원가나 매각한 자산의 대가를 보고기간 후에 결정하는 경우
- 보고기간 말 이전 사건의 결과로서 보고기간 말에 종업원에게 지급하여야 할 법적의무나 의제의무가 있는 이익분배나 상여금지급 금액을 보고기간 후에 확정하는 경우
- 재무제표가 부정확하다는 것을 보여주는 부정이나 오류를 발견한 경우

3. 수정을 요하지 않는 사건

보고기간 말과 재무제표 발행승인일 사이에 투자자산의 시장가치 하락처럼 보고기간 말의 상황이 아니라 보고기간 후에 발생한 상황이 반영된 것들은 재무제표에 수정을 요하는 사건이 아니다. 이럴 경우 재무제표를 소급하여 수정하지 아니한다. 다만, 중요한 사항일 경우 주석에 공시하도록 한다.

> 재무제표 금액수정 X, 새로운 사실 인식하지 X (단, 중요사건 주석공시)
> 예 보고기간 말과 재무제표 발행승인일 사이에 투자자산(유가증권)의 시장가치 하락은 수정을 요하는 사건이 아님

4. 기타사항

(1) 배당금

보고기간 전 배당선언하였고 보고기간 후 그 금액이 확정되는 경우 수정을 요하는 사건으로 보아 재무제표를 소급수정하여 부채로 인식한다.

그러나 보고기간 후 배당선언하였고 보고기간 후 그 금액이 확정되는 경우에는 수정을 요하지 않는 사건으로 인식하여 재무제표를 수정하지 않고 부채로도 인식하지 아니한다.

(2) 보고기간 후에 발생한 계속기업에 대한 불확실

① 계속기업 기준에 따라 재무제표를 작성해서는 안 되는 경우
  ㉠ 경영진이 보고기간 후 기업을 청산하거나 경영활동을 중단할 의도를 가지고 있는 경우
  ㉡ 청산 또는 경영활동의 중단 외에 다른 현실적 대안이 없다고 판단하는 경우
② 계속기업가정이 더 이상 적절하지 않은 경우
  다음과 같은 경우 회계처리방법을 변경해야 한다.
  ㉠ 재무제표가 계속기업의 기준하에 작성되지 않은 경우
  ㉡ 계속기업으로서의 존속 능력에 대한 유의적인 의문이 제기될 수 있는 사건 등에 대한 불확실성에 대해 경영진이 알게 된 경우

04 중간재무보고

1. 중간재무제표의 비교공시방법

(1) 재무상태표

당해 중간보고기간 말과 직전 연차보고기간 말을 비교
예 2021/9/30 현재와 2020/12/31 현재 비교

(2) 포괄손익계산서

당해 중간기간과 당해 회계연도 누적기간을 직전 회계연도의 동일기간과 비교

예 당기 2021/7/1 ~ 2021/9/30, 2021/1/1 ~ 2021/9/30과

전기 2020/7/1 ~ 2020/9/30, 2020/1/1 ~ 2020/9/30을 비교

(3) 자본변동표, 현금흐름표

당해 회계연도 누적기간을 직전 회계연도의 동일기간과 비교

예 당기 2021/1/1 ~ 2021/9/30과 전기 2020/1/1 ~ 2020/9/30을 비교

2. 인식과 측정

(1) 연차기준과 동일한 회계정책

① 중간재무제표는 연차재무제표와 동일한 회계정책을 적용하여 작성함

　(단, 직전연차보고기간 말 회계정책을 변경하였다면 변경된 회계정책 적용)

② 연차재무제표의 결과는 보고빈도에 따라 달라지지 않아야 함

③ 따라서 중간재무보고를 위한 측정은 당해 회계연도 누적기간을 기준으로 하여야 함

(2) 계절적, 주기적 또는 일시적인 수익은 연차보고기간 말에 미리 예측하여 인식하거나 이연하는 것이 적절하지 않을 경우 중간보고기간 말에도 미리 예측하여 인식하거나 이연하여서는 아니 됨

(3) 연중 고르지 않게 발생하는 원가는 연차보고기간 말에 미리 예측하여 인식하거나 이연하는 것이 타당한 방법으로 인정되는 경우에 한하여 중간재무보고서에서도 동일하게 처리

---

05 회계의 순환과정

회계의 순환과정이란 회계기록의 대상인 거래를 인식하여 장부에 기록·정리하고, 정보이용자들에게 회계 정보를 제공해 주는 수단인 재무제표를 작성하기까지의 일련의 과정을 말한다.

➕ 더 알아두기

회계의 순환과정

① 거래의 식별 → ② 거래의 분개 → ③ 전기(총계정원장에 기입) → ④ 수정 전 시산표(결산예비절차) → ⑤ 결산분개/수정 후 시산표/장부마감(본 결산절차) → ⑥ 재무제표 작성

1. 거래의 식별과 분개 및 전기

① 거래의 발생과 식별

회계상의 거래는 일상생활의 거래와는 다르다. 회계상의 거래는 자산, 부채, 자본의 증감변화를 일으키는 모든 사항, 즉 재무상태의 변화를 가져오는 거래를 말한다. 따라서 구두상의 계약이라든지, 주문, 채용, 담보제공 등은 회계상의 거래라고 볼 수 없다.

회계상의 거래	일반적인 거래(회계상 거래 아님)
제품/상품의 매입과 매출 유/무형자산의 취득과 매각 자본금의 유입과 유출 비용의 지출 자금의 차입과 대여 파손, 소실, 분실, 도난 회수불능, 선급, 선수, 반품 미지급사실 확인	단순한 거래계약 상품제품의 주문 물건의 보관 자산의 담보제공 직원채용 차입결의(약속) 판매목표책정

② 회계상 거래가 발생하면 거래를 식별하여 복식부기 기장방식에 따라 장부에 기록한다.

> ⊕ 더 알아두기
>
> **복식부기란?**
>
> 일정한 원리나 원칙에 따라 차변(왼쪽)과 대변(오른쪽)을 나누어 거래를 이중기록하는 조직적이고 체계적인 기장방식을 말한다. 이때 적용되는 원리가 '거래의 이중성'과 '대차평균의 원리'이다. 복식부기에서 모든 거래는 거래의 8요소가 대립적으로 발생하며 차변과 대변, 즉 양쪽에 같은 금액이 증가 또는 감소한다는 것인데 이를 '거래의 이중성'이라 한다. 이때 차변금액의 합계와 대변금액의 합계가 반드시 일치하게 되는데 이를 '대차평균의 원리'라고 한다.

③ 분 개

거래발생 순서대로 계정과목과 금액을 차변과 대변으로 나누어 기록하는 것을 분개라 하며 이를 기록하는 장부를 분개장이라 한다.

> ⊕ 더 알아두기
>
> **거래의 결합관계(거래의 8요소)**
>
> 모든 회계상 거래는 차변과 대변의 요소의 결합에 의해 발생된다. 회계정보를 대차평균의 원리로 분개를 할 때 반드시 알아야 할 것이 '거래의 8요소'이다.
>
> **거래의 8요소를 이용한 분개방법**
>
> 자산의 증가는 차변에, 자산의 감소는 대변에 분개한다.
> 부채의 증가는 대변에, 부채의 감소는 차변에 분개한다.
> 자본의 증가는 대변에, 자본의 감소는 차변에 분개한다.
> 수익의 발생은 대변에, 수익의 감소는 차변에 분개한다.
> 비용의 발생은 차변에, 비용의 감소는 대변에 분개한다.

거래의 8요소 실제 사례

차 변		대 변	
자산의 증가	원재료구입, 상품구입, 비품구입	자산의 감소	매출채권회수, 차량매각
부채의 감소	매입채무변제, 차입금 상환	부채의 증가	(상품구입으로)외상매입금발생
자본의 감소	출자금반환	자본의 증가	출 자
비용의 발생	복리후생비, 급여지급, 운반비	수익의 발생	상품 판매

➕ TIP

분개 쉽게하기

① 해당 회계정보가 자산인지, 부채인지, 비용 또는 수익인지 구분해 보자.

② 자산의 증가, 부채의 감소, 자본의 감소, 비용의 발생, 수익의 감소의 경우라면 그 정보를 왼쪽(차변)에 위치해 보자.

③ 거래의 이중성에 의해 상대계정인 자산의 감소, 부채의 증가, 자본의 증가, 수익의 발생, 비용의 감소의 항목은 오른쪽(대변)에 자리잡도록 한다.

④ 대차평균의 원리에 의해 양쪽 금액의 합이 맞는지 확인해 보고 맞다면 분개는 완성이다.

[거래의 결합관계(거래의 8요소)]

차 변	대 변
자산의 증가 부채의 감소 자본의 감소 비용의 발생	자산의 감소 부채의 증가 자본의 증가 수익의 발생

④ 전 기

전기란 분개에서 나타난 계정과목의 변동금액을 당해 계정(총계정원장)에 옮겨 적는 것을 말한다. 차변과 대변의 합계금액의 일치여부를 확인하기 위해 시산표를 작성하여 검증한다.

예 원재료를 100원에 구입하고 30원은 현금으로 지급하고 나머지는 외상으로 함

[분 개]

(차) 원재료	100원	(대) 현 금	30원
		외상매입금	70원

[계정별원장]   ↓전기

현 금	외상매입금	원재료
원재료 30	원재료 70	제 좌 100

2. 결산 및 결산절차

한 회계기간에 발생한 모든 거래는 분개를 통하여 계정에 기록되고 이 기록은 일정한 기간마다 정리하여 그 기간의 순이익을 확정하고 일정시점의 재무상태를 명확히 할 필요가 있다. 이를 위하여 회계연도 말의 재무상태와 경영성과 및 현금흐름을 명확하게 파악하기 위하여 각종 장부를 정리·마감한다. 이러한 절차를 결산이라 한다.

① 결산예비절차

수정 전 시산표를 작성하고 재고조사표 작성 및 결산정리분개를 실시한다. 시산표란 분개와 전기가 올바르게 되었는지를 검증하기 위한 계정집계표이다. 자산, 부채, 자본, 수익, 비용의 모든 계정과목을 한 표에 집계하여 차변합계와 대변합계가 일치하는 지를 검토한다. 표시방법에 따라 합계시산표, 합계잔액시산표, 잔액시산표로 구분한다. 실무상 합계잔액시산표를 주로 작성한다.

> **➕ 더 알아두기**
>
> **재고조사표**
> 계정원장이 이상 없이 작성되었다 하더라도 실제로 조사하면 장부가액과 실제가액 간에는 차액이 나타나는 경우가 있는데 이를 일치시키기 위하여 결산정리에 필요한 자료를 기재한 표를 재고조사표라 한다.
>
> **결산정리분개**
> 결산일 기준으로 수익·비용 인식기준에 맞지 않는 계정과목이 존재하게 되는데 장부상의 수익·비용 금액을 일반기업회계기준에 맞는 금액으로 수정하는 회계처리로 대표적 사례는 다음과 같다.
>
> | 재고자산의 조사와 평가 | 당기매입, 기말재고를 이용하여 당기 매출원가를 산출 |
> |---|---|
> | 고정자산의 감가상각 | 유무형자산의 취득원가를 상각기간 동안 기간별 비용을 인식 |
> | 외화자산, 외화부채평가 | 결산일현재 기준환율로 평가 |
> | 유가증권의 평가 | 단기매매증권, 매도가능증권의 결산일현재 공정가액으로 평가 |
> | 매출채권 등에 대한 대손예상 | 회수가능채권평가 |
> | 수익비용의 이연과 발생 | 선수수익, 미수수익, 선급비용, 미지급비용 인식 |
> | 임시계정 및 평가계정의 정리 | 가지급금, 가수금 등 |

② 수정 후 시산표 & 결산 본절차(손익계산서 및 재무상태표 계정(장부)마감)

결산정리분개까지 완료되면 이를 기중에 일반적인 거래와 마찬가지로 총계정원장에 전기하고 다시 한번 검증하는 표를 작성하게 되는데 이를 수정 후 시산표라 한다. 이후, 당해 모든 총계정원장의 작성을 끝내고 다음 회계기간의 장부기록을 준비하기 위해 마감분개를 한 후 이월시산표를 작성하여 장부를 마감하게 된다. 장부를 마감한 후 재무상태표와 손익계산서를 작성하면 결산절차가 마무리된다.

③ 결산보고서 작성

재무상태표, 손익계산서, 자본변동표, 현금흐름표를 작성한다.

01 단원별 기출문제

01 다음 중 재무회계개념체계에 관한 설명으로 틀린 것은? [85회]

① 개념체계는 기업실체의 재무보고 목적을 명확히 하고, 이를 달성하는데 유용한 재무회계의 기초개념을 제공하는 것을 목적으로 한다.

② 특정한 거래나 사건에 대한 회계기준이 미비된 경우에 재무회계개념체계를 적용할 수는 없다.

③ 회계기준을 제정 또는 개정함에 있어 준거하는 재무회계의 개념과 개념의 적용에 관한 일관성 있는 지침을 제공한다.

④ 재무제표의 이용자가 회계기준에 의해 작성된 재무제표를 해석하는데 도움이 되도록 재무제표 작성에 기초가 되는 기본가정과 제 개념을 제시한다.

해설

재무제표의 작성자가 회계기준을 해석·적용하여 재무제표를 작성·공시하거나, 특정한 거래나 사건에 대한 회계기준이 미비된 경우에 적용할 수 있는 일관된 지침을 제공한다.

02 재무보고개념체계에서 규정하고 있는 재무제표는 일정한 가정하에 작성된다. 다음 중 그 기본가정에 해당하지 않는 것은? [85회]

① 기업실체   ② 계속기업

③ 기간별보고   ④ 실현주의

해설

실현주의는 수익을 인식하기 위한 기준에 해당한다.

03 다음 중 회계정보의 질적특성에 대한 설명으로 틀린 것은? [85회]

① 목적적합성 있는 회계정보는 예측가치 또는 피드백가치를 가져야 한다.

② 표현의 충실성을 확보하기 위해서는 회계처리대상이 되는 거래나 사건의 형식보다는 그 경제적 실질에 따라 회계처리하고 보고하여야 한다.

③ 검증가능성이 높다는 것이 반드시 목적적합성이 높다는 것을 의미하지는 않는다.

④ 유형자산을 역사적 원가로 평가하면 일반적으로 목적적합성은 높아진다.

해설

유형자산을 역사적 원가로 평가하면 일반적으로 검증가능성이 높아지고 목적적합성은 저하될 수 있다.

04 다음 중 회계의 정의와 정보이용자에 대한 설명으로 올바른 것은? [84회]

① 회계는 일반적으로 미래에 발생할 경제적 사건에 관한 재무적 정보를 제공하며 비재무적 정보를 제공하지는 않는다.
② 회계는 기업과 같은 영리조직만을 위해 정보를 제공하는 것이다.
③ 회계정보이용자 중 투자자는 현재 해당 기업의 주식을 보유하고 있는 자만을 의미한다.
④ 회계정보를 생산하는 자인 경영자도 회계정보의 이용자에 해당한다.

해설
① 회계는 일반적으로 과거에 발생한 경제적 사건에 관한 재무적 정보를 제공한다.
② 회계는 영리조직뿐만 아니라 비영리조직에도 적용된다.
③ 회계정보이용자는 현재 및 잠재적 투자자, 채권자, 기타 정보이용자를 포함한다.

05 다음 중 재무제표에 대한 설명으로 틀린 것은? [84회]

① 중간재무제표는 3개월(분기), 6개월(반기) 단위로 작성하며 그 밖의 기간은 작성할 수 없다.
② 이익잉여금처분계산서는 주석으로 공시한다.
③ 재무상태표의 자산과 부채는 유동성이 높은 순서대로 배열한다.
④ 정보이용자에게 오해를 줄 염려가 없는 경우에는 금액을 천원이나 백만원 단위 등으로 표시할 수 있다.

해설
중간기간은 1회계연도보다 짧은 회계기간으로 한다. 예를 들면, 중간기간은 3개월, 6개월 등이 될 수 있다. 3개월 단위의 중간기간을 '분기', 6개월 단위의 중간기간을 '반기'라 한다. 따라서 3개월 또는 6개월 외의 기간을 중간기간으로 하는 중간재무제표를 작성할 수 있다.

06 다음 중 재무회계에 대한 설명으로 틀린 것은? [83회]

① 내부의 정보이용자에게 재무제표를 통하여 유용한 정보를 제공한다.
② 복식부기는 일정한 원리원칙에 의하여 모든 재산의 변동 상황을 기록한다.
③ 회계기간이란 회계정보 이용자에게 일정기간마다 재무제표를 작성하여 보고하기 위하여 인위적으로 설정한 기간적 단위를 말한다.
④ 특정 시점의 재무상태를 나타내는 보고서는 재무상태표이다.

해설
외부의 정보이용자에게 재무제표를 통하여 유용한 정보를 제공한다.

07 아래의 자료는 재무정보의 질적특성에 대한 설명이다. 다음 중 신뢰성에 대한 설명으로만 묶인 것은? [83회]

> 가. 거래나 사건을 사실대로 충실하게 표현하여야 한다.
> 나. 재무정보가 특정이용자에게 치우치거나 편견을 내포해서는 안된다.
> 다. 재무정보가 의사결정에 반영될 수 있도록 적시에 제공되어야 한다.
> 라. 정보이용자가 미래 재무상태, 경영성과 등을 예측하는데 활용될 수 있어야 한다.

① 가, 나
② 가, 라
③ 나, 라
④ 나, 다

해설

(다)와 (라)는 목적적합성에 대한 내용으로 적시성과 예측가치에 관한 내용이다.

08 다음 중 재무제표의 작성과 표시의 일반적인 원칙으로 틀린 것은? [83회]

① 재무제표의 작성과 표시의 책임은 경영자에게 있고, 기업회계기준에 따라 작성된 재무제표는 공정한 재무제표로 본다.
② 중요한 항목은 본문이나 주석으로 구분표시할 수 있고, 중요하지 않은 부분은 유사한 항목과 통합하여 표시할 수 있다.
③ 기간별 비교가능성을 제고하기 위하여 전기와 당기를 비교하는 형식으로 표시한다.
④ 기간별 비교가능성을 제고하기 위하여 재무제표 항목의 표시와 분류는 매기 새롭게 적용하는 것을 원칙으로 한다.

해설

기간별 비교가능성을 제고하기 위하여 재무제표 항목의 표시와 분류는 매기 동일하게 적용하는 것을 원칙으로 한다.

09 다음 중 현금흐름표상 재무활동으로 인한 현금흐름에 해당하는 것은? [83회]

① 법인세비용의 납부
② 대여금의 회수
③ 은행의 차입금 상환
④ 매입채무의 지급

해설

법인세비용의 납부와 매입채무의 지급은 영업활동, 대여금의 회수는 투자활동에 해당한다.

10 재무상태표 표시와 관련한 설명 중 틀린 것은? [82회]

① 부채는 유동성에 따라 유동부채와 비유동부채로 구분한다.
② 자산은 유동자산과 비유동자산으로 구분하며, 비유동자산은 투자자산, 유형자산, 무형자산, 기타비유동자산으로 구분한다.
③ 매출채권에 대한 대손충당금은 해당 자산에서 직접 가감하여 표시할 수 없다.
④ 자산과 부채는 유동성이 큰 항목부터 배열하는 것이 원칙이다.

해설

매출채권에 대한 대손충당금 등은 해당 자산이나 부채에서 직접 가감하여 표시할 수 있다.

11 다음 중 재무제표정보의 질적특성인 목적적합성에 관한 내용으로 틀린 것은? [82회]

① 회계정보에 의하여 당초 가졌던 기대치를 확인·수정할 수 있도록 한다.
② 자산의 평가 시 역사적 원가를 적용할 수 있는 근거를 제공한다.
③ 회계정보가 예측가치를 가져야 한다.
④ 반기 재무제표를 작성하여 정보를 제공한다.

해설

신뢰성에 해당하는 내용이다.

12 다음 중 재무회계에 대한 설명으로 올바른 것은? [82회]

① 재무제표는 경영자의 의사결정을 위한 유용한 회계정보를 제공한다.
② 회계의 주목적은 일정 기간의 재무상태와 일정 시점의 경영성과를 파악하는 것이다.
③ 모든 기업의 회계연도는 1년을 초과하여 설정할 수 있다.
④ 복식부기는 대차평형의 원리에 의하여 회계적 거래를 기록한다.

해설

재무제표는 기업 외부의 이해관계자의 의사결정을 위한 유용한 회계정보를 제공하며, 재무회계의 주목적은 일정 시점의 재무상태와 일정 기간의 경영성과를 파악하는 것이다. 기업의 회계연도는 1년을 초과하여 설정할 수 없다.

13 다음 중 재무제표 기본요소의 측정에 관한 설명으로 올바른 것으로만 묶인 것은? [82회]

> 가. 자산의 취득원가는 자산을 취득하였을 때 그 대가로 지급한 현금 등 지급수단의 공정가치를
>   말하며 역사적 원가와 동일한 의미이다.
> 나. 공정가치는 독립된 당사자 간의 현행 거래에서 자산이 매각 또는 구입되거나 부채가 결제 또는
>   이전될 수 있는 교환가치이다.
> 다. 사용가치는 정상적인 기업 활동 과정에서 미래에 당해 자산이 현금 등으로 전환될 때 수취할
>   것으로 예상되는 금액에서 그러한 전환에 직접 소요될 비용을 차감한 금액을 말한다.
> 라. 현재가치는 기업실체가 자산을 사용함에 따라 당해 기업실체의 입장에서 인식되는 현재의 가치를
>   말한다.

① 가, 나   ② 나, 다
③ 가, 다   ④ 다, 라

해설
(다)는 순실현가능가치에 관한 설명이며, (라)는 사용가치에 관한 설명이다.

14 다음 중 재무제표의 작성과 표시에 대한 설명으로 틀린 것은? [81회]

① 재무제표는 투자자나 채권자가 기업의 가치나 채무이행능력을 평가할 수 있도록 자산, 부채,
   자본, 수익, 비용 및 현금흐름에 관한 정보를 제공한다.
② 재무제표는 재무상태표, 손익계산서, 현금흐름표, 자본변동표로 구성되며, 주석도 재무제표의
   일부로 본다.
③ 재무제표의 작성과 표시에 대한 책임은 경영진에게 있다.
④ 발생주의는 현금 수수 여부와 관계없이 회계상의 거래가 발생한 시점에 해당 거래를 인식하
   는 기준이다. 기업회계에서는 현금주의회계를 사용하여 재무제표를 작성한다.

해설
발생주의는 현금 수수 여부와 관계없이 회계상의 거래가 발생한 시점에 해당 거래를 인식하는 기준이다. 기업회계에
서는 발생주의회계를 사용하여 재무제표를 작성한다.

15 다음 중 회계정보의 질적특성에 대한 내용으로 틀린 것은?　　　　　　　　　[81회]

① 회계정보가 신뢰성을 갖기 위해서는 편의 없이 중립적이어야 한다.

② 회계정보가 정보이용자에게 유용하기 위해서는 그 정보가 의사결정에 반영될 수 있도록 적시에 제공되어야 한다.

③ 동일한 경제적 사건이나 거래에 대하여 동일한 측정방법을 적용할 경우 다수의 독립적인 측정자가 다양한 결론에 도달할 수 있어야 한다.

④ 회계정보가 신뢰성을 갖기 위해서는 그 정보가 나타내고자 하는 대상, 즉 기업실체의 경제적 자원과 의무, 그리고 이들의 변동을 초래하는 거래나 사건을 충실하게 표현하여야 한다.

해설

동일한 경제적 사건이나 거래에 대하여 동일한 측정방법을 적용할 경우 다수의 독립적인 측정자가 유사한 결론에 도달할 수 있어야 한다.

16 다음 중 장부의 마감에 대한 설명으로 올바른 것은?　　　　　　　　　[81회]

① 장부의 마감은 재무상태표 계정을 마감한 후 손익계산서 계정을 마감한다.

② 집합손익 계정은 차변에 수익이 기록되고 대변에 비용이 기록된다.

③ 집합손익 계정의 대변이 차변보다 큰 경우에는 비용이 수익보다 큰 경우이므로 당기순손실이 발생한다.

④ 집합손익 계정을 이익잉여금 계정의 대변에 대체시킨 경우에는 당기순이익이 발생한 것이다.

해설

장부의 마감은 손익계산서 계정을 마감한 후 재무상태표 계정을 마감한다. 집합손익 계정은 대변에 수익이 기록되고 차변에 비용이 기록된다. 집합손익 계정의 대변이 차변보다 큰 경우에는 수익이 비용보다 큰 경우이므로 당기순이익이 발생한다.

17 다음 중 회계정보의 질적특성에 관한 설명으로 틀린 것은?　　　　　　　　　[80회]

① 상장기업에 대하여 분기, 반기재무제표를 공시하도록 요구하는 것은 신뢰성을 강조하는 것이다.

② 목적적합한 정보는 적시성을 전제로 하며 의사결정시점에 필요한 정보가 제공되지 않으면 목적적합성을 상실하게 된다.

③ 차입거래로 보는 매출채권의 양도는 실질우선의 회계처리로 볼 수 있다.

④ 질적특성 간의 절충의 필요는 목적적합성과 신뢰성 간에 발생할 수 있으며 주요 질적특성의 구성요소 간에도 발생할 수 있다.

해설

분기, 반기재무제표는 적시에 재무정보가 제공되는 것(적시성)을 목적으로 하기 때문에 목적적합성과 관련된다.

18 다음 중 손익계산서의 작성원칙에 대한 설명으로 틀린 것은?   [80회]

① 매출액은 기업의 주된 영업활동에서 발생한 제품, 상품, 용역 등의 총매출액에서 매출할인, 매출환입, 매출에누리 등을 차감한 금액이다.

② 매출액은 업종별이나 부문별로 구분하여 표시할 수 있으며, 반제품매출액, 부산물매출액, 작업폐물매출액, 수출액, 장기할부매출액 등이 중요한 경우에는 이를 구분하여 표시할 수 있다.

③ 판매비와관리비는 제품, 상품, 용역 등의 판매활동과 기업의 관리활동에서 발생하는 비용으로서 당해 비용을 표시하는 적절한 항목으로 구분하여 표시하여야 하며 일괄표시할 수 없다.

④ 영업외비용은 기업의 주된 영업활동이 아닌 활동으로부터 발생한 비용과 차손으로서 중단사업손익에 해당하지 않는 것으로 한다.

해설

판매비와관리비는 당해 비용을 표시하는 적절한 항목으로 구분하여 표시하거나 일괄표시할 수 있다. 일괄표시하는 경우에는 적절한 항목으로 구분하여 이를 주석으로 기재한다.

19 다음 중 수정을 요하는 보고기간후사건의 예로 틀린 것은?   [80회]

① 보고기간 말 이전에 존재했던 소송사건의 결과가 보고기간 후에 확정되는 경우

② 전기에 발생한 회계적 오류를 보고기간 후에 발견하는 경우

③ 보고기간 말 현재 지급해야 할 의무가 있는 직원에 대한 성과상여금이 보고기간 후에 확정되는 경우

④ 보유 주식의 시장가격이 보고기간 말과 재무제표가 사실상 확정된 날 사이 하락하는 경우

해설

유가증권의 시장가격이 보고기간말과 재무제표가 사실상 확정된 날 사이에 하락한 것은 수정을 요하지 않는 보고기간후사건의 예이다. 이 경우 시장가격의 하락은 보고기간말 현재의 상황과 관련된 것이 아니라 보고기간말 후에 발생한 상황이 반영된 것이다. 따라서 그 유가증권에 대해서 재무제표에 인식한 금액을 수정하지 아니한다.

20 다음 중 재무회계개념체계에 대한 설명으로 틀린 것은?　　　　　　　　　　　　[79회]

① 기업실체가 제공하는 재무정보의 이용자는 크게 나누어 투자자, 채권자, 그리고 기타 정보이용자로 구분할 수 있다.

② 진행 중인 손해배상소송에 대한 정보는 목적적합성(예측가치) 있는 정보일 수 있으나, 소송 결과를 확실히 예측할 수 없는 상황에서 손해배상청구액을 재무제표에 인식하는 것은 재무정보의 충실한 표현을 저해할 수 있다.

③ 포괄손익계산서상 중단영업손익과 계속영업손익을 구분표시하는 것은 적시성을 높이기 위한 것이다.

④ 건물을 취득원가로 평가하고, 취득원가를 건물의 내용연수 동안 합리적이고 체계적인 방법에 의하여 감가상각하는 회계처리를 정당화시키는 재무제표의 기본가정은 계속기업이다.

해설
포괄손익계산서상 중단영업손익과 계속영업손익을 구분표시하는 것은 예측가치를 높이기 위한 것이다.

21 다음 중 재무제표를 통해 제공되는 정보의 특성과 한계에 대한 설명으로 틀린 것은?　　　[78회]

① 재무제표는 화폐단위로 측정된 정보를 주로 제공한다.

② 재무제표는 대부분 과거에 발생한 거래나 사건에 대한 정보를 나타낸다.

③ 재무제표는 특정 기업실체에 관한 정보뿐 아니라, 산업 전반에 관한 정보도 제공한다.

④ 재무제표는 추정에 의한 측정치를 포함하고 있다.

해설
재무제표는 특정 기업실체에 관한 정보를 제공하며, 산업 전반에 관한 정보는 제공하지 않는다.

22 다음 중 재무회계에 대한 설명으로 틀린 것은?　　　　　　　　　　　　　　　　[77회]

① 회계의 주목적은 일정한 시점의 재무상태와 일정 기간의 경영성과를 파악하는 것이다.

② 복식부기는 일정한 원리원칙에 의하여 모든 재산의 변동 상황을 기록한다.

③ 재무제표는 기업이해관계자들의 의사결정을 위한 유용한 회계정보를 제공한다.

④ 모든 기업의 회계연도는 1월 1일부터 12월 31일까지이며, 회계연도는 1년을 초과할 수 없다.

해설
법인의 회계연도는 법인 설립 시 작성하는 정관에서 정한 기간으로 한다(단, 회계연도는 1년을 초과할 수 없다).

23 다음 중 재무제표정보의 질적특성인 신뢰성에 대한 내용이 아닌 것은? [77회]

① 재무정보가 의사결정에 반영될 수 있도록 적시에 제공되어야 한다.
② 재무정보가 특정 이용자에게 치우치거나 편견을 내포해서는 안된다.
③ 거래나 사건을 사실대로 충실하게 표현하여야 한다.
④ 동일한 거래에 대하여 다수의 독립적인 측정자가 동일하거나 유사한 결론에 도달하여야 한다.

해설

재무정보가 정보이용자에게 유용하기 위해서는 그 정보가 의사결정에 반영될 수 있도록 적시에 제공되어야 한다. 적시성 있는 정보라 하여 반드시 목적적합성을 갖는 것은 아니나, 적시에 제공되지 않은 정보는 주어진 의사결정에 이용할 수 없으므로 목적적합성을 상실하게 된다. 그러나 적시성 있는 정보를 제공하기 위해 신뢰성을 희생해야 하는 경우가 있으므로 경영자는 정보의 적시성과 신뢰성 간의 균형을 고려해야 한다.

24 다음 중 유동자산과 유동부채에 대한 설명으로 틀린 것은? [77회]

① 기업의 정상적인 영업주기 내에 실현될 것으로 예상되거나 판매목적 또는 소비목적으로 보유하고 있는 자산은 유동자산으로 분류한다.
② 정상적인 영업주기 내에 판매되거나 사용되는 재고자산과 회수되는 매출채권 등은 보고기간 종료일로부터 1년 이내에 실현되지 않더라도 유동자산으로 분류한다.
③ 정상적인 영업주기 내에 소멸할 것으로 예상되는 매입채무와 미지급비용 등은 보고기간종료일로부터 1년 이내에 결제되지 않더라도 비유동부채로 분류하지 않는다.
④ 보고기간 후 1년 이상 결제를 연기할 수 있는 무조건의 권리를 가지고 있지 않은 부채는 비유동부채로 분류한다.

해설

• 다음과 같은 부채는 유동부채로 분류한다.
  – 기업의 정상적인 영업주기 내에 상환 등을 통하여 소멸할 것이 예상되는 매입채무와 미지급비용 등의 부채
  – 보고기간종료일로부터 1년 이내에 상환되어야 하는 단기차입금 등의 부채
  – 보고기간 후 1년 이상 결제를 연기할 수 있는 무조건의 권리를 가지고 있지 않은 부채. 이 경우 계약상대방의 선택에 따라, 지분상품의 발행으로 결제할 수 있는 부채의 조건은 그 분류에 영향을 미치지 아니한다.
  – 그 밖의 모든 부채는 비유동부채로 분류한다.

25 다음 중 재무제표의 작성과 표시에 대한 설명으로 틀린 것은? [76회]

① 경영자는 재무제표를 작성함에 있어서 특수한 상황에 처한 경우를 제외하고는 기업이 계속하여 존속하리라는 것을 전제로 한다.

② 재무제표의 작성과 표시에 대한 책임은 경영자에게 있고 기업회계기준에 따라 작성된 재무제표는 공정한 재무제표로 본다.

③ 중요한 항목은 본문이나 주석으로 구분표시할 수 있고 중요하지 않은 부분은 유사한 항목과 통합하여 표시할 수 있다.

④ 기업은 일반기업회계기준에 의한 회계정책을 따라야 하며, 일반기업회계기준의 허용범위라 하더라도 회계정책을 임의대로 선택하여 재무제표를 작성할 수 없다.

해설

기업은 일반기업회계기준이 허용하는 범위에서 회계정책을 선택하여 재무제표 작성에 적용할 수 있다. 일반기업회계기준에서 선택가능하거나 구체적인 회계처리 방법을 제시하지 않은 경우에는 질적특성을 갖춘 정보를 제공할 수 있는 회계정책을 선택할 수 있다.

26 다음 중 재무제표의 질적특성에 대한 설명으로 틀린 것은? [75회]

① 재무정보의 질적특성은 비용과 효익, 그리고 중요성의 제약요인하에서 고려되어야 한다.

② 재무제표를 작성하는 과정에서 목적적합성은 비교가능성보다 항상 우선시되어야 한다.

③ 기업실체의 재무상태, 경영성과, 현금흐름 및 자본변동의 추세 분석과 기업실체 간의 상대적 평가를 위하여 재무정보는 기간별 비교가 가능해야 하고 기업실체 간의 비교가능성도 있어야 한다.

④ 재무제표를 작성하는 과정에서 신뢰성은 목적적합성보다 항상 우선시되어야 한다.

해설

재무정보가 갖추어야 할 가장 중요한 질적특성은 목적적합성과 신뢰성이다. 목적적합성의 정도가 유사하다면 신뢰성이 더 높은 회계처리방법이 선택되어야 하며 신뢰성의 정도가 유사하다면 목적적합성이 더 높은 회계처리방법이 선택되어야 한다. 목적적합성과 신뢰성 중 어느 하나가 완전히 상실된 경우 그 정보는 유용한 정보가 될 수 없다. 재무정보의 비교가능성은 목적적합성과 신뢰성만큼 중요한 질적특성은 아니나, 목적적합성과 신뢰성을 갖춘 정보가 기업실체 간에 비교가능하거나 또는 기간별 비교가 가능할 경우 재무정보의 유용성이 제고될 수 있다.

27 다음 중 재무제표의 기본가정이 아닌 것은? [75회]

① 검증가능성　　　　　　　　　② 기업실체
③ 계속기업　　　　　　　　　　④ 기간별보고

해설

검증가능성은 질적특성 중 신뢰성에 대한 내용이다.

28 다음 중 재무회계의 개념체계에 관한 설명으로 틀린 것은? [74회]

① 재무회계개념체계가 특정 일반기업회계기준과 상충되는 경우 일반기업회계기준은 재무회계개념체계에 우선한다.
② 재무제표의 작성자가 회계기준을 해석·적용하여 재무제표를 작성·공시하거나, 특정한 거래나 사건에 대한 회계기준이 미비된 경우에 적용할 수 있는 일관된 지침을 제공한다.
③ 진행 중인 손해배상소송의 결과를 확실히 예측할 수 없는 상황에서 손해배상청구액을 인식하는 것은 재무정보의 목적적합성과 신뢰성을 저해한다.
④ 외부감사인이 감사의견을 표명하기 위하여 회계기준 적용의 적정성을 판단하거나, 특정한 거래나 사건에 대한 회계기준이 미비된 경우 회계처리의 적정성을 판단함에 있어서 의견형성의 기초가 되는 일관된 지침을 제공한다.

해설

진행 중인 손해배상소송에 대한 정보는 목적적합성 있는 정보일 수 있으나, 소송결과를 확실히 예측할 수 없는 상황에서 손해배상청구액을 재무제표에 인식하는 것은 재무정보의 신뢰성을 저해할 수 있다.

29 다음 중 자본을 증가시키는 거래에 해당하는 것은? [74회]

① 차량운반구를 장부금액보다 낮은 금액으로 처분하였다.
② 무상감자를 하였다.
③ 상품을 판매하여 수익을 인식하였다.
④ 비품을 외상으로 구입하였다.

해설

상품을 판매하여 수익을 인식한 경우 당기순이익이 증가하므로 자본 항목 중 이익잉여금이 증가하게 된다.

30 다음의 자료에서 설명하는 회계정보의 질적특성은 무엇인가? [74회]

> 어떤 기업실체의 투자자가 특정 회계연도의 재무제표가 발표되기 전에 당해 연도와 그 다음 연도의 이익을 예측하였으나 재무제표가 발표된 결과 당해 연도의 이익이 자신의 이익 예측치를 초과하는 경우, 투자자는 그 다음 연도의 이익 예측치를 상향 조정하게 된다. 이 예에서 당해 연도의 보고이익은 어떤 회계정보의 질적특성을 가지고 있는 정보로 볼 수 있다.

① 검증가능성 ② 중립성
③ 신뢰성 ④ 피드백가치

31 다음 중 재무제표를 작성하기 위한 기본가정에 관한 설명으로 틀린 것은? [74회]

① 재무제표의 기본가정은 회계공준이라고도 한다.
② 기본가정에 따라 발생주의 회계를 적용한다.
③ 기본가정에 따라 기업을 소유주와는 독립적으로 존재하는 실체로 인정한다.
④ 기업은 반증이 없는 한 영속적으로 존재한다.

해설
발생주의 회계는 재무회계의 기본적 특징으로서 재무제표의 기본요소의 정의 및 인식, 측정과 관련이 있으므로 기본가정과 관련이 없다. 기본가정은 기업실체, 계속기업, 기간별 보고의 가정이다.

32 다음 중 상황별 회계처리로 틀린 것은? [74회]

① 당기순이익 50,000원에 대하여 장부를 마감하는 경우

(차) 집합손익 50,000원 (대) 이익잉여금 50,000원

② 외상으로 제공한 용역수익 30,000원이 300,000원으로 계상되어 수정하는 경우

(차) 매출채권 270,000원 (대) 용역수익 270,000원

③ 건물을 취득하면서 현금으로 지급한 취득세 10,000원에 대하여 회계처리하는 경우

(차) 건 물 10,000원 (대) 현 금 10,000원

④ 기계장치를 300,000원에 취득하면서 구입대금은 당좌수표를 발행하여 지급하는 경우(당좌예금 잔액은 200,000원, 당좌차월의 한도는 150,000원이다)

(차) 기계장치 300,000원 (대) 당좌예금 200,000원
당좌차월 100,000원

해설
• 과대계상된 용역수익과 매출채권을 취소하여야 하므로 다음과 같이 회계처리하여야 한다.

(차) 용역수익 270,000원 (대) 매출채권 270,000원

33 다음 중 재무제표정보의 질적특성인 목적적합성에 대한 내용이 아닌 것은? [73회]

① 재무정보가 의사결정에 반영될 수 있도록 적시에 제공되어야 한다.
② 재무정보가 특정이용자에게 치우치거나 편견을 내포해서는 안된다.
③ 회계정보가 예측가치를 가져야 한다.
④ 회계정보에 의하여 당초 가졌던 기대치를 확인 수정할 수 있도록 한다.

해설
신뢰성에 해당하는 내용이다.

34 다음 중 현금흐름표에서 영업활동으로 인한 현금흐름에 해당하지 않는 것은? [73회]

① 배당금수익의 현금 수령
② 외상매출금의 회수
③ 영업용 토지의 구입
④ 법인세 등의 현금 지급

해설
영업용 토지의 구입은 투자활동으로 인한 현금흐름에 해당한다.

35 다음 중 재무회계개념체계에 대한 설명으로 틀린 것은? [72회]

① 경영자는 회계기준에 근거하여 진실되고 적정한 재무제표를 작성하여야 한다.
② 재무정보가 갖추어야 할 가장 중요한 질적특성은 목적적합성과 비교가능성이다.
③ 재무제표는 일정한 가정 하에서 작성되며, 그러한 기본가정으로는 기업실체, 계속기업 및 기간별 보고를 들 수 있다.
④ 재무제표는 특수한 목적의 정보를 필요로 하는 일부 정보이용자의 요구까지 모두 충족시키는 것은 아니다.

해설
재무정보가 갖추어야 할 가장 중요한 질적특성은 목적적합성과 신뢰성이다.

36 다음 중 발생주의에 의한 회계처리에 해당하는 것을 모두 고른 것은? [72회]

> 가. 상품의 시용판매의 경우 구입의사표시가 있을 때 매출을 인식하는 것
> 나. 무형자산에 대한 무형자산상각비를 계상하는 것
> 다. 종업원에 대한 퇴직급여충당부채를 계상하는 것
> 라. 매출채권에 대한 대손충당금을 계상하는 것

① 가, 나　　　　　　　　　　　② 가, 다
③ 나, 다, 라　　　　　　　　　　④ 가, 나, 다, 라

해설

발생주의는 기업실체의 경제적 거래나 사건에 대해 관련된 수익과 비용을 그 현금유출입이 있는 기간이 아니라 당해 거래나 사건이 발생한 기간에 인식하는 것을 말한다.

37 다음 중 현금흐름표에 관한 설명으로 틀린 것은? [72회]

① 현금흐름표의 정보는 영업활동, 재무활동, 투자활동에 관한 현금흐름이다.
② 투자활동은 현금의 대여와 회수활동, 유가증권·투자자산·유형자산 및 무형자산의 취득과 처분활동 등을 말한다.
③ 재무활동은 현금의 차입 및 상환활동, 신주발행이나 배당금의 지급활동 등과 같이 부채 및 자본계정에 영향을 미치는 거래를 말한다.
④ 현금흐름표에서 현금이란 현금만을 의미하므로 현금성자산은 포함하지 않는다.

해설

현금흐름표에서 현금이라 함은 현금및현금성자산을 말한다.

38 다음 중 재무회계의 개념체계에 관한 설명으로 틀린 것은? [71회]

① 회계기준제정기구가 회계기준을 제정 또는 개정함에 있어 준거하는 재무회계의 개념과 개념의 적용에 관한 일관성 있는 지침을 제공한다.
② 재무제표의 작성자가 회계기준을 해석·적용하여 재무제표를 작성·공시하거나, 특정한 거래나 사건에 대한 회계기준이 미비된 경우에 적용할 수 있는 일관된 지침을 제공한다.
③ 외부감사인이 감사의견을 표명하기 위하여 회계기준 적용의 적정성을 판단하거나, 특정한 거래나 사건에 대한 회계기준이 미비된 경우 회계처리의 적정성을 판단함에 있어서 의견형성의 기초가 되는 일관된 지침을 제공한다.
④ 본 개념체계는 구체적 회계처리방법이나 공시에 관한 기준을 정하는 것을 목적으로 한다.

해설

개념체계는 회계기준이 아니므로 구체적 회계처리방법이나 공시에 관한 기준을 정하는 것을 목적으로 하지 않는다. 따라서 개념체계의 내용이 특정 회계기준과 상충되는 경우에는 그 회계기준이 개념체계에 우선한다.

39 다음은 일반기업회계기준상 재무제표의 기본가정에 대한 설명이다. 아래의 (가) 안에 들어갈 내용으로 알맞은 것은? [71회]

> 기업실체의 경영활동에 있어 청산이나 사업축소 등을 가정하지 않고, 그 목적을 수행하기에 충분할 정도로 장기간 존속한다는 가정을 계속기업의 가정이라고 한다. 이 가정은 재무제표를 (　가　)로 평가하는 근거를 제공한다.

① 순실현가능가치　　　　　　② 청산가치
③ 역사적원가　　　　　　　　④ 현행대체원가

해설
계속기업의 가정은 재무제표를 역사적원가로 평가하는 근거를 제공한다.

40 다음 중 재무제표 기본요소의 측정에 관한 설명으로 틀린 것은? [71회]

① 자산의 취득원가는 자산을 취득하였을 때 그 대가로 지급한 현금, 현금등가액 또는 기타 지급수단의 공정가치를 말하며 역사적 원가와 동일한 의미이다.
② 이행가치는 독립된 당사자간의 현행 거래에서 자산이 매각 또는 구입되거나 부채가 결제 또는 이전될 수 있는 교환가치이다.
③ 순실현가능가치는 정상적 기업활동과정에서 미래에 당해 자산이 현금 또는 현금등가액으로 전환될 때 수취할 것으로 예상되는 금액에서 그러한 전환에 직접 소요될 비용을 차감한 가액이다.
④ 사용가치는 기업실체가 자산을 사용함에 따라 당해 기업실체의 입장에서 인식되는 현재의 가치를 말한다.

해설
공정가치(또는 공정가액)는 독립된 당사자 간의 현행 거래에서 자산이 매각 또는 구입되거나 부채가 결제 또는 이전될 수 있는 교환가치이다.

41 다음 중 재무상태표에 대한 설명으로 틀린 것은? [71회]

① 자본이란 회사의 자산 총액에서 부채 총액을 차감한 잔여 금액으로 회사의 자산에 대한 주주의 잔여청구권을 말한다.
② 기간별 비교가능성을 제고하기 위하여 전기와 당기를 비교하는 형식으로 표시한다.
③ 관련된 자산과 부채를 상계하여 순액으로 표시한다.
④ 부채란 과거의 거래나 사건의 결과로 현재 회사가 부담하고 있고 미래에 자원이 유출 또는 사용이 예상되는 의무이다.

해설

자산과 부채는 원칙적으로 상계하여 표시하지 않는다. 다만, 기업이 채권과 채무를 상계할 수 있는 법적 구속력 있는 권리를 가지고 있고, 채권과 채무를 순액 기준으로 결제하거나 채권과 채무를 동시에 결제할 의도가 있다면 상계하여 표시하는 경우와 다른 장에서 요구하거나 허용하는 경우에는 예외로 한다.

42 ㈜백호는 2022년 1월 1일에 기계장치를 100,000,000원에 구입하고 기계장치를 인도받았다. 기계장치 구입대금 중 10,000,000원은 2022년 1월 1일 기계장치를 인도받은 즉시 현금으로 지급하였으며, 잔액은 2022년 6월 30일에 지급하기로 하는 어음을 발행하였다. 이 거래와 관련하여 ㈜백호가 현금흐름표에 투자활동으로 보고해야 하는 금액은 얼마인가? [71회]

① 투자활동으로 인한 현금유입 10,000,000원
② 투자활동으로 인한 현금유출 10,000,000원
③ 투자활동으로 인한 현금유입 90,000,000원
④ 투자활동으로 인한 현금유출 100,000,000원

해설

• 기계장치를 취득하고 현금으로 지출한 금액만 투자활동으로 보고한다. 기계장치 취득가액 중 어음을 발행한 90,000,000원은 재무활동으로 보고한다.
• 투자활동으로 인한 현금의 유출에는 현금의 대여, 단기투자자산·유가증권·투자자산·유형자산·무형자산의 취득에 따른 현금유출로서 취득 직전 또는 직후의 지급액 등이 포함된다.
• 재무활동으로 인한 현금의 유출에는 배당금의 지급, 유상감자, 자기주식의 취득, 차입금의 상환, 자산의 취득에 따른 부채의 지급 등이 포함된다.

43 다음 중 일반기업회계기준상 재무제표에 대한 설명으로 틀린 것은? [70회]

① 재무상태표는 일정 시점의 자산, 부채 그리고 자본에 대한 정보를 제공한다.
② 손익계산서는 일정기간 동안의 경영성과에 대한 정보를 제공한다.
③ 자본변동표는 일정 시점의 자본의 크기와 그 변동에 관한 정보를 제공한다.
④ 현금흐름표는 일정기간 동안의 현금흐름에 대한 정보를 제공한다.

해설

자본변동표는 일정기간 동안의 자본의 크기와 그 변동에 관한 정보를 제공한다.

44 다음 중 재무정보의 질적특성에 관한 설명으로 틀린 것은? [70회]

① 재무정보의 질적특성이란 재무정보가 유용하기 위해 갖추어야 할 주요 속성을 말하며, 재무정보의 유용성의 판단기준이 된다.

② 신뢰성 있는 정보는 정보이용자가 기업실체의 과거, 현재 또는 미래 사건의 결과에 대한 예측을 하는 데 도움이 되거나 또는 그 사건의 결과에 대한 정보이용자의 당초 기대치를 확인 또는 수정할 수 있게 함으로써 의사결정에 차이를 가져올 수 있는 정보를 말한다.

③ 피드백가치는 제공되는 재무정보가 기업실체의 재무상태, 경영성과, 순현금흐름, 자본변동 등에 대한 정보이용자의 당초 기대치(예측치)를 확인 또는 수정되게 함으로써 의사결정에 영향을 미칠 수 있는 능력을 말한다.

④ 적시성 있는 정보를 제공하기 위하여 신뢰성을 희생해야 하는 경우가 있으므로 경영자는 정보의 적시성과 신뢰성 간의 균형을 고려해야 한다.

해설
목적적합성 있는 정보는 정보이용자가 기업실체의 과거, 현재 또는 미래 사건의 결과에 대한 예측을 하는 데 도움이 되거나 또는 그 사건의 결과에 대한 정보이용자의 당초 기대치(예측치)를 확인 또는 수정할 수 있게 함으로써 의사결정에 차이를 가져올 수 있는 정보를 말한다.

45 다음 중 손익계산서와 관련이 없는 항목은? [70회]

① 매출채권의 대손상각비　　　　② 건물의 감가상각비
③ 자기주식처분이익　　　　　　④ 유형자산처분이익

해설
자기주식처분이익은 자본잉여금 항목으로 재무상태표에 자본으로 표시된다. 나머지는 손익계산서에 수익 또는 비용으로 표시된다.

46 재무상태표의 기본요소 중 자산에 대한 설명으로 틀린 것은? [70회]

① 자산은 과거의 거래나 사건의 결과로서 현재 기업실체에 의해 지배되고 미래에 경제적 효익을 창출할 것으로 기대되는 자원이다.

② 유형자산을 포함한 많은 자산이 물리적 형태를 가지고 있지만 물리적 형태가 자산의 본질적인 특성은 아니다.

③ 부동산, 채권 등의 모든 자산의 법적 권리는 자산성 유무를 결정하는 최종적 기준이다.

④ 일반적으로 현금유출과 자산의 취득은 밀접하게 관련되어 있으나 양자가 반드시 일치하는 것은 아니다.

해설
소유권 등의 법적 권리가 자산성 유무를 결정함에 있어 최종적 기준은 아니다.

47 다음 중 재무제표에 대한 설명으로 틀린 것은? [69회]

① 현금흐름 정보를 제외하고 발생기준 회계를 적용한다.
② 재무제표에 보고되는 전기의 비교정보를 공시한다.
③ 자산과 부채, 수익과 비용을 상계표시한다.
④ 중요성의 관점에서 유사한 항목을 통합하여 표시한다.

해설
자산과 부채, 수익과 비용은 원칙적으로 상계하여 표시하지 않는다.

48 현금흐름표에서 영업활동으로 인한 현금흐름에 해당하지 않는 것은? [69회]

① 이자수익의 현금 수령
② 현금매출
③ 대여금의 현금 회수
④ 법인세 등의 현금 지급

해설
대여금의 현금 회수는 투자활동으로 인한 현금흐름에 해당한다.

49 재무제표 요소의 측정기준 중 역사적 원가주의에 대한 설명을 모두 고른 것은? [68회]

> 가. 다른 측정기준보다 더 단순하고 비용이 적게 든다.
> 나. 보다 검증 가능한 회계정보를 산출할 수 있다.
> 다. 미실현이익의 계상을 방지할 수 있다.
> 라. 회계정보의 적시성이 높아진다.

① 가, 나
② 나, 다
③ 가, 나, 다
④ 가, 나, 다, 라

해설
• 가, 나, 다는 역사적원가주의 특징이라 할 수 있다.
• 라는 회계정보의 적시성은 시가주의에 관한 설명이다.

47 ③ 48 ③ 49 ③ **정답**

50 다음의 계정 중 재무상태표상에 자산으로 기록되는 것을 모두 고른 것은? [68회]

가. 선급임차료　　　나. 선수임대료　　　다. 미수임대료　　　라. 미지급임차료

① 가, 나 　　　　　　　　　　　② 가, 다
③ 나, 다 　　　　　　　　　　　④ 다, 라

해설
• 선급임차료(선급비용)과 미수임대료(미수수익)이 자산계정이다.
• 선수임대료(선수수익)과 미지급임차료(미지급비용)은 부채계정이다.

51 다음 중 발생주의에 의한 회계처리에 해당하는 것을 모두 고른 것은? [67회]

㉠ 상품의 인도시점에 매출을 인식하는 것
㉡ 기계장치에 대한 감가상각비를 계상하는 것
㉢ 종업원에 대한 퇴직급여충당부채를 계상하는 것
㉣ 매출채권에 대한 대손충당금을 계상하는 것

① ㉠, ㉡
② ㉠, ㉢
③ ㉡, ㉢, ㉣
④ ㉠, ㉡, ㉢, ㉣

해설
발생주의는 현금의 유입 및 유출에 관계없이 수익 또는 비용을 인식하는 개념이다. 모든 보기 문항은 발생주의에 따른 회계처리이다.

52 재무상태표에 표시되는 다음의 항목 중 표시방법이 다른 항목은? [67회]

① 대손충당금
② 감가상각누계액
③ 사채할인발행차금
④ 판매보증충당부채

해설
판매보증충당부채를 제외한 나머지 계정과목은 모두 해당 자산 또는 부채에 차감 표시되는 항목이다.

53 ㈜세무는 2021년 9월 1일에 1년분 화재보험료 120,000원을 현금으로 지급하면서, 전액을 보험료로 비용 처리하였다. 보험료에 대한 기말 수정분개가 미치는 영향을 모두 고른 것은?　　　[67회]

> ㉠ 유동자산이 증가한다.
> ㉡ 비용이 증가한다.
> ㉢ 당기순이익이 증가한다.

① ㉠, ㉡　　　　　　　　　② ㉠, ㉢
③ ㉡, ㉢　　　　　　　　　④ 정답 없음

해설

결산일 현재 과다계상된 비용 80,000원을 자산으로 수정하는 회계처리가 필요하다. 기간 미경과분(8개월치)에 대하여 차변에 선급보험료(유동자산), 대변에 보험료(비용)의 수정분개가 필요하다. 수정분개로 유동자산이 증가하고, 비용이 감소하므로 당기순이익이 증가한다.

54 당기순이익으로부터 간접법에 의하여 영업활동으로 인한 현금흐름을 구할 때 조정되는 항목이 아닌 것은?　　　[67회]

① 기계장치 감가상각비　　　　② 사채상환손실
③ 매출채권의 증가　　　　　　④ 자기주식의 처분

해설

기계장치 감가상각비와 사채상환손실은 당기순이익에 가산조정하고, 매출채권의 증가는 차감조정한다. 자기주식의 처분은 재무활동에서 반영한다.

02 현금및현금성자산

01 현금및현금성자산

1. 현 금

현금은 기업이 보유하고 있는 자산 중 가장 유동성이 높은 자산으로 다른 자산과의 교환의 매개체로서의 역할을 담당하고 있다. 회계상 현금은 지폐나 주화 등의 통화와 타인발행수표 등의 통화대용증권 및 보통예금, 당좌예금 등의 요구불예금으로 구성된다.
구체적인 구성은 다음과 같다.

- 통화 : 지폐, 주화, 외국화폐
- 통화대용증권 : 타인발행수표(가계수표, 당좌수표, 자기앞수표), 송금수표, 우편환증서, 만기도래어음, 기일도래한 공사채이자표, 배당지급통지표, 공장·지점전도금

※ 우표, 수입인지, 차용증서 등은 현금에 포함되지 않는다.

※ 직원가불금(→ 단기대여금), 부도수표, 선일자수표^{*주)}(→ 매출채권)는 현금및현금성자산으로 구분하지 않는다.

※ 현금과부족 : 현금보유액과 장부금액이 일치하지 않는 경우 차이금액을 표시한다.

*주) 선일자수표 = 수표를 어음처럼 사용하기 위해 발행하는 것으로 형식은 수표이나 실질은 어음에 해당된다.

2. 현금성자산

현금성자산이란 유동성이 매우 높은 단기투자자산으로서 확정된 금액의 현금으로 전환이 용이하고 가치변동의 위험이 경미한 자산을 말한다. 취득 당시 만기일 또는 상환일이 3개월 이내 도래하는 금융상품을 말한다.
현금성자산의 예는 다음과 같다.

① 3개월 이내 만기가 도래하는 양도성예금증서(CD)
② 3개월 이내의 환매조건인 환매채(RP)
③ 취득 당시 만기가 3개월 이내 도래하는 정기예금, 채권, MMF, MMDA

위 정의를 충족하지 않는 금융상품은 남아있는 기한(만기)이 보고기간 말로부터 1년 이내이냐 아니냐에 따라 단기금융상품과 장기금융상품으로 구분한다. 현금성자산은 만기일이나 상환일이 있어야 하므로 지분상품은 현금성자산에서 제외한다. 다만, 상환일이 정해져 있고 취득일로부터 상환일까지의 기간이 단기인 우선주는 현금성자산에 포함한다.

3. 예 금

현금성자산에는 당좌예금, 보통예금, 별단예금 등 요구불예금이 포함된다. 요구불예금이란 회사가 필요한
경우 언제든지 출금이 가능하여 현금화할 수 있는 예금을 말한다.

당좌예금	회사가 은행과 당좌거래계약을 맺고 당좌수표를 발행할 수 있는 예금계좌. 일반예금통장기능에 수표와 어음발생기능을 추가한 계좌
당좌차월	당좌예금의 잔액을 초과하여 수표를 발행한 금액. 단기차입금으로 분류
당좌개설보증금	당좌예금을 개설하기 위해 내는 보증금. 전액 장기금융상품으로 처리

회사는 보유하고 있는 현금과 현금성자산을 묶어 '현금및현금성자산'으로 재무상태표에 공시하여야 한다.

4. 은행계정조정표

(1) 의 의

당좌예금거래가 있는 회사에서 회사의 당좌예금 장부잔액은 은행의 장부잔액과 일정시점에서 일치하는
것이 원칙이나 예입한 수표(타인발행)가 아직 추심되지 않았다든가 발행한 수표가 아직 은행에서 지급되
지 않은 원인 등으로 인하여 일치하지 않을 때가 있다. 회사는 월말 또는 결산일 등의 일정시점에서
회사나 은행의 착오 또는 기록시점의 불일치로 인해 당좌예금의 잔액에 차이가 발생할 경우 이를 일치시
키는 작업을 하게 되는데 이때 작성하는 표를 '은행계정조정표'라고 한다. 이때 기업측의 원인에 의하여
발생한 차이는 수정분개를 하여 회사의 정확한 장부잔액을 나타내도록 회계처리하여야 한다. '은행계정
조정표'는 결산 시에만 작성하는 것은 아니고 필요할 때마다 수시로 작성하는 것이며, 결산정리사항이
아니므로 재고조사표에 기재하지는 않는다.

(2) 절 차

회사에서 기말시점에 결산을 할 때는 정확한 당좌예금 계정의 잔액을 확인하기 위해서 은행계정조정표
를 작성하는 것은 필수적인 절차이다. 이는 회사측의 당좌예금 잔액과 은행측의 당좌예금 잔액이 일치하
지 않는 원인들을 분석하는 절차가 필요하기 때문이다.
은행계정조정표의 작성방법은 다음과 같다.

- 회사 당좌예금 잔액을 수정하여 은행잔액증명서 잔액에 일치시킴
- 은행잔액증명서 잔액을 수정하여 회사 당좌예금 잔액에 일치시킴
- 회사 당좌예금 잔액과 은행 당좌예금 잔액을 동시에 수정하여 각각 일치시킴

(3) 불일치 원인과 조정방법

조정항목	내 용	조 정
은행미기입예금	다른 회사로부터 회사의 당좌계정에 일정금액을 예입하였다는 통지를 받고 회사는 당좌예금 계정에 입금으로 처리하였으나 이 입금액이 은행정상 영업시간 후에 입금(마감 후 입금)일 경우	은행측 (+) 조정
기발행미인출수표	회사에서는 수표를 이미 발행하고 장부에서 출금기록을 하였으나, 수표 소지자가 아직 은행에서 지급제시를 하지 않아 은행측 잔액에 포함되어 있는 경우	은행측 (−) 조정
매출채권추심	은행이 만기가 도래한 어음(외상매출금, 추심어음 등)을 추심하여 회사의 당좌예금 계좌에 입금처리했으나 회사는 아직 이 사실을 통보 받지 못하였을 경우	회사측 (+) 조정
당좌거래수수료 및 이자비용	은행측에서 당좌거래수수료, 추심수수료, 당좌차월이자 등을 출금기록하였지만, 회사측에 아직 통보가 되지 않아 잔액에 포함되어 있는 경우	회사측 (−) 조정
이자수익	당좌예금으로 다른 계좌의 이자수익 등이 이체되어 있는 경우에 회사의 당좌예금 잔액에 이 금액이 반영되지 않은 경우	회사측 (+) 조정
부도어음과 수표	회사에서 거래대금으로 받은 수표를 당좌예금에 입금하였으나, 은행에서 해당 수표가 부도여서 입금에서 차감기록을 하였으나 회사측에는 아직 연락이 가지 않은 경우	회사측 (−) 조정
무통장입금	거래처에서 기업에 통보하지 않고 온라인으로 외상매출금 등을 송금한 경우 회사의 당좌예금 잔액에 이 금액이 반영되지 않은 경우	회사측 (+) 조정
기타오류	은행이나 회사 모두 분개장, 총계정원장 등에 기입하는 과정에서 누락이나 오류가 발생하여 불일치가 나타날 수 있음. 이런 차이가 발생하는 경우에는 오류를 발생시킨 측의 잔액을 조정해야 함	각자 조정

➕ 예제

20xx년 위드상사는 매월 말일 은행계정조정표를 작성하고 있다. 20xx년 3월 말 당좌예금에 관련하여 회사측의 잔액은 3,100,000원이고, 은행측의 잔액은 5,330,000원이었다. 잔액의 차이가 생긴 원인은 다음과 같다.

A. 3월 31일 오후 늦게 입금한 수표 1,000,000원을 은행에서 4월 2일날 입금처리

B. 3월 28일 거래처에 발행한 수표 중 1,500,000원이 아직 은행에서 인출되지 않음

C. 3월 30일 거래처로부터 송금된 외상매출금 2,000,000원이 당좌이체 되었으나 아직 회사에 통보되지 않음

D. 3월 31일 당좌거래수수료 10,000원이 회사장부에 반영되지 않음

E. 3월 29일 거래처로부터 받아 은행에 예입한 수표 533,000원이 회사장부에는 583,000원으로 잘못 기록되어 있음

F. 매출대금으로 받아 입금한 수표 210,000원이 부도처리됨

❙ 요구사항

은행계정조정표를 작성하여 불일치 내용을 조정하고 수정분개처리하시오.

| 정답 및 해설 |

은행계정조정표

주식회사 위드상사 　　　　　　　　　　　　　　　　　　　　　20xx년 3월 31일 현재

	회 사	부자은행	해당내용
수정 전 잔액	3,100,000	5,330,000	
조정항목			
가. 은행미기입예금	2,000,000	1,000,000	A, C
나. 기발행미인출수표		−1,500,000	B
다. 매출채권추심			
라. 당좌거래수수료 및 이자비용	−10,000		D
마. 부도수표	−210,000		F
바. 기타오류	−50,000		E
수정 후 잔액	4,830,000	4,830,000	

| 수정분개 |

회사측 불일치 원인을 조정 후에는 수정분개를 통해 회계처리를 하여 재무상태표를 해당 내용을 수정해야 한다. 따라서 위의 은행계정조정표에 의한 내역을 수정분개하면 다음과 같다.

03/31	(차) 당좌예금(당좌자산)	2,000,000	(대) 외상매출금(당좌자산)	2,000,000
03/31	(차) 지급수수료(판관비)	10,000	(대) 당좌예금(당좌자산)	10,000
03/31	(차) 외상매출금(당좌자산)	50,000	(대) 당좌예금(당좌자산)	50,000
03/31	(차) 외상매출금(당좌자산)	210,000	(대) 당좌예금(당좌자산)	210,000

5. 소액현금제도와 현금과부족

(1) 소액현금제도

기업은 일반적으로 당좌예금 계좌를 개설하고 필요 시 수표를 발행하여 지급한다. 그러나 통신비, 교통비, 소모품비, 잡비 등과 같은 적은 액수의 지출까지도 일일이 수표를 발행하는 것은 오히려 불편하다. 따라서 기업은 일정기간, 즉 1개월 또는 1주일 단위로 수표를 발행하여 은행의 당좌예금을 찾아다 놓고 현금으로 지급하는데, 이러한 지출을 하기 위한 현금을 소액현금이라고 한다. 소액현금의 관리제도로는 정액자금전도제와 부정액자금전도제가 있으며 실무적으로는 정액자금전도제를 많이 이용하고 있다.

(2) 정액자금전도제와 부정액자금전도제

① 정액자금전도제

정액자금전도제 방법은 일정액의 현금을 전도하고 일정기간 후에 실제 사용액을 보고받으면 최초의 지급액과 동일한 금액의 자금을 보충해 주는 방법을 말한다.

➕ 예시

날 짜	내 용	분 개			
20xx.9.1	수표 50만원 발행 전도금 지급	현 금	500,000 /	당좌예금	500,000
9월 중	전도금 중 여비교통비 15만원 통보받음	여비교통비	150,000 /	현 금	150,000
9월 말(보충 시)	동액의 수표발행 보충	현 금	150,000 /	당좌예금	150,000

② 부정액자금전도제

부정액자금전도제 방법은 소액현금의 설정금액이 일정하지 않고 현금잔액이 거의 없을 경우에 적당한 금액을 수시로 보충해 주는 방법이다.

➕ 예시

날 짜	내 용	분 개			
20xx.9.1	수표 50만원 발행 전도금 지급	현 금	500,000 /	당좌예금	500,000
9월 중	전도금 중 사용내용(여비교통비 15만원 통보받음)	여비교통비	150,000 /	현 금	150,000
9월 중	수표 10만원 발행하여 보충	현 금	100,000 /	당좌예금	100,000

부정액자금전도제는 보충시점에 이미 사용한 특정 금액을 전액 보충해주는 것이 아니라 향후 필요로 예상되는 소액현금을 대략적으로 예상해서 보충해주는 것이다. 따라서 보충해 주는 금액은 보충 시마다 달라질 수 있다.

(3) 현금과부족

특정 시점에 회사가 보유하고 있는 현금과 장부상의 현금 사이에 차이가 있을 경우 그 차이를 규명하기 전에 임시적으로 사용하는 계정을 현금과부족 계정이라 한다. 결산 시까지 원인을 밝혀 낼 경우 해당 계정으로 대체하면 되지만, 그렇지 못할 경우 잡이익이나 잡손실로 처리해야 한다.

02 단기투자자산

단기투자자산이란 회사가 단기적인 투자목적으로 보유하고 있는 단기금융상품, 단기매매증권, 단기대여금, 그리고 유동자산으로 분류되는 매도가능증권, 만기보유증권 등으로 1년 이내 처분될 것을 예상하는 자산을 말한다.

1. 단기금융상품

금융상품이란 금융기관이 취급하는 저축성예금(정기적금, 정기예금) 및 사용이 제한된 예금 및 기타 정형화된 상품(양도성예금증서(CD), 어음관리구좌(CMA), 환매채(RP), 신종기업어음(CP))들 중 기한이 1년 이내에 도래하는 현금성자산에 속하지 아니하는 금융상품을 말한다.

> ① 단기금융상품 : 정기예금, 정기적금, 사용이 제한되어 있는 예금 및 기타 정형화된 상품으로 단기적 자금
>   운용목적으로 소유하는 만기가 1년 이내에 도래하는 금융상품
> ② 장기금융상품 : 만기가 1년 후에 도래하는 금융상품

※ 단, 단기금융상품 중 취득 당시 만기가 3개월 이내이고 사용제한이 없는 경우는 현금성자산에 해당된다.

➕ 더 알아두기

금융상품 용어설명
- 양도성예금증서(CD ; Certificates of Deposit) : 은행이 발행하고 금융시장에서 자유로운 매매가 가능한 무기명의 정기예금증서. 중도해지는 불가능하나 양도가 자유로워 현금화가 용이한 유동성이 높은 상품
- 환매채(RP ; Repurchase Agreement) : 금융기관이 일정기간 후에 다시 일정한 이자를 가산한 가격으로 매수할 것을 조건으로 하여 고객에게 채권을 매도하는 형태의 금융상품
- 금전신탁 : 금융기관이 금전을 신탁받아 유가증권투자나 신탁대출 등으로 운용하고, 그 운용 이익과 원금을 금전신탁자에게 지급하는 금융상품
- 기업어음(CP ; Commercial paper) : 금융기관이 고객에게 일정한 기업이 발행한 융통어음에 투자하도록 중개하는 형태의 금융상품
- 어음관리구좌(CMA ; Cash Management Account) : 금융기관이 투자자로부터 수탁한 자금을 각종 어음에 투자하고 그 운용수익을 투자자에게 지급하는 금융상품

2. 단기매매증권

단기매매증권이란 1년 이내(단기간) 매매차익을 얻을 목적으로 보유하고 있는 유가증권을 말한다. 단기매매증권이 유동자산으로 분류되기 위해서는 활발하게 거래가 이루어져야하며(시장성) 단기적으로(1년) 운용될 목적이 있어야 한다. 이때 재무상태일로부터 만기가 1년 이후에 도래하는 금융상품은 매도가능증권이나 만기보유증권으로 표시하여 장기금융상품(투자자산)으로 분류한다.

(1) 취득 시 회계처리

단기매매증권을 취득하면 구입한 공정가액으로 자산항목에 계상한다. 이때 조심해야 할 것은 여타 유가증권(매도가능증권, 만기보유증권)의 취득 시 매입가액에 부대비용(증권거래세 등)을 더한 가격으로 취득가액을 계상하는 것과 달리 단기매매증권 구입 시 지출되는 각종 취득 부대비용은 취득가액에 포함시키지 않는다. 만약 취득 시 부대비용이 있었다면 이는 당기비용(지급수수료)으로 처리하도록 하고 있다.

단기매매증권의 매입과 매도가 빈번한 경우 단가 선정기준도 중요한데, 일반기업회계기준에서는 각 종목별로 총평균법이나 이동평균법에 의한 금액을 적용하게 하고 있다.

+ 예시

단기매매증권 취득가액 500원, 취득부대비용 50원에 취득한 경우

| (차) | 단기매매증권 | 500 | (대) | 보통예금(또는 현금) | 550 |
| | 지급수수료 | 50 | | | |

(2) 처분 시 회계처리

단기매매증권을 처분할 때에는 장부가액과 처분가액(매도가액)의 차이를 단기투자자산처분손익으로 하여 영업외손익으로 처리한다.

+ 예시

단기매매증권 장부가액(이동평균법에 의한 단가) 600원을 400원에 처분한 경우

| (차) | 보통예금(또는 현금) | 400 | (대) | 단기매매증권 | 600 |
| | 단기투자자산처분손실 | 200 | | | |

(3) 기말평가 시 회계처리

재무상태표일 기준으로 단기매매증권은 공정가액으로 평가하여 공정가액이 장부가액보다 크다면 그 차이 금액만큼 단기매매증권평가이익으로 계상하고, 공정가액이 장부가액보다 작다면 단기매매증권평가손실로 계상한다. 단기매매증권평가손익은 영업외손익 항목으로 손익계산서에 계상한다.

+ 예시

단기매매증권 장부가액 500원에 취득, 기말 공정가액 700원인 경우

| (차) | 단기매매증권 | 200 | (대) | 단기매매증권평가이익 | 200 |

단기매매증권 장부가액 500원에 취득, 기말 공정가액 200원인 경우

| (차) | 단기매매증권평가손실 | 300 | (대) | 단기매매증권 | 300 |

(4) 이자와 배당금 수령 시 회계처리

단기매매증권이 채권인 경우 이자를 수령 했을 경우 '이자수익'으로 처리하고, 단기매매증권이 주식인 경우 현금배당을 받았을 경우 '배당금수익'으로 처리한다.

※ 배당금수익은 배당결의시점에 수익으로 인식하고, 실제 현금으로 수령하는 시점에는 미수배당금을 회수한 것으로 상계처리한다.

※ 만약, 현금배당이 아닌 주식배당(또는 무상증자)를 받은 경우에는 별도의 회계처리를 하지 않고 증가된 주식수를 별도 표시해놓고 단가를 산정하여야 한다.

(5) 단기매매증권의 손상차손

회계기간 말마다 단기매매증권은 회수할 수 있을 것으로 추정되는 금액(회수가능금액)을 고려하여 손상차손을 인식해야 한다. 따라서 매기 결산마다 손상추정이 필요없다는 명백한 반증이 없는 한 회수가능금액을 추정하여 '단기매매증권손상차손'을 인식하며, 이때 그 금액은 당기손익에 반영한다.

01 다음의 자료 중 재무상태표에 표시되는 현금및현금성자산은 얼마인가? [85회]

> • 사용제한이 있는 보통예금 : 1,000,000원
> • 타인발행수표 : 700,000원
> • 우편환증서 : 300,000원
> • 선일자수표 : 200,000원
> • 장기금융상품 : 1,500,000원

① 500,000원 ② 1,000,000원
③ 1,500,000원 ④ 2,200,000원

해설
• 현금및현금성자산 = 타인발행수표 700,000원 + 우편환증서 300,000원 = 1,000,000원

02 ㈜세무가 단기매매 목적으로 투자한 A주식의 내역은 다음과 같다. 해당 거래와 관련한 설명 중 틀린 것은? [85회]

> (1) 2024.8.17 : A주식 100주를 주당 10,000원에 취득하고, 50,000원을 수수료로 지급하였다.
> (2) 2024.9.14 : 보유한 A주식의 10%를 150,000원에 매각하였다.
> (3) 2024.9.27 : 주당 500원의 중간배당(현금)을 받았다.

① A주식 취득 시 소요된 수수료 50,000원은 취득원가에 가산하지 않는다.
② 보유 주식의 기말 평가 시 평가손익은 당기손익에 영향을 미친다.
③ 보유 주식 일부 매각은 당기손익에 영향을 미치지 않는다.
④ 중간배당은 ㈜세무의 순자산을 증가시킨다.

해설
③ 보유주식 매각으로 처분이익이 발생한다.
① 단기매매 투자자산의 취득 부대비용은 당기손익 처리한다.
② 단기매매 투자자산의 평가손익은 당기손익에 영향을 미친다.
④ 배당은 순자산을 증가시킨다.

03 ㈜서울은 기말 결산을 위해 실사해 본 결과 다음과 같은 자산이 있었다. ㈜서울의 기말 재무상태표에 현금및현금성자산으로 표시할 금액은 얼마인가? [84회]

> • 통화 : 250,000원
> • 송금환 : 250,000원
> • 배당금지급통지표 : 200,000원
> • 우표 : 20,000원
> • 타인발행약속어음 : 3,500,000원

① 450,000원
② 700,000원
③ 720,000원
④ 4,220,000원

해설

• 현금및현금성자산 = 통화 250,000원 + 송금환 250,000원 + 배당금지급통지표 200,000원 = 700,000원
※ 우표는 비용으로 처리하고, 타인발행약속어음은 매출채권으로 분류한다.

04 ㈜중부의 2024년 주식거래 내역은 아래와 같다. 다음 중 일자별 회계처리로 틀린 것은? [84회]

> • 2024.1.12　㈜하나가 발행한 주식 20주를 주당 10,000원에 취득하고, 거래수수료 1,000원을 지급하였다. ㈜중부는 동 주식을 단기 매매 목적으로 취득하였다.
> • 2024.2.5　㈜미래가 발행한 주식 10주를 주당 9,000원에 취득하고, 거래수수료 1,000원을 지급하였다. ㈜중부는 동 주식을 기타 투자 목적으로 취득하였다.
> • 2024.5.2　㈜하나의 주식 10주를 주당 12,000원에 매각하였다.
> • 2024.12.31　㈜하나의 주식 1주당 공정가치는 13,000원이며, ㈜미래의 주식 1주당 공정가치는 8,500원이다.

① 1월 12일 (차) 단기매매증권 201,000원 (대) 현 금 201,000원
② 2월 5일 (차) 매도가능증권 91,000원 (대) 현 금 91,000원
③ 5월 2일 (차) 현 금 120,000원 (대) 단기매매증권 100,000원
　　　　　　　　　　　　　　　　　　　　　단기매매증권처분이익 20,000원
④ 12월 31일 (차) 단기매매증권 30,000원 (대) 단기매매증권평가이익 30,000원
　　　　　　　　매도가능증권평가손실 6,000원 　　　매도가능증권 6,000원

해설

1월 12일 (차) 단기매매증권 200,000원 (대) 현 금 201,000원
　　　　　　　지급수수료 1,000원

※ 단기매매증권 취득에 따른 수수료는 취득원가가 아닌 당기 비용으로 처리한다.

05 다음의 유가증권 거래가 ㈜한국의 당기손익에 미치는 영향으로 올바른 것은? [83회]

> ㈜한국은 8월 12일에 시장성 있는 단기매매증권 4,000주(1주당 취득금액 20,000원)를 취득하고 대금은 현금으로 결제하였다. 12월 7일 ㈜한국은 보유 중인 단기매매증권 중 1,000주를 1주당 24,000원에 처분하고 대금은 수수료비용 1,000,000원을 차감한 후 현금으로 받았다.

① 당기순이익이 2,000,000원 증가한다.
② 당기순이익이 3,000,000원 증가한다.
③ 당기순이익이 4,000,000원 증가한다.
④ 당기순이익이 5,000,000원 증가한다.

해설

• 8월 12일	(차)	단기매매증권	80,000,000원	(대)	현 금	80,000,000원
• 12월 7일	(차)	현 금	23,000,000원	(대)	단기매매증권	20,000,000원
		수수료비용	1,000,000원		단기매매증권처분이익	4,000,000원

06 다음 자료에 의하여 결산 재무상태표에 표시되는 현금및현금성자산은 얼마인가? [83회]

> • 자기앞수표 : 300,000원   • 선일자수표 : 400,000원
> • 우편환증서 : 500,000원   • 보통예금 : 200,000원
> • 현금 : 650,000원   • 양도성예금증서(2개월 만기) : 150,000원

① 500,000원   ② 1,150,000원
③ 1,800,000원   ④ 2,200,000원

해설

현금및현금성자산 = 자기앞수표 300,000원 + 보통예금 200,000원 + 현금 650,000원 + 우편환증서 500,000원 + 2개월 만기 양도성예금증서 150,000원 = 1,800,000원

07 12월 말 결산법인인 ㈜대전은 2023년 10월 1일 단기보유목적으로 1주당 액면금액 1,000원인 ㈜충남의 주식 100주를 1주당 5,000원에 취득하고, 수수료 25,000원을 지급하였다. 2023년 12월 31일 ㈜충남의 1주당 공정가치는 6,000원이다. 2023년 12월 31일 현재 ㈜대전의 재무상태표상 단기매매증권의 장부가액은 얼마인가? [83회]

① 425,000원   ② 500,000원
③ 525,000원   ④ 600,000원

해설
장부가액 = 주식수 100주 × 기말 공정가치 6,000원 = 600,000원

08 ㈜대구가 보유한 총자산은 다음과 같다. 유동자산의 총합계가 500,000원일 때 당좌자산 중 단기금융상품은 얼마인가? [83회]

- 보통예금 : 40,000원   · 단기대여금 : 10,000원
- 원재료 : 100,000원   · 사업용비품 : 160,000원
- 제품 : 200,000원   · 단기금융상품 : ?

① 130,000원   ② 140,000원
③ 150,000원   ④ 160,000원

해설
- 재고자산 = 원재료 100,000원 + 제품 200,000원 = 300,000원
- 당좌자산 = 유동자산 500,000원 − 재고자산 300,000원 = 200,000원
- 당좌자산 200,000원 = 보통예금 40,000원 + 단기대여금 10,000원 + 단기금융상품
∴ 단기금융상품 = 150,000원

09 ㈜한국은 단기 보유 목적으로 ㈜독도의 주식 200주를 1주당 6,000원에 취득하고, 증권거래수수료 50,000원을 지급하였다. ㈜한국이 해당 거래와 관련하여 인식할 계정과목에 관한 설명으로 틀린 것은? [82회]

① 재무상태표상 자산으로 1,250,000원이 계상된다.
② 손익계산서에 50,000원이 비용으로 계상된다.
③ 취득한 자산은 유동자산으로 분류된다.
④ 구입 시 발생한 수수료는 취득원가에 가산하지 않는다.

해설
- 단기매매증권 = 200주 × 6,000원 = 1,200,000원
※ 단기매매증권은 유동자산으로 분류하며 취득 시 발생한 수수료를 취득원가에 가산하지 않는다.
∴ 재무상태표상 자산은 1,200,000원이 계상된다.

10 ㈜서울의 2023년 기말 유동자산 내역은 다음과 같다. 2023년 기말 재무상태표에 표시될 현금및현 금성자산은 얼마인가? [82회]

> • 통화(지폐) : 280,000원
> • 정기적금 : 10,000,000원
> • 배당금지급통지서 : 100,000원
> • 보통예금 : 170,000원
> • 양도성예금증서(취득일로부터 160일 만기) : 80,000원
> • 지점전도금 : 150,000원

① 450,000원　　　　　　　　　　② 550,000원
③ 700,000원　　　　　　　　　　④ 10,700,000원

해설
• 현금및현금성자산 = 통화(지폐) 280,000원 + 보통예금 170,000원 + 배당금지급통지서 100,000원 + 지점전도금 150,000원 = 700,000원
※ 정기적금은 단기금융자산에 해당한다.

11 다음 자료에 의하여 재무상태표에 표시할 현금및현금성자산의 총액은 얼마인가? [81회]

> • 보통예금 : 70,000원
> • 선일자수표 : 60,000원
> • 당좌개설보증금 : 15,000원
> • 고객으로부터 수령한 당좌수표 : 30,000원
> • 타인 발행 3개월 만기 상업어음 : 40,000원
> • 3년 만기 국공채 : 60,000원

① 110,000원　　　　　　　　　　② 120,000원
③ 130,000원　　　　　　　　　　④ 140,000원

해설
현금및현금성자산 = 보통예금 70,000원 + 당좌수표 30,000원 + 3개월 만기 상업어음 40,000원 = 140,000원

12 다음은 ㈜인천의 단기매매증권 관련 자료이다. 이와 관련된 설명으로 틀린 것은? [81회]

2022년 취득원가	2022년 말 공정가치	2023년 말 공정가치
20,000,000원	19,000,000원	21,000,000원

① 2022년 말 재무상태표상 단기매매증권 금액은 19,000,000원이다.
② 2022년 말 단기매매증권평가손실은 1,000,000원이다.
③ 2023년 말 단기매매증권평가이익은 1,000,000원이다.
④ 단기매매증권평가손익은 전액 당기손익에 반영한다.

해설

2023년 말 단기매매증권평가손익 = 2023년 말 공정가치 21,000,000원 − 2022년 말 장부금액 19,000,000원
= 2,000,000원

13 ㈜서울의 2023년 기말 재무상태표에 표시될 현금및현금성자산은 얼마인가? [80회]

- 외화자유예금 : 280,000원
- 당좌개설보증금 : 400,000원
- 배당금지급통지표 : 300,000원
- 국세환급통지서 : 260,000원

① 580,000원   ② 840,000원
③ 940,000원   ④ 1,240,000원

해설

현금및현금성자산 = 외화자유예금 280,000원 + 배당금지급통지표 300,000원 + 국세환급통지서 260,000원
= 840,000원

14 ㈜경기는 2023년 1월 1일 액면금액 1,000,000원(표시이자율 10%, 만기 3년, 매년 말 이자 지급)인 사채를 951,963원에 취득하고 단기매매증권으로 분류하였다. 동 사채의 취득 당시 유효이자율은 12%이며, 2023년 말 공정가치는 1,020,000원이다. 동 금융자산 관련 회계처리가 ㈜경기의 2023년도 당기순이익에 미치는 영향은 얼마인가? [80회]

① 68,037원   ② 120,000원
③ 140,000원   ④ 168,037원

해설

- 이자수익 = 액면금액 1,000,000원 × 표시이자 10% = 100,000원
- 단기매매증권평가이익 = 기말 공정가치 1,020,000원 − 취득가액 951,963원 = 68,037원
∴ 당기순이익에 미치는 영향 = 이자수익 100,000원 + 단기매매증권평가이익 68,037원 = 168,037

15 다음은 ㈜서울의 2023년 말 재무 관련 자료 중 일부이다. 2023년 말 재무상태표상의 현금및현금성자산 금액이 40,000원이라고 할 때, 보통예금 잔액은 얼마인가?(단, 2023년 말 기준환율은 1,300원/$이다)　　　　　　　　　　　　　　　　　　　　　　　　　　　　　　　　[79회]

> • 당좌차월 : 3,000원
> • 지급기일이 도래한 배당금 지급통지표 : 1,000원
> • 당좌개설보증금 : 2,500원
> • 양도성예금증서 : 5,000원(취득일 2023년 12월 1일, 만기일 2024년 1월 31일)
> • 외국환통화 : $20
> • 보통예금 : ?

① 5,000원　　　　　　　　　　　　　② 6,500원
③ 7,600원　　　　　　　　　　　　　④ 8,000원

해설

• 외국환통화 = $20 × 1,300원 = 26,000원
• 현금및현금성자산 : 지급기일 도래한 배당금 지급통지표, 취득일로부터 만기가 3개월 이내인 양도성예금증서, 외국환통화, 보통예금
∴ 보통예금 잔액 = 현금및현금성자산 40,000원 − 배당금 지급통지표 1,000원 − 양도성예금증서 5,000원 − 외국환통화 26,000원 = 8,000원

16 2023년 7월 1일 ㈜부산은 단기자금 운용목적으로 ㈜김해의 주식 1,000주를 주당 2,000원에 취득하고, ㈜김해의 주식의 취득과 관련하여 취득수수료 200,000원을 지급하였다. 2023년 12월 31일 현재 ㈜김해의 주식의 공정가치는 주당 2,100원이다. 위 거래가 ㈜부산의 당기순이익에 미치는 영향은 얼마인가?　　　　　　　　　　　　　　　　　　　　　　　　　　　　　　　[79회]

① 당기순이익 100,000원 감소
② 당기순이익 100,000원 증가
③ 당기순이익 200,000원 감소
④ 당기순이익 200,000원 증가

해설

• 2023.07.01	(차) 단기매매증권	2,000,000원	(대) 현 금	2,200,000원
	수수료비용	200,000원		
• 2023.12.31	(차) 단기매매증권	100,000원	(대) 단기매매증권평가이익	100,000원

∴ 당기순이익 = 당기 수익 100,000원 − 당기 비용 200,000원 = 100,000원 감소

17 다음은 ㈜전주의 회계자료이다. 당좌자산의 합계액은 얼마인가? [78회]

- 당좌예금 : 500,000원
- 보통예금 : 100,000원
- 미수수익 : 50,000원
- 매도가능증권 : 20,000원
- 상품 : 200,000원
- 미수금 : 200,000원
- 선급금 : 10,000원
- 단기대여금 : 100,000원

① 600,000원
② 760,000원
③ 960,000원
④ 980,000원

해설

당좌자산 = 당좌예금 500,000원 + 보통예금 100,000원 + 미수수익 50,000원 + 미수금 200,000원 + 선급금 10,000원 + 단기대여금 100,000원 = 960,000원

18 다음은 ㈜세무의 단기매매증권으로 분류되는 2023년 금융자산 관련 자료이다. 아래의 금융자산 관련 거래가 ㈜세무의 2023년 당기손익에 미치는 영향으로 옳은 것은? [78회]

- 5월 1일 ㈜국세의 주식 1,000주를 800,000원에 취득하면서 추가로 증권거래수수료 30,000원이 발생하였다.
- 6월 30일 5월 1일 취득한 ㈜국세의 주식 중 60%를 주당 900원에 처분하였다.
- 12월 31일 ㈜국세의 주식의 공정가치는 주당 700원이다.

① 10,000원 손실
② 0원
③ 20,000원 이익
④ 40,000원 이익

해설

- 단기매매증권의 취득 시 발생한 거래원가 30,000원은 당기비용으로 처리한다. 따라서 단기매매증권의 취득원가는 800,000원이다.
- 단기매매증권처분이익 = 1,000주 × 60% × 900원 − 800,000원 × 60% = 60,000원
- 단기매매증권평가손실 = 1,000주 × 40% × 700원 − 800,000원 × 40% = (−)40,000원
- ∴ 당기손익에 미치는 영향 = 증권거래수수료 (−)30,000원 + 처분이익 60,000원 − 평가손실 40,000원
  = 10,000원 손실

19 다음 중 현금및현금성자산 항목으로 분류되는 것은? [77회]

① 선일자수표
② 직원가불금
③ 가입일로부터 만기일이 2개월인 금융상품
④ 당좌개설보증금

해설

취득일로부터 만기일이 3개월 이내인 금융상품은 현금성자산으로 분류한다.

20 다음은 ㈜가영의 2022년 주식거래 내역이다. 아래의 거래는 모두 단기매매목적의 주식거래이며, 다른 투자 내역은 없다고 가정할 경우, 2022년 기말 장부상 단기매매증권의 금액은 얼마인가? [77회]

- 2022.01.15 ㈜채원의 주식 40주를 주당 100,000원에 취득하고, 거래수수료 100,000원을 지급하였다.
- 2022.04.30 ㈜채원의 주식 10주를 주당 110,000원에 매각하였다.
- 2022.12.31 ㈜채원의 주식 1주당 평가액은 110,000원이다.

① 0원
② 300,000원
③ 1,100,000원
④ 3,300,000원

해설

2022.01.15	(차) 단기매매증권	4,000,000원	(대) 현 금	4,100,000원
	지급수수료	100,000원		
2022.04.30	(차) 현 금	1,100,000원	(대) 단기매매증권	1,000,000원
			단기매매증권처분이익	100,000원
2022.12.31	(차) 단기매매증권	300,000원	(대) 단기매매증권평가이익	300,000원

∴ 2022년 기말 단기매매증권 = (40주 − 10주) × 기말 공정가치 110,000원 = 3,300,000원

21 2022년 7월 1일 ㈜루나는 소유하고 있던 단기매매증권 10,000,000원을 주식시장에 매각하였다. 매각대금은 11,000,000원이며, 매각대금은 중개수수료 200,000원을 제외하고 5일 후 법인계좌로 입금될 예정이다. 매각일에 행할 회계처리로 옳은 것은? [76회]

① (차) 보통예금   10,800,000원   (대) 단기매매증권   10,000,000원
     지급수수료   200,000원   단기매매증권처분이익   1,000,000원

② (차) 미수금   10,800,000원   (대) 단기매매증권   10,000,000원
     지급수수료   200,000원   단기매매증권처분이익   1,000,000원

③ (차) 보통예금   10,800,000원   (대) 단기매매증권   11,000,000원
     지급수수료   200,000원

④ (차) 보통예금   11,000,000원   (대) 단기매매증권   10,000,000원
               단기매매증권처분이익   1,000,000원

해설

단기매매증권의 취득과 처분과정에서 발생하는 수수료는 당기비용으로 처리한다. 매각대금은 매도일 이후에 받을 예정이므로 미수금으로 처리한다.

22 다음 중 당좌자산의 합계액은 얼마인가? [75회]

- 보통예금 : 100,000원
- 단기대여금 : 120,000원
- 재공품 : 100,000원
- 미수금 : 150,000원
- 제품 : 700,000원
- 미수수익 : 200,000원
- 당좌차월 : 800,000원
- 선급금 : 50,000원

① 370,000원
② 420,000원
③ 570,000원
④ 620,000원

해설

당좌자산 = 보통예금 100,000원 + 단기대여금 120,000원 + 미수금 150,000원 + 미수수익 200,000원 + 선급금 50,000원 = 620,000원

23 ㈜한국은 2022년 7월 30일에 단기운용목적으로 ㈜세무의 주식 100주를 주당 3,000원에 취득하였으며 취득수수료 10,000원을 지급하였다. 상기 주식의 2022년 12월 31일의 주당 공정가치는 3,400원이다. 2022년에 인식할 단기매매증권평가손익은 얼마인가? [75회]

① 평가이익 10,000원

② 평가이익 20,000원

③ 평가이익 30,000원

④ 평가이익 40,000원

해설

• 2022년 7월 30일의 단기매매증권의 취득원가는 300,000원이며, 취득수수료는 당기비용으로 처리한다. 12월 31일에 이 주식의 공정가치가 340,000원으로 변동하였으므로 단기매매증권평가이익은 40,000원이다.

∴ 평가이익 = (기말 공정가치 3,400원 − 취득가액 3,000원) × 100주 = 40,000원

24 ㈜케비는 단기매매를 목적으로 ㈜윌리의 주식을 매수하였다. 2022년의 거래내역이 다음과 같은 때 아래의 주식거래가 ㈜케비의 2022년 당기손익에 미치는 영향은 얼마인가? [74회]

• 4월 13일 : ㈜윌리의 주식 1,000주를 주당 10,000원에 취득하고, 중개수수료 200,000원을 지급하였다.
• 9월 30일 : ㈜윌리의 주식 500주를 5,200,000원에 매각했다.
• 12월 31일 : ㈜케비가 보유하고 있는 ㈜윌리의 주식의 시가는 주당 11,000원이다.

① 400,000원   ② 500,000원

③ 600,000원   ④ 700,000원

해설

• 영업외비용 : 중개수수료 200,000원
• 단기매매증권처분이익 = 처분가액 5,200,000원 − 취득가액 5,000,000원 = 200,000원
• 단기매매증권평가이익 = (주당 기말평가액 11,000원 − 주당 취득가액 10,000원) × 500주 = 500,000원
∴ 당기손익에 미치는 영향 = 영업외비용 (−)200,000원 + 단기매매증권처분이익 200,000원 + 단기매매증권평가이익 500,000원 = 500,000원

25 다음 자료에 의하여 재무상태표에 표시할 현금및현금성자산의 총액은 얼마인가? [73회]

- 보통예금 : 100,000원
- 만기도래한 공채이자표 : 40,000원
- 우표 : 40,000원
- 당좌개설보증금 : 10,000원
- 우편환증서 : 20,000원
- 수입인지 : 10,000원
- 국세환급통지서 : 20,000원
- 양도성예금증서(최초취득일로부터 70일 만기) : 20,000원

① 160,000원 ② 180,000원
③ 200,000원 ④ 220,000원

해설
현금및현금성자산 = 보통예금 100,000원 + 우편환증서 20,000원 + 만기도래한 공채이자표 40,000원 + 국세환급통지서 20,000원 + 만기 3개월 이내 도래 양도성예금증서 20,000원 = 200,000원

26 다음 중 현금및현금성자산에 대한 설명으로 틀린 것은? [72회]

① 기업의 유동성 판단에 중요한 정보이므로 유동자산에 별도 항목으로 구분하여 표시한다.
② 통화 및 타인발행수표 등 통화대용증권과 당좌예금, 보통예금이 포함된다.
③ 사용의 제한이 있는 예금을 포함한다.
④ 현금으로 전환이 용이하고 이자율 변동에 따른 가치변동의 위험이 경미한 금융상품으로서 취득 당시 만기일이 3개월 이내인 금융상품이 포함된다.

해설
사용의 제한이 없는 현금및현금성자산은 유동자산으로 분류한다.

27 다음 중 현금및현금성자산에 해당하는 것은 무엇인가? [71회]

① 사용이 제한되지 않는 정기적금
② 1년 이내 사용이 제한된 정기예금
③ 사용이 제한되지 않는 보통예금
④ 1년 이내 사용이 제한된 당좌예금

해설
사용이 제한되지 않는 정기적금 및 1년 이내 사용이 제한된 정기예금과 당좌예금은 단기금융상품으로 분류한다.

28 ㈜서울이 2021년 말 결산 시 보유하고 있는 자산내역은 다음과 같다. 이를 토대로 재무상태표에 표시될 현금및현금성자산을 구하면 얼마인가? [70회]

- 보통예금 : 200,000원
- 지점전도금 : 120,000원
- 우표 : 150,000원
- 수입인지 : 400,000원
- 자기앞수표 : 300,000원

① 500,000원
② 620,000원
③ 750,000원
④ 900,000원

해설

현금및현금성자산 = 보통예금 200,000원 + 자기앞수표 300,000원 + 지점전도금 120,000원 = 620,000원

29 ㈜태백은 단기매매를 목적으로 ㈜한라의 주식을 매수하였다. 2021년의 거래내역이 다음과 같을 때 주식거래가 2021년 ㈜태백의 당기순이익에 미치는 영향은 얼마인가? [70회]

- 2021년 04월 13일 : ㈜한라의 주식 1,000주를 주당 10,000원에 취득하고, 중개수수료 200,000원을 별도로 지급하였다.
- 2021년 09월 30일 : ㈜한라의 주식 500주를 5,200,000원에 매각했다.
- 2021년 12월 31일 : 보유주식의 시가는 11,000원이다.

① 400,000원 감소
② 500,000원 증가
③ 600,000원 증가
④ 700,000원 감소

해설

- 단기매매목적의 금융자산 취득과정에서 발행하는 부대비용은 당기비용으로 처리한다.
- 단기매매증권처분이익 = 처분가액 5,200,000원 - 취득가액 5,000,000원 = 200,000원
- 단기매매증권평가이익 = 500주 × (시가 11,000원 - 취득가액 10,000원) = 500,000원
- ∴ 당기순이익 = 영업외비용 (-)200,000원 + 단기매매증권처분이익 200,000원 + 단기매매증권평가이익 500,000원
  = 500,000원 증가

03 매출채권과 기타 수취채권

01 매출채권

매출채권은 회사의 주된 영업활동인 제품의 판매, 상품의 판매, 용역을 제공하고 그에 대한 대가를 즉시적으로 (현금으로) 받지 못했을 경우 계상하는 항목으로 '외상매출금'과 '받을어음'으로 구분하지만 재무상태표에는 이를 합해서 '매출채권'으로 계상한다.

1. 매출채권이란

매출채권은 **일반적인 상거래**에서 발생한다는 것에 주목할 필요가 있다. 왜냐하면 비슷한 항목으로 '미수금'이 있는데 이는 회사의 주된 영업활동 **이외**에서 발생하는 채권을 말하므로 둘을 구분해서 사용해야 한다. 예를 들어 부동산매매업을 하지 않는 회사가 부동산을 매각하고 그 매각대금을 추후에 받게 될 경우 이를 '미수금'으로 계상하게 된다.

2. 대손회계(매출채권의 평가)

(1) 개 요

매출채권을 채무자의 파산 등의 이유로 회수가 불가능하게 될 때를 '대손'이라 한다. 대손이 발생할 경우 자산계정에 있던 매출채권을 대변으로 기입하여 차감시키고 차변에는 '대손상각비'라는 비용계정을 사용하여 손실을 인식한다. 대손회계는 올바른 기간손익의 확정과 자산의 올바른 평가라는 두 가지 목적을 동시에 달성하게 해준다.

(2) 회계처리방법

대손의 회계처리는 기중 실제로 대손이 발생하는 시점에 매출채권과 대손상각비를 직접 상계하는 **직접상각법**과 회계기간말에 대손으로 예상되는 금액을 연령분석법 등을 통해 추정하여 '대손충당금'으로 설정하였다가 실제로 대손이 발생하는 시점에 매출채권과 대손충당금을 상계하는 **충당금설정법**이 있다.

① 직접상각법

직접상각법은 대손비용을 추정치에 근거하지 않고 실제 발생액이 확정되었을 때 인식하므로 객관적이라는 장점이 있는 반면에 실제 대손이 발생하기 전에는 대손비용을 인식하지 않으므로 수익비용대응 관점에서는 적절치 않으며, 기말 매출채권도 순실현가능가치로 평가되지 않는다는 단점이 있어 이론적인 입장에서는 인정되지 아니한다.

➕ **예시**

직접상각법

받을어음 100,000원이 회수불능으로 확정 시

(차) 대손상각비   100,000원   (대) 매출채권(받을어음)   100,000원

※ 대손예상 시에는 아무런 회계처리 없음

② 충당금설정법

충당금설정법은 대손비용을 추정치로 계산한다는 점에서 객관성이 부족하지만, 수익·비용 대응의
원칙에 충실하고 기말 매출채권이 순실현가능가치로 평가된다는 장점이 있다. 이론적인 입장에서도
합리적이므로 기업회계기준에서는 이 방법만을 인정한다.

➕ **예시**

충당금설정법

• **대손충당금 설정 시**

기말 '대손추산액'(기말매출채권 전체 금액에서 대손추정률을 곱한 금액)이 100,000원이고 전기말 설정
대손충당금 잔액이 30,000원이 있는 경우 대손충당금 설정 회계처리

(차) 대손상각비   70,000원   (대) 대손충당금   70,000원

※ 대손충당금 추가 설정액(모자란금액 채워넣기) = 100,000원 − 30,000원

• **기중 대손발생 시**

기중 실제로 대손이 발생했을 경우 대손확정금액과 전기말 충당해 놓은 대손충당금 금액을 확인해서 우
선적으로 대손충당금에서 대손금액을 상계한 후에 대손충당금 잔액이 대손금액에 미치지 못하여 부족할
경우 직접상각법처럼 '대손상각비'로 직접 상계처리한다.

  − 대손충당금 잔액이 대손금액보다 충분히 많을 경우 : 대손충당금 잔액이 100,000원이 있고, 기중 외
     상매출금 대손 60,000원 발생 시 회계처리

     (차) 대손충당금   60,000원   (대) 외상매출금   60,000원

     ※ 위의 기중 회계처리 후 대손충당금 잔액은 40,000원이 됨 (항상 대손충당금 잔액이 관심을 가질 것!!)

  − 대손충당금 잔액이 대손금액보다 작을 경우 : 대손충당금 잔액이 50,000원이 있고, 기중 외상매출금
     대손 60,000원 발생 시 회계처리

     (차) 대손충당금   50,000원   (대) 외상매출금   60,000원

        대손상각비   10,000원

     ※ 위의 기중 회계처리 후 대손충당금 잔액은 0원이 됨. 추후 당기말 대손추산 시 기중에 직접상각한 대손
       상각비 금액(10,000원)은 대손충당금 설정금액에 하등에 영향을 주지 않음

• **대손상각비 구분**

매출채권에서 발생하는 '대손상각비'는 판매비와관리비로 처리하며, 기타채권(미수금 등)에서 발생하는
'대손상각비'는 '기타의 대손상각비'라는 항목으로 '영업외비용'으로 처리한다.

3. 수취채권을 이용한 자금조달 방법

매출채권의 처분은 회수기간의 도래로 현금 등으로 회수하는 경우와 회수기간 도래 전 받을어음 등을 금융기관 등에 양도(어음할인)하는 경우가 있다.

(1) 매출채권의 제거조건

다음의 요건을 모두 충족하는 경우에는 양도자가 금융자산에 대한 통제권을 이전한 것으로 보아 매각거래로, 이외의 경우에는 금융자산을 담보로 한 차입거래로 본다.

> ① 양도인은 금융자산 양도 후 당해 양도자산에 대한 권리를 행사할 수 없어야 한다.
> ② 양수인은 양수한 금융자산을 처분(양도 및 담보제공 등)할 자유로운 권리를 갖고 있어야 한다.
> ③ 양도인은 금융자산 양도후에 효율적인 통제권을 행사할 수 없어야 한다.

즉, 매출채권의 통제권이 이전되는 때에는 '매각거래'로 회계처리하고, 매출채권을 담보로 제공한 경우에는 '차입거래'로 처리하도록 한다.

(2) 받을어음의 할인

매출채권은 만기가 되어서 현금을 회수하고 장부에서 차감 처리를 하는 것이 일반적이나, 기업의 자금사정 등으로 인해 만기 이전에 매출채권을 이용하여 자금을 조달하기도 한다. 대표적인 방법이 받을어음을 금융기관에 (배서)양도하고 만기까지 보유했으면 받을 수 있었을 금액(만기가액)에서 양도(할인)시점에서 만기일까지의 기간에 해당하는 이자를(할인액) 차감한 금액을 수취하는 방법이 있는데 이를 어음할인이라 한다.

> ① 어음의 만기금액 = 원금 + (원금 × 표시이자율 × 기간)
> ② 어음의 할인액 = 만기금액(①) × 할인율 × 할인시점부터 만기까지의 기간(할인월수/12)
> ③ 현금수령액 = 어음의 만기금액(①) − 어음의 할인액(할인료)(②)

어음상의 채권은 확정채권이므로 외상매출금의 팩토링과는 달리 매출할인 등의 금액을 사내에 유보할 필요가 없다. 따라서 어음할인으로 인한 현금수령액은 어음의 만기가치에서 할인료를 차감한 잔액으로 확정된다.

어음의 만기가치는 어음의 액면금액과 만기까지의 표시이자를 더한 금액이다. 실무에서는 이자부어음을 발행하는 일이 거의 없으므로 어음의 만기가치는 어음의 액면금액이다.

앞서 '매출채권의 제거조건'에서 살펴 본대로 어음의 할인은 대부분 양도의 요건을 충족하지 못한다. 따라서 받을어음을 담보로 자금을 차입한 것처럼 회계처리하면 된다.

① 회계처리 [제거조건을 충족시키지 못하는 경우]

　　㉠ 할인 시

(차) 현 금	xxx	(대) 단기차입금	xxx
이자비용	xxx		

※ 만일 결산시에 할인한 어음의 만기가 도래하지 않은 경우, 이자비용을 선급비용으로 대체해야 한다.

ⓛ 만기 시

(차) 단기차입금	xxx	(대) 받을어음	xxx

※ 만기 시 어음이 부도가 난 경우, 할인 받은 금액과 이자상당액을 당좌계좌에서 인출해 간다. 은행이 인출해간 금액과 단기차입금을 상계하면서 발생한 차이는 이자비용에서 가감하면 된다. 그리고 받을어음을 부도어음으로 대체한다.

② 회계처리 [제거조건을 충족하는 경우]

㉠ 할인 시

(차) 현 금	xxx	(대) 받을어음	xxx
매출채권처분손실*주)	xxx	이자수익	xxx

*주) 매출채권처분손실 = 현금수령액 – 할인일의 어음가치

※ 할인일의 어음가치는 어음의 액면가액에 발행일로부터 할인일까지의 경과이자를 가산한 금액을 말하며 경과이자는 이자수익으로 인식한다.

ⓛ 만기 시

– 분개 없음 –

➕ 예제

- 위드는 9월 1일에 6개월 만기인 어음상의 매출채권 200,000원을 금융회사에 할인하였다. 어음의 발행일은 5월 1일로 어음의 표시이자율은 12%이다.
- 금융회사에서 적용한 어음의 할인율은 연 15%이며 할인료는 월할계산한다.
- 어음의 할인은 제거조건을 충족시킨다.

❙ 요구사항

1. 위드가 어음의 할인으로 수령할 금액과 매출채권처분손실로 인식할 금액을 계산하라.
2. 위드가 할인일에 인식할 회계처리를 하라.

❙ 정답 및 해설

1. 현금수령액과 매출채권처분손실
   ① 현금수령액

어음의 만기가치	:	$200,000 + 200,000 \times 12\% \times 6/12 =$	212,000
할인료	:	$212,000 \times 15\% \times 2/12$*주) =	5,300
할인일의 현금수령액	:		**206,700**

   *주) 2개월 = 9월 1일 ~ 11월 1일까지 기간

   ② 매출채권처분손실

할인일의 현금수령액	:		206,700
할인일의 어음가치	:	$200,000 + 200,000 \times 12\% \times 4/12 =$	208,000
매출채권처분손실	:		(1,300)

2. 회계처리

(차) 현 금	206,700원	(대) 매출채권	200,000원
매출채권처분손실	1,300원	이자수익	8,000원

(3) 매출채권의 팩토링

팩토링은 채권자가 외상매출금을 금융회사에 양도하는 것이다. 금융회사에서는 외상매출금을 담보로 채권자에게 금전을 대출해주고 만기 시 채무자로부터 상환을 받게 된다.

팩토링의 회계처리는 어음의 할인과 크게 다르지 않다. 다만, 외상매출금을 상환하는 과정에서 발생할 가능성이 있는 매입할인 등의 금액을 유보(미수금)해 두는 것에 차이가 있다. 어음은 확정채권이므로 유보를 할 필요가 없는 것이다.

금융회사는 채권의 만기가치. 즉, 금전대여액 중 일부를 매출할인이나 매출환입 등으로 회수하지 못할 가능성이 있으므로 채권자에게 지급할 금액 중 일부의 지급을 유보하게 되는데 이를 '팩토링미수금'이라 한다. 따라서 매출채권의 양도일에 다음의 금액을 현금으로 수령하게 된다.

> 현금수령액 = 매출채권의 만기가치 − 할인료(지급이자) − 매출할인 등을 위한 유보액

⊕ 더 알아두기

용어설명

- 팩토링(Factoring) : 기업이 자금사정이나 대손위험 또는 회수비용 때문에 외상매출금을 제3자에게 양도하는 행위
- 팩터(Factor) : 금융기관 등 외상매출금의 매입자
- 상환청구권(Recourse) : 채무자가 대금을 지급하지 않은 경우 외상매출금의 매입자(금융기관)가 외상매출금의 양도자(기업)에게 지급을 요청할 수 있는 권리
- 팩토링미수금(Due from Factor) : 금융비용 이외에 발생가능한 매출에누리와 환입 및 매출할인 등에 대비하여 일정액만큼 유보하는 금액
- 매출채권처분손실 : 금융회사는 회수에 따른 위험을 부담하므로 외상매출금의 일정액만큼 금융비용을 부담

---

① 팩토링거래의 유형 [제거조건을 충족시킨 경우]

제거조건을 충족시킨 경우에는 양도한 채권금액을 매출채권 계정에서 직접 차감하고 채권의 명목가액에서 매출할인 등 유보액을 차감한 금액과 현금수령액과의 차액은 매출채권처분손실 등의 과목으로 당기비용처리한다.

㉠ 외상매출금 양도시점

(차) 현 금	×××	(대) 매출채권	×××
팩토링미수금(유보금액)	×××		
매출채권처분손실	×××		

ⓛ 매출에누리와 환입 및 매출할인이 발생한 경우 : 매출에누리와 환입 및 매출할인 등과 대손비용을 금융기관이 취급하지만 매출에누리와 환입 및 매출할인은 양도자인 기업이 부담하고, 상환청구권이 없기 때문에 대손비용은 금융기관이 부담한다.

(차)	매 출(에누리와 환입)	xxx	(대)	팩토링미수금	xxx
	매 출(할인)	xxx			

ⓒ 잔액회수 시

(차)	현 금	xxx	(대)	팩토링미수금	xxx

② 팩토링거래의 유형 [제거조건을 충족시키지 못한 경우]

매출채권 등을 타인에게 양도 또는 할인하는 경우 당해 채권에 대한 권리와 의무가 양도인과 분리되어 실질적으로 이전되는 경우로써 다음 요건을 모두 충족하는 경우에는 동 금액을 매출채권에서 차감하고(**매각거래**), 그 이외의 경우에는 매출채권 등을 담보제공한 것(**차입거래**)으로 본다.

- 양도인은 금융자산 양도 후 당해 양도자산에 대한 권리를 행사할 수 없어야 한다. 즉, 양도인이 파산 또는 법정관리 등에 들어갈 지라도 양도인 및 양도인의 채권자는 양도한 금융자산에 대한 권리를 행사할 수 없어야 한다.
- 양수인은 양수한 금융자산을 처분(양도 및 담보제공 등)할 자유로운 권리를 갖고 있어야 한다.
- 양도인은 금융자산 양도 후에 효율적인 통제권을 행사할 수 없어야 한다.

③ 회계처리

매각거래			차입거래		
⑨ 외상매출금 이전시점			⑨ 외상매출금 이전시점		
현 금	xxx / 매출채권	xxx	현 금	xxx / 단기차입금	xxx
팩토링미수금	xxx		팩토링미수금	xxx	
매출채권처분손실	xxx		**이자비용**	xxx	
ⓛ 외상매출금 회수 시			ⓛ 외상매출금 회수 시		
– 분개 없음 –			단기차입금	xxx / 매출채권	xxx
ⓒ 매출에누리와 환입, 매출할인 및 대손이 발생한 경우					
매출(에누리와 환입)	xxx / 팩토링미수금	xxx		좌 동	
매출(할인)	xxx				
대손상각비	xxx				

02 기타 당좌자산

기타의 당좌자산으로는 미수금, 미수수익, 선급금, 선급비용, 이연법인세자산 등이 있으며 이들도 당좌자산에 포함한다.

(1) 선급금

일반적 상거래의 확실한 이행을 위하여 상품, 원재료 등을 받기도 전에 전체 지급해야 할 대금 중 일부를 계약금 또는 착수금의 형식으로 지불한 경우에 처리하는 계정을 말한다.
선급금은 이후 상품의 실제 거래가 이루어지면 매입계정과 상계처리한다.

(2) 선급비용

현금은 미리 지급하였으나 그 효과는 차기 이후에 나타나는 것으로 당기의 비용과 관련한 지출로 볼 수 없는 것을 의미한다. 발생기준 회계처리로 인하여 나타나는 현상으로 선급이자, 보험료, 수수료, 임차료 등이 포함된다.
선급비용을 회계처리하는 방법에는 자산으로 처리한 뒤 비용으로 수정하는 방법과 비용으로 처리한 뒤 자산으로 수정하는 방법이 있다.

(3) 미수금

유가증권이나 토지, 건물 등의 처분처럼 일반적인 상거래 외에서 발생하는 채권을 말한다.

(4) 미수수익

일반적으로 수익은 그것이 실현된 시기를 기준으로 계상하고 미실현수익은 당기의 손익계산에 산입하지 않는 것을 원칙으로 하고 있다.
그런데 특정한 용역에 있어서는 수익의 창출이 정확히 기간의 경과에 비례하여 발생하는 것들이 있다. 예를 들면 이자수익, 임대료 등이 그것이다.
만약 이러한 용역의 제공기간이 결산지점에 걸쳐 있다면 기 경과된 부분에 대한 용역은 이미 제공되었고 그 대가도 계산할 수 있으므로(전기간에 대한 용역대가×경과기간/전체기간) 회계상으로는 수익을 계상하는 동시에 이에 대한 자산계정을 설정해야 한다. 이때 쓰이는 자산계정이 '미수수익'이다.

회계처리 사례

① 미수수익에 대한 결산 회계처리는 차년도 초에 재수정분개를 통하여 상쇄하게 되는데 이는 결산 시 발생주의에 의해서 계산되는 계정금액을 연초에 다시 현금주의로 전환하는 회계처리라고 생각하면 된다. 이를 거래 유형별로 살펴보면 다음과 같다.

- 결산 시에 이자수익의 미수액 계상(기말수정분개)

(차) 미수수익	xxx	(대) 이자수익	xxx

- 차년도 초에 반대분개를 실시(기초재수정분개)

(차) 이자수익	xxx	(대) 미수수익	xxx

- 기간 경과분에 대한 이자를 수령한 때

(차) 보통예금	xxx	(대) 이자수익	xxx

② 기초시점에 재수정분개를 하지 않고 실제로 수령하는 시점에서 회계처리를 하는 경우도 있는데, 차년도에 용역제공에 대한 현금이 들어올 때 미수수익을 현금으로 대체하면서 기초시점부터 현금수수 시점까지의 기간에 대한 금액은 당기수익으로 계상한다.

- 결산 시에 이자수익의 미수액 계상(기말수정분개)

(차) 미수수익	xxx	(대) 이자수익	xxx

- 차년도 초에 반대분개를 실시(기초재수정분개)

– 분개 없음 –

- 기간 경과분에 대한 이자를 수령한 때

(차) 보통예금	xxx	(대) 미수이자	xxx
		이자수익	xxx

(5) 이연법인세자산

발생원인별로 유동자산에 해당하는 '이연법인세자산'과 비유동자산에 해당하는 '이연법인세자산'으로 구분한다.

01 ㈜우인의 매출채권과 대손충당금에 관한 자료는 아래와 같다. ㈜우인의 당기 매출채권에 대한 대손 발생액은 얼마인가? [85회]

> • 당기 말 매출채권 잔액 : 2,000,000원
> • 당기 말 대손충당금 잔액 : 200,000원
> • 전기 말 대손충당금 잔액 : 500,000원
> • 당기 손익계산서에 계상된 대손상각비 : 210,000원
> • 당기 중 대손충당금 환입은 발생하지 않았다

① 260,000원　　　　　　　　　② 360,000원
③ 480,000원　　　　　　　　　④ 510,000원

해설
당기 대손발생액 = 기초 대손충당금 잔액 500,000원 + 대손상각비 계상액 210,000원 − 기말 대손충당금 잔액 200,000원
　　　　　　　　 = 510,000원

02 다음 중 계정과목에 대한 설명으로 틀린 것은? [84회]

① 유형자산인 토지를 구입하거나 처분 시에 계정과목은 미지급금이나 미수금을 사용한다.
② 일반적인 상거래로 발생하는 계정과목은 외상매출금과 외상매입금이다.
③ 선급비용과 선수수익은 발생주의에 따라 발생하는 계정과목이다.
④ 받을어음의 할인 거래가 매각거래에 해당하면 판매비와관리비로 처리한다.

해설
받을어음의 할인(매각거래)은 자금의 융통을 위해 발생한 거래로써 영업외비용으로 처리한다.

03 다음은 ㈜인천의 매출채권과 대손충당금 관련 자료이다. 기말 대손상각비는 얼마인가? [84회]

> • 기초 대손충당금 잔액 : 700,000원
> • 전기 대손처리 회수액 : 300,000원
> • 매출채권 대손처리액 : 300,000원
> • 기말 매출채권 잔액 : 110,000,000원
> • 대손충당금은 보충법에 의하여 매출채권의 1%를 설정한다.

① 0원   ② 100,000원
③ 400,000원   ④ 700,000원

해설

• 대손충당금 잔액 = 기초 잔액 700,000원 − 당기 대손액 300,000원 + 전기 회수액 300,000원 = 700,000원
• 기말 대손충당금 설정액 = 기말 매출채권 110,000,000원 × 대손율 1% = 1,100,000원
∴ 대손상각비(대손충당금 보충액) = 설정액 1,100,000원 − 잔액 700,000원 = 400,000원

04 ㈜중부는 2023년 10월 1일 소유하고 있던 매출채권 10,000,000원을 거래은행에 매각하면서 통제권을 모두 이전하는 조건으로 현금 9,500,000원을 수취하였다. 다음 중 ㈜중부의 매출채권의 매각에 대한 회계처리로 올바른 것은? [83회]

① (차) 현금및현금성자산   10,000,000원   (대) 매출채권   10,000,000원
② (차) 현금및현금성자산   9,500,000원   (대) 매출채권   10,000,000원
　　　매출채권처분손실   500,000원
③ (차) 현금및현금성자산   10,000,000원   (대) 단기차입금   10,000,000원
④ (차) 현금및현금성자산   9,500,000원   (대) 단기차입금   10,000,000원
　　　이자비용   500,000원

해설

통제권이 이전되는 경우에는 매각거래로 회계처리하도록 규정하고 있으므로 매각한 매출채권과 수취한 현금의 차이를 매출채권처분손실로 인식한다.

05 다음은 ㈜강원의 대손 관련 자료이다. 다음 자료에 의하여 회계처리한 후, 9월 26일 현재 ㈜강원의 대손충당금 잔액을 계산한 것으로 올바른 것은? [83회]

- 1월 1일 　　대손충당금 잔액 300,000원
- 9월 26일 　거래처 파산으로 외상매출금 220,000원과 받을어음 50,000원이 회수불능으로 판명되다.

① 0원　　　　　　　　　　　　　② 10,000원
③ 20,000원　　　　　　　　　　④ 30,000원

해설
대손충당금 잔액 = 기초 300,000원 − 대손(외상매출금) 220,000원 − 대손(받을어음) 50,000원 = 30,000원

06 ㈜원주는 거래처에 상품을 판매하고 받은 약속어음 2,000,000원이 9월 26일 거래처의 파산으로 회수가 불가능하게 되었다. 다음 중 ㈜원주의 9월 26일 분개로 적절한 것은?(단, 9월 26일 현재 장부상 대손충당금이 1,000,000원이 설정되어 있다) [82회]

① (차) 대손상각비　　　　　1,000,000원　　(대) 받을어음　　　　　1,000,000원
② (차) 대손충당금　　　　　1,000,000원　　(대) 받을어음　　　　　1,000,000원
③ (차) 대손충당금　　　　　2,000,000원　　(대) 받을어음　　　　　2,000,000원
④ (차) 대손충당금　　　　　1,000,000원　　(대) 받을어음　　　　　2,000,000원
　　　 대손상각비　　　　　1,000,000원

해설
대손이 발생하면 장부상 대손충당금을 먼저 상계한 후 부족한 부분은 대손상각비로 처리한다.

07 일반기업회계기준상 매출채권의 제거요건을 모두 충족하는 경우 매각거래로 회계처리한다. 다음 중 매출채권의 제거요건이 아닌 것은? [82회]

① 양도인은 매출채권 양도 후 당해 매출채권에 대한 권리를 행사할 수 없어야 한다.
② 양수인은 양수한 매출채권을 자유롭게 처분할 권한이 없다.
③ 양도인의 채권자는 양도 후 매출채권에 대한 권리를 행사할 수 없어야 한다.
④ 양도인은 매출채권 양도 후에 효율적인 통제권을 행사할 수 없어야 한다.

해설
양수인은 양수한 매출채권을 처분할 자유로운 권리를 갖고 있어야 한다.

08 다음 자료에 의하여 결산 시 매출채권 관련 회계처리로 올바른 것은? [81회]

> • 기말 매출채권 잔액 : 1,500,000원
> • 대손 예상 전 대손충당금 잔액 : 10,000원
> • 대손예상률 : 1%

① (차) 대손충당금   5,000원   (대) 대손충당금환입   5,000원
② (차) 대손상각비   5,000원   (대) 대손충당금   5,000원
③ (차) 대손상각비   5,000원   (대) 대손충당금환입   5,000원
④ (차) 대손충당금   5,000원   (대) 대손상각비   5,000원

해설
• 기말 대손충당금 = 기말 매출채권 1,500,000원 × 1% = 15,000원
• 대손상각비(보충액) = 기말 대손충당금 15,000원 − 설정 전 대손충당금 10,000원 = 5,000원

09 ㈜광주의 기초 매출채권은 700,000원, 매출채권 회수액은 1,450,000원, 매출원가는 1,000,000원, 매출총이익률은 20%이다. 당기 중 회수불능 매출채권의 대손처리액이 80,000원이라면 기말매출채권의 잔액은 얼마인가? [81회]

① 300,000원
③ 420,000원

② 370,000원
④ 450,000원

해설
• 당기 매출액 = 매출원가 1,000,000원 ÷ (1 − 매출총이익률 0.2) = 1,250,000원
∴ 기말 매출채권 = 기초 매출채권 700,000원 + 매출액 1,250,000원 − 매출채권 회수액 1,450,000원 − 대손액 80,000원
= 420,000원

10 다음 중 12월 말 결산법인인 ㈜인천의 당기 말 매출채권에 대한 대손충당금 설정 분개로 올바른 것은? [80회]

> • 01월 01일 : 대손충당금 잔액은 100,000원이다.
> • 02월 14일 : 50,000원의 매출채권이 대손 처리되었다.
> • 12월 31일 : 매출채권 잔액 8,000,000원의 1%가 대손될 것으로 예상되었다.

① (차) 대손상각비   50,000원   (대) 대손충당금   50,000원
② (차) 대손충당금   50,000원   (대) 매출채권   50,000원
③ (차) 대손상각비   30,000원   (대) 대손충당금   30,000원
④ (차) 대손충당금   50,000원   (대) 매출채권   80,000원
  　　 대손상각비   30,000원

해설

• 대손충당금 설정액 = 기말 매출채권 8,000,000원 × 1% − (기초 대손충당금 100,000원 − 당기 대손액 50,000원)
　　　　　　　　　　= 30,000원

• 02월 14일   (차) 대손충당금   50,000원   (대) 매출채권   50,000원
• 12월 31일   (차) 대손상각비   30,000원   (대) 대손충당금   30,000원

11 ㈜경기는 2023년 4월 1일 보관하고 있던 받을어음 40,000,000원을 주거래은행에 양도(할인율 연 5%, 할인일 3개월/년)하고 보통예금에 입금하였다. 보통예금 입금액은 얼마인가? [79회]

① 30,000,000원
② 35,000,000원
③ 39,500,000원
④ 40,000,000원

해설

• 매출채권처분손실 = 받을어음 40,000,000원 × 5% × 3/12 = 500,000원

• 2023.04.01   (차) 보통예금   39,500,000원   (대) 받을어음   40,000,000원
　　　　　　　　　　 매출채권처분손실   500,000원

∴ 보통예금 = 받을어음 40,000,000원 − 매출채권처분손실 500,000원 = 39,500,000원

12 ㈜대전은 2023년 기말 결산 시 대손충당금을 설정하려고 한다. 전기 말 대손충당금 잔액은 1,500,000원, 당기 중 대손 발생은 없었다. ㈜대전은 연령분석법에 따라 대손충당금을 설정하며, 당기 말 대손예상률은 다음과 같다. 당기 말 대손충당금으로 설정해야 할 금액은 얼마인가?

[79회]

구 분	채권금액	대손예상률
6개월 이내	200,000,000원	1%
6개월 이상	300,000,000원	3%
계	500,000,000원	

① 1,500,000원
② 5,000,000원
③ 9,500,000원
④ 10,000,000원

해설

• 당기 말 대손충당금 잔액(대손추산액) = 200,000,000원 × 1% + 300,000,000원 × 3% = 11,000,000원

∴ 당기 말 대손충당금 설정액 = 당기 말 대손충당금 잔액 11,000,000원 − 설정 전 대손충당금 잔액 1,500,000원
= 9,500,000원

13 ㈜서울의 2023년 말 현재 외상매출금의 연령분석표는 다음과 같다. ㈜서울의 2023년 말 재무상태표에 표시될 외상매출금의 장부금액은 얼마인가?(단, ㈜서울의 수정전 대손충당금 잔액은 10,000원이다)

[78회]

경과기간	금 액	대손추정액
1일 ~ 30일	80,000원	10,000원
31일 ~ 60일	150,000원	20,000원
61일 ~ 90일	200,000원	30,000원
91일 이후	250,000원	40,000원

① 570,000원
② 580,000원
③ 670,000원
④ 680,000원

해설

• 수정 후 대손충당금 = 결산 전 대손충당금 잔액 10,000원 + 추가설정액 90,000원 = 100,000원

∴ 2023년 말 외상매출금 = 외상매출금 총액 680,000원 − 수정 후 대손충당금 100,000원 = 580,000원

14 ㈜가영은 기말 외상매출금 잔액의 2%만큼 보충법으로 대손충당금을 설정한다. 당기 중 거래처의 파산으로 외상매출금 500,000원의 대손이 확정되었다. 2023년 기말 재무상태표상 대손충당금으로 표시되는 금액은 얼마인가? [78회]

기 초		기 말	
외상매출금	30,000,000원	외상매출금	20,000,000원
대손충당금	450,000원	대손충당금	( )

① 50,000원
③ 450,000원
② 400,000원
④ 500,000원

해설

- 대손 확정 시　　(차) 대손충당금　　450,000원　　(대) 외상매출금　　500,000원
　　　　　　　　　　대손상각비　　　50,000원
- 기말 설정 시　　(차) 대손상각비　　400,000원　　(대) 대손충당금　　400,000원

∴ 기말 대손충당금 = 기말 외상매출금 20,000,000원 × 2% = 400,000원

15 ㈜하남의 매출채권 관련 자료가 다음과 같을 때 2022년 기말 재무상태표에 나타나는 대손충당금은 얼마인가? [77회]

1. 2022년 기말 매출채권 잔액
   - 외상매출금 : 2,000,000원
   - 받을어음 : 3,000,000원
2. 2022년 기중 거래내역
   - 상품 외상매출액 : 13,000,000원
   - 외상매출금 회수액 : 11,000,000원
   - 받을어음 회수액 : 2,300,000원
   - 외상매출금 대손 발생액 : 300,000원
3. 2021년 기말 대손충당금 잔액 : 400,000원
4. 2022년도 12월 31일 결산 시 매출채권 잔액에 대한 대손율은 2%로 가정한다.

① 0원
③ 110,000원
② 100,000원
④ 400,000원

해설

- 2022년 기말 매출채권 : 외상매출금 2,000,000원 + 받을어음 3,000,000원 = 5,000,000원

∴ 대손충당금 = 기말 매출채권 5,000,000원 × 2% = 100,000원

16 매출채권 양도의 경우, 매출채권의 제거요건을 모두 충족하는 경우에는 양도자가 매출채권에 대한 통제권을 이전한 것으로 보아 매각거래로 회계처리한다. 다음 중 매출채권의 제거요건이 아닌 것은?

[77회]

① 양도인은 매출채권 양도 후 당해 매출채권에 대한 권리를 행사할 수 없어야 한다.
② 양수인은 양수한 매출채권을 처분할 자유로운 권리를 갖고 있어야 한다.
③ 확정가격으로 양도한 매출채권을 만기 전에 재매입하는 약정이 있어야 한다.
④ 양도인은 매출채권 양도 후에 효율적인 통제권을 행사할 수 없어야 한다.

해설
재매입약정이 있는 경우는 양도인이 계속하여 효율적인 통제권을 행사하는 경우이다.

17 ㈜지용은 2022년 중 40,000원의 매출채권에 대손이 발생하였고, 2022년 말 매출채권 잔액의 5%를 대손예상액으로 추정하였다. ㈜지용의 매출채권 잔액이 다음과 같을 때 2022년도 손익계산서에 계상될 대손상각비는 얼마인가?

[76회]

구 분	2021년 말	2022년 말
매출채권	2,500,000원	3,000,000원
대손충당금	125,000원	?

① 40,000원
② 65,000원
③ 150,000원
④ 190,000원

해설
• 대손충당금 잔액 = 기초 대손충당금 잔액 125,000원 − 기중 대손 발생액 40,000원 = 85,000원
• 대손처리 시   (차) 대손충당금   40,000원   (대) 매출채권   40,000원
• 2022.12.31   (차) 대손상각비   65,000원   (대) 대손충당금   65,000원
∴ 2022년도 손익계산서 대손상각비 = 매출채권 잔액 3,000,000원 × 5% − 대손충당금 잔액 85,000원 = 65,000원

16 ③ 17 ② **정답**

18 다음은 ㈜세무의 2022년 회계자료이다. 2022년에 발생한 외상매출금과 2022년 기말 외상매출금 잔액은 각각 얼마인가?   [75회]

- 기초재고자산 : 130,000원
- 기말재고자산 : 150,000원
- 기초외상매출금 : 100,000원
- 2022년 현금매출 : 250,000원
- 2022년 외상매출금 회수액 : 350,000원
- 2022년 매입액 : 520,000원
- 2022년 매출총이익 : 매출원가의 40%

	2022년에 발생한 외상매출금	기말 외상매출금
①	450,000원	200,000원
②	700,000원	450,000원
③	950,000원	700,000원
④	1,000,000원	750,000원

해설

- 총매출액 = 매출원가 500,000원 + 매출총이익 500,000원 × 40% = 700,000원
- 외상매출액 = 총매출액 700,000원 − 현금매출액 250,000원 = 450,000원

재고자산

기초	130,000원	매출원가	500,000원
매입	520,000원	기말	150,000원

외상매출금

기초	100,000원	회수	350,000원
외상매출	450,000원	기말	200,000원

19 ㈜가영은 2022년 기말 결산 시 대손충당금을 설정하려고 한다. 전기 말 대손충당금 잔액은 50,000원, 당기 중 대손 발생액은 없었다. 대손충당금은 기말 매출채권의 1%인 130,000원으로 설정하려한다. 대손과 관련한 결산 분개로 올바른 것은?   [75회]

①	(차) 대손상각비	130,000원	(대) 대손충당금	130,000원
②	(차) 대손상각비	50,000원	(대) 대손충당금	50,000원
③	(차) 대손상각비	80,000원	(대) 대손충당금	80,000원
④	(차) 외상매출금	80,000원	(대) 대손충당금	130,000원

해설

대손상각비 계상액 = 기말 대손충당금 130,000원 − 기초 대손충당금 50,000원 = 80,000원

20 ㈜명인의 2022년 매출채권과 관련된 자료가 다음과 같을 경우, 2022년 말 재무상태표에 표시될 대손충당금과 2022년 대손 관련 손익은 얼마인가? [73회]

- 1월 1일 : 기초의 대손충당금은 5,000원이다.
- 3월 4일 : 2,800원의 매출채권이 대손처리되었다.
- 12월 31일 : 기말 매출채권 잔액 1,000,000원에 대하여 10,000원이 대손될 것으로 예상되었다.

	대손충당금	대손 관련 손익
①	10,000원	7,800원
②	10,000원	10,600원
③	12,000원	7,800원
④	12,000원	10,600원

해설

- 3월 4일 : (차) 대손충당금   2,800원   (대) 매출채권   2,800원
- 12월 31일 : (차) 대손상각비   7,800원   (대) 대손충당금   7,800원
∴ 대손충당금 : 10,000원, 대손 관련 손익 : 대손상각비 7,800원

21 다음은 ㈜보람의 외상매출과 관련된 자료이다. 당기에 발생한 외상매출금은 얼마인가? [72회]

- 기초 외상매출채권 잔액 : 400,000원
- 당기 외상매출 총회수액 : 당기 발생한 외상매출금액의 75%
- 기말 외상매출채권 잔액 : 650,000원

① 1,000,000원
② 1,120,000원
③ 1,270,000원
④ 1,330,000원

해설

- 기초 외상매출채권 400,000원 + (당기 외상매출액 A - 당기 외상매출 회수액 0.75A) = 기말 외상매출채권 650,000원
- 당기 외상매출액 A - 당기 외상매출 회수액 0.75A = 250,000원
∴ 당기 외상매출액 = 1,000,000원

22 ㈜명인은 매출채권 1,000,000원을 금융기관에 양도하고 팩토링수수료 100,000원을 차감한 잔액을 보통예금으로 입금받았다. 이 경우 올바른 회계처리는?(단, 매각거래에 해당한다) [70회]

① (차) 보통예금   900,000원   (대) 단기차입금   1,000,000원
       이자비용   100,000원

② (차) 보통예금   900,000원   (대) 매출채권   1,000,000원
       이자비용   100,000원

③ (차) 보통예금   900,000원   (대) 매출채권   1,000,000원
       매출채권처분손실   100,000원

④ (차) 보통예금   900,000원   (대) 단기차입금   1,000,000원
       매출채권처분손실   100,000원

해설

팩토링 매각거래의 경우 매출채권처분손실과 매출채권으로 분개한다.

23 다음은 ㈜서울의 2021년도 매출채권 및 대손충당금 관련 자료이다. 2021년도 기초 매출채권 금액은 얼마인가? [70회]

> • 2021년도 외상매출액 : 2,800,000원
> • 2021년도 기말 매출채권 : 800,000원
> • 2021년도 회수불능으로 인한 대손처리액 : 50,000원
> • 2021년도 현금으로 회수한 매출채권 : 3,140,000원

① 1,010,000원   ② 1,080,000원
③ 1,120,000원   ④ 1,190,000원

해설

• 당기 매출채권 감소액 = 당기 현금 회수 매출채권 3,140,000원 + 당기 대손처리액 50,000원
• 당기 매출채권 증가액 = 당기외상매출액 2,800,000원
∴ 2021년도 기초 매출채권 = 기말 매출채권 800,000원 + 당기 매출채권 감소액 3,190,000원 − 당기 매출채권 증가액 2,800,000원 = 1,190,000원

24 다음 중 충당금설정법에 따른 대손 회계처리에 대한 설명으로 틀린 것은? [70회]

① 대손이 실제로 발생했을 때 대손비용을 인식하므로 객관적이다.
② 수익·비용 대응의 원칙에 충실하다.
③ 매출채권이 순실현가능가치로 평가된다.
④ 기업회계기준에서 인정하는 방법이다.

해설

충당금설정법은 대손비용을 추정치로 계산한다는 점에서 객관성이 부족한 방법이다.

CHAPTER
04 재고재산

01 재고자산의 의의와 종류

1. 재고자산의 의의

기업회계기준상 재고자산이란 기업의 정상적인 영업활동과정에서 판매목적으로 보유(상품, 제품)하거나 판매할 제품의 생산을 위하여 사용되거나 소비될 자산(원재료, 저장품)을 말한다.

재고자산은 기업의 업종에 따라 다르게 구분되는데 토지와 건물의 경우 일반 상기업의 경우 유형자산으로 분류하지만 부동산매매업의 경우 재고자산이 된다.

또한, 유가증권의 경우 일반기업에서는 단기매매증권이나 매도가능증권, 만기보유증권 등으로 분류하는데 반해, 금융회사의 경우에는 재고자산으로 분류한다. 즉, 해당 자산이 회사 내에서 어떠한 기능을 갖고 있느냐 (좀더 구체적으로 판매를 위해 보유하는 것이냐 아니냐)에 따라 구분을 달리 하는 것이지, 자산의 형태나 자산의 고유특성으로 구분하는 것이 아니라는 것이다. 재고자산에서 중요하게 생각할 부분은 크게 두 가지로 하나는 재고자산의 취득원가 산정에 대한 문제와 또 하나는 기말재고자산의 평가에 대한 문제이다.

이 중 기말재고자산의 평가문제는 보다 중요하다고 볼 수 있는데 그 이유는 다음과 같다. 재고자산의 흐름은 판매가능재고(= 기초재고 + 당기매입액) 중 당기에 판매된 부분은 매출원가로 대체되고 미판매분은 재고자산으로 남아 있게 된다.

기초재고와 당기매입액은 결산 이전 확정이 되어 장부에 기록되므로, 결산과정에서 기말재고를 평가하여 매출원가를 계상하면 된다.

> **기초재고 + 당기매입액 − 기말재고 = 매출원가**

이처럼 기말재고자산의 평가는 매출원가를 결정하고 이는 당기순이익에 영향을 미치기 때문에 기말재고자산의 평가는 결산과정에서 매우 중요한 부분을 차지한다.

왜냐하면, 기말재고가 과대평가되면 당기순이익이 과대평가되고 기말재고자산이 과소평가되면 당기순이익이 과소평가되므로 기업이익의 유연화 또는 과세소득의 의도적인 감소를 통해 회계질서의 혼란을 가져올 수 있으므로 기업회계기준 등에서는 기말재고자산의 평가에 대해 엄격하게 관리하고 있는 것이다.

2. 재고자산의 종류

기업회계기준상 열거된 재고자산은 다음과 같다.

상 품	판매를 목적으로 구입한 상품/미착상품/적송품 등으로 하며, 부동산매매업에 있어서 판매를 목적으로 소유하는 토지/건물 기타 이와 유사한 부동산은 이를 상품에 포함하는 것으로 한다.
제 품	판매를 목적으로 제조한 생산품/부산물 등으로 한다.
반제품	자가제조한 중간제품과 부분품 등으로 한다.
재공품	제품 또는 반제품의 제조를 위하여 재공과정에 있는 것으로 한다.
원재료	원료/재료/매입부분품/미착원재료 등으로 한다.
저장품	소모품/소모공구기구비품/수선용 부분품 및 기타 저장품으로 한다.

3. 특수한 경우 재고자산의 기말재고자산 포함 여부

일반적으로 기말 현재 회사가 직접 보유하고 있는 재고자산을 기말재고로 계상하는 것이 원칙이지만 특수한 경우 회사가 실제 보유여부와는 다르게 기말재고로 인식해야 하는 경우가 있다.

다음의 예외의 경우 각각의 기준에 따라 포함여부를 결정한다.

운송 중인 재고자산 (미착품)	운송 도중에 있는 상품	**선적지 인도조건** : 선적이 되는 시점부터 매입자의 재고자산
		도착지 인도조건 : 도착지에서 매입자에게 인수되는 시점에 매입자의 재고자산(∵ 기말 현재 운송 중인 상품 = 판매자의 재고자산)
적송품 (위탁상품)	위탁자(판매대행을 맡긴 자)가 수탁자(판매대행자)에게 보낸 상품	수탁자가 위탁품을 판매하기 전까지 수탁자가 보관하고 있는 적송품은 위탁자의 재고자산
할부 판매상품	할부로 판매한 상품 (장단기 불문)	재고자산을 고객에게 인도하고 대금의 회수는 미래에 분할하여 회수하기로 한 경우, 판매기준을 적용하여 대금의 회수여부에 관계없이 상품의 판매시점에 매입자의 재고자산으로 인식
시송품	고객이 먼저 사용한 후 판매여부가 결정되는 상품	고객이 구매의사를 밝히기 전까지는 판매자의 재고자산
저당상품	저당 잡힌 상품	담보를 제공한 자의 재고자산
반품률이 높은 재고자산	반품률이 높은 상품	**반품률 추정가능 시** : 매입자의 재고자산
		반품률 추정 불가능 시 : 반품기간 종료시나 구매자의 인수수락시점까지는 판매자의 재고자산

---

02 재고자산 매입액과 매출액의 측정

1. 재고자산의 취득원가

원재료나 상품 등을 매입하는 경우의 취득원가는 매입원가에 전환원가 및 재고자산을 현재의 장소에 현재의 상태로 이르게 하는데 발생한 기타 모든 원가를 포함한다. 기타 원가에는 매입운임, 매입수수료, 하역비, 보험료, 보관료 등을 포함한다.

> **➕ 더 알아두기**
>
> • 구입부대비용을 판매자가 부담하기로 한 경우에는 취득원가에 매입부대비용을 가산할 수 없고, 판매자가 구입자에게 판매하는 시점에 당기비용(지급수수료 등)으로 처리한다.
> • 가격이 다른 재고자산을 일괄로 구입한 경우의 매입부대비용은 각 재고자산의 공정가액 비율로 안분하여 개별 재고자산의 취득가액에 포함을 시킨다.

재고자산 원가에 포함할 수 없으며 발생기간의 비용으로 인식하여야 하는 원가의 예는 다음과 같다.

① 재료원가, 노무원가 및 기타의 제조원가 중 비정상적으로 낭비된 부분
② 추가 생산단계에 투입하기 전에 보관이 필요한 경우 외의 보관비용
③ 재고자산을 현재의 장소에 현재의 상태로 이르게 하는 데 기여하지 않은 관리간접원가
④ 판매원가

2. 상품매매기업 취득원가

재고자산의 매입원가는 매입금액에 매입운임, 하역료 및 보험료 등 취득과정에서 정상적으로 발생한 부대원가를 가산한 금액이다. 매입과 관련된 할인, 에누리 및 기타 유사한 항목과 부가가치세 환급금, 수입관세나 제세공과금은 매입원가에서 차감한다. 성격이 상이한 재고자산을 일괄하여 구입한 경우에는 총매입원가를 각 재고자산의 공정가치 비율에 따라 배분하여 개별 재고자산의 매입원가를 결정한다.

> 재고자산의 매입원가 = 매입가격 + 수입관세, 매입운임 등의 기타원가 − 추후에 환급받는 수입과세와 제세공과금 − 매입할인, 리베이트

3. 제조기업 취득원가

제조기업의 경우 제품, 반제품 및 재공품 등 재고자산의 취득원가는 취득과정에서 정상적으로 발생한 부대비용을 포함한 매입원가에 전환원가를 가산한 금액으로 한다.

> 재고자산의 제조원가 = 직접재료원가 + 직접노무원가 + 변동제조간접원가 + 고정제조간접원가 배부액

① 변동제조간접원가

생산량에 따라 직접적으로 변동하는 간접제조원가를 말한다. 생산설비의 실제 사용에 기초하여 각 생산단위에 배부한다.

② 고정제조간접원가

공장건물이나 기계장치의 감가상각비처럼 생산량과는 상관없이 일정수준을 유지하기 위한 간접제조원가를 말한다. 생산설비의 정상조업도에 기초하여 제품에 배부하며 실제 생산수준이 정상조업도와 유사한 경우에는 실제조업도를 사용할 수 있다. 그러나 실제조업도가 정상조업도보다 높은 경우에는 실제조업도에 기초하여 고정제조간접원가를 배부함으로써 재고자산이 실제원가를 반영하도록 한다.

4. 서비스기업의 재고자산원가

서비스기업의 재고자산원가는 서비스의 제공에 직접 종사하는 인력의 노무원가와 기타 직접 관련된 재료원가와 기타원가로 구성된다. 서비스 제공과 직접 관련이 없는 판매 및 일반관리 업무에 종사하는 인력의 노무원가와 기타원가는 재고자산 원가에 포함되지 않으며 발생한 기간의 비용으로 인식한다.

> 서비스기업의 제조원가 = 서비스에 투입한 인력에 대한 직접노무원가 및 기타원가 + 관련된 간접원가

5. 취득원가의 조정(매입에누리와 매입환출, 매입할인)

매입에누리란 구매자가 구입한 상품이나 원재료에 파손이나 결함이 발견되어 당초의 매입가격을 감액받는 것을 말하며, 매입환출이란 물품을 불량 등의 사유로 반품하는 것을 말한다. 매입할인은 재고자산의 매입대금의 조기집행으로 상대방이 당초 외상매입대금을 감액해준 것을 말한다.

매입에누리, 매입환출, 매입할인은 재고자산의 취득가액에 포함시키지 말아야 한다.

구 분	구매자	판매자
파손이나 결함으로 당초 가격 에누리 한 경우	매입에누리	매출에누리
불량 등의 사유로 반품하는 경우	매입환출	매출환입
외상대금의 조기집행으로 대금의 감액한 경우	매입할인	매출할인

6. 순매입액과 순매출액의 계상

> - 총매입액 + 매입부대비용 − 매입에누리와 환출액 − 매입할인액 = **순매입액**
> - 총매출액 − 매출에누리와 환입액 − 매출할인액 = **순매출액**

7. 매출원가의 산정

> - **상품매출원가** = 기초상품재고액 + 당기매입액 − 기말상품재고액 + 정상감모손실 + 재고자산평가손실 − 타계정대체액
> - **제품매출원가** = 기초제품재고액 + 당기제품제조원가 − 기말제품재고액 + 정상감모손실 + 재고자산평가손실 − 타계정대체액

8. 매출총이익의 산정

> **매출총이익** = 순매출액(총매출액 − 매출에누리 − 매출환입 − 매출할인) − 매출원가

03 기말재고자산의 평가

재고자산의 평가는 기말재고에 대한 수량결정과 단가결정을 통해 판매가능재고를 기말재고와 매출원가로 배분하는 것이다.

기말 현재 손익계산서상의 매출원가를 구하기 위해서는 반드시 기말재고자산을 평가해야 한다. 기말재고자산의 평가가 제대로 이루어지지 않을 경우 즉시적으로 당기순이익의 변화를 가져오므로 기말재고자산의 평가문제는 정확하게 이루어져야 한다.

기말재고자산의 평가는 기말 현재 회사가 보유한 재고자산의 **수량**을 계산하고, 동 수량에 일정한 방법으로 결정된 **단가**를 산정하여 이 둘을 곱한 금액으로 평가한다.

1. 기말재고수량의 결정방법

단가산정과 수량결정 중 기말재고의 수량을 먼저 결정해야 한다. 수량을 결정하는 방법으로는 실지재고조사법(실사법)과 계속기록법이 있다. 이 두 방법은 재고자산의 물량흐름을 장부상에 기록하는 방법으로 기말재고수량을 어떻게 확정하는가에 대한 차이가 있다.

(1) 실지재고조사법

기중에는 구매만 기록하고 결산일에 기말재고수량을 직접 창고에서 확인하는 방법으로 판매가능수량 중 기말재고수량을 제외한 나머지 수량은 판매되거나 사용된 것으로 간주한다. 이 방법에서는 도난이나 감모된 재고가 매출원가에 포함되게 된다.

> **파악순서 → 기초재고수량 + 당기매입수량 − 기말재고수량 = 당기판매수량**

⊕ 예제

위드의 당기 중 재고자산의 거래는 아래와 같다(부가세 회계처리는 생략, 모든 거래는 외상거래로 가정).

- 기초 상품재고는 100개(@10원)
- 당기 중 상품 600개를 @20원에 매출
- 당기 중 상품 800개(@10원)를 매입
- 기말실사재고수량은 300개

❙ 회계처리

시 점	매 입		매 출	
매입시점	매 입 8,000 / 외상매입금 8,000			
매출시점	– 분개 없음 –		외상매출금 12,000 / 매 출 12,000	
결산시점	매출원가 1,000 / 재고자산(기초) 1,000 매출원가 8,000 / 매 입 8,000 재고자산(기말) 3,000 / 매출원가 3,000			

(2) 계속기록법

재고자산의 입·출고 수량을 장부(상품 및 제품 재고장)에 기록하여 기말재고수량을 파악하는 방법이다. 이때 계산된 기말재고수량은 장부상 재고수량일 뿐 실제 창고에 보관되어 있는 재고수량과는 다르다. 따라서 장부상의 기말재고가 도난이나 감모 등의 발생이 누락되어 실제 재고보다 많게 된다.

파악순서 → 기초재고수량 + 당기매입수량 − 당기판매수량 = 기말재고수량

➕ 예시

시 점	매 입		매 출	
매입시점	매 입　8,000 / 외상매입금	8,000		
매출시점	매출원가　6,000 / 재고자산	6,000	외상매출금　12,000 / 매 출	12,000
결산시점	– 분개 없음 –			

(3) 실지재고조사법과 계속기록법의 비교

구 분	실지재고조사법	계속기록법
기말수량의 파악	실지조사를 통해 기말재고자산 파악	상품재고원장(장부)의 기록에 의해 산출
장 점	• 재고자산의 출고에 대한 기록을 매번 기록하지 않아도 됨 • 상대적으로 편리	• 장부에 의해 언제든지 재고자산의 수량 파악 가능(자산관리목적에 충실) • 기중결산이 용이
단 점	• 실사를 하지 않고서는 재고자산의 수량금액 파악이 불가능 • 실사조사에 포함되지 않은 부분은 당기 중에 모두 판매된 것으로 가정하므로, 감모수량이 매출원가에 포함되어 매출원가가 과다계상됨 • 기중결산이 어려움	• 재고자산의 입출고를 매번 기록·정리하므로 번거롭고 비용과다 발생 • 매출원가로 기록한 금액 외에는 모두 기말재고로 남은 것으로 간주하므로, 재고감모손실이 기말재고원가에 포함되어 기말재고가 과다계상됨
업 종	일반적인 도소매 판매업종	고가의 상품을 소량으로 판매하는 업종

※ 가장 이상적인 방법은 계속기록법을 적용하면서 매 회계연도말 실지재고조사법을 병행하는 것이 가장 정확하다(혼합법) → 왜냐하면, 파손·도난·분실·증발 등의 원인에 의한 장부재고수량과 실지재고수량의 차이(재고자산감모손실)를 파악할 수 있기 때문이다.

04 기말재고 단가(원가)의 결정방법

단가결정이란 회계기간 중 재고자산의 매입가격이 다를 때 판매된 재고자산의 단가를 어느 가격으로 할 것인가를 결정하는 문제이다.

1. 단가선정방법(원가흐름의 가정)

재고자산의 단위원가를 결정하는 방법에는 개별법과 가중평균법, 선입선출법, 후입선출법 등이 있다. 이러한 방법들은 현실적으로 개별재고자산의 취득단가를 일일이 확인하기가 어렵기 때문에 재고자산의 취득단가가 일정한 흐름을 갖는다는 가정(원가흐름의 가정)을 하는 것으로 실제 물량흐름과 일치하는 것은 아니다. 통상적으로 상호 교환될 수 없는 재고항목이나 특정 프로젝트별로 생산되는 제품 또는 서비스의 단가는 개별법을 사용하여 결정하며, 이외의 경우 재고자산의 단가는 선입선출법, 평균법 또는 후입선출법 등을 사용하여 결정한다.

각 단가산정방법은 다음과 같다.

(1) 개별법

개별재고자산의 취득원가를 확인하여 결정하는 방법으로 상호 교환되기 어려운 재고자산이나 특정 프로젝트별로 생산되는 경우 사용한다. 예를 들면, 특수기계를 주문 생산하는 경우와 같이 제품별로 원가를 식별할 수 있는 때에는 개별법을 사용하여 원가를 결정한다.

개별법은 실제수익과 실제비용이 대응되어 수익비용의 대응에 충실하나 재고자산의 종류가 많을 경우 실무적용이 어렵고 임의적으로 원가를 결정하여 손익을 조작할 우려가 있다.

(2) 가중평균법

기초재고와 당기매입(생산)재고를 가중평균하여 단위원가를 결정하는 방식이다. 실사법하에서는 총평균법이 사용되고 계속기록법하에서는 이동평균법이 사용된다.

> • 총평균법 단가 = (기초재고금액 + 당기매입금액) / (기초재고수량 + 당기매입수량)
> • 이동평균법 단가 = 총평균법의 단가 계산 방식을 거래가 발생할 때마다 적용하는 것

(3) 선입선출법

선입선출법(FIFO ; First-In First-Out method)은 먼저 입고된 재고가 먼저 출고된다는 가정으로 대부분 기업의 실제물량흐름과 유사한 결과를 가져오며 기말재고자산이 현행원가와 유사하게 평가되는 장점이 있다. 그러나 현행수익에 과거원가를 대응시키므로 대응원칙에 충실하지 못하며, 물가가 상승하는 경우 과거의 취득원가에 현행 매출수익이 대응하므로 당기순이익이 과대계상된다.

(4) 후입선출법

후입선출법(LIFO ; Last-In First-Out method)은 가장 최근에 매입 또는 생산한 재고항목이 가장 먼저 판매된다고 가정하는 방법이다.

(5) 표준원가법

'표준원가법'이나 '소매재고법' 등의 원가측정방법은 그러한 방법으로 평가한 결과가 실제 원가와 유사한 경우에 한해 편의상 사용할 수 있다. 표준원가법을 사용할 경우 표준원가는 정상적인 재료원가, 소모품원가, 노무원가 및 효율성과 생산능력 활용도를 반영하며, 표준원가는 정기적인 검토를 해야 하며 필요한 경우 현재 상황에 맞게 조정하여야 한다.

(6) 소매재고법(매출가격환원법)

① 소매재고법은 판매가격기준으로 평가한 기말재고금액에 구입원가, 판매가격 및 판매가격변동액에 근거하여 산정한 원가율을 적용하여 기말재고자산의 원가를 결정하는 방법이다. 이 방법은 실제원가가 아닌 추정에 의한 원가결정방법이므로 원칙적으로 많은 종류의 상품을 취급하여 실제원가에 기초한 원가결정방법의 사용이 곤란한 유통업종에서만 사용할 수 있다.

② 다만, 유통업 이외의 업종에 속한 기업이 소매재고법을 사용하는 예외적인 경우에는 소매재고법의 사용이 실제원가에 기초한 다른 원가결정방법을 적용하는 것보다 합리적이라는 정당한 이유와 소매재고법의 원가율 추정이 합리적이라는 근거를 주석으로 기재하여야 한다.

③ 소매재고법은 이익률이 유사한 동질적인 상품군별로 적용한다. 따라서 이익률이 서로 다른 상품군을 통합하여 평균원가율을 계산해서는 아니된다.

2. 각 방법의 비교

(1) 물가상승 시 각 방법의 비교

구 분	비 교
기말재고자산 평가액	선입선출법 ≧ 이동평균법 ≧ 총평균법 ≧ 후입선출법
매출원가(재고자산 평가액과 반대)	선입선출법 ≦ 이동평균법 ≦ 총평균법 ≦ 후입선출법
당기순이익(기말재고자산과 동일)	선입선출법 ≧ 이동평균법 ≧ 총평균법 ≧ 후입선출법
법인세	선입선출법 ≧ 이동평균법 ≧ 총평균법 ≧ 후입선출법
현금흐름	선입선출법 ≦ 이동평균법 ≦ 총평균법 ≦ 후입선출법

(2) 선입선출법과 후입선출법의 비교

구 분	선입선출법	후입선출법
장 점	• 물량흐름과 원가흐름이 일치 • 객관적이므로 이익유연화(이익조작) 가능성 적음	• 수익비용의 대응효과 큼 • 평가손실 적게 계상됨
단 점	• 수익비용 대응 부적절(과거원가에 현재수익 대응) • 매출원가 과소계상되므로 이익의 과대인식	• 일반적인 물량흐름과는 상반됨 • 기말재고자산이 적게 평가됨

(3) 평 가

재고자산을 평가함에 있어 성격과 용도 면에서 유사한 재고자산에 대해서는 동일한 단위원가 결정방법을 사용해야 하며, 위치나 과세방식이 다르다는 이유만으로 동일재고에 대해 다른 단위원가 결정방법을 사용해서는 안 된다. 또한, 일단 단가산정방법을 정한 후에는 정당한 사유없이 새로운 평가방법으로 변경할 수 없다.

05 재고자산평가손실과 재고자산감모손실

1. 재고자산의 저가법 적용

자산은 미래의 경제적 효익의 유입으로 표현된다. 따라서 판매가치나 사용가치가 취득원가 이하로 하락하면 이를 적절히 평가하여야 한다. 재고자산의 가치하락은 물리적 손상이나 진부화, 판매가격 하락이 원인이 되어 발생한다. 이렇게 재고자산의 실제가치와 장부가치를 비교하여 낮은 가격으로 장부에 반영시키는 것을 **저가법**이라고 한다.

① 재고자산의 시가가 취득원가보다 하락한 경우에는 저가법을 사용하여 재고자산의 재무상태표가액을 결정한다. 다음과 같은 사유가 발생하면 재고자산 시가가 원가 이하로 하락할 수 있다.

　㉠ 손상을 입은 경우

　㉡ 재무상태일로부터 1년 또는 정상영업주기 내에 판매되지 않았거나 생산에 투입할 수 없어 장기체화된 경우

　㉢ 진부화하여 정상적인 판매시장이 사라지거나 기술 및 시장 여건 등의 변화에 의해 판매가치가 하락한 경우

　㉣ 완성하거나 판매하는 데 필요한 원가가 상승하는 경우

② 재고자산을 저가법으로 평가하는 경우 제품, 상품 및 재공품의 시가는 **순실현가능가액**을 말하며, 순실현가능가액은 추정판매가액에서 판매시 정상적으로 발생하는 추정비용을 차감한 가액으로 한다.

> 순실현가능가액 = 정상적인 영업과정에서의 예상판매가격 - 추가 예상판매비용과 원가

제품, 상품, 재공품의 평가는 순실현가능가액으로 평가를 하나 원재료는 현재 시점에서 매입이나 재생산에 소요되는 금액인 현행대체원가를 사용한다(단, 현행대체원가가 더 낮더라도 완성된 제품이 원가 이상으로 판매될 것이 예상되는 경우 감액하지 않는다).

③ 저가법은 **종목별**로 적용하되, 재고항목들이 서로 유사하거나 관련되어 있는 경우에는 **조별**로 적용될 수 있다. 저가법 적용은 계속성을 유지하여야 하며, 어떠한 경우에도 **총액기준으로 적용할 수 없다.**

④ 재고자산 단가가 하락 시에 '재고자산평가손실'을 인식하여 재고자산을 공정가액과 일치시킨다. 단, 재고자산의 단가가 상승하여도 별도 회계처리는 하지 않는다('재고자산평가이익' 항목은 나타나지 않음).

⑤ 저가법을 적용하는 경우 하락만 손실로 계상하고 상승은 이익으로 계상하지 않아 일관성이 떨어지고 현재이익이 줄어드는 대신에 미래이익이 늘어나는 결과를 가져오는 단점이 있다.

2. 재고자산평가손실

기말에 재고자산의 시가가 장부금액 이하로 하락할 경우 그 차이금액만큼을 '재고자산평가손실'로 재고자산의 차감계정으로 계상한다. 만약, 당초에 평가손실을 초래했던 상황이 호전되어 새로운 시가가 현재 장부가액보다 상승한 경우에는 최초의 장부가액을 초과하지 않는 범위 내에서 평가손실을 환입한다. 즉, 당초 평가손실이 없었더라면 유지했었을 장부가액을 한도로 평가손실을 환입할 수 있다.

- 재고자산평가손실 발생 시

  (차) 재고자산평가손실 　　　xxx　　(대) **재고자산평가충당금** 　　　xxx

  　　　　　　　　　　　　　　　　　　　　(재고자산의 차감계정)

- 재고자산평가손실 환입 시

  (차) 재고자산평가충당금 　　　xxx　　(대) **재고자산평가충당금환입** 　　　xxx

부문재무상태표

재고자산	xxx	
재고자산평가충당금	(xxx)	xxx

부분손익계산서

매출액		xxx
매출원가		(xxx)
기초상품재고액	xxx	
당기매입액	(+) xxx	
기말상품재고액	(−) xxx	
재고자산평가손실	(+) xxx	
매출총이익		xxx

3. 재고자산감모손실

기말재고자산 실제 수량과 장부상 수량의 차이를 '재고자산감모손실'이라 하며, 정상적으로 발생한 감모손실은 **매출원가**에 가산하고 비정상적으로 발생한 감모손실은 **영업외비용**으로 분류한다.

정상적 발생 감모손실 (원가성이 있는 경우)	매출원가에 가산	(차) 재고자산감모손실　　xxx　(대) 재고자산　　xxx (매출원가)
비정상적 발생 감모손실 (원가성이 없는 경우)	영업외비용에 가산	(차) 재고자산감모손실　　xxx　(대) 재고자산　　xxx (영업외비용)

결국 장부상의 재고는 실사를 통한 감모손실과 순실현가치평가에 의한 평가손실의 과정을 거치게 된다.

※ 재고자산감모손실과 재고자산평가손실이 동시에 발생하면 재고자산감모손실(수량)을 먼저 인식한 후 → 재고자산평가손실(단가)을 인식한다.

⊕ TIP

재고자산평가손실 및 재고자산감모손실의 회계처리

구 분		회계처리
시가적용	제품, 상품, 재공품, 반제품	순실현가능가액
	원재료	현행대체원가
저가평가 시 평가방법		① 종목별 평가원칙 ② 유사항목 군별 평가가능(단, 계속성 유지)
재고자산감모손실	정상적인 발생	매출원가에 가산
	비정상적인 발생	영업외비용 처리
재고자산평가손실	평가손실 발생 시	매출원가에 가산
	평가손실 환입 시	매출원가에서 차감

⊕ 예제

㈜위드는 다음과 같은 재고자산을 기말 현재 보유 중에 있다. 다음 자료에 의하여 물음에 답하시오.

- 기말 현재 ㈜위드의 장부상 재고자산은 500개, 취득가액은 개당 3,000원이다.
- 기말 창고에 실제 남아있는 재고자산은 450개이었고, 기말 현재 당해 자산의 시가는 개당 2,800원으로 평가되었다(단, 감모손실 중 20개는 원가성이 있다).

┃ 요구사항

1. 위드가 인식할 재고자산감모손실을 계산하고 회계처리하시오.
2. 위드가 인식할 재고자산평가손실을 계산하고 회계처리하시오.

┃ 정답 및 해설

1. 재고자산감모손실

  (차) 재고자산감모손실   60,000원[주1]   (대) 재고자산   150,000원
     (매출원가)
     재고자산감모손실   90,000원[주1]
     (영업외비용)

[주1] 재고자산감모손실의 안분

구 분	수 량	비 율	감모손실
정상분	20개	40%	60,000
비정상분	30개	60%	90,000
합 계	50개		150,000

2. 재고자산평가손실

  (차) 재고자산평가손실   90,000원[주2]   (대) 재고자산평가충당금   90,000원
    (매출원가)
  [주2] 450개 × (3,000원 − 2,800원) = 90,000원

01 다음 중 재고자산의 원가흐름에 대한 가정과 관련된 설명으로 틀린 것은? [85회]

① 재고자산의 단가결정을 어떻게 가정하느냐에 따라 매출원가와 기말재고자산의 단가가 달라질 수 있다.
② 개별법이란 실제 매출이 발생할 때 실제 구입원가를 기록하였다가 매출원가로 대응시키는 방법이다.
③ 평균법은 현실에서 가장 많이 쓰이는 방법으로 회사의 실제 물량흐름과 유사하다.
④ 재고자산 매입가격 상승 시 일반적으로 순이익은 후입선출법이 가장 작다.

해설

현실에서 가장 많이 쓰이는 방법으로, 실제 회사의 물량 흐름과 유사한 방법은 선입선출법이다.

02 ㈜새벽의 2024년 12월 31일 현재 창고의 실제 재고액은 1,000,000원이다. 실제 재고액에는 다음과 같은 사항이 반영되어 있지 않다. 다음의 사항을 모두 반영할 경우 2024년 12월 31일 현재 올바른 재고자산은 얼마인가? [85회]

(1) 2024년 12월 25일 선적지 인도조건으로 판매한 상품 150,000원이 2024년 12월 31일 현재 아직 운송 중에 있다.
(2) 위탁판매분 중 수탁자가 2024년 12월 31일까지 아직 판매하지 못한 위탁품 200,000원이 있다.
(3) 시용판매분 중 고객이 2024년 12월 31일까지 매입의사를 표시하지 않은 시송품(원가) 150,000원이 있다.

① 1,000,000원
② 1,150,000원
③ 1,350,000원
④ 1,500,000원

해설

• 올바른 재고자산 = 창고 실제 재고액 1,000,000원 + 판매하지 못한 위탁품 200,000원 + 매입의사를 표시하지 않은 시송품 150,000원 = 1,350,000원
※ 선적지 인도조건으로 판매한 상품은 선적한 시점부터 판매자의 재고자산이 아니다.

03 다음은 ㈜보안이 보유한 재고자산과 관련된 자료이다. 기말 재고자산 감모손실 분개로 올바른 것은?

[85회]

- 재고자산 1개당 구입가격 : 1,000원
- 정상감모 수량 : 2개
- 재고자산 1개당 순실현가능가치 : 800원
- 비정상감모 수량 : 3개

---

① (차) 매출원가   2,000원   (대) 재고자산   5,000원
   영업외비용   3,000원

② (차) 매출원가   3,000원   (대) 재고자산   5,000원
   영업외비용   2,000원

③ (차) 매출원가   1,600원   (대) 재고자산   4,000원
   영업외비용   2,400원

④ (차) 매출원가   2,400원   (대) 재고자산   4,000원
   영업외비용   1,600원

해설

정상감모손실은 매출원가로 비정상감모손실은 영업외비용으로 회계처리한다.

04 다음 자료는 ㈜대전의 2024년 기말재고자산 내역이다. 2024년 당기순이익에 미치는 영향으로 올바른 것은?

[84회]

- 기말 재고자산 수량 : 장부상 수량 600개(조사에 의한 실제 수량 400개)
- 단위당 원가 : 1,150원/개(시가 1,000원)
- 재고감모손실의 10%는 비정상적으로 발생한 것이다.

---

① 당기순이익이 60,000원 감소한다.
② 당기순이익이 200,000원 감소한다.
③ 당기순이익이 260,000원 감소한다.
④ 당기순이익이 290,000원 감소한다.

해설

- 재고자산감모손실 = (장부수량 600개 − 실제수량 400개) × 1,150원 = 230,000원
- 재고자산평가손실 = (1,150원 − 1,000원) × 400개 = 60,000원
- 재고자산평가손실과 정상 재고자산감모손실은 매출원가 포함하고, 비정상 재고자산감모손실은 영업외비용으로 처리하지만 모두 당기순이익에 영향을 미치므로 해당 문제에서는 구분하지 않고 계산한다.
- ∴ 당기순이익 = 재고자산감모손실 230,000원 + 재고자산평가손실 60,000원 = 290,000원 감소

05 ㈜광주의 2024년 중 장부상 재고자산의 거래내역이 다음과 같은 경우, 2024년 손익계산서에 인식할 매출원가는 얼마인가?(단, 단위당 원가의 결정은 이동평균법을 사용한다) [84회]

구 분	수 량	단위당 원가	총원가
01/01 기초	100개	100원	10,000원
05/30 매입	300개	200원	60,000원
06/23 매출	300개	?	?
09/30 매입	400개	250원	100,000원
11/20 매출	400개	?	?
12/31 기말	100개	?	?

① 52,500원
② 114,000원
③ 146,500원
④ 180,500원

해설

• 06/23 단위당 원가 = (10,000원 + 60,000원)/400개 = 175원
• 06/23 매출원가 = 175원 × 300개 = 52,500원
• 11/20 단위당 원가 = (17,500원 + 100,000원)/500개 = 235원
• 11/20 매출원가 = 235원 × 400개 = 94,000원
∴ 총매출원가 = 매출원가(06/23) 52,500원 + 매출원가(11/20) 94,000원 = 146,500원

06 2023년에 사업을 개시한 ㈜경기는 도소매업을 운영하다가 2023년 말 창고에 발생한 화재로 인하여 재고자산 일부가 소실되었다. 화재 후 재고자산을 실사한 결과, 남은 재고자산이 170,000원으로 확인되었다. 화재 전 매입한 재고자산은 1,900,000원이었으며, 매출액은 2,500,000원, 매출원가는 1,600,000원으로 보고되었다. 화재로 인한 재고자산의 손실액은 얼마인가? [83회]

① 100,000원
② 130,000원
③ 170,000원
④ 200,000원

해설

• 매출원가 1,600,000원 = 당기매입 1,900,000원 − 기말재고
※ 2023년 사업을 개시하였으므로 2023년 말 기준으로 기초재고는 없다.
∴ 장부상 기말재고 = 300,000원
∴ 손실액 = 장부상 기말재고 300,000원 − 실제 기말재고 170,000원 = 130,000원

07 다음은 ㈜세종의 당기 말 상품 관련 자료이다. ㈜세종의 기말 재무상태표에 표시되는 재고자산평가충당금은 얼마인가? [83회]

> - 장부수량 : 25,000개
> - 단위당 취득원가 : 6,500원
> - 재고자산 감모수량 : 500개
> - 단위당 순실현가능가치 : 6,200원

① 5,940,000원
② 6,040,000원
③ 7,350,000원
④ 8,300,000원

해설
- 재고자산평가손실 = (장부수량 25,000개 − 감모수량 500개) × (단위당 취득원가 6,500원 − 단위당 순실현가능가치 6,200원) = 7,350,000원
- 재고자산평가손실 발생 시 아래와 같이 재고자산평가충당금(자산의 차감계정)으로 계상되며, 재고자산평가충당금은 재무상태표에 표시되고 재고자산평가손실은 매출원가에 포함된다.

(차) 재고자산평가손실　　　　　　　　7,350,000원　　　(대) 재고자산평가충당금　　　　　　　　7,350,000원

08 12월 말 결산법인인 ㈜충남의 2023년 총매출액은 1,000,000원, 기초재고는 200,000원, 총매입액은 600,000원, 매입에누리와환출은 50,000원이다. 2023년의 매출총이익률은 30%일 때, ㈜충남의 2023년 기말재고액은 얼마인가? [83회]

① 50,000원
② 80,000원
③ 100,000원
④ 120,000원

해설
- 매출원가 = 총매출액 1,000,000원 × (1 − 0.3) = 700,000원
- 매출원가 700,000원 = 기초재고 200,000원 + (당기매입액 600,000원 − 매입에누리와환출 50,000원) − 기말재고
  ∴ 기말재고액 = 50,000원

09 다음은 ㈜광주의 당기 재고자산 관련 자료이다. 다음 자료에 의하여 재고자산을 선입선출법으로 계산한 내용으로 틀린 것은? [82회]

구 분	수 량	단 가
기초상품재고	1,500개	1,200원
당기상품매입	2,500개	2,500원
당기상품판매	3,500개	3,000원

① 기말상품재고액은 1,350,000원이다.
② 매출총이익은 3,700,000원이다.
③ 기말재고는 전부 당기매입상품으로만 구성된다.
④ 매출원가는 6,800,000원이다.

해설

• 기말상품재고액 = (기초재고 1,500개 + 당기매입 2,500개 − 판매수량 3,500개) × 당기매입 단가 2,500원 = 1,250,000원

※ 선입선출법이 적용되므로 기말재고는 가장 늦게 매입한 재고의 단가인 당기매입 단가로 계산된다.

10 다음 중 재고자산에 대한 설명으로 틀린 것은? [82회]

① 선적지 인도기준에 의해서 매입이 이루어질 경우, 발생하는 운임은 매입자의 취득원가에 산입하여야 한다.
② 계속기록법을 적용하면 특정 시점의 재고자산 잔액과 그 시점까지 발생한 매출원가를 적시에 파악할 수 있는 장점이 있다.
③ 선입선출법은 기말에 재고로 남아있는 항목을 가장 최근에 매입 또는 생산된 항목이라고 가정하는 방법이다.
④ 기초재고자산 금액과 당기매입액이 일정할 때, 기말재고자산 금액이 과대계상될 경우 당기순이익은 과소계상된다.

해설

기말재고자산 금액이 과대계상되면 당기순이익은 과대계상된다.

11 도소매업을 영위하는 ㈜인천의 당기 상품 매매 관련 자료가 다음과 같을 때 재무상태표에 표시되는 유동자산의 총합계액은 얼마인가?   [82회]

- 기초상품재고액 : 380,000원
- 당좌자산총액 : 2,220,000원
- 매출총이익률 : 25%
- 매출액 : 12,000,000원
- 당기상품매입액 : 10,600,000원

① 3,400,000원   ② 4,200,000원
③ 4,600,000원   ④ 5,000,000원

해설
- 매출원가 = 매출액 12,000,000원 × (1 − 매출총이익률 0.25) = 9,000,000원
- 매출원가 9,000,000원 = 기초재고 380,000원 + 당기매입 10,600,000원 − 기말재고
∴ 기말재고 = 1,980,000원
∴ 유동자산 = 당좌자산 2,220,000원 + 재고자산 1,980,000원 = 4,200,000원

12 도소매업을 영위하는 ㈜대전은 재고자산 평가방법으로 상품 종목별로 저가법을 적용하고 있다. ㈜ 대전의 2023년 기말 재고자산 관련 자료가 다음과 같다면 재고자산평가손실은 얼마인가?   [82회]

상품 종목	재고 수량	단위당 취득원가	단위당 추정판매가격	단위당 추정판매비용
A	600단위	5,000원	7,000원	1,000원
B	700단위	8,000원	7,500원	500원
C	400단위	4,000원	5,000원	500원

① 0원   ② 200,000원
③ 700,000원   ④ 800,000원

해설
- 종목별 취득원가 및 순실현가능가치

상품 종목	취득원가	순실현가능가치
A	5,000원 × 600개 = 3,000,000원	(7,000원 − 1,000원) × 600개 = 3,600,000원
B	8,000원 × 700개 = 5,600,000원	(7,500원 − 500원) × 700개 = 4,900,000원
C	4,000원 × 400개 = 1,600,000원	(5,000원 − 500원) × 400개 = 1,800,000원

∴ 평가손실 = B 상품 취득원가 5,600,000원 − B 상품 순실현가능가치 4,900,000원 = 700,000원
※ 취득원가보다 순실현가능가치가 낮은 B 상품만 저가법에 의해 평가손실 700,000원이 발생한다.

13 다음 자료에 의하여 순매출액과 순매입액, 기말상품재고를 각각 계산한 금액으로 올바른 것은?

[82회]

- 당기매출액 : 1,500,000원
- 기초상품재고 : 1,000,000원
- 당기매입액 : 2,000,000원
- 매출원가 : 500,000원
- 매출환입액 : 500,000원
- 매입에누리와환출 : 300,000원

	순매출액	순매입액	기말상품재고
①	1,500,000원	2,000,000원	2,500,000원
②	1,000,000원	1,500,000원	2,000,000원
③	1,000,000원	1,700,000원	2,200,000원
④	1,500,000원	1,500,000원	2,000,000원

해설
- 순매출액 = 당기매출액 1,500,000원 − 매입환출 500,000원 = 1,000,000원
- 순매입액 = 당기매입액 2,000,000원 − 매입에누리와환출 300,000원 = 1,700,000원
- 매출원가 500,000원 = 기초상품재고 1,000,000원 + 순매입액 1,700,000원 − 기말상품재고
- ∴ 기말상품재고 = 2,200,000원

14 다음 중 재고자산에 대한 설명으로 틀린 것은?

[81회]

① 기업이 정상적인 영업활동을 수행하는 과정에서 판매를 목적으로 보유하는 자산으로 유동자산이다.
② 재고자산의 매입원가는 매입가액에, 취득과정에서 정상적으로 발생한 부대비용을 가산한 금액이다.
③ 현행대체원가는 재고자산을 현재 시점에서 매입하거나 재생산하는데 소요되는 금액이다.
④ 매입원가에서 매입과 관련된 에누리는 차감하나 할인은 차감하지 않는다.

해설
매입원가에서 매입과 관련된 에누리와 할인은 차감한다.

15 다음 중 재고자산으로 분류되지 않는 항목은? [81회]

① 선적지인도기준에 의하여 운송 중인 매입상품
② 수탁자에게 판매를 위탁한 상품
③ 소비자가 구입의사를 표시한 시용 판매된 상품
④ 매입계약이 체결되었으나 인도되지 않은 상품

해설
소비자가 구입의사를 표시한 시용 판매된 상품은 판매된 것으로 보아 재고자산으로 분류되지 않는다.

16 다음은 ㈜경기의 재고자산 관련 자료이다. 선입선출법에 따른 기초 상품의 수량과 단가는 각각 얼마인가? [81회]

• 기중 재고자산 변동 내역

구 분	수 량	단 가
기초상품재고	?	?
당기상품매입	3,000개	1,500원
당기상품판매	3,000개	2,500원

• 매출원가 : 4,400,000원
• 기말상품재고액 : 600,000원

	수 량	단 가		수 량	단 가
①	300개	1,000원	②	400개	1,100원
③	400개	1,250원	④	500개	1,350원

해설
• 기말재고수량 = 기말재고액 600,000원 ÷ 단위당 원가 1,500원 = 400개
※ 선입선출법하의 기말재고액은 최근 매입분으로 구성되므로 단위당 원가는 1,500원이 된다.
• 기말재고수량 400개 = 기초재고수량 + 당기상품매입액 3,000개 – 당기판매수량 3,000개
∴ 기초재고수량 = 400개
• 매출원가 4,400,000원 = (기초재고수량 400개 × 기초재고 단가) + (당기매입분 2,600개 × 당기매입 단가 1,500원)
∴ 기초재고 단가 = 1,250원

17 다음은 ㈜충북의 재무상태표 중 일부 자료이다. 아래의 자료에서 당좌자산의 합계액과 재고자산의 합계액으로 올바른 것은? [81회]

- 보통예금 : 640,000원
- 원재료 : 1,700,000원
- 제품 : 2,200,000원
- 임차보증금 : 1,800,000원
- 차량운반구 : 2,000,000원
- 미수금 : 1,200,000원

	당좌자산	재고자산
①	640,000원	1,700,000원
②	640,000원	2,200,000원
③	1,840,000원	3,900,000원
④	1,840,000원	2,200,000원

해설
- 임차보증금은 기타비유동자산, 차량운반구는 유형자산으로 분류한다.
- 당좌자산 = 보통예금 640,000원 + 미수금 1,200,000원 = 1,840,000원
- 재고자산 = 원재료 1,700,000원 + 제품 2,200,000원 = 3,900,000원

18 다음 중 재고자산에 대한 설명으로 틀린 것은? [80회]

① 재고자산 매입원가는 매입금액에 매입운임 등 취득과정에서 정상적으로 발생한 부대비용을 가산한 금액으로 한다.
② 재고자산은 취득원가로 평가하는 것이 원칙이다.
③ 매입자가 매입의사를 표시하기 전의 시송품은 구매자의 재고자산으로 처리해야 한다.
④ 재고자산의 시가가 취득원가보다 하락한 경우에는 저가법을 적용하여야 한다.

해설
매입자가 매입의사를 표시하기 전의 시송품은 판매자의 재고자산으로 처리해야 한다.

19 2023년 12월 31일 ㈜전주의 창고에 화재가 발생하여 보유한 상품 중 일부가 소실되었다. ㈜전주의 회계자료가 다음과 같은 경우 화재로 소실된 재고액은 얼마인가?　　　　　　　　　[80회]

> • 기초재고액 : 700,000원　　　　• 당기매출액 : 1,000,000원
> • 당기매입액 : 500,000원　　　　• 매출총이익률 : 40%
> • 실제기말재고액 : 300,000원

① 100,000원　　　　　　　　　　② 200,000원
③ 300,000원　　　　　　　　　　④ 400,000원

해설

• 매출원가 = 1,000,000원 × (1 − 40%) = 600,000원
• 장부상 기말재고 = 기초재고 700,000원 + 당기매입 500,000원 − 매출원가 600,000원 = 600,000원
∴ 화재로 소실된 재고액 = 장부상 기말재고 600,000원 − 실제기말재고 300,000원 = 300,000원

20 다음 중 재무상태표상 표시되는 분류가 다른 하나는?　　　　　　　　　　　　　[80회]

① 재고자산　　　　　　　　　　② 투자자산
③ 유형자산　　　　　　　　　　④ 무형자산

해설

재고자산은 유동자산으로 분류하고, 나머지는 비유동자산으로 분류한다.

21 다음은 ㈜대구의 2023년 재고자산 관련 자료의 일부이다. ㈜대구는 계속기록법을 적용하고 있으며, 재고자산평가손실 및 감모손실은 발생하지 않았다. 선입선출법에 의한 기말재고자산 금액은 얼마인가?　　　　　　　　　　　　[79회]

일 자	내 역	수 량	매입단가
01월 01일	기초재고	300개	?
03월 10일	매 입	450개	165원
05월 20일	매 출	600개	
08월 05일	매 입	300개	180원
12월 15일	매 출	300개	

① 24,750원　　　　　　　　　　② 27,000원
③ 28,000원　　　　　　　　　　④ 29,250원

해설

• 기말재고수량 = 당기판매가능재고 1,050개 − 당기판매수량 900개 = 150개
• 선입선출법의 경우 계속기록법 또는 실사법 적용에 상관없이 기말재고수량은 가장 최근에 매입한 재고로 이루어진다.
∴ 기말재고자산 금액 = 150개 × 180원 = 27,000원

22 다음 중 재고자산에 대한 설명으로 틀린 것은? [79회]

① 재고자산은 원칙적으로 취득원가를 장부금액으로 하나 시가가 취득원가보다 낮은 경우에는 시가를 장부금액으로 한다.

② 성격이 상이한 재고자산을 일괄하여 구입한 경우에는 총매입원가를 각 재고자산의 물량 비율에 따라 배분하여 개별 재고자산의 매입원가를 결정한다.

③ 성격과 용도 면에서 유사한 재고자산에는 동일한 단위원가 결정방법을 적용하여야 하며, 성격이나 용도 면에서 차이가 있는 재고자산에는 서로 다른 단위원가 결정방법을 적용할 수 있다.

④ 재고자산을 저가법으로 평가하는 경우 재고자산의 시가는 순실현가능가치를 말한다.

해설

재고자산의 매입원가는 매입금액에 매입운임, 하역료 및 보험료 등 취득과정에서 정상적으로 발생한 부대원가를 가산한 금액이다. 매입과 관련된 할인, 에누리 및 기타 유사한 항목은 매입원가에서 차감한다. 성격이 상이한 재고자산을 일괄하여 구입한 경우에는 총매입원가를 각 재고자산의 공정가치 비율에 따라 배분하여 개별 재고자산의 매입원가를 결정한다.

23 다음은 ㈜울산이 보유한 2023년 재고자산의 현황이다. 2023년 12월 31일 기말 결산 시 인식할 재고자산평가손실은 얼마인가? [79회]

구 분	취득원가	현행대체원가	순실현가능가치
원재료	500,000원	420,000원	480,000원
재공품	700,000원	680,000원	720,000원
제 품	1,000,000원	980,000원	970,000원

① 50,000원

② 100,000원

③ 110,000원

④ 150,000원

해설

• 원재료 평가손실 = 취득원가 500,000원 − 현행대체원가 420,000원 = 80,000원
• 제품 평가손실 = 취득원가 1,000,000원 − 순실현가능가치 970,000원 = 30,000원
• 원재료는 현행대체원가로 평가한다. 따라서 원재료와 제품을 저가법으로 평가한다.
∴ 재고자산평가손실 = 원재료 평가손실 80,000원 + 제품 평가손실 30,000원 = 110,000원

24 재고자산 평가방법으로 총평균법을 적용하고 있는 ㈜전주의 12월 중 상품 매매 내역은 다음과 같다. 다음 자료를 바탕으로 ㈜전주의 12월 기말 재고자산은 얼마인가? [78회]

일 자	구 분	수 량	단 가
12월 01일	기초재고	100개	1,000원
12월 10일	외상매입	500개	1,400원
12월 25일	외상매출	300개	2,200원
12월 31일	외상매입	200개	1,300원

① 600,000원

② 650,000원

③ 662,500원

④ 682,500원

해설

• 기말재고 수량 = 기초 100개 + 당기 매입 500개 − 당기 매출 300개 + 당기 매입 200개 = 500개

• 단위당 원가 = [(100개 × 1,000원) + (500개 × 1,400원) + (200개 × 1,300원)] ÷ 800개 = 1,325원

∴ 기말 재고자산 = 기말재고 수량 500개 × 단위당 원가 1,325원 = 662,500원

25 다음 중 기말재고자산에 포함되는 항목에 대한 설명으로 틀린 것은? [78회]

① 재고자산을 고객에게 인도하고 대금은 미래에 분할하여 회수하기로 한 경우 대금이 모두 회수되지 않았다면 판매자의 재고자산에 포함한다.

② 운송 중에 있어 아직 도착하지 않은 미착상품은 법률적인 소유권의 유무에 따라서 재고자산 포함 여부를 결정한다.

③ 적송품은 수탁자가 제3자에게 판매하기 전까지는 위탁자의 재고자산에 포함한다.

④ 반품률이 높은 상품 판매의 경우, 반품률을 합리적으로 추정할 수 있다면 상품 인도 시에 반품률을 적절히 반영하여 판매된 것으로 보아 판매자의 재고자산에서 제외한다.

해설

할부판매상품 : 재고자산을 고객에게 인도하고 대금의 회수는 미래에 분할하여 회수하기로 한 경우 대금이 모두 회수되지 않았다고 하더라도 상품의 판매시점에서 판매자의 재고자산에서 제외한다.

26 ㈜강릉의 2023년 기말 상품재고에 대한 감모손실액은 3,000,000원이며, 이 중 40%는 원가성이 없다. 다음 중 재고자산감모손실에 대한 회계처리로 올바른 것은?   [78회]

① (차)	매출원가	1,200,000원	(대) 상 품		1,200,000원
② (차)	매출원가	1,800,000원	(대) 상 품		1,800,000원
③ (차)	매출원가	1,800,000원	(대) 상 품		3,000,000원
	재고자산감모손실	1,200,000원			
④ (차)	매출원가	1,200,000원	(대) 상 품		3,000,000원
	재고자산감모손실	1,800,000원			

해설

- 재고자산감모손실 중 정상적인 감모손실은 매출원가에 가산하고, 원가성이 없는 비정상감모손실은 영업외비용으로 처리한다.
- 정상적 감모손실 = 3,000,000원 × 60% = 1,800,000원

27 ㈜지용의 2022년 말 현재 창고 실사 결과 기말상품 재고액은 1,000,000원이었으며, 아래의 내용이 반영되어 있지 않다. 아래의 내용을 모두 반영한 2022년 말 현재 기말상품 재고액은 얼마인가?   [77회]

- 선적지 인도조건으로 구입한 상품 100,000원이 결산일 현재 운송 중이다.
- 도착지 인도조건으로 구입한 상품 150,000원이 결산일 현재 운송 중이다.
- 선적지 인도조건으로 판매한 원가 200,000원의 상품이 결산일 현재 운송 중이다.
- 도착지 인도조건으로 판매한 원가 250,000원의 상품이 결산일 현재 운송 중이다.
- 위탁판매를 위해 수탁자에게 발송한 상품 중 결산일까지 판매되지 못한 적송품은 300,000원이다.

① 1,400,000원   ② 1,650,000원
③ 1,700,000원   ④ 2,000,000원

해설

기말상품 재고액 = 창고 보관 상품 1,000,000원 + 선적지 인도조건 매입 미착상품 100,000원 + 도착지 인도조건 판매 미착상품 250,000원 + 적송품 300,000원 = 1,650,000원

28 다음 자료에 의하면 기말재고액은 얼마인가? [76회]

- 총매출액 : 1,000,000원
- 매출환입 : 80,000원
- 매출할인 : 20,000원
- 기초재고 : 200,000원

- 총매입액 : 700,000원
- 매입에누리 : 50,000원
- 매입할인 : 10,000원
- 매출총이익률 : 30%

① 200,000원
② 206,000원
③ 210,000원
④ 270,000원

해설

- 순매입액 = 총매입액 700,000원 − 매입에누리 50,000원 − 매입할인 10,000원 = 640,000원
- 순매출액 = 총매출액 1,000,000원 − 매출환입 80,000원 − 매출할인 20,000원 = 900,000원
- 매출원가 = 순매출액 900,000원 × (1 − 매출총이익률 30%) = 630,000원
- ∴ 기말재고액 = 기초재고 200,000원 + 순매입액 640,000원 − 매출원가 630,000원 = 210,000원

29 다음 중 재고자산에 대한 설명으로 틀린 것은? [76회]

① 목적지 인도조건으로 매입하는 미착상품(목적지에 도달되지 않은 상품)은 매입자의 재고자산이 아니다.
② 위탁매매계약을 체결하고 수탁자가 위탁자에게서 받은 적송품은 수탁자의 재고자산이다.
③ 매입자가 사용해본 후 구입결정을 하는 조건으로 판매하기 위하여 공급하고 아직 구입의사결정이 안된 시송품은 판매자의 재고자산이다.
④ 장부상 재고보다 실제 조사한 재고의 수량이 적은 경우로서 감모된 원인이 원가성이 없는 경우에는 영업외비용으로 처리한다.

해설

적송품은 위탁자의 재고자산이다.

30 재고자산에 대하여 저가법을 적용해야 하는 사유가 아닌 것은? [76회]

① 재고자산이 손상을 입은 경우
② 진부화하여 정상적인 판매시장이 없거나, 각종 여건의 변화로 판매 가치가 하락한 경우
③ 완성하거나 판매하는데 필요한 원가가 상승하는 경우
④ 원재료를 투입하여 완성할 제품의 시가가 원가보다 높을 경우의 원재료 평가 시

해설

재고자산을 저가법으로 평가하는 경우 재고자산의 시가는 순실현가능가치를 말한다. 생산에 투입하기 위해 보유하는 원재료의 현행대체원가는 순실현가능가치에 대한 최선의 이용가능한 측정치가 될 수 있다. 다만, 원재료를 투입하여 완성할 제품의 시가가 원가보다 높을 때는 원재료에 대하여 저가법을 적용하지 아니한다.

31 ㈜튼튼은 창고에 있는 재고자산 중 일부를 도난당했다. ㈜튼튼은 원가의 20%를 가산하여 판매가격을 책정하며, 도난 후 실제기말재고는 100,000원이다. 다음 자료에 의하면 도난당한 재고자산은 얼마인가? [75회]

> • 당기매출액 : 2,500,000원   • 기초재고액 : 1,200,000원
> • 당기매출환입액 : 100,000원   • 당기매입액 : 1,700,000원

① 400,000원   ② 500,000원
③ 800,000원   ④ 900,000원

해설

• 순매출액 = 당기매출액 2,500,000원 − 매출환입 100,000원 = 2,400,000원
• 매출원가 = 순매출액 2,400,000원 ÷ (1 + 0.2) = 2,000,000원
• 장부상 기말재고 = 기초재고 1,200,000원 + 당기매입 1,700,000원 − 매출원가 2,000,000원 = 900,000원
∴ 도난당한 재고자산 = 장부상 기말재고 900,000원 − 실제 기말재고 100,000원 = 800,000원

32 다음 중 재고자산에 대한 설명으로 틀린 것은? [75회]

① 재고자산은 시가로 평가하는 것이 원칙이다.
② 재고자산 매입원가에는 매입금액에 매입운임 등 취득과정에서 정상적으로 발생한 부대비용을 가산한 금액으로 한다.
③ 시송품은 위탁자의 재고자산으로 처리해야 한다.
④ 재고자산을 저가법으로 평가하는 경우, 재고자산의 시가는 순실현가능가치이다.

해설

재고자산은 취득원가로 평가하는 것이 원칙이다.

33 도소매업을 운영하는 ㈜다팜의 상품 매매 관련 자료가 다음과 같을 때 기말 재무상태표에 표시되는 유동자산의 총합계액은 얼마인가? [74회]

- 기초상품재고액 : 700,000원
- 당기상품매입액 : 11,500,000원
- 매출원가 : 9,000,000원
- 당좌자산의 보유액은 재고자산의 80%이다.

① 5,400,000원 　　　　　　　　② 5,760,000원
③ 6,600,000원 　　　　　　　　④ 7,000,000원

해설

- 매출원가 = 기초재고 700,000원 + 당기매입 11,500,000원 − 기말재고 = 9,000,000원
  ∴ 기말재고 = 3,200,000원
- 당좌자산 = 기말재고자산 3,200,000원 × 80% = 2,560,000원
∴ 유동자산 합계액 = 재고자산 3,200,000원 + 당좌자산 2,560,000원 = 5,760,000원

34 ㈜미래의 2022년 재고자산의 매입 및 매출내역이 다음과 같다. 선입선출법에 의한 기말재고는 얼마인가? [74회]

일 자	구 분	수 량	단 가
1월 1일	기초재고	10개	200원
3월 12일	매 입	40개	220원
7월 15일	매 출	30개	250원
11월 4일	매 입	10개	210원

① 6,400원 　　　　　　　　② 6,450원
③ 6,500원 　　　　　　　　④ 6,600원

해설

기말재고 = 3월 12일 매입분 20개 × 220원 + 11월 4일 매입분 10개 × 210원 = 6,500원

35 다음 중 재고자산에 대한 설명으로 틀린 것은?　　　　　　　　　　　　　　　　　[74회]

① 선적지 인도조건으로 매입하는 미착상품(도착지에 도달되지 않은 상품)은 매입자의 재고자산이 아니다.

② 위탁매매계약을 체결하고 수탁자가 위탁자에게서 받은 적송품은 위탁자의 재고자산이다.

③ 매입자가 사용해본 후 구매 결정을 하는 조건으로 판매하기 위하여 공급한 것으로 구매의사 결정이 안된 시송품은 판매자의 재고자산이다.

④ 장부상 재고보다 실제 조사한 재고의 수량이 적은 경우로서 감모된 원인에 원가성이 없는 경우에는 영업외비용으로 처리한다.

해설

선적지 인도조건으로 매입하는 미착상품(도착지에 도달되지 않은 상품)은 매입자의 재고자산에 해당한다.

36 도소매업을 운영하는 ㈜대박의 창고에 화재가 발생하여 화재 전 보유하고 있던 재고자산의 70%를 소실하였다. 장부 기록에 의한 당기의 판매가능재고자산(기초재고 + 당기매입분)이 5,000,000원이었고, 매출액은 7,000,000원, 매출원가율은 60%이었다. 화재로 인한 재고자산의 손실액은 얼마인가?　　　　　　　　　　　　　　　　　[74회]

① 480,000원　　　　　　　　　　　　② 560,000원
③ 600,000원　　　　　　　　　　　　④ 640,000원

해설

• 매출원가 = 매출액 7,000,000원 × 60% = 4,200,000원
• 화재 전 보유 중인 재고자산 = 당기 판매가능재고자산 5,000,000원 − 매출원가 4,200,000원 = 800,000원
∴ 재고자산 손실액 = 화재 전 보유 중인 재고자산 800,000원 × 70% = 560,000원

37 ㈜명인의 2022년 말 현재 창고에 보관 중인 재고자산의 실지재고액은 600,000원이다. 실지재고액에는 다음과 같은 사항이 반영되어 있지 않다. 다음 사항을 모두 반영할 경우 2022년 말 올바른 재고자산은 얼마인가?　　　　　　　　　　　　　　　　　[73회]

> • 12월 20일 선적지 인도 조건으로 판매한 상품 120,000원이 12월 말 현재 아직 운송 중에 있다
> • 12월 25일 도착지 인도 조건으로 구매한 상품 200,000원이 12월 말 현재 아직 운송 중에 있다.
> • 위탁판매분 중 수탁자가 12월 말까지 아직 판매하지 못한 위탁품이 150,000원이 있다.

① 600,000원　　　　　　　　　　　　② 750,000원
③ 870,000원　　　　　　　　　　　　④ 1,070,000원

해설

• 선적지 인도 조건으로 판매한 상품은 이미 판매한 상품이다.
• 도착지 인도 조건으로 구입한 상품은 아직 상대방 재고이다.
∴ 재고자산 = 실지재고액 600,000원 + 위탁품 150,000원 = 750,000원

38 ㈜샌드는 재고자산에 관하여 계속기록법을 사용하고 있다. 기말에 재고자산을 실사한 결과 재고자산감모수량이 10개 발생하였다. 재고자산의 단위당 순실현가능가치가 23,500원일 때 다음 자료에 의한 재고자산감모손실액은 얼마인가? [73회]

구 분	수 량	단 가
기초 재고자산	500개	25,000원
당기 매입	2,500개	25,000원
기말 재고자산	300개	25,000원

① 250,000원   ② 260,000원
③ 270,000원   ④ 280,000원

해설

감모손실액 = 기말 재고자산 취득단가 25,000원 × 재고자산감모수량 10개 = 250,000원

39 다음 중 재고자산의 저가법 적용에 대한 설명으로 틀린 것은? [72회]

① 재고자산을 저가법으로 평가하는 경우 재고자산의 시가는 순실현가능가치를 말한다.
② 재고자산 평가를 위한 저가법은 서로 유사하거나 관련있는 항목들을 통합하여 적용할 수 없다.
③ 재고자산평가손실은 재고자산의 차감계정으로 표시하고 매출원가에 가산한다.
④ 원재료를 투입하여 완성할 제품의 시가가 원가보다 높을 때는 원재료에 대하여 저가법을 적용하지 아니한다.

해설

재고자산 평가를 위한 저가법은 항목별로 적용한다 그러나 경우에 따라서는 서로 유사하거나 관련있는 항목들을 통합하여 적용하는 것이 적절할 수 있다.

40 ㈜명인의 2022년 기말재고자산 내역이 다음과 같을 때, 2022년 당기 손익에 미치는 영향은 얼마인가? [72회]

- 장부상 재고자산 : 1,000개
- 조사에 의한 실제 재고수량 : 800개
- 단위당 원가 : 1,000원
- 단위당 시가 : 900원

① 당기순이익 80,000원 감소   ② 당기순이익 200,000원 감소
③ 당기순이익 240,000원 감소   ④ 당기순이익 280,000원 감소

해설

- 재고자산감모손실 = (장부상 재고자산 1,000개 − 실제 재고자산 800개) × 단위당원가 1,000원 = 200,000원
- 재고자산평가손실 = 실제 재고자산 수량 800개 × (단위당 원가 1,000원 − 단위당 시가 900원 = 80,000원
∴ 재고자산감모손실 200,000원 + 재고자산평가손실 80,000원 = 당기순이익 280,000원 감소

41 다음은 선입선출법을 채택하고 있는 ㈜펠리칸의 당기 자료이다. 아래의 자료에 의한 기초 상품의 단위당 원가는 얼마인가? [71회]

> • 당기상품매입 : 3,500개(단위당 원가 2,000원)
> • 당기상품판매 : 3,000개(단위당 원가 3,000원)
> • 매출원가 : 5,900,000원
> • 기말상품재고액 2,000,000원

① 1,600원   ② 1,700원
③ 1,800원   ④ 2,000원

해설
• 기초상품재고액 = 매출원가 5,900,000원 + 기말재고 2,000,000원 − 당기매입 7,000,000원 = 900,000원
• 당기매입당기판매수량 = (매출원가 5,900,000원 − 기초상품재고액 900,000원) ÷ 당기매입상품 단위당 원가 2,000원 = 2,500개
• 기초상품수량 = 당기판매수량 3,000개 − 당기매입당기판매수량 2,500개 = 500개
∴ 기초상품의 단위당 원가 = 기초상품재고액 900,000원 ÷ 상품재고수량 500개 = 1,800원

42 당기 말 재고자산 실사를 수행한 결과 ㈜오성의 재고자산 현황은 다음과 같다. 이를 토대로 재고자산 감모손실을 구하면 얼마인가? [71회]

구 분	장부수량	장부금액	실사수량
상 품	7,000개	14,700,000원	6,800개
제 품	1,500개	3,300,000원	1,500개
재공품	1,200개	7,800,000원	1,050개

① 1,180,000원
② 1,210,000원
③ 1,290,000원
④ 1,395,000원

해설
• 상품 단위당 원가 = 장부금액 14,700,000원 ÷ 장부수량 7,000개 = 2,100원
• 상품 감모손실 = (장부수량 7,000개 − 실사수량 6,800개) × 단위당 원가 2,100원 = 420,000원
• 재공품 단위당 원가 = 장부금액 7,800,000원 ÷ 장부수량 1,200개 = 6,500원
• 재공품 감모손실 = (장부수량 1,200개 − 실사수량 1,050개) × 단위당 원가 6,500원 = 975,000원
∴ 재고자산 감모손실 = 상품 감모손실 420,000원 + 재공품 감모손실 975,000원 = 1,395,000원

43 다음 중 재고자산의 원가측정 방법에 대한 설명으로 틀린 것은? [71회]

① 통상적으로 상호 교환될 수 없는 재고항목이나 특정 프로젝트별로 생산되는 제품 또는 서비스의 원가는 개별법을 사용하여 결정한다.

② 개별법이 적용되지 않는 재고자산의 단위원가는 선입선출법이나 가중평균법 또는 후입선출법을 사용하여 결정한다.

③ 표준원가법이나 소매재고법 등의 원가측정방법은 추정에 의한 방법이므로 사용할 수 없다.

④ 성격과 용도 면에서 유사한 재고자산에는 동일한 단위원가 결정방법을 적용하여야 하며 성격이나 용도 면에서 차이가 있는 재고자산에는 서로 다른 단위원가 결정방법을 적용할 수 있다.

해설

표준원가법이나 소매재고법 등의 원가측정방법은 그러한 방법으로 평가한 결과가 실제 원가와 유사한 경우에 편의상 사용할 수 있다.

44 ㈜명장의 당기 말 창고에 보관 중인 재고자산을 실사한 결과 실제 보유 중인 기말재고자산은 1,000,000원으로 확인되었으며, 다음과 같은 사항이 반영되어 있지 않다. 다음 사항을 반영할 경우 ㈜명장의 정확한 기말재고자산은 얼마인가? [71회]

- 당기 중에 도착지인도조건으로 매입한 상품 200,000원이 당기 말 현재 아직 운송 중에 있다.
- 위탁판매분 중 수탁자가 당기 말까지 아직 판매하지 못한 위탁품이 300,000원이 있다.
- 시용판매분 중 고객이 당기 말까지 매입의사를 표시하지 않은 시송품 200,000원(원가)이 있다.

① 1,000,000원　　　　　　② 1,200,000원
③ 1,500,000원　　　　　　④ 1,700,000원

해설

• 기말재고자산 = 창고 보관 중인 재고자산 1,000,000원 + 위탁품 300,000원 + 시송품 200,000원 = 1,500,000원
※ 도착지인도조건으로 매입한 미착상품은 판매자의 재고자산이다.

CHAPTER
05 유형자산

01 유형자산의 개념과 종류

1. 유형자산의 개념

유형자산은 기업이 고유의 영업활동인 생산, 임대, 관리를 위해 사용할 목적으로 보유하고 있는 물리적 형태가 있는 자산으로서 장기간(한 회계기간을 초과)에 걸쳐 사용할 것이 예상되는 자산을 의미한다. 유형자산은 영업활동에 사용하기 위해 보유하는 자산이라는 점에서 판매활동을 위해 보유하거나 생산 중인 재고자산과는 다르며, 물리적 형태가 존재한다는 점에서 무형자산과도 다르다. 또한 유형자산은 장기간 사용할 것이 예상되는 자산이므로 이용기간이 한 회계기간을 초과하지 못하는 경우에는 당기의 비용으로 인식해야 한다. 대체적으로 유형자산은 자산에서 차지하는 비중이 높고 취득원가가 미래 여러 기간에 걸쳐 감가상각을 통해 비용화되므로 손익에 미치는 영향이 크다.

유형자산으로 인식되기 위해서는 다음의 인식기준을 모두 충족하여야 한다.

① 자산으로부터 발생하는 미래 경제적 효익이 기업에 유입될 가능성이 높다.
② 자산의 원가를 신뢰성 있게 측정할 수 있다.

유형자산은 영업상 유사한 성격과 용도에 따라 토지, 건물, 기계장치, 선박, 항공기, 차량운반구, 집기, 사무용비품 등으로 분류한다.

2. 유형자산의 종류

종류	내용	감가상각 여부
토지	대지, 임야, 전/답	X(∵물리적 가치 하락X)
건물	회사의 사옥, 창고, 공장 등. 건물의 부속설비를 포함	○
구축물	토지 위에 건설한 건축물 이외의 설비. 교량, 저수지, 갱도, 상하수도, 터널, 전주, 지하도관, 신호장치, 정원 등	○
기계장치	사업을 위해 사용되는 기계장치, 생산설비 등	○
차량운반구	사업을 위해 사용되는 승용차, 트럭 등	○
비품	회사에서 사용하는 일반적인 집기류	○
건설중인자산	유형자산을 건설하기 위해 지출된 금액으로서 아직 건설이 되지 않아 건축물, 구축물로 계상할 수 없는 경우의 임시적인 계정과목. 건설이 완료되었을 때 해당 계정으로 대체	X (∵취득원가 아직 결정X)

※ 매각예정(폐기예정)으로 영업활동에 사용 안하는 유형자산도 감가상각하지 아니함

02 유형자산의 취득원가 결정

1. 유형자산 취득원가 결정방법

유형자산은 인식시점의 원가로 측정하는데 이는 자산의 취득시점이나 건설시점에 지급한 현금및현금성자산이나 제공한 기타 대가의 공정가치이다. 유형자산의 인식시점은 자산으로부터 발생하는 미래의 경제적 효익에 대한 통제력을 획득하는 시점으로 인식시점에 따라 유형자산의 원가가 달라지게 된다.

기업회계기준에서는 유형자산의 취득원가는 당해 자산의 제작원가 또는 매입가액에 취득부대비용(외부운송 및 취급비, 설치비, 설치관련 용역비, 설치장소 준비를 위한 지출 등)을 포함한 가액으로 규정하고 있다.

2. 유형자산 취득원가 결정유형

(1) 일반적인 외부구입

회사가 유형자산을 취득하는 가장 일반적인 방법은 회사 외부에서 구입하는 방법이다. 이때 유형자산의 구입대금과 당해 유형자산을 사용가능한 상태에 이르게 할 때까지 발생한 모든 비용이 취득원가에 가산된다.

취득원가 = 구입대금 + 취득부대비용

취득부대비용은 경영진이 의도하는 방식으로 자산을 가동하는데 필요한 장소와 상태에 이르게 하는데 직접 관련되는 원가로 설치장소 준비원가, 운송원가, 설치 및 조립원가, 전문가 수수료, 정상적인 작동을 시험하는 과정에서 발생하는 원가, 유형자산의 매입에 직접적으로 관련되어 발생한 종업원급여 등이 포함된다. 다만, 기계장치의 취득 시 발생할 수 있는 조업손실은 취득원가에 가산하지 않고 전액 비용처리하는데, 이는 조업손실은 비정상적인 비용이기 때문에 당기 비용처리하는 것이다.

> **⊕ 더 알아두기**
>
> **기타 취득부대비용**
> - 취득세, 등록세 등의 권리이전비용
> - 운송비/하역비
> - 설치비, 시운전비
> - 토지의 구획정리비용, 설계 시 외부전문가 수수료
> - 취득관련 의무매입 국공채 매입가액과 일반기업회계기준에 따라 평가한 현재가치와의 차액
> - 차입원가 중 자본화 선택 비용

(2) 자가건설

자가건설한 유형자산의 취득원가는 외부에서 구입한 유형자산의 취득원가 적용하는 것과 동일한 기준으로 결정한다.

$$취득원가 = 제작원가 + 취득부대비용$$

자가건설의 경우 건설에 들어간 재료원가, 인건비, 제조간접원가 등의 원가에 취득부대비용을 가산하여 취득원가를 결정한다. 건물 신축을 위한 토지굴착비용도 건물의 원가에 포함한다. 그러나 자가건설에 따른 내부이익과 자가건설 과정에서 원재료, 인건비 등의 자원의 낭비로 인한 비정상적인 원가는 자산의 원가에 포함하지 아니한다. 이때 회계처리는 '건설중인자산' 계정으로 처리하였다가 완성 시 '건물' 등의 해당 유형자산항목으로 대체한다.

(3) 일괄취득

① 토지와 건물을 모두 사용할 경우

여러 개의 유형자산을 일시에 취득하는 일괄취득의 경우 각 유형자산의 공정가치 비율에 따라 안분하여 취득원가를 결정한다. 취득부대원가 중 토지나 건물과 개별적으로 관련되어 발생하는 취득세 등은 공통 부대원가가 아니므로 토지와 건물에 각각 개별적으로 배분한다.

② 토지만 사용할 경우

만약 토지와 건물을 일괄구입하여 토지만을 해당사업에 사용할 경우 취득원가 전액을 토지의 원가로 계상한다. 또한 새 건물을 신축하기 위해 기존건물이 있는 토지를 취득하고 기존건물을 철거할 경우 그 철거비용은 토지의 취득원가로 한다. 만약, 건물 철거로 발생한 폐자재들은 처리하는 비용이 발생할 경우 동 비용은 토지의 원가에 가산하며, 건물 철거로 인한 폐자재 처분수익은 토지의 원가에서 차감한다.

(4) 정부보조에 의한 취득

정부보조금이란 지방자치단체, 중앙정부 또는 국제기구인 정부 등의 단체에서 특정의 목적으로 자금을 지원받는 경우를 말한다. 정부지원의 목적은 지원이 제공되지 않을 경우 정상적으로 수행되지 않는 활동에 기업의 진출을 장려하기 위함이다. 정부보조금은 이에 부수되는 조건의 준수와 보조금 수취에 대한 합리적인 확신이 있을 경우에만 인식한다.

정부보조 등에 의해 유형자산을 무상 또는 공정가치보다 낮은 대가로 취득한 경우 그 유형자산의 취득원가는 취득일의 공정가치로 한다. 정부의 보조 등에 의해 유형자산 구입에 사용된 정부보조금은 자산의 취득원가에서 제외시켜야 한다. 단, 재무상태표에서 직접적으로 자산가액을 차감하여 표시하는 것은 아니고, '감가상각누계액'의 표시처럼 해당자산의 차감항목계정 또는 부채항목으로 표시한다. 또한, 해당자산의 내용연수에 따라 감가상각금액과 상계하여 차감시키며 처분 시에도 처분손익과 상계처리하여야 한다.

① 자산관련보조금

자산관련보조금은 정부지원을 받는 기업이 장기성 자산을 매입, 건설하거나 다른 방법으로 취득하여야 하는 일차적 조건이 있는 보조금을 말한다.

㉠ **자산차감법** : 정부보조금을 관련 자산의 장부금액에 차감하여 표시하며 자산의 내용연수에 걸쳐 감가상각비를 감소시키는 방식으로 당기손익에 인식한다.

부문재무상태표

유 형 자 산	xxx	
정 부 보 조 금	(xxx)	xxx

[매기 회계처리]

(차) 감가상각비	xxx	(대) 감가상각누계액	xxx
정부보조금(자산차감)	xxx	감가상각비(차감)	xxx

➕ 예제

㈜위드는 20xx년 1월 1일 내용연수 4년, 잔존가치 없는 기계장치를 2,000원에 취득하였다. ㈜위드의 회계보고기간 말은 매년 12월 31일이며, 감가상각방법은 정액법을 택하고 있다. ㈜위드는 기계장치의 취득과 관련하여 20xx년 1월 1일에 정부보조금 1,000원을 수령하였다.

▌요구사항

• 20xx년 1월 1일과 12월 31일에 해야 할 회계처리
• 20xx년 12월 31일 현재 부분재무상태표

▌정답 및 해설

유형자산 취득 시 [20xx년 1월 1일]	(차) 기계장치　　　2,000원　(대) 현 금　　　　　　2,000원 　　현 금　　　　　1,000원　　　**정부보조금**　　　1,000원 　　　　　　　　　　　　　　　　　(기계장치차감) **부분재무상태표** 기계장치　　　2,000 정부보조금　　(1,000) 　　　　　　　1,000
유형자산 감가상각 시 [20xx년 12월 31일]	※ 잔존가치 없이 4년 정액법으로 감가상각 시 첫해 감가상각 (차) 감가상각비　　　500원　(대) 감가상각누계액　　500원 　　**정부보조금**　　250원[주]　　**감가상각비**　　　250원 　　(기계장치차감) *주) 정부보조금 감가상각 차감분 = 감가상각비 × (정부보조금/취득가액 − 잔존가치) 　　　　　　　　　　　　= 500 × {1,000 / (2,000 − 0)} ※ 결국 위의 분개는 감가상각비에 포함되어 있는 정부보조금 부분을 빼주어 비용의 이중계상을 방지하기 위함

	부분재무상태표	
유형자산 감가상각 시 [20xx년 12월 31일]	기계장치　2,000	
	정부보조금　(750)	
	감가상각누계액　(500)	
	750	

② 수익관련보조금

수익관련보조금은 자산관련보조금 이외의 정부보조금을 말한다. 수익관련보조금을 받는 경우에는 당기의 손익에 반영한다. 다만, 수익관련보조금을 사용하기 위하여 특정의 조건을 충족해야 하는 경우에는 그 조건을 충족하기 전에 받은 수익관련보조금은 선수수익으로 회계처리한다.

(5) 자산의 교환

기업 간 보유하고 있는 유형자산을 맞교환하여 취득하는 것을 교환취득이라 하며 일반기업회계기준에서는 다음과 같이 처리한다.

구 분	동종자산간 교환	이종자산간의 교환
취득원가	제공한 자산의 장부금액	제공한 자산의 공정가치(단, 제공자산의 공정가치가 불확실한 경우에는 취득한 자산의 공정가치로 인식)
현금수수	• 원래대로 회계처리하고 별도로 현금지급/수령액을 취득원가에 가감한다. • 현금수수금액이 유의적인 경우에는 동종자산교환으로 보지 아니하며 이종자산교환으로 취급한다.	원래대로 처분손익 인식하고 별도로 현금지급/수령액을 취득원가에 가감한다.

(6) 무상취득

무상으로 자산을 증여받은 경우 취득일시점의 해당 자산의 공정가치를 취득가액으로 한다. 이때 회계처리는 다음과 같이 한다.

　(차) 유형자산　　　　xxx　(대) **자산수증이익**　　xxx
　　　　　　　　　　　　　　　　　　현금(취득부대비용)　xxx

(7) 현물출자

현물(토지, 건물 등)을 회사에 제공하고 그에 대한 대가를 주식으로 받는 현물출자의 경우 제공받은 유형자산의 공정가치에 취득부대비용을 가산한 금액으로 취득원가를 결정한다.

그러나 당해 자산의 공정가치를 신뢰성 있게 측정할 수 없는 경우에는 제공한 대가인 발행주식의 공정가치를 당해 자산의 취득원가로 한다. 일반적으로 제공대가인 주식이 활성시장(한국거래소, 코스닥)에서 거래되는 경우 취득한 자산의 공정가치보다 신뢰성 있는 금액이라고 할 수 있다.

(8) 복구원가

복구원가란 유형자산을 취득 또는 설치하거나 특정 기간 동안 사용한 결과 발생하는 것으로 사용 완료 후 원상회복을 위해 해체하거나 제거해야 할 의무를 부담하는 경우에 추정되는 원가를 말한다. 토양, 수질, 대기, 방사능 오염 등을 유발할 가능성이 있는 시설물, 예를 들면 원자력발전소, 해상구조물, 쓰레기매립장, 저유설비 등의 유형자산은 경제적 사용이 종료된 후 환경보전을 위하여 반드시 원상태로 회복시켜야 한다. 따라서 자산을 사용하기 위해 부담해야 할 취득원가에는 최초 취득시점에서 부담해야 할 지출뿐만 아니라 경제적 사용이 종료된 후의 복구원가도 해당 자산을 사용하기 위한 회피불가능한 비용이라는 관점에서는 동질적이기 때문에 취득원가에 포함하는 것이 타당한 것이다. 복구원가는 부채의 인식요건을 충족하면 복구원가의 현재가치를 해당 유형자산의 취득원가에 가산하고 동액을 복구충당부채라는 계정과목으로 계상하여, 매년 유효이자율법을 적용하여 복구충당부채전입액을 인식하고, 실제복구원가가 지출되는 시점에 복구충당부채금액과 실제 발생된 복구공사비와의 차액은 당기손익으로 계상한다.

시점별 회계처리는 다음과 같다.

설치 시	(차) 유형자산 　　xxx 　(대) 현 금 　　xxx 　　　　　　　　　　　　　복구충당부채*주1) 　xxx *주1) 미래복구에 소요될 원가를 추정액의 미래명목금액을 현재가치로 계상
매결산 시	(차) 이자비용*주2) 　xxx 　(대) 복구충당부채 　xxx *주2) 이자비용 = 복구충당부채의 기초장부가액 × 유효이자율 ※ 이자비용을 당기비용으로 인식하고, 동 금액만큼을 복구충당부채에 가산한다.
복구시점	(차) 복구충당부채 　xxx 　(대) 현 금 　　xxx 　　　복구공사손실 　xxx ※ 충당부채와의 차액은 복구공사손실(이익)로 처리한다.

03 유형자산의 취득 후 지출

1. 자본적 지출과 수익적 지출

(1) 유형자산의 취득 또는 완성 후에도 해당 유형자산에 대하여 지출이 추가적으로 발생한다. 이러한 지출이 자산인식요건을 충족하는 경우(예 생산능력 증대, 내용연수 연장, 상당한 원가절감 또는 품질향상을 가져오는 경우)에는 자본적 지출 이라 하고 그렇지 않은 경우(예 수선유지를 위한 지출)에는 수익적 지출이라 한다.

(2) 수익적 지출의 경우 당초 예상되었던 성능수준을 회복하거나 유지하기 위한 것이므로 일반적으로 발생한 기간의 비용으로 인식한다. 하지만, 자본적 지출의 경우 감가상각을 하는데, 관련 유형자산의 장부금액에 포함하여 잔존내용연수 동안 감가상각하는 경우도 있고 그 지출을 별개의 자산의 취득으로 보아 해당 유형자산과 구별하여 감가상각하는 경우도 있다.

2. 주요 부품이나 구성요소의 정기적 교체

(1) 내 용

일부 유형자산은 주요 부품이나 구성요소를 정기적으로 교체해야 한다. 예를 들면 용광로는 일정시간 사용 후에 내화벽돌을 교체해야 하며 항공기의 경우에도 좌석 등의 내부설비를 항공기 동체의 내용연수 동안 여러 번 교체한다

(2) 회계처리

유형자산을 구성하는 주요 부품이나 구성요소의 내용연수가 관련 유형자산의 내용연수와 상이한 경우에는 별도의 자산으로 처리하고 그 부품이나 구성요소의 교체를 위한 지출이 유형자산 인식기준을 충족하는 경우 별도 자산의 취득으로 처리한다. 또한 이미 자산으로 인식하였던 교체되는 자산은 교체시점에 재무상태표에서 제거하고 관련 손익을 인식한다.

3. 정기적인 종합검사 등의 경우

정기적인 종합검사과정에서 발생하는 원가가 자산인식기준을 충족하는 경우에는 유형자산의 일부가 대체되는 것으로 보아 해당 유형자산의 장부금액에 포함하여 인식한다. 이 경우 직전에 이루어진 종합검사에서의 원가와 관련되어 남아 있는 장부금액(물리적 부분의 장부금액과는 구별된다)을 제거한다.

04　원가모형 감가상각

1. 감가상각의 의의

기업회계기준서에서는 유형자산을 '**원가모형**'이나 '**재평가모형**' 중 하나를 회계정책으로 선택하여 유형자산의 분류별로 동일하게 적용하도록 규정하고 있다(즉, 두 모형 중 하나를 유형자산 전체에 대해 동일하게 적용하는 것이 아니라 토지, 건물, 구축물, 기계장치 등 세부 계정별로 선택하여 다르게 적용할 수 있다). 원가모형은 최초 취득원가를 인식한 후에 원가에서 감가상각누계액과 손상차손누계액을 차감한 금액을 장부가액으로 기록하는 방법으로서 비교적 간단하게 적용할 수 있다.

감가상각이란 유형자산의 원가에서 내용연수 종료시점의 잔존가치를 차감한 금액(='감가상각대상금액')을 그 자산의 내용연수 동안 체계적인 방법으로 각 회계기간에 배분하는 원가의 배분과정을 말한다. 즉, 감가상각은 자산의 평가과정이 아니라 원가의 배분과정을 말한다. 이는 수익·비용 대응관점에 따라 내용연수기간 동안 사용된 유형자산의 원가를 그 자산의 사용으로 얻게 되는 수익에 조직적으로 대응시키는 과정이라고 볼 수 있다.

2. 감가상각계산의 3요소

취득원가 / 잔존가치 / 내용연수

(1) 취득원가

자산의 매입가액에 취득부대비용을 합산한 금액이다. 만약 후속원가 중 자본적 지출이 있었다면 해당 금액도 포함시킨다. 유사한 개념으로 감가상각대상금액이 있는데, 이는 취득원가에서 잔존가치를 차감한 금액을 말하며 회사가 내용연수 동안 인식할 총 감가상각비를 말한다.

(2) 잔존가치

잔존가치는 자산의 내용연수가 종료되는 시점의 예상처분가액에서 예상처분비용을 차감한 금액을 말한다. 잔존가치는 매 회계연도말 재검토를 하여야 하며 추정치가 기존의 추정치와 다를 경우 그 차이를 반영하여야 한다. 이러한 추정의 변경은 '회계추정의 변경(전진법)'이므로 회계변경을 한 이후의 회계기간에만 반영하면 된다. 새롭게 추정한 잔존가치가 장부금액보다 더 커지게 되면 감가상각비를 영(0)으로 한다.

(3) 내용연수

내용연수는 기업에서 자산이 사용가능할 것으로 기대되는 기간을 말한다. 그러나 자산을 사용하지 않더라도 기술적 진부화 및 원인불명의 마모 등에 의해 경제적 효익이 감소될 수 있다. 내용연수를 결정할 때는 다음의 사항을 모두 고려한다.

- 자산의 예상 사용수준
- 기술적 또는 상업적 진부화
- 예상 물리적 마모와 손상
- 법적 또는 이와 유사한 제한

3. 감가상각방법

유형자산의 감가상각방법은 자산의 경제적 효익이 소멸되는 행태를 반영하여 합리적인 방법으로 결정하여야 한다. 이때 적용하는 감가상각방법은 매기 계속하여 적용해야 하고 정당한 사유 없이 변경하지 못한다. 기업회계기준에서는 정액법, 생산량비례법, 체감상각법(정률법, 연수합계법, 이중체감법)을 예시하고 있다. 감가상각방법은 매 회계연도말에 그 적정성을 검토해야 하며 만약 소비형태의 유의적인 변화가 있을 경우 이를 잘 반영할 수 있는 감가상각방법으로 변경하여야 한다. 감가상각방법을 변경하는 경우 **회계추정의 변경**(전진법)으로 처리한다.

감가상각을 하는 경우 항공기의 '동체'와 '엔진'처럼 유형자산을 구성하는 일부의 원가가 전체의 원가와 유의적이라면 별도로 구분하여 감가상각을 하여야 한다. 일반적으로 토지(채석장, 매립지 제외)는 내용연수가 무한하므로 감가상각을 하지 않는다. 하지만 토지의 원가에 복구원가가 포함되어 있는 경우에는 별도로 구분하여 감가상각을 하여야 한다.

감가상각의 시작은 경영진이 의도하는 방식으로 자산을 가동하는 데 필요한 장소와 상태에 이른 때부터 시작하며(사용가능시점), 매각예정자산으로 분류되는 날과 제거된 날 중 이른 날에 감가상각을 중지한다. 유형자산이 가동이 되지 않거나 유휴상태가 되더라도 감가상각은 계속하여야 한다. 하지만 생산량비례법의 경우에는 생산량이 없으므로 감가상각이 중단된다.

감가상각방법은 분석관점에 따라 아래와 같이 구분된다.

[시간의 경과 기준] : 정액법, 정률법, 연수합계법, 이중체감법
[투입 및 산출 기준] : 작업시간비례법, 생산량비례법

➕ 예제

〈공통 조건〉
1차연도 초에 기계장치를 100,000원에 취득하였다.
내용연수는 5년이고 잔존가치는 5,000원이다.

1. 정액법

　매기 균등한 금액을 감가상각비로 계상한다. 감가상각계산방법이 매우 간편하지만 실제로 감가상각비용
배분이 적절한지는 별개 문제라는 문제점이 있다.

$$매기\ 감가상각비 = (취득원가 - 잔존가치) \div 내용연수$$

내용연수 = 5년
1차연도 : $(100,000 - 5,000) \div 5 = 19,000$
2차연도 : $(100,000 - 5,000) \div 5 = 19,000$ → **매년 계상되는 감가상각비가 일정하다.**

2. 정률법

　장부가액(취득원가－감가상각누계액)에 동일한 상각률을 적용하여 계산한다. 초기에 미상각잔액이 크
므로 감가상각비를 많이 계상하고 이후 점점 비용을 적게 인식하게 되므로 '수익비용대응원칙'에 가장
부합한 방법이다.

$$매기\ 감가상각비 = (취득원가 - 기초감가상각누계액) \times 상각률^{*주} = 미상각잔액 \times 상각률$$

$$*주)\ 상각률 = 1 - \sqrt[n]{\frac{잔존가치}{취득원가}}$$

상각률은 대략 0.451
1차연도 : $(100,000 - 0) \times 0.451 = 45,100$
2차연도 : $(100,000 - \mathbf{45,100}) \times 0.451 = 24,759$

[연도별 정률법 감가상각비]

연 차	감가상각비	취득원가	감가상각누계액	장부금액
0		100,000		100,000
1	45,100	100,000	45,100	54,900
2	24,759	100,000	69,859	30,141
3	13,593	100,000	83,452	16,548
4	7,463	100,000	90,915	9,085
5	4,085	100,000	95,000	5,000

3. 연수합계법

내용연수합계에 대한 내용연수연차의 역순의 비율을 곱하여 산출한다. 연수합계법은 정률법, 이중체감법과 함께 초기에 비용을 많이 계상하는 방법이다.

$$\text{매기 감가상각비} = (\text{취득원가} - \text{잔존가치}) \times \text{상각률}^{*주)}$$

*주) 상각률 = $\dfrac{\text{특정연도 초의 잔여내용연수}}{\text{내용연수의 합계}}$

- 내용연수의 합계는 내용연수가 5년인 경우 (5 + 4 + 3 + 2 + 1) = 15가 된다.
- 1차연도에는 5/15, 2차연도에는 4/15, 3차연도에는 3/15, 4차연도에는 2/15, 마지막 연도에는 1/15의 상각률을 적용하면 된다.

  1차연도 : (100,000 − 5,000) × (5/15) = 31,667
  2차연도 : (100,000 − 5,000) × (4/15) = 25,333

4. 이중체감법

정액법의 2배 배법을 이중체감법이라 한다. 미상각잔액(취득원가 − 감가상각누계액)에 정액법 상각률의 2배를 곱하여 감가상각비를 구한다.

$$\text{매기 감가상각비} = (\text{취득원가} - \text{감가상각누계액}) \times (2/\text{내용연수})$$

상각률 = 2/5 = 0.4
1차연도 : (100,000 − 0) × 0.4 = 40,000
2차연도 : (100,000 − 40,000) × 0.4 = 24,000 → **감가상각비가 매년 줄어든다.**

5. 생산량비례법

비례법은 물리적 사용량에 따라 내용연수가 결정된다고 가정한다. 즉, 시간의 경과와는 무관하게 오직 사용량에 따라서 감가상각비가 발생한다고 가정한다. 유전, 광산 등의 천연자원 감가상각비 계산에 많이 사용된다.

$$\text{매기 감가상각비} = (\text{취득원가} - \text{잔존가치}) \times (\text{실제생산량} \div \text{총생산량})$$

총예정생산량은 10,000ton이며 1차연도 1,500ton, 2차연도 2,000ton을 생산한 경우
생산량 단위당 감가상각비 = (100,000 − 5,000)/10,000ton = 9.5원/ton

1차연도 : (100,000 − 5,000) × (1,500 ÷ 10,000) = 14,250
    또는 (1,500ton × @9.5) = 14,250
2차연도 : (100,000 − 5,000) × (2,000 ÷ 10,000) = 19,000
    또는 2,000ton × @9.5 = 19,000 → ∴ 감가상각비는 생산량에 따라 변동된다.

4. 감가상각의 회계처리

당해 감가상각비를 차변에 비용으로 계상하고 감가상각누계액을 대변에 기재하여 당해 유형자산에서 차감하는 형식으로 기재한다.

| (차) 감가상각비 | xxx | (대) 감가상각누계액 | xxx |

건물·구축물·기계장치·차량운반구 및 기타의 유형자산에 대한 감가상각누계액 계정은 자산의 차감적 평가계정으로서 재무상태표상에서 관련 자산계정에서 차감하는 형식으로 기재한다. 또한 기중 취득한 감가 상각자산은 취득시점부터 월할 계산하여 감가상각비를 계상하고 처분 시에도 보유시점까지 감가상각비를 계상하여야 한다. **기중에 취득**한 경우 회계처리 예시는 다음과 같다.

(1차연도 4월 1일 취득한 경우 연수합계법)
1차연도 : $(100,000 - 5,000) \times (5/15) \times (9/12) = 23,750$
2차연도 : $(100,000 - 5,000) \times (5/15) \times (3/12) + (100,000 - 5,000) \times (4/15) \times (9/12) = 26,917$

5. 유형자산의 제거(처분)

유형자산을 처분하거나 사용을 통해 미래 경제적 효익이 기대되지 않을 경우 장부에서 제거한다. 유형자산의 처분과 관련된 비용은 별도로 인식하지 않고 매각대금에서 차감한다. 순매각대금과 장부금액의 차이로 처분손익을 계산한다. 회계연도 중에 유형자산을 처분하는 경우에는 기중취득의 경우와 마찬가지로 기초부터 처분일까지의 감가상각비를 계산한 후 유형자산처분손익을 계산하면 된다.

(차) 현 금	xxx	(대) 기계장치	xxx
감가상각누계액	xxx	유형자산처분이익	xxx
손상차손누계액	xxx		
정부보조금	xxx		

• 유형자산처분이익 : 유형자산의 장부가액 < 처분가액
• 유형자산처분손실 : 유형자산의 장부가액 > 처분가액

6. 유형자산의 손상차손

유형자산이 중대한 손상으로 본질가치가 하락하면 장부가액을 회수가능가액으로 감액하고 '유형자산손상차손'으로 계상한다. 만약, 당초에 손상차손을 초래했던 상황이 호전되어 회수가능가액이 현재 장부가액보다 상승한 경우에는 최초의 장부가액을 초과하지 않는 범위 내에서 손상차손을 환입한다.

(1) 손상의 징후

자산손상은 자산의 급격한 시가 하락이나 내·외부적인 원인에 의해 자산의 장부금액이 회수가능액을 초과하는 경우로서 장부금액이 회수가능액보다 큰 금액으로 표시되지 않도록 하기 위해 손상차손을 인식한다. 매 보고기간 말 손상을 시사하는 징후가 있는지를 검토하여 그러한 징후가 있으면 회수가능액을 추정하여야 한다. 하지만 손상을 시사하는 징후가 없으면 회수가능액을 추정할 필요가 없다.

자산손상을 시사하는 징후가 있는 지를 검토할 때는 최소한 다음을 고려한다.

외부정보	내부정보
• 시장가치의 중요한 하락 • 기업에 불리한 영향을 미치는 유의적 변화가 회계기간 중에 발생 • 시장이자율의 상승 • 순자산 장부금액이 시가총액보다 클 경우	• 진부화되거나 물리적으로 손상 • 기업에 불리한 영향을 미치는 유의적 변화가 자산의 사용 범위 및 사용방법에서 발생 • 경제적 성과가 기대수준에 미치지 못함

(2) 회수가능액의 추정

일반기업회계기준에서는 회수가능액을 사용 또는 처분에서 기대되는 할인되지 않은 미래현금흐름 총액의 추정액으로 계산한다.

(3) 손상차손의 인식

손상징후가 있는 경우 우선적으로 감가상각비를 계상하고 회수가능액이 장부금액보다 낮다면 그 차이를 손상차손으로 인식한다.

손상차손 = 장부금액 − 회수가능액

손상차손을 인식한 이후 감가상각은 회수가능액으로 수정된 장부금액을 기준으로 잔여내용연수에 걸쳐 감가상각비를 인식한다.

(4) 손상차손 환입

손상인식 후 매 회기말 손상차손이 더 이상 존재하지 않거나 감소된 것을 시사하는 징후(손상징후와 반대되는 경우)가 있는지 검토하여 이러한 사실이 있다면 손상차손을 환입한다.

손상차손이 환입되는 경우 그 회복액을 '유형자산손상차손환입'의 과목으로 당기손익 처리한다.

손상차손의 환입으로 증가되는 유형자산의 금액은 과거 손상차손을 인식하기 전의 장부금액을 초과할 수는 없다(이 금액은 손상차손을 반영하지 않고 감가상각했을 경우의 장부금액이다).

왜냐하면 상각 후 잔액을 초과하게 되어 자산의 장부금액이 증가하게 된다면 이는 '재평가'에 해당되기 때문이다.

05 재평가모형

1. 의 의

재평가모형은 유형자산을 보고기간 말의 공정가치로 측정하는 방법을 말한다. 기업은 유형자산을 평가하는 경우 '원가모형'과 '재평가모형' 중 한 가지를 선택하여 적용할 수 있다.

원가모형(역사적원가)이 재무정보의 신뢰성을 강조한 측면이 있다면 재평가모형은 목적적합성을 강조한 측면이 있다.

재평가모형은 유형자산을 보고기간 말의 공정가치로 측정하는 것으로 보고기간 말 공정가치와 장부금액이 중요한 차이가 나지 않도록 주기적으로(통상 3년 ~ 5년) 평가하여야 한다. 만약 급격한 공정가치의 변동이 있다면 추가적인 평가가 필요하다. 매 보고기간 말마다 재평가하는 것은 아니므로 재평가하는 회계연도가 아니라면 장부가액과 공정가치는 일치하지 아니한다.

재평가모형을 선택할 경우 유형자산의 분류별(토지, 건물, 기계장치 등)로 선택하여 적용하며 분류 내의 유형자산 전체를 동시에 재평가 한다. 유형자산 분류 중 일부만을 보고기간 말의 공정가치로 재평가할 수는 없다.

재평가모형을 사용하는 유형자산의 장부가액은 재평가일의 공정가치에서 이후의 감가상각누계액과 손상차손누계액을 차감한 금액이 된다.

2. 재평가모형의 최초적용 시 재평가손익의 처리

(1) 장부금액이 증가된 경우

① 증가액은 기타포괄손익누계액으로 인식하고 재평가잉여금의 과목으로 자본에 가산한다.

② 동일한 자산에 대하여 이전에 당기손익으로 인식한 재평가감소액이 있다면 그 금액을 한도로 재평가 증가액만큼 당기손익으로 인식한다.

| (차) | 유형자산 | xxx | (대) | 재평가잉여금 (기타포괄손익누계액) | xxx |
| | | | | 재평가이익[주] (기타수익) | xxx |

[주] 해당 자산에 대하여 이전에 인식한 재평가감소액만큼 당기손익으로 인식한다.

재평가모형을 최초로 적용했을 시에는 과거기간의 재무제표를 소급하여 재작성하지 않는다. 그러나 재평가모형을 선택한 이후 다시 원가모형으로 선택하는 경우에는 과거기간의 재무제표를 소급하여 재작성해야 한다.

(2) 공정가치의 평가

재평가모형에서의 공정가치는 다음과 같이 평가한다.

① 토지와 건물

토지와 건물 평가에 전문적인 자격이 있는 평가인에 의해 시장에 근거한 증거를 기초로 수행된 평가로 결정

② 설비장치와 기계장치

설비장치와 기계장치 감정에 의한 시장가치

3. 재평가손익의 회계처리 방법

재평가모형을 이용하여 유형자산을 측정하는 경우 재평가로 인하여 유형자산의 장부금액이 변동하게 된다. 이때 기존의 원가모형의 취득원가와 감가상각누계액을 수정하는 방법으로 비례수정법과 감가상각누계액제거법이 있다. 일반기업회계기준에서는 감가상각누계액제거법만을 적용한다.

감가상각누계액제거법은 기초의 감가상각누계액을 우선적으로 전액 제거하는 방법이다. 즉, 총장부금액에서 기존의 감가상각누계액을 제거하여 자산의 순장부금액이 재평가금액이 되도록 수정하는 방법이다.

구 분	평가 전	재평가금액	평가 후
취득원가	2,000	(−),500	1,500
감가상각누계액	1,000	(−)1,500	−
장부금액	1,000	1,500	1,500

※ 감가상각누계액을 전액제거한 후 평가 전 취득원가와 재평가금액의 차이를 조정한다.

(차) 감가상각누계액	1,000원	(대) 기계장치	500원
		재평가잉여금	500원

4. 재평가 이후의 처리문제

① 재평가모형을 적용하는 경우에도 해당 자산을 영업활동에 사용하므로 원가모형과 마찬가지로 감가상각 하여야 한다. 이때 재평가일의 공정가치를 잔존내용연수 동안 체계적으로 배분한다.

② 재평가모형을 적용하는 경우에도 원가모형과 마찬가지로 해당 자산에 대해 손상차손과 손상차손환입을 인식한다. 다만 재평가되는 자산의 손상차손과 손상차손환입의 회계처리는 각각 재평가손실과 재평가이익으로 보아 위와 동일한 방법으로 회계처리한다.

③ 유형자산을 폐기하거나 처분할 때 해당 유형자산의 재평가와 관련하여 인식한 기타포괄손익누계액의 잔액은 당기손익으로 인식한다.

06 차입원가의 자본화

1. 의 의

차입원가의 자본화는 건물이나 기계장치와 같이 의도된 용도로 사용하거나 판매 가능한 상태에 이르게 하는데 '1년' 이상의 기간을 필요로 하는 자산의 취득이나 건설, 생산에 직접 관련되는 차입원가를 당해 자산의 취득원가에 포함하는 것을 말한다. 통상 이를 건설자금이자라고 한다.

일반기업회계기준에서는 차입원가에 대해 기간비용으로 처리함을 원칙으로 하고 있다. 다만, 의도된 용도로 사용하거나 판매 가능한 상태에 이르게 하는데 '1년' 이상의 기간을 필요로 하는 자산의 취득이나 건설, 생산에 직접 관련되는 차입원가는 적격자산의 취득에 소요되는 원가로 회계처리할 수 있다고 규정하고 있으므로, 자본화 또는 당기비용처리 중 하나를 선택할 수 있게 하고 있다.

차입원가를 자본화 하는 것의 취지는 자산의 취득에 따른 수익은 미래기간에 걸쳐 발생하므로 자산의 취득 등에 사용하기 위해 사용한 차입금에서 발생한 차입원가를 자산화 해 관련자산이 판매되거나 사용되는 시점의 비용으로 인식하는 것으로 수익과 비용을 적절히 대응시키기 위한 것이다.

2. 자본화대상자산

의도된 용도로 사용하거나 판매 가능한 상태에 이르게 하는데 상당한 기간을 필요로 하는 자산을 적격자산이라고 하는데, 여기에는 다음의 것들이 포함된다. 이때 금융자산과 단기간 내에 제조되거나 생산되는 재고자산은 적격자산에 해당하지 아니한다.

- 재고자산
- 제조설비자산
- 전력생산설비
- 무형자산
- 투자부동산 등

3. 자본화대상 차입원가의 종류

자본화대상 차입원가의 예로 다음과 같은 것들이 있다.

- 장 · 단기차입금(당좌차월 포함)
- 차입과 관련된 할인 · 할증차금상각액
- 차입약정과 관련하여 발생하는 부대원가의 상각액
- 금융리스 관련 금융비용
- 유효이자율법을 사용하여 계산된 이자비용
- 외화차입금과 관련되는 외환차이 중 이자원가의 조정으로 볼 수 있는 부분 등

4. 자본화대상기간

자본화기간은 적격자산의 취득에 사용한 차입금에서 발생한 차입원가를 당해자산의 취득원가로 처리하는 기간으로, 건설기간이나 취득기간을 의미한다. 차입원가는 자본화 개시일부터 자본화종료일까지 자본화한다.

(1) 자본화기간의 개시일

자본화 개시일은 다음의 조건을 모두 충족하는 날을 말한다.

① 적격자산에 대한 지출이 있음

② 차입원가가 발생

③ 적격자산을 의도된 용도로 사용하거나 판매하기 위해 필요한 취득활동을 수행

'필요한 활동'에는 물리적 제작뿐 아니라 그 이전의 기술 및 행정상의 활동(설계활동, 각종 인·허가 취득활동 등)도 포함되나, 단순히 자산을 보유하는 활동은 필요한 활동이 아니다.

(2) 자본화의 종료일

자본화의 종료일은 자산을 의도된 용도로 사용하거나 판매가능한 상태에 이르게 하는데 필요한 거의 모든 활동이 완료된 시점이다. 적격자산이 물리적으로 완성되고 일상적인 건설관련 후속 관리업무만 진행되거나 구입자 또는 사용자의 요청에 의해 내장공사 등 중요하지 않은 작업만 남아 있는 경우라면 대부분의 건설활동이 종료된 것으로 본다.

적격자산의 건설 활동이 여러 부분으로 나누어 완성되며 완성된 부분이 독립적으로 사용가능한 경우(건물)에는 각 부분별로 자본화의 종료를 판단하고, 자산 전체가 완성되어야(공장설비) 사용가능한 경우에는 전체를 기준으로 자본화 종료를 판단한다.

(3) 자본화의 중단

자본화의 중단은 필요한 활동(적극적인 개발활동)을 중단한 기간에는 차입원가의 자본화를 중단한다. 만일 상당한 기술 및 관리활동이 진행되고 있는 경우이거나 일시적인 지연이 필수적인 경우에는 자본화를 중단하지 않고 계속한다.

> **➕ 더 알아두기**
>
> **투자부동산**
> 일반기업회계기준에서는 임대수익을 얻기 위한 목적으로 보유하는 임대부동산에 대해 유형자산으로 분류하여 상각후원가로 평가하고 있다.

01 ㈜그늘은 차량운반구를 2023년 4월 1일에 취득하였으며 세부 내역은 다음과 같다. 2024년에 재무
상태표에 계상할 차량운반구의 감가상각누계액은 얼마인가?(단, 1년 미만의 감가상각은 월할 계산
하시오) [85회]

> • 차량운반구 : 40,000,000원
> • 차량운반구 취득세 : 7,000,000원
> • 차량운반구 국공채 할인비용 : 2,000,000원
> • 차량운반구 옵션등 부대비용 : 3,000,000원
> • 잔존가액은 500,000원이며 감가상각법은 정액법, 내용연수는 5년이다.

① 7,725,000원   ② 10,300,000원
③ 18,025,000원   ④ 20,600,000원

해설
• 취득가액 = 차량운반구 40,000,000원 + 취득세 7,000,000원 + 국공채 2,000,000원 + 부대비용 3,000,000원
  = 52,000,000원
∴ 2024년 감가상각누계액 = (취득가액 52,000,000원 − 잔존가액 500,000원) ÷ 내용연수 60개월 × 상각기간 21개월
                          = 18,025,000원

02 ㈜모두는 사용 중이던 기계장치를 다음과 같은 조건으로 ㈜함께의 차량운반구와 교환하였다. ㈜모두
의 유형자산처분손익은 얼마인가? [85회]

구 분	기계장치	차량운반구
취득원가	3,000,000원	5,000,000원
감가상각누계액	1,000,000원	2,800,000원
공정가치	2,500,000원	2,700,000원

① 유형자산처분이익 200,000원   ② 유형자산처분손실 200,000원
③ 유형자산처분이익 500,000원   ④ 유형자산처분손실 500,000원

해설

(차) 차량운반구[주]	2,500,000원	(대) 기계장치	3,000,000원
감가상각누계액(기계장치)	1,000,000원	유형자산처분이익	500,000원

[주] 이종자산의 교환취득 시, 취득하는 자산(차량운반구)의 원가는 제공한 자산(기계장치)의 공정가치로 한다.

03 다음 중 차입원가 자본화에 대한 설명으로 올바른 것은?   [85회]

① 유형자산, 무형자산 및 투자부동산에 대한 자본적 지출이 있는 경우 이 자본적 지출은 자본화 대상에 포함되는 적격자산에 해당하나 재고자산은 어떠한 경우에도 적격자산에 포함되지 않는다.

② 자본화 대상 차입원가에는 현재가치할인차금 상각액은 포함하나 받을어음의 할인료는 제외한다.

③ 차입원가 자본화의 적용순서는 일반차입금에 대한 차입원가를 먼저 산정한 후에 특정차입금에 대한 차입원가를 적용한다.

④ 정부보조금, 공사부담금 등의 보조금과 건설 등의 진행에 따라 회수되는 금액은 자본화 대상 자산에 대한 지출액에 포함한다.

해설

① 제조, 매입, 건설, 또는 개발이 개시된 날로부터 의도된 용도로 사용하거나 판매할 수 있는 상태가 될 때까지 1년 이상의 기간이 소요되는 재고자산도 포함한다.

③ 특정차입금에 대한 차입원가를 먼저 적용한다.

④ 정부보조금, 공사부담금 등의 보조금과 건설 등의 진행에 따라 회수되는 금액은 자본화대상 자산에 대한 지출액에서 차감한다.

04 다음의 자료에서 ㈜한국의 신축 건물 B의 취득원가는 얼마인가?   [84회]

> ㈜한국은 2024년 초 사업 전환에 따라 기존에 사용해 오던 건물 A를 철거하고 새로운 사업에 사용할 건물 B을 신축하였다. 장부가액이 1,200,000원인 건물 A의 철거 비용은 160,000원이며, 새로운 건물 B신축공사의 도급금액은 7,000,000원으로 2024년 중에 완공되었다. 건물 B의 신축과 관련된 차입금의 발생 이자 중 자본화할 금액은 1,200,000원이며, 건물 B의 취득세는 110,000원이다.

① 8,310,000원   ② 8,470,000원
③ 8,900,000원   ④ 9,670,000원

해설

취득원가 = 도급계약금액 7,000,000원 + 자본화가능차입원가 1,200,000원 + 취득세 110,000원 = 8,310,000원

05 다음 중 유형자산의 취득원가에 대한 설명으로 틀린 것은? [84회]

① 자산의 취득, 건설, 개발에 따른 복구원가에 대한 충당부채는 유형자산을 취득하는 시점에서 해당 유형자산의 취득원가에 반영한다.
② 유형자산의 취득과 직접 관련된 제세공과금은 영업외비용으로 처리한다.
③ 유형자산이 정상적으로 작동되는지 여부를 시험하는 과정에서 발생하는 원가는 취득가액에 반영한다.
④ 현물출자, 증여로 취득한 자산의 가액은 공정가치를 취득원가로 한다.

해설
유형자산의 취득과 직접 관련된 제세공과금은 동 자산의 취득원가를 구성한다.

06 다음 중 차입원가자본화에 대한 설명으로 틀린 것은? [84회]

① 차입원가자본화 대상 자산은 재고자산, 무형자산, 유형자산 등이 있다.
② 자본화 대상 차입원가에 금융리스 관련 금융비용은 포함되지 않는다.
③ 특정차입금에 대한 차입원가도 자본화기간이 종료되면 당기비용으로 처리한다.
④ 재고자산의 경우 차입원가를 자본화하려면 의도된 상태(취득, 건설, 생산)에 이르기까지 '1년 이상'의 기간을 필요로 한다.

해설
차입원가자본화의 적용범위에 리스이용자의 금융리스관련 원가도 포함된다.

07 다음은 ㈜인천의 기계장치와 관련된 자료이다. 다음 중 아래의 자료에 대한 설명으로 틀린 것은? [83회]

• 2023년 1월 1일 기계장치를 3,000,000원에 취득하였다.
• 감가상각방법은 정률법, 내용연수 5년, 잔존가액 50,000원, 상각률은 45%라고 가정한다.
• 2024년 1월 1일 기계장치 성능을 유지하기 위한 소모품 교체비용 50,000원이 발생하였다.

① 2023년도 정률법의 감가상각대상금액은 3,000,000원이다.
② 2023년도의 감가상각비는 1,350,000원이다.
③ 2023년 말 기계장치의 장부가액은 1,650,000원이다.
④ 2024년 1월 1일 발생한 소모품 교체 비용 50,000원은 자본적 지출로 처리한다.

해설
유형자산 취득 이후의 지출은 자본적 지출과 수익적 지출로 구분할 수 있는데, 수익적 지출은 발생 시 당기 비용으로 회계처리한다. 따라서 성능을 유지하기 위한 소모품 교체비용 50,000원은 당기 비용으로 처리하고, 기계장치의 2023년 감가상각비 계산에 영향을 미치지 않는다.

08 비상장법인인 ㈜광주는 한여름 씨로부터 토지(공정가액 80,000,000원)를 취득하면서 1주당 액면가액 5,000원인 보통주식 10,000주를 발행하여 지급하였다. 다음 중 ㈜광주의 토지 취득에 대한 회계처리로 올바른 것은?　　　　　　　　　　　　　　　　　　　　[83회]

① (차) 토 지　　　　　80,000,000원　　(대) 자본금　　　　　　50,000,000원
　　　　　　　　　　　　　　　　　　　　　 주식발행초과금　　30,000,000원
② (차) 토 지　　　　　80,000,000원　　(대) 자본금　　　　　　80,000,000원
③ (차) 토 지　　　　　50,000,000원　　(대) 자본금　　　　　　50,000,000원
④ (차) 토 지　　　　　50,000,000원　　(대) 자본금　　　　　　30,000,000원
　　　　　　　　　　　　　　　　　　　　　 주식발행초과금　　20,000,000원

해설
유형자산의 최초 측정은 취득원가로 하며, 현물출자, 증여, 기타 무상으로 취득한 자산의 취득원가는 공정가치로 한다.

09 다음 중 유형자산의 취득원가에 대한 설명으로 틀린 것은?　　　　　　　　　[83회]

① 지상 건물이 있는 토지를 일괄 취득하여 기존 건물을 계속 사용하지 않고 철거하는 경우 일괄취득금액을 토지의 취득원가로 한다.
② 건물 취득 시 중개수수료는 건물의 취득원가에 포함한다.
③ 기계장치를 설치한 후 발생한 기계장치 시운전비는 기계장치의 취득원가에 포함한다.
④ 건물 신축을 목적으로 건물이 있는 토지를 일괄 취득한 경우, 기존 건물의 철거비용은 신축건물의 취득원가에 가산한다.

해설
기존 건물의 철거비용은 토지 취득원가에 가산한다.

10 12월 말 결산법인인 ㈜부산은 2022년 초에 유형자산을 800,000원에 취득하여 내용연수 5년, 잔존가치 0원, 정액법으로 상각하였다. 2023년 말 현재 유형자산의 회수가능액이 250,000원일 때, ㈜부산이 인식할 2023년의 손상차손은 얼마인가?　　　　　　　　　　　[83회]

① 150,000원　　　　　　　　　　　② 180,000원
③ 210,000원　　　　　　　　　　　④ 230,000원

해설
• 2023년 말 감가상각누계액 = 취득가액 800,000원 ÷ 내용연수 5년 × 사용기간 2년 = 320,000원
∴ 2023년 말 손상차손 = 취득가액 800,000원 − 감가상각누계액 320,000원 − 회수가능액 250,000원 = 230,000원

11 ㈜대구는 공장을 신축하기 위하여 건물이 있는 토지를 취득하였다. 다만, 해당 건물은 사용 불가능한 창고건물로 즉시 철거하였다. 다음 자료를 바탕으로 ㈜대구가 인식할 토지의 취득원가는 얼마인가?

[82회]

- 토지 매입가액 : 1,500,000원
- 토지 취득세 : 130,000원
- 토지 정지비용 : 21,000원
- 토지 매입을 위한 부동산 중개수수료 : 24,000원
- 창고건물 철거비용 : 55,000원
- 창고건물 철거 시 발생한 폐기물 처분가액 : 25,000원

① 1,694,000원   ② 1,075,000원
③ 1,705,000원   ④ 1,734,000원

해설

취득원가 = 매입가액 1,500,000원 + 중개수수료 24,000원 + 취득세 130,000원 + 창고건물 철거비용 55,000원 + 정지비용 21,000원 − 폐기물 처분가액 25,000원 = 1,705,000원

12 ㈜부산은 영업용 차량을 10,000,000원에 취득하면서 차량 취득에 따른 의무 구입 채권을 취득하였다. 동 채권의 액면가액은 1,000,000원, 취득일의 현재가치는 700,000원이다. ㈜부산이 동 채권을 액면가로 취득하였을 때 차량운반구로 계상할 금액은 얼마인가?

[82회]

① 10,300,000원   ② 10,700,000원
③ 11,000,000원   ④ 11,700,000원

해설

- 차량운반구 = 차량 매입가액 10,000,000원 + (채권 매입가액 1,000,000원 − 채권 현재가치 700,000원)
  = 10,300,000원
※ 유형자산 취득 시 불가피하게 매입하는 채권의 경우 채권 매입가액과 현재가치와의 차액은 유형자산 취득원가에 가산한다.

13 다음 중 유형자산에 대한 설명으로 틀린 것은?

[82회]

① 취득원가에는 자산을 사용할 수 있도록 준비하는데 직접 관련되는 지출 등을 포함한다.
② 감가상각의 주목적은 취득원가의 배분에 있다.
③ 감가상각비는 다른 자산의 제조와 관련된 경우, 관련 자산의 제조원가로 처리한다.
④ 정률법은 내용연수 동안 감가상각비를 매 기간 동일하게 계산하는 방법이다.

해설

정액법은 내용연수 동안 감가상각비를 매 기간 동일하게 계산하는 방법이다.

14 ㈜서울은 2022년 1월 1일 건물을 4,000,000원에 취득하였으며, 연수합계법(내용연수 3년, 잔존가치 400,000원)으로 상각하고 있다. 동 건물에 대하여 2023년에 인식할 감가상각비는 얼마인가? (단, 감가상각비는 월할 상각한다) [81회]

① 900,000원
② 1,200,000원
③ 1,500,000원
④ 1,800,000원

해설

2023년 감가상각비 = (취득가액 4,000,000원 − 잔존가치 400,000원) × [기초 잔여내용연수 2/내용연수합계(1 + 2 + 3)] = 1,200,000원

15 2023년 1월 1일 ㈜부산은 기계장치(내용연수 5년, 잔존가치 0원, 정액법 상각)를 10,000,000원에 취득하였다. 2023년 말 기계장치에 손상이 발생하였고 회수가능액은 6,900,000원으로 추정될 때 2023년의 재무제표에 미치는 영향에 관한 설명으로 틀린 것은? [81회]

① 당기 비용으로 계상되는 금액의 합계액은 3,100,000원이다.
② 손상차손은 1,000,000원이다.
③ 감가상각비는 2,000,000원이다.
④ 당기 비용은 손상차손과 감가상각비이다.

해설

• 연간 감가상각비 = 취득가액 10,000,000원 ÷ 5년 = 2,000,000원
• 2023년 말 장부가액 = 취득가액 10,000,000원 − 감가상각비 2,000,000원 = 8,000,000원
∴ 손상차손 = 손상 전 장부가액 8,000,000원 − 회수가능액 6,900,000원 = 1,100,000원

16 다음은 신문 기사의 일부를 발췌한 것이다. ㈜충남이 지출한 내용의 회계처리가 재무제표에 미치는 영향으로 올바른 것은? [81회]

㈜충남은 글로벌시장에 판매할 신제품 개발을 시작하기 위해 기계장치를 10억원에 현금 매입하였다.

① 당기순이익이 감소한다.
② 유형자산이 감소한다.
③ 판매비와관리비가 증가한다.
④ 당좌자산이 감소한다.

해설

(차) 기계장치(유형자산 증가)   1,000,000,000원   (대) 현금(당좌자산 감소)   1,000,000,000원

17 ㈜강릉은 2023년 초 복구의무가 존재하는 석유정제설비를 취득(구입가액 : 100,000원)하였으며 해당 장치의 취득과 관련하여 운반비 및 설치비로 30,000원, 시운전비로 20,000원이 추가로 발생하였다. 복구가 예상되는 시점의 복구비용은 40,000원이며, 2023년 초 복구비용의 현재가치는 15,000원으로 추정된다. 2023년 초 ㈜강릉이 인식할 시설장치의 취득원가는 얼마인가? [80회]

① 115,000원　　　　　　　　　　　② 130,000원
③ 165,000원　　　　　　　　　　　④ 190,000원

해설
- 유형자산의 취득원가는 구입원가에 해당 자산을 경영진이 의도하는 방식으로 사용가능한 상태에 이르게 하는데 직접 관련되는 비용(운송비, 설치비, 조립비, 시운전비 등)을 가산하여 산정한다.
- 복구의무가 존재하는 유형자산을 취득하는 경우 복구비용의 현재가치는 유형자산의 취득원가에 가산한다.
- ∴ 시설장치 취득원가 = 구입가격 100,000원 + 운반비 및 설치비 30,000원 + 시운전비 20,000원 + 예상복구비용의 현재가치 15,000원 = 165,000원

18 ㈜대전은 2023년 초 상업용 토지와 건물을 5,000,000원에 일괄 취득하였다. 취득 당시 토지와 건물의 공정가치 비율은 4 : 1이다. ㈜대전은 위 부동산을 취득하는 과정에서 취득세로 200,000원을 납부하였다. ㈜대전이 2023년도에 위 건물의 감가상각비로 104,000원을 계상하였다면 취득 당시 건물의 추정내용연수는 얼마인가?(단, 감가상각방법으로 정액법을 적용하며, 내용연수 종료시점의 잔존가치는 없다) [80회]

① 5년　　　　　　　　　　　　　　② 8년
③ 10년　　　　　　　　　　　　　 ④ 12년

해설
- 토지 취득원가 = 일괄취득가액 5,200,000원 × 4/5 = 4,160,000원
- 건물 취득원가 = 일괄취득가액 5,200,000원 − 토지 취득원가 4,160,000원 = 1,040,000원
- ∴ 추정내용연수 = 건물 취득원가 1,040,000원 ÷ 당기 감가상각비 104,000원 = 10년

19 ㈜광주는 2023년 한 해 동안 노후화된 본사 건물의 보수를 진행하였다. 건물의 미관 개선을 위한 도색비용 및 소모품 교체비용으로 각각 50,000원과 30,000원을 지출하였으며, 엘리베이터 설치를 위해 1,000,000원을 지출하였다. 상기 거래 중 2023년 12월 31일 재무상태표에 자산으로 기록될 수 있는 지출의 총액은 얼마인가? [80회]

① 30,000원　　　　　　　　　　　② 50,000원
③ 1,000,000원　　　　　　　　　 ④ 1,080,000원

해설
도색비용 및 소모품 교체비용은 해당 유형자산의 성능 유지를 위한 것으로써 수익적 지출에 해당한다. 수익적 지출은 발생 즉시 당기 비용으로 처리하고, 엘리베이터 설비를 위한 지출은 해당 유형자산의 성능 개선을 위한 것으로 자본적 지출에 해당한다. 자본적 지출은 자산의 취득원가에 가산한다.

20 ㈜경북은 2023년 4월 1일 영업활동에 사용할 목적으로 차량운반구(취득원가 1,000,000원, 잔존가치 50,000원, 내용연수 5년, 정률법 상각)를 취득하였다가 2023년 말 762,500원에 처분하였다. ㈜경북의 차량운반구 관련 거래가 2023년도 당기손익에 미치는 영향은 얼마인가?(단, 감가상각은 월 할 상각하며, 상각률은 45%로 가정한다) [80회]

① 300,000원 손실
② 237,500원 손실
③ 100,000원 이익
④ 150,000원 이익

해설

• 2023년 감가상각비 = 취득가액 1,000,000원 × 45% × 9/12 = 337,500원
• 2023년 말 차량운반구 장부가액 = 취득가액 1,000,000원 − 감가상각누계액 337,500원 = 662,500원
• 2023년 유형자산처분이익 = 처분가액 762,500원 − 장부가액 662,500원 = 100,000원
∴ 당기손익에 미치는 영향 = 유형자산처분이익 100,000원 − 감가상각비 337,500원 = 237,500원 손실

21 2023년 1월 1일 제조업을 영위하는 ㈜속초는 특수목적 제품의 제조를 위한 기계장치를 취득하였으며, 관련 내용은 다음과 같다. ㈜속초는 기계장치의 감가상각방법으로 정액법을 적용한다. ㈜속초의 2023년 손익계산서상 감가상각비가 600,000원이라면 기계장치의 내용연수는 몇 년인가?(단, 제시된 자료 외의 감가상각비는 없다) [79회]

• 기계장치 구입가격 : 3,000,000원
• 최초의 운송 및 취급 관련 원가 : 100,000원
• 설치원가 및 조립원가 : 200,000원
• 기계장치의 내용연수 말 잔존가치 : 300,000원

① 5년
② 6년
③ 7년
④ 8년

해설

• 기계장치 취득원가 = 구입가격 3,000,000원 + 운송 및 취급원가 100,000원 + 설치 및 조립원가 200,000원
= 3,300,000원
∴ 기계장치 내용연수 = (취득원가 3,300,000원 − 잔존가치 300,000원) ÷ 감가상각비 600,000원 = 5년

22 ㈜전주는 2022년 1월 1일 내용연수 10년, 잔존가치 100,000원인 기계장치를 5,000,000원에 취득하고 정액법으로 감가상각해왔다. 2023년 12월 31일 현재 해당 기계장치에 손상이 발생하여 회수가능액은 1,000,000원으로 추정된다. ㈜전주가 2023년 말에 인식할 손상차손은 얼마인가? [79회]

① 3,000,000원
② 3,020,000원
③ 3,040,000원
④ 4,000,000원

해설

• 2023년 말 감가상각누계액 = (취득가액 5,000,000원 − 잔존가치 100,000원) × 2/10 = 980,000원
• 2023년 말 손상 전 장부가액 = 취득가액 5,000,000원 − 감가상각누계액 980,000원 = 4,020,000원
∴ 2023년 말 손상차손 = 2023년 말 손상 전 장부가액 4,020,000원 − 회수가능액 1,000,000원 = 3,020,000원

20 ② 21 ① 22 ②   **정답**

23 2021년 1월 1일 ㈜고창은 제조활동에 필요한 기계장치를 960,000원에 구입하였다. 이 기계장치의 내용연수는 3년, 잔존가치는 60,000원으로 추정되었다. 2023년 1월 1일 현재 이 기계장치에 대한 설명으로 올바른 것은?(단, ㈜고창은 12월 말 결산법인이며 정률법 상각률은 0.5로 가정한다)

[79회]

① 정액법을 적용하는 경우 감가상각누계액은 640,000원이다.
② 정률법을 적용하는 경우 감가상각누계액은 675,000원이다.
③ 정액법을 적용하는 경우 감가상각누계액은 정률법을 적용하는 경우보다 120,000원 더 적다.
④ 정액법을 적용하는 경우 기계장치의 장부가액은 300,000원이다.

해설

• 정액법 상각 시 연도별 상각금액 = (960,000원 − 60,000원) ÷ 3 = 300,000원(매년 동일)
• 정액법 상각 시 2023년 1월 1일 감가상각누계액 = 600,000원
• 정률법 상각 시 연도별 상각금액

	산출근거		금 액
1년차	960,000원 × 0.5	=	480,000원
2년차	(960,000원 − 480,000원) × 0.5	=	240,000원
3년차	(960,000원 − 480,000원 − 240,000원) − 60,000원	=	180,000원

• 정률법 상각 시 2023년 1월 1일 감가상각누계액 = 720,000원
∴ 정액법을 적용하는 경우 감가상각누계액은 정률법을 적용하는 경우보다 120,000원 더 작다.

24 ㈜포항은 제조공장을 신축하기 위하여 토지를 취득하였다. 이 토지에는 철거 예정인 창고가 있었다. 다음 자료를 고려하여 토지의 취득원가를 계산하면 얼마인가?

[78회]

• 토지취득가격 : 1,000,000원
• 토지 취득세 및 등기비용 : 100,000원
• 토지 중개수수료 : 50,000원
• 창고 철거비용 : 10,000원
• 창고 철거 시 발생한 폐자재 처분 수입 : 30,000원
• 영구적으로 사용 가능한 하수도 공사비 : 15,000원

① 1,000,000원
② 1,100,000원
③ 1,130,000원
④ 1,145,000원

해설

토지 취득원가 = 토지취득가격 1,000,000원 + 토지 취득세 및 등기비용 100,000원 + 토지 중개수수료 50,000원 + 창고 철거비용 10,000원 − 폐자재 처분수입 30,000원 + 영구적 하수도 공사비 15,000원 = 1,145,000원

25 2023년 1월 1일 ㈜대구는 기계장치(내용연수 10년, 잔존가치 200,000원)를 4,000,000원에 취득하고 정액법으로 감가상각해왔다. ㈜대구는 2024년 12월 31일 해당 기계장치를 1,000,000원에 처분하였다. ㈜대구가 2024년에 인식할 해당 기계장치의 처분손익은 얼마인가? [78회]

① 1,000,000원 손실
② 1,240,000원 손실
③ 2,240,000원 손실
④ 3,240,000원 손실

해설

• 2024년 12월 31일 기계장치 감가상각누계액 = 취득가액 4,000,000원 − 잔존가치 200,000원) × 2/10
= 760,000원

• 2024년 12월 31일 기계장치 장부가액 = 취득가액 4,000,000원 − 감가상각누계액 760,000원 = 3,240,000원

∴ 기계장치 처분손익 = 처분가액 1,000,000원 − 장부가액 3,240,000원 = 처분손실 2,240,000원

26 ㈜한국은 2020년 1월 1일 영업용 승용차를 40,000,000원에 취득하면서 취득부대비용 5,000,000원이 발생하였다. ㈜한국은 해당 영업용 승용차를 정률법(상각률 0.4)에 의하여 감가상각하였으며, 내용연수는 5년, 잔존가치는 2,500,000원으로 추정하였다. 결산일인 2022년 12월 31일 현재 이 승용차의 신모델이 출시되면서 ㈜한국이 보유하고 있는 영업용 승용차의 가치가 크게 하락하여 순공정가치는 8,300,000원, 사용가치는 8,500,000원으로 추정되었다. 2022년 결산 시 ㈜한국이 인식하여야 할 손상차손은 얼마인가? [77회]

① 680,000원 ② 880,000원
③ 1,220,000원 ④ 1,420,000원

해설

• 2020년 초 취득원가 = 40,000,000원 + 5,000,000원 = 45,000,000원

• 2020년 감가상각비 = 취득원가 45,000,000원 × 0.4 = 18,000,000원

• 2021년 감가상각비 = (취득원가 45,000,000원 − 감가상각누계액 18,000,000원) × 0.4 = 10,800,000원

• 2022년 감가상각비 = (취득원가 45,000,000원 − 감가상각누계액 28,800,000원) × 0.4 = 6,480,000원

• 2022년 말 상각 후 장부가액 = 취득원가 45,000,000원 − 감가상각누계액 35,280,000원 = 9,720,000원

• 2022년 말 회수가능액 = Max(순공정가치 8,300,000원, 사용가치 8,500,000원) = 8,500,000원

∴ 손상차손 = 22년 말 상각 후 장부가액 9,720,000원 − 회수가능액 8,500,000원 = 1,220,000원

27 ㈜지용은 2022년 1월 1일 공장부지를 10,000,000원에 매입하였다. 관련된 지출이 다음과 같을 때 토지의 취득원가는 얼마인가? [76회]

- 소유권 이전 비용과 중개수수료 : 1,000,000원
- 구건물 철거비 : 2,000,000원
- 철거된 건물의 부산물 판매 수입 : 500,000원
- 토지진입로 공사비 : 3,000,000원
- 울타리 공사비 : 350,000원
- 주차장 공사비 : 400,000원

① 12,500,000원
② 15,500,000원
③ 15,850,000원
④ 16,250,000원

해설
- 내용연수가 영구적인 토지진입로 공사, 상하수도공사, 조경공사는 토지의 원가로, 내용연수가 영구적이지 않은 울타리공사, 주차장, 도로포장 공사 등은 구축물 계정으로 인식한다.
- ∴ 토지 취득원가 = 토지 구입비용 10,000,000원 + 소유권 이전 비용과 중개수수료 1,000,000원 + 구건물 철거비 2,000,000원 − 부산물 판매수입 500,000 + 진입로 공사비 3,000,000원 = 15,500,000원

28 다음 중 유형자산의 손상차손에 관한 설명으로 틀린 것은? [76회]

① 매 보고기간말마다 시장가치의 현저한 하락 등 자산손상을 시사하는 징후가 있는지 검토한다.
② 손상징후가 있다고 판단되고, 당해 유형자산의 사용 및 처분으로부터 기대되는 미래의 현금흐름총액의 추정액이 장부금액에 미달하는 경우 손상차손을 인식한다.
③ 회수가능액이 유형자산의 장부금액에 미달하는 경우에는 장부금액을 회수가능액으로 조정하고 그 차액을 손상차손으로 처리한다.
④ 차기 이후에 감액된 자산의 회수가능액이 장부금액을 초과하는 경우에도 손상차손환입을 인식할 수 없다.

해설
차기 이후에 감액된 자산의 회수가능액이 장부금액을 초과하는 경우에는 그 자산이 감액되기 전의 장부금액의 감가상각 후 잔액을 한도로 하여 그 초과액을 손상차손환입으로 처리한다.

29 ㈜미래가 2022년 1월 1일에 지출한 기계장치의 수선비 210,000원을 비용으로 처리하지 않고, 자본적 지출로 처리하였을 경우 당기 말 재무제표에 미치는 영향으로 올바른 것은?(단, 감가상각은 정액법을 사용하고 내용연수는 3년이며 잔존가치는 없고 법인세 효과도 없다고 가정한다) [75회]

① 자산이 210,000원만큼 과소계상된다.
② 자산이 140,000원만큼 과소계상된다.
③ 비용이 140,000원만큼 과소계상된다.
④ 비용이 210,000원만큼 과대계상된다.

해설
- 수익적 지출 처리 시 = 수선비(비용) 210,000원 발생
- 자본적 지출 처리 시 = 자산 210,000원 인식 후 감가상각비(비용) 70,000원 발생
- ∴ 수익적 지출을 자본적 지출로 처리하였을 경우 비용이 140,000원 과소계상되고, 자산이 140,000원 과대계상된다.

30 가영주유소는 2022년 1월 1일, 원유저장탱크를 20,000,000원에 신축하였다. 동 설비의 감가상각은 정액법을 사용하고, 내용연수 10년이며 잔존가치는 없다. 동 설비의 내용연수 종료 후 예상복구비용은 4,000,000원(예상복구비용의 현재가치는 3,200,000원)이라고 할 때, 다음 설명 중 틀린 것은? [75회]

① 원유저장탱크의 취득가액은 23,200,000원이다.
② 원유저장탱크의 2022년 감가상각비는 2,320,000원이다.
③ 예상복구비용에 대한 충당부채는 3,200,000원으로 인식한다.
④ 원유저장탱크 복구비용은 실제 복구시점에 비용으로 처리하여야 한다.

해설
자산의 취득, 건설에 따른 복구원가에 대한 충당부채는 취득하는 시점의 취득원가에 반영하며, 충당부채는 예상복구비용의 현재가치가 된다.

31 12월말 결산법인인 ㈜지용은 2021년 1월 1일에 차량운반구를 1,000,000원에 구입한 후 내용연수 4년, 잔존가치 100,000원, 연수합계법을 적용하여 상각해왔다. 2022년 6월 30일에 현금 500,000원을 받고 차량운반구를 매각한 경우 유형자산처분손익은 얼마인가?(단, 감가상각비는 월할계산한다) [75회]

① 유형자산처분이익 130,000원   ② 유형자산처분이익 5,000원
③ 유형자산처분손실 5,000원   ④ 유형자산처분손실 130,000원

해설
• 감가상각비
  − 2021년 : (취득가액 1,000,000원 − 잔존가치 100,000원) × 4/10 = 360,000원
  − 2022년 : (취득가액 1,000,000원 − 잔존가치 100,000원) × 3/10 × 6/12 = 135,000원
• 2022년 6월 30일 감가상각누계액 = 360,000원 + 135,000원 = 495,000원
• 2022년 6월 30일 장부가액 = 1,000,000원 − 495,000원 = 505,000원
∴ 유형자산처분손실 = 처분가액 500,000원 − 장부가액 505,000원 = 5,000원

32 다음 중 유형자산의 취득원가에 해당하지 않는 것은? [74회]

① 설치장소 준비를 위한 지출
② 설계와 관련하여 전문가에게 지급하는 수수료
③ 유형자산이 정상적으로 작동되는지 여부를 시험하는 과정에서 발생하는 원가
④ 유형자산과 관련된 산출물에 대한 수요가 형성되는 과정에서 발생하는 가동손실과 같은 초기 가동손실

해설
유형자산과 관련된 산출물에 대한 수요가 형성되는 과정에서 발생하는 가동손실과 같은 초기 가동손실은 유형자산의 장부가액에 포함하지 아니한다.

33 ㈜랜드파워는 2020년 1월 1일 건물을 20,000,000원에 취득하였다. 내용연수는 20년, 정액법(월할 상각)으로 상각하고, 잔존가치는 없다. 2022년 9월 30일 위 건물을 18,000,000원에 처분하였다. 건물과 관련하여 2022년 당기손익에 미치는 영향의 합계액은 얼마인가? 　 [74회]

① 0원 　　　　　　　　　　　　　② 750,000원

③ 1,000,000원 　　　　　　　　　④ 2,000,000원

해설

- 회계처리　(차) 감가상각비　　　　　750,000원　(대) 감가상각누계액　　　　750,000원
　　　　　　(차) 현 금　　　　　18,000,000원　(대) 건 물　　　　　20,000,000원
　　　　　　　　감가상각누계액　　2,750,000원　　　유형자산처분이익　　　750,000원

∴ 당기손익에 미치는 영향 = 감가상각비 (−)750,000원 + 유형자산처분이익 750,000원 = 0원

34 ㈜플루토는 2022년 1월 1일 토지와 가설건축물을 각각 500,000원과 200,000원에 취득하면서 토지와 가설건축물의 취득세로 각각 20,000원과 10,000원을 납부하였다. 가설건축물의 내용연수는 5년이고 그 후에 건물을 철거하여 원상태로 복구할 예정이다. 예상되는 복구비용은 50,000원으로 충당부채의 인식요건을 충족시킨다. 복구원가에 적용할 연 이자율은 10%이다. 연 이자율 10%에 대한 5년의 현재가치계수는 0.62092이다. 가설건축물의 취득원가는 얼마인가? 　 [74회]

① 203,945원 　　　　　　　　　　② 213,183원

③ 241,046원 　　　　　　　　　　④ 260,670원

해설

- 취득원가 = 취득가 200,000원 + 취득세 10,000원 + (복구비용 50,000원 × 현가계수 0.62092) = 241,046원

※ 유형자산의 취득과 관련된 복구충당부채는 취득원가에 포함된다.

35 다음 중 유형자산의 취득원가에 대한 설명으로 틀린 것은? 　 [73회]

① 유형자산의 취득과 관련하여 국·공채 등을 불가피하게 매입하는 경우 당해 채권의 매입금액과 현재가치와의 차액은 유형자산의 취득원가에 가산한다.

② 유형자산과 관련된 산출물에 대한 수요가 형성되는 과정에서 발생하는 초기 가동손실은 취득원가에 가산한다.

③ 해당 유형자산의 경제적 사용이 종료된 후에 원상회복을 위하여 그 자산을 제거, 해체하거나 또는 부지를 복원하는 데 소요될 것으로 추정되는 원가는 유형자산의 취득원가에 가산하는 것이 원칙이다.

④ 유형자산이 정상적으로 작동되는지 여부를 시험하는 과정에서 발생하는 원가는 유형자산의 취득원가에 가산한다. 단, 시험 과정에서 생산된 재화의 순매각금액은 당해 원가에서 차감한다.

해설

유형자산과 관련된 산출물에 대한 수요가 형성되는 과정에서 발생하는 초기 가동손실은 취득원가에 가산하지 아니한다.

36 ㈜신라는 2020년 1월 1일 기계장치를 취득하였다. 취득원가는 10,000,000원, 내용연수는 5년, 감가상각방법은 정액법, 잔존가액은 없다. 2021년 말 동 자산의 진부화로 손상차손 3,000,000원을 인식하였다. ㈜신라가 2022년에 인식할 감가상각비는 얼마인가? [72회]

① 600,000원   ② 1,000,000원

③ 1,500,000원   ④ 2,000,000원

해설
- 2021년 말 감가상각누계액 = 취득원가 10,000,000원 × 2/5 = 4,000,000원
- 2021년 말 장부가액 = 취득원가 10,000,000원 − 감가상각누계액 4,000,000원 − 손상차손 3,000,000원 = 3,000,000원
- ∴ 2022년 감가상각비 = 2021년말 장부가액 3,000,000원 × 1/3 = 1,000,000원

37 ㈜용화는 2022년 1월 1일 기존 건물이 있는 토지를 업무 사용 목적으로 20,000,000원에 일괄 취득하였다. 취득 시 토지와 건물에 대한 취득세 1,600,000원을 납부하였으며, 취득 당시 토지와 건물의 공정가치는 각각 15,000,000원과 5,000,000원이었다. 건물은 내용연수 10년, 정액법(잔존가액 없음)으로 감가상각할 때, 다음 중 틀린 것은? [72회]

① 취득세 중 건물의 취득원가에 포함되는 금액은 400,000원이다.
② 건물의 취득원가는 5,400,000원이다.
③ 토지의 취득원가는 16,000,000원이다.
④ 건물의 감가상각비는 540,000원이다.

해설
- 토지 취득원가 = (일괄구입가격 20,000,000원 + 취득세 1,600,000원) × 토지 공정가치 15,000,000원/일괄공정가치 20,000,000원 = 16,200,000원
- 건물 취득원가 = (일괄구입가격 20,000,000원 + 취득세 1,600,000원) − 토지 취득원가 16,200,000원 = 5,400,000원
- 건물분 취득세 = 1,600,000원 × 건물 공정가치 5,000,000원/일괄공정가치 20,000,000원 = 400,000원
- 2022년 건물 감가상각비 = 건물 취득원가 5,400,000원/10년 = 540,000원

38 다음 자료를 토대로 2022년 말 ㈜서울이 인식한 유형자산손상차손은 얼마인가? [71회]

- 2021년 1월 1일 : 기계장치 취득(취득원가 10,000,000원, 내용연수 10년, 잔존가치 없음, 정액법, 월할상각)
- 2022년 12월 31일 : 기계장치에 대한 손상차손 인식(처분가치 6,000,000원, 사용가치 4,000,000원)

① 1,000,000원   ② 2,000,000원

③ 3,000,000원   ④ 4,000,000원

해설
- 감가상각누계액 = 취득원가 10,000,000원 × 2년/10년 = 2,000,000원
- 장부금액 = 취득원가 10,000,000원 − 감가상각누계액 2,000,000원 = 8,000,000원
- 회수가능액 = Max(처분가치 6,000,000원, 사용가치 4,000,000원) = 6,000,000원
- ∴ 유형자산손상차손 = 장부금액 8,000,000원 − 회수가능액 6,000,000원 = 2,000,000원

39 ㈜백제는 사용하던 구형 차량을 제공하는 조건으로 신형 차량을 취득하였다. 구형 차량의 취득원가는 10,000,000원, 감가상각누계액은 4,000,000원이며, 공정가치는 7,000,000원이다. 신형 차량의 판매가격은 9,000,000원이며, 추가로 현금 1,800,000원을 지급하였다. 위 교환거래에서 신형 차량의 취득가액은 얼마인가?(단, 교환 시 현금 등의 금액이 중요하다고 가정한다) [71회]

① 6,000,000원　　　　　　　　　　　② 7,000,000원
③ 8,800,000원　　　　　　　　　　　④ 9,000,000원

해설
취득가액 = 제공한 자산의 공정가치 7,000,000원 + 현금지급액 1,800,000원 = 8,800,000원

40 ㈜영신은 2021년 1월 1일 공장부지로 사용할 목적으로 토지를 100,000,000원에 매입하였다. 토지 위에 있던 건물을 철거한 후 공사를 시작하였고, 공장은 2021년 말에 완공되었다. 관련된 지출이 다음과 같을 때 토지와 건물의 취득원가는 각각 얼마인가? [70회]

- 소유권 이전비용과 중개수수료 : 10,000,000원
- 구건물 철거비 : 20,000,000원
- 설계비 : 30,000,000원
- 건설원가 : 200,000,000원

	토 지	건 물		토 지	건 물
①	100,000,000원	260,000,000원	②	110,000,000원	250,000,000원
③	130,000,000원	230,000,000원	④	160,000,000원	200,000,000원

해설
- 토지 = 토지 구입비용 100,000,000원 + 소유권 이전비용과 중개수수료 10,000,000원 + 구건물 철거비 20,000,000원
  = 130,000,000원
- 건물 = 설계비 30,000,000원 + 건설원가 200,000,000원 = 230,000,000원

41 ㈜석원은 2020년 초에 기계장치를 10,000,000원에 취득하였으며, 내용연수 5년, 잔존가치 500,000원, 정액법으로 감가상각하고 있다. 2021년 말 이 기계장치에 대해서 손상이 발생하였고 회수가능액은 4,900,000원으로 추정되었다. ㈜석원이 2021년 말에 인식할 손상차손은? [70회]

① 1,240,000원　　　　　　　　　　　② 1,300,000원
③ 1,350,000원　　　　　　　　　　　④ 1,420,000원

해설
- 2021년말 감가상각누계액 = (취득가액 10,000,000원 − 잔존가치 500,000원) × 2/5 = 3,800,000원
- 손상 전 장부금액 = 취득가액 10,000,000원 − 감가상각누계액 3,800,000원 = 6,200,000원
- ∴ 손상차손 = 손상 전 장부금액 6,200,000원 − 회수가능액 4,900,000원 = 1,300,000원

42 ㈜평화는 영업활동에 사용할 목적으로 기계장치를 취득하는 과정에서 기계장치 구입대금 외에 설치 관련 용역비와 시운전비를 지출하였다. 기계장치 취득과정에서 지출한 원가의 기계장치의 취득원가 여부를 모두 바르게 설명하고 있는 것은? [69회]

	설치 관련 용역비	시운전비
①	예	예
②	예	아니오
③	아니오	예
④	아니오	아니오

해설

유형자산의 취득원가는 구입원가 또는 제작원가 및 설치비, 시운전비 등과 같이 경영진이 의도하는 방식으로 자산을 가동하는 데에 필요한 장소와 상태에 이르게 하는 데 직접 관련되는 원가 등으로 구성된다.

43 ㈜한국은 2020년 1월 1일에 600,000원에 취득한 유형자산을 내용연수 5년, 잔존가치 0원, 정액법으로 상각하고 있다. 2021년 말 유형자산의 회수가능액이 300,000원일 때 다음 중 2021년의 재무제표에 미치는 영향으로 올바른 것은? [69회]

① 손상이 발생하였으므로 비용으로 계상되는 금액은 없다.
② 비용으로 계상되는 금액은 180,000원이다.
③ 비용은 감가상각비만 계상된다.
④ 손상차손은 120,000원이다.

해설

• 비용으로 계상되는 금액은 감가상각비 120,000원과 손상차손 60,000원으로 총 180,000원이다.
  - 감가상각비 = 취득가액 600,000원 × 1/5 = 120,000원
  - 2021년 말 장부가액 = 취득가액 600,000원 - 감가상각누계액 240,000원 = 360,000원
  - 손상차손 = 2021년 말 장부가액 360,000원 - 회수가능액 300,000원 = 60,000원

44 ㈜성진은 2021년 1월 1일 가설건축물을 100,000원에 취득하였다. 가설건축물의 내용연수는 5년이고, 내용연수 종료 후 건축물을 철거하여 원상태로 복구할 예정이다. 예상되는 복구비용은 30,000원으로 충당부채의 인식요건을 충족한다. 복구원가에 적용할 이자율은 10%이다. 이자율 10%, 5기간의 단일금액 1원에 대한 현재가치계수는 0.6209이다. 가설건축물의 취득원가는 얼마인가? [69회]

① 100,000원
② 116,932원
③ 118,627원
④ 130,000원

해설

• 복구충당부채 = 복구비용 30,000원 × 0.6209 = 18,627원
∴ 취득원가 = 100,000원 + 복구충당부채 18,627원 = 118,627원

CHAPTER
06 무형자산

01 무형자산의 인식과 취득원가의 결정

1. 무형자산의 정의

무형자산이란 재화의 생산이나 용역의 제공, 타인에 대한 임대 또는 관리에 사용할 목적으로 기업이 보유하고 있으며, 물리적 형체는 없지만 식별가능하고, 기업이 통제하고 있으며, 미래 경제적 효익이 있는 비화폐성 자산을 말한다.

기업은 경제적 자원을 사용하거나 부채를 부담하여 과학적·기술적 지식, 새로운 공정이나 시스템의 설계와 실행, 라이선스, 지적재산권, 시장에 대한 지식과 상표(브랜드명 및 출판표제 포함) 등의 무형자원을 취득, 개발, 유지하거나 개선한다. 이러한 예로는 컴퓨터소프트웨어, 특허권, 저작권, 영화필름, 고객목록, 모기지 관리용역권, 어업권, 수입할당량, 프랜차이즈, 고객이나 공급자와의 관계, 고객충성도, 시장점유율과 판매권 등이 있다.

2. 무형자산으로 정의되기 위한 조건

무형자산은 인식과 객관적 측정에 문제가 있으므로 다른 자산에 비해 보다 엄격한 기준에 의해 처리해야 한다.

무형자산으로 정의되기 위해서는 아래의 **식별가능성, 자원에 대한 통제 및 미래 경제적 효익의 존재**를 모두 충족해야 하며 이를 충족하지 못하는 경우에는 발생시점에 전액 비용으로 인식한다.

(1) 식별가능성

무형자산은 영업권과 구별하기 위해 식별가능해야 한다. 자산은 다음에 해당하는 경우 식별가능하다.
① 자산이 분리가능하다.

즉, 기업의 의도와는 무관하게 기업에서 분리하거나 분할할 수 있고, 개별적으로 또는 관련된 계약, 식별가능한 자산이나 부채와 함께 매각, 이전, 라이선스, 임대, 교환할 수 있다.
② 자산이 계약상 권리 또는 기타 법적 권리로부터 발생한다.

이 경우 그러한 권리가 이전가능한지 여부 또는 기업이나 기타 권리와 의무에서 분리가능한지 여부는 고려하지 아니한다.

영업권은 사업결합으로 인해 발생하는 시너지효과나 개별적으로 재무제표의 인식조건을 충족하지 못하는 자산으로부터 발생하는 미래의 경제적 효익으로서 개별적으로 식별이 불가능한 자산이므로 무형자산과 구별된다.

(2) 자원에 대한 통제

식별된 자산으로부터 유입되는 미래 경제적 효익을 확보할 수 있고 그 효익에 대한 제3자의 접근을 제한할 수 있다면 기업이 자산을 통제하고 있는 것이다. 따라서 특정한 자원으로부터의 미래 경제적 효익이 모든 기업에 공통적으로 제공된다면 이는 무형자산이 아닌 것이다.

법적권리의 통제능력과는 다른 방법으로도 미래 경제적 효익을 통제할 수 있기 때문에 권리의 법적 집행가능성이 통제의 필요조건은 아니다.

자원에 대한 통제는 다음의 것들로 구성될 수 있다.

- 시장에 대한 지식과 기술적 지식
- 숙련된 종업원과 교육훈련
- 특정 경영능력과 기술적 재능
- 고객관계와 고객충성도

(3) 미래 경제적 효익

기업은 무형자산을 사용함으로써 매출이 증가하거나 원가가 절감되는 등의 효익이 발생한다. 무형자산을 인식하기 위해서는 미래 경제적 효익이 기업에 유입될 가능성이 높고 자산의 취득원가를 신뢰성 있게 측정할 수 있어야 한다.

회원권(골프, 콘도 등)은 물리적 실체가 없는 식별가능한 비화폐성자산으로서 기업이 통제하고 있고 미래 경제적 효익이 유입가능하다면 이를 무형자산으로 인식한다. 단, 주식형 회원권의 경우에는 금융 상품 관련 기준을 적용받는다.

3. 무형자산의 분류

무형자산은 기업의 영업활동에서 유사한 성격과 용도를 가진 자산끼리 묶어서 다음과 같이 분류한다.

① 브랜드명, 제호와 출판표제
② 컴퓨터소프트웨어
③ 저작권, 특허권 등의 산업재산권, 용역운영권
④ 라이선스와 프랜차이즈
⑤ 기법, 방식, 모형, 설계 및 시제품
⑥ 개발 중인 무형자산 등

4. 무형자산의 취득원가

(1) 인식요건

다음과 같은 조건을 모두 충족하는 경우에만 무형자산으로 인식한다.

① 무형자산의 정의를 충족함

물리적 실체가 없는 자산이지만 식별가능성과 자원에 대한 통제 및 미래 경제적 효익이 있어야 한다.

② 무형자산의 인식기준

㉠ 자산으로부터 발생하는 미래 경제적 효익이 유입될 가능성이 높다.

㉡ 자산의 취득원가를 신뢰성 있게 측정할 수 있다.

㉢ 발생시점에 위의 인식요건을 충족하지 못해 당기비용 처리되는 예는 다음과 같다.

> • 광고선전비
> • 조직개편비
> • 교육훈련비
> • 사업개시원가(개업원가, 신규영업준비원가)

(2) 취득원가

① 개별취득

개별취득의 원가측정이나 교환취득의 경우 유형자산과 같은 기준으로 처리하면 된다.

> 취득원가 = **구입가격**(매입할인과 리베이트비를 차감, 수입관세와 환급받을 수 없는 제세금 포함)
>   + **의도한 목적에 사용하기 위해 준비하는 직접원가**[주]
>
> *주) 그 자산을 사용 가능한 상태로 만드는데 직접적으로 발생하는 종업원급여, 전문가 수수료 및 그 자산이 적절하게 기능을 발휘하는지 검사하는데 발생하는 원가

② 사업결합으로 인한 취득

사업결합을 통해 취득하는 무형자산은 취득일 당시 공정가치로 한다. 이때 사업결합 전 피 취득회사가 자산을 인식하지 않는 경우에도(즉, 피취득 회사의 인식여부에 관계없이) 공정가치를 신뢰성 있게 측정할 수 있다면 무형자산으로 인식할 수 있다. 그러나 무형자산의 경우 공정가치를 제공할 만한 활성시장이나 유사한 거래를 찾기가 쉽지 않다. 따라서 사업결합으로 취득하는 무형자산은 신뢰성 있는 측정이 어려워 별도로 인식되기보다는 영업권 금액에 포함되어 인식되어지고 있다.

③ 정부보조금에 의한 취득

정부보조금을 받아 무형자산을 구입한 경우에는 취득일 현재의 무형자산과 정부보조금의 공정가치를 취득원가로 한다. 이때 정부보조금은 유형자산의 정부보조금 처리방법과 동일하게 표시하고 처리한다. [참고 '유형자산의 정부보조금 처리']

④ 자산의 교환에 의한 취득

다음의 경우에는 제공한 자산의 장부가액을 취득가액으로 하고 그 외의 경우에는 제공한 자산의 공정가치로 측정한다.

㉠ 교환거래에 상업적 실질이 결여된 경우

㉡ 취득한 자산과 제공한 자산의 공정가치를 둘 다 신뢰성 있게 측정할 수 없는 경우

⑤ 내부적으로 창출한 영업권

내부적으로 창출한 영업권은 원가를 신뢰성 있게 측정할 수 없고 기업이 통제하고 있는 식별가능한 자원이 아니기 때문에 자산으로 인식하지 아니한다. 무형자산의 취득원가는 그 자산의 창출, 제조, 사용준비에 직접 관련된 지출과 합리적이고 일관성 있게 배분된 간접지출을 모두 포함한다. 다음의 것들이 취득원가에 포함된다.

- 직접종사한 사람들의 인건비
- 직접 사용된 재료원가, 용역비
- 직접 사용된 유형자산의 감가상각비와 무형자산상각비
- 등록수수료
- 차입원가 중 자산계상 금액
- 기타 임차료, 보험료 등 간접원가

5. 영업권

① 영업권이란 타 기업에 비하여 유리한 장점 또는 좋은 이미지 등으로 인해 타 기업에 비해 초과로 얻게 되는 수익을 자본의 가치로 환원한 것을 말한다. 기업의 우수한 경영진, 특유의 제조기법, 탁월한 입지조건, 유리한 입지 등이 이에 해당한다. '외부구입영업권(매수영업권)'과 '자가창설영업권'으로 구분된다.

② 일반기업회계기준에서는 유상으로 외부에서 취득(합병, 영업양수 등)한 영업권에 대해서만 인정하고 있다. 주의해야 할 것은 아무리 가치가 있다고 주장해도 회사 스스로 판단하여 계상한 자가창설영업권은 인정하고 있지 않다. 즉, 영업권은 계속기업으로서의 가치이며 기업과 분리될 수 없고 개별적인 요소로 구분하여 측정하는 것이 불가능하므로 '자가창설영업권'은 인정되지 않는 것이다.

③ 영업권(부의 영업권)은 매수원가에서 피매수회사의 순자산공정가액을 차감한 금액으로 한다.

- 영업권 : 매수원가 > 피매수회사의 순자산공정가액
- 부의 영업권 : 매수원가 < 피매수회사의 순자산공정가액

④ 일반기업회계기준에서 영업권은 매기 정액법으로 상각하도록 규정하고 있으며, 내용연수는 20년을 초과할 수 없으며, 내용연수가 범위로 추정되는 경우에는 그 범위 중 가장 짧은 기간을 선택한다. 무형자산의 감가상각은 '감가상각'이라는 용어를 사용하지 않고 '무형자산상각'이라고 사용하며 재무상태표상의 해당 무형자산에서 직접 상각하여 표시한다.

⑤ 현금창출단위의 회수가능액이 장부금액에 미달하는 경우에는 손상차손을 인식한다. 이 경우 우선적으로 영업권의 장부금액을 감소시키며, 감액된 영업권은 후속기간에 환입할 수 없다.

02 내부적으로 창출한 무형자산(개발비)

1. 자본화 논쟁

내부적으로 창출한 무형자산은 기대 미래 경제적 효익을 창출할 식별가능한 자산이 있는지와 그 시점을 파악하기 어렵고, 자산의 원가를 신뢰성 있게 결정하는 것이 어렵다. 따라서 추가적인 규정과 지침이 필요하다. 내부적으로 진행되는 개발이 미래 경제적 효익을 획득하기 위한 활동임에는 반론의 여지가 있을 수 없다. 따라서 이러한 지출이 자산의 정의와 인식요건을 충족한다면 무형자산으로 인식해야 할 것이다. 또한 동일한 무형자산에 대해 내부적으로 창출한 것과 외부에서 구입한 것에 대해 다르게 보고한다는 것도 일관성이 떨어지므로 무형자산으로 인식하는 것이 목적적합할 것이다.

하지만 내부적으로 창출한 영업권에 대하여는 원가를 신뢰성 있게 측정할 수 없고 기업이 통제하고 있는 식별가능한 자산이 아니라는 논리로 자산으로 인식하지 않고 있다. 이러한 상황에서 미래 경제적 효익을 영업권과 구분하는 것이 쉽지 않은 일이다. 그리고 자산으로 인식할 것인지에 대해 주관적판단이 상당히 개입되어 유사한 상황에서 다른 회계처리가 기업 간 또는 기업 내에서 발생할 수 있는 문제점이 존재한다.

2. 연구단계와 개발단계

내부적으로 창출한 무형자산이 인식기준을 충족하는지를 평가하기 위해서는 먼저 무형자산의 창출과 관련된 프로젝트를 연구단계와 개발단계로 구분한다.

〈연구활동의 예〉
- 새로운 지식을 얻고자 하는 활동
- 연구결과나 기타 지식을 탐색, 평가, 최종 선택, 응용하는 활동
- 재료, 장치, 제품, 공정, 시스템이나 용역에 대한 여러 가지 대체안을 탐색하는 활동
- 새롭거나 개선된 재료, 장치, 제품, 공정, 시스템이나 용역에 대한 여러 가지 대체안을 제안, 설계, 평가, 최종 선택하는 활동

〈개발활동의 예〉
- 생산이나 사용 전의 시제품과 모형을 설계, 제작, 시험하는 활동
- 새로운 기술과 관련된 공구, 지그, 주형, 금형 등을 설계하는 활동
- 상업적 생산 목적으로 실현가능한 경제적 규모가 아닌 시험공장을 설계, 건설, 가동하는 활동
- 신규 또는 개선된 재료, 장치, 제품, 공정, 시스템이나 용역에 대하여 최종적으로 선정된 안을 설계, 제작, 시험하는 활동

만일 연구단계와 개발단계를 구분할 수 없는 경우에는 모두 연구단계에서 발생한 것으로 본다.

3. 회계처리 방법

(1) 내부 프로젝트가 연구단계에 해당하는 경우 미래 경제적 효익의 창출을 입증할 수 없으므로 발생시점의 비용으로 전액 인식한다.

개발단계는 연구단계보다 훨씬 더 진전되어 있는 상태이기 때문에 어떤 경우에는 내부프로젝트의 개발단계에서 보다 잘 무형자산을 식별할 수 있으며, 그 무형자산이 미래 경제적 효익을 창출할 것임을 제시할 수 있으므로 아래의 6가지 사항을 모두 제시할 수 있을 경우에만 무형자산으로 인식하고 제시하지 못할 경우 발생시점의 비용으로 인식한다.

① 무형자산을 사용하거나 판매하기 위해 그 자산을 완성할 수 있는 기술적 실현가능성
② 무형자산을 완성하여 사용하거나 판매하려는 기업의 의도
③ 무형자산을 사용하거나 판매할 수 있는 기업의 능력
④ 무형자산이 미래 경제적 효익을 창출하는 방법. 그 중에서도 특히 무형자산의 산출물이나 무형자산 자체를 거래하는 시장이 존재함을 제시할 수 있거나 또는 무형자산을 내부적으로 사용할 것이라면 그 유용성을 제시할 수 있다.
⑤ 무형자산의 개발을 완료하고 그것을 판매하거나 사용하는 데 필요한 기술적, 재정적 자원 등의 입수 가능성
⑥ 개발과정에서 발생한 무형자산 관련 지출을 신뢰성 있게 측정할 수 있는 기업의 능력

⊕ TIP

※ **내부적으로 창출된 무형자산의 회계처리**

단계별 구분		회계처리
연구단계		연구비(당기비용)
개발단계	다음 요건을 모두 충족 시 ① 무형자산의 정의 ② 무형자산의 인식요건 ③ 개발비의 인식요건	개발비(무형자산)
	상기 요건을 충족하지 못한 경우	경상개발비(당기비용)

(2) 무형자산의 취득이나 완성 후 지출은 대부분 무형자산을 유지하는 지출로 당기의 비용으로 처리한다. 하지만 최초에 평가된 성과기준을 초과하여 자산으로부터 미래 경제적 효익을 창출하게 될 가능성이 높고 그 지출이 신뢰성 있게 측정가능한 경우 무형자산의 장부금액에 가산한다.

➕ 더 알아두기

웹 사이트 원가

기업의 내부 또는 외부 접근을 위한 자체의 웹 사이트는 무형자산의 인식요건과 무형자산으로 인식되기 위해 갖추어야 할 위의 6가지 조건을 모두 충족하는 경우에만 무형자산으로 인식한다.

특히 웹 사이트를 통해 주문접수를 받아 수익을 창출할 수 있을 때 미래 경제적 효익을 창출할 것임을 제시할 수 있어야 한다. 따라서 기업이 자체의 재화나 용역의 판매촉진이나 광고를 위해 웹 사이트를 개발한 경우에는 미래 경제적 효익을 어떻게 창출하는지 제시할 수 없으므로 발생시점에 비용으로 인식한다.

(3) 무형자산의 상각

상각은 무형자산의 상각대상금액을 그 자산의 내용연수 동안 체계적인 방법에 의하여 각 회계기간의 비용으로 배분하는 것을 말한다.

상각대상금액	무형자산의 취득원가에서 잔존가액을 차감한 금액
내용연수	• 자산의 예상 사용기간 또는 자산으로부터 획득할 수 있는 생산량이나 이와 유사한 단위 • 무형자산의 상각기간은 독점적·배타적인 권리를 부여하고 있는 관계법령이나 계약에 정해진 경우를 제외하고는 20년을 초과할 수 없으며, 상각은 자산이 사용가능한 때부터 시작한다. • 무형자산의 내용연수는 법적 권리기간과 경제적 내용연수 중 보다 짧은 기간 동안 상각한다.
상각방법	[원칙] 무형자산의 상각방법은 자산의 경제적 효익이 소비되는 형태를 반영한 합리적인 방법이어야 함 따라서, 정액법, 체감잔액법, 연수합계법, 생산량비례법 등 합리적인 방법 중 한 가지 방법을 선택하여 적용 단, 합리적인 상각방법을 정할 수 없는 경우에는 정액법을 사용한다.
잔존가액	[원칙] 무형자산의 잔존가액은 없는 것(0)으로 한다. 단, 경제적 내용연수보다 짧은 상각기간을 정한 경우에 상각기간이 종료될 때 제3자가 자산을 구입하는 약정이 있거나, 그 자산에 대한 거래시장이 존재하여 상각기간이 종료되는 시점에 자산의 잔존가치가 활성시장에서 결정될 가능성이 매우 높다면 잔존가치를 인식할 수 있다. 또한, 무형자산의 잔존가치는 유사한 환경에서 사용하다가 매각된 동종 무형자산의 매각가격을 이용하여 추정할 수 있다.

T·E·S·T
06   단원별 기출문제

01 다음 중 연구 또는 개발 활동과 관련된 설명으로 틀린 것은?   [85회]

① 연구단계에서 발생한 지출은 모두 발생한 기간의 비용으로 처리한다.

② 상업적 생산목적이 아닌 소규모의 시험공장을 설계, 건설 및 가동하는 활동은 개발단계에 해당한다.

③ 개발비에 대해 합리적인 상각방법을 정할 수 없는 경우에는 정률법을 사용한다.

④ 내부적으로 창출한 브랜드 및 이와 유사한 항목에 대한 지출은 개발비로 계상하지 않는다.

해설

합리적인 상각방법을 정할 수 없는 경우에는 정액법을 사용한다.

02 12월 말 결산법인인 ㈜부산은 신제품 개발을 위한 활동을 수행하고 있으며, 2024년 중에 연구 및 개발활동에 지출한 내역은 아래의 자료와 같다. 개발활동의 지출액은 모두 무형자산의 인식기준을 충족한 것이며, 2024년 7월 1일부터 개발활동의 결과로 신제품 생산이 시작되었다. 개발비는 5년 동안 정액법으로 상각할 때, 2024년 12월 31일 ㈜부산의 재무상태표에 보고되어야 할 개발비는 얼마인가?   [84회]

• 연구활동 : 300,000원	• 개발활동 : 700,000원

① 630,000원

② 700,000원

③ 900,000원

④ 1,000,000원

해설

• 개발비 상각액 = 700,000원 × 60 = 70,000원

∴ 개발비 = 개발비 700,000원 − 개발비 상각액 70,000원 = 630,000원

03 다음 중 무형자산에 관한 설명으로 틀린 것은?   [82회]

① 무형자산의 잔존가치는 없는 것을 원칙으로 한다.

② 무형자산의 상각기간은 특별한 경우를 제외하고 20년을 초과할 수 없다.

③ 정액법, 생산량비례법 등의 방법으로 상각할 수 있으나, 상각방법을 정할 수 없는 경우에는 정액법을 사용하여야 한다.

④ 개발단계에 투입된 비용은 모두 개발비로 인식한다.

해설

무형자산 요건이 충족되면 개발비(자산)로 처리하고, 충족되지 못하면 경상개발비(비용)로 처리한다.

04 다음 자료 중 무형자산의 합계액은 얼마인가? [81회]

- 영업권 : 15,000원
- 상표권 : 5,000원
- 개발비 : 8,000원
- 프랜차이즈 : 10,000원
- 저작권 : 20,000원
- 라이선스 : 10,000원

① 23,000원
② 53,000원
③ 55,000원
④ 68,000원

해설
모두 무형자산이다.

05 다음 중 무형자산에 대한 설명으로 틀린 것은? [80회]

① 무형자산의 상각방법은 다양한 방법을 사용할 수 있지만, 합리적인 상각방법을 정할 수 없는 경우에는 정액법을 적용한다.
② 내부적으로 창출한 영업권은 무형자산으로 인식하지 않는다.
③ 무형자산은 자산에서 발생하는 미래 경제적 효익이 기업에 유입될 가능성이 매우 높고, 자산의 원가를 신뢰성있게 측정할 수 있을 때 인식한다.
④ 무형자산의 잔존가치는 상각대상금액의 5%로 측정한다.

해설
무형자산의 잔존가치는 없는 것을 원칙으로 한다.

06 다음 중 무형자산에 대한 설명으로 틀린 것은? [79회]

① 무형자산에 대한 지출로서 과거 비용으로 인식한 지출은 그 후의 기간에 무형자산의 원가로 인식할 수 없다.
② 무형자산의 잔존가치는 없는 것을 원칙으로 한다.
③ 무형자산의 상각방법은 합리적인 방법을 선택해야 하며, 합리적인 방법을 정할 수 없는 경우에는 정률법을 사용한다.
④ 프로젝트 연구단계에서 발생한 지출은 무형자산으로 인식하지 않고 당해 기간의 비용으로 인식한다.

해설
무형자산의 상각방법은 합리적인 방법을 선택해야 하며, 합리적인 방법을 정할 수 없는 경우에는 정액법을 사용한다.

07 다음 중 무형자산으로 인식할 수 없는 항목은? [78회]

① 내부적으로 창출한 영업권
② 내부적으로 창출한 개발비
③ 광업권 또는 어업권
④ 컴퓨터소프트웨어

해설

내부적으로 창출한 영업권은 원가를 신뢰성 있게 측정할 수 없을 뿐만 아니라 기업이 통제하고 있는 식별가능한 자원도 아니기 때문에 자산으로 인식하지 않는다.

08 다음 중 무형자산에 대한 설명으로 틀린 것은? [77회]

① 고정 고객 목록, 브랜드가치, 숙련된 종업원과 같이 내부적으로 창출된 항목들에 대하여 자산으로 인식할 수 있다.

② 내용연수 종료 시점에 계약을 통해 제3자가 무형자산을 확정된 가격에 구입하는 약정이 있는 경우 무형자산의 잔존가치는 0이 아니다.

③ 무형자산이 순현금유입을 창출할 것으로 기대되는 미래 기간에 대하여 예측가능한 제한이 없을 경우 해당 무형자산의 내용연수가 비한정인 것으로 본다.

④ 내용연수가 비한정인 무형자산은 매년 말 결산 시 상각을 수행하지 않으며 손상검사를 실시한다.

해설

숙련된 종업원이나 그들의 기술로부터 창출될 미래 경제적 효익은 기업이 충분히 통제하기가 어렵기 때문에 무형자산의 정의를 충족하지 못한다. 또한, 내부적으로 창출한 브랜드, 고객 목록 및 이와 유사한 항목에 대한 지출은 무형자산으로 인식하지 않는다.

09 ㈜가영은 2022년 1월 1일 신주 5,000주(주당 공정가액 6,000원, 주당 액면가액 5,000원)를 발행하여 교부하고 ㈜주원이 보유하고 있는 특허권(장부가액 17,000,000원, 공정가 25,000,000원)을 취득하였다. ㈜가영이 인식할 특허권의 취득원가는 얼마인가? [76회]

① 6,000,000원
② 17,000,000원
③ 25,000,000원
④ 30,000,000원

해설

• 다른 종류의 무형자산이나 다른 자산과의 교환으로 무형자산을 취득하는 경우에는 무형자산의 원가를 교환으로 제공한 자산의 공정가치로 측정한다.

∴ 특허권의 취득원가 = 신주 5,000주 × 공정가액 6,000원 = 30,000,000원

10 다음 중 일반기업회계기준상 무형자산에 관한 설명으로 틀린 것은? [75회]

① 내용연수는 독점적·배타적인 권리를 부여하고 있는 관계법령이나 계약에 정해진 경우를 제외하고는 20년을 초과할 수 없다.

② 재무상태표에 표시하는 방법은 유형자산과 달리 직접법을 사용하여 재무상태표상 미상각잔액으로 표시한다.

③ 잔존가액은 없는 것을 원칙으로 하나 중도매각을 전제로 하는 경우는 추정매각액을 잔존가액으로 할 수도 있다.

④ 상각방법은 정액법, 정률법, 생산량비례법 등 기타합리적인 방법으로 감가상각을 할 수 있으나 합리적인 방법을 정할 수 없는 경우에는 정률법을 사용한다.

해설

합리적인 상각방법을 정할 수 없는 경우에는 정액법을 사용한다.

11 자산손상에 대한 다음 설명 중 틀린 것은? [75회]

① 자산의 진부화 및 시장가치의 급격한 하락 등으로 인하여 자산의 회수가능액이 장부금액에 중요하게 미달하게 되는 경우에는 장부금액을 회수가능액으로 조정하고 그 차액을 손상차손으로 처리한다.

② 사용을 중지하고 처분을 위해 보유하는 자산은 사용을 중지한 시점부터 상각을 중지하고 장부금액으로 유지한다.

③ 모든 자산의 손상차손은 당기손익으로 인식한다.

④ 영업권을 제외한 자산의 손상차손환입으로 증가된 장부금액은 과거에 손상차손을 인식하기 전 장부금액의 감가상각 또는 상각 후 잔액을 초과할 수 없다.

해설

재평가되지 않는 자산의 손상차손은 당기손익으로 인식한다. 재평가되는 자산의 손상차손은 당해 자산에서 발생한 재평가잉여금에 해당하는 금액까지는 기타포괄손익으로 인식한다. 재평가되는 자산의 손상차손을 기타포괄손익으로 인식하는 경우 그 자산의 재평가잉여금을 감소시킨다.

12 다음은 ㈜자연의 소프트웨어 취득 및 결산과 관련된 자료이다. 2022년 12월 31일 소프트웨어에 관한 ㈜자연의 기말 결산분개로 올바른 것은? [74회]

- 2022년 7월 1일 상환의무 없는 국고보조금 3,000,000원을 수령하여 소프트웨어를 5,000,000원에 구입하고, 국고보조금은 자산의 차감항목으로 표시하였다.
- 소프트웨어의 잔존가치는 없으며 내용연수 5년, 정액법으로 상각하며 월할계산을 적용한다.

① (차) 무형자산상각비	1,000,000원	(대) 소프트웨어		1,000,000원
② (차) 무형자산상각비	400,000원	(대) 소프트웨어		400,000원
③ (차) 무형자산상각비	1,000,000원	(대) 소프트웨어		1,000,000원
국고보조금	600,000원	무형자산상각비		600,000원
④ (차) 무형자산상각비	500,000원	(대) 소프트웨어		500,000원
국고보조금	300,000원	무형자산상각비		300,000원

해설

- 무형자산상각비 = 5,000,000원 ÷ 5년 × 6/12 = 500,000원
- 무형자산상각비와 국고보조금의 상계금액 = 500,000원 × (3,000,000원/5,000,000원) = 300,000원

13 ㈜밸류는 2022년 1월 1일 ㈜스페셜이 보유하고 있는 특허권(장부가액 27,000,000원, 공정가액 35,000,000원)을 취득하고 회사 주식(1주당 공정가액 6,000원, 1주당 액면가액 5,000원) 6,000 주를 교부하였다. 2022년 말 ㈜밸류가 인식할 무형자산상각비(정액법, 내용연수 5년)는 얼마인가?

[73회]

① 5,000,000원   ② 7,000,000원

③ 7,200,000원   ④ 35,000,000원

해설
- 특허권 취득가액 = 6,000원 × 6,000주 = 36,000,000원
- 이종자산 간의 교환으로 취득한 자산의 취득원가는 제공한 자산의 공정가치로 측정한다.
- ∴ 무형자산상각비 = 특허권 취득가액 36,000,000원 × 1/5 = 7,200,000원

14 ㈜고려는 신제품 개발을 위한 연구 및 개발 활동을 하고 있으며, 2022년 중에 연구 및 개발 활동에 대한 지출내역은 다음과 같다. 개발 활동 관련 지출액은 모두 무형자산의 인식기준을 충족하고, 10월 1일부터 신제품에 대한 사용이 가능하며, 개발비는 5년 동안 정액법으로 월할상각한다. ㈜고려의 2022년 연구 및 개발 활동 관련 지출액이 당기손익에 미치는 영향은 얼마인가?

[72회]

- 2022년 2월 연구 활동 지출액 : 500,000원
- 2022년 8월 개발 활동 지출액 : 1,000,000원

① 500,000원 감소   ② 550,000원 감소

③ 700,000원 감소   ④ 1,500,000원 감소

해설
- 당기 무형자산상각비 = 개발비 1,000,000원 ÷ 5년 × 3/12 = 50,000원
- ∴ 당기손익 = 연구비 500,000원 + 당기 무형자산상각비 50,000원 = 550,000원 감소

15 다음 중 무형자산에 대한 설명으로 틀린 것은?

[71회]

① 연구단계에서 발생한 지출은 무형자산으로 인식할 수 없고 발생한 기간의 비용으로 인식한다.
② 개발단계에서 발생한 모든 지출은 무형자산으로 인식한다.
③ 내부적으로 창출한 영업권은 원가를 신뢰성 있게 측정할 수 없고, 식별가능하지 않으므로 자산으로 인식하지 않는다.
④ 무형자산의 내용연수는 경제적 요인과 법적 요인의 영향을 받는데 이러한 요인에 의해 결정된 기간 중 짧은 기간으로 한다.

해설
개발단계에서 발생한 지출은 특정 조건을 모두 충족하는 경우에만 무형자산으로 인식하고, 그 외의 경우에는 발생한 기간의 비용으로 인식한다.

16 다음 중 무형자산으로 회계처리해야 하는 거래는? [70회]

① 다른 회사를 합병하면서 영업권을 인식하였다.
② 프로젝트 초기의 연구단계에서 연구비를 지출하였다.
③ 내부 인테리어를 교체하고 현금을 지출하였다.
④ 고객상담팀 직원에게 교육을 실시하고 강사료를 지급하였다.

해설
다른 회사를 합병하면서 영업권을 인식하는 경우 무형자산으로 처리한다.

17 다음 중 일반기업회계기준의 무형자산에 관한 내용으로 틀린 것은? [69회]

① 무형자산의 상각기간은 독점적·배타적인 권리를 부여하고 있는 관계 법령이나 계약에 정해진 경우를 제외하고는 20년을 초과할 수 없다.
② 무형자산의 잔존가치는 없는 것을 원칙으로 한다.
③ 무형자산의 상각대상금액을 내용연수 동안 합리적으로 배분하기 위해 다양한 상각방법을 사용할 수 있다.
④ 무형자산의 상각은 법률적 취득 시점부터 하며, 합리적인 상각방법을 정할 수 없는 경우에는 정액법을 사용한다.

해설
무형자산의 상각은 법률적 취득 시점이 아니라 사용 가능한 시점부터 시작한다.

18 다음 중 내부적으로 창출한 무형자산에 대한 설명으로 틀린 것은? [68회]

① 내부적으로 창출한 영업권은 무형자산으로 인식하지 않는다.
② 연구단계에서 발생한 지출은 모두 발생한 기간의 비용으로 인식한다.
③ 개발단계에서 발생한 지출은 모두 무형자산으로 인식한다.
④ 무형자산에 대한 지출로서 과거 회계연도의 비용으로 인식한 지출은 이후 기간에 무형자산의 원가로 인식할 수 없다.

해설
③ 개발단계에서 발생한 지출은 요건을 모두 충족하는 경우에만 무형자산으로 인식하고, 그 외의 경우에는 발생한 기간의 비용으로 인식한다.
① 내부적으로 창출한 영업권은 원가를 신뢰성 있게 측정할 수 없을 뿐만 아니라 기업이 통제하고 있는 식별가능한 자원도 아니기 때문에 자산으로 인식하지 않는다.
② 프로젝트의 연구단계에서는 미래경제적효익을 창출할 무형자산이 존재한다는 것을 입증할 수 없기 때문에 연구단계에서 발생한 지출은 무형자산으로 인식할 수 없고 발생한 기간의 비용으로 인식한다.
④ 무형자산에 대한 지출로서 과거 회계연도의 재무제표나 중간재무제표에서 비용으로 인식한 지출은 그 후의 기간에 무형자산의 원가로 인식할 수 없다.

19 ㈜채원은 2021년 1월 1일 ㈜주원이 보유하고 있는 특허권(장부가액 17,000,000원, 공정가 25,000,000원)을 취득하고 회사 주식(공정가 6,000원, 액면가 5,000원) 5,000주를 교부하였다. 2021년 말 ㈜채원이 인식할 무형자산상각비(정액법, 내용연수 5년)는 몇 원인가? [65회]

① 5,000,000원

② 6,000,000원

③ 17,000,000원

④ 30,000,000원

해설
- 이종자산 간의 교환으로 취득한 자산의 취득원가는 제공한 자산의 공정가치로 측정한다.
- 특허권 취득가액 = 주식 공정가 6,000원 × 교부 주식수 5,000주 = 30,000,000원
- ∴ 무형자산상각비 = 특허권 취득가액 30,000,000원 ÷ 내용연수 5년 = 6,000,000원

20 무형자산이란 재화의 생산이나 용역의 제공, 타인에 대한 임대 또는 관리에 사용할 목적으로 기업이 보유하고 있는 비화폐성자산을 말한다. 다음 중 무형자산으로 정의되기 위한 요건을 충족하기 위한 설명으로 올바른 것은? [64회]

① 식별가능성, 자원에 대한 통제, 미래의 경제적 효익 중 한 가지 요건만 충족하면 된다.

② 식별가능성, 자원에 대한 통제, 미래의 경제적 효익 중 두 가지 요건을 충족하면 된다.

③ 식별가능성, 자원에 대한 통제, 미래의 경제적 효익 중 세 가지 요건을 모두 충족해야 된다.

④ 자산가치가 있으면 기업의 객관적 평가를 통해 충족할 수 있다.

21 다음은 ㈜현진의 반도체 소재기술개발을 위하여 당기에 수행한 프로젝트와 관련한 자료이다. 당기에 비용으로 계상되는 금액 중 개발단계에서 발생한 비용은 60%에 해당된다. 무형자산으로 인식될 비용은 무형자산 인식요건을 모두 충족할 경우 개발비로 인식되는 금액은 얼마인가? [62회]

- 당기 원재료 구입액 : 100,000원
- 당기 구입한 연구 설비기기의 자산계상액 : 1,000,000원(연구 설비기기 감가상각누계액 : 200,000원)
- 당기분 연구원의 급여 : 160,000원

① 876,000원

② 600,000원

③ 300,000원

④ 276,000원

해설
개발단계 발생비용 = (원재료비 100,000원 + 감가상각비 200,000원 + 연구원급여 160,000원) × 60% = 276,000원

22 다음 중 일반기업회계기준상 무형자산에 관한 설명으로 옳지 않은 것은? [62회]

① 무형자산으로 인식하기 위한 요건으로 식별가능성, 기업의 통제, 미래의 경제적 효익의 발생으로 분류한다.

② 무형자산의 내용연수가 독점적·배타적 권리를 부여하고 있는 관계 법령에 따라 20년을 초과하는 경우에도 상각기간은 20년을 초과할 수 없다.

③ 무형자산의 잔존가치는 없는 것을 원칙으로 한다.

④ 내부적으로 창출한 브랜드, 고객목록 및 이와 유사한 항목에 대한 지출은 무형자산으로 인식하지 않는다.

해설

독점적·배타적 권리를 부여하고 있는 관계 법령에 정해진 경우에는 20년을 초과할 수 있다.

23 다음 중 무형자산에 대한 설명으로 옳은 것은? [61회]

① 무형자산의 상각대상금액을 내용연수 동안 합리적으로 배분하기 위해 다양한 방법을 사용할 수 있다.

② 무형자산이 법적권리인 경우 법적 권리기간이 경제적 내용연수보다 긴 기간이면 법적 권리기간 동안 상각한다.

③ 내부적으로 창출된 영업권의 경우 그 금액을 합리적으로 추정할 수 있는 경우에는 무형자산으로 인식할 수 있다.

④ 연구단계에서 발생한 지출은 모두 발생 즉시 비용으로 인식하며, 개발단계에서 발생한 지출은 모두 무형자산으로 인식한다.

해설

① 무형자산의 상각대상금액을 내용연수 동안 합리적으로 배분하기 위해 다양한 방법을 사용할 수 있다. 이러한 상각방법에는 정액법, 체감잔액법(정률법 등), 연수합계법, 생산량비례법 등이 있다. 다만, 합리적인 상각방법을 정할 수 없는 경우에는 정액법을 사용한다.

② 법적 권리기간과 경제적 내용연수 중 보다 짧은 기간 동안 상각한다.

③ 내부적으로 창출된 영업권은 무형자산으로 인식할 수 없다.

④ 개발단계에서 발생한 지출 중 일정한 요건을 충족시키는 경우에만 무형자산으로 인식한다.

24 다음 중 무형자산에 대한 설명으로 틀린 것은? [59회]

① 무형자산은 물리적 형체가 없지만 식별가능한 비화폐성자산을 말한다.

② 내부적으로 창출한 영업권은 어떠한 경우에도 자산으로 인식하지 아니한다.

③ 무형자산이 분리가능하지 않은 경우에는 무형자산을 식별할 수 없다.

④ 무형자산의 미래 경제적 효익을 확보할 수 있고 그 효익에 대한 제3자의 접근을 제한할 수 있다면 자산을 통제하고 있는 것이다.

해설

무형자산이 분리가능하지 않더라도 다른 방법으로 무형자산을 식별할 수 있는 경우가 있다.

25 다음은 무형자산에 대한 설명이다. 틀린 것은? [58회]

① 무형자산이란 물리적 형체는 없지만 식별가능하고 기업이 통제하고 있으며, 미래 경제적 효익이 있는 비화폐성자산을 말한다.

② 무형자산은 합리적인 상각방법을 정할 수 없는 경우에는 정률법을 사용한다.

③ 내부적으로 창출한 영업권은 자산으로 인식하지 않는다.

④ 무형자산의 내용연수는 경제적 요인과 법적 요인으로 인해 결정된 기간 중에서 짧은 기간으로 한다.

해설

합리적인 상각방법을 정할 수 없는 경우에는 정액법을 사용한다.

26 다음 중 무형자산의 개발단계 활동에 해당하지 않는 것은? [57회]

① 생산 전 또는 사용 전의 시작품과 모형을 설계, 제작 및 시험하는 활동

② 새로운 기술과 관련된 공구, 금형, 주형 등을 설계하는 활동

③ 재료, 장치, 제품, 공정, 시스템, 용역 등에 대한 여러 가지 대체안을 탐색하는 활동

④ 상업적 생산목적이 아닌 소규모의 시험공장을 설계, 건설 및 가동하는 활동

해설

여러 가지 대체안을 탐색하는 활동은 연구단계 활동이다.

27 ㈜서영은 2019년 12월 7일에 신제품 개발비용 500,000원을 당좌수표로 발행하였다. 개발된 신제품의 상품화는 어려울 것으로 판단될 경우 올바른 분개는? [56회]

① (차) 특허권   500,000원   (대) 당좌예금   500,000원

② (차) 개발비   500,000원   (대) 당좌예금   500,000원

③ (차) 경상연구개발비   500,000원   (대) 당좌예금   500,000원

④ (차) 영업권   500,000원   (대) 당좌예금   500,000원

해설

개발단계에서 발생한 지출 중 미래 경제적 효익이 기대되지 않는 개발비용은 경상연구개발비로 회계처리한다.

28 일반기업회계기준상 무형자산에 대한 설명으로 올바른 것은? [54회]

① 무형자산의 상각은 당해 자산을 취득한 시점부터 시작한다.

② 사용을 중지하고 처분을 위해 보유하는 무형자산은 사용을 중지한 시점의 장부가액으로 표시한다.

③ 무형자산의 공정가치 또는 회수가능액이 증가하면 상각은 증감된 가액에 기초한다.

④ 무형자산은 상각기간이 종료되는 시점에 거래시장에서 결정되는 가격으로 잔존가치를 인식하는 것이 원칙이다.

해설

① 무형자산의 상각은 자산이 사용가능한 때부터 시작한다.

③ 무형자산의 공정가치 또는 회수가능액이 증가하면 상각은 원가에 기초한다.

④ 무형자산의 잔존가치는 없는 것을 원칙으로 한다.

29 무형자산에 대한 설명으로 틀린 것은? [53회]

① 무형자산은 물리적 형체가 없지만 식별가능하고 기업이 통제하고 있으며 미래 경제적 효익이 있어야 한다.

② 라이선스는 다른 기업의 제품 또는 제조기술을 사용할 수 있는 권리를 말하며, 취득원가로 인식하고 일정기간 동안 상각한다.

③ 내부적으로 창출한 영업권은 그 경제적 가치를 측정하여 재무제표에 자산으로 기록할 수 있다.

④ 무형자산의 소비되는 형태를 신뢰성 있게 결정할 수 없는 경우에 상각방법은 정액법을 사용한다.

해설

내부적으로 창출한 영업권은 원가를 신뢰성 있게 측정할 수 없을 뿐만 아니라 기업이 통제하고 있는 식별가능한 자원도 아니기 때문에 자산으로 인식하지 않는다.

30 다음 중 무형자산에 대한 설명으로 틀린 것은? [52회]

① 새롭거나 개선된 재료, 장치, 제품, 공정, 시스템이나 용역에 대한 여러 가지 대체안을 제안, 설계, 평가, 최종 선택하는 활동은 개발단계로 분류한다.

② 연구(또는 내부 프로젝트의 연구단계)에서 발생하는 지출은 무형자산을 인식하지 않고 발생시점에 비용으로 처리한다.

③ 개발활동(또는 내부 프로젝트의 개발단계)에서 발생한 무형자산을 인식한다.

④ 내부적으로 창출한 영업권은 자산으로 인식하지 아니한다.

해설

연구단계에 해당한다.

CHAPTER
07 금융자산(금융부채)와 유가증권

01 금융자산과 금융부채

1. 금융상품(금융자산·금융부채) 의의

금융자산이란 현금, 소유지분에 대한 증서 및 현금(또는 다른 금융자산)을 수취하거나 유리한 조건으로 금융자산을 교환할 수 있는 계약상의 권리를 말한다.

반면에 금융부채란 현금(또는 다른 금융자산)을 지급하거나 불리한 조건으로 금융자산을 교환해야 하는 계약상의 의무를 말한다.

금융상품이란 거래당사자에게 금융자산과 금융부채를 동시에 발생시키는 계약을 말한다.

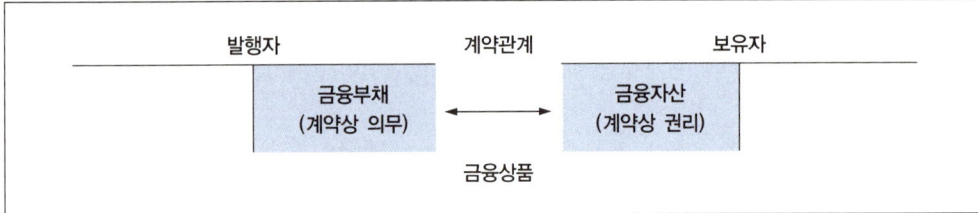

2. 금융상품의 최초인식 및 측정

인 식	금융자산이나 금융부채는 금융상품의 계약당사자가 되는 때에만 재무상태표에 인식한다.
인식시기	관련 시장의 규정이나 관행에 의하여 일반적으로 설정된 기간 내에 당해 금융상품을 인도하는 계약조건에 따라 금융자산을 매입하거나 매도하는 정형화된 거래의 경우 **매매일**에 해당 거래를 인식한다.
측 정	• 금융자산이나 금융부채는 최초 인식 시 **공정가치**로 측정한다. • 최초 인식 시 금융상품의 공정가치는 일반적으로 **거래가격**(자산의 경우에는 제공한 대가의 공정가치, 부채의 경우에는 수취한 대가의 공정가치)이다. • 다만, 최초 인식 이후 공정가치로 측정하고 공정가치의 변동을 당기손익으로 인식하는 금융자산이나 금융부채[**예** 단기매매증권, 파생상품(현금흐름위험회피회계에서 위험회피수단으로 지정되는 경우는 제외)]가 **아닌 경우** 당해 금융자산(금융부채)의 취득(발행)과 직접 관련되는 거래원가는 최초 인식하는 공정가치에 가산(차감)한다.
현재가치평가	장기연불조건의 매매거래, 장기금전대차거래 또는 이와 유사한 거래에서 발생하는 채권·채무로서 명목금액과 현재가치의 차이가 유의적인 경우에는 이를 **현재가치**로 평가한다.

※ 최초 인식 시 거래비용의 처리

금융자산(금융부채)의 구분	최초 인식 시 '거래비용'의 처리
단기매매증권	비용화(금융자산은 공정가치)
당기손익인식금융자산(또는 금융부채)	비용화(금융자산은 공정가치)
매도가능금융자산	거래비용은 최초 인식하는 공정가치에 가산
만기보유금융자산	거래비용은 최초 인식하는 공정가치에 가산
기타 금융부채	거래비용은 최초 인식하는 공정가치에 차감

3. 금융상품 후속측정

(1) 상각후원가

상각후원가란 유효이자율을 이용하여 금융자산이나 금융부채의 상각후원가를 계산하고 관련 기간에 걸쳐 이자수익이나 이자비용을 배분하는 방법이다.

금융자산이나 금융부채는 다음을 제외하고는 상각후원가로 측정한다.

① 유가증권, 파생상품 및 채권·채무조정

② 당기손익인식지정항목. 다음의 항목을 당기손익인식항목으로 지정할 수 있다.

　　㉠ 공정가치로 평가하여 공정가치 변동을 당기손익에 반영하지 않는다면, 분리하여야 하는 파생상품을 포함하는 복합계약

　　㉡ 벤처캐피탈, 뮤추얼펀드, 기타 이와 유사한 기업이 소유하는 유가증권

③ 금융보증계약

(2) 공정가치

최초 인식 시 공정가치		최초 인식 시 금융상품의 공정가치는 일반적으로 **거래가격(제공하거나 수취한 대가의 공정가치)**
최선의 추정치	활성시장이 존재하는 경우	공정가치의 최선의 추정치는 **활성시장에서 공시되는 가격**
	활성시장이 없는 경우	금융상품에 대한 활성시장이 없다면, 공정가치는 **평가기법**을 사용하여 결정
	평가기법의 목적	평가기법을 사용하는 목적은 측정일 현재 독립된 당사자 사이의 정상적인 거래에서 발생할 수 있는 거래가격을 결정하는데 있다. **평가기법** ① 합리적인 판단력과 거래의사가 있는 독립된 당사자 사이의 최근 거래를 사용하는 방법 ② 실질적으로 동일한 다른 금융상품의 현행 공정가치를 이용할 수 있다면 이를 참조하는 방법 ③ 현금흐름할인방법과 옵션가격결정모형을 포함함
공정가치 정의의 전제조건		공정가치의 정의는 청산하거나, 사업규모를 중요하게 축소하거나 또는 불리한 조건으로 거래할 의도나 필요가 없는 상태인 **계속기업가정**을 전제로 한다. 따라서 공정가치는 강제된 거래, 비자발적인 청산 또는 재무적 어려움으로 인한 매도에서 수취하거나 지급하는 금액이 아니다. 그러나 공정가치는 금융상품의 신용수준을 반영한다.

4. 금융상품의 제거

(1) 금융자산의 제거

요 건	금융자산의 양도(자산 일부의 양도를 포함한다)의 경우에, 다음 요건을 모두 충족하는 경우에는 양도자가 금융자산에 대한 통제권을 이전한 것으로 보아 **매각거래**로, 이외의 경우에는 금융자산을 담보로 한 **차입거래**로 본다. ① 양도인은 금융자산 양도 후 당해 양도자산에 대한 권리를 행사할 수 없어야 한다. 즉, 양도인이 파산 또는 법정관리 등에 들어갈 지라도 양도인 및 양도인의 채권자는 양도한 금융자산에 대한 권리를 행사할 수 없어야 한다. ② 양수인은 양수한 금융자산을 처분(양도 및 담보제공 등)할 자유로운 권리를 갖고 있어야 한다. ③ 양도인은 금융자산 양도 후에 효율적인 통제권을 행사할 수 없어야 한다.
처분손익 인식	금융자산의 이전거래가 매각거래에 해당하면 처분손익을 인식하여야 하며, 매각거래와 관련하여 신규로 취득(부담)하는 자산(부채)가 있는 경우에는 공정가치로 평가하여 장부에 계상하고 처분손익계산에 반영하여야 한다. 만약 신규로 취득(부담)하는 자산(부채)의 공정가치를 알 수 없는 경우에는 다음과 같이 평가한다. ① 자산을 취득하는 경우에는 '0'으로 보아 처분손익을 계상한다. ② 부채를 부담하는 경우에는 처분에 따른 이익을 인식하지 않는 범위 내에서 평가하여 계상한다.

(2) 금융부채의 제거

서로 다른 조건의 채무상품의 교환	기존 차입자와 대여자가 실질적으로 다른 조건으로 채무상품을 교환한 경우, 최초의 금융부채를 제거하고 새로운 금융부채를 인식한다. 이와 마찬가지로, 기존 금융부채(또는 금융부채의 일부)의 조건이 실질적으로 변경된 경우(채무자의 부담이 경감되도록 변경된 경우는 제외)에도 최초의 금융부채를 제거하고 새로운 금융부채를 인식한다.
당기손익인식	소멸하거나 제3자에게 양도한 금융부채(또는 금융부채의 일부)의 장부금액과 지급한 대가(양도한 비현금자산이나 부담한 부채를 포함)의 차액은 당기손익으로 인식한다.
금융부채의 일부를 재매입하는 경우	금융부채의 일부를 재매입하는 경우, 금융부채의 장부금액은 계속 인식되는 부분과 제거되는 부분에 대해 재매입일 현재 각 부분의 상대적 공정가치를 기준으로 배분한다. 다음 ①과 ②의 차액은 당기손익으로 인식한다. ① 제거되는 부분에 배분된 금융부채의 장부금액 ② 제거되는 부분에 대하여 지급한 대가(양도한 비현금자산이나 부담한 부채를 포함)

5. 주석 공시

(1) 일반적인 사항

다음 사항을 주석으로 공시한다.

① 현금 등 금융자산을 인도하여 결제하는 금융부채의 종류별 만기분석 및 유동성위험을 관리하는 방법

② 현재가치 평가에 적용한 이자율, 이자율의 산정방법, 기간 및 회계처리방법 등

③ 공정가치로 평가하는 금융상품의 주요 종류별로 공정가치 측정방법과 공정가치를 결정할 때 사용한 주요 가정(예 할인율, 중도상환율) 등 재무제표이용자가 공정가치로 측정된 회계정보를 이해하는 데 유용한 정보

(2) 금융자산을 양도하거나 금융자산을 담보로 차입한 경우

금융자산을 양도하거나 금융자산을 담보로 차입한 경우에는 양도(또는 담보제공)내역, 양도(또는 담보제공)조건 등 그 내역을 주석으로 기재하여야 한다.

02 유가증권

1. 투자자산

투자이익을 얻을 목적이거나 타 회사를 지배, 통제할 목적으로 장기간 보유하고 있는 자산을 투자자산이라 하며, 기업의 주된 영업활동과는 무관하게 보유하는 자산이라는 측면에서 유형자산과 구분된다. 구체적인 종류는 다음과 같다.

투자자산	내 용
매도가능증권	단기매매증권이나 만기보유증권으로 분류되지 아니하는 유가증권
만기보유증권	만기가 확정된 채무증권으로 상환금액이 확정되었거나 확정이 가능한 채무증권으로 만기까지 보유할 의사와 능력이 있다고 판단되는 유가증권이다.
지분법적용투자주식	다른 회사를 지배할 목적이나 또는 중대한 영향력을 행사할 목적으로 보유하고 있는 주식으로 다음의 경우에 중대한 영향력이 있다고 본다. • 투자회사가 피투자회사의 의결권 있는 주식 20% 이상 보유 • 투자회사가 피투자회사의 의사결정기구에 참여하거나 영업정책결정과정에 참여하는 경우 • 투자회사와 피투자회사 간 중요한 내부거래가 있는 경우
장기대여금	상환기한이 재무상태표일로부터 1년 이상인 대여금
장기금융상품	금융기관이 취급하는 정형화된 금융상품으로서 재무상태표일로부터 1년 이후에 만기가 도래하는 자산 **예** 정기예금, 정기적금, 감채기금 등

➕ 더 알아두기

투자자산이 포함되어 있는 비유동자산의 종류는 다음과 같다.

비유동자산	해당 계정과목
투자자산	장기금융상품, 매도가능증권, 만기보유증권, 지분법적용투자주식 등
유형자산	토지, 건물, 구축물, 기계장치, 차량, 비품 등으로 영업활동지원목적
무형자산	영업권, 개발비, 산업재산권, 소프트웨어 등으로 영업활동지원목적
기타비유동자산	이연법인세자산(유동자산분류분 제외), 전세권, 임차보증금, 영업보증금, 장기매출채권 등

2. 유가증권의 의의와 분류

(1) 유가증권의 의의

투자자산 중에서도 가장 중요한 부분은 유가증권이다.

유가증권은 기업이 단기 또는 장기자금운영목적이나 시세차익 또는 다른 회사를 지배할 목적으로 보유하는 주식(지분증권) 또는 채권(채무증권)을 말한다. 유가증권은 보유목적에 따라 아래와 같이 분류될 수 있다.

> ① 여유자금의 단순 활용목적 : **단기매매증권, 만기보유증권, 매도가능증권**
> ② 타 기업의 지배 또는 통제목적(중대한 영향력 행사목적)
> • 중대한 영향력을 행사할 수 있는 경우 : **지분법 적용투자주식**
> • 중대한 영향력을 행사할 수 없는 경우 : 매도가능증권

(2) 유가증권의 분류

유가증권에는 크게 지분증권(주식)과 채무증권(채권)으로 구분된다. 지분증권은 소유지분을 나타내며 주식과 수익증권이 있으며 보유 중에 배당금수익을 얻는다. 이에 비해 채무증권은 만기가 존재하며 발행자에 대한 청구권을 표시하는 유가증권으로 국공채, 회사채 등이 있으며 경과 이자수익과 만기 시 액면표시 원금을 수령하게 된다.

[유가증권의 과목 분류]

과목 분류	지분증권	채무증권
단기매매증권	○	○
매도가능증권	○	○
만기보유증권	×	○
지분법 적용투자주식(중대한 영향력행사)	○	×

투자회사는 유가증권을 위 4가지 과목으로 분류한 다음, 이를 보유기간에 따라 유동자산과 비유동자산으로 각각 재분류한다. 단, 단기매매증권은 '유동자산'으로, 지분법적용투자주식은 '투자자산'으로 반드시 분류해야 한다.

매도가능증권과 만기보유증권은 처분(만기도래)기간이 1년을 기준으로 1년 이내일 경우 '유동자산'으로 1년 초과일 경우는 '비유동자산'으로 각각 재분류한다.

단기매매증권과 1년 이내에 도래하는 매도가능증권, 만기보유증권을 단기투자자산으로 통합 표시할 수 있다. 마찬가지로 비유동자산으로 분류된 유가증권을 장기투자증권으로 통합표시할 수 있으나, 지분법적용투자주식은 유가증권의 기본적 성격을 달리하므로 반드시 별도항목으로 표시해야 한다.

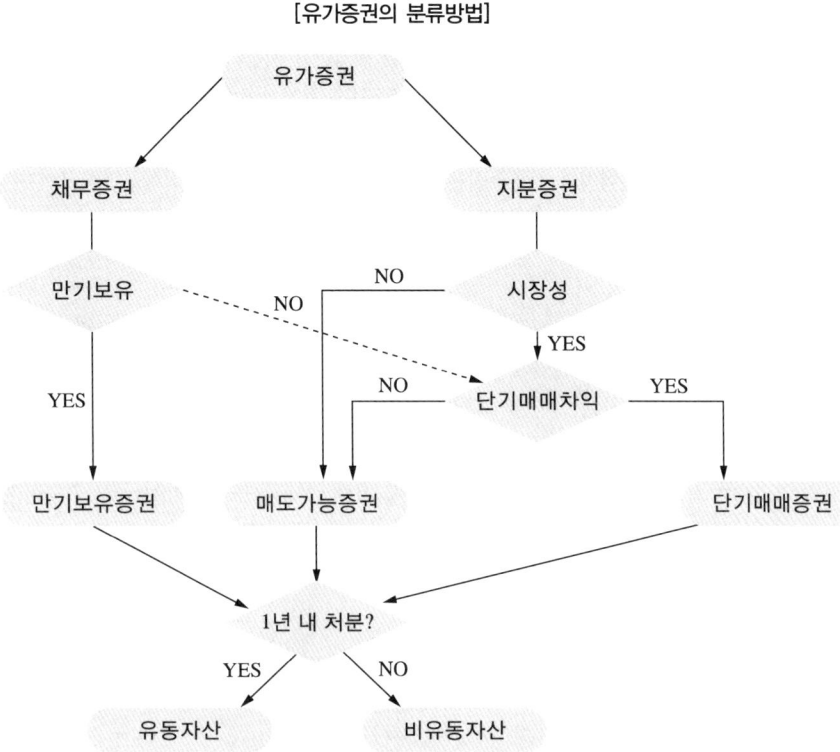

[유가증권의 분류방법]

그림에서 말하는 '시장성 있는 유가증권'이란 한국거래소가 개설한 유가증권시장(거래소시장) 또는 외국의 공신력 있는 증권거래시장(뉴욕증권거래소, 런던증권거래소 등)에서 거래되는 유가증권을 말한다.

3. 단기매매증권

단기매매증권은 단기 보유할 목적으로 매도와 매수가 적극적이고 빈번하게 이루어지는 주식을 말하며, 유동자산의 단기매매증권으로 분류한다.

단기매매증권은 실무상 단기적 매매이익을 목적으로 빈번하게 매매가 이루어지는 개별종목에 투자초점이 있는 것이 아니라 포트폴리오 전체로써 위험과 수익을 관리하는데 초점이 맞춰진다.

(1) 취득과 보유

단기매매증권을 취득한 때는 취득 시 공정가치를 취득원가로 기록하며, 취득부대비용(증권거래세, 증권회사수수료 등)은 발생 즉시 비용으로 처리한다.

단기매매증권 취득 후 현금배당이나 보유기간이자수익은 영업외수익으로 처리한다.

(2) 기말평가

단기매매증권은 처분을 통한 시세차익을 얻을 목적으로 보유하고 있으므로 기말시점에 공정가치로 평가하여 장부금액과의 차액을 단기매매증권평가손익(영업외손익)으로 인식한다.

재무상태표일(결산일) 현재의 종가를 공정가치로 하되 없는 경우 직전일의 종가로 한다.

이 경우 단기매매증권평가이익(손실)은 각 종목별로 평가하는 것이므로 총액으로 평가이익과 평가손실을 구분하여 표시하여야 한다.

(3) 처 분

단기매매증권을 처분할 경우 처분 전 장부금액을 제거하고 처분가액과의 차액을 단기매매증권처분손익으로 인식한다. 처분과정에서 발생한 거래수수료 등은 처분가액에서 직접 차감한다. 왜냐하면, 거래수수료 등은 이에 대응하는 수익이 따로 보고되지 않기 때문에 이를 비용으로 처리하지 않는 것이다. 이때 기중 발생한 처분이익과 처분손실은 서로 상계하지 않는다(제2장 '현금및현금성자산'의 단기매매증권 참고).

(4) 단기매매채권

단기매매증권의 주식과 다를 바 없으나 기간경과에 따른 이자가 발생하고 만기일에는 원금을 회수한다.

① 취득과 처분

유통시장에서 매매하는 단기매매채권은 대개 이자지급일 사이에서 거래된다. 채권의 발행회사는 유통과정에 관계없이 이자지급일 현재의 소유자에게 약정이자 전액을 지급한다.

② 이자지급일 사이에 취득하는 채권에 대해 거래당사자간에 경과이자를 수수하게 되는데, 이 경우 투자회사는 미수수익으로, 매각회사는 이자수익으로 계상한다.

　㉠ 이자지급일 사이의 취득

〈취득일〉				
(차) 단기매매증권		xxx	(대) 현 금	xxx
미수수익(경과기간에 대한 액면이자)		xxx		

〈취득 후 최초 이자수취일〉				
(차) 현 금	xxx	(대) 미수수익	xxx	→ (경과기간에 대한 액면이자)
		이자수익	xxx	→ (보유기간에 대한 액면이자)

　㉡ 이자지급일 사이의 처분

〈취득일〉				
(차) 미수수익	xxx	(대) 이자수익(경과기간)		xxx
(차) 현 금	xxx	(대) 미수수익		xxx
		단기매매증권		xxx
		단기투자자산처분이익		xxx

4. 매도가능증권

매도가능증권은 매도가능지분증권과 매도가능채무증권으로 나뉘며, 매도가능증권의 취득원가는 매입가액(또는 취득을 위해 제공된 대가의 시장가격)에 취득부대비용(매입수수료, 이전비용, 등록세 등)을 포함한 가액으로 한다. 여기에는 대리인 또는 중개인에게 지급하는 수수료와 증권거래소의 거래수수료 및 세금을 포함하며, 금융비용과 보유에 따른 비용은 제외한다.

(1) 매도가능증권의 평가

시장성 있는 매도가능증권은 기말시점에 공정가치로 평가를 하고 장부금액과의 차액은 '매도가능증권평가손익'의 과목으로 재무상태표에 '기타포괄손익누계액' (자본)항목으로 기록된다. 즉, 단기매매증권과는 다르게 평가손익을 당기손익에 반영하지 않고 처분 시까지 손익반영을 이연시킨다(이는 실현될 때까지의 기간이 장기간 소요되어 당기손익에 반영 시 실현주의원칙에 위배되므로 보다 유용한 예측정보를 제공하기 위해 자본항목으로 처리하는 것임).

시장성이 없는 매도가능증권은 공정가치를 신뢰성 있게 측정할 수 없으므로 예외적으로 원가법을 적용한다.

① 공정가치법

ㄱ 기말평가 : 현재의 장부금액과 기말시점의 공정가치 차액을 매도가능증권평가손익의 과목으로 기타포괄손익(자본) 항목으로 처리한다. 이때 매도가능증권평가손익은 차기 이후에 발생하는 평가손익과 통산[*주]한다. 재무상태표에 계상된 매도가능증권평가손익은 미실현보유손익으로 그 주식을 처분하거나 손상사유가 발생한 때 실현된 것으로 처리한다.

[*주] 통산이란 같은 방향의 평가차액은 합산하고 다른 방향의 차액은 차감하는 것을 말한다.

- 당기발생평가손익(분개대상) = 기타포괄손익
  = 재무상태표일의 공정가치 − 평가 전 장부금액
  = 재무상태표일의 공정가치 − (전기말 장부금액 ± 기중거래)
- 당기말 현재의 평가손익누계액(재무상태표) = 기타포괄손익누계액
  = 결산일까지의 평가손익누계액
  = 기말 현재 공정가치 − 취득원가

ㄴ 처 분 : 매도가능주식을 처분한 경우에는 그 주식의 장부금액과 자본항목의 관련 평가손익을 함께 제거해야 한다. 또한 처분과 관련하여 발생하는 거래수수료나 거래세 등의 부대비용은 처분가액에서 직접 차감한다.

- 매도가능증권의 처분손익 = 처분가액 − 취득원가
  = 처분가액 − (장부금액 ± 관련평가손익)

➕ 더 알아두기

매도가능증권을 공정가치로 평가하는 경우의 검증방법

① 기말평가의 중심개념은 평가 전 장부금액이다.

② 매도가능주식의 장부금액에서 재무상태표상 자본항목(기타포괄손익누계액)의 관련평가손익을 가감하면 항상 취득원가로 되돌아간다.

③ 매도가능주식처분손익은 처분가액과 취득원가의 차액이다(→ 항상 원가법을 적용할 때와 같은 금액이 계상된다).

➕ 예제

- 20x3년 1월 1일에 ㈜위드는 장기보유목적으로 유가증권시장에서 ㈜신성의 주식 100주를 주당 220,000원에 구입하였다. 취득 시 증권회사에 수수료 500,000원을 지불하였다.
- ㈜신성은 20x3년 3월 17일에 주당 1만원의 배당금을 지급하였다.
- 20x3년 12월 31일 유가증권시장에서 ㈜신성의 주식종가는 주당 231,000원이었다.
- 20x4년 5월 14일에 위의 주식 전부를 주당 227,000원으로 처분하였다.

▌정답 및 해설

취득 시 (20x3년 1월 1일)	(차) 매도가능증권　　　　　22,500,000　(대) 현 금　　　　　　22,500,000 ※ 매도가능증권의 취득원가에는 취득부대비용(수수료)가 포함됨 　 = (100주 × 220,000원) + 500,000원
배당금수령 시 (20x3년 3월 17일)	(차) 현 금　　　　　　　　1,000,000　(대) 배당금수익[주1]　　1,000,000 *주1) 배당금은 기업의 주된 영업활동과 관계없으므로 영업외수익 항목으로 처리함
기말평가 시 (20x3년 12월 31일)	(차) 매도가능증권　　　　600,000　(대) 매도가능증권평가이익　600,000[주2] 　　　　　　　　　　　　　　　　　　　(기타포괄손익누계액) *주2) 장부가액(22,500,000원)과 기말공정가액(23,100,000원)의 차이를 매도가능증권 　　　평가이익으로 인식함 **부분재무상태표** 투자자산　　　　　　　　　　｜기타포괄손익누계액 매도가능증권　　　23,100,000 ｜매도가능증권평가이익　　600,000
처분 시 (20x4년 5월 14일)	(차) 현 금　　　　　22,700,000 (대) 매도가능증권　　　23,100,000 　　　매도가능증권평가이익　600,000　　　매도가능증권처분이익　200,000[주3] *주3) 처분 시 그동안의 평가손익은 비로소 실현되어 처분손익에 반영된다. 결국 처 　　　분손익은 취득 시 취득원가와 매도가액의 차이가 된다.

② 원가법

예외적으로 시장성이 없는 매도가능증권(주식) 중 공정가치를 신뢰성이 있게 측정할 수 없을 때 원가법을 적용한다. 자세한 사항은 만기보유증권에서 설명하도록 한다(제9장 사채와 채무증권 참고).

(2) 유가증권 손상차손

① 의 의

재무상태표일 기준으로 유가증권의 회수가능금액(매도가능증권으로부터 회수할 수 있을 것으로 추정되는 금액)을 객관적으로 추정하여 예상되는 회수금액이 유가증권의 취득원가보다 작고 자산손상사유에 해당되는 경우에는 '유가증권 손상차손'을 인식해야 한다.

② 유가증권의 손상요건

주식상장이 폐지되어 시장성을 잃었다는 것만으로 자산손상의 이유가 될 수는 없다.

유가증권의 구체적인 손상사유는 다음과 같다.

- 은행법에 의해 설립된 금융기관으로부터 당좌거래 정지처분을 받은 경우, 청산 중에 있거나 1년 이상 휴업 중인 경우 또는 완전자본잠식 상태에 있는 경우와 같이 유가증권발행자의 재무상태가 심각하게 악화된 경우
- 이자지급과 원금상환의 지연과 같은 계약의 실질적인 위반이나 채무불이행이 있는 경우
- 채무자 회생 및 파산에 관한 법률에 의한 회생절차개시의 신청이 있거나 회생절차가 진행 중인 경우와 같이, 유가증권발행자의 재무적 곤경과 관련한 경제적 또는 법률적인 이유 때문에 당초의 차입조건의 완화가 불가피한 경우
- 유가증권발행자의 파산가능성이 높은 경우
- 과거에 그 유가증권에 대하여 손상차손을 인식하였으며 그 때의 손상사유가 계속 존재하는 경우
- 유가증권발행자의 재무상태가 악화되어 그 유가증권이 시장성을 잃게 된 경우
- 표시이자율 또는 유효이자율이 일반적인 시장이자율보다 비정상적으로 높거나 낮은 채무증권을 법규나 채무조정협약 등에 의해 취득한 경우
- 기업구조조정촉진법에 의한 관리절차를 신청하였거나 진행 중인 경우

다만, 다음의 사건은 금융자산이 손상되었다는 객관적인 증거라고 볼 수 없음에 유의하여야 한다.

- 미래 사건의 결과로 예상되는 손상차손(예 예상 부도가능성, 실업률 증가, 불경기 발생)은 아무리 발생가능성이 높다 하더라도 인식하지 아니한다.
- 금융상품이 더 이상 공개적으로 거래되지 않아 활성시장이 소멸하더라도 그것이 반드시 손상의 증거가 되는 것은 아니다.
- 신용등급이 하락한 사실 자체는 손상의 증거가 되지 않는다. 그러나 이용가능한 그 밖의 정보를 함께 고려하는 경우에는 손상의 증거가 될 수 있다.
- 금융자산의 공정가치가 원가나 상각후원가 이후로 하락한 사실이 반드시 손상의 증거가 되는 것은 아니다.

③ 손상차손의 인식과 회계처리

자산손상에 대한 객관적인 증거가 있는 경우 회수가능액과 취득원가의 차액을 매도가능증권손상차손의 과목으로 하여 다음과 같이 '매도가능증권손상차익'으로 당기비용 처리한다.

㉠ 원가를 장부금액으로 하는 유가증권 : 공정가치를 신뢰성 있게 추정할 수 없어 공정가치를 장부금액으로 하지 않는 지분상품에 대하여 손상발생의 객관적인 증거가 있다면 손상차손을 인식해야 하는데, 이때 손상차손은 다음과 같이 계산한다.

> 손상차손(대손) = 장부금액 − 회수가능액(추정 미래현금흐름의 현재가치)[주]
>
> [주] 유사한 금융자산의 현행 시장수익률로 할인한 금액임

(차) 매도가능증권손상차손[주]	xxx	(대) 매도가능증권	xxx

[주] (취득원가 − 회수가능액) − 당기이전 손상차손인식액

㉡ 공정가치를 장부금액으로 하는 유가증권 : 공정가치변동액을 기타포괄손익으로 인식하는 지분상품에 대하여 손상발생의 객관적인 증거가 있는 경우, 기타포괄손익으로 처리하여 자본항목으로 계상한 누적평가손익은 당해 자산이 제거되지 않더라도 자본에서 재분류하여 당기손실(매도가능증권손상차손)로 인식한다. 이때 자본에서 당기손실로 인식하는 누적평가손실은 다음의 금액으로 한다.

> 손상차손 = (ⓐ − ⓑ)
>
> ⓐ 공정가치가 취득원가에 미달하는 금액(총손상차손)
> ⓑ 이전 기간에 이미 당기손익으로 인식한 당해 유가증권의 손상차손

(차) 매도가능증권손상차손[주]	xxx	(대) 매도가능증권	xxx
		매도가능증권평가손실	xxx

[주] (장부가액 − 매도가능증권평가손실(이익) − 회수가능액) − 당기이전 손상차손인식액

④ 손상차손발생 이후 회복

매기 추가적인 손상차손을 인식하다가 회수가능액의 회복이 손상차손을 인식한 기간 후에 발생한 사건과 객관적으로 관련된다고 인정되는 경우에는 이전에 인식했던 손상차손 금액을 한도로 하여 회복된 금액을 '매도가능증권손상차손환입'의 과목으로 당기이익 계상하고 손상차손을 초과하는 금액은 공정가치가 있는 경우에는 기타포괄손익으로 자본처리하고, 공정가치가 없는 원가법 평가인 경우에는 회복시점에 인식하지 않고 있다가 처분시점에 한꺼번에 인식한다.

매도가능증권 (공정가액평가 유가증권)	기왕에 손상차손으로 인식하였던 금액을 한도로 복복된 금액을 당기이익으로 인식 (차) 매도가능증권 xxx (대) 매도가능증권손상차손환입 xxx 매도가능증권평가이익(자본)[주] xxx [주] 손상차손 초과분
매도가능증권 (취득원가평가 유가증권) 또는 만기보유증권	당초에 손상차손을 인식하지 않았다면 취득원가(상각후원가)가 되었을 금액을 한도로 당기이익(매도가능증권손상차손환입)으로 인식. 초과금액은 인식하지 아니함 (차) 매도가능증권 xxx (대) 매도가능증권손상차손환입 xxx

5. 유가증권의 재분류

유가증권의 보유의도와 보유능력에 변화가 있어 재분류가 필요한 경우에는 다음과 같이 처리한다.

단기매매증권은 원칙적으로 다른 유가증권(매도가능증권, 만기보유증권)으로 재분류할 수 없으며 다른 유가증권도 단기매매증권으로 재분류할 수 없다. 다만, 극히 드물게 단기매매증권이 시장성을 상실한 경우 매도가능증권으로 재분류 가능하며, 단기간 매매차익을 얻을 목적으로 보유하지 않는 단기매매증권도 매도가능증권이나 만기보유증권으로 재분류 가능하다.

매도가능증권과 만기보유증권은 서로 재분류 가능하다.

재분류 시에는 재분류일 현재 공정가치를 매도가능증권으로 계정대체하고 장부가액과의 차액은 '단기매매증권평가이익(손실)로 당기손익에 계상한다.

[유가증권 재분류 요약]

구 분	단기매매증권 → 매도가능증권(또는 만기보유증권)	매도가능증권(또는 만기보유증권) → 단기매매증권
재분류 가능 여부	금 지	금 지
예외적인 경우 (시장성을 상실한 경우)	매도가능증권으로 재분류하고 평가손익은 당기손익으로 처리	해당사항 없음

6. 지분법 적용주식

(1) 지분법 의의

투자회사가 직접 또는 지배·종속회사를 통하여 간접으로 피투자회사의 의결권있는 주식의 20% 이상을 보유하고 있다면 명백한 반증이 있는 경우를 제외하고는 중대한 영향력이 있는 것으로 본다. 투자회사가 직접 또는 지배·종속회사를 통하여 간접으로 보유하고 있는 피투자회사에 대한 의결권 있는 주식이 20%에 미달하는 경우에는 일반적으로 피투자회사에 대하여 중대한 영향력이 없는 것으로 본다.

투자회사의 피투자회사에 대한 의결권 있는 주식이 20%에 미달하더라도 투자회사가 다음 중 하나 이상에 해당하는 경우 일반적으로 피투자회사에 대하여 중대한 영향력이 있다고 본다.

① 투자회사가 피투자회사의 이사회 또는 이에 준하는 의사결정기구에서 의결권을 행사할 수 있는 경우
② 투자회사가 피투자회사의 재무정책과 영업정책에 관한 의사결정과정에 참여할 수 있는 경우
③ 투자회사가 피투자회사의 재무정책과 영업정책에 관한 의사결정과정에 참여할 수 있는 임원선임에 상당한 영향력을 행사할 수 있는 경우
④ 피투자회사의 중요한 거래가 주로 투자회사와 이루어지는 경우
⑤ 피투자회사에게 필수적인 기술정보를 투자회사가 당해 피투자회사에게 제공하는 경우

(2) 지분법 회계처리 절차(분개)

지분법에 따른 시점별 회계처리를 요약하면 다음과 같다.

① 지분법적용투자주식의 취득 시 취득시점에서 지분증권을 취득원가로 한다.

(차) 지분법적용투자주식	xxx	(대) 현 금	xxx

② 피투자기업이 배당금 지급을 결의한 경우 투자주식 원본의 회수로 보아 지분법적용투자주식의 장부금액을 감소시킨다.

(차) 미수배당금	xxx	(대) 지분법적용투자주식	xxx

③ 피투자기업이 당기순이익을 보고한 경우 피투자기업의 당기순이익 중 투자기업의 지분에 해당하는 금액만큼 지분법적용투자주식의 장부금액을 증가시키고 동 금액을 지분법 이익으로 인식한다.

(차) 지분법적용투자주식	xxx	(대) 지분법이익	xxx

④ 지분법 최초 적용시점 사이의 상각 또는 지분법 최초 적용시점의 순자산공정가치와 순자산장부금액의 차액은 일정기간 동안 상각 또는 환입된다.

(차) 지분법이익	xxx	(대) 지분법적용투자주식	xxx

⑤ 재무제표 표시

지분법적용투자주식은 투자자산 중 별도의 과목으로 재무상태표에 표시한다. 투자회사가 소유하고 있는 지분법적용투자주식이 2종목 이상인 경우 지분법적용에 의한 지분법손익, 누적기타포괄손익(⑩ 지분법자본변동) 또는 지분법이익잉여금변동은 각각 총액으로 표시한다. 예를 들면, '지분법이익'과 '지분법손실', '지분법자본변동'과 '부의 지분법자본변동' 또는 '지분법이익잉여금변동'과 '부의 지분법이익잉여금변동'은 서로 상계하지 아니하고 각각 표시한다.

⑥ 비상장중소기업의 지분법적용 특례

상장법인, 협회등록법인, 금융감독위원회 등록법인 및 금융업을 영위하는 법인을 제외한 중소기업기본법에 의한 중소기업의 경우에는 중대한 영향력을 행사할 수 있는 지분증권에 대하여는 지분법을 적용하지 아니할 수 있다. 다만, 연결재무제표작성대상의 범위에 해당하는 종속회사에 대하여는 지분법을 적용한다.

01 12월 말 결산법인인 ㈜아침은 2023년 1월 1일 장기투자목적으로 ㈜점심의 주식 1,000주를 5,000,000원에 취득하고 이를 매도가능증권으로 분류하였다. ㈜아침은 2024년 7월 1일에 ㈜점심의 주식 500주를 3,200,000원에 처분하였다. ㈜점심의 공정가액에 관한 정보가 아래와 같을 때 2024년 말 손익계산서에 미칠 영향으로 올바른 것은? [85회]

- 2023년 초 : 5,000원/주
- 2023년 말 : 6,500원/주
- 2024년 말 : 7,000원/주

① 700,000원 이익이 증가 ② 700,000원 이익이 감소
③ 1,000,000원 이익이 증가 ④ 1,000,000원 이익이 감소

해설

- 회계처리

– 2023.1.1	(차)	매도가능증권	5,000,000원	(대)	현 금	5,000,000원
– 2023.12.31	(차)	매도가능증권	1,500,000원	(대)	매도가능증권평가이익	1,500,000원
– 2024.7.1	(차)	매도가능증권평가이익	750,000원	(대)	매도가능증권	3,250,000원
		현 금	3,200,000원		매도가능증권처분이익	700,000원

- 매도가능증권평가이익은 기타포괄손익누계액으로 손익계산서에 미치는 영향은 없다.
∴ 2024년 7월 1일 처분 시의 처분손익만 손익계산서에 영향을 미치므로, 700,000원 이익이 증가한다.

02 ㈜수연은 2024년 1월 1일 사옥으로 사용하기 위하여 건물을 40,000,000원에 취득하면서 국채(액면금액 10,000,000, 액면이자율 연 5%, 매년 말 이자지급, 3년 후 일시상환)를 액면금액으로 취득하고 해당 채권을 장기투자목적으로 보유하기로 하였다. 채권의 취득 당시 시장이자율은 연 10%이다. ㈜수연이 인식할 건물의 취득원가는 얼마인가?(단, 기간 3년, 10%의 1원의 연금현가계수는 2.4868이고, 1원 현재가치계수는 0.7513이다) [85회]

① 40,000,000원 ② 41,243,600원
③ 48,756,400원 ④ 50,000,000원

해설

(차) 건 물	41,243,600원	(대) 현 금	50,000,000원
매도가능금융자산[주]	8,756,400원		

*주) 현재가치 = 액면금액 10,000,000원 × 0.7513 + 액면이자 500,000원 × 2.4868 = 8,756,400원

03 다음 중 지분증권에 대한 설명으로 틀린 것은? [84회]

① 지분법은 투자회사의 보고기간 종료일을 기준으로 작성된 관계기업의 신뢰성 있는 재무제표를 사용하여 적용한다.

② 지분증권 중 지분법적용투자주식은 지분법을 적용하여 평가하여야 한다.

③ 단기매매증권이나 지분법적용투자주식으로 분류되지 않는 지분증권은 만기보유증권으로 분류한다.

④ 단기매매증권은 유동자산으로 분류된다.

해설

단기매매증권이나 지분법적용투자주식으로 분류되지 않는 지분 주식은 매도가능증권으로 분류한다.

04 ㈜경북은 당기 중 투자 목적으로 지분증권 500주를 1주당 5,000원에 취득하고 수수료 100,000원을 지급하였다. 기말 현재 지분증권의 공정가치가 1주당 6,000원일 때, 단기매매증권으로 분류하는 경우와 매도가능증권으로 분류하는 경우 각각의 회계처리를 비교하는 설명으로 올바른 것은?

[83회]

① 취득 시 자산으로 계상되는 취득원가 금액은 같다.

② 취득 시 손익계산서에 미치는 영향은 없다.

③ 기말에 당기손익에 미치는 영향은 같다.

④ 기말에 자본에 미치는 영향은 같다.

해설

• 단기매매증권의 경우 취득 시 발생한 수수료는 당기비용으로 처리한다. 따라서 취득원가는 2,500,000원, 기말 당기손익에 미치는 영향은 [당기손익인식평가이익 500,000원 − 수수료비용 100,000원 = 400,000원]이다.

• 매도가능증권의 경우 취득 시 발생한 수수료는 취득원가에 가산한다. 따라서 취득원가는 2,600,000원, 기말 당기손익에 미치는 영향은 없으며, 포괄손익에 미치는 영향은 [공정가치 3,000,000원 − 취득원가 2,600,000원 = 400,000원]이다.

∴ 단기매매증권과 매도가능증권으로 분류하는 경우 각각의 취득원가와 당기순이익은 다르다. 그러나 당기순이익의 증가와 포괄이익의 증가는 모두 자본을 동일하게 증가시킨다.

05 다음 중 유가증권의 재분류에 대한 설명으로 올바른 것은? [81회]

① 단기매매증권이 시장성을 상실한 경우에는 매도가능증권으로 분류하여야 한다.

② 유가증권과목의 분류를 변경할 때에는 재분류일 현재의 장부가치로 변경한다.

③ 매도가능증권에 대한 보유의도와 보유능력에 변화가 생기면 단기매매증권으로 재분류할 수 있다.

④ 만기보유증권에 대한 보유의도와 보유능력에 변화가 있을 경우 매도가능증권으로 재분류할 수 없다.

해설

② 유가증권과목의 분류를 변경할 때에는 재분류일 현재의 공정가치로 평가한 후 변경한다.

③ 다른 범주의 유가증권의 경우 단기매매증권으로 재분류할 수 없다.

④ 매도가능증권은 만기보유증권으로 재분류할 수 있으며 만기보유증권은 매도가능증권으로 재분류할 수 있다.

06 2023년 1월 1일 ㈜부산은 제품을 판매하고 대금으로 만기가 2023년 6월 30일인 액면 3,000,000원의 어음을 거래처로부터 수취하였다. 2023년 6월 1일, ㈜부산은 동 어음을 은행에서 연 5% 이자율로 할인하였다. 동 어음이 무이자부 어음인 경우, ㈜부산이 인식할 매출채권처분손익은 얼마인가? (단, 할인 계산 시 월 할로 계산한다) [80회]

① 손실 10,000원　　　　　　　　　② 손실 12,500원
③ 이익 10,000원　　　　　　　　　④ 이익 12,500원

해설

매출채권처분손익 = 액면금액 3,000,000원 × 5% × 1/12 = 손실 12,500원

07 다음의 자산 항목 중 투자자산에 해당하지 않는 것은? [79회]

① 장기투자증권　　　　　　　　　② 지분법적용투자주식
③ 장기대여금　　　　　　　　　　④ 장기미수금

해설

장기미수금은 기타비유동자산에 해당한다.

08 다음 중 유가증권의 재분류에 관한 설명으로 틀린 것은? [78회]

① 원칙적으로 단기매매증권은 다른 범주로 재분류할 수 없으며, 다른 범주의 유가증권의 경우에도 단기매매증권으로 재분류할 수 없다.
② 단기매매증권이 시장성을 상실한 경우에는 매도가능증권으로 분류하여야 한다.
③ 매도가능증권은 만기보유증권으로 재분류할 수 있으며 만기보유증권은 매도가능증권으로 재분류할 수 있다.
④ 유가증권과목의 분류를 변경할 때에는 재분류일 현재의 장부가액으로 변경한다.

해설

유가증권과목의 분류를 변경할 때에는 재분류일 현재의 공정가치로 평가한 후 변경한다.

09 다음 중 현재가치로 평가해야 할 항목을 모두 고른 것은? [78회]

> 가. 장기성 금전대차거래(단, 특수관계자와의 거래에서 발생)
> 나. 장기선수금
> 다. 장기선급금

① 가
② 나, 다
③ 가, 다
④ 가, 나, 다

해설

장기연불매매거래, 장기금전대차거래 및 이와 유사한 거래에서 발생한 채권, 채무로서 명목가액과 현재가치의 차이가 중요한 경우 현재가치로 평가한다. 평가대상을 판단할 때 거래상대방의 특수관계자 여부는 고려사항이 아니다. 장기선수금 및 장기선급금은 미래 현금유출입을 수반하는 항목이 아니기 때문에 현재가치로 평가하지 않는다.

10 다음 중 유가증권의 회계처리로 틀린 것은? [77회]

① 단기매매증권의 취득부대비용을 당기 비용으로 인식하였다.
② 자본잉여금의 자본전입에 의한 무상주 배당을 수익으로 인식하지 않았다.
③ 시장성 없는 지분증권의 공정가치를 측정할 수 없어서 취득원가로 평가하였다.
④ 매도가능증권의 현금배당금을 기타포괄손익으로 인식하였다.

해설

매도가능증권으로부터 받은 현금배당금은 배당금수익으로 인식한다.

11 다음 중 유가증권에 대한 설명으로 틀린 것은? [75회]

① 유가증권은 재산권을 나타내는 증권을 말하며, 실물이 발행된 경우도 있고 명부에 등록만 되어 있을 수도 있다.
② 유가증권은 취득한 후에 만기보유증권, 단기매매증권, 그리고 매도가능증권 중의 하나로 분류한다.
③ 만기까지의 보유 여부를 분명히 정하고 있지 아니한 경우 만기보유증권으로 분류할 수 있다.
④ 단기매매증권이나 만기보유증권으로 분류되지 아니하는 유가증권은 매도가능증권으로 분류한다.

해설

만기가 확정된 채무증권으로서 상환금액이 확정되었거나 확정이 가능한 채무증권을 만기까지 보유할 적극적인 의도와 능력이 있는 경우에는 만기보유증권으로 분류한다.

12 다음 중 금융자산과 관련이 없는 것은? [74회]

> ㉠ 현금성자산   ㉡ 받을어음   ㉢ 선급금   ㉣ 대여금   ㉤ 재고자산

① ㄴ, ㄹ

② ㄷ, ㅁ

③ ㄹ, ㅁ

④ ㄷ, ㄹ

해설

ㄷ. 선급금은 비금융자산이다.

ㅁ. 재고자산은 금융상품에 해당하는 금융자산과 관련이 없다.

13 다음 중 유가증권의 손상차손이 발생했다는 객관적인 증거에 해당하지 않는 것은? [73회]

① 1년 이상 휴업 중인 경우

② 청산 중인 경우

③ 이자 지급과 원금 상환의 지연과 같은 계약의 실질적인 위반이나 채무불이행이 있는 경우

④ 유가증권이 상장 폐지된 경우

해설

유가증권이 상장 폐지되어 시장성을 잃더라도 그것이 반드시 손상차손의 증거가 되지는 않는다.

14 ㈜한세는 2022년 1월 1일에 장부가액이 200,000원인 건물을 300,000원에 처분하고 처분대금은 3년 후인 2024년 12월 31일에 수취하기로 하였다. 건물 처분대금의 명목금액과 현재가치의 차이는 중요하며, 건물 처분일 현재 유효이자율은 연 10%이다. 2022년 말 ㈜한세가 유효이자율법에 따라 정상적으로 이자수익을 인식하였다면 2023년 1월 1일 현재 장기미수금의 장부금액은 얼마인가?(단, 기간 3년, 연 10%, 1원의 현가계수는 0.75131이다) [73회]

① 200,000원

② 225,393원

③ 247,932원

④ 300,000원

해설

• 2022년 1월 1일 장기미수금 현재가치 = 300,000원 × 0.75131 = 225,393원

• 2022년 12월 31일 이자수익 = 장기미수금 기초장부가액 225,393원 × 유효이자율 10% = 22,539원

∴ 2023년 1월 1일 장기미수금의 장부금액 = 현재가치 225,393원 + 2022년 이자수익 22,539원 = 247,932원

15 당기 중 지분증권 1,000주를 주당 7,000원에 취득하고 수수료 200,000원을 지급하였다. 기말 현재 해당 지분증권의 공정가치가 주당 8,000원일 때 단기매매증권으로 분류하는 경우와 매도가능증권으로 분류하는 경우 회계처리에 대한 설명으로 올바른 것은? [73회]

① 단기매매증권과 매도가능증권의 취득원가는 동일하다.
② 단기매매증권과 매도가능증권의 당기손익은 동일하게 증가한다.
③ 단기매매증권과 매도가능증권의 자본은 동일하게 증가한다.
④ 단기매매증권과 매도가능증권은 유동자산으로 분류한다.

해설
• 단기매매증권의 경우 구입수수료는 당기비용처리한다. 따라서 취득원가는 7,000,000원이다. 기말에 당기손익은 800,000원(= 당기손익인식평가이익 1,000,000원 − 수수료비용 200,000원) 증가한다.
• 매도가능증권의 경우 구입수수료는 취득원가에 포함된다. 기말에 포괄손익은 800,000원(= 공정가치 8,000,000원 − 취득원가 7,200,000원) 증가한다.
• 따라서 단기매매증권과 매도가능증권의 취득원가와 당기순이익은 다르다. 그러나 당기순이익의 증가나 포괄이익의 증가는 자본을 동일하게 증가시킨다. 단기매매증권은 유동자산, 매도가능증권은 비유동자산으로 분류한다.

16 다음 중 유가증권에 관한 설명으로 틀린 것은? [72회]

① 단기매매증권과 매도가능증권은 공정가치로 평가한다.
② 단기매매증권이 시장성을 상실한 경우에는 매도가능증권으로 분류하여야 한다.
③ 매도가능증권은 만기보유증권으로 재분류할 수 있으며 만기보유증권은 매도가능증권으로 재분류할 수 있다.
④ 유가증권과목의 분류를 변경할 때에는 재분류일 현재의 장부가액으로 변경한다.

해설
유가증권과목의 분류를 변경할 때에는 재분류일 현재의 공정가치로 평가한 후 변경한다.

17 다음 기말 자료에서 유동자산의 합계액과 당좌자산의 합계액으로 올바른 것은? [72회]

• 보통예금 : 540,000원   • 장기대여금 : 500,000원   • 원재료 : 1,500,000원
• 영업용차량 : 2,000,000원   • 제품 : 2,100,000원   • 단기금융상품 : 1,200,000원

	유동자산	당좌자산		유동자산	당좌자산
①	540,000원	3,600,000원	②	5,340,000원	1,740,000원
③	540,000원	1,500,000원	④	1,740,000원	2,100,000원

해설
• 당좌자산 = 보통예금 540,000원 + 단기금융상품 1,200,000원 = 1,740,000원
• 유동자산 = 재고자산(원재료 1,500,000원 + 제품 2,100,000원) + 당좌자산 1,740,000원 = 5,340,000원

18 ㈜대한의 2022년도 주식거래 내역은 아래와 같다. ㈜대한이 취득한 주식을 모두 매도가능증권으로 분류할 경우 ㈜대한의 2022년도 기말 재무제표에 보고될 항목과 금액으로 올바른 것은? [72회]

- 2022년 07월 12일 : 주식 500주를 주당 10,000원에 취득하고 거래수수료 50,000원을 지급함
- 2022년 09월 25일 : 주식 200주를 주당 10,500원에 매각함
- 2022년 12월 31일 : 주식의 공정가액은 주당 9,600원임

① 매도가능증권 2,880,000원, 매도가능증권평가손실 120,000원
② 매도가능증권 2,880,000원, 매도가능증권평가손실 150,000원
③ 매도가능증권 3,000,000원, 매도가능증권처분이익 100,000원
④ 매도가능증권 3,030,000원, 매도가능증권처분이익 80,000원

해설
- 매도가능증권처분이익 = 200주 × (처분가액 10,500원 − 매도가능증권 취득가액 10,100원) = 80,000원
- 매도가능증권 기말평가액 = 300주 × 기말 공정가액 9,600원 = 2,880,000원
- 매도가능증권평가손실 = 300주 × (매도가능증권 취득가액 10,100원 − 기말 공정가액 9,600원) = 150,000원
- 금융자산이나 금융부채는 최초인식 시 공정가치로 측정한다. 다만, 최초인식 이후 공정가치로 측정하고 공정가치의 변동을 당기손익으로 인식하는 금융자산이나 금융부채{예 단기매매증권, 파생상품(현금흐름위험회피회계에서 위험회피수단으로 지정되는 경우는 제외)}가 아닌 경우 당해 금융자산(금융부채)의 취득(발행)과 직접 관련되는 거래원가는 최초인식하는 공정가치에 가산(차감)한다.
- 단기매매증권과 매도가능증권은 공정가치로 평가한다. 다만, 매도가능증권 중 시장성이 없는 지분증권의 공정가치를 신뢰성있게 측정할 수 없는 경우에는 취득원가로 평가한다.

19 ㈜명인은 2021년 1월 1일 ㈜세무가 동 일자에 발행한 사채를 구입하고 만기보유증권으로 분류하였다. 2022년 말 ㈜명인의 재무상태표에 표시되는 만기보유증권은 얼마인가?(단, 소수점 미만 금액 발생 시 소수점 첫째 자리에서 반올림한다) [71회]

- 사채 액면가액 : 1,000,000원
- 만기 : 3년
- 사채발행가액 : 971,712원
- 표시이자율 : 2%(이자는 매년 말 후급)
- 사채발행 시 시장이자율 : 3%

① 980,863원
② 990,289원
③ 990,570원
④ 990,849원

해설
- 사채 현재가치할인차금 상각표

구 분	유효이자	표시이자	상각액	장부가액
2021년 1월 1일				971,712원
2021년 12월 31일	29,151원	20,000원	9,151원	980,863원
2022년 12월 31일	29,426원	20,000원	9,426원	990,289원
2023년 12월 31일	29,711원	20,000원	9,711원	1,000,000원

20 2022년 1월 1일 ㈜웅이는 액면금액 1,500,000원의 채무증권을 1,425,000원에 취득하고 매도가능 증권으로 분류하였다. 동 채무증권의 표시이자율은 연 8%로 이자는 매년 말일에 지급하며, ㈜웅이 가 2022년도에 인식한 이자수익은 142,500원이다. 2022년 12월 31일 동 채무증권의 공정가치가 1,455,000원일 때, 매도가능증권이 2022년 말 ㈜웅이의 재무상태표상 기타포괄손익누계액에 미치 는 영향으로 옳은 것은? [71회]

① 5,000원 증가
② 6,000원 감소
③ 7,000원 감소
④ 7,500원 증가

해설
- 매도가능증권 유효이자율 = 이자수익 142,500원 ÷ 취득가액 1,425,000원 = 10%
- 표시이자 = 액면금액 1,500,000원 × 8% = 120,000원
- 2022년 말 상각후원가 = 취득가액 1,425,000원 × (1 + 유효이자율 10%) − 표시이자 120,000원 = 1,447,500원
- 매도가능증권평가이익 = 공정가치 1,455,000원 − 상각후원가 1,447,500원 = 7,500원
- ※ 상각후원가와 공정가치의 차액을 매도가능증권평가손익(기타포괄손익누계액)에 반영한다.
- ∴ 기타포괄손익누계액에 미치는 영향 = 매도가능증권평가이익 7,500원 증가

21 ㈜연수는 당기 중에 ㈜세무의 지분증권 100주를 500,000원에 취득하면서 취득수수료 10,000원을 추가로 지급하였다. 당기 말 현재 동 지분증권의 공정가치는 600,000원이다. ㈜연수가 동 지분증권 을 취득시 단기매매증권으로 분류하는 경우와 매도가능증권으로 분류하는 경우의 회계처리에 대한 설명으로 다음 중 틀린 것은? [69회]

① 단기매매증권의 경우 취득원가는 500,000원이다.
② 매도가능증권의 경우 기말에 비용으로 계상되는 금액은 0원이다.
③ 단기매매증권의 경우 순이익이 90,000원 증가한다.
④ 매도가능증권의 경우 기타포괄이익이 100,000원 증가한다.

해설
- 매도가능증권의 경우 취득수수료를 매도가능증권의 취득원가에 가산한다. 따라서 당기 말의 기타포괄이익은 취득 가액 510,000원과 기말 공정가치 600,000원의 차액인 90,000원만큼 증가한다.
- 단기매매증권의 경우 취득수수료는 당기비용으로 처리한다. 따라서 기말에 당기손익은 90,000원(= 단기매매증권 평가이익 100,000원 − 수수료비용 10,000원)만큼 증가한다.

22 ㈜민우는 2020년 1월 1일에 장부가액이 200,000원인 건물을 300,000원에 처분하고 처분대금은 3년 후인 2022년 12월 31일에 수취하기로 하였다. 건물 처분대금의 명목금액과 현재가치의 차이는 중요하며, 건물 처분일 현재 유효이자율은 10%이다. ㈜민우가 유효이자율법에 따라 2020년 말에 정상적으로 이자수익을 인식하였다면 2021년 1월 1일 현재 장기미수금의 장부금액은 얼마인가? (단, 기간 3, 10%, 1원의 현가계수는 0.75131이다) [68회]

① 200,000원
② 225,393원
③ 247,932원
④ 300,000원

해설

- 2020년 1월 1일 장기미수금 현재가치 = 300,000원 × 0.75131 = 225,393원
- 2020년 12월 31일 이자수익 = 장기미수금 기초 장부가액 225,393원 × 유효이자율 10% = 22,539원
- ∴ 2021년 1월 1일 장기미수금 장부금액 = 2020년 1월 1일 장기미수금 현재가치 225,393원 + 2020년 이자수익 22,539원 = 247,932원

23 ㈜세무는 2021년 1월 1일 액면금액 1,000,000원의 채무증권을 950,000원에 취득하고 매도가능증권으로 분류하였다. 채무증권의 표시이자율은 연 8%이며 이자는 매년 말일에 지급하고, 2021년에 ㈜세무가 인식한 동 채무증권의 이자수익은 95,000원이다. 2021년 12월 31일 동 채무증권의 공정가치가 970,000원일 때 2021년 말 재무상태표상의 기타포괄손익누계액에 미치는 영향은 얼마인가? [66회]

① 5,000원 증가   ② 15,000원 증가
③ 80,000원 감소   ④ 90,000원 감소

해설

- 유효이자율 = 이자수익 인식액 95,000원 ÷ 취득가액 950,000원 = 10%
- 2021년 말 상각후원가 = 취득가액 950,000원 × (1 + 10%) − 표시이자 80,000원 = 965,000원
- ∴ 평가손익(기타포괄손익누계액) = 2021년 말 공정가치 970,000원 − 2021년 말 상각후원가 965,000원 = 5,000원 (이익)

24 ㈜채원은 2021년 1월 1일 ㈜악덕이 발행한 사채(액면가 100,000원, 3년 만기, 표시이자율 10%, 시장이자율 12%, 매년 말 이자 지급)를 95,670원에 만기보유목적으로 구입하였다. ㈜채원이 2021년 말 인식할 이자수익은 몇 원인가? [65회]

① 1,480원   ② 10,000원
③ 11,480원   ④ 95,670원

해설

이자수익 = 기초 사채 장부가액 95,670 × 유효이자율 12% = 11,480원

25 일반기업회계기준에 따라 유가증권을 분류할 때 다음에 들어갈 용어로 알맞은 것은? [64회]

> 만기가 확정된 채무증권으로서 상환금액이 확정되었거나 확정이 가능한 채무증권을 만기까지 보유할 적극적인 의도와 능력이 있는 경우에는 (   )으로 분류한다.

① 단기매매증권   ② 매도가능증권
③ 만기보유증권   ④ 채무증권

26 ㈜기업은 2020년 5월 2일 ㈜세무의 주식 1,000주를 주당 5,000원에 현금으로 매입하여 매도가능 증권으로 처리하였다. 2020년 말 ㈜세무의 주식의 주당 공정가치가 5,500원인 경우 ㈜기업이 2020년 말에 행할 분개로 올바른 것은?(단, ㈜기업은 ㈜세무의 주식을 공정가치로 평가한다) [63회]

① (차) 매도가능증권   500,000원   (대) 매도가능증권평가이익   500,000원
② (차) 매도가능증권   5,500,000원   (대) 현 금   5,000,000원
　　　　　　　　　　　　　　　　　　　　　　　매도가능증권평가이익   500,000원
③ (차) 매도가능증권   5,000,000원   (대) 현 금   5,000,000원
④ 분개 없음

해설
• 매도가능증권평가이익 = (5,500원 − 5,000원) × 1,000주 = 500,000원
• 회계처리
　− 2020년 매입 시   (차) 매도가능증권   5,000,000원   (대) 현 금   5,000,000원
　− 2020년 말   (차) 매도가능증권   500,000원   (대) 매도가능증권평가이익   500,000원

27 ㈜서하는 보유 중인 매도가능증권을 2020년 중에 8,600,000원에 전량 처분하였다. 관련자료가 다음과 같을 때 처분 시 분개로 올바른 것은? [62회]

• 2019년 6월 25일 매도가능증권을 8,000,000원에 취득하였다.
• 2019년 말 매도가능증권의 공정가액은 7,700,000원이다.
• 일반기업회계기준에 따라 매도가능증권 평가에 대한 회계처리는 적절히 반영하였다.

① (차) 현 금   8,600,000원   (대) 매도가능증권   8,000,000원
　　　　　　　　　　　　　　　　　　　　　　　매도가능증권처분이익   600,000원
② (차) 현 금   8,300,000원   (대) 매도가능증권   8,000,000원
　　　　　　　　　　　　　　　　　　　　　　　매도가능증권처분이익   300,000원
③ (차) 현 금   8,600,000원   (대) 매도가능증권   7,700,000원
　　　매도가능증권평가손실   300,000원   매도가능증권처분이익   1,200,000원
④ (차) 현 금   8,600,000원   (대) 매도가능증권   7,700,000원
　　　　　　　　　　　　　　　　　　　　　　　매도가능증권평가손실   300,000원
　　　　　　　　　　　　　　　　　　　　　　　매도가능증권처분이익   600,000원

해설
• 2019년 취득 시   (차) 매도가능증권   8,000,000원   (대) 현 금   8,000,000원
• 2019년 말   (차) 매도가능증권평가손실   300,000원   (대) 매도가능증권   300,000원
• 2020년 처분 시   (차) 현 금   8,600,000원   (대) 매도가능증권   7,700,000원
　　　　　　　　　　　　　　　　　　　　　　　　　　　　　매도가능증권평가손실   300,000원
　　　　　　　　　　　　　　　　　　　　　　　　　　　　　매도가능증권처분이익   600,000원

28 다음 중 일반기업회계기준의 금융자산 및 금융부채에 대한 설명으로 틀린 것은? [62회]

① 금융자산이나 금융부채는 금융상품의 계약당사자가 되는 때에만 재무상태표에 인식한다.

② 금융자산의 이전거래가 매각거래에 해당하면 처분손익을 인식할 수 있다.

③ 신규로 취득하는 금융자산의 공정가치를 알 수 없는 경우 '0'으로 보아 처분손익을 계상한다.

④ 선급비용과 선수수익은 금융상품으로 볼 수 있다.

해설

선급비용, 선수수익, 선급금, 선수금은 재화 또는 용역의 수취·제공을 가져오게 되므로 금융상품이 아니다.

29 ㈜서하의 2020년도 매도가능증권처분손익은 얼마인가? [61회]

- 2019년말 재무상태표에 매도가능증권의 장부가액은 9,500,000원이다.
- 2019년말 재무상태표에 매도가능증권평가손실은 500,000원이다.
- 2020년 8월 25일에 매도가능증권의 50%를 6,500,000원에 처분하였다.

① 500,000원 이익
② 500,000원 손실
③ 1,500,000원 이익
④ 3,000,000원 이익

해설

• 매도가능증권 처분손익은 취득가액과 매도가액을 비교하여 계산한다.

(차) 현 금	6,500,000원	(대) 매도가능증권(50%)	4,750,000원
		매도가능증권평가손실(50%)	250,000원
		매도가능증권처분이익	1,500,000원

30 다음 중 유가증권에 대한 설명으로 틀린 것은? [59회]

① 유가증권은 증권의 종류에 따라 지분증권과 채무증권으로 분류할 수 있다.

② 단기매매증권과 매도가능증권은 지분증권으로 분류할 수 있으나 만기보유증권은 지분증권으로 분류할 수 없다.

③ 보고기간 종료일로부터 1년 이내에 만기가 도래하는 만기보유증권의 경우, 유동자산으로 재분류하여야 하므로 단기매매증권으로 변경하여야 한다.

④ 단기매매증권은 주로 단기간 내에 매매차익을 목적으로 취득한 유가증권을 말한다.

해설

계정과목명을 단기매매증권으로 분류 변경하는 것이 아니라, 만기보유증권(유동자산)으로 분류 변경한다.

31 ㈜기업의 2018년 12월 31일 매도가능증권의 평가손실과 2019년 10월 20일 매도가능증권의 처분이익은 얼마인가? [58회]

- 2017년 3월 1일 매도가능증권을 500,000원에 취득하였다.
- 2017년 12월 31일 매도가능증권의 공정가액은 600,000원이다.
- 2018년 12월 31일 매도가능증권의 공정가액은 400,000원이다.
- 2019년 10월 20일 매도가능증권을 700,000원에 처분하였다.

	2018년 12월 31일 매도가능증권평가손실	2019년 10월 20일 매도가능증권처분이익
①	100,000원	300,000원
②	100,000원	200,000원
③	200,000원	200,000원
④	200,000원	300,000원

해설

- 2018년 12월 31일 매도가능증권평가손익 = 공정가액 400,000원 − 장부가 500,000원 = 100,000원(평가손실)
- 2019년 10월 20일 매도가능증권처분손익 = 처분가 700,000원 − 취득가 500,000원 = 200,000원(처분이익)

32 ㈜세무는 2019년 5월 10일 ㈜한국의 주식을 주당 8,000원에 1,000주를 구입하여 매도가능증권으로 분류하였다. 2019년 12월 31일 현재 ㈜한국의 주식의 공정가치는 주당 10,000원이며 ㈜세무는 ㈜한국의 주식을 원가법에 따라 평가하였다. ㈜세무가 ㈜한국의 주식을 일반기업회계기준에 따라 공정가액법으로 평가할 경우 ㈜세무의 재무제표에 미치는 영향을 올바르게 표현한 것은? [58회]

① 당기순이익이 2,000,000원 증가한다.　② 당기순이익이 2,000,000원 감소한다.
③ 자산총액이 2,000,000원 증가한다.　④ 자산총액이 2,000,000원 감소한다.

해설

매도가능증권에 대한 미실현보유손익은 기타포괄손익누계액으로 처리하며 자본항목으로 분류하고 있다.

33 다음 중 투자자산에 대한 설명으로 옳지 않은 것은? [58회]

① 투자자산은 장기적인 투자수익을 얻기 위해 가지고 있는 채무증권과 지분증권, 지분법적용투자주식, 영업활동에 사용되지 않는 토지와 설비자산, 설비확장 및 채무상환 등에 사용할 특정 목적의 예금을 포함한다.
② 투자부동산, 장기투자증권, 지분법적용투자주식은 투자자산에 해당된다.
③ 비유동자산으로 분류되는 매도가능증권과 만기보유증권을 통합하여 장기투자증권으로 표시할 수 없다.
④ 장기대여금은 투자자산에 해당된다.

해설

비유동자산으로 분류되는 매도가능증권과 만기보유증권을 통합하여 장기투자증권으로 표시할 수 있다.

34 ㈜기업의 주식거래 내역은 다음과 같다. ㈜기업의 주식이 단기매매증권으로 분류되는 경우 또는 매도가능증권으로 분류되는 경우 각각 2019년 당기순이익에 미치는 영향은? [57회]

- 2019년 10월 10일 : 주식 1,000주를 주당 5,000원에 취득하였다.
- 2019년 11월 25일 : 주식 200주를 주당 7,000원에 매각하였다.
- 2019년 12월 31일 : 주식의 공정가액은 주당 4,000원이다.

	단기매매증권인 경우	매도가능증권인 경우
①	800,000원 이익	800,000원 손실
②	800,000원 손실	400,000원 이익
③	400,000원 손실	800,000원 이익
④	400,000원 손실	400,000원 이익

해설

- 처분손익 = (매각단가 7,000원 − 취득단가 5,000원) × 처분 주식수 200주 = 400,000원(처분이익)
- 평가손익 = (공정가액 4,000원 − 취득단가 5,000원) × 보유 주식수 800주 = − 800,000원(평가손실)
∴ 당기순손익에 미치는 영향
　– 단기매매증권인 경우 : 처분이익 400,000원과 평가손실 800,000원에 영향으로 400,000원 손실
　– 매도가능증권인 경우 : 처분이익 400,000원의 영향으로 400,000원 이익(처분 후 발생한 평가손실은 기타포괄손익누계액(자본)에 반영)

35 ㈜광장의 2019년도 매도가능증권의 처분손익은 얼마인가? [56회]

- 2017년 3월 2일 매도가능증권 100주를 10,000,000원에 취득하였다.
- 2017년말 매도가능증권 100주의 공정가액은 13,000,000원이다.
- 2018년말 매도가능증권 100주의 공정가액은 12,000,000원이다.
- 2019년도 중에 매도가능증권 100주를 15,000,000원에 처분하였다.

① 1,000,000원 손실
② 2,000,000원 이익
③ 3,000,000원 이익
④ 5,000,000원 이익

해설

(차) 현 금	15,000,000원	(대) 매도가능증권	12,000,000원
매도가능증권평가이익	2,000,000원	매도가능증권처분이익	5,000,000원

08 부 채

01 부채의 의의

1. 부채의 정의와 인식조건

부채는 과거의 거래나 사건의 결과로서 기업실체가 부담하고 그 이행에 경제적 효익의 유출이 예상되는 현재시점의 의무를 말한다.

부채의 인식요건은 다음과 같다.

- 부채의 정의에 맞아야 함
- 현재 의무의 이행을 위해 경제적 효익이 내재된 자원의 유출가능성이 높아야 함
- 결제될 금액을 신뢰성 있게 측정할 수 있어야 함

2. 부채의 분류

부채는 상환기간, 불확실성 정도 및 성격에 따라 다음과 같이 분류할 수 있다.

(1) 유동부채와 비유동부채

부채는 '보고기간 말일부터 만기가 1년 이내인가' 라는 기준에 의해 만기가 1년 이내 도래하는 부채를 유동부채로 분류하고, 만기가 1년 초과인 것은 비유동부채로 분류한다.

또한 기업의 정상영업주기 이내에 상환이나 결제 등을 통하여 소멸할 것이 충분히 예상되는 매입채무 등의 부채는 유동부채로 구분한다.

(2) 확정부채와 충당부채

확정부채란 재무상태표일 현재 부채의 존재가 확실하며 지급할 시기와 금액이 확정되어 있는 부채를 말한다. 이에 비해 충당부채는 재무상태표일 현재 부채의 정의는 충족하지만 지급할 시기와 금액이 불확실한 부채를 의미한다. 충당부채에 대해서는 절을 달리하여 설명하도록 한다.

(3) 금융부채 비금융부채

부채의 정의를 충족하는 계약상 의무로서 현금이나 금융자산으로 결제되는 부채를 금융부채라 한다. 금융부채에는 매입채무, 미지급금, 차입금, 사채 등이 있다.

한편 비금융부채는 금융부채가 아닌 부채로서 선수금, 선수수익, 제품보증충당부채 등을 말한다.

02 유동부채

유동부채란 만기가 1년 이내 도래하는 채무로서 아래 항목 등이 포함된다.

(1) 매입채무

기업의 주요 영업활동에서 발생한 채무로서 정상적인 영업주기 내에 반복적으로 발생하고 지급되는 것으로서 **외상매입금**과 **지급어음**이 있다.

(2) 단기차입금

금융기관으로부터의 당좌차월액과 1년 내에 상환할 차입금. 어음을 발행하고 자금을 차입하는 금융거래(융통어음)도 단기차입금으로 회계처리한다.

(3) 미지급금

일반적 상거래 이외에서 발생한 채무(미지급비용 제외)이다.

(4) 선수금

수주공사·수주품 및 기타 일반적 상거래에서 발생한 선수금액으로서 거래처에 상품이나 용역을 제공하기로 하고 현금을 미리 수령할 때 사용하는 계정을 가리킨다. 현금을 현재 수령하였고 이로 인하여 미래에 상품이나 용역을 제공하여야 할 의무가 존재하므로 이는 부채에 해당한다.

(5) 예수금

일반적 상거래 이외에서 발생하여 일시적으로 회사가 보관하고 있는 현금을 말한다. 예수금에는 계약의 이행이나 소정의 의무이행을 확실히 하기 위해서 일시적으로 담보금, 예치금의 명목으로 수취하는 금액도 있고 갑근세와 같이 세법의 규정에 따라 원천징수하였다가 세무서에 납부하는 금액도 있다.

(6) 미지급비용

발생된 비용으로서 결제금액이 지급되지 아니한 것을 말한다.

(7) 미지급법인세

법인세 등의 미지급액이다.

(8) 유동성장기부채

비유동부채 중에서 재무상태표일로부터 1년 이내에 만기가 도래하는 것을 유동성장기부채라고 한다. 비유동부채에 대하여 유동성장기부채를 별도로 구분하는 이유는 회계정보이용자에게 장기성부채 중에서 단기간에 상환해야 할 부채가 있다는 정보를 제공하기 위함이다.

(9) 선수수익

현금은 수령하였으나 기간이 경과하지 않아 수익을 인식할 수 없는 경우에 사용하는 계정. 현금은 수령하였으나 기간이 경과하지 않아 효익을 제공하지는 못했으므로 이는 부채에 해당한다.

(10) 부가가치세예수금

기업의 영업활동을 통해 상대방 거래처로부터 거래징수한 부가가치세 매출세액을 말한다.

(11) 미지급배당금

기업이 벌어들인 이익 가운데 주주에게 배당하기로 주주총회에서 선언하였으나 아직 지급하지 않은 배당금을 미지급배당금이라 한다.

(12) 이연법인세부채

미래 과세소득에서 가산할 일시적차이로 인한 법인세효과를 이연법인세부채라 한다.

이연법인세부채는 유동항목에서 발생하면 유동부채로 분류하고, 비유동항목에서 발생하면 비유동부채로 구분을 달리한다.

03 비유동부채

만기가 1년 초과인 채무로 다음과 같은 항목들을 포함한다. 시간이 경과하여 만기가 1년 이내로 도래하는 경우는 유동성장기부채의 과목으로 재분류하여 유동부채에 포함시켜야 한다.

- 사 채
- 신주인수권부사채
- 퇴직급여충당부채
- 각종의 충당부채
- 장기차입금
- 전환사채
- 이연법인세부채(비유동부채발생분)
- 장기매입채무 등

비유동부채는 만기금액의 현재가치와 만기금액과의 차이가 크기 때문에 재무상태표에 기재할 때는 현재가치로 표시하여야 한다. 이 중 사채는 챕터를 달리하여 자세하게 설명하도록 한다.

04 충당부채

(1) 충당부채의 의의와 요건

과거의 거래나 사건의 결과로 발생한 현재의 의무로서 지출시기 또는 그 금액은 불확실하지만 그 의무를 이행하기 위한 자원의 유출가능성이 매우 높고 그 금액을 신뢰성 있게 측정할 수 있는 의무를 충당부채라 한다. 충당부채가 되기 위한 요건을 정리하면 다음과 같다.

- 과거의 거래나 사건의 결과로 현재의 의무(법적의무 또는 의제의무[주])가 발생한 것
- 그 의무를 이행하기 위해 자원의 유출 가능성이 매우 높을 것
- 그 의무 이행을 위한 금액을 신뢰성 있게 추정할 수 있을 것

*주) 의제의무 : 기업이 당해 책임을 이행할 것이라는 정당한 기대를 상대방이 가지게 하는 경우 발생하는 의무를 의제의무라 한다.

충당부채로 인식되기 위해서는 과거사건으로 인한 의무가 기업의 미래행위와 독립적이어야 한다. 예를 들면 다음과 같다.

- 불법적인 환경오염으로 인한 법칙금이나 환경정화비용의 경우
- 유류설비 또는 원자력 발전소 등의 기업의 복구의무가 있는 경우 사후처리원가

미래영업을 위하여 발생하게 될 비용에 대하여는 충당부채를 인식하지 아니한다. 왜냐하면 재무상태표에 인식되는 부채는 보고기간 말에 존재하는 부채에 국한하기 때문이다.

(2) 충당부채의 측정과 사용 등

① 측 정

충당부채로 인식하는 금액은 현재의무를 보고기간 말에 이행하기 위하여 소요되는 지출에 대한 최선의 추정치이어야 한다. 이때 다음의 사항을 주의하여야 한다.

㉠ 현재의무를 이행하기 위하여 소요되는 금액에 대한 최선의 추정치는 보고기간 말 현재 의무를 직접 이행하거나 이해관계가 없는 제3자에게 이전시키는 경우에 지급하여야 하는 금액으로서 **세전금액**을 말한다.

㉡ 만약, 화폐의 시간가치 효과가 중요한 경우 충당부채는 의무를 이행하기 위하여 예상되는 지출액의 **현재가치**로 평가한다.

② 사용과 변동

충당부채는 최초인식과 관련있는 지출에만 사용해야 한다. 또한 매 보고기간 말마다 충당부채의 잔액을 검토하고 보고기간 말 현재 최선의 추정치를 반영하여 조정한다. 충당부채 인식의 변동과 관련하여 주의할 사항은 다음과 같다.

㉠ 의무이행을 위하여 경제적 효익이 내재된 자원이 유출될 가능성이 더 이상 높지 아니한 경우에는 관련 충당부채를 환입한다.

㉡ 충당부채를 현재가치로 평가하여 표시하는 경우에는 장부금액을 기간 경과에 따라 증가시키고 해당 증가금액은 차입원가(이자비용)로 인식한다.

③ 대리변제

충당부채의 미래 부담에 대해 외부의 제3자에게 전가할 수도 있다. 이를 충당부채의 대리변제라 하는데, 대리변제란 기업이 의무이행을 위하여 지급할 금액을 제3자가 보험약정이나 보증계약 등에 따라 보전하여 주거나 기업이 지급할 금액을 제3자가 직접 지급하는 경우를 말한다.

대리변제될 것이 확실한 경우에 한하여 그 금액을 자산으로 인식하되 그 금액은 관련 충당부채 금액을 초과할 수 없다. 이 경우 대리변제에 따른 수익에 해당하는 금액은 충당부채의 인식에 따라 포괄손익계산서에 계상될 관련 비용과 상계할 수 있다.

만약, 제3자에 의한 대리변제의 약정이 있고 대리변제가 이행되지 않더라도 기업이 그 금액을 지급할 의무가 없는 경우에는 충당부채를 인식하지 아니한다.

(3) 우발부채

① 우발부채의 개념

충당부채와 유사한 개념으로 우발부채가 있는데 우발부채란 다음의 해당하는 의무를 말한다. 즉, 우발부채는 충당부채의 부채인식기준을 모두 충족시키지 못하는 경우를 말한다.

- 과거사건에 의하여 발생하였으나, 기업이 전적으로 통제할 수 **없는** 하나 또는 그 이상의 불확실한 미래사건의 발생여부에 의해서만 그 존재가 확인되는 **잠재적** 의무
- 과거사건에 의하여 발생하였으나, 자원의 유출가능성이 높지 **않거나** 금액을 신뢰성 있게 추정할 수 **없어** 인식하지 아니하는 현재의무

우발부채는 부채로 인식하지 아니한다. 만약 의무를 이행하기 위하여 경제적 효익이 내재된 자원의 유출가능성이 아주 낮지 않다면 우발부채를 주석으로 공시한다.

[충당부채와 우발부채의 회계처리 차이]

자원유출가능성	신뢰성 있는 추정 가능	신뢰성 있는 추정 불가
매우 높음	충당부채	**우발부채**
어느 정도 있음	**우발부채**	**우발부채**
거의 없음	공시없음	공시없음

또한, 제3자와 연대하여 의무를 지는 경우에는 이행할 전체의무 중 제3자가 이행할 것으로 기대되는 부분을 우발부채로 처리한다.

② 우발자산

우발자산이란 우발부채에 상대되는 항목으로서, 과거사건에 의하여 발생하였으나 기업이 전적으로 통제할 수 없는 하나 또는 그 이상의 불확실한 미래사건의 발생여부에 의해서만 그 존재가 확인되는 잠재적 자산을 말한다. 우발자산은 자산으로 인식하지 아니하고 경제적 효익의 유입가능성이 높은 경우에만 주석에 기재한다. 이러한 우발자산은 상황변화로 인하여 경제적 효익이 유입될 것이 거의 확실시 된다면 관련자산은 더 이상 우발자산이 아닌 일반적인 자산이 되므로 해당기간에 관련 자산과 이익을 재무제표에 인식한다.

[우발자산의 회계처리]

경제적 효익의 유입가능성	회계처리
거의 확실	재무상태표에 자산으로 인식
높지만 거의 확실하지는 않음	우발자산으로 공시(주석)
높지 않음	공시하지 않음

③ 충당부채와 우발부채의 비교

우발부채는 자원의 유출가능성과 금액의 추정가능성에 있어 우발부채와 차이를 보이는데, 충당부채와 우발부채의 차이를 비교하면 다음과 같다.

㉠ 충당부채는 현재의무이고 이를 이행하기 위한 자원이 유출될 가능성이 높고 그 금액을 신뢰성 있게 추정할 수 있으므로 재무상태표상의 부채로 인식한다.

㉡ 우발부채는 다음의 이유 때문에 부채로 인식하지 않고 관련 내용을 주석으로만 공시한다.

- 경제적 효익이 내재된 자원의 유출을 초래할 현재의무가 있는지의 여부가 아직 확인되지 않는다.
- 현재의무이지만 당해 의무를 이행하기 위하여 경제적 효익이 내재된 자원의 유출될 가능성이 높지 않거나 당해 금액을 신뢰성 있게 추정할 수 없다.

(4) 충당부채의 종류

충당부채의 적용대상이 되는 거래나 사건의 예는 다음과 같다.

① 제품보증과 관련된 부채 → 제품보증충당부채

② 판매촉진을 위한 환불정책이나 경품 등과 관련된 부채 → 반품충당부채, 경품충당부채

③ 계류 중인 소송사건 → 손해배상손실충당부채

④ 타인의 채무에 대한 보증 → 채무보증충당부채

⑤ 복구충당부채 등의 환경관련 부채 → 복구충당부채

⑥ 구조조정(중단사업 제외)계획과 관련된 부채 등 → 구조조정충당부채

※ '수선충당금'은 일반기업회계기준에서는 충당부채로 보지 않는다.

(5) 제품보증충당부채

① 제품보증의 정의

제품판매 후 일정기간 내에 품질, 수량 및 성능에 결함이 있는 경우에 무상수리나 제품교환을 해 주는 것을 제품보증이라 한다. 제품보증은 법적인 요구에 의하여 이루어질 수도 있고, 판촉을 위해 기업이 자발적으로 수행할 수도 있다. 이러한 제품보증으로 인하여 개별 매출건별로는 보증의무를 부담할 가능성이 낮다고 하더라도 전체를 기준으로 판단하면 의무발생 가능성이 높을 수 있기 때문에 부채의 인식요건을 충족한다면 (미래에 보증청구의 발생가능성이 높고, 의무이행을 위한 자원의 유출가능성이 높으며, 자원의 유출금액에 대하여 신뢰성 있는 추정이 가능하다면) '**제품보증충당부채**'(건설업의 경우에는 '하자보수충당부채')를 인식하여야 한다.

제품보증충당부채를 회계처리하는 방법으로는 '보증수익 인식법'과 '보증비용 인식법'의 두 가지 방법이 있다.

② 회계처리 방법

㉠ 보증수익 인식법 : 제품을 판매하는 경우 대부분 제품판매가격에 제품보증이 포함되어 있는데, 이러한 보증용역이 별도로 식별 가능한 경우에는 제품판매에 대한 대가와 보증용역제공에 대한 대가로 구분하여 보증용역제공에 대한 대가는 보증용역수행기간 동안 수익으로 인식하여야 한다.

㉡ 보증비용 인식법 : 제품판매가격에 보증용역에 대한 대가를 식별 불가능한 경우에는 판매금액 전체를 재화의 판매로 보고 향후 발생할 보증용역지출분에 대하여는 충당부채로 인식한다.

시 점	회계처리				
매출시점	(차) 매출채권	xxx	(대) 매 출		xxx
보증비용 지출 시	(차) 판매보증비	xxx	(대) 현 금		xxx
결산기말	(차) 판매보증비	xxx	(대) 판매보증충당부채		xxx

➕ 더 알아두기

퇴직연금

① 확정기여제도(DC형)

　㉠ 회사부담금이 미리 확정되며, 종업원이 적립금의 운용수익자가 됨

　㉡ 회사의 의무는 기업이 출연하기로 약정한 금액까지로 한정되며, 부담금납부로 모든 의무는 종결됨

　㉢ 회사는 매기 납부액만 비용처리하면 되며, 퇴직급여충당부채를 인식하지 않음

　㉣ 보험수리적위험*주1)과 투자위험*주2)은 종업원이 부담

　*주1) 보험수리적위험 : 실제급여액이 기대급여액에 못 미칠 위험

　*주2) 투자위험 : 기여금을 재원으로 투자한 자산이 기대급여액 지급수준에 이르지 못할 위험

[퇴직연금 납부 시 회계처리]			
(차) 퇴직급여(당기비용)	xxx	(대) 현금및현금성자산	xxx

② 확정급여제도(DB형)

　㉠ 종업원연금이 미리 확정되며(확정급여), 회사가 적립금 운용수익자가 됨

　㉡ 기업의 의무는 약정한 급여를 전·현직 종업원에게 지급하는 것

　㉢ 보험수리적 실적이나 투자실적에 따라 기업의 의무금액(기여금)은 변동 가능

　㉣ 보험수리적 위험과 투자위험은 실질적으로 기업이 부담

[퇴직연금 납부 시 회계처리]			
(차) 퇴직연금운용자산	xxx	(대) 현금및현금성자산	xxx
[결산 시 회계처리]			
(차) 퇴직급여	xxx	(대) 퇴직연금충당부채	xxx
[퇴직 시 회계처리]			
(차) 퇴직연금충당부채	xxx	(대) 퇴직연금운용자산	xxx
		현금및현금성자산	xxx

05 채권채무조정

1. 채권채무조정의 의의

채권채무조정이란 기업의 경영악화 등으로 채무자의 현재 또는 장래의 채무변제능력이 크게 저하된 경우에 채권자와 채무자 간의 합의 또는 법원의 결정 등의 방법으로 채무자의 부채 부담완화를 공식화하는 것을 말한다.

채권채무조정회계는 채권자 입장에서는 대손회계와 동일하다. 왜냐하면 채권자가 채무를 부담하는 기업이 당장 청산되기보다는 희생하는 것이 손실을 최소화하는 것이라고 판단하여 채권채무조정에 따라 채권의 실질가치가 감소하기 때문이다. 따라서 채권채무조정은 채무자의 회계처리에 보다 포커스를 맞추고 있다.

2. 채권채무조정의 구분

채권채무조정은 기업의 구조조정과정에서 주로 발생하는데 기업의 구조조정은 사적구조조정과 법적구조조정으로 구분된다.

(1) 사적구조조정

채무자인 기업과 채권자인 금융기관간의 협약에 의하여 진행되는 구조조정을 의미하며 워크아웃[주] 협약이 대표적인 예이다.

*주) 워크아웃(workout) : 재무적인 곤경이 처한 기업이 법적구조조정절차에 들어가기 전에 채권자인 금융기관들과 협약을 통하여 기업의 재무구조를 개선하고 채무상환능력을 높이는 작업

(2) 법적구조조정

법원의 감독하에서 법원에 의해 집행되는 구조조정을 말한다. 법적구조조정에서는 회사정리와 화의가 있다.

① 회사정리

기업이 자력으로는 회생하기 어려울 만큼 부채가 많아졌을 때 법원에서 지정한 제3자가 자금을 비롯한 기업활동 전반을 대신하여 관리하는 것을 말한다. 일명 '회생합의', '법정관리', '기업회생절차'라고도 한다.

② 화 의

파산에 직면한 기업이 법원의 중재 및 감독 아래 채권자와 협정을 맺어 기업의 경영상태가 좋아질 때까지 채무상환을 유예하는 것을 말한다.

3. 채권채무조정의 유형

채권채무조정은 크게 '채무의 변제'와 '조건의 변경'이라는 두 가지 유형으로 나눌 수 있다.

이때 '조건의 변경'이란 채무를 존속시키되 만기연장 또는 이자율 인하 등의 방법으로 조건을 변경하거나 채무자가 상환하여야 할 원금 및 기왕 발생이자를 감면해 주는 것을 말한다.

이하에서는 '채무의 변제'에 대해 살펴본다.

4. 채무의 변제

채무의 일부 또는 전부를 변제하기 위하여 '자산을 이전'하거나 '지분상품을 발행'하는 경우를 말한다.

(1) 자산이전

자산이전이란 채무자가 채무를 변제하기 위하여 제3자에 대한 채권, 부동산 또는 기타의 자산을 채권자에게 이전하는 것을 말한다.

① 채권자의 회계처리

채권자는 공정가치로 평가한 변제대가가 채권의 대손충당금 차감전 장부금액보다 적은 경우에는 대손충당금과 우선 상계하고 부족한 경우에는 대손상각비로 인식한다.

② 채무자의 회계처리

채무자는 변제되는 채무의 장부금액과 이전되는 자산의 공정가치와의 차이를 '채무조정이익'으로 인식하고, 이전되는 자산의 공정가치와 장부금액과의 차이는 해당 자산의 '자산처분손익'으로 인식한다.

(2) 지분상품의 발행(출자전환)

지분상품의 발행이란 채무자가 채무를 변제하기 위하여 채권자에게 주식(지분상품)을 발행하는 것을 말하며 출자전환이라고도 한다.

① 채권자의 회계처리

채권자는 공정가치로 평가한 변제대가(교부받은 채무자의 지분상품)가 채권의 대손충당금 차감전 장부금액보다 적은 경우에는 대손충당금과 우선 상계하고 부족한 경우에는 대손상각비로 인식한다. 이때 회계처리는 다음과 같다.

시 점	회계처리			
출자전환 합의하여 발행될 주식수가 결정된 때	(차) 출자전환채권	×××	(대) 대출채권	×××
출자전환일(주식이 교부된 시점)	(차) 매도가능금융자산 대손충당금 대손상각비	××× ××× ×××	(대) 출자전환채권	×××

② 채무자의 회계처리

채무자는 변제되는 채무의 장부금액과 채권자에게 교부되는 지분상품 공정가치와의 차이를 '채무조정이익'으로 인식한다. 이때 회계처리는 다음과 같다.

시 점	회계처리			
출자전환 합의하여 발행될 주식수가 결정된 때	(차) 차입금	×××	(대) 출자전환채무 (자본유지조정) 채무조정이익	××× ×××
출자전환일(주식이 교부된 시점)	(차) 출자전환채무	×××	(대) 자본금 주식발행초과금	××× ×××

08 단원별 기출문제

01 다음 자료를 이용하여 기말부채를 계산하면 얼마인가? [85회]

기초자본	기말자산	기말부채	기중 자본금 증가	당기순이익
170,000원	440,000원	(?)	130,000원	90,000원

① 50,000원 ② 90,000원
③ 100,000원 ④ 120,000원

해설
• 기말자본 = 기초자본 170,000원 + 기중 자본금 증가 130,000원 + 당기순이익 90,000원 = 390,000원
∴ 기말부채 = 기말자산 440,000원 − 기말자본 390,000원 = 50,000원

02 다음의 부채 중 성격이 다른 하나는? [85회]

① 단기차입금 ② 사 채
③ 퇴직급여 충당부채 ④ 장기차입금

해설
단기차입금은 결산일 현재 1년 내에 상환일이 도래하는 자금대여액으로 유동부채이며, 그 외의 보기는 결산일 현재 1년 이후에 상환일이 도래하는 비유동부채이다.

03 다음 중 충당부채에 대한 설명으로 틀린 것은? [84회]

① 충당부채의 명목금액과 현재가치의 차이가 중요한 경우에는 의무이행을 이행하기 위하여 예상되는 지출액의 현재가치로 평가한다.
② 충당부채로 인식하는 금액은 현재의무의 이행에 소요되는 지출에 대한 보고기간말 현재 최선의 추정치이어야 한다.
③ 충당부채를 인식하기 위해서는 과거에 사건이나 거래가 발생하여 현재의무가 존재하여야 한다.
④ 충당부채를 발생시킨 사건과 밀접한 자산의 처분차익이 예상되는 경우에 당해 처분차익은 충당부채 인식에 고려하여야 한다.

해설
충당부채를 발생시킨 사건과 밀접하게 관련된 자산의 처분차익이 예상되는 경우에 당해 처분차익은 충당부채 금액을 측정하면서 고려하지 아니한다.

04 다음 중 재무상태표의 부채 항목에 대한 설명으로 틀린 것은? [84회]

① 부채는 재무제표 작성일로부터 만기가 1년 이내인 것은 유동부채, 1년 이상인 것은 비유동부채로 구분하여 표시한다.

② 부채는 과거 사건에 의해 발생하였으며 경제적 효익이 있는 자원이 기업으로 유출될 것으로 기대되는 현재의 의무이다.

③ 금액을 신뢰성 있게 측정할 수 있어야 한다.

④ 미지급배당금은 부채에 해당한다.

해설

재무제표 작성일이 아니라 보고기간종료일로부터 만기가 1년 이내인 것을 말한다.

05 ㈜서울은 일시적인 자금 경색으로 인해 보유 중인 토지(공정가치 7,000,000원, 장부가액 5,000,000원)를 채무변제를 위하여 채권자인 ㈜대한에 이전하였다. ㈜대한에 대한 채무액은 9,000,000원이다. ㈜서울이 이 채권채무조정으로 인식할 손익의 합계액은 얼마인가? [83회]

① 2,000,000원   ② 3,000,000원

③ 4,000,000원   ④ 5,000,000원

해설

• ㈜서울   (차) 채 무   9,000,000원   (대) 토 지   5,000,000원

                                                           유형자산처분이익   2,000,000원

                                                             채무조정이익   2,000,000원

• ㈜서울의 손익 합계 = 유형자산처분이익 2,000,000원 + 채무조정이익 2,000,000원 = 4,000,000원

※ ㈜대한은 손상차손(대손상각비) 2,000,000원을 인식한다.

06 다음 중 부채에 대한 설명으로 틀린 것은? [83회]

① 부채의 정의를 만족하기 위해서는 금액이 반드시 확정되어야 한다.

② 부채는 과거의 거래나 사건의 결과로 현재 기업 실체가 부담하고 있고 미래에 자원의 유출 또는 사용이 예상되는 의무이다.

③ 부채는 기업 실체가 현재 시점에서 부담하는 경제적 의무이다.

④ 비유동부채는 유동부채로 분류되지 않는 부채를 의미한다.

해설

일반적으로 부채의 액면금액은 확정되어 있지만 충당부채와 같이 그 측정에 추정을 요하는 경우도 있다. 따라서, 부채의 정의를 만족하기 위해서는 금액이 반드시 확정되어야 함을 의미하는 것은 아니다.

07 ㈜경기는 재무구조 개선 계획의 일환으로 채무를 출자전환하고자 한다. 채무 변제를 위한 출자전환을 통해 채권자에게 주식을 발행하여 교부하였다. 채무액은 50,000,000원이며, 출자전환으로 인한 발행주식의 공정가액은 40,000,000원(액면가액 30,000,000원)이다. ㈜경기가 동 거래에 대한 회계처리를 할 경우, 자본금은 얼마만큼 증가하는가?　　　　　　　　　　　[82회]

① 20,000,000원　　　　　　　　　　　　　② 30,000,000원
③ 40,000,000원　　　　　　　　　　　　　④ 50,000,000원

해설

(차) 차입금	50,000,000원	(대) 자본금	30,000,000원
		주식발행초과금	10,000,000원
		채무조정이익	10,000,000원

08 12월 말 결산법인인 ㈜경북의 퇴직급여 관련 자료가 다음과 같다고 할 때 2023년도 퇴직급여충당부채 설정액은 얼마인가?　　　　　　　　　　　　　　　　　　　　　[82회]

구 분	2022년	2023년
기말 퇴직급여충당부채잔액	20,000,000원	18,000,000원
퇴직금 지급액	3,000,000원	2,000,000원

① 0원　　　　　　　　　　　　　　　　　② 1,000,000원
③ 2,000,000원　　　　　　　　　　　　　④ 3,000,000원

해설

	2023년도 퇴직급여충당부채		
지 급	2,000,000원	기 초	20,000,000원
기 말	18,000,000원	설 정	0원

09 ㈜전북서점은 서적 판매의 영업전략으로 도서를 구입하는 고객에게 구매액의 5%를 마일리지포인트로 지급하고 추후에 당해 마일리지포인트를 이용하여 도서를 구입하거나 결제대금을 할인받을 수 있도록 하고 있다. 신규 고객이 처음 100,000원의 도서를 구입(신용카드 결제)하는 경우 ㈜전북서점의 회계처리에 관한 설명으로 틀린 것은?　　　　　　　　　　　　[82회]

① 마일리지 충당부채 5,000원을 설정하여 계상하여야 한다.
② 상품매출액은 95,000원이 계상된다.
③ 마일리지포인트를 지급하여야 하므로 마일리지포인트비용 5,000원이 계상된다.
④ 신용카드로 결제하였으므로 매출채권은 100,000원이 계상된다.

해설
• 고객충성제도(마일리지)에 대하여 충당부채를 설정하여야 하며 다음과 같이 회계처리한다.

(차) 매출채권	100,000원	(대) 상품매출	100,000원
마일리지비용	5,000원	마일리지충당부채	5,000원

10 2023년 1월 1일 대구주유소는 유류저장설비를 70,000,000원에 신축하였다. 동 설비의 내용연수는 5년, 잔존가치는 없으며, 동 설비의 내용연수 종료 후 예상복구비용은 7,000,000원(유효이자율 11%, 단일금액 1원의 5기간 현가계수 0.5935)이라고 할 때, 2023년 1월 1일 복구충당부채로 인식할 금액은 얼마인가? [81회]

① 4,154,500원 ② 7,000,000원
③ 8,309,000원 ④ 14,000,000원

해설
• 복구충당부채 = 예상복구비용 7,000,000원 × 0.5935 = 4,154,500원
※ 복구원가에 대한 충당부채는 취득하는 시점의 취득원가에 반영하며, 충당부채는 예상복구비용의 현재가치가 된다.

11 다음 중 일반기업회계기준상 충당부채, 우발부채, 우발자산에 대한 설명으로 틀린 것은? [80회]

① 화폐의 시간가치 영향이 중요한 경우에 충당부채는 의무를 이행하기 위하여 예상되는 지출액의 현재가치로 평가한다.
② 우발자산은 경제적 효익에 유입가능성이 높지 않은 경우 재무제표에 인식하지 아니한다.
③ 우발부채는 경제적 효익에 유출가능성이 희박한 경우에도 재무제표에 인식한다.
④ 충당부채를 발생시킨 사건과 밀접하게 관련된 자산의 처분차익이 예상되는 경우에 당해 처분차익은 충당부채금액을 측정하면서 고려하지 아니한다.

해설
우발부채는 경제적 효익에 유출가능성이 희박한 경우에도 재무제표에 인식하지 아니한다.

12 다음은 ㈜광주의 2023년 12월 31일 현재 차입금 관련 자료이다. ㈜광주의 2023년도 말 재무상태표에 표시되어야 할 유동부채 금액은 얼마인가? [79회]

구분	차입일	상환일	차입일의 계정분류	금액
차입금 A	2023년 04월 01일	2024년 02월 28일	단기차입금	3,000원
차입금 B	2022년 03월 01일	2024년 12월 31일	장기차입금	50,000원
차입금 C	2022년 02월 01일	2024년 01월 31일	장기차입금	60,000원
차입금 D	2021년 12월 31일	2025년 12월 31일	장기차입금	40,000원

① 53,000원

② 63,000원

③ 113,000원

④ 150,000원

해설

• 결산일로부터 만기가 1년 이내 도래하는 차입금은 유동부채로 분류한다.

• 차입금 A는 단기차입금으로 2023년 말 현재 만기가 1년 이내 도래하므로 당초 분류대로 유동부채이다.

• 차입금 B와 C는 차입 당시 장기차입금이었지만 2023년 말 현재 만기가 1년 이내 도래하므로 유동부채(유동성장기차입금)로 분류한다.

• 차입금 D는 23년 말 현재 만기가 2년 후에 도래하므로 비유동부채로 분류한다.

∴ 유동부채 = 차입금 A 3,000원 + 차입금 B 50,000원 + 차입금 C 60,000원 = 113,000원

13 다음 중 충당부채에 대한 설명으로 틀린 것은? [79회]

① 충당부채는 과거사건이나 거래의 결과에 의한 현재의무로서, 지출의 시기 또는 금액이 불확실하지만 그 의무를 이행하기 위하여 자원이 유출될 가능성이 매우 높고 또한 당해 금액을 신뢰성 있게 추정할 수 있는 의무를 말한다.

② 충당부채로 인식하는 금액은 현재의무의 이행에 소요되는 지출에 대한 보고기간 말 현재 최선의 추정치이어야 한다.

③ 충당부채는 최초의 인식시점에서 의도한 목적과 용도에만 사용하여야 한다.

④ 충당부채의 금액에 대한 최선의 추정치를 도출하는 경우, 관련된 사건과 상황에 대한 불확실성을 고려하지 않아야 한다.

해설

충당부채의 금액에 대한 최선의 추정치는 관련된 사건과 상황에 대한 불확실성이 고려되어야 한다.

14 다음은 ㈜대한이 은행으로부터 차입한 차입금 관련 자료이다. 2022년 12월 31일 기말 결산 시 장기부채에서 유동성장기부채로 대체할 차입금 합계액은 얼마인가? [77회]

구 분	금 액	만 기	차입일	만기일
A 차입금	1,000,000원	2년	2021년 03월 01일	2023년 02월 28일
B 차입금	600,000원	6개월	2022년 10월 01일	2023년 03월 31일
C 차입금	1,500,000원	3년	2021년 12월 01일	2024년 11월 30일
D 차입금	800,000원	1년 6개월	2021년 08월 01일	2023년 01월 31일

① 1,100,000원

② 1,600,000원

③ 1,800,000원

④ 2,400,000원

해설

• B 차입금은 차입 당시 만기가 6개월이므로 차입 당시 유동부채로 인식한다.

• A, C, D 차입금 중 2022년 말 현재 만기상환일이 1년 이내에 도래하는 장기차입금을 유동성장기부채로 대체하여야 한다.

∴ 차입금 합계액 = A 차입금 1,000,000원 + D 차입금 800,000원 = 1,800,000원

15 다음 중 충당부채에 대한 설명으로 틀린 것은? [77회]

① 충당부채는 설정 시점에 비용을 인식한다.

② 과거 사건이나 거래의 결과로 인하여 발생한 미래 기간의 의무로서 지출의 시기 또는 금액이 불확실한 부채이다.

③ 충당부채 설정 시 불확실한 추정치임에도 불구하고 비용을 인식하는 이유는 수익·비용 대응의 원칙 때문이다.

④ 충당부채로 인식하는 금액은 현재의무를 이행하기 위하여 소요되는 지출에 대한 보고기간 말 현재 최선의 추정치로 한다.

해설

충당부채는 과거사건이나 거래의 결과에 의한 현재의무로서, 지출의 시기 또는 금액이 불확실하지만 그 의무를 이행하기 위하여 자원이 유출될 가능성이 매우 높고 또한 당해 금액을 신뢰성 있게 추정할 수 있는 의무를 말한다.

16 다음 중 충당부채와 우발부채에 대한 설명으로 틀린 것은? [76회]

① 과거사건이나 거래의 결과에 의한 현재의무로서, 그 의무를 이행하기 위하여 자원이 유출될 가능성이 매우 높고 그 금액을 신뢰성 있게 추정할 수 있으면 충당부채로 인식한다.

② 충당부채의 명목금액과 현재가치의 차이가 중요한 경우에는 의무를 이행하기 위하여 예상되는 지출액의 현재가치로 평가한다.

③ 충당부채를 발생시킨 사건과 밀접하게 관련된 자산의 처분차익이 예상되는 경우에 당해 처분차익은 충당부채 금액을 측정하면서 고려하지 아니한다.

④ 우발부채는 부채로 인식하지 않으며 자원의 유출가능성이 매우 높지 않기 때문에 주석으로도 공시할 필요가 없다.

해설
우발부채는 부채로 인식하지 아니한다. 의무를 이행하기 위하여 자원이 유출될 가능성이 아주 낮지 않는 한, 우발부채를 주석에 기재한다.

17 다음 중 부채의 분류항목이 다른 것은? [75회]

① 퇴직급여충당부채 ② 단기차입금
③ 외상매입금 ④ 선수금

해설
• 단기차입금, 외상매입금, 선수금 : 유동부채
• 퇴직급여충당부채 : 비유동부채

18 다음 중 부채에 관한 설명으로 틀린 것은? [74회]

① 유동부채와 비유동부채는 1년을 기준으로 분류한다.

② 사채발행 시 시장이자율과 액면이자율의 크기에 따라 액면발행, 할인발행, 할증발행으로 구분한다.

③ 주주, 임원, 종업원에 대한 단기차입금의 경우 '주임종 단기차입금'으로 회계처리할 수 있다.

④ 미지급금은 일반적 상거래에서 발생한 채무(미지급비용을 제외)로 한다.

해설
미지급금은 일반적 상거래 이외에서 발생한 채무(미지급비용을 제외)로 한다.

19 다음 중 충당부채에 대한 설명으로 틀린 것은? [73회]

① 충당부채의 금액에 대한 최선의 추정치는 관련된 사건과 상황에 대한 불확실성이 고려되어야 한다.

② 현재가치 평가에 사용하는 할인율은 그 부채의 고유한 위험과 화폐의 시간가치에 대한 현행 시장의 평가를 반영한 세후 이율이다.

③ 충당부채의 명목금액과 현재가치의 차이가 중요한 경우에는 그 의무를 이행하기 위하여 예상 되는 지출액의 현재가치로 평가한다.

④ 충당부채는 보고기간 말마다 그 잔액을 검토하고, 보고기간 말 현재 최선의 추정치를 반영하 여 증감 조정한다.

해설

현재가치 평가에 사용하는 할인율은 그 부채의 고유한 위험과 화폐의 시간가치에 대한 현행 시장의 평가를 반영한 세전 이율이다.

20 다음 중 부채에 대한 설명으로 틀린 것은? [72회]

① 부채는 기업실체가 현재 시점에서 부담하는 경제적 의무이다.

② 부채는 과거의 거래나 사건으로부터 발생한다.

③ 부채는 금액이 반드시 확정되어야 한다.

④ 부채는 채권자의 권리의 포기 또는 상실 등에 의해 소멸되기도 한다.

해설

일반적으로 부채의 액면금액은 확정되어 있지만 제품보증을 위한 충당부채와 같이 그 측정에 추정을 요하는 경우도 있다. 따라서, 부채의 정의를 만족하기 위해서는 금액이 반드시 확정되어야 함을 의미하는 것은 아니다.

21 다음 내용을 토대로 ㈜최웅의 구은호 씨에 대한 퇴직금 지급 시 회계처리로 올바른 것은? [71회]

- ㈜최웅은 사내적립식 퇴직일시금제도를 운영하고 있다.
- 구은호 씨의 퇴직 전 ㈜최웅의 퇴직급여충당부채 잔액은 12,000,000원이다.
- ㈜최웅은 퇴사한 종업원 구은호 씨에게 퇴직금 15,000,000원을 보통예금으로 지급하였다.

① (차) 퇴직급여   15,000,000원   (대) 보통예금   15,000,000원

② (차) 퇴직급여충당부채   15,000,000원   (대) 보통예금   15,000,000원

③ (차) 퇴직급여충당부채   12,000,000원   (대) 보통예금   15,000,000원
      퇴직급여   3,000,000원

④ (차) 퇴직급여   15,000,000원   (대) 보통예금   12,000,000원
                                           퇴직급여충당부채   3,000,000원

해설

퇴직금 지급액은 퇴직급여충당부채 잔액에서 먼저 차감하고, 부족한 금액은 퇴직급여로 비용 처리한다.

22 다음 중 충당부채, 우발부채 및 우발자산과 관련된 설명으로 틀린 것은?　　[70회]

① 충당부채는 과거사건이나 거래의 결과에 의한 현재의무로서 모두 부채로 인식한다.

② 우발부채는 부채로 인식하지 아니한다.

③ 우발자산은 자산으로 인식하지 아니하고 자원의 유입가능성이 매우 높은 경우에만 주석에 기재한다.

④ 충당부채의 명목금액과 현재가치의 차이가 중요한 경우에는 의무를 이행하기 위하여 예상되는 지출액의 현재가치로 평가한다.

해설

충당부채는 ① 과거사건이나 거래의 결과로 현재의무가 존재하고, ② 당해 의무를 이행하기 위하여 자원이 유출될 가능성이 매우 높고, ③ 그 의무의 이행에 소요되는 금액을 신뢰성 있게 추정할 수 있을 때 부채로 인식한다.

23 2021년 말 현재 ㈜대전의 장부상 매입채무 금액은 1,892,000원이다. 결산 과정에서 발견된 다음의 거래를 모두 반영하는 경우 ㈜대전이 2021년 말 재무상태표에 보고할 매입채무는 얼마인가?(단, ㈜대전은 모든 매입을 외상으로 거래하고 있다)　　[69회]

- 2021년 12월 26일에 FOB 도착지 인도조건으로 매입한 상품이 2021년 말 현재 운송중에 있다. 상품의 송장 가격은 12,400원으로 ㈜대전은 매입에 관한 회계처리를 하지 않았다. 동 상품은 2022년 1월 4일에 도착하였다.
- 2021년 12월 21일에 FOB 선적지 인도조건으로 매입한 상품이 2021년 말 현재 운송중에 있다. ㈜대전은 이에 대한 회계처리를 하지 않았다. 상품의 송장가격은 9,800원으로 상품은 2022년 1월 7일에 도착하였다.

① 1,879,600원　　　　　　　② 1,889,400원

③ 1,901,800원　　　　　　　④ 1,914,200원

해설

매입채무 = 장부상 매입채무 1,892,000원 + FOB 선적지 인도조건 매입채무 9,800원 = 1,901,800원

※ FOB 도착지 인도조건의 미착품은 매입채무로 회계처리하지 않는다.

24 퇴직급여제도와 관련한 설명 중 틀린 것은?　　[67회]

① 확정기여형퇴직연금제도를 설정하면, 기업이 부담하는 퇴직금 납입액 전액을 당기비용으로 처리한다.

② 확정급여형퇴직연금제도에서 운용되는 자산은 기업이 직접 보유하고 있는 것으로 보아 회계처리한다.

③ 확정급여형퇴직연금제도에서 퇴직급여와 관련된 자산과 부채를 재무상태표에 표시할 때에는 퇴직급여와 관련된 부채에서 퇴직급여와 관련된 자산을 차감하는 형식으로 표시한다.

④ 확정급여형퇴직연금제도에서 퇴직급여와 관련된 자산이 관련 부채를 초과하는 경우, 그 초과액은 당좌자산(금융상품)의 과목으로 표시한다.

해설

확정급여형퇴직연금제도에서 퇴직급여와 관련된 자산이 관련 부채를 초과하는 경우, 그 초과액은 투자자산의 과목으로 표시한다.

25 ㈜채원은 채무 변제를 위하여 30,000,000원의 금융부채를 출자전환하기로 하였다. 출자전환으로 발행하는 주식의 액면가액은 25,000,000원, 공정가치는 30,000,000원이다. 동 거래를 회계처리 할 경우, ㈜채원의 자본금 증가액은 얼마인가? [66회]

① 5,000,000원
② 10,000,000원
③ 25,000,000원
④ 30,000,000원

해설

• 출자전환일	(차) 차입금	30,000,000원	(대) 자본금		25,000,000원
			주식발행초과금		5,000,000원

26 다음 자료에서 유동자산의 합계액과 유동부채의 합계액을 올바르게 표시한 것은? [64회]

• 현금 : 150,000원	• 지분법적용투자주식 : 800,000원	• 전환사채 : 2,500,000원
• 매입채무 : 300,000원	• 단기차입금 : 1,300,000원	• 영업권 : 500,000원
• 기계장치 : 2,000,000원	• 토지 : 5,000,000원	• 개발비 : 2,400,000원
• 제품 : 2,850,000원	• 원재료 : 350,000원	• 선급비용 : 250,000원
• 선수수익 : 200,000원	• 단기매매증권 : 250,000원	• 만기보유증권 : 150,000원

	유동자산	유동부채
①	3,600,000원	1,600,000원
②	3,850,000원	1,600,000원
③	3,600,000원	1,800,000원
④	3,850,000원	1,800,000원

해설

• 유동자산 = 현금 150,000원 + 제품 2,850,000원 + 원재료 350,000원 + 단기매매증권 250,000원 + 선급비용 250,000원
  = 3,850,000원
• 유동부채 = 매입채무 300,000원 + 단기차입금 1,300,000원 + 선수수익 200,000원 = 1,800,000원

27 다음 중 제품보증충당부채로 설정되어야 할 적정한 추정금액은 얼마인가? [64회]

> ㈜회계는 제품 구입 후 12개월 이내에 발생하는 제조상의 결함이나 다른 명백한 결함에 따른 하자에 대하여 제품보증을 실시하고 있다. 만약 2020년도에 판매된 제품에서 중요하지 않은 결함이 발견된다면 10억원의 보증비용이 발생하게 되고, 치명적인 결함이 발생하게 되면 30억원의 보증비용이 발생하게 될 것으로 예상된다. 기업의 과거 경험과 미래 예측의 결과, 판매된 제품의 70%는 하자가 없을 것으로 예상되며 제품의 20%는 중요하지 않은 결함이 발생될 것으로 예상되고 10%는 치명적인 결함이 있을 것으로 예상된다.

① 2억원   ② 3억원
③ 5억원   ④ 7억원

해설
추정금액 = 10억원 × 20% + 30억원 × 10% = 5억원

28 음은 반품가능판매의 회계처리에 대한 설명이다. 올바른 설명을 모두 고른 것은? [63회]

> 가. 판매 후 실제 반품시점에 반품으로 인한 손실금액이 관련 충당부채를 유의적으로 초과하는 경우 동 금액은 판매관리비로 회계처리한다.
> 나. 반품 관련하여 발생할 반품추정비용은 충당부채에 반영하여야 하고, 그 성격에 따라 매출원가 및 판매비와관리비로 회계처리한다.
> 다. 반품가능판매인 경우, 판매시점에 반품 예상 매출액과 매출원가를 각각 차감하고 매출총이익에 해당하는 금액은 충당부채로 설정한다.

① 가, 나   ② 나, 다
③ 가, 나, 다   ④ 다

29 다음 중 충당부채에 대한 내용으로 올바르지 않은 것은? [61회]

① 최초의 인식시점에서 의도한 목적과 용도 외에도 사용할 수 있다.
② 과거사건으로 인해 현재의무가 존재할 가능성이 매우 높고 인식기준을 충족하는 경우에는 충당부채로 인식한다.
③ 충당부채의 명목금액과 현재가치의 차이가 중요한 경우에는 의무를 이행하기 위하여 예상되는 지출액의 현재가치로 평가한다.
④ 현재의무를 이행하기 위하여 소요되는 지출 금액에 영향을 미치는 미래사건이 발생할 것이라는 충분하고 객관적인 증거가 있는 경우에는, 그러한 미래사건을 감안하여 충당부채 금액을 추정한다.

해설
충당부채는 최초의 인식시점에서 의도한 목적과 용도에만 사용하여야 한다. 다른 목적으로 충당부채를 사용하면 상이한 목적을 가진 두 가지 지출의 영향이 적절하게 표시되지 못하기 때문이다.

30 ㈜결승은 퇴직급여 추계액에 대하여 퇴직급여충당부채를 설정한다. ㈜결승에 대한 자료가 다음과 같을 때 2019년도 당기손익에 영향을 미치는 금액은 얼마인가? [59회]

- 2018년 기말 퇴직급여 추계액 : 2,000,000원
- 2019년 4월 12일 퇴직금 지급액 : 500,000원
- 2019년 기말 퇴직급여 추계액 : 2,500,000원

① 500,000원   ② 1,000,000원
③ 2,000,000원   ④ 2,500,000원

해설

퇴직급여충당부채 추가 설정액 = 기말 퇴직급여 추계액 2,500,000원 − (기초 퇴직급여 추계액 2,000,000원 − 퇴직급여 지급액 500,000원) = 1,000,000원

31 충당부채 및 우발부채에 관한 설명 중 틀린 것은? [58회]

① 충당부채로 인식하기 위해서는 현재의무가 존재하여야 할 뿐만 아니라, 그 의무의 이행을 위한 자원의 유출 가능성이 매우 높아야 한다.
② 우발부채는 부채로 인식하여야 한다.
③ 현재의무를 이행하기 위하여 소요되는 지출 금액에 영향을 미치는 미래사건이 발생할 것이라는 충분하고 객관적인 증거가 있는 경우에는 충당부채 금액을 추정한다.
④ 충당부채의 명목금액과 현재가치의 차이가 중요한 경우에는 의무를 이행하기 위하여 예상되는 지출액의 현재가치로 평가한다.

해설

우발부채는 부채로 인식하지 아니한다. 의무를 이행하기 위하여 자원이 유출될 가능성이 아주 낮지 않는 한, 우발부채를 주석에 기재한다.

32 ㈜유현은 채무액 30,000,000원 변제를 위해 채권자인 ㈜주원에게 주식을 발행하였다. 출자전환 발행주식의 공정가액은 20,000,000원(액면가액 15,000,000원)일 때, ㈜유현이 출자전환으로 인식할 채무조정이익은 얼마인가? [56회]

① 5,000,000원   ② 10,000,000원
③ 15,000,000원   ④ 30,000,000원

해설

• 회계처리

(차) 차입금	30,000,000원	(대) 자본금	15,000,000원
		주식발행초과금	5,000,000원
		채무조정이익	10,000,000원

※ 채무변제를 위하여 출자전환하는 경우에는 지분증권의 공정가치와 채무 장부가액과의 차이를 채무조정이익으로
인식한다.

---

33 2019년 설립한 ㈜서영은 제품의 판매일로부터 1년간은 제품하자로 인한 품질보증을 실시하고 있다. 매출액의 3%를 품질보증비용으로 예상한다. 2019년에 총 10,000,000원 매출하고 품질보증비용 100,000원이 발생하였다. 2019년 결산 시의 분개로 올바른 것은? [56회]

① (차) 제품보증비　　　　　200,000원　　(대) 현 금　　　　　　　　200,000원
② (차) 제품보증비　　　　　300,000원　　(대) 현 금　　　　　　　　300,000원
③ (차) 제품보증비　　　　　200,000원　　(대) 제품보증충당부채　　　200,000원
④ (차) 제품보증비　　　　　300,000원　　(대) 제품보증충당부채　　　300,000원

해설

• 매출액에 대한 제품보증충당부채의 계상액 = 10,000,000원 × 3% = 300,000원
• 결산 제품보증충당부채의 설정액 = 제품보증충당부채 계상액 300,000원 − 기발생 제품보증비 100,000원 = 200,000원

---

34 일반기업회계기준의 충당부채, 우발부채, 우발자산에 대한 설명 중 틀린 것은? [55회]

① 예상되는 자산처분이익은 충당부채를 측정하는 데 반영한다.
② 우발부채는 경제적 효익에 유출가능성이 희박한 경우 재무제표에 인식하지 아니한다.
③ 우발자산은 경제적 효익에 유입가능성이 높지 않은 경우 재무제표에 인식하지 아니한다.
④ 화폐의 시간가치 영향이 중요한 경우에 충당부채는 의무를 이행하기 위하여 예상되는 지출액의 현재가치로 평가한다.

해설

충당부채를 발생시킨 사건과 밀접하게 관련된 자산의 처분차익이 예상되는 경우에 당해 처분차익은 충당부채 금액을 측정하면서 고려하지 아니한다.

---

09 사채와 채무증권

01 사 채

1. 사채의 기초개념

사채란 회사가 거액의 자금을 조달할 목적으로 투자자를 모집하여 채무증서를 발행하고 일정한 기간마다 일정이자를 지급하고 만기 시에 원금을 상환할 것을 약정한 채무증권을 말한다. 사채는 일반적으로 원금의 상환일을 장기(3년 이상)로 하여 발행되고 '사채'라는 계정과목으로 사용하며 재무상태표상 비유동부채로 인식하여 분류하고 있다.

사채증권에는 만기일, 이자지급일, 액면가액, 액면이자율(표시이자율)이 표시되어 있다.

> ### ➕ 더 알아두기
>
> **사채 관련 용어설명**
>
> ① 만기일과 이자지급일
> • '만기일'은 사채발행회사가 사채의 원금을 상환하기로 한 날
> • '이자지급일'은 사채발행기간 중에 액면이자를 지급하기로 한 날
> ② 액면가액과 발행가액
> • '액면가액'이란 사채권면에 기재되어 있는 사채권의 단위로서 사채발행자가 만기에 지급하기로 한 금액. 사채발행자는 만기가 되면 최초 발행 시의 발행형태와 관계없이 액면가액을 사채권자에게 지급하여야 한다.
> • '발행가액'이란 사채발행자가 사채를 발행하면서 수령하는 금액을 말한다. 발행가액은 발행 당시의 시장이자율에 의하여 결정된다.
> ③ 액면이자와 유효이자
> • '액면이자'는 사채발행회사가 일정한 기일이 되면 지급하기로 한 사채권면에 기재되어 있는 이자로서 액면가액에 액면이자율을 곱하여 계산한다.
> • '유효이자'는 사채의 발행자가 사채와 관련하여 비용으로 인식하여야 할 실질이자를 의미하는 것으로 유효이자율법에 의하여 산출된다.

2. 사채의 발행

(1) 시장이자율과 유효이자율

사채의 발행가액은 액면이자율과 시장이자율과의 관계에 의해서 결정된다. 여기서 **시장이자율**이란 자본시장에서 자금의 수요와 공급이 균형을 이루는 점에서 결정되는 이자율을 의미한다. 동일한 날에 동일한 조건으로 사채를 발행해도 당해 사채를 발행하는 기업의 사채신용등급에 따라 시장이자율이 달라지므로 사채의 발행가액은 다르게 결정된다.

유효이자율이란 사채취득(발행)가액과 사채의 미래현금흐름의 현재가치를 일치시켜주는 할인율을 의미하는데, 사채취득(발행)비용이 존재하지 않는다면 사채취득(발행)시점의 시장이자율과 일치한다. 유효이자율은 투자자 입장에서 보면 사채에 투자함으로써 얻으려고 하는 기대수익률을 의미하며, 발행자 입장에서 보면 사채를 발행함으로써 부담하게 되는 실질이자율을 말한다.

액면이자율은 사채발행회사가 채권자에게 지급하기로 한 이자율을 말하는데, 이자금액은 항상 사채 액면가액에 액면이자율을 곱하여 산정한다.

(2) 사채발행가격 결정

시장이자율과 사채는 액면이자율과 시장이자율과의 관계에 따라 다음과 같이 발행된다.

발행조건(이자율 상황)	거래유형
액면이자율 = 시장이자율	액면발행
액면이자율 < 시장이자율	할인발행
액면이자율 > 시장이자율	할증발행

즉, 액면이자율과 시장이자율이 같다면 사채는 액면금액으로 발행될 것이다. 그리고 액면이자율이 시장이자율보다 더 낮다면 사채는 액면금액 이하로 할인발행될 것이다. 왜냐하면, 투자자 입장에서 보면 기대수익률(시장이자율)보다 액면이자율이 더 낮기 때문에 투자자의 수요는 자연히 감소되고, 수요가 감소하면 가격이 하락하게 되어 사채는 액면금액 이하로 발행될 것이기 때문이다. 반대로, 액면이자율이 시장이자율보다 더 높다면 사채는 액면금액 이상으로 할증발행될 것이다.

결국, 사채의 발행가격은 액면이자율과 시장이자율의 차이에 의해 발생한다.

(3) 사채발행비

사채발행 시에 일반적으로 사채발행비가 발생하게 된다.

사채발행비란 사채발행과 직접 관련된 중개수수료, 사채증권인쇄비, 규제기관인 한국거래소의 부과금, 세금 등의 거래원가 등을 말한다. 기업회계기준서에서는 이러한 사채발행비를 최초인식하는 공정가치에서 차감하도록(사채발행가액에서 직접차감) 규정하고 있다. 즉, 액면발행 시 또는 할인발행 시에는 사채할인발행차금에 가산하고, 할증발행 시에는 사채할증발행차금에 차감하여 처리하도록 하고 있다. 이때 주의해야 할 것은 사채발행으로 인하여 순수하게 유입된 금액(= 사채발행가액에서 사채발행비를 차감한 금액)과 사채 미래현금흐름의 현재가치를 일치시키는 유효이자율을 다시 계산해야 한다는 것이다. 왜냐하면, 사채발행비가 존재하지 않은 경우에는 사채발행 당시의 시장이자율과 유효이자율이 일치하지만, 사채발행비가 존재하는 경우에는 사채발행비가 사채발행가액에서 차감되므로 유효이자율은 사채발행 당시의 시장이자율보다 상승하게 되기 때문이다.

3. 사채의 발행유형별 회계처리

(1) 사채 액면발행

사채가 액면발행되는 경우를 다음의 예를 들어 살펴보기로 한다.

➕ 예제

㈜위드가 사채를 다음의 조건으로 발행하였다.

- 발행일 : 20x1년 1월 1일
- 만기일 : 20x3년 12월 31일
- 액면금액 : 100,000원
- 액면이자율 : 연 10%
- 시장이자율 : 연 10%
- 이자지급방법 : 이자는 매년 12월 31일에 지급
- 사채발행비 : 없음

▍요규사항

1. 사채의 발행금액을 계산하시오.
2. 발행시점, 이자지급시점, 만기시점의 회계처리를 하시오.

▍정답 및 해설

1. 사채발행금액
   액면이자율과 시장이자율이 동일하다면 회사는 사채의 액면금액으로 사채를 발행한다.

2. 시점별 회계처리
   〈발행시점〉

   (차) 현 금　　　　　100,000원　　(대) 사 채　　　　　100,000원

   〈매기말 이자지급시점 : 20x1년 말, 20x2년 말, 20x3년 말〉

   (차) 이자비용　　　　10,000원　　(대) 현 금　　　　　10,000원

   〈만기시점〉

   (차) 이자비용　　　　10,000원　　(대) 현 금　　　　　110,000원
   　　 사 채　　　　 100,000원

(2) 사채 할인발행

사채의 할인발행시에는 시장이자율과 액면이자율의 현재가치 차이만큼 '사채할인발행차금'이 발생하며, 사채의 발행가격은 액면가액과 액면이자의 현재가치를 합한 금액이다.

➕ 예제

액면발행의 예제에서 다른 모든 상황은 동일하고 <u>시장이자율이 12%</u>라고 가정하여 동일한 요구사항에 답하시오(3년 12% 연금현가계수 2.40183, 3년 12% 현가계수 0.71178).

❙ 정답 및 해설

1. 사채할인발행금액

구 분	액면이자	액면금액	합 계
20x1.12.31	10,000		10,000
20x2.12.31	10,000		10,000
20x3.12.31	10,000	100,000	110,000
1원의 현가계수		0.71178(3년, 12% 현가)	
연금의 현가계수	2.40183(3년, 12% 연금현가)		
현재가치	24,018	71,178	95,196

- 이자의 현재가치 = 10,000 × 2.40183(3년, 12% 연금현가)   =   24,018원
- 원금의 현재가치 = 100,000 × 0.71178(3년, 12% 현가)   =   71,178원
- 사채의 발행가액   =   95,196원

사채의 액면이자율(10%)보다 시장이자율(12%)이 높기 때문에 앞에서 보듯이 사채의 현금흐름의 현재가치는 95,196원이며, 따라서 사채는 할인발행된다.

2. 시점별 회계처리
   시점별 회계처리를 나타내면 다음과 같다.

20x1.01.01	(차) 현 금 사채할인발행차금	95,196 4,804	(대) 사 채	100,000
20x1.12.31	(차) 이자비용	11,424	(대) 현 금 사채할인발행차금	10,000 1,424
20x2.12.31	(차) 이자비용	11,594	(대) 현 금 사채할인발행차금	10,000 1,594
20x3.12.31	(차) 이자비용	11,786	(대) 현 금 사채할인발행차금	10,000 1,786
	(차) 사 채	100,000	(대) 현 금	100,000

※ 유효이자율법에 의한 상각표

시 점	유효이자	액면이자	상각액 (사채할인발행차금)	장부금액
20x1.01.01				95,196
20x1.12.31	11,424[주)	10,000	1,424	96,620
20x2.12.31	11,594	10,000	1,594	98,214
20x3.12.31	11,786	10,000	1,786	100,000

*주) 95,196(직전장부금액) × 12%(시장이자율)

사채의 할인발행을 하는 이유는 시장이자율이 12%인데 당해 사채의 액면이자율이 10%인 경우에 이를 액면가액으로 발행하면 아무도 당해 사채를 구입하지 않을 것인데, 왜냐하면 시장이자율과 액면이자율의 차이만큼 사채 취득자가 손해를 보기 때문이다. 따라서 사채발행자는 사채구입자가 손해를 볼 금액만큼 할인하여 발행하고 만기에는 원금을 상환하는 것이다.

투자자 입장에서는 취득가액 95,196원을 만기보유금융자산으로 처리하고, 발행자 입장에서는 사채계정에 액면금액으로 기록하며, 액면금액과 발행가액의 차액 4,804원을 사채할인발행차금계정으로 처리한다. 사채할인발행차금은 사채의 차감적 평가계정으로 차변잔액이지만 재무상태표에 공시할 때에는 사채에 차감하여 기재하는데 사채액면금액에서 사채할인발행차금을 차감한 잔액을 장부금액이라고 한다.

여기서 사채의 액면금액과 발행가액의 차액 4,804원은 사채보유기간에 걸쳐 이자수익(비용)으로 인식해야 한다. 그 이유는 투자자 입장에서 보면 20x1년 초의 투자액은 95,196원인데, 이 투자로 인하여 수취하게 될 현금은 액면이자 30,000원(10,000원 × 3회)과 액면금액 100,000원을 합한 130,000원이므로 실질이자는 34,804원(130,000원 − 95,196원)이며, 이는 액면이자 30,000원에 할인액 4,804원을 합한 금액이기 때문이다.

사채발행자 입장에서도 20x1년 초에 95,196원을 차입하였는데, 이로 인하여 미래에 지급하게 될 총 현금은 130,000원이므로 실질이자는 34,804원이며, 이는 액면이자 30,000원에 할인액 4,804원을 합한 금액인 것이다.

※ 기업회계기준서에서는 만기보유금융자산과 금융부채(사채)는 유효이자율법을 적용하여 상각후원가로 측정하도록 규정하고 있는데, 유효이자율법으로 할인액을 상각하기 위해서는 장부금액의 변동을 파악해야 하므로 위와 같은 상각표를 작성하는 것이 편리하다.

위의 예제에서 사채 만기까지의 총 이자비용과 매매 시 처분손익을 구하기 위한 이자비용을 계산하면 다음과 같다.

- 사채 만기까지의 총 이자비용 = 액면이자금액합계 + 사채할인발행차금
- 이자비용(유효이자) = 직전이자지급일의 장부금액 × 유효이자율

(3) 사채 할증발행

사채의 할증발행 시에는 액면이자율과 시장이자율의 현재가치 차이만큼 '사채할증발행차금'이 발생하며, 이를 사채보유기간 동안 유효이자율법에 의해 사채장부가액에서 차감하게 된다.

➕ 예제

액면발행의 예제에서 다른 모든 상황은 동일하고 시장이자율이 8%라고 가정하여 동일한 요구사항에 답하시오(3년 8% 연금현가계수 2.57710, 3년 8% 현가계수 0.79383).

정답 및 해설

1. 사채할증발행금액

구 분	액면이자	액면금액	합 계
20x1.12.31	10,000		10,000
20x2.12.31	10,000		10,000
20x3.12.31	10,000	100,000	110,000
1원의 현가계수		0.79383(3년, 8%현가)	
연금의 현가계수	2.57710(3년, 8%연금현가)		
현재가치	25,771	79,383	105,154

- 이자의 현재가치 : 10,000 × 2.5771(3년, 8% 연금현가) =　25,771원
- 원금의 현재가치 : 100,000 × 0.79383(3년, 8% 현가) =　79,383원
- 사채의 발행가액 =　105,154원

사채의 액면이자율(10%)보다 시장이자율(8%)이 낮기 때문에 앞에서 보듯이 사채의 현금흐름의 현재가치는 105,154원이며, 따라서 사채는 할증발행된다.

2. 시점별 회계처리
시점별 회계처리를 나타내면 다음과 같다.

20x1.01.01	(차) 현 금	105,154	(대) 사 채	100,000
			사채할증발행차금	5,154
20x1.12.31	(차) 이자비용	8,412	(대) 현 금	10,000
	사채할증발행차금	1,588		
20x2.12.31	(차) 이자비용	8,285	(대) 현 금	10,000
	사채할증발행차금	1,715		
20x3.12.31	(차) 이자비용	8,149	(대) 현 금	10,000
	사채할증발행차금	1,851		
	(차) 사 채	100,000	(대) 현 금	100,000

※ 유효이자율법에 의한 상각표

시 점	유효이자	액면이자	상각액(사채할인발행차금)	장부금액
20x1.01.01				105,154
20x1.12.31	8,412*	10,000	1,588	103,566
20x2.12.31	8,285	10,000	1,715	101,851
20x3.12.31	8,149	10,000	1,851	100,000

*105,154(직전장부금액) × 8%(시장이자율)

투자자 입장에서는 취득가액 105,154원을 만기보유금융자산으로 처리하고, 발행자 입장에서는 사채계정에 액면금액으로 기록하며, 액면금액과 발행가액의 차액 5,154원을 사채할증발행차금계정으로 처리한다. 사채할증발행차금은 사채의 가산적 평가계정으로 재무상태표에 공시할 때에는 사채에 가산하여 기재하는데 사채액면금액에 사채 할증발행차금을 가산하여 장부금액을 계산한다.
여기서 사채의 액면금액과 발행가액의 차액 5,154원은 사채보유기간에 걸쳐 현금으로 수취한 액면이자에서 차감할 부분이다 사채발행자 입장에서 20x1년 초에 105,154원을 차입하였는데, 이로 인하여 미래에 지급하게 될 총현금은 130,000원이므로 실질이자는 24,846원이며, 이는 액면이자 30,000원에서 할증액 5,154원을 차감한 금액이다.

위의 할증발행 예제에서 사채 만기까지의 총이자비용과 매매 시 처분손익을 구하기 위한 이자비용을 계산하면 다음과 같다.

- 사채 만기까지의 총 이자비용 = 액면이자금액합계 − 사채할인발행차금
- 이자비용(유효이자) = 직전이자지급일의 장부금액 × 유효이자율

정리하는 차원에서 유효이자율법하에서 사채발행차금과 액면이자의 매기 변동추이를 살펴보면 다음과 같다.

발행형태	유효이자	액면이자	발행차금상각액	장부금액
할인발행	매기 증가	매기 일정	매기 증가	매기 증가
할증발행	매기 감소	매기 일정	매기 증가	매기 감소

4. 사채발행차금의 처리

사채발행차금은 사채의 발행금액과 액면가액의 차액으로서 할인발행 시에는 '사채할인발행차금'으로, 할증발행 시에는 '사채할증발행차금'으로 인식한다. 사채할인발행차금은 시장이자율과 발행가액과의 차액을 미리 보전하여주는 선급이자의 성격이며, 사채할증발행차금은 표시이자를 시장이자율보다 많이 지급함에 따른 대가를 투자자들로부터 미리 수령한 금액이다.

사채발행차금은 이자성격을 띄므로, 사채상환기간에 걸쳐 적절한 방법으로 상각하여 당기 이자비용에 가감하여야 한다.

일반기업회계기준에서는 사채할인발행차금 및 사채할증발행차금은 사채발행 시부터 최종상환 시까지의 기간에 반드시 유효이자율법을 적용하여 상각(할인발행 시) 또는 환입(할증발행 시)하고 동 상각 또는 환입액은 사채이자비용에 가감하도록 규정하고 있다. 따라서 정액법에 의한 상각 또는 환입은 인정하지 않고 있다.

사채할인발행차금이나 사채할증발행차금은 발행방법에 관계없이 유효이자율법을 적용할 경우 매년 계상하는 상각액이 증가하는 특징을 가진다.

매년 발생하는 사채발행차금의 가감과 재무상태표의 표시방법은 다음과 같다.

발행방법	사채발행차금 종류	이자비용에 가감	재무상태표 표시
할인발행	사채할인발행차금	당기 상각액을 이자비용에 가산	사채에 차감형식
할증발행	사채할증발행차금	당기 상각액을 이자비용에 차감	사채에 가산형식

➕ 더 알아두기

사채발행차금의 상각방법

1. 유효이자율법
   - 유효이자율법은 매기 이자 부담률이 균등하도록 사채발행 차금을 상각하는 방법이다. 즉, 사채발행 차금의 상각으로 인하여 사채 순장부금액이 변동함에 따라 매기 인식할 이자비용도 변동하므로 매기 균등한 이자 부담률이 유지된다.
   - 유효이자율법은 계산이 다소 복잡하다는 단점이 있으나 이론적으로 우수하므로 기업회계기준에서는 유효이자율법만을 인정하고 있다.

2. 정액법
   정액법은 사채발행 차금을 사채기간에 균등하게 상각하는 방법으로서 계산이 간단하므로 실무적인 편리성이 있다. 그러나 사채발행 차금의 상각으로 인하여 사채 순장부금액이 변동함에도 불구하고 매기 동일한 이자비용을 인식하므로 이론적으로는 문제점이 있으므로 기업회계기준에서는 인정하고 있지 않다.

5. 사채의 상환

사채를 만기에 상환하는 경우 사채의 액면금액과 상환금액은 일치하게 된다. 사채를 만기일 이전에 상환하는 경우도 발생할 수 있다. 사채발행회사가 만기일 전에 증권시장에서 사채의 현행 시장가격을 지불하고 사채를 매입하는 것을 사채의 조기상환이라고 한다. 조기상환의 경우 사채의 상환시점의 시장가격을 기준으로 상환하게 되므로 다음과 같이 사채상환손익이 발생하게 된다.

시장이자율비교	사채의 가격비교	상환손익
발행일 < 상환일	장부금액[*주] > 상환금액	사채상환이익
발행일 > 상환일	장부금액[*주] < 상환금액	사채상환손실

*주) 사채관련장부금액 : 직전 이자지급일의 장부금액 + 발생이자(유효이자)

결국 사채를 상환하는 경우에도 경과이자를 계산하여 장부금액을 우선적으로 계산하여야 한다. 여기서 사채관련 장부금액이란 이자지급일에 사채를 상환하였다면 사채장부금액(사채액면금액 + 사채할인발행차금 또는 사채액면금액 – 사채할증발행차금)이 될 것이며, 이자지급일 사이에 사채를 상환하였다면 직전 이자지급일의 장부금액에 상환일까지의 발생이자(유효이자)가 가산된 금액일 것이다.

6. 자기사채

자기사채란 사채발행회사가 만기 전에 자기회사의 사채를 취득하여 소각하지 않고 보유하고 있는 사채를 말한다. 자기사채를 취득하는 것은 일종의 사채상환이므로 자기사채취득 시의 회계처리는 앞에서 설명한 사채상환에 관한 회계처리와 동일하다. 즉, 자기사채의 취득가액과 사채관련장부금액과의 차액을 사채상환 손익으로 인식하여야 한다.

자기사채취득 후에 자기사채를 소각할 경우에는 아무런 회계처리를 할 필요가 없다. 왜냐하면 자기사채취득 시 사채상환으로 회계처리하여 자기사채에 해당되는 사채액면금액을 직접 차감하였기 때문이다.

02 채무증권(만기보유증권)

만기보유증권은 기업의 여유자금을 확정만기가 존재하는 채무증권에 투자하는 경우로써 '만기까지 보유할 적극적인 의도'와 '당해 기업의 자금상황 등을 고려했을 때 만기까지 보유할 능력이 있는 경우'의 금융자산을 의미한다. 일반적으로 만기보유증권은 지분상품은 존재하지 않고[*주] 채무상품만을 뜻한다.

*주) 만기보유증권에는 지분증권은 존재하지 않는다. 지분증권(주식)은 만기일 등이 존재하지 않기 때문에 만기보유증권은 곧 만기보유채권이다.

만기보유증권은 구입자 입장에서 회계처리하는 것을 살펴보는 것이며 발행자 입장에서는 사채의 회계처리와 동일하다. 재무상태표의 배치와 계정과목의 차이가 있을 뿐 그 보유와 매매는 동일하다고 보면 된다.

1. 채무증권의 특징

① 만기보유채권과 매도가능증권은 보유목적 또는 투자목적을 달리하므로 취득 이후의 평가방법도 각각 다르다. 하지만, 두 채무증권 모두 장기투자를 전제로 취득한다는 것이다.

채무증권	평가방법
만기보유증권(채권)	상각후원가법
매도가능증권(채권)	공정가치법

② 장기투자채권은 단기매매채권과는 달리 할인 또는 할증 취득한 경우에 반드시 그 차금을 유효이자율법에 따라 상각해야 한다. 또한 이자수익은 기간경과에 따라 얻는 것이므로 기중거래에 속한다. 이자지급일에 이자수익과 함께 상각액을 반영하여 장부가액의 변동이 발생된다.

③ 장기투자채권의 할인 또는 할증차금의 상각액은 평가손익이 아니다. 유효이자율법에 의해 발생되는 상각액은 매기 실질이자율이 일정하도록 발생이자를 기간배분(인식)하는 방법의 일종일 뿐이다.

[장기투자채권의 기중거래와 기말평가]

	채무증권	기중거래(이자지급)	기말거래(결산일)	재무상태표 장부금액
장기투자채권	만기보유채권	유효이자율법에 의한 차금상각	상각후원가법	상각후원가
	매도가능채권	유효이자율법에 의한 차금상각	공정가치법	공정가치

2. 만기보유채권

(1) 요 건

만기보유증권은 만기까지 보유하려고 하며 시가의 변동분을 회계처리에 반영하지 아니한다. 만기보유 채권의 요건은 다음과 같다.

① (증권의 특성) 만기가 확정되고 상환금액이 확정되었거나 확정가능하며,
② (의도와 능력) 만기까지 보유할 경영자의 적극적 의도와 보유할 능력이 있는 경우

만기보유증권의 취득원가는 고정가액이다. 즉, 특정 시점 현재의 유효이자율로 할인한 현재가치로 취득 원가가 결정된다. 이때 취득관련 부대수수료는 취득원가에 가산한다.

(2) 기말평가

만기보유채권의 기말평가는 상각후원가법으로 평가한다. 상각후원가법은 취득 당시 시장이자율이 그대 로 적용되므로 원가법에 속하는 방법의 일종이다.

➕ 더 알아두기

상각후원가법

취득원가와 액면가액이 다른 경우 그 차액을 상환기간 동안 취득원가에 가감하여 만기일의 장부금액을 액면가액에 일치시키는 방법으로 이때 액면가액과의 차액은 유효이자율법을 적용하여 상환기간에 걸쳐 배분한다.

상각후원가법의 적용근거

① 취득 시의 유동수익률(역사적 이자율)에 따라 취득가액이 결정된다.

② 만기까지 보유할 목적으로 취득한 채권이므로 취득일 이후의 시장가격 변동에는 크게 관심을 가질 필요가 없다.

③ 취득일 이후의 유동수익률(현행이자율)은 보유목적과 관련성이 없는 정보이다.

(3) 중도처분

만기보유목적으로 취득하였다하여 만기까지 무조건 처분이 금지되는 것은 아니다. 기업 내외의 환경변화에 따라 만기 전이라도 처분이 가능하나, 당초 취득의도와 목적이 만기까지 보유할 의도였으므로 중도처분에 대한 벌칙조항이 따른다.

중도처분 시 처분손익은 처분가액과 처분 전 상각후원가(장부금액)의 차액으로 계상된다.

➕ 예제

만기보유채권 회사채 B의 취득조건과 처분조건은 다음과 같다. 20x3년도 중도상환에 대한 회계처리를 하시오.

- 액면가액 : 100,000원
- 상환기간 : 3년(상환일 20x3년 12월 31일)
- 이자율 : 연 10%
- 취득시 유통이자율 : 12%
- 20x2년 12월 말 장부가액 : 98,214원
- 중도상환일 : 2013년 11월 1일
- 중도상환액 : 107,000원

❚ 정답 및 해설

① 보유기간 중의 이자수익 계상(20x3년 10월 31일)

(차)	미수수익[주1]	8,333	(대)	이자수익[주2]	9,821
	만기보유채권	1,488			

*주1) 미수수익 = (100,000 × 10% × 10/12) = 8,333

*주2) 이자수익 = (98,214 × 12% × 10/12) = 9,821

② 중도상환 시 회계처리(20x3년 11월 1일)

(차)	현 금	107,000	(대)	미수수익	8,333
	투자자산처분손실	1,035		만기보유채권[주3]	99,702

주3) *만기보유채권 = (98,214 + 1,488) = 99,702

3. 매도가능채권

(1) 기말평가

① 매도가능채권의 기말평가는 시가변동분을 채권에 반영하는 공정가치법으로 평가한다.

② 매도가능주식과 마찬가지로 결산일의 공정가치와 비교대상이 되는 것은 평가 전 장부금액[주]으로 한다.

[주] 평가 전 장부금액이란 전기 말 장부금액에서 기중거래를 반영한 것이다.

> **[기말평가 산식]**
> - 당기발생평가손익(분개대상) = 재무상태표일 현재 공정가치 − 평가 전 장부금액
>   = 재무상태표일 현재 공정가치 − (전기말 장부금액 ± 차금상각액)
>
> - 당기말 현재의 평가손익(재무상태표 계상) = 기타포괄손익누계액 = 재무상태표일까지의 누적평가손익
>   = 재무상태표일의 공정가치 − 상각후원가

(2) 중도처분

매도가능채권은 중도처분을 전제로 한 것이므로 처분손익의 결정이 중요한 사항이다.

매도가능채권을 처분한 경우 자본항목에 계상된 매도가능증권평가손익을 실현시켜 처분손익으로 당기손익에 반영하여야 한다.

> **[처분손익 산식]**
> 매도가능채권처분손익 = 처분가액 − 처분 전 상각후원가
>   = 처분가액 − (처분 전 장부금액 ± 관련 평가손익)

매도가능채권의 장부금액에서 자본항목의 관련 평가손익을 가감하면 항상 상각후원가로 되돌아간다. 위 장부금액에서 관련 평가손익을 가감한 순액(=처분 전 상각후원가)은 상각후원가법하의 만기보유채권가액과 반드시 일치한다. 매도가능채권 처분손익은 처분가액과 상각후원가의 차액이다. 따라서 만기보유채권인 경우와 항상 같은 금액이 계상된다.

4. 채무증권의 분류변경

채무증권의 분류변경 시 분류변경일 현재의 공정가치를 먼저 평가한 다음, 증권과목을 변경하는 순으로 처리한다. 즉, '선평가 후대체' 하도록 규정하고 있다.

이때 아래의 어느 방향으로 분류변경하더라도 분류변경에 따른 손익은 계상되지 않는다. 이는 분류변경을 통한 이익조정의 수단으로 남용하는 것을 방지하기 위함이다.

(1) 만기보유증권에서 매도가능증권으로

만기보유증권에서 매도가능증권으로 분류 변경하는 경우 공정가치평가액[주]과 장부금액[주]의 차액은 매도가능증권평가손익으로 처리한다.

[주] '공정가치평가액'은 분류변경일 현재의 공정가치를 뜻하며, '장부금액'은 상각후원가를 말한다.

이때 처음부터 매도가능증권을 취득한 것과 동일한 결과가 되도록 조정하여야 하며, 분류변경일 이후에는 처음부터 매도가능증권이었던 것처럼 취득 당시 유효이자율(취득 시 상각표)에 따라 이자수익을 인식하도록 한다.

다만, 벌칙조항을 적용하여 향후 2년간 만기보유증권으로 재분류할 수 없도록 제한을 두고 있다.

➕ 더 알아두기

기업회계기준의 분류 변경에 대한 벌칙조항

기업회계기준은 당 회계기간과 직전 2개년 중에 만기보유증권을 만기일 전에 매도하였거나 중도상환권을 행사한 사실이 있는 경우, 또는 매도가능증권으로 분류 변경한 사실이 있는 경우에는 보유 중인 채무증권은 물론 새로 취득하는 모든 채무증권에 대하여 만기보유증권으로 분류할 수 없도록 벌칙규정을 두고 있다.

단, 이자율변동에 따른 가치변동위험의 중요성이 없을 정도로 만기일에 근접한(3개월 이내) 시점에 처분 또는 중도상환권을 행사하여 처분하는 경우와 원금의 85% 이상을 회수한 상태에서 중도처분하는 경우 등에는 만기까지 보유한 것으로 보아 벌칙조항을 적용하지 않는다.

이 밖에도 제외되는 것으로는 다음과 같은 것이 있다.
- 법규 등의 변경에 의하여 불가피한 경우
- 채무증권 발행자의 신용상태가 크게 하락하였다는 증거가 발견되는 경우
- 중요한 기업결합 또는 주요사업부문의 매각이 있을 때 기존의 이자율 위험관리 또는 신용위험정책을 유지하기 위하여 처분하는 경우
- 합리적으로 예상할 수 없는 비 반복적인 상황변동에 대응하여 그 채무증권을 처분하는 경우 등

---

(2) 매도가능증권에서 만기보유증권으로

매도가능증권에서 만기보유증권으로의 분류변경은 경영자의 의도와 기업의 보유능력에 따라 자유로이 할 수 있다. 이 경우 다음과 같이 처리한다.

① 분류변경을 위한 평가시점까지 발생한 매도가능증권평가손익은 계속 자본항목으로 처리하고, 그 금액은 만기까지 잔여기간에 걸쳐 유효이자율법으로 상각하여 매기 이자수익에 가감한다.

② 만기보유증권으로 분류변경 된 매도가능증권의 액면가액과 분류변경일 현재의 공정가치의 차액은 유효이자율법에 따라 만기까지의 잔여기간에 걸쳐 상각하여 매기 이자수익에 가감한다.

이때, 회계적 초점은 변경된 만기보유증권이 처음부터 만기보유증권으로 취득한 것이 아니라는 사실. 즉, 분류변경의 흔적을 남기는 것이라 할 수 있다.

09 단원별 기출문제

01 다음 중 사채에 대한 설명으로 올바른 것은? [85회]

① 사채발행차금을 유효이자율법으로 상각하는 경우, 할인발행 또는 할증발행에 따른 사채발행 차금의 상각 또는 환입액은 매년 감소한다.

② 사채발행 시점에서 사채발행비가 지출된 경우 발행 당시의 유효이자율은 발행 당시의 시장이 자율보다 높다.

③ 기업회계기준서에서는 사채발행비를 사채 발행기간에 걸쳐 정액법으로 상각한다.

④ 사채가 할인 발행되고 회계처리에 유효이자율법을 적용하는 경우, 이자비용은 매년 감소한다.

해설

① 사채발행차금을 유효이자율법으로 상각하는 경우, 할인발행 또는 할증발행에 따른 사채발행차금의 상각 또는 환입액은 매년 증가한다.

③ 기업회계기준서에서는 사채발행비를 사채의 발행가액에서 차감한다.

④ 사채가 할인 발행되고 회계처리에 유효이자율법을 적용하는 경우, 이자비용은 매년 증가한다.

02 ㈜남원은 2024년 1월 1일 일시투자목적으로 A사의 사채(액면금액 100,000원, 만기 10년, 표시이자율 10%)를 취득하였다. 이 사채에 적용될 유효이자율은 연 12%이다. 이 사채의 만기일은 2033년 12월 31일이며 이자수취일은 매년 12월 31일이다. 현가요소에 관한 자료가 다음과 같을 때, 위 사채의 구입가격은 얼마인가? [85회]

기 간	할인율	현가계수	연금현가계수
10년	10%	0.386	6.145
10년	12%	0.322	5.650

① 88,700원 ② 93,650원
③ 95,100원 ④ 100,050원

해설

사채의 발행금액 = [액면가 100,000원 × 0.322(10년, 12% 현가계수)] + [액면가 100,000원 × 표시이자율 10% × 5.650(10년, 12% 연금현가계수)] = 88,700원

03 다음 중 사채 상환에 관한 설명으로 틀린 것은? [84회]

① 사채발행일의 시장이자율보다 사채상환일의 시장이자율이 더 높으면 상환이익이 발생한다.

② 사채할인발행차금 및 사채할증발행차금은 사채발행 시부터 상환 시까지의 기간에 걸쳐 유효이자율법을 적용하여 상각·환입하고 동 상각·환입액을 사채이자비용에 가감하도록 규정하고 있다.

③ 사채 발행에 대한 비용(중개수수료, 증권인쇄비 등)은 사채할증발행차금에 가산한다.

④ 유효이자율이란 사채 발행가액과 사채의 미래현금흐름의 현재가치를 일치시켜 주는 할인율을 의미하고 기본적으로 사채 발행 시점의 시장이자율과 일치한다.

해설

사채발행비용은 사채할증발행차금에서 차감한다.

04 12월 말 결산법인인 ㈜대구는 2024년 1월 1일 액면금액 100,000원, 표시이자율 연 10%(매년 말 후급 조건), 만기 3년(2026년 12월 31일)인 만기 일시상환 사채를 발행하였다. 동 사채의 발행 당시 시장이자율은 연 8%였다. ㈜대구의 2024년 12월 31일 해당 사채의 발생이자 관련 회계처리로 올바른 것은?(단, 단일금액 1원의 현재가치계수는 아래의 표를 이용하고, 계산 과정에서 소수점 이하는 절사한다) [84회]

기 간	연 8%	연 10%
1	0.9259	0.9091
2	0.8573	0.8264
3	0.7938	0.7513

① (차) 이자비용　　　 8,412원　 (대) 현 금　　　　 10,000원
　 사채할증발행차금　 1,588원

② (차) 이자비용　　　 8,285원　 (대) 현 금　　　　 10,000원
　 사채할증발행차금　 1,715원

③ (차) 이자비용　　 11,588원　 (대) 현 금　　　　 10,000원
　　　　　　　　　　　　　　　 사채할인발행차금　 1,588원

④ (차) 이자비용　　 11,715원　 (대) 현 금　　　　 10,000원
　　　　　　　　　　　　　　　 사채할인발행차금　 1,715원

해설

• 사채발행일 현재가치 = 100,000원 × 0.7938 + 100,000원 × 10% × (0.9259 + 0.8573 + 0.7938) = 105,150원
• 이자비용 = 105,150원 × 8% = 8,412원
• 회계처리

　(차) 이자비용　　　 8,412원　 (대) 현 금　　　　 10,000원
　　　사채할증발행차금　 1,588원

05 ㈜전북은 신제품 생산을 위한 기계장치 구입을 위하여 외부에서 자금을 조달하고자 한다. 2023년 1월 1일 액면금액 2,000,000원, 표시이자율 연 10%인 3년 만기의 사채를 발행하였다. 발행 시점의 유효이자율이 연 11%이고, 이자는 매년 말 지급할 경우, 사채의 발행가액은 얼마인가? [83회]

현가계수		
기간	이자율 10%	이자율 11%
1	0.90909	0.90090
2	0.82645	0.81162
3	0.75131	0.73119

① 1,642,560원
② 1,462,380원
③ 1,951,122원
④ 2,000,000원

해설
발행가액 = 액면금액 2,000,000원 × 0.73119 + 표시이자 200,000원 × 2.44371 = 1,951,122원

06 ㈜충북은 2023년도에 신규 기계설비의 투자를 계획하고 있다. 이에 ㈜충북은 외부에서 자금을 조달하기로 하고 2023년 1월 1일 연 이자율 8%, 액면금액 100,000원인 5년 만기의 사채를 92,420원에 발행하였다. 이자지급일은 매년 12월 31일이며, 발행일의 시장이자율은 연 10%이다. ㈜충북은 유효이자율법을 사용하여 사채할인발행차금을 상각하고 있다. ㈜충북의 2024년 12월 31일 재무상태표상 사채의 장부금액 얼마인가?(단, 소수점 이하는 절사한다) [82회]

① 92,523원
② 95,028원
③ 96,530원
④ 98,183원

해설

구 분	유효이자 (10%)	액면이자 (8%)	상각액	기말 장부금액
취득 시				92,420원
2023년 말	9,242원	8,000원	1,242원	93,662원
2024년 말	9,366원	8,000원	1,366원	95,028원
2025년 말	9,502원	8,000원	1,502원	96,530원
2026년 말	9,653원	8,000원	1,653원	98,183원
2027년 말	9,817원	8,000원	1,817원	100,000원

07 ㈜중부는 다음과 같은 조건으로 사채를 발행하여 자금을 조달하였다. 2023년 12월 31일 결산일 현재 사채할인발행차금의 장부가액은 얼마인가?(단, 소수점 이하는 절사한다)   [81회]

> • 사채발행일 : 2023년 1월 1일(만기 5년)
> • 액면가액 : 1,000,000원
> • 사채의 표시이자율 : 10%
> • 이자지급일 : 매년 12월 31일
> • 발행 시 현재가치 : 927,910원
> • 사채의 유효이자율 : 12%

① 50,741원   ② 60,741원

③ 62,541원   ④ 65,140원

해설

사채할인발행차금 장부가액 = (액면가액 1,000,000원 − 발행 시 현재가치 927,910원) − 유효이자(927,910원 × 12%) + 표지이자(1,000,000원 × 10%) = 60,741원

08 다음 중 사채의 발행유형과 사채 발행 시점의 회계처리가 바르게 연결된 것은?   [81회]

	발행유형	회계처리				
①	액면발행	(차) 현 금	11,000원	(대) 사 채	10,000원	
				사채할증발행차금	1,000원	
②	할증발행	(차) 현 금	9,000원	(대) 사 채	10,000원	
		사채할인발행차금	1,000원			
③	할인발행	(차) 현 금	11,000원	(대) 사 채	10,000원	
				사채할증발행차금	1,000원	
④	액면발행	(차) 현 금	10,000원	(대) 사 채	10,000원	

해설

• 사채 발행시점의 회계처리

− 할증발행	(차) 현 금	11,000원	(대) 사 채	10,000원		
			사채할증발행차금	1,000원		
− 액면발행	(차) 현 금	10,000원	(대) 사 채	10,000원		
− 할인발행	(차) 현 금	9,000원	(대) 사 채	10,000원		
	사채할인발행차금	1,000원				

09 ㈜인천은 여유자금이 부족하여 2023년 1월 1일에 액면금액이 10,000,000원인 3년 만기의 사채를 발행하였다. 표시이자율은 10%이며, 이자는 매년 말에 지급한다. 2023년 1월 1일 현재 시장이자율은 8%이다. 상기 사채의 발행과 관련한 설명으로 올바른 것은? [80회]

이자율	현가계수(1년)	현가계수(2년)	현가계수(3년)
8%	0.9259	0.8573	0.7938
10%	0.9091	0.8264	0.7513

① 사채의 발행금액은 9,999,800원으로 할인발행되었다.
② 사채의 발행금액은 10,000,000원으로 액면발행되었다.
③ 사채의 발행금액은 10,248,000원으로 할증발행되었다.
④ 사채의 발행금액은 10,515,000원으로 할증발행되었다.

해설
• 사채 발행가액 = 이자지급액의 현재가치 + 원금의 현재가치
= (1,000,000원 × 2.577) + 10,000,000원 × 0.7938
= 10,515,000원

10 다음 중 회사채에 대한 설명으로 틀린 것은? [79회]

① 사채발행비는 사채의 발행가액에서 차감한다.
② 액면이자율보다 시장이자율이 큰 경우에는 할증발행한다.
③ 액면이자율과 시장이자율이 같은 경우에는 액면발행한다.
④ 사채할인발행차금은 유효이자율법을 적용하여 상각한다.

해설
액면이자율보다 시장이자율이 큰 경우에는 할인발행한다.

11 ㈜전북은 2023년 1월 1일 ㈜익산이 발행한 사채(액면가 100,000원, 3년 만기, 표시이자율 연 10%, 시장이자율 연 15%, 매년 말 이자 지급)를 95,600원에 만기보유목적으로 구입하였다. ㈜전북이 2023년 말 인식할 이자수익은 얼마인가? [78회]

① 13,340원
② 14,340원
③ 15,340원
④ 16,340원

해설
이자수익 = 기초 사채 장부가액 95,600원 × 취득 시점의 유효이자율 15% = 14,340원

09 ④ 10 ② 11 ② **정답**

12 다음 자료에 의하여 2022년 12월 31일 이자지급일의 회계처리로 올바른 것은?(단, 이전까지의 회계처리는 정상적으로 이루어진 것으로 가정하며, 소수점 이하는 절사한다) [76회]

- 사채발행일 : 2022년 1월 1일(만기 5년)   • 이자지급일 : 매년 12월 31일
- 액면가액 : 1,000,000원   • 발행 시 현재가치 : 927,910원
- 사채의 표시이자율 : 10%   • 사채의 유효이자율 : 12%

① (차) 이자비용   111,349원   (대) 현 금   120,000원
     사채할증발행차금   8,651원

② (차) 이자비용   111,349원   (대) 현 금   100,000원
          사채할인발행차금   11,349원

③ (차) 이자비용   100,000원   (대) 현 금   88,651원
          사채할인발행차금   11,349원

④ (차) 이자비용   88,651원   (대) 현 금   100,000원
     사채할증발행차금   11,349원

해설

- 액면이자 = 1,000,000원 × 10% = 100,000원
- 유효이자 = 927,910원 × 12% = 111,349원
- 사채할인발행차금상각액 = 유효이자 111,349원 − 액면이자 100,000원 = 11,349원

13 2022년 1월 1일 ㈜메타는 연 이자율 8%, 액면금액 100,000원인 5년 만기의 사채를 92,420원에 발행하였다. 이자지급일은 매년 12월 31일이며 시장이자율은 연 10%이다. ㈜메타는 유효이자율법을 사용하여 사채할인발행차금을 상각하고 있다. ㈜메타의 2022년 12월 31일 포괄손익계산서에 기록될 사채이자비용은 얼마인가?(단, 소수점 이하는 절사한다) [75회]

① 6,758원   ② 7,393원
③ 8,000원   ④ 9,242원

해설

기 간	기초 장부금액	유효이자	액면이자	상각액	기말 장부금액
2022년	92,420원	9,242원	8,000원	1,242원	93,662원
2023년	93,662원	9,366원	8,000원	1,366원	95,028원
2024년	95,028원	9,502원	8,000원	1,502원	96,530원
2025년	96,530원	9,653원	8,000원	1,653원	98,183원
2026년	98,183원	9,817원	8,000원	1,817원	100,000원

∴ 사채이자비용 = 사채 기초장부금액 92,420원 × 유효이자율 10% = 9,242원

14 2022년 1월 1일 ㈜대부는 액면금액 10,000,000원, 표시이자율 5%(매년 말 이자지급), 만기 2024년 12월 31일인 사채를 발행하였다. 사채발행일의 유효이자율이 6%일 경우, 다음 설명 중 틀린 것은?

[72회]

① 사채는 할인발행된다.
② 사채발행차금의 상각액은 매년 증가한다.
③ 사채의 이자비용은 매년 증가한다.
④ 현금으로 지급되는 액면이자는 매년 증가한다.

해설
• 액면금액에 표시이자율을 적용하여 지급하는 표시이자는 매년 동일하다.
• 사채의 표시이자율보다 사채발행일의 유효이자율이 높은 경우 사채는 할인발행된다.
• 사채를 할인발행한 경우, 이자비용과 사채할인차금상각액 및 사채의 장부가액은 매년 증가한다.

15 ㈜대구가 다음과 같이 사채를 발행한 경우 사채할인발행차금을 구하면 얼마인가? [70회]

> • 사채 1좌당 액면금액 100,000원을 97,000원에 발행하였다(총 200좌, 상환기간 5년, 표시이자율 10%, 이자지급 연 1회).
> • 사채발행에 따른 납입금은 보통예금으로 입금되었으며, 이와 별도로 사채발행비 200,000원은 현금으로 지급하였다.

① 200,000원
② 400,000원
③ 600,000원
④ 800,000원

해설
사채할인발행차금 = 200좌 × (액면금액 100,000원 − 발행가액 97,000원) + 사채발행비 200,000원 = 800,000원

16 ㈜용화는 사채를 할인발행하고, 사채할인발행차금에 대하여 유효이자율법으로 상각하지 않고 정액법으로 상각하였다. 이러한 오류가 사채 발행연도의 재무제표에 미치는 영향으로 바르게 표시한 것은?

[70회]

	사채 장부가액	이자비용		사채 장부가액	이자비용
①	과대계상	과대계상	②	과대계상	과소계상
③	과소계상	과대계상	④	과소계상	과소계상

해설
사채할인발행차금을 유효이자율법이 아닌 정액법으로 상각하는 경우, 발행연도에 사채할인발행차금상각액이 과대계상되어 사채의 장부금액이 과소계상되며 이자비용도 과대계상된다.

14 ④ 15 ④ 16 ① **정답**

17 ㈜대한은 발행한 사채의 이자비용에 대한 회계처리 과정에서 사채할증발행차금 상각을 누락하고 표시이자 지급액 전액을 이자비용으로 인식하였다. 다음 중 사채할증발행차금 상각 누락이 당기 재무제표에 미치는 영향으로 옳은 것은? [69회]

① 이자비용 과소계상, 사채장부금액 과소계상
② 이자비용 과소계상, 사채장부금액 과대계상
③ 이자비용 과대계상, 사채장부금액 과대계상
④ 이자비용 과대계상, 사채장부금액 과소계상

해설
• 사채를 할증발행한 경우 이자비용은 표시이자 지급액에서 사채할증발행차금 상각액을 차감한 금액이다.
• 회사 분개　　　(차) 이자비용　　　　　　　　　xxx원　　(대) 현 금　　　　　　　　xxx원
• 올바른 분개　　(차) 이자비용　　　　　　　　　yyy원　　(대) 현 금　　　　　　　　xxx원
　　　　　　　　　　사채할증발행차금　　　　zzz원

18 다음 중 회사채에 대한 설명으로 틀린 것은? [68회]

① 사채할인발행차금은 액면이자율법을 적용하여 상각한다.
② 액면이자율보다 시장이자율이 큰 경우에는 할인발행한다.
③ 액면이자율과 시장이자율이 같은 경우에는 액면발행한다.
④ 사채발행비는 사채의 발행가액에서 차감한다.

해설
사채할인발행차금은 유효이자율법을 적용하여 상각하며, 상각한 금액을 당해 기간의 사채이자(비용)에 가산하여야 한다.

19 다음 자료에 의하여 2021년 12월 31일 이자지급일의 회계처리로 올바른 것은?(단, 이전까지의 회계 처리는 정상적으로 이루어진 것으로 가정하며, 원 단위 미만은 반올림한다) [67회]

• 사채발행일 : 2021년 1월 1일(만기 5년)　　• 이자지급일 : 매년 12월 31일
• 액면가액 : 1,000,000원　　　　　　　　　　• 발행 시 현재가치 : 927,910원
• 사채의 표시이자율 : 10%　　　　　　　　　• 사채의 유효이자율 : 12%

① (차) 이자비용　　　　　　　　111,349원　　(대) 현 금　　　　　　　　120,000원
　　　사채할증발행차금　　　　8,651원
② (차) 이자비용　　　　　　　　111,349원　　(대) 현 금　　　　　　　　100,000원
　　　　　　　　　　　　　　　　　　　　　　　　사채할인발행차금　　　11,349원
③ (차) 이자비용　　　　　　　　100,000원　　(대) 현 금　　　　　　　　88,651원
　　　　　　　　　　　　　　　　　　　　　　　　사채할인발행차금　　　11,349원
④ (차) 이자비용　　　　　　　　88,651원　　(대) 현 금　　　　　　　　100,000원
　　　사채할인발행차금　　　11,349원

해설
- 사채 액면이자 = 1,000,000원 × 10% = 100,000원
- 사채 유효이자 = 927,910원 × 12% = 111,349원
- 사채할인발행차금상각액 = 유효이자 111,349원 − 액면이자 100,000원 = 11,349원

20 ㈜회계는 2019년 1월 1일 사채(액면금액 1,000,000원, 표시이자율 10%, 이자는 매년 말 후급, 만기 5년)을 927,900원에 할인발행하였다. 사채발행 당시 시장이자율은 12%이다. 2019년 12월 31일에 이자를 지급하였으며, 2020년 1월 1일에 상기 사채를 950,000원에 상환하였다. 이 때 발생한 사채상환손익은 얼마인가? [63회]

① 10,752원 손실   ② 11,348원 손실
③ 10,752원 이익   ④ 11,348원 이익

해설
- 2019년 1월 1일 사채발행 시 사채할인발행차금 = 1,000,000원 − 927,900원 = 72,100원
- 2019년 12월 31일 사채할인발행차금 상각액 = (951,960원 × 12% = 111,348) − 100,000원 = 11,348원
- 2019년 12월 31일 사채할인발행차금 잔액 = 72,100원 − 11,348원 = 60,752원
- 2019년 12월 31일 사채의 장부가액 = 1,000,000원 − 60,752원 = 939,248원
- ∴ 2020년 1월 1일 사채상환손익 = 939,248원 − 950,000원 = 10,752원 손실

21 ㈜회계는 2020년 1월 1일 다음과 같이 사채를 발행하였다. 이 사채와 관련하여 발행 후 3년간의 이자비용 합계액은 얼마인가?(단, 소수점 이하는 절사한다) [62회]

- 3년 만기 사채의 액면금액 : 1,000,000원
- 액면이자율 : 연 8%(이자지급일은 매년 12월 31일)
- 발행 시 유효이자율 : 연 10%
- 10%의 현가계수 : 0.75131, 10%의 연금현가계수 : 2.48685

① 49,742원   ② 240,000원
③ 289,742원   ④ 300,000원

해설
- 사채할인발행차금 = 1,000,000원 − 950,258원 = 49,742원
- 액면이자 = 1,000,000 × 8% = 80,000원
- 총 액면이자 = 80,000 × 3년 = 240,000원
- ∴ 총 이자비용 = 49,742원 + 240,000원 = 289,742원

22 ㈜서하는 2020년 초에 사채를 할인발행하고 사채할인발행차금에 대하여 유효이자율법으로 상각하지 않고 정액법으로 상각하였다. 이러한 오류가 사채의 2020년말 재무제표에 미치는 영향은?

[61회]

	사채의 장부가액	당기순이익		사채의 장부가액	당기순이익
①	과소계상	과소계상	②	과소계상	과대계상
③	과대계상	과소계상	④	과대계상	과대계상

해설

사채할인발행차금을 유효이자율법이 아닌 정액법으로 상각한 경우 상각액이 과대계상되어 사채의 장부가액은 과대계상되며, 이자비용은 과대계상되어 당기순이익을 과소계상하게 된다.

23 일반기업회계기준에 따라 현재가치에 의해 평가되어야 할 채권 또는 채무에 해당하지 않는 것은?

[58회]

① 리스회계에 있어서의 금융리스부채
② 장기금전대차거래에서 발생하는 채권과 채무
③ 장기의 선급금과 선수금
④ 장기연불조건의 매매거래에서 발생하는 채권과 채무

해설

선급금과 선수금은 비화폐성자산 및 부채에 해당하므로 현재가치평가를 하지 않는다.

24 다음의 ㈜세무의 재무상태표이다. ㈜세무의 비유동자산과 비유동부채의 합계액은 얼마인가?

[58회]

- 현금및현금성자산 : 300,000원
- 기계장치 : 3,000,000원
- 매입채무 : 2,000,000원
- 퇴직급여충당부채 : 1,500,000원
- 이익잉여금 : 300,000원
- 매출채권 : 1,000,000원
- 영업권 : 1,000,000원

- 재고자산 : 2,000,000원
- 투자부동산 : 5,000,000원
- 장기차입금 : 3,000,000원
- 자본잉여금 : 1,000,000원
- 단기차입금 : 5,000,000원
- 자본금 : 2,000,000원

① 4,500,000원
② 9,000,000원
③ 13,500,000원
④ 12,300,000원

해설

비유동자산은 투자부동산, 기계장치, 영업권이며, 비유동부채는 장기차입금, 퇴직급여충당부채이다.

25 ㈜기업은 2019년 1월 1일 사채(액면금액 1,000,000원, 표시이자율 10%, 이자는 매년 말 후급, 만기 10년)를 887,000원에 할인발행하였다. 사채발행 당시 시장이자율은 12%이다. 2019년 12월 31일 재무상태표에 표시되는 사채의 장부가액은 얼마인가?(소수점 반올림할 것)　　　　[58회]

① 887,000원　　　　　　　　　　　　② 893,440원
③ 913,900원　　　　　　　　　　　　④ 944,500원

해설
· 사채할인발행 상각표

시 점	시장이자율(12%)	표시이자율(10%)	상각액	장부가액
2019년 1월 1일				887,000원
2019년 12월 31일	106,440원	100,000원	6,440원	**893,440원**

26 ㈜기업은 2019년 1월 1일 사채(액면가액 100,000원, 표시이자율 8%, 만기 3년)를 105,300원에 할증발행하였다. 유효이자율이 6%일 때 2019년 12월 31일 이자비용에 대한 회계처리로 옳은 것은? (단, 이자는 매년 말에 지급하는 것으로 가정한다)　　　　[58회]

① (차) 이자비용　　　　　　　6,318원　　(대) 현 금　　　　　　　　　6,318원
② (차) 이자비용　　　　　　　6,318원　　(대) 현 금　　　　　　　　　8,084원
　　　사채할증발행차금　　　1,766원
③ (차) 이자비용　　　　　　　7,000원　　(대) 현 금　　　　　　　　　8,000원
　　　사채할증발행차금　　　1,000원
④ (차) 이자비용　　　　　　　6,318원　　(대) 현 금　　　　　　　　　8,000원
　　　사채할증발행차금　　　1,682원

해설
· 액면이자(현금) = 액면가액 100,000원 × 표시이자율 8% = 8,000원
· 유효이자(이자비용) = 발행가액 105,300원 × 유효이자율 6% = 6,318원
· 사채할증발행차금상각 = 액면이자 8,000원 − 유효이자 6,318원 = 1,682원

27 ㈜서영은 2019년 4월 1일 액면 2,000,000원의 사채(표시이자율 8%, 만기 3년)를 1,900,000원에 발행하였다. 발행사채의 유효이자율(시장이자율)이 10%인 경우 ㈜서영의 2019년 손익계산서에 반영하는 유효이자율법에 의한 이자비용은 얼마인가?(단, 소수점 이하에서 반올림하며, 월할계산한다)　　　　[56회]

① 120,000원　　　　　　　　　　　　② 142,500원
③ 160,000원　　　　　　　　　　　　④ 190,000원

해설
· 장부금액 1,900,000원 × 유효이자율 10% × 보유기간 9/12 = 142,500원
※ 손익계산서에 계상해야 할 이자비용은 사채의 현재가치에 시장이자율을 곱한 금액이다. 시장이자율은 1년을 기준으로 하므로 기중에 발행한 사채이자는 발행일 이후의 월수로 환산해주어야 한다.

CHAPTER

10 자 본

01 자본의 의의

1. 자본의 개념

자본은 기업의 경제적 자원 중 주주에게 귀속되는 지분으로서 주주지분 또는 잔여지분이라고 한다. 자본은 별도로 측정할 수 없으며, 자산총액에서 부채총액을 차감한 잔액(순자산)으로만 계산된다. 자본을 재무상태표에 표시할 때는 자본거래와 손익거래로 구분한다.

(1) 자본거래

주주와의 거래를 말하며, 자본의 증감이 자본잉여금이나 자본조정금액의 변동을 수반한다. 자본거래는 현재 또는 잠재적 주주와의 거래로 어떠한 경우에도 당기손익에 반영되지 않는다. 결손보전과 자본전입 용도로만 사용할 수 있으며 배당의 재원으로 사용하지 못한다.

(2) 손익거래

손익거래는 자본거래를 제외한 거래를 말하며, 그 결과는 손익계산서에 당기순이익으로 보고된 후 이익잉여금으로 대체된다. 재무상태표에는 당기순이익의 누적액을 이익잉여금으로 보고하며, 당기순손실의 누적액을 결손금으로 보고한다.

손익거래의 결과로 자본이 증감한 경우에는 이익잉여금이나 기타포괄손익누계액으로 분류된다.

2. 자본의 분류

일반기업회계기준에서는 자본을 자본금, 자본잉여금, 자본조정, 기타포괄손익누계액, 이익잉여금(결손금)으로 분류한다.

- 자본금 : 보통주자본금, 우선주자본금
- 자본잉여금 : 주식발행초과금, 감자차익, 기타자본잉여금(자기주식처분이익 등)
- 자본조정 : 주식할인발행차금, 감자차손, 자기주식, 자기주식처분손실, 배당건설이자, 미교부주식배당금 등
- 기타포괄손익누계액 : 해외사업환산손익, 매도가능증권평가손익, 파생상품평가손익, 지분법자본변동 등
- 이익잉여금(또는 결손금) : 이익준비금, 기업합리화적립금, 재무구조개선적립금, 각종의 임의적립금, 미처분이익잉여금

02 자본금

1. 주식의 종류

자본금은 주식의 발행에 의해 불입되는 불입자본의 주요부분으로 발행주식의 액면총액(1주당 액면금액 × 발행주식총수)이다. 자본금은 보통주자본금과 우선주자본금으로 분류한다. 보통주와 우선주는 이익배당 시(배당금) 차등배분하므로 구분하여 재무제표에 표시하여야 한다.

(1) 보통주

회사가 여러 종류의 주식을 발행하는 경우 표준이 되는 주식으로서, 기본적인 소유권을 나타내는 주식이면서 기업의 최종위험을 부담하는 잔여지분의 성격을 갖는 주식을 말한다.

일반적으로 보통주는 주주총회에서 회사의 의사결정에 대한 의결권을 행사할 수 있으며, 회사가 유상증자를 실시할 때 신주를 우선적으로 구입할 수 있는 신주인수권을 부여받는 권리를 가지고 있다.

(2) 우선주

특정 사항에 관해서 보통주에 비해 우선적인 권리가 부여된 주식을 우선주라 한다. 일반적으로 이익배당이나 잔여재산분배에 관하여 다른 주식보다 우선적 지위를 보장해주는 주식이다. 우선주의 종류로는 누적적우선주와 비누적적우선주, 참가적우선주와 비참가적우선주 등이 있다.

① 누적적 우선주

특정 회계연도에 배당을 받지 못하거나 미리 정해진 일정 배당률에 미달하는 경우 이후 회계연도에 동 배당금액을 우선적으로 지급받을 수 있는 권리가 부여된 우선주를 말한다. 누적적 우선주의 배당금은 기업이 반드시 지급하여야 한다는 점에서 사채의 표시이자와 성격적인 유사성을 가진다.

② 참가적 우선주

사전에 정해진 배당률을 우선적으로 수령한 후 보통주가 우선주 배당률과 동일한 금액을 배당받는 경우 동 금액을 초과하여 배당으로 처분된 금액에 대하여 이익배당에 참여할 권리를 보통주와 동일하게 누릴 수 있는 우선주를 참가적 우선주라 한다. 참가적 우선주는 다시 추가적인 참가비율에 한도가 없는 완전 참가적 우선주와 한도가 있는 부분 참가적 우선주로 구분한다. 즉, 완전 참가적 우선주는 배당률에 제한이 없으나 부분 참가적 우선주는 최대배당률이 정해져 있는 차이가 있다.

2. 주식의 발행

주식발행도 사채발행과 마찬가지로 할증발행(발행금액 > 액면금액), 할인발행(발행금액 < 액면금액), 액면발행(발행금액 = 액면금액)으로 발행한다.

(1) 유상증자

회사는 발행예정주식총수의 범위(수권주식수) 내에서 새로운 주식을 발행할 수 있다.

유상증자란 회사가 주주로부터 금전이나 기타재산을 받고 주식을 추가로 발행하는 증자형태를 말한다. 이때 기타재산에는 재무상태표 차변에 기재할 수 있는 것은 대부분 가능하므로 동산, 부동산, 채권, 유가증권, 영업의 전부 또는 일부 영업상의 비결 등으로 출자가 가능하다.

기타재산을 받고 유상증자 하는 것을 현물출자라 하며, 현물출자 시 발행교부한 주식의 공정가치로 자산을 평가한다. 유상증자 시 발행가액과 액면가액의 차이에 따라 다음 3가지 방식으로 발행한다.

① 액면발행

액면금액 전액을 자본금계정으로 기록한다.

(차) 현 금	xxx	(대) 자본금	xxx

② 할증발행

발행가액이 액면금액을 초과하여 주식을 발행하는 것을 말한다. 이때 액면금액은 자본금으로 처리하고, 이를 초과하는 금액은 주식발행초과금(자본잉여금)으로 처리한다.

(차) 현 금	xxx	(대) 자본금	xxx
		주식발행초과금	xxx

③ 할인발행

주식을 액면금액에 미달하게 발행하는 것을 할인발행이라 한다. 할인발행의 경우 액면금액에 해당하는 금액은 자본금으로 처리하고 납입금액이 액면금액에 미달하는 부분은 주식할인발행차금(자본조정)으로 처리한다.

(차) 현 금	xxx	(대) 자본금	xxx
주식할인발행차금	xxx		

주식할인발행차금은 우선적으로 주식발행초과금과 상계를 한 후 잔액에 대해 3년 이내의 기간에 매기 균등액을 상각하여 미처분이익잉여금과 상계한다. 주의할 것은 기간계산을 할 때 매기를 기준으로 하므로 12월에 증자를 한 경우에도 1년치를 모두 상각하면 된다. 그리고 3년 이내의 기간으로 명시하고 있으므로 일시에 상각해도 된다. 만일 상각기간 중 주식발행초과금이 발생하면 우선적으로 상계하고 잔액은 잔여상각기간 동안 상각하면 된다.

※ 주식발행초과금과 주식할인발행차금은 서로 대립하는 계정인데, 유상증자시 주식의 발행금액이 액면금액을 초과하면 주식발행초과금으로 처리하고 미달하면 주식할인발행차금으로 처리한다. 주식발행초과금과 주식할인발행차금은 발생순서와 상관없이 서로 상계한다.

신주발행비는 설립일 이후 유상증자 시 주식을 발행하기 위해 직접 발생하는 비용을 말하는데, 이에는 발행수수료, 증자등기비용, 발행공고비용, 증권인쇄비 등이 있다. 주식발행으로 인해 조달된 현금을 감소시키는 효과가 있으므로 발행하여 수취한 현금금액에서 직접 차감해야 한다.

(2) 무상증자

무상증자는 주식발행초과금과 같은 자본잉여금 또는 이익잉여금 중 이익준비금과 같이 배당을 할 수 없는 법정적립금을 자본에 전입하고 주주에게 신주를 무상으로 발행하는 것을 말한다. 현금의 유입이 없으므로 기업의 입장에서는 자본의 구성내용만 변할 뿐 자본총계에는 영향을 미치지 아니한다. 무상증자로 인해 신주를 부여 받은 주주는 주식수는 증가하더라도 자기의 지분율 변동은 일어나지 않는다.

(차)	주식발행초과금	xxx	(대) 자본금	xxx
	이익준비금	xxx		

구 분	유상증자	무상증자
자본금	증 가	증 가
자본총계	증 가	**변동없음**

3. 자기주식

자기주식은 회사가 소각하거나 향후 재발행할 목적으로 취득한 자기회사의 주식으로서, 자본에서 차감하여 표시한다. 상법에서는 원칙적으로 회사가 자기계산으로 자기주식을 취득하는 것을 금지하되 부득이한 사유가 있는 경우 예외적으로 허용한다. 자기주식은 의결권이나 배당받을 권리 등 모든 사원권이 휴지되며, 의결권 정족수 산정 시 발행주식에도 불산입된다.

자기주식의 시점별 회계처리는 다음과 같다.

(1) 자기주식 취득 시

자기주식의 취득가액은 원가법에 의해 취득원가로 기록한다.

(차) 자기주식	xxx	(대) 현 금	xxx

만약, 자기주식을 무상취득하는 경우에는 회계처리 없이 비망기록만 하면 된다. 비망기록한 자기주식은 처분시점에 처분금액을 자기주식처분이익으로 인식한다.

(2) 자기주식 처분 시

• **처분금액 > 장부금액**

(차) 현 금	xxx	(대) 자기주식	xxx
		자기주식처분이익	xxx
		(자본잉여금)	

• **처분금액 < 장부금액**

(차) 현 금	xxx	(대) 자기주식	xxx
자기주식처분손실	xxx		
(자본조정 – 차감항목)			

자기주식처분손실은 자기주식처분이익과 우선적으로 상계를 하며, 상계되지 아니한 자기주식처분손실 잔액은 이익잉여금처분 시 미처분이익잉여금과 상계한다.

(3) 자기주식 소각 시

자기주식을 소각하는 경우에는 유상감자와 같이 회계처리하면 된다.

(차) 자본금	xxx	(대) 자기주식	xxx
감자차손	xxx	감자차익	xxx
(자본조정)		(자본잉여금)	

4. 감 자

기업은 발행주식수를 감소시키거나 결손금을 보전하기 위해 자본금을 감소시킬 수 있다. 이를 감자라고 한다. 자본은 회사가 보유할 재산액의 기준액이 되는 금액이므로 자본감소에는 엄격한 제한이 따른다. 자본을 감소시키기 위해서는 주주총회의 특별결의와 채권자보호절차를 거쳐야 한다. 감자는 유상감자와 무상감자로 구분한다.

(1) 유상감자

유상감자란 주식을 주주들로부터 유상으로 취득하여 소각하는 것으로 현금이 유출되므로 실질적 감자라고 한다. 회사의 자본금도 감소하고 자본도 감소하게 된다. 취득금액과 액면금액을 비교하여 액면금액이 클 경우 감자차익이, 취득금액이 클 경우 감자차손이 발생한다.

(차) 자본금	xxx	(대) 현 금	xxx
감자차손	xxx	감자차익	xxx
(자본조정)		(자본잉여금)	

감자차익(자본잉여금)과 감자차손(자본조정)은 우선적으로 상계를 하며, 감자차손의 잔액은 이익잉여금처분 과정에서 미처분이익잉여금과 상계한다.

(2) 무상감자

무상감자란 주주들에게 대가를 지급하지 않고 주당 액면금액을 감액시키거나 주식수를 일정비율로 감소시키는 것으로 누적된 결손금을 보전하기 위해 주로 사용된다.

무상감자는 회사의 자본금이 감소하지만 실질적으로 주주에게 지급되는 것이 없으므로 회사의 재산도 감소하지 않는 형식적 감자이다.

실무상 무상증자는 결손금누적으로 인해 이익배당을 못하는 경우 이익배당을 가능하게 하는 방법으로 사용하고 있다. 또한 감자에 대한 대가의 지급이 없으므로 감자차손이 발생하지 않는다.

(차) 자본금	xxx	(대) 이월결손금(또는 미처리결손금)	xxx
		감자차익	xxx

03 자본잉여금과 자본조정

1. 자본잉여금

법정자본을 초과한 불입자본 또는 자본거래에 의해 나타난 잉여금을 말한다. 이는 자본거래에서 발생하는 잉여금이므로 기업의 영업활동에서 발생하는 이익잉여금과는 구분되어야 하며, 따라서 손익계산서에는 표시되지 않는다.

(1) 주식발행초과금

주식발행초과금이란 액면을 초과하여 주식을 발행한 때 그 액면을 초과한 금액을 말한다.

신주발행 시 그 발행가액은 주식의 액면가액과 일치하거나 액면가액 이상 또는 이하일 수 있다. 이 중 액면가액 이상으로 발행하는 경우에 그 액면가액을 초과하는 금액을 주식발행초과금이라 하는 것이다.

주식발행초과금은 발행 시마다 한도 없이 계속 적립 가능하며 여타 자본잉여금과 마찬가지로 회사자본에 전입하거나 이익잉여금 및 기타 자본잉여금 등으로 충당하고도 남는 결손금을 보전하는 목적으로 사용할 수 있다. 또한 신주발행 시 발생하는 신주발행수수료 등의 직접 비용은 주식발행가액에서 직접 차감하도록 하고 있으므로, 주식발행초과금은 주식발행가액에서 신주발행비 등을 차감한 후의 가액 중에서 액면가액을 초과하는 금액이라 할 수 있다.

(2) 감자차익

주식을 매입소각하거나 결손금을 보전하기 위해 회사의 자본금을 일정한 방법에 의해 감소하는 것을 감자라 하며 이와 같이 감자를 행한 후 주주에게 반환되지 않고 불입자본으로 남아있는 부분을 감자차익이라 한다. 주식발행초과금과 같이 자본잉여금으로 계상한 감자차익은 자본에의 전입 또는 결손금보전의 목적만을 위하여 처분이 가능하다.

(3) 자기주식처분이익

주식발행초과금과 감자차익 이외의 자본잉여금으로 자기주식처분이익을 예로 들 수 있다. '자기주식'은 기업이 이미 발행한 주식을 다시 매입한 경우 재취득한 주식을 말하며, 자기주식처분이익은 자기주식의 재발행가액이 취득원가를 초과한 경우 그 초과 금액을 말한다.

소각목적으로 취득한 자기주식을 소각한 경우엔 감자차손익이 발생하지만 이를 매각처분한 때에는 자기주식처분손익이 발생하게 된다. 이때 발생되는 자기주식처분이익을 일반기업회계기준에서는 자본잉여금 중 기타자본잉여금으로 규정하고 있다.

그 밖에 기타자본잉여금으로는 '신주인수권대가', '전환권대가' 등이 있다.

2. 자본조정

자본조정이란 당해 항목의 특성상 소유주지분에 가감되어야 하거나 또는 아직 최종 결과가 미확정된 상태여서 자본의 구성항목 중 어느 것에 가감해야 하는지 알 수 없어 회계상 자본총계에 가감하는 형식으로 기재하는 항목을 말한다. 따라서 자본조정은 임시적 성격의 자본항목으로 그 내용을 구분하여 자본에 추가 혹은 차감하는 형식으로 표시한다.

(1) 주식할인발행차금

액면가액 이하로 주식을 발행한 때 액면가액에 미달된 금액을 말한다. 주로 주식할인발행 시에 발생한다. 상계할 주식발행초과금이 존재하지 않는다면 3년 이내의 기간에 매기 균등액을 상각하고 동 상각액은 이익잉여금처분으로 한다. 다만 처분할 이익잉여금이 부족하거나 결손이 있으면 차기 이후연도에 이월하여 상각할 수 있다.

(2) 감자차손

기업이 주주에게 감자대가를 지불하고 자본금을 감소시킨 경우 감소된 자본금이 감자대가에 미달된 경우 그 미달금액을 말한다. 감자차손은 감자차익과 우선 상계하여 남은 잔액은 자본조정의 차감항목으로 기재하였다가 주주총회의 승인이 나면 이를 상각하고 이익잉여금 처분항목으로 처리한다.

(3) 자기주식

자기주식은 기업이 이미 발행한 주식을 다시 매입한 경우 재취득한 주식을 말한다. 금고주 또는 재취득주식이라고도 한다.

자기주식을 구입하면 취득금액을 자본의 차감계정인 자본조정 항목으로 회계처리한다.

자기주식관련 회계처리는 취득 시 취득원가로 기록하고 이를 자기주식의 과목으로 자본조정으로 분류하는 원가법과 취득 시 액면금액으로 기록하고 이를 자본금계정에서 차감하는 형식으로 표시하는 액면금액법이 있는데 일반기업회계기준에서는 '원가법'을 채택하고 있다.

(4) 자기주식처분손실

자기주식처분손실은 자기주식의 재발행가액이 취득원가에 미달한 경우 그 미달 금액을 말한다. 자기주식처분 시 재발행가액이 취득원가에 미달한 경우 '자기주식처분이익'이 있다면 먼저 그 범위 내에서 상계처리하고, 남아있는 잔액이 있는 경우 자본조정의 '자기주식처분손실'로 회계처리한다. 향후 이익잉여금처분으로 상각되지 않고 남아있는 자기주식처분손실은 자기주식처분이익과 우선적으로 상계처리한다.

(5) 배당건설이자

회사가 설립한 후 정상적인 영업이 시작되기까지 장기간 소요되는 경우 자본조달을 원활히 하기 위하여 상법의 규정에 따라 이익이 없음에도 불구하고 배당을 하는 것을 배당건설이자라 한다.

상법은 회사의 목적사업 성질상 설립 후 2년 이상 그 영업 전부를 개시하기가 불가능하다고 인정되는 경우 정관으로 일정한 주식에 대하여 그 개업 전 일정한 기간 내에 연 50%의 이율 한도 내에서 법원의 인가를 얻어 일정한 배당을 할 수 있도록 규정하고 있다.

배당건설이자는 개업 후 연 6% 이상의 이익을 배당하는 경우 그 6%를 초과한 금액과 동액 이상을 상각하고 동 상각액은 이익잉여금의 처분으로 한다.

(6) 신주청약증거금

청약기일이 경과된 신주청약증거금은 신주납입액으로 충당될 금액을 자본조정으로 회계처리하며 주식을 발행하는 시점에서 자본금과 자본잉여금으로 회계처리한다.

(7) 기타 자본조정 항목

주식선택권(스톡옵션), 출자전환채무, 출자전환채무이자 등이 있다.

04 기타포괄손익누계액

기타포괄손익누계액은 손익거래의 결과임에도 불구하고 손익계산서상의 당기순이익이나 이익잉여금에 포함하지 않는 항목으로서 다음과 같은 것을 말한다.

① 매도가능증권평가손익

② 지분법자본변동

③ 해외사업환산손익

④ (현금흐름위험회피)파생상품평가손익

⑤ 재평가잉여금

> 손익계산서상의 당기순손익에 기타포괄손익을 가산하면 포괄손익이 된다.
>
> 포괄손익 = 당기순손익 + 기타포괄손익

기타포괄손익누계액 중 주요계정을 살펴보면 다음과 같다.

1. 매도가능증권평가이익

매도가능증권을 공정가치로 평가함에 따라 발생되는 평가손익은 미실현손익항목으로 보아 기타포괄손익누계액에 계상한다. 매도가능증권평가이익 또는 매도가능증권평가손실은 차기 이후에 발생하는 매도가능증권평가손실 또는 매도가능증권평가이익과 상계하여 표시하고, 당해 유가증권의 처분 시 매도가능증권처분이익 또는 매도가능증권처분손실에 차감 또는 부가한다. 즉, 매도가능증권평가손익은 당해 유가증권을 처분 시에 처분손익으로 손익계산서상에 실현되는 것이다.

2. 지분법자본변동

지분법적용투자주식 취득 이후 피투자기업에 대한 순자산지분금액의 변동이 피투자기업의 자본금, 자본잉여금, 자본조정 항목의 증가 또는 감소로 인해 변동한 경우 지분법 적용투자주식의 장부금액 변동액을 표시하는 계정이다.

3. 유형자산 재평가이익

유형자산에 대해 재평가모형을 적용하는 경우 당해 자산의 재평가이익은 재평가잉여금의 계정으로 하여 기타포괄손익에 반영

[자본조정과 기타포괄손익누계액 항목 비교]

구 분	자본조정	기타포괄손익누계액
자본의 가산계정	미교부주식배당, 주식선택권, 신주청약증거금 등	매도가능증권평가이익, 지분법자본변동, 유형자산재평가이익 등
자본의 차감계정	주식할인발행차금, 감자차손, 자기주식, 자기주식처분손실, 배당건설이자 등	매도가능증권평가손실, 부의지분법자본변동 등

05 이익잉여금

1. 이익잉여금의 구성

이익잉여금이란 영업활동으로 얻은 이익을 사내에 유보하여 축적한 것으로서 자본거래가 아닌 손익거래로 발생한 것을 말한다. 이익잉여금은 크게 법정적립금(이익준비금과 기타법정적립금)과 임의적립금, 그리고 미처분이익잉여금(또는 미처리결손금)으로 구분한다. 관련법에 따라 이익배당의 제한이 있는 법정적립금과 임의적립금은 그 제한내용을 주석으로 표시해야 한다.

(1) 이익준비금

상법 규정에 의해 매 결산기의 금전에 의한 이익배당액(중간배당포함)의 10분의 1 이상의 금액을 자본금의 2분의 1에 달할 때까지 의무적으로 적립하는 금액을 말한다. 적립해야 할 금액의 최저한도를 정한 것이므로 배당이 없어도 자유롭게 적립이 가능하다.

이익준비금은 상법에 의해 결손보전과 자본전입 이외에는 사용이 금지되어 있다.

(2) 기타법정적립금

상법 이외의 법령의 규정에 의하여 적립된 유보이익으로서 기업합리화적립금과 재무구조개선적립금 등이 있다.

(3) 임의적립금

회사의 정관이나 주주총회의 결의로 적립된 금액으로 적극적 적립금과 소극적 적립금으로 구분된다. 임의적립금은 특정한 목적에 사용할 자금을 확보하는 것이 아닌 이익잉여금 내에서의 계정대체하는 것이다. 또한 적립금의 적립 및 이입을 위해서는 주주총회에서 이익잉여금처분계산서가 승인이 되어야 한다.

① 적극적 적립금

기업가치를 증대시키기 위해 적립하는 금액으로 사업확장적립금, 신축적립금, 감채적립금 등이 있다.

② 소극적 적립금

결손이나 지출에 대비하기 위해 적립하는 금액으로 배당평균적립금, 결손보전적립금, 재해손실적립금, 별도적립금 등이 있다.

기업이 임의적립금을 쌓아 놓는 것은 이익잉여금에 대해 향후 사용목적이 정해져 있으므로 현재 배당을 할 수 없다는 표현으로 배당압력의 회피 수단으로 사용되기도 한다.

(4) 미처분이익잉여금(또는 미처리결손금)

미처분이익잉여금이란 이익잉여금 중 배당이나 적립 등으로 처분이 이루어지지 않은 부분을 말한다. 미처분이익잉여금은 전기 이월된 미처분이익잉여금과 당기순이익의 합으로 표시되며, 여기에 이익잉여금, 임의적립금, 배당 등의 이익잉여금처분액을 차감한 후의 잔액은 '차기이월미처분이익잉여금'이 되어 이월되어진다. 당기순손실이 발생하면 '미처리결손금'으로 계상한다.

2. 잉여금의 처분 및 결손금 처리

(1) 이익잉여금의 처분

이익잉여금의 처분을 통해 이익준비금, 기타법정적립금, 임의적립금, 현금배당 등으로 사내유보되거나 사외유출되어 처분되고, 이러한 처분내역은 '이익잉여금처분계산서'에 나타난다. 이익잉여금처분계산서의 처분확정일은 결산일이 아니라 주주총회결의일이 된다. 따라서 이익잉여금의 처분내역은 재무상태표에 반영되지 않고 주석으로만 표시된다.

(2) 결손금 처리순서

'결손금처리계산서'는 미처리결손금의 처리사항을 보고하기 위한 주석사항으로서 결손금의 처리내용을 표시한다. 결손금의 처리순서는 다음과 같다.

임의적립금이입액 → 기타법정적립금이입액 → 이익준비금이입액 → 자본잉여금이입액

(3) 현금배당과 주식배당

배당은 영업활동을 통해 얻게 된 이익을 주주들에게 보상의 의미로 지급하는 것을 말한다. 현금배당과 주식배당을 비교하면 다음과 같다.

배당구분	내 용
현금배당	• 이사회결의로 실시 • 이익잉여금에서 현금배당금만큼 차감한다. • 배당선언일 때 '**미지급배당금**'으로 처리했다가, 배당지급일 때 '현금'으로 배당지급한다. **[용어설명]** ⓐ 배당기준일 : 배당 받을 권리가 있는 주주들이 결정하는 날. 일반적으로 당해 기업의 결산일 ⓑ 배당선언일 : 보고기간종료일 후에 이사회에서 이익잉여금을 배당으로 승인한 날 ⓒ 배당금지급일 : 배당금으로 결의된 금액을 실제로 지급한 날이며 유동부채로 계상된 미지급배당금을 현금지급액과 상계

주식배당	• 주식을 배분하는 것으로, 이익잉여금이 자본금으로 바뀌는 것으로 단순한 자본항목의 재분류에 불과하다.
	• 미처분이익잉여금의 자본전입으로 발행주식수와 자본금이 증가될 뿐이다.
	• 기존주주의 지분비율이나 자산/부채에 아무런 변화가 없다.
	• 배당선언일 때 '**미교부주식배당금**'으로 처리했다가, 배당지급일 때 '자본금'으로 대체한다.
	
	[주식배당의 회계처리]
	ⓐ 주식배당결의일의 분개
	  (차) 미처분이익잉여금 xxx (대) 미교부주식배당금 xxx
	     (배당주식의 액면금액)
	ⓑ 주식교부일의 분개
	  (차) 미교부주식배당금 xxx (대) 자본금 xxx

3. 이익잉여금처분계산서

(1) 의 의

기업이 영업활동을 통해 벌어들인 이익이 어떠한 용도로 처분되며 처분 후 남아있는 이익의 잔액이 얼마인지 알려주기 위해 작성하는 보고서를 이익잉여금처분계산서라 한다. 이익잉여금처분계산서상의 금액은 예정금액으로 주주총회의 승인을 통해 확정된다. 재무상태표상의 이익잉여금 잔액은 이익잉여금을 처분하기 전의 잔액이다.

이익잉여금처분계산서

20x4년 1월 1일부터 20x4년 12월 31일까지

㈜위드　　　　　　　　　　　처분예정일 : 20x5년 3월 x일　　　　　　　　　(단위 : 원)

과 목	금 액	
Ⅰ. 미처분이익잉여금		xxx
1. 전기이월미처분이익잉여금 (또는 전기미처리결손금)	xxx	
2. 회계변경 누적효과	xxx	
3. 전기오류수정손익	xxx	
4. 중간배당액	(xxx)	
5. 당기순이익	xxx	
Ⅱ. 임의적립금 이입액		xxx
합 계		xxx
Ⅲ. 이익잉여금 처분액		(xxx)
1. 이익준비금	xxx	
2. 기타법정적립금	xxx	
3. 배당금	xxx	
4. 임의적립금	xxx	
Ⅳ. 차기이월미처분이익잉여금		xxx

(2) 이익잉여금처분계산서의 구성항목

① 미처분이익잉여금

   ㉠ 전기이월미처분이익잉여금 : 전기의 미처분이익잉여금(= 전기 이익잉여금처분계산서상 'Ⅳ. 차기이월미처분이익잉여금') 중 주주총회에서 이익잉여금 처분결의를 하고 남은 이익잉여금을 말한다.

   ㉡ 회계변경 누적효과 : 변경된 새로운 회계정책을 자산 또는 부채의 해당 계정과목에 소급적용하여 계산된 손익의 누적효과를 미처분이익잉여금에 반영한 것을 말한다.

   ㉢ 전기오류수정손익 : 전전기 이전에 발생한 오류사항을 비교목적으로 작성하는 전기재무제표에 반영하는 경우에 한한다. '중대한 오류'인 경우 손익계산서(영업외손익)으로 표시하며 동시에 이익잉여금처분계산서에 전기오류수정손익으로 표시한다.

ㄹ **중간배당액** : 연 1회의 결산기를 정한 회사는 영업연도 중 1회에 한하여 이사회의 결의로 일정한 날을 정하여 그날의 주주에 대해 금전으로 배당한 것을 가리킨다. 기중에 중간배당을 할 경우 이익잉여금과 상계하고 미처분이익잉여금 계산 시에는 중간배당액만큼을 차감하여야 한다.

ㅁ **당기순이익** : 당기 손익계산서상의 당기순이익과 동일한 금액

> 미처분이익잉여금 = 전기이월미처분이익잉여금 ± 회계정책변경의 누적효과 ± 전기오류수정손익 − 중간배당액 ± 당기순손익

② **임의적립금 이입액**

이익준비금처럼 법에 의해 적립이 강제되는 적립금이 아니라 기업이 임의로 적립한 금액을 임의적립금이라 하는데, 적립한 임의적립금을 이입하면 그 금액만큼 처분가능한 배당액이 증가하게 된다. 임의적립금 이입액은 주주총회의 승인을 거쳐야 하기 때문에 해당 회계처리는 주총 승인일에 이루어진다.

③ **이익잉여금처분**

ㄱ **이익준비금적립액** : 현금배당액의 10분의 1 이상의 금액을 이익준비금으로 적립해야 한다.

ㄴ **기타법정적립금적립액** : 상법상의 적립금인 이익준비금 이외에 법령에 의해 의무적으로 적립해야 하는 금액으로 기업합리화적립금, 재무구조개선적립금 등이 있다.

ㄷ **이익잉여금 처분에 의한 상각 등** : 이익준비금이나 법정적립금, 배당금, 임의적립금 이외의 이익처분 사항으로서 주식할인발행차금상각, 자기주식처분손실잔액상각, 상환주식의 상환 등이 있다.

ㄹ **배당금** : 당기에 이익으로 처분할 배당액으로서 금전에 의한 배당과 주식에 의한 배당으로 구분한다.

ㅁ **임의적립금** : 정관의 규정 또는 주주총회의 결의로 적립된 금액으로서 사업확장적립금, 감채적립금, 배당평균적립금, 결손보전적립금 또는 법인세 등을 이연할 목적으로 적립하여 일정기간이 경과한 후 환입될 준비금 등으로 한다.

④ **차기이월미처분이익잉여금**

차기이월미처분이익잉여금은 미처분이익잉여금에 임의적립금 이입액을 가산한 금액에서 이익잉여금처분액을 차감하여 계산한다.

- 차기이월미처분이익잉여금 = 미처분이익잉여금 + 임의적립금이입액 − 이익잉여금처분액
- 차기이월미처리결손금 = 미처리결손금 − 결손금처리액

06 자본변동표

자본변동표란 일정시점 현재 기업실체의 자본의 크기와 일정기간 동안 기업실체의 자본의 변동에 관한 정보를 나타내는 재무제표이다. 즉, 자본변동표란 납입자본, 이익잉여금, 기타자본요소의 각 항목별로 기초잔액, 당기변동사항, 기말잔액을 일목요연하게 나타낸 재무제표이다.

자본변동표

회사명 : ㈜위드　　　　　제×기 20x5년 1월 1일부터　20x5년 12월 31일까지　　　　(단위 : 원)

구 분	자본금	자본잉여금	자본조정	기타포괄손익누계액	이익잉여금	총 계
20x5.1.1 잔액	1,000,000	–	–	50,000	250,000	1,300,000
회계정책변경누적효과					24,000	24,000
전기오류수정					300,000	300,000
수정 후 이익잉여금					574,000	1,624,000
연차배당					(10,000)	(10,000)
처분 후 이익잉여금					564,000	1,614,000
중간배당					(10,000)	(10,000)
유상 증자	500,000	250,000				750,000
당기순이익					294,400	294,400
자기주식 취득			(12,000)			(12,000)
매도가능증권평가손익				(15,000)		(15,000)
해외사업환산손익				(30,000)		(30,000)
20x5.12.31 잔액	1,500,000	250,000	(12,000)	5,000	848,400	2,591,400

자본변동표는 정보이용자 입장에서 보면 다음과 같은 유용성이 있다.

① 자본의 변동내용에 대한 포괄적인 정보를 제공해 준다. 즉, 기존에는 자본의 상태(재무상태표), 이익잉여금의 변동내용만을 설명하였으나, 자본변동표는 재무상태표에 표시된 모든 자본항목의 변동내용에 대한 정보를 제공해 준다.
② 재무제표 간의 연계성을 제고시키며 재무제표의 이해가능성을 증진시킨다. 재무상태표에 표시되어 있는 자본의 기초잔액과 기말잔액을 모두 제시함으로써 재무상태표와 연결할 수 있고, 자본의 변동내용을 포괄손익계산서와 현금흐름표에 나타난 정보와 연결할 수 있어 정보이용자들이 보다 명확하게 재무제표 간의 관계를 파악할 수 있게 된다.
③ 손익계산서를 경유하지 않고 재무상태표의 자본항목에 직접 가감되는 항목에 대한 정보를 제공할 수 있다.

07 주당순이익

1. 주당이익의 의의

주당이익(EPS ; Earnings Per Share)이란 기업의 당기이익을 유통보통주식수로 나누어 얻은 금액으로서 회계기간의 경영성과에 대한 보통주 1주당 지분의 측정치를 나타낸다. 주당이익은 기본주당손익과 희석주당손익으로 구분되는데, 기본주당손익은 회계기간 중 실제 발행된 보통주식수를 기준으로 산출한 것이며, 희석주당손익은 실제 발행된 보통주뿐만 아니라 보통주로 전환될 수 있는 전환사채와 같은 잠재적보통주까지 감안하여 산출한 것으로 이는 기본주당손익에 비해 낮은 금액이 산출된다.

기업회계기준서에서는 보통주나 잠재적 보통주를 상장하고 있거나 상장절차를 진행하고 있는 기업의 경우에는 주당이익 정보를 공시하도록 하고 있으며, 주당이익의 산출근거를 주석으로 기재하도록 규정하고 있다.

2. 주당이익의 유용성과 한계

(1) 주당이익의 유용성

주당이익은 다음과 같은 유용성을 가지고 있다.

① 회계기간의 재무성과에 대한 보통주 1주당 지분의 측정치를 나타내므로 경영자의 재무성과를 판단하는 데 유용한 정보를 제공한다. 한 기업의 기간별 재무성과를 비교하는 데 있어서 발행주식수의 변화가 없다면 계속영업이익이나 당기순이익의 비교만으로도 충분하지만, 유상증자 등으로 발행주식에 변화가 있었다면 주당이익을 비교하는 것이 보다 더 의미가 있다. 또한 특정 기업의 재무성과를 규모가 서로 상이한 기업들과 비교하는 데에도 주당이익이 유용하다.

② 기업의 주당순이익과 1주당 배당금 지급액을 비교해봄으로써 당기순이익 중 배당으로 사외에 유출되는 부분과 사내에 유보되는 부분의 상대적 비중을 쉽게 알 수 있다.

③ 기업의 주가를 주당이익으로 나눈 주가수익률(PER)을 계산하여 주가수준을 판단할 수 있다.

즉, 주가수익률은 주당순이익의 몇 배만큼 주가가 형성되어 있는지를 나타내는 지표이므로 특정 기업의 주가수익률을 다른 기업의 그것과 비교해 봄으로써 향후 주가가 상승하거나 하락할 가능성을 예측할 수 있게 해준다.

(2) 주당이익의 한계

주당이익은 기업의 재무성과와 배당정책 및 주가수준을 평가하는 데 유용한 수단이 되기도 하지만, 다음과 같은 한계점도 가지고 있다.

① 주당이익은 과거의 수치로 계산된다는 점이다. 따라서 기업의 미래 수익력이나 주가변화와 관련된 의사결정에 이용하기에는 그 유용성이 한계가 있다.

② 주당이익은 질적 정보를 제공하지 못한다. 즉, 기업의 업종특성이나 위험 등을 나타내지 못한다. 이러한 문제점은 회계정보의 고유한 한계로 주석 등으로 보완하여야 한다.

3. 기본주당이익의 산정

기본주당순이익과 기본주당계속영업이익은 보통주당기순이익과 보통주계속영업이익을 각각 가중평균유통보통주식수로 나눈 금액을 말하는데, 이를 산식으로 나타내면 다음과 같다.

- 기본주당순이익(손실) = 보통주당기순이익(손실) ÷ 가중평균유통보통주식수
- 기본주당계속영업이익(손실) = 보통주계속영업이익(손실) ÷ 가중평균유통보통주식수

(1) 보통주이익

기본주당이익을 계산할 때 보통주이익은 당기순손익과 계속영업손익 각각의 금액에서 자본으로 분류된 우선주에 대한 배당금을 차감한 금액이다.

- 보통주당기순이익(손실) = 당기순손익 − 우선주배당금 등
- 보통주계속영업이익(손실) = 계속영업손익 − 우선주배당금 등

(2) 가중평균유통보통주식수

기본주당이익을 계산하기 위한 유통보통주식수는 그 기간에 유통된 보통주식수를 가중평균한 주식수로 한다. 이 경우 유통기간에 따른 가중치는 그 회계기간의 총 일수에 대한 특정 보통주의 유통일수의 비율로 산정하며, 가중평균에 대한 합리적인 근사치도 사용될 수 있다.

① 자기주식과 유상증자

주당이익은 유통주식에 대하여 산정하는 것이므로 자기주식은 취득시점 이후부터 매각시점까지의 기간 동안 가중평균유통보통주식수에 포함하지 아니한다. 그리고 당기 중에 유상증자로 보통주가 발행된 경우에는 가중평균유통보통주식수를 당해 주식의 발행일을 기준으로 기간경과에 따라 가중평균하여 조정한다.

② 무상증자, 주식배당, 주식분할 및 주식병합

무상증자, 주식배당, 주식분할 및 주식병합은 자원의 실질적인 변동을 유발하지 않으면서 보통주가 새로 발행될 수도 있고 가중평균유통보통주식수가 감소할 수도 있다. 따라서 당기 중에 무상증자, 주식배당, 주식분할 및 주식병합이 실시된 경우에는 기초에 실시된 것으로 간주하여 가중평균유통보통주식수를 증가 또는 감소시켜 준다. 다만 기중의 유상증자로 발행된 신주에 대한 무상증자, 주식배당, 주식분할 또는 주식병합은 당해 유상신주의 발행일에 실시된 것으로 간주하여 가중평균유통보통주식수를 조정한다.

01 ㈜올림의 2024년 말 자본의 세부 구성항목이 다음과 같을 때 2024년 말 재무상태표에 다음 항목별로 표시될 금액은 각각 얼마인가? [85회]

- 감자차익 : 50,000원
- 자기주식 : 100,000원
- 주식발행초과금 : 200,000원
- 자기주식처분이익 : 50,000원
- 매도가능금융자산평가이익 : 300,000원
- 이익준비금 : 200,000원
- 주식선택권 : 150,000원
- 이익잉여금 : 150,000원

	자본잉여금	기타포괄손익누계액	자본조정
①	200,000원	350,000원	100,000원
②	250,000원	350,000원	50,000원
③	250,000원	300,000원	100,000원
④	300,000원	300,000원	50,000원

해설
- 자본잉여금 = 감자차익 50,000원 + 주식발행초과금 200,000원 + 자기주식처분이익 50,000원 = 300,000원
- 기타포괄손익누계액 = 매도가능금융자산평가이익 300,000원
- 자본조정 = 주식선택권 150,000원 − 자기주식 100,000원 = 50,000원

02 다음 중 기업이 주식분할을 실시한 경우 재무제표 등에 미치는 영향으로 올바른 것은? [85회]

① 이익잉여금 : 감소
② 주당 액면가액 : 불변
③ 유통주식수 : 감소
④ 자본금 : 불변

해설
① 주식분할의 경우, 이익잉여금은 변하지 않는다.
② 주식분할의 경우, 주당 액면가액은 감소한다.
③ 주식분할의 경우, 유통주식수가 증가한다.

01 ④ 02 ④ **정답**

03 다음 중 자본조정이 발생하는 거래는 무엇인가?　　　　　　　　　　[84회]

① ㈜울산은 주주들로부터 주식을 유상으로 취득하여 소각하였으며, 감자차익이 5,000,000원 발생하였다.
② ㈜울산은 최대주주로부터 자기주식을 3,000,000원에 유상으로 취득하였다.
③ ㈜울산은 매도가능증권을 기말 공정가치로 평가함에 따라 매도가능증권평가이익을 1,000,000원 인식하였다.
④ ㈜울산은 누적된 결손금을 보전하기 위하여 주주들에게 대가를 받지 않고 자본금 2,000,000원을 감액시켰다.

해설
• 자기주식을 구입하면 자본의 차감계정인 자본조정으로 회계처리한다.
• 유상감자로 인한 감자차익은 자본잉여금 항목이고, 매도가능증권평가손익은 기타포괄손익누계액 항목이다.
• 무상감자는 감자차손익이 발생하지 않으며, 결손금을 자본금으로 보전한다.

04 다음 중 이익잉여금 처분 항목이 이익잉여금처분계산서 및 자본총계에 미치는 영향에 대한 설명으로 틀린 것을 모두 고르시오.　　　　　　　　　　[84회]

> 가. 주식배당은 차기이월미처분이익잉여금은 감소시키나 이익잉여금총계를 감소시키지 않는다.
> 나. 법정적립금 및 임의적립금으로의 적립은 이익잉여금총계에 미치는 영향은 없다.
> 다. 주식할인발행차금의 상각은 차기이월미처분이익잉여금을 감소시키나 자본총계에는 영향을 미치지 않는다.
> 라. 현금배당은 차기이월미처분이익잉여금은 감소시키나 이익잉여금총계 및 자본총계는 감소시키지 않는다.

① 가, 나　　　　　　　　　② 나, 다
③ 다, 라　　　　　　　　　④ 가, 라

해설
가. 주식배당은 차기이월미처분이익잉여금 이익잉여금총계를 모두를 감소시킨다.
라. 현금배당은 차기이월미처분이익잉여금, 이익잉여금총계 및 자본총계 모두를 감소시킨다.

05 다음 중 자본에 대한 설명으로 틀린 것은?　　　　　　　　　　[83회]

① 주식발행비는 발생 시 무조건 판매비와관리비로 회계처리한다.
② 자본잉여금에는 주식발행초과금, 감자차익, 자기주식처분이익이 있다.
③ 자본조정에는 주식할인발행차금, 감자차손, 자기주식처분손실, 자기주식 등이 있다.
④ 자본금은 법률에 의하여 정해진 납입자본금을 의미하며, 발행주식수에 액면가액을 곱한 금액이다.

해설

회사 설립 시 발생하는 주식발행비는 판매비와관리비로 처리하고, 추가적인 증자 시 발생하는 주식발행비는 주식발행초과금이 있는 경우 주식발행초과금에서 차감하고, 주식할인발행차금이 있는 경우 주식할인발행차금에는 가산한다.

06 다음 중 자본에 대한 설명으로 틀린 것은? [82회]

① 자본은 기업의 자산에서 모든 부채를 차감한 후의 잔여지분을 나타낸다.
② 현금으로 배당하는 경우에는 배당액을 이익잉여금에서 차감한다.
③ 현물을 제공받고 주식을 발행한 경우에는 제공받은 현물의 공정가치를 주식의 발행금액으로 한다.
④ 주식의 발행으로 발생한 주식발행초과금과 주식할인발행차금은 서로 상계하지 않고 총액으로 표시한다.

해설

주식의 발행으로 발생한 주식발행초과금과 주식할인발행차금은 서로 상계한 이후의 잔액을 표시한다.

07 다음은 ㈜경남의 자본 내역이다. 아래의 자료를 이용하여 ㈜충남의 자본조정과 자본잉여금을 구하시오. [82회]

- 감자차손 : 150,000원
- 감자차익 : 30,000원
- 자기주식 : 35,000원
- 매도가능증권평가이익 : 70,000원
- 주식발행초과금 : 100,000원
- 자기주식처분이익 : 125,000원
- 주식할인발행차금 : 200,000원
- 이익준비금 : 50,000원

	자본조정	자본잉여금
①	150,000원	50,000원
②	215,000원	85,000원
③	250,000원	250,000원
④	385,000원	255,000원

해설

- 자본조정 = 감자차손 150,000원 + 자기주식 35,000원 + 주식할인발행차금 200,000원 = 385,000원
- 자본잉여금 = 주식발행초과금 100,000원 + 감자차익 30,000원 + 자기주식처분이익 125,000원 = 255,000원

08 다음은 ㈜대전의 재무상태표상 기말자산과 기말부채 관련 자료이다. 기말자본은 얼마인가?

[81회]

- 상품 : 700,000원
- 선급비용 : 200,000원
- 매입채무 : 150,000원
- 매출채권 : 40,000원
- 건물 : 200,000원
- 선수수익 : 50,000원
- 보통예금 : 60,000원
- 미지급금 : 70,000원

① 920,000원
② 930,000원
③ 940,000원
④ 950,000원

해설
- 기말자산 = 700,000원 + 200,000원 + 200,000원 + 60,000원 + 40,000원 = 1,200,000원
- 기말부채 = 150,000원 + 50,000원 + 70,000원 = 270,000원
∴ 기말자본 = 기말자산 1,200,000원 − 기말부채 270,000원 = 930,000원

09 다음 중 자본에 대한 설명으로 올바른 것은?

[81회]

① 주식배당의 경우 발행주식의 액면금액을 배당액으로 하여 자본금의 증가와 이익잉여금의 증가로 처리한다.
② 이익잉여금 처분으로 상각되지 않은 감자차손은 향후 발생하는 감자차익과 우선적으로 상계한다.
③ 이익잉여금을 자본금에 전입하여 기존의 주주에게 무상주를 발행하는 경우에는 주식의 공정가액을 발행가액으로 한다.
④ 주식발행비용은 주식발행초과금에 가산하거나 주식할인발행차금에서 차감한다.

해설
① 주식배당의 경우 발행주식의 액면금액을 배당액으로 하여 자본금의 증가와 이익잉여금의 감소로 처리한다.
③ 이익잉여금을 자본금에 전입하여 기존의 주주에게 무상주를 발행하는 경우에는 주식의 액면가액을 발행가액으로 한다.
④ 주식발행비용은 주식발행초과금에서 차감하거나 주식할인발행차금에 가산한다.

10 다음 중 자본변동표에 영향을 줄 수 있는 것으로만 묶인 것은? [81회]

가. 단기매매증권	나. 당기순이익
다. 주식발행초과금	라. 차입금

① 가, 나   ② 다, 라

③ 나, 다   ④ 가, 라

해설

자본변동표는 자본의 크기와 그 변동에 관한 정보를 제공하는 재무제표에 해당한다. 당기순이익은 이익잉여금에, 주식발행초과금은 자본잉여금에 영향을 준다. 자산항목인 단기매매증권과 부채항목인 차입금은 자본에 영향을 주지 않는다.

11 ㈜전북은 공장 증설 등에 필요한 소요자금을 조달하기 위하여 유상증자를 당기 중에 실시하였다. 유상증자를 통해 발행된 신주 관련 자료는 다음과 같다. 주식발행과 관련된 회계처리를 완료 후 총자본은 얼마나 증가하는가? [81회]

- 추가로 발행한 주식 수는 100주이며, 주당 액면금액은 5,000원이다.
- 주당 발행가액은 4,000원이며, 신주발행 직접원가 10,000원이 발생하였다.
- 주식을 추가 발행하기 전 재무상태표상 주식할인발행차금의 잔액은 50,000원이다.

① 350,000원   ② 390,000원

③ 410,000원   ④ 500,000원

해설

자본증가액 = 주당 발행가액 4,000원 × 발행주식 수 100주 − 신주발행 직접원가 10,000원 = 390,000원

12 아래 자료는 ㈜전북의 2023년 자본과 관련된 부분 재무상태표이다. 다음 중 제14기 기중 자기주식거래와 관련한 설명으로 올바른 것은? [80회]

구 분	제14기 2023년	제13기 2022년
자본금(보통주 5,000주, @10,000원)	50,000,000원	50,000,000원
이익잉여금	24,420,000원	12,780,000원
자본조정	( )원	(−)800,000원
자기주식(보통주 80주, @10,000원)	( )원	800,000원
자본총계	74,420,000원	61,980,000원

① 2023년 자기주식의 변동은 없었다.
② 2023년 기중 보유 중인 자기주식을 모두 처분하였다.
③ 2023년 기중 보유 중인 자기주식을 소각하였다.
④ 2023년 자기주식 수가 증가하였다.

해설

2023년 자본조정 금액은 0원이므로 2022년도 자본조정에 있던 자기주식을 처분하였다. 자기주식을 소각하였다면 자본금이 감소하여야 한다.

13 ㈜충남의 2023년 말 자본변동표는 다음과 같다. ㈜충남의 2023년 손익계산서에 표시된 당기순이익은 얼마인가? [80회]

구 분	납입자본	이익잉여금	자기주식	재평가잉여금	총 계
2023년 01월 01일	200,000원	250,000원		100,000원	550,000원
유상증자	100,000원				100,000원
현금배당		(50,000원)			(50,000원)
자기주식 취득			(50,000원)		(50,000원)
총포괄손익		200,000원		100,000원	300,000원
2023년 12월 31일	300,000원	400,000원	(50,000원)	200,000원	850,000원

① 100,000원　　　　　　　　② 200,000원
③ 300,000원　　　　　　　　④ 400,000원

해설

당기순이익은 집합손익계정에서 이익잉여금 계정으로 대체되는 금액이므로 총포괄손익 중 이익잉여금 증가분에 해당한다.

14 ㈜충북은 2023년 회사를 설립하면서 신주(액면가액 10,000원, 1,000주)를 액면발행하고, 신주발행비로 100,000원을 지출하였다. 다음 중 회사 설립과 관련한 설명으로 틀린 것은?　　[80회]

① 자본금은 10,000,000원이다.
② 자본총액은 10,000,000원이다.
③ 당기 비용에는 영향을 미치지 않는다.
④ 자본잉여금으로 표시되는 금액은 없다.

해설

• 설립 시 신주발행비는 주식할인발행차금으로 인식하며, 자본의 차감계정이다.
• 회계처리　　(차) 현금및현금성자산　　9,900,000원　　(대) 자본금　　10,000,000원
　　　　　　　　주식할인발행차금　　100,000원

15 다음은 ㈜춘천의 회계자료이다. 일반기업회계기준에 따라 이익잉여금처분계산서를 작성할 때 ㈜춘천의 차기이월이익잉여금은 얼마인가?　　[79회]

• 현금배당 : 3,000,000원
• 이익준비금적립 : 2,000,000원
• 전기이월이익잉여금 : 10,000,000원
• 당기순이익 : 5,000,000원
• 주식배당 : 1,000,000원

① 8,000,000원
② 9,000,000원
③ 10,000,000원
④ 11,000,000원

해설

차기이월이익잉영금 = 전기이월 10,000,000원 + 당기순이익 5,000,000원 − 현금배당 3,000,000원 − 주식배당 1,000,000원 − 이익준비금 2,000,000원 = 9,000,000원

16 다음의 자료에서 설명하고 있는 자본 항목의 분류에 해당하는 계정과목으로 옳은 것은? [79회]

당해 항목의 성격상 자본거래에 해당하지만 최종 납입된 자본으로 볼 수 없고 자본의 가감성격을 가지는 것으로 자본금이나 자본잉여금으로 처리할 수 없는 성격을 갖는다.

① 사채할인발행차금
② 주식발행초과금
③ 자기주식
④ 감자차익

해설

• 자본조정은 당해 항목의 성격상 자본거래에 해당하지만 최종 납입된 자본으로 볼 수 없어 자본의 가감성격을 가지는 것으로 자본금이나 자본잉여금으로 처리할 수 없는 성격을 갖는다.
• 자본조정 : 자기주식, 주식할인발행차금, 감자차손, 자기주식처분손실 등
• 사채할인발행차금 : 사채 계정의 차감 계정
• 자본잉여금 : 주식발행초과금, 감자차익

17 다음은 ㈜수원의 2023년 재무상태표 자료 중 일부이다. 2023년의 총수익은 1,000,000원, 총비용은 700,000원이다. ㈜수원은 당기 중에 500,000원의 유상증자를 하였으며, 현금배당 100,000원을 지급하였다면 기초부채는 얼마인가?(단, 제시된 자료 외의 다른 자본항목의 변동은 없다)

[79회]

구 분	기 초	기 말
자산총계	5,000,000원	6,500,000원
부채총계	?	2,900,000원

① 2,100,000원　　　　　　② 2,300,000원
③ 2,700,000원　　　　　　④ 3,000,000원

해설
• 기말자본 = 기말자산 6,500,000원 − 기말부채 2,900,000원 = 3,600,000원
• 당기순이익 = 총수익 1,000,000원 − 총비용 700,000원 = 300,000원
• 기초자본 = 기말자본 3,600,000원 − 당기순이익 300,000원 − 유상증자 500,000원 + 현금배당 100,000원
　　　　　 = 2,900,000원
∴ 기초부채 = 기초자산 5,000,000원−기초자본 2,900,000원 = 2,100,000원

18 다음 중 이익잉여금처분계산서 작성 시 이익잉여금 처분에 표시하는 항목을 모두 고른 것은?(단, 보기의 각 지문은 상호 독립적이다)

[78회]

　　가. 이익준비금의 적립　　　나. 주식배당　　　다. 당기순이익　　　라. 중간배당

① 가, 나
② 가, 나, 다
③ 가, 나, 라
④ 나, 다, 라

해설
• 당기순이익과 중간배당은 이익잉여금처분계산서상의 미처분이익잉여금에 표시된다.
• 이익준비금의 적립과 주식배당은 이익잉여금의 처분에 표시된다.

19 ㈜대전은 설립 당시 주당 액면금액 10,000원인 주식 10,000주를 주당 9,000원에 발행하였다. 이후 주주총회에서 유상감자를 결정함에 따라 ㈜대전이 당사의 주식 1,000주(액면금액 10,000원)를 주당 11,000원에 현금으로 매입하여 소각한 경우, 유상감자에 대한 회계처리로 옳은 것은?[78회]

① (차) 자본금   10,000,000원   (대) 주식할인발행차금   1,000,000원
       감자차손   2,000,000원   현 금   11,000,000원
② (차) 자기주식   10,000,000원   (대) 현 금   11,000,000원
       감자차손   1,000,000원
③ (차) 자본금   10,000,000원   (대) 현 금   11,000,000원
       감자차손   1,000,000원
④ (차) 자본금   10,000,000원   (대) 현 금   11,000,000원
       자기주식처분손실   1,000,000원   주식할인발행차금   1,000,000원
       감자차손   1,000,000원

해설

기업이 이미 발행한 주식을 유상으로 재취득하여 소각하는 경우에 주식의 취득원가가 액면금액보다 작다면 그 차액을 감자차익으로 하여 자본잉여금으로 회계처리한다. 취득원가가 액면금액보다 크다면 그 차액을 감자차익의 범위내에서 상계처리하고, 미상계된 잔액이 있는 경우에는 자본조정의 감자차손으로 회계처리한다.

20 ㈜부산은 2023년 7월 1일 자본잉여금 5,000,000원을 재원으로 무상증자를 실시하였다. 무상증자를 통해 발행한 주식의 주당 액면가액은 5,000원이다. 다음 설명 중 올바른 것을 모두 고른 것은?

[78회]

> 가. 무상증자로 발행주식은 1,000주 증가한다.
> 나. 주식배당과는 달리 무상증자로 회사의 재무구조는 개선된다.
> 다. 무상증자로 자본금이 5,000,000원 증가한다.
> 라. 무상증자는 회사의 순자산에 변화를 가져오지 않는다.

① 가, 나, 다   ② 가, 다, 라
③ 나, 다, 라   ④ 가, 나, 다, 라

해설

가. 무상증자 발행주식수 = 자본잉여금 5,000,000원 ÷ 주당 액면가액 5,000원 = 1,000주 증가
나. 무상증자는 자본계정 내에서의 변동에 해당하여 자본총계에 변화를 가져오지 않으므로 재무구조는 변함이 없다.
다. 무상증자는 자본잉여금 계정을 자본금 계정으로 변경하는 것으로 자본금이 증가한다.
라. 무상증자는 자본계정 내 항목 간 대체에 불과하여 자본총계에 영향을 미치지 않는다.

21 다음 중 액면금액으로 주식배당을 하는 경우, 자본의 변동으로 올바른 것끼리 짝지어진 것은?

[77회]

	자본금	자본잉여금	이익잉여금
①	증가	증가	감소
②	증가	증가	불변
③	증가	불변	불변
④	증가	불변	감소

해설

액면금액 주식배당 회계처리   (차) 이익잉여금   xxx   (대) 자본금   xxx

22 다음은 ㈜한국의 자기주식 관련 자료이다. 아래의 자료를 바탕으로 ㈜한국의 2022년 말 자본조정 금액으로 올바른 것은?(단, 아래의 거래 외에 다른 자기주식 거래는 없다고 가정한다)   [77회]

- ㈜한국의 자본금은 100,000,000원(액면가 10,000원)이다.
- 2022년 06월 01일 자기주식 3주를 주당 12,000원에 취득하였다.
- 2022년 07월 01일 자기주식 1주를 주당 15,000원에 재발행하였다.
- 2022년 08월 01일 자기주식 1주를 주당 8,000원에 재발행하였다.
- 2022년 12월 31일 현재 1주의 자기주식을 보유하고 있다.

① 3,000원
② (−)1,000원
③ (−)4,000원
④ (−)13,000원

해설

• 회계처리

– 2022.06.01	(차) 자기주식	36,000원	(대) 현금	36,000원		
– 2022.07.01	(차) 현금	15,000원	(대) 자기주식	12,000원		
			자기주식처분이익	3,000원		
– 2022.08.01	(차) 현금	8,000원	(대) 자기주식	12,000원		
	자기주식처분이익	3,000원				
	자기주식처분손실	1,000원				

∴ 2022년 말 자본조정금액 = 자기주식처분손실 (−)1,000원 + 자기주식 (−)12,000원 = (−)13,000원

23 다음 중 자본이 증가하지 않는 것은? [76회]

① 유상증자   ② 자기주식 취득

③ 전환사채의 전환   ④ 당기순이익 발생

해설

• 자본 감소 : 자기주식 취득은 자본조정으로 자본의 차감항목이다.

• 자본 증가 : 전환사채의 전환, 유상증자, 당기순이익

24 다음은 ㈜가영의 이익잉여금처분계산서의 일부이다. 다음 설명 중 틀린 것은? [76회]

이익잉여금처분계산서

제5기 2021.07.01 ～ 2022.6.30

처분예정(확정)일 2022.08.25

Ⅰ. 미처분이익잉여금		141,000,000원
1. 전기이월이익잉여금	82,000,000원	
2. 당기순이익	( )원	
Ⅱ. 임의적립금 이입액		0원
1.	0원	
Ⅲ. 이익잉여금 처분액		5,500,000원
1. 이익준비금	( )원	
2. 현금배당	5,000,000원	
Ⅳ. 차기이월미처분이익잉여금		135,500,000원

① ㈜가영은 6월말 결산법인이다.

② 제5기 당기순이익은 59,000,000원이다.

③ 현금배당액은 2022년 6월 30일에 회계처리한다.

④ 이익준비금 당기 적립액은 500,000원이다.

해설

현금배당액은 처분확정일인 2022년 8월 25일에 회계처리한다.

25 자본변동표는 자본과 관련된 변동 정보를 제공하는 재무보고서이다. 다음 중 자본변동표를 구성하는 항목에 해당하지 않는 것은? [76회]

① 자본잉여금   ② 기타포괄손익누계액

③ 자본조정   ④ 감가상각누계액

해설

자본변동표에는 자본을 구성하는 자본금, 자본잉여금, 이익잉여금, 기타포괄손익누계액, 자본조정의 변동사항을 기록하며, 감가상각누계액은 유형자산의 차감계정이다.

26 ㈜가영은 채무 변제를 위한 출자전환을 통해 채권자에게 주식을 발행하여 교부하였다. 채무액은 40,000,000원이며 출자전환으로 인한 발행주식의 공정가액은 30,000,000원(액면가액 25,000,000원)이다. ㈜가영이 동 거래의 회계처리를 할 경우, 자본금은 얼마만큼 증가하는가?

[75회]

① 5,000,000원 　　　　　　　　② 10,000,000원

③ 25,000,000원 　　　　　　　　④ 40,000,000원

해설

• 회계처리 　(차) 차입금 　　40,000,000원 　(대) 자본금 　　25,000,000원
　　　　　　　　　　　　　　　　　　　　　　주식발행초과금 　5,000,000원
　　　　　　　　　　　　　　　　　　　　　　채무조정이익 　10,000,000원

27 아래의 자료는 ㈜가영의 2022년 자본과 관련된 부분 재무상태표이다. 다음 설명 중 틀린 것은?

[75회]

	2022년(4기)	2021년(3기)
자본금(보통주 1,000주, @10,000원)	10,000,000원	10,000,000원
자본잉여금		
주식발행초과금	5,000,000원	5,000,000원
이익잉여금	11,420,000원	10,000,000원
자본조정	(−)900,000원	?
자기주식(90주)	900,000원	?
자본총계	?	24,100,000원

① 2022년 유상증자는 없었다.

② 2022년 기중 자기주식 일부를 처분하였다.

③ 2022년은 전년보다 이익잉여금이 증가하였다.

④ 2022년은 전년보다 자본이 증가하였다.

해설

• 2022년 자본총계는 25,520,000원이다(= 10,000,000원 + 5,000,000원 + 11,420,000원 − 900,000원).

• 2021년 자기주식가액은 900,000원이다(= 24,100,000원 − 10,000,000원 − 5,000,000원 − 10,000,000원).

∴ 2022년과 2021년 자본조정에 있는 자기주식 금액 변동이 없다.

28 다음 자료에 따르면 ㈜지용의 2022년 말 재무상태표에 표시될 매도가능증권 금액과 기타포괄손익누계액은 얼마인가?　[75회]

> • 2020년 3월 1일 ㈜세무가 발행한 보통주 100주를 10,000원에 구입하고 매도가능증권으로 분류함
> • 2020년 말 매도가능증권평가손실 1,000원 인식
> • 2021년 말 매도가능증권평가이익 2,500원 인식
> • 2022년 말 매도가능증권평가손실 500원 인식

	매도가능증권	기타포괄손익누계액
①	8,500원	(−)1,500원
②	10,000원	0원
③	11,000원	1,000원
④	14,000원	4,000원

해설

• 기타포괄손익누계액 = 매도가능증권평가손실 (−)1,000원 + 매도가능증권평가이익 2,500원 − 매도가능증권평가손실 500원 = 1,000원
• 매도가능증권 장부금액 = 취득원가 10,000원 + 매도가능증권평가이익누계액 1,000원 = 11,000원

29 ㈜델타는 2022년 1월 1일 자본잉여금을 재원으로 무상증자를 하였다. 무상증자를 통해 발행한 주식수는 1,000주, 액면금액은 5,000원이다. 다음 설명 중 틀린 것은?　[74회]

① 발행주식총수가 증가한다.
② 자본금이 5,000,000원 증가한다.
③ 자본잉여금이 증가한다.
④ 무상증자로 회사의 순자산에는 영향이 없다.

해설

자본잉여금이 감소한다.

30 다음은 ㈜삼전의 2022년 말 자본구성항목이다. 재무상태표에 자본조정으로 표시될 금액은 얼마인가?

[74회]

- 이익준비금 : 200,000원
- 출자전환채무 : 300,000원
- 감자차익 : 250,000원
- 자기주식처분이익 : 100,000원
- 주식발행초과금 : 300,000원
- 매도가능증권평가이익 : 50,000원
- 신주청약증거금 : 600,000원

① 350,000원
② 450,000원
③ 900,000원
④ 950,000원

해설

자본조정 = 신주청약증거금 600,000원 + 출자전환채무 300,000원 = 900,000원

31 ㈜광해는 당기 중에 유상증자를 실시하여 주식을 추가로 발행하였으며, 관련 자료는 다음과 같다. 주식발행과 관련된 회계처리를 완료한 이후에 재무상태표에 표시될 주식발행초과금 또는 주식할인발행차금의 잔액은 얼마인가?

[73회]

- 추가로 발행한 주식 수는 100주이며, 주당 액면금액은 5,000원이다.
- 주당 발행가액은 4,000원이며, 신주발행 직접원가 10,000원이 발생하였다.
- 주식을 추가 발행하기 전 재무상태표상 주식할인발행차금의 잔액은 50,000원이다.

① 주식할인발행차금 100,000원
② 주식할인발행차금 110,000원
③ 주식할인발행차금 160,000원
④ 주식발행초과금 30,000원

해설

주식할인발행차금 = 주식할인발행차금 잔액 50,000원 + 신주발행 직접원가 10,000원 + (액면가액 5,000원 − 발행가액 4,000원) × 100주 = 160,000원

32 이익잉여금처분계산서 작성 시 미처분이익잉여금에 가감하여 표시하는 항목이 아닌 것은? [72회]

① 전기이월이익잉여금
② 당기순이익
③ 중간배당액
④ 현금배당과 주식배당

해설

현금배당과 주식배당은 이익잉여금처분액에 표시된다.

33 다음은 ㈜금영의 유상증자 관련 자료이다. 이에 대한 회계처리로 올바른 것은? [71회]

> - ㈜금영은 유상증자를 위하여 보통주 500주를 1주당 11,000원(1주당 액면금액 10,000원)에 발행하고, 주금은 현금으로 납입받았다.
> - 유상증자일 현재 주식할인발행차금의 장부금액은 300,000원이다.

① (차) 현 금 5,500,000원 (대) 자본금 5,000,000원
　　　　　　　　　　　　　　　　　주식할인발행차금 500,000원

② (차) 현 금 5,500,000원 (대) 자본금 5,000,000원
　　　　　　　　　　　　　　　　　주식할인발행차금 300,000원
　　　　　　　　　　　　　　　　　주식발행초과금 200,000원

③ (차) 현 금 4,500,000원 (대) 자본금 5,000,000원
　　　주식할인발행차금 300,000원
　　　주식발행초과금 200,000원

④ (차) 현 금 5,500,000원 (대) 자본금 5,000,000원
　　　　　　　　　　　　　　　　　주식발행초과금 500,000원

해설
주식의 발행금액이 액면금액보다 큰 경우 그 차액을 주식발행초과금으로 회계처리한다. 다만, 상각되지 않은 주식할인발행차금은 주식발행초과금과 우선적으로 상계한다.

34 다음은 ㈜연수의 자본 관련 내역이다. 자본조정 항목은 모두 몇 개인가? [70회]

> - 감자차익
> - 자기주식처분이익
> - 주식할인발행차금
> - 감자차손
> - 자기주식
> - 자기주식처분손실
> - 주식매수선택권
> - 이익준비금

① 2개　　　　　　　　　　② 3개
③ 4개　　　　　　　　　　④ 5개

해설
자본조정 항목은 주식할인발행차금, 감자차손, 자기주식, 자기주식처분손실, 주식매수선택권이다.

35 다음 중 자본의 증가를 가져오는 것은? [70회]

① 비품을 외상으로 구입하였다.
② 고객에게 상품을 판매하기로 하고 대금을 미리 받았다.
③ 외상으로 제품을 판매했다.
④ 당기분 본사 건물 재산세를 차기에 납부하기로 했다.

해설

③ 자산 증가, 수익 증가 → 자본 증가
① 자산 증가, 부채 증가 → 자본 변동 없음
② 자산 증가, 부채 증가 → 자본 변동 없음
④ 비용 증가, 부채 증가 → 자본 감소

36 다음 중 자본잉여금에 해당하는 계정과목으로만 짝지어진 것은? [69회]

가. 주식할인발행차금	나. 이익준비금
다. 매도가능증권평가이익	라. 자기주식처분이익
마. 전환권대가	바. 주식발행초과금

① 가, 나, 다   ② 라, 마, 바
③ 가, 다, 마   ④ 나, 라, 바

해설

자본잉여금에는 주식발행초과금, 자기주식처분이익, 전환권대가, 감자차익 등이 있다.

37 다음 중 주당이익의 유용성에 대한 설명으로 틀린 것은? [69회]

① 경영성과에 대한 보통주 1주당 측정치를 나타내며, 경영자의 성과를 판단하는데 유용한 정보를 제공한다.
② 기업의 주당순이익과 1주당 배당금 지급액을 비교해봄으로써 당기순이익 중 배당으로 사외로 유출되는 부분과 사내에 유보되는 부분의 상대적 비중을 알 수 있다.
③ 기업의 주가를 주당이익으로 나눈 주가수익률(PER)을 계산하여 주가 수준을 판단할 수 있다.
④ 주당이익은 미래에 발생할 것으로 예상되는 이익으로 계산되므로 기업의 미래 수익력과 관련된 의사결정에 유용하다.

해설

주당이익은 과거의 수치로 계산된다.

38 ㈜연수는 당기 중에 주식을 추가 발행하였으며 관련 자료는 다음과 같다. 주식발행과 관련된 회계처리를 완료한 이후에 재무상태표에 표시될 주식발행초과금 또는 주식할인발행차금의 잔액은 얼마인가?

[68회]

> • 추가로 발행한 주식 수는 100주이며, 주당 액면금액은 5,000원이다.
> • 주당 발행가액은 6,000원이며, 신주발행 직접원가 20,000원이 발생하였다.
> • 주식을 추가 발행하기 전 재무상태표 상 주식할인발행차금의 잔액은 50,000원이다.

① 주식할인발행차금 50,000원
② 주식할인발행차금 30,000원
③ 주식발행초과금 30,000원
④ 주식발행초과금 50,000원

해설

• 주식발행초과금 = (발행가액 6,000원 − 액면가액 5,000원) × 100주 − 신주발행 직접원가 20,000원 − 주식할인발행차금 50,000원 = 30,000원

• 유상증자 시   (차) 현 금   580,000원   (대) 자본금   500,000원
　　　　　　　　　　　　　　　　　　　　　　　　주식할인발행차금   50,000원
　　　　　　　　　　　　　　　　　　　　　　　　주식발행초과금   30,000원

39 ㈜세무는 2021년 1월 1일 자금조달을 위하여 유상증자를 하였다. 유상증자를 통해 발행한 주식수는 1,000주, 액면금액은 5,000원, 발행가액은 8,000원이다. 다음 설명 중 틀린 것은?　　　[68회]

① 발행주식총수가 증가한다.
② 자본금이 5,000,000원 증가한다.
③ 자본잉여금이 증가한다.
④ 유상증자로 회사의 순자산에는 영향이 없다.

해설

④ 유상증자가 이루어지면 회사의 순자산이 증가한다.
① 유상증자를 통해 1,000주를 발행하였으므로 발행주식수가 1,000주 증가한다.
② 자본금 증가액 = 액면금액 5,000원 × 발행주식수 1,000주 = 5,000,000원
③ 자본잉여금(주식발행초과금) 증가액 = (발행가액 8,000원 − 액면금액 5,000원) × 발행주식수 1,000주
　　　　　　　　　　　　　　　　　　　　　= 3,000,000원

40 다음 자료를 이용하여 2021년도 이익잉여금 처분에 대한 주주총회 결의 직후 2021년 이익잉여금처분계산서상 차기이월 미처분이익잉여금 잔액을 계산하면 얼마인가? [68회]

- 전기이월 미처분이익잉여금 : 1,230,000원
- 당기순이익 : 520,000원
- 주주총회 결의
  - 현금배당 : 600,000원
  - 주식배당 : 200,000원
  - 임의적립금 적립 : 90,000원
  - 이익준비금 적립 : 상법에 의한 최소금액 적립

① 780,000원   ② 800,000원
③ 860,000원   ④ 950,000원

해설
- 처분전이익잉여금 = 전기이월 미처분이익잉여금 1,230,000원 + 당기순이익 520,000원 = 1,750,000원
- 이익잉여금처분액 = 현금배당 600,000원 + 주식배당 200,000원 + 임의적립금 적립액 90,000원 + 이익준비금 적립액 60,000원 = 950,000원
- 이익준비금 적립액 = 현금배당 600,000원 × 10% = 60,000원
∴ 미처분이익잉여금 잔액 = 처분전이익잉여금 1,750,000원 − 이익잉여금처분액 950,000원 = 800,000원

41 다음 중 자본에 대한 설명으로 옳지 않은 것은? [68회]

① 자본은 자산에서 부채를 차감한 후에 남는 잔여지분을 말하며, 순자산 또는 소유주지분이라고 한다.
② 자본잉여금은 자본거래활동에서 발생한 잉여금으로 주식발행초과금, 감자차익, 자기주식처분이익이 있다.
③ 주식할인발행차금은 주식발행초과금과 우선상계하고, 우선상계할 것이 없으면 이익잉여금처분 시 미처분이익잉여금과 상계한다.
④ 자본금은 법률에 의하여 정해진 납입자본금을 의미하는데, 발행주식수에 발행가액을 곱한 금액이다.

해설
법정자본금은 발행주식수에 액면금액을 곱한 금액이다.

42 자본변동표는 자본의 크기와 그 변동에 관한 정보를 제공하는 재무제표에 해당한다. 다음 항목 중 자본변동표에 영향을 줄 수 없는 것은? [68회]

① 매도가능증권평가손익
② 당기순이익
③ 충당부채
④ 감자차손

해설

- 자본변동표는 자본항목의 영향을 받는다. 충당부채는 부채항목으로 자본변동표에 영향을 주지 않는다.
- 매도가능증권평가손익, 감자차손은 자본조정항목이고, 당기순이익은 이익잉여금에 영향을 준다.

43 다음 중 주식의 발행가액에 대한 설명으로 틀린 것은? [67회]

① 현금을 납입받고 액면주식을 발행한 경우 주식의 발행가액은 납입받은 현금의 금액으로 한다.
② 현금을 납입받고 무액면주식을 발행한 경우 주식의 발행가액은 이사회 또는 주주총회에서 결정한 금액으로 한다.
③ 현물을 제공받고 주식을 발행한 경우에는 제공받은 현물의 공정가치를 주식의 발행금액으로 한다.
④ 자본잉여금 또는 이익잉여금을 자본금에 전입하여 기존의 주주에게 무상으로 신주를 발행하는 경우에는 주식의 공정가치를 주식의 발행금액으로 한다.

해설

자본잉여금 또는 이익잉여금을 자본금에 전입하여 기존의 주주에게 무상으로 신주를 발행하는 경우에는 주식의 액면금액을 주식의 발행금액으로 한다.

44 ㈜세무는 보통주 10주(주당 액면가액 5,000원, 주당 발행가액 8,000원)를 45,000원에 매입 소각하였다. ㈜세무가 보통주 매입소각과 관련하여 손익계산서에 미치는 영향은? [67회]

① 0원
② 손실 5,000원
③ 이익 5,000원
④ 이익 35,000원

해설

자본금을 감소시킬 때 발생한 감자차익은 자본잉여금 계정에 속한다. 보통주 매입소각과 관련하여 회사는 감자차익 5,000원을 인식하기 때문에 매입소각으로 손익계산서에 미치는 영향은 없다.

45 다음 자료를 보고 ㈜망고의 자본잉여금과 이익잉여금을 구하시오. [67회]

- 주식발행초과금 : 160,000원
- 이익준비금 : 50,000원
- 임의적립금 : 25,000원
- 매도가능증권평가이익 : 60,000원
- 자본금 : 200,000원
- 자기주식처분손실 : 125,000원
- 자기주식 : 100,000원
- 감자차익 : 40,000원

	자본잉여금	이익잉여금		자본잉여금	이익잉여금
①	240,000원	150,000원	②	200,000원	75,000원
③	350,000원	190,000원	④	40,000원	50,000원

해설
- 자본잉여금 = 주식발행초과금 160,000원 + 감자차익 40,000원 = 200,000원
- 이익잉여금 = 임의적립금 25,000원 + 이익준비금 50,000원 = 75,000원

46 다음 중 재무상태표의 자본과 관련한 설명으로 틀린 것은? [66회]

① 자본금은 주당 액면가액에 발행주식수를 곱한 금액이다.
② 순자산의 증감을 가져오는 거래중에 미실현손익으로 분류되는 것은 기타포괄손익누계액에 계상된다.
③ 무상증자와 주식배당 모두 자본금의 증가를 가져온다.
④ 감자차손, 자기주식처분손실, 매도가능증권평가이익은 자본조정 항목이다.

해설
매도가능증권평가이익은 기타포괄손익누계액에 해당한다.

47 재무상태표상의 자본에 대한 설명으로 틀린 것은? [65회]

① 자본은 기업의 자산에서 모든 부채를 차감한 후의 잔여지분을 나타내며, 주주로부터의 납입자본에 기업활동을 통하여 획득하고 기업의 활동을 위해 유보된 금액을 가산하고, 기업활동으로부터의 손실 및 소유자에 대한 배당으로 인한 주주지분 감소액을 차감한 잔액이다.
② 자본금은 법정 납입자본금으로서 발행주식수에 액면가액을 곱한 금액이므로 무액면주식을 발행하거나 현물을 제공받고 주식을 발행할 수 없다.
③ 자본잉여금은 자본과 관련된 거래에서 발생하여 자본을 증가시키는 잉여금을 말한다.
④ 자본조정은 당해 항목의 성격으로 보아 자본거래에 해당하나 최종 납입된 자본으로 볼 수 없거나 자본의 가감 성격으로 자본금이나 자본잉여금으로 분류할 수 없는 항목이다.

해설
- 주주로부터 현금을 수령하고 주식을 발행하는 경우 주식(상환우선주 등 포함)의 발행금액이 액면금액(무액면주식의 경우 발행금액 중 이사회 또는 주주총회에서 자본금으로 정한 금액, 이하 같음)보다 크다면 그 차액을 주식발행초과금으로 하여 자본잉여금으로 회계처리한다.
- 기업이 현물을 제공받고 주식을 발행한 경우에는 제공받은 현물의 공정가치를 주식의 발행금액으로 한다.

48 다음 중 기타포괄손익누계액 항목으로만 묶여진 것은? [65회]

① 주식매수선택권, 주식할인발행차금
② 해외사업환산손익, 매도가능증권평가손익
③ 파생상품평가손익, 자기주식
④ 재평가잉여금, 신주청약증거금

해설
주식매수선택권, 주식할인발행차금, 자기주식, 신주청약증거금은 자본조정항목이다.

49 ㈜회계의 이익잉여금에 대한 사항이 다음과 같을 때 2020년 처분전이익잉여금 (가)는 얼마인가?
(단, 이익준비금은 상법상 최소금액을 적립하기로 하였다) [64회]

	당기(2020년)	전기(2019년)
Ⅰ. 처 분 전 이 익 잉 여 금	(가)	250,000원
1. 전기이월이익잉여금	( )	200,000원
2. 당 기 순 이 익	20,000원	50,000원
Ⅱ. 임 의 적 립 금 이 입 액		50,000원
1. 사 업 확 장 적 립 금		50,000원
Ⅲ. 이 익 잉 여 금 처 분 액	55,000원	( )
1. 이 익 준 비 금	500원	( )
2. 현 금 배 당 금	( )	50,000원
Ⅳ. 차 기 이 월 이 익 잉 여 금	( )	( )

① 100,000원
② 145,000원
③ 245,000원
④ 265,000원

해설
- 2019년 이익준비금 : 5,000원(현금배당금의 10%)
- 2019년 차기이월이익잉여금 = 250,000원 + 50,000원 − 55,000원 = 245,000원
- ∴ 2020년 처분전이익잉여금 = 245,000원 + 20,000원 = 265,000원

50 다음은 자본변동표 일부이다. (가)항목에 들어갈 수 없는 것은? [64회]

자본변동표

제4기 2020.01.01. ~ 2020.12.31.
제3기 2019.01.01. ~ 2019.12.31.

구 분	자본금	자본잉여금	자본조정	기타포괄손익 누계액	이익잉여금	총 계
2020.1.1.	xxx	xxx	xxx	xxx	xxx	xxx
(가)	xxx	xxx	xxx	xxx	xxx	xxx
	xxx	xxx	xxx	xxx	xxx	xxx
2020.12.31	xxx	xxx	xxx	xxx	xxx	xxx

① 유상증자 ② 매도가능증권평가손익
③ 당기순이익 ④ 매도가능증권

해설

자본변동표는 일정기간 회사의 자본 및 그 변동에 관한 정보를 제공하는 표로서, 항목에는 자본과 관련된 항목만 해당한다. 매도가능증권은 자산으로서 자본변동표에 표시되지 않는다.

51 다음은 ㈜주원의 이익잉여금처분계산서의 일부이다. ㈜주원이 처분할 현금배당액은 얼마인가?
[63회]

이익잉여금처분계산서
제5기 2020.01.01 ~ 2020.12.31
처분예정(확정)일 2021.03.21

Ⅰ. 미처분이익잉여금		41,000,000원
1. 전기이월이익잉여금	33,500,000원	
2. 당기순이익	7,500,000원	
Ⅱ. 임의적립금 이입액		0원
1.	0원	
Ⅲ. 이익잉여금 처분액		( )원
1. 이익준비금	400,000원	
2. 현금배당	(?)원	
Ⅳ. 차기이월미처분이익잉여금		36,600,000원

① 400,000원 ② 4,000,000원
③ 4,400,000원 ④ 41,000,000원

해설

• 현금배당액 = 41,000,000 - (400,000 + 현금배당액) = 36,600,000원
∴ 현금배당액 = 4,000,000원

CHAPTER 11 수익과 비용

01 수익 · 비용의 인식과 측정

1. 수익 · 비용의 정의

(1) 수익 · 비용의 인식과 측정

① 수익과 비용의 인식

수익과 비용이 속하는 회계기간을 결정하는 것으로서 수익과 비용의 귀속기간에 관한 것이다.

② 수익과 비용의 측정

수익과 비용의 금액을 결정하는 것으로서 얼마의 화폐액으로 측정할 것인가의 문제이다.

(2) 현금주의와 발생주의

① 현금주의

현금을 수취할 때 수익을 계상하고 현금을 지급할 때 비용을 계상하는 기준이다.

② 발생주의

현금의 수입과 지출에 관계없이 당기에 손익이 발생하면 당기의 수익과 비용으로 계상하는 기준으로, 이익측정에 있어서 수익 · 비용 대응의 원칙이 적용되는 것이다. 현행 일반기업회계기준에서는 발생주의에 의하여 수익과 비용을 인식한다. 발생주의 인식의 단점을 보완하기 위해 현금흐름표를 재무제표에 포함하고 있다.

2. 수익의 개념

(1) 수익의 의의

수익이란 통상적인 경영활동에서 발생하는 경제적 효익의 총유입을 말하며, 자산의 증가 또는 부채의 감소로 나타난다.

(2) 수익의 분류

① 매출액

㉠ 상품 등의 판매 또는 용역의 제공으로 실현된 금액으로, 기업의 주요영업 활동 또는 경상적인 활동으로 얻은 영업수익이다.

㉡ 기업회계기준에서는 총매출액에서 매출에누리와 환입 및 매출할인을 차감한 후의 순매출액만을 손익계산서에 매출액으로 표시하도록 하고 있다.

② 영업외수익

　　㉠ 기업의 주요영업활동과 관계없이 발생하는 수익으로서 재무활동이나 투자활동에서 발생하는 수익을 말한다.

　　㉡ 영업외수익에는 이자수익, 배당금수익(주식배당액은 제외한다), 임대료, 유가증권처분이익, 유가증권평가이익, 대손충당금환입, 외환차익, 외화환산이익, 지분법이익, 투자자산처분이익, 유형자산처분이익, 사채상환이익, 전기오류수정이익, 자산수증이익, 채무면제이익, 보험차익, 잡이익 등이 포함된다.

(3) 수익의 인식기준

수익인식은 업종에 따라, 거래의 조건에 따라 각각 다르며 일반적으로, 진행기준, 완성기준, 인도기준, 회수기준 등이 있다.

① 수익의 인식기준 - 실현주의

　　수익의 인식은 미래 경제적 효익의 유입가능성이 높고 그 효익을 신뢰성 있게 측정할 수 있을 때 인식한다. 수익을 인식하기 위해서는 가득기준과 실현기준을 모두 충족하여야 하며, 해당 기준을 만족했을 때 수익을 인식하는 것을 실현주의라고 한다. 실현주의는 주관적인 수익인식을 배제하며 객관적인 측정이 가능한 시점에서 수익을 인식토록 하는 보수적 회계처리에 해당한다.

　　[가득기준]

　　가득기준은 수익을 획득하기 위하여 재화를 인도하거나 용역을 제공하는 등의 기업실체가 이행하여야 하는 의무를 충분히 이행하였을 때 가득과정이 완료되었다고 본다.

　　[실현기준]

　　실현되었거나 실현가능해야 한다. 실현되었다함은 제품, 상품, 기타자산이 현금 및 현금청구권으로 확정되었음을 의미한다. 따라서 채권금액을 합리적으로 추정할 수 있게 되기 이전에는 수익을 인식할 수 없으며, 수익을 인식하기 위해서는 관련원가를 합리적으로 측정가능해야 한다.

② 수익실현기준의 종류

　　기업의 수익창출은 원재료구매, 생산, 보관, 판매, 대금회수 등 기업의 영업활동 전반에 걸쳐 발생하지만 이러한 활동에 따른 가치 증가분에 대해 객관적인 측정이 어려우므로 수익획득에 가장 결정적인 사건이 완료된 시점을 가득시점으로 본다.

　　• 진행기준 : 생산계획 및 재료구입 이후 생산을 시작하여 생산이 완료되는 시점까지의 수익을 인식하는 방법
　　• 완성기준 : 생산이 완료된 시점에서 수익을 인식하는 방법
　　• 판매기준(인도기준) : 판매시점에서 수익을 인식하는 방법
　　• 회수기준 : 판매대금을 회수한 시점에서 수익을 인식하는 방법

　　※ 진행기준과 완성기준은 주로 용역제공에 대한 수익인식기준이고, 판매기준과 회수기준은 상품판매와 관련한 수익인식기준이다.

③ 기업회계기준에 의한 주요 매출의 수익인식(실현) 시기
　㉠ 상품 및 제품매출 : 판매기준(인도한 날)
　㉡ 용역매출 및 예약매출 : 진행기준
　㉢ 위탁매출 : 수탁자가 위탁품을 판매한 날
　㉣ 시용매출 : 매입자가 매입의사를 표시한 날
　㉤ 할부매출 : 인도(판매)한 날(단, '장기할부매출'의 경우는 인도시점에서 현재가치로 수익을 인식하고, 이자상당액('현재가치할인차금')은 기간의 경과에 따라 유효이자율법을 이용하여 이자수익을 인식한다.)

3. 비용의 인식과 측정

(1) 비용의 의의

비용은 재화의 인도·생산 또는 용역의 제공 등 기업활동으로 일정기간 중 나타난 자산의 유출액(소비액) 또는 부채의 발생액이다. 즉, 수익을 얻기 위해 소비한 재화나 용역으로, 순이익(자본)의 감소요인이 되는 것을 말한다.

(2) 비용의 인식기준(대응원칙)

비용의 인식이란 비용의 발생지점 또는 보고시점에 관한 것으로 비용이 귀속되는 회계기간을 결정하는 것이다. 비용도 수익과 마찬가지로 기업의 경영활동 전 과정을 통해서 발생하므로 재화나 용역의 사용·소비로 미래 경제적 효익이 감소하고 이를 신뢰성 있게 측정할 수 있을 때 포괄손익계산서에 인식해야 한다.

그러나 현실적으로 이 논리를 적용하기가 어렵기 때문에 일반적으로 수익이 인식된 시점에서 수익과 관련하여 비용으로 인식하게 되는데, 이를 수익/비용대응의 원칙이라고 한다.

즉, 수익·비용대응의 원칙은 비용의 인식기준인 것이다. 수익·비용대응의 원칙에 따라 비용을 인식하는 방법에는 다음 세 가지가 있다.

① 직접대응방법

수익획득과 직접적인 인과관계가 성립할 때 수익인식시점에서 비용을 인식하는 것을 말하는 것으로 매출원가나 판매비 등을 그 예로 들 수 있다. 매출수익을 얻기 위한 제품이나 상품의 제조(구입)원가는 관련수익과 개별적으로 명확하게 인과관계를 가지고 있으므로 그 제품(상품)으로 인한 수익이 실현되는 시점에서 비용으로 인식하게 된다.

② 기간배분하는 방법

특정 수익과 직접적인 인과관계를 명확히 알 수 없지만 발생한 원가가 일정기간 동안 수익창출활동에 기여한 것으로 판단되면 해당되는 기간에 합리적이고 체계적으로 배분하는 방법을 말한다. 유형자산에 대한 감가상각비와 무형자산에 대한 상각비 및 보험료, 임차료의 기간배분 등을 그 예로 들 수 있다.

③ 즉시 인식하는 방법

위의 ①, ②와 같은 방법으로 비용을 인식할 수 없을 때, 즉 당기에 발생한 원가가 미래 경제적 효익을 제공하지 못하거나 미래 경제적 효익의 가능성이 불확실한 경우에 발생 즉시 비용으로 인식하는 것을 말한다. 광고선전비나 일반관리비 등을 그 예로 들 수 있다.

(3) 원가와 비용

원가와 비용은 동의어로 사용되기도 하나 경우에 따라 구별되기도 한다. 원가는 제품원가를, 비용은 기간비용으로 표시함으로써 구별된다.

① 제품원가

제품의 원가를 구성하는 것으로서 제품이 판매되기 전까지 자산(재고자산)으로 계상되다가 판매 후에는 비용화되어 매출원가로 계상됨으로써 수익(매출액)과 대응되는 것이다.

② 기간비용

제품의 제조와 직접 관련없이 발생하는 비용으로 발생기간에 부담할 당기 비용(판매비와관리비 등)으로 처리하는 것을 말한다.

(4) 비용의 분류

① 매출원가

㉠ 상품 및 제품 등의 판매 또는 용역의 제공으로 계상된 매출상품의 원가다. 매출원가는 수익인 매출액과 직접 대응된다.

㉡ 매출원가는 상기업인가, 제조기업인가에 따라 다르게 계산된다. 당기매입액(순매입액)은 [총매입액 + 매입부대비용 – 매입에누리 및 환출 – 매입할인]으로 계산된다.

② 판매비와관리비

㉠ 판매비와관리비는 상품과 용역의 판매활동 또는 기업의 관리와 유지에서 발생하는 비용을 말한다.

㉡ 판매비와관리비에는 급여(임원급여, 급료, 임금 및 제수당을 포함한다), 퇴직급여, 복리후생비, 임차료, 접대비, 감가상각비, 무형자산상각비, 세금과공과, 광고선전비, 연구비, 경상개발비, 대손상각비 등 매출원가에 속하지 아니하는 모든 영업비용을 포함한다.

③ 영업외비용

㉠ 기업의 주요영업활동에 직접 관련없이 재무활동 또는 투자활동에서 발생하는 비용으로서 경상적이고 반복적으로 발생하는 비용이다.

㉡ 영업외비용에는 이자비용, 기타의대손상각비[주1], 유가증권처분손실, 유가증권평가손실, 재고자산평가손실, 재고자산감모손실(비정상적 발생분)[주2], 외환차손, 외화환산손실, 기부금, 투자자산처분손실, 유형자산처분손실, 법인세추납액, 사채상환손실, 전기오류수정손실, 재해손실 등을 포함한다.

[주1) 매출채권 이외의 채권에 대한 대손상각비는 '기타의대손상각비'로 영업외비용으로 분류한다.
[주2) 정상적으로 발생한 재고자산감모손실은 매출원가에 포함시킨다.

02 판매기준 인식

재화는 판매할 목적으로 생산한 제품과 재판매하기 위하여 매입한 상품으로 고객에게 재화를 인도하는 시점에 수익을 인식한다. 또한 관련되는 원가를 전액 대응하여 비용으로 인식한다. 이러한 기준을 판매기준 또는 인도기준이라 한다. 일반적으로 재화판매거래의 경우 판매시점에 수익을 인식한다.

1. 재화판매거래의 수익인식 요건

재화의 판매로 인한 수익은 다음 조건이 모두 충족될 때 인식한다.

- 재화의 소유에 따른 중요한 위험과 보상이 구매자에게 이전된다.
- 판매자는 판매된 재화의 소유권과 결부된 통상적인 수준의 관리상 지속적 관여를 하지 않을 뿐만 아니라 효과적인 통제를 하지도 아니한다.
- 수익금액을 신뢰성 있게 측정할 수 있다.
- 거래와 관련된 경제적 효익의 유입가능성 매우 높다.
- 거래와 관련하여 발생했거나 발생할 원가를 신뢰성 있게 측정할 수 있다.

2. 유형별 재화판매거래의 수익인식

(1) 위탁판매

상품의 판매를 다른 기업(수탁자)에게 위탁하고 판매에 따른 수수료를 지급하는 형태의 판매이다. 위탁판매는 위탁자가 수탁자에게 상품 등을 이전한 시점에 수익을 인식하는 것이 아니라 수탁자가 상품을 판매하는 시점에 수익을 인식한다. 따라서 수탁자가 보관 중인 상품은 기말 위탁자의 재고자산 (적송품)에 포함된다. 상품을 수탁자에게 보내는 운임은 재고자산의 원가에 가산한다. 단, 운임이 상대적으로 중요하지 않은 경우에는 운반비로 처리하는 것이 합리적일 것이다.

(차) 적송품	xxx	(대) 상 품	xxx
		현 금	xxx ← 운임

(2) 설치조건부 판매

재화를 판매하면서 설치용역을 제공하는 경우 설치용역이 유의적으로 재화와 별도 구분되는 수행의무인지 여부에 따라 다음과 같이 회계처리한다.

① 설치용역이 별도 수행의무로 식별되는 경우 각각을 별도로 수익 인식한다.
② 설치용역이 별도 수행의무로 식별되지 않는 경우 재화의 통제가 이전되는 시점에 수익 인식한다.

(3) 검사조건부 판매(고객의 인수)

① 재화나 용역이 합의된 규약에 부합하는지 객관적으로 판단 가능한 경우 실제로 인수되었으므로 형식적인 고객 인수 절차와 관계없이 수익 인식한다.
② 재화나 용역이 합의된 규약에 부합하는지 객관적으로 판단 불가능한 경우 고객이 인수하는 시점에 수익인식한다.

(4) 할부판매

단기할부판매의 수익인식시점을 판매시점으로 적용할 것을 규정하고 있다. 다만 장기할부판매의 경우 명목가액과 미래현금흐름의 현재가치와의 차이가 중요하기 때문에 장기할부판매의 판매가격은 받을 대가를 내재이자율로 할인한 현재가치로 계상하고 이자상당액(현재가치할인차금)은 유효이자율법에 의해 회수기간 동안 이자수익으로 인식하도록 하고 있다.

〈판매시점 회계처리〉

(차)	장기매출채권	xxx	(대)	매 출	xxx	
				현재가치할인차금	xxx	← 장기매출채권의 차감계정

(5) 시용판매

시용판매란 고객이 일정기간 상품을 사용한 후 구입여부를 결정하는 판매형태를 말한다. 일반기업회계기준에서는 상품의 인도시점에 수익금액을 신뢰성 있게 측정하기 어렵기 때문에 고객이 매입의사를 표시한 시점에 수익을 인식하도록 규정하고 있다. 따라서 위탁판매처럼 고객이 구매의사를 표명하기 전의 시송품은 판매회사의 재고자산으로 인식하여야 한다.

(6) 판매 후 재매입약정

판매자가 재화소유에 따른 위험과 보상을 보유하고 있으므로 수익거래가 아닌 자금을 차입하는 금융약정으로 본다.

(7) 반품조건부 판매

① 반품가능성을 합리적으로 예측가능한 경우 제품 등의 인도시점에 반품금액을 매출이 아닌 환불충당부채로 인식하며, 회수가 예상되는 자산은 매출원가가 아닌 반품자산으로 인식한다.
② 반품예상액을 합리적으로 추정이 불가능한 경우에는 반품권이 소멸된 시점에 수익을 인식한다(판매시점에는 회계처리 없음).

(8) 상품권판매

상품권은 재화의 인도가 있기 전 미리 수령한 선수금의 성격이므로, 상품권 발행 시 선수금(상품권선수금계정)으로 처리하였다가 상품권을 회수하는 때에 매출로 인식하며, 할인판매한 경우 할인액은 상품권할인액계정으로 하여 선수금계정에서 차감한다.
다만, 상품권의 유효기간 경과 시엔 차액만큼을 잡이익(상품권경과이익)으로 처리

➕ 예시

1. ㈜위드가 액면 100,000권 상품권 10매를 950,000원에 판매한 경우를 가정해 보자. 다음과 같은 회계처리가 가능하다.

- 상품권 판매 시

(차)	현 금	950,000	(대)	상품권선수금	1,000,000
	상품권할인액	50,000			

- 상품권 회수 시(10매 전부 회수 가정)

(차)	상품권선수금	1,000,000	(대)	매 출	1,000,000
	매출에누리	50,000		상품권할인액	50,000

  ※ 할인액은 상품권할인액 계정으로 하여 동 선수금 계정에서 차감하는 형식으로 표시하며, 상품권할인액은 추후 물품 등을 제공하는 때에 매출에누리로 대체한다.

2. 만약 ㈜위드의 상품권 10매 중 1매가 60,000원에 판매되어 40,000원을 환급하여 주는 경우의 회계처리는 다음과 같다.

(차)	상품권선수금	1,000,000	(대)	매 출	960,000
	매출에누리	50,000		현 금	40,000
				상품권할인액	50,000

3. 만약 ㈜위드의 상품권 10매 중 1매가 회수되지 않은 채 유효기간이 경과하였고, 유효기간이 경과한 상품권에 대해 액면가액의 80%를 반환하기로 명시된 경우를 가정해 보자. 회계처리는 다음과 같다.

- 상품권 회수 시(9매 회수 가정)

(차)	상품권선수금	900,000	(대)	매 출	900,000
	매출에누리	45,000		상품권할인액	45,000

- 유효기간 경과 시(액면가액의 20%만큼 이익으로 계상)

(차)	상품권선수금	20,000	(대)	잡이익	20,000

- 소멸시효 완성 시

(차)	상품권선수금	80,000	(대)	잡이익	75,000
				상품권할인액	5,000

(9) 출판물의 구독

① 판매가액이 매기간 유사

정액기준으로 수익인식

② 판매가액이 매기간 상이

추정 총판매가액에 대한 발송품목가액의 비율로 수익인식

(10) 미인도 청구판매

미인도 청구판매란 재화의 인도가 구매자의 요청에 의해 지연된 거래로서 구매자가 재화의 소유권을 가지며 대금청구를 수락하는 판매형태이다. 미인도 청구판매는 구매자가 소유권을 가지는 시점에 수익을 인식한다.

03 생산기준 인식

판매시점 이전에 수익을 보고하는 방법으로 생산기준 인식방법이 있다. 생산기준이란 생산이 완성된 시점 또는 생산기간 중에 수익을 인식하는 방법으로 생산완성기준과 생산진행기준으로 구분한다.

1. 용역의 수익인식

용역의 제공으로 인한 수익은 용역제공거래의 결과를 신뢰성 있게 추정할 수 있을 때 보고기간 말에 그 거래의 진행률(진행기준)에 따라 인식한다. 다음 조건이 모두 충족되는 경우 용역제공거래의 결과를 신뢰성 있게 추정할 수 있다고 본다.

> [일반기준] 수익금액을 신뢰성 있게 측정할 수 있고, 거래와 관련된 경제적 효익의 유입가능성이 매우 높다.
> [진행기준] 보고기간 말에 그 거래의 진행률을 신뢰성 있게 측정할 수 있다.
> [대응원칙] 이미 발생한 원가 및 거래의 완료를 위한 원가를 신뢰성 있게 측정할 수 있다.

진행기준은 합리적인 진행률의 측정을 전제로 하며, 진행률 산정시 해당 용역의 특성에 따라 작업진행정도를 가장 신뢰성 있게 측정할 수 있는 방법을 선택해야 한다.

만약 용역제공거래의 성과를 신뢰성 있게 추정할 수 없고 발생한 원가의 회수가능성도 낮은 경우에는 당해 수익을 인식하지 않고 기 발생한 원가를 비용으로 인식한다.

2. 업종별 용역수익 인식기준

용역의 업종별 구체적인 수익인식기준은 다음과 같다.

구 분	수익인식시점
설치용역 수수료	설치용역이 주목적인 경우 : 진행기준(설치용역이 부목적인 경우 : 인도기준)
광고관련수익	① 광고매체 수수료(방송사) : 광고 전달 시 ② 광고제작 수수료(광고제작사) : 진행기준
공연입장료 수익	행사개최시점(단, 하나의 입장권으로 여러 행사 참여 시 → 각각 행사의 용역수행정도에 따라 배분)
수강료	진행기준(강의 기간 동안 발생기준)
입회비, 회원가입비	① 회원자격유지 : 회수가 확실하게 되는 시점 ② 저가구매 권리가 부여 : 가입기간 동안 제공되는 효익에 따라 인식
주문개발 소프트웨어	진행기준
이자, 배당금, 로열티	① 이자수익 : 원칙적으로 유효이자율을 적용하여 **발생기준**에 따라 인식 ② 배당금수익 : 배당금을 받을 권리와 금액이 **확정되는** 시점에 인식 ③ 로열티수익 : 관련된 계약의 실질을 반영하여 **발생기준**에 따라 인식
프렌차이즈 수익	① 창업지원용역 　• 원칙 : 창업지원용역제공 완료되는 시점 　• 예외(회수가 장기&불확실) : 회수기준(현금수취시점) ② 상품 또는 설비제공수익 　• 원칙 : 인도시점 　• 예외(적정이익 미달) : ①의 수수료를 이연하여 설비제공수익으로 인식 ③ 운영지원용역 　• 원칙 : 용역제공시점 　• 예외(적정이익 미달) : ①의 수수료를 이연하여 운영지원용역으로 인식

➕ **더 알아두기**

1. 고객충성제도

(1) 의 의

고객충성제도란 고객이 재화나 용역을 구매하면, 기업은 고객보상점수(일명 '포인트')를 부여하고 고객은 보상점수를 사용하여 재화나 용역을 무상 또는 할인구매하는 방법으로 보상을 받는 제도

(2) 유 형

판매자가 보상을 직접 제공	A회사가 고객에게 포인트를 적립해주고 그 포인트로 A회사 자기의 물건이나 용역을 제공할 수 있게 하는 경우
제 3자가 보상을 제공	A회사가 고객에게 포인트를 적립해주고 그 포인트로 B회사의 물건이나 용역을 제공할 수 있게 하는 경우

(3) 판매자가 보상을 직접 제공

- 수익인식시기 : 보상점수가 회수 & 보상을 제공할 의무를 완료한 때

- 수익측정금액 : 보상점수에 배분된 대가 $= \dfrac{\text{실제 회수점수}}{\text{총 예상 회수점수}}$

(4) 제3자가 보상을 제공

대가를 자기의 계산으로 회수(총액법)	• 수익인식시기 : 보상점수가 회수 & 보상을 제공할 의무를 완료한 때 • 수익측정금액 : 보상 점수에 배분된 총 대가 • 원가측정금액 : 제3자가 제공한 보상에 대해 기업이 지급할 금액
대가를 제3자가 대신하여 회수(순액법)	• 수익인식시기 : 제 3자가 보상점수가 회수 & 보상을 제공할 의무를 완료한 때 • 수익측정금액 : 보상 점수에 배분된 대가와 제3자가 제공한 보상에 대해 기업이 지급할 금액의 차액을 수수료로 수익 인식

2. 보증의무

보증의무에는 확신유형의 보증과 용역유형의 보증이 있다.

구 분	수익인식시기	수익 측정
확신유형의 보증	합의된 계약에 부합한다는 확신의 제공	총공급대가를 수익으로 인식 (충당부채 회계처리 준용)
용역유형의 보증	고객에게 별도의 용역을 제공 또는 고객이 보증을 별도로 구매한 경우	총공급대가 중 일부를 보증용역에 배부하여 별도 수행의무로 수익인식

3. 건설형 공사계약의 수익인식

건설공사의 수익인식방법에는 건설기간 중에 수익을 인식하는 진행기준과 건설이 완성되었을 때 수익을 인식하는 완성기준이 있다. 그런데 공사가 여러 회계기간에 걸쳐 이루어지는 경우에 공사완성기준을 따르면 공사가 완성되어 인도될 때까지 수익을 계상하지 않고 있다가 공사가 완성되어 인도된 때 일시에 거액의 수익을 계상하게 되기 때문에 기간손익이 불균형적으로 나타나게 된다. 이와 같은 불합리한 점을 제거하기 위해 장기적인 발주공사나 주문생산이 이루어질 경우 일반채택기업회계기준에서는 수익인식방법으로 진행기준에 의할 것을 원칙으로 하고 있다. 이를 공사진행기준이라고 한다.

(1) 건설계약의 의의

건설계약이란 단일 자산의 건설이나 설계, 기술 및 기능 또는 그 최종목적이나 용도에 있어서 밀접하게 상호연관되거나 상호의존적인 복수의 자산의 건설을 위해 구체적으로 협의된 계약을 말한다. 건설계약에는 다음과 같은 유형의 계약도 포함한다.

① 관련 용역제공계약(공사관리와 설계용역처럼 자산의 건설에 직접 관련된 계약)
② 복구계약(자산의 철거나 원상회복, 그에 따른 환경 복구)

(2) 건설계약의 수익과 원가

① 공사수익

공사수익은 건설사업자가 발주자로부터 지급받을 건설계약금액에 근거하여 계상한다. 공사수익은 수령하였거나 수령할 대가의 공정가치로 측정한다. 계약수익의 구성요소는 다음과 같다.

- 최초에 합의한 계약금액
- 건설공사내용의 변경이나 보상금 또는 장려금의 지급에 따라 추가될 수익 중 발생가능성이 매우 높고 신뢰성 있는 측정이 가능한 금액

이미 공사수익으로 인식한 금액의 회수가능성이 불확실해지는 경우에는 당기 비용(대손)으로 인식할 수 있다.

② 공사원가

계약원가는 계약체결일로부터 계약의 최종완료일까지의 기간에 당해 계약에 귀속될 수 있는 원가를 포함한다. 공사원가는 다음의 항목을 포함한다.

공사원가의 구분	공사원가의 종류	처리방법
특정 공사에 직접 관련된 공사직접원가	• 현장감독을 포함한 현장인력의 노무원가 • 건설에 사용된 재료원가 • 계약에 사용된 생산설비와 건설장비의 감가상각비 • 생산설비, 건설장비 및 재료를 현장으로 운반하거나 현장에서 운반하는 데 소요되는 원가 • 생산설비와 건설장비의 임차원가 • 계약과 직접 관련된 설계와 기술지원원가 • 예상하자보수원가를 포함한 복구 및 보증공사의 추정원가 • 제3자의 보상금 청구	잉여자재를 판매하거나 계약종료시점에 생산설비와 건설장비를 처분하여 발생하는 공사수익에 포함되지 않는 부수적 이익은 원가에서 차감한다.
특정 공사에 개별적으로 관련되지는 않으나 여러 공사활동에 배분될 수 있는 공사공통원가	• 보험료 • 특정 공사에 직접 관련되지 않은 설계와 기술지원원가 • 건설간접원가	공통원가는 체계적이고 합리적인 방법에 따라 배분한다.
계약조건에 따라 발주자에게 청구할 수 있는 기타 특정 공사원가	계약조건에 보상받을 수 있도록 규정되어 있는 일부 일반관리원가와 개발원가	-

계약활동에 귀속할 수 없는 공사원가로 보는 지출은 다음과 같다.

> ⊙ 계약에 보상이 명시되어 있지 않은 일반관리원가, 연구개발원가
> ⓒ 판매원가
> ⓒ 특정 계약에 사용하지 않는 유휴 생산설비나 건설장비의 감가상각비

> ### ➕ 더 알아두기
>
> **건설계약 진행기준의 적용요건**
>
> 건설계약은 다음의 조건이 모두 충족되는 경우 진행기준으로 공사수익을 인식한다.
> ① 계약 수익금액을 신뢰성 있게 측정가능
> ② 경제적 효익의 유입가능성 높음
> ③ 계약 원가를 명확히 식별할 수 있고 신뢰성 있게 측정가능
> ④ 진행률을 신뢰성 있게 측정가능

진행기준은 다음과 같은 장단점을 갖고 있다.

진행기준의 장점	⊙ 목적적합한 정보의 제공 : 각 회계기간별 손익보고
	ⓒ 비교가능성 제고 : 건설계약의 진행정도에 따라 손익을 보고하므로 기간 간 비교가능성 제고
진행기준의 단점	⊙ 불확실한 추정 : 미래의 불확실한 추정치를 근거로 손익 인식
	ⓒ 손익조작가능성 : 총계약원가 추정에 주관성 개입가능성

(3) 진행률의 산정방법

계약의 진행률은 다양한 방식으로 결정 될 수 있으며 건설사업자는 수행한 공사를 신뢰성 있게 측정할 수 있는 방법을 사용한다. 계약성격에 따라 다음과 같은 방법을 사용하여 진행률을 측정할 수 있다.

- 발생누적원가를 추정총계약원가로 나눈 비율(원가기준)
- 수행한 공사의 측량 **예** 노동시간비례법
- 계약공사의 물리적 완성비율 **예** 완성된 단위의 비율

이때 주의할 것은 발주자에게 수령한 기성금과 선수금은 수행한 공사의 정도를 반영하지 못하므로 계약의 진행률로 사용할 수 없다.

① 진행률 계산

공사진행률은 실제공사비 발생액을 토지의 취득원가와 자본화대상 금융비용 등을 제외한 총공사예정원가로 나눈 비율로 계산하도록 하고 있다

진행률은 원가기준으로 결정하는 경우 계약의 진행률은 다음과 같이 계산된다.

$$\text{공사의 진행률} = \frac{\text{해당 사업연도말까지 발생한 총공사비누적액}}{\text{총공사예정원가}}$$

② 공사수익과 공사원가

진행기준은 건설계약금액을 진행률에 따라 각 회계기간에 배분한 금액을 수익으로 인식한다. 즉, 건설계약의 진행률은 '누적진행률'이고 건설계약금액은 공사변경 등의 사유로 수시로 변경될 수 있으므로 매기 검토하여 다음과 같이 산출한다.

> 당기공사수익 = (당기말 건설계약금액 × 당기누적진행률) − 전기누적공사수익

당기공사원가는 매기 검토하여 다음과 같이 산정한다.

> 당기계약원가 = (당기말 추정총계약원가 × 당기 누적진행률) − 전기 누적공사원가
> = 당기 누적발생공사원가 − 전기 누적발생공사원가

(4) 건설계약의 회계처리

건설계약의 시점별 회계처리는 다음과 같다.

① 계약원가 발생 시

건설계약을 착공하게 되면 계약직접원가와 계약공통원가가 발행한다. 이들 발생원가들을 '미성공사'라는 계정으로 인식한다. 미성공사 계정은 건설업종에만 사용하는 재고자산 계정으로 제조기업의 재공품 계정과 유사한 계정이다.

(차) 미성공사	xxx	(대) 현 금	xxx

② 계약대금 청구 시

건설사업자는 공사기간 중에 당해 건설공사에 충당하기 위해 발주자에게 건설계약대금을 청구하게 된다. 이때 '계약미수금'과 '진행청구액'이라는 계정과목을 사용하는데, 계약미수금은 건설사업자가 발주자로부터 수령한 수취채권이므로 자산으로 분류하고, 진행청구액은 건설사업자가 수행하여야 할 건설공사의무를 나타내므로 부채계정으로 분류한다.

이때 계약공사의 진행률과 관계없이 대금지급조건에 따라 금액이 결정된다.

(차) 계약미수금	xxx	(대) 진행청구액	xxx

③ 계약대금 수령 시

건설사업자는 발주자로부터 건설계약대금을 수령시에 계약미수금과 상계처리한다.

(차) 계약미수금	xxx	(대) 진행청구액	xxx

④ 결산기말

결산기말에는 진행률에 따라 계약수익은 대변에 인식하고 계약원가는 차변에, 계약수익과 계약원가의 차액, 즉 계약이익은 미성공사 계정에 차기한다.

(차) 계약원가	xxx	(대) 계약수익	xxx
미성공사	xxx		

당기 중에 발생한 계약원가를 미성공사 계정으로 차기하였으므로 당기 계약이익에 해당하는 금액을 추가로 미성공사 계정에 차기하면 결산기말 현재 미성공사 계정은 계약수익으로 인식한 금액과 동일하게 된다.

미성공사 = 누적발생계약원가(기중) + 누적계약이익 인식액 = 누적계약수익 인식액

미성공사	진행청구액
계약원가	계약수익 (청구액)
계약이익	

⑤ 공사완료 시

공사가 완공되면 미성공사 계정과 진행청구액 계정의 장부금액은 건설계약금액과 일치하게 된다. 따라서 공사가 완성되는 시점에 미성공사 계정과 진행청구 계정을 서로 상계하여 재무상태표에서 제거한다.

(차) 진행청구액   xxx   (대) 미성공사   xxx

➕ 예제

- ㈜위드는 20x3년 5월 1일 서울–평창 간 경전철 건설공사를 강원도로부터 도급금액 1,000,000에 수주하였다. 공사기간은 20x3년 5월 1일부터 20x5년 8월 31일까지이다.
- 건설공사와 관련하여 각 회계연도에 발생한 공사원가자료들은 다음과 같다.

구 분	20x2년	20x3년	20x4년
누적공사원가	360,000	740,000	930,000
총공사예정원가	900,000	925,000	930,000
공사대금수령액	350,000	400,000	250,000

▌요구사항

1. ㈜위드가 각 회계연도에 인식할 공사이익을 계산하라.
2. ㈜위드가 20x3년과 20x4년에 해야 할 회계처리를 하라.
3. 20x3년 12월 31일 현재 ㈜위드의 부분재무상태표를 작성하라.

정답 및 해설

1. 공사이익

구 분	20x2년	20x3년	20x4년
① 누적공사원가	360,000	740,000	930,000
② 총공사예정원가	900,000	925,000	930,000
③ 공사진행률(① ÷ ②)	40%	80%	100%
④ 누적공사수익(도급금액 × ③)	400,000	800,000	1,000,000
⑤ 전기까지 누적공사수익	–	(400,000)	(800,000)
⑥ 당기 공사수익(④ – ⑤)	400,000	400,000	200,000
⑦ 공사원가	(360,000)	(380,000)	(190,000)
⑧ 공사이익(⑥ – ⑦)	40,000	20,000	10,000

2. 회계처리

구 분		회계처리				
20x3	① 공사원가발생 시	(차)	미성공사	360,000	(대) 현 금	360,000
	② 공사대금수령 시	(차)	현 금	350,000	(대) 공사선수금	350,000
	③ 결산 시	(차)	공사선수금 공사미수금	350,000 50,000	(대) 공사수익	400,000
		(차)	공사원가	360,000	(대) 미성공사	360,000
20x4	④ 공사원가발생 시	(차)	미성공사	380,000	(대) 현 금	380,000
	⑤ 공사대금수령 시	(차)	현 금	400,000	(대) 공사미수금 공사선수금	50,000 350,000
	⑥ 결산 시	(차)	공사선수금 공사미수금	350,000 50,000	(대) 공사수익	400,000
		(차)	공사원가	380,000	(대) 미성공사	380,000

3. 20x3년 12월 31일 부분재무상태표

부분재무상태표

A사　　　　　　　　　　　　20x3년 12월 31일 현재
_____

유동자산		유동부채	
공사미수금	50,000[주]	공사선수금	–
미성공사	–		

*주) 누적공사수익 400,000원 – 공사대금수령액 350,000원 = 50,000원

01 다음 중 수익인식기준에 대한 설명으로 틀린 것은? [85회]

① 재화의 판매로 창출되는 수익은 판매기준(인도기준)에 따라 인식한다.
② 용역의 제공으로 인한 수익은 용역제공거래의 성과를 신뢰성 있게 추정할 수 있을 때 완성기준에 따라 인식한다.
③ 로열티수익은 관련된 약정의 경제적 실질을 반영하여 발생기준에 따라 인식한다.
④ 이자수익은 원칙적으로 유효이자율을 적용하여 발생기준에 따라 인식한다.

해설

용역의 제공으로 인한 수익은 용역제공거래의 성과를 신뢰성 있게 추정할 수 있을 때 진행기준에 따라 인식한다.

02 다음의 자료를 이용하여 매출총이익을 계산하면 얼마인가? [85회]

- 기초상품재고액 : 3,000,000원
- 당기상품매입액 : 1,500,000원
- 당기상품판매액 : 5,000,000원
- 기말상품재고액 : 1,000,000원
- 상품매입수수료 : 200,000원
- 매출에누리 : 500,000원

① 800,000원
② 1,200,000원
③ 1,500,000원
④ 1,700,000원

해설

- 순매출액 = 당기상품판매액 5,000,000원 − 매출에누리 500,000원 = 4,500,000원
- 매출원가 = 기초상품재고액 3,000,000원 + (당기상품매입액 1,500,000원 + 상품매입수수료 200,000원) − 기말 상품재고액 1,000,000원 = 3,700,000원
- ∴ 매출총이익 = 순매출액 4,500,000원 − 매출원가 3,700,000원 = 800,000원

03 ㈜증빙의 수정분개 전 당기순이익은 400,000원이었다. 당기순이익을 계산할 때 선수수익 20,000원과 선급비용 30,000원을 당기의 수익과 비용으로 계상하였고, 미지급비용 40,000원과 미수수익 50,000원이 고려되지 않았다. 이를 수정분개하여 결산을 했다면 수정분개 후의 당기순이익은 얼마인가? [85회]

① 400,000원
② 410,000원
③ 420,000원
④ 430,000원

해설

수정분개 전 당기순이익	400,000원
선수수익 과소계상	(−) 20,000원 → 수익 과대계상
선급비용 과소계상	(+) 30,000원 → 비용 과대계상
미지급비용 과소계상	(−) 40,000원 → 비용 과대계상
미수수익 과소계상	(+) 50,000원 → 수익 과소계상
수정분개 후 당기순이익	420,000원

04 다음 중 거래형태별 수익인식 시기로 틀린 것은? [84회]

① 상품권 : 상품권을 판매한 후 재화를 인도하고 상품권을 회수한 시점
② 수강료 : 수강료를 수령한 시점
③ 위탁판매 : 제3자에게 판매한 시점
④ 장기할부판매 : 재화를 인도한 시점

해설

수강료는 강의 기간에 걸쳐 수익으로 인식한다.

05 다음은 12월말 결산법인인 ㈜울산의 도급공사 현황이다. 도급공사의 계약금액은 100,000,000원으로 당기에 공사를 개시하여 2025년 12월 31일 완공 예정이다. ㈜울산이 2024년에 인식할 공사이익은 얼마인가? [84회]

구 분	2024년	2025년	계
연도별 발생(예정)원가	30,000,000원	50,000,000원	80,000,000원
공사대금 수령액	40,000,000원	60,000,000원	100,000,000원

① 5,000,000원　　　　　　　② 7,500,000원
③ 10,000,000원　　　　　　④ 12,500,000원

해설

• 2024년 진행률 = 발생원가 30,000,000원 ÷ 총공사예정원가 80,000,000원 = 37.5%
• 2024년 공사수익 = 계약금액 100,000,000원 × 진행률 37.5% = 37,500,000원
∴ 공사이익 = 공사수익 37,500,000원 − 공사원가 30,000,000원 = 7,500,000원

06 12월 말 결산법인인 ㈜강원의 2024년 재무상태표상 기초 미지급보험료는 500,000원, 기말 미지급 보험료는 600,000원이 계상되어 있다. ㈜강원의 2024년 손익계산서상 보험료 1,300,000원이 계상되어 있는 경우, ㈜강원의 2024년 보험료 지급액은 얼마인가? [84회]

① 1,000,000원　　　　　　　　　② 1,100,000원
③ 1,200,000원　　　　　　　　　④ 1,400,000원

해설

보험료 지급액 = 당기 보험료 계상액 1,300,000원 + 기초 미지급보험료 500,000원 − 기말 미지급보험료 600,000원
= 1,200,000원

07 다음은 ㈜경기의 당기 상품 매매 관련 자료이다. 이를 이용하여 계산한 당기상품매입액은 얼마인가? [84회]

- 기초상품재고액 : 70,000원　　　- 기말상품재고액 : 30,000원
- 총매출액 : 600,000원　　　　　　- 매출에누리 : 150,000원
- 매출총이익은 순매출액의 40%이다.

① 140,000원　　　　　　　　　② 180,000원
③ 230,000원　　　　　　　　　④ 270,000원

해설

- 매출원가 = (총매출액 600,000원 − 매출에누리 150,000원) × (1 − 0.4) = 270,000원
- 매출원가 270,000원 = 기초상품재고액 70,000원 + 당기상품매입액 − 기말상품재고액 30,000원
∴ 당기상품매입액 = 230,000원

08 다음 중 수익의 인식에 대한 설명으로 틀린 것은? [83회]

① 할부판매의 경우 장·단기 구분 없이 재화가 고객에게 인도되는 시점에 수익으로 인식한다.
② 시용판매의 경우 구매자에게 재화를 인도한 날 수익을 인식한다.
③ 수강료는 강의기간 동안 발생기준에 따라 수익으로 인식한다.
④ 상품권 판매의 경우 재화가 인도되는 시점에 수익을 인식하며, 상품권 판매 시점에는 부채로 계상한다.

해설

시용판매의 경우 구매자가 구입의사를 표시한 날 수익을 인식한다.

09 다음은 ㈜강원의 도급공사 현황이다. 도급금액은 100,000,000원이며, 2023년 1월 2일에 공사를 개시하여 2024년 12월 31일에 완공 예정이다. 다음 중 2023년에 인식할 공사이익은 얼마인가?

[82회]

구 분	2023년	2024년	합 계
연도별 발생원가	20,000,000원	60,000,000원	80,000,000원
공사대금 수령액	30,000,000원	70,000,000원	100,000,000원

① 0원   ② 5,000,000원

③ 10,000,000원   ④ 25,000,000원

해설

- 2023년 공사진행률 = 20,000,000원/80,000,000원 = 0.25
- 2023년 공사수익 = 100,000,000원 × 0.25 = 25,000,000원

∴ 공사이익 = 공사수익 25,000,000원 − 공사원가 20,000,000원 = 5,000,000원

10 2022년 7월 1일 ㈜강원은 총계약금액이 100,000,000원인 건설공사를 수주하였다. 계약 당시 공사는 2024년에 완공될 예정이었으며, 총공사예정원가는 80,000,000원으로 추정하였다. 2023년 말까지의 누적공사진행률은 65%이며, 2022년에 투입된 공사원가는 12,000,000원이었다. 2023년 말 결산일에 공사수익으로 인식할 금액은 얼마인가?

[81회]

① 50,000,000원   ② 52,000,000원

③ 54,000,000원   ④ 55,000,000원

해설

- 장기공사에 해당하므로 진행기준을 적용한다.
- 2022년 누적공사진행률 = 누적공사원가 12,000,000원 ÷ 총공사예정원가 80,000,000원 = 15%

∴ 2023년 공사수익 = 총계약금액 100,000,000원 × (2023년 누적공사진행률 65% − 2022년 누적공사진행률 15%)

= 50,000,000원

11 다음은 ㈜중부의 2023년도 재무보고를 위한 자료이다. ㈜중부의 2023년 당기순이익은 얼마인가?

[80회]

- 기초이익잉여금 : 50,000원
- 영업이익 : 150,000원
- 기부금 : 50,000원
- 유형자산재평가이익 : 40,000원
- 배당지급액 : 30,000원
- 이자수익 : 50,000원
- 자기주식처분이익 : 20,000원
- 법인세비용 : 30,000원

① 70,000원   ② 120,000원

③ 150,000원   ④ 170,000원

해설

당기순이익 = 영업이익 150,000원 + 이자수익 50,000원 − 기부금 50,000원 − 법인세비용 30,000원 = 120,000원

12 다음 ㈜대구의 도급공사 현황이다. 도급금액은 10,000,000원이며, 2023년 1월 25일에 공사를 개시하여 2024년 12월 31일에 완공하였다. ㈜대구가 2024년에 인식할 공사이익은 얼마인가?　[80회]

구 분	2023년	2024년	계
연도별 발생원가	3,000,000원	5,000,000원	8,000,000원
공사대금 수령액	4,000,000원	6,000,000원	10,000,000원

① 250,000원　　　　　　　　　　② 1,250,000원
③ 1,750,000원　　　　　　　　　　④ 2,000,000원

해설
- 2023년 누적공사진행률 = 발생원가 3,000,000원 ÷ 총공사예정원가 8,000,000원 = 37.5%
- 2024년 공사수익 = 총공사수익 10,000,000원 × (1 − 2023년 누적공사진행률 37.5%) = 6,250,000원
∴ 2024년 공사이익 = 2024년 공사수익 6,250,000원 − 2024년 공사원가 5,000,000원 = 1,250,000원

13 ㈜전남의 2023년 재무상태표상 기초 선급보험료는 1,000,000원, 기말 선급보험료는 1,500,000원이 계상되어 있다. ㈜전남의 2023년 포괄손익계산서상 보험료가 2,000,000원 계상되어 있는 경우, ㈜전남의 2023년 보험료 지급액은 얼마인가?　[80회]

① 1,000,000원　　　　　　　　　　② 1,500,000원
③ 2,000,000원　　　　　　　　　　④ 2,500,000원

해설
- 보험료 지급 시 회계처리　　(차) 보험료　　2,000,000원　(대) 선급보험료　1,000,000원
　　　　　　　　　　　　　　　　　　　　　　　　　　　　현 금　　1,000,000원
- 선급보험료 산정 시 회계처리　(차) 선급보험료　1,500,000원　(대) 현 금　　1,500,000원
∴ 보험료 지급액 = 당기 보험료 계상액 2,000,000원 − 기초 선급보험료 1,000,000원 + 기말 선급보험료 1,500,000원
　　　　　　　　 = 2,500,000원

14 재무상태표에 표시되는 다음의 계정과목 중 관련 계정에서 차감하는 형식으로 표시되는 것으로만 짝지어진 것은?　[80회]

　　가. 사채할인발행차금　　　　　　나. 대손충당금
　　다. 자산취득에 사용될 국고보조금　　라. 감가상각누계액

① 가, 나, 다　　　　　　　　　　② 가, 다, 라
③ 나, 다, 라　　　　　　　　　　④ 가, 나, 다, 라

해설
사채할인발행차금, 대손충당금, 감가상각누계액은 각각 사채, 매출채권, 유형자산에서 차감하는 형식으로 표시하고 자산취득에 사용될 국고보조금도 관련 자산의 취득시점에 관련 자산의 취득원가에서 차감하는 형식으로 표시한다.

15 ㈜목포는 2023년 3월 1일 총계약금액이 50,000,000원인 건설공사계약을 체결하였다. 이 건설공사는 2025년에 완공될 예정이며 2023년에 발생한 공사원가는 12,000,000원, 2023년에 인식한 공사수익은 20,000,000원이다. 상기 공사와 관련하여 완공까지 예상되는 추가공사원가는 얼마인가?

[79회]

① 12,000,000원　　　　　　　　　　② 18,000,000원

③ 30,000,000원　　　　　　　　　　④ 42,000,000원

해설

- 2023년 누적공사진행률 = 당기 공사수익 20,000,000원 ÷ 총공사수익 50,000,000원 = 40%
- 총공사예정원가 = 당기공사원가 12,000,000원 ÷ 당기누적공사진행률 40% = 30,000,000원
- ∴ 추가공사원가 = 총공사예정원가 30,000,000원 − 당기공사원가 12,000,000원 = 18,000,000원

16 다음 중 수익인식에 대한 설명으로 틀린 것은?　　　　　　　　　　　　　　　　[79회]

① 용역의 제공으로 인한 수익은 용역제공거래의 성과를 신뢰성 있게 추정할 수 있을 때 진행기준에 따라 인식한다.
② 이자수익은 원칙적으로 유효이자율을 적용하여 발생기준에 따라 인식한다.
③ 배당금수익은 배당금을 수령한 시점에 인식한다.
④ 로열티수익은 관련된 계약의 경제적 실질을 반영하여 발생기준에 따라 인식한다.

해설

- 이자수익, 배당금수익, 로열티수익은 다음의 기준에 따라 인식한다.
  - 이자수익은 원칙적으로 유효이자율을 적용하여 발생기준에 따라 인식한다.
  - 배당금수익은 배당금을 받을 권리와 금액이 확정되는 시점에 인식한다.
  - 로열티수익은 관련된 계약의 경제적 실질을 반영하여 발생기준에 따라 인식한다.

17 2023년 3월 30일 ㈜한국은 제10기(2022.01.01 ~ 2022.12.31) 귀속 법인세를 신고 및 납부하였다. 법인세비용은 1,320,000원이고, 선납한 중간예납세액은 600,000원이었다. 2023년 3월 30일에 ㈜한국이 법인세의 신고·납부와 관련하여 행할 회계처리로 올바른 것은?

[79회]

①	(차) 법인세비용	1,320,000원	(대) 미지급법인세	1,320,000원
②	(차) 미지급세금	720,000원	(대) 보통예금	720,000원
③	(차) 법인세비용	720,000원	(대) 미지급법인세	720,000원
④	(차) 법인세비용	600,000원	(대) 미지급법인세	600,000원

해설

- 회계처리

− 2022.12.31	(차) 법인세비용	1,320,000원	(대) 선납세금	600,000원
			미지급세금	720,000원
− 2023.03.30	(차) 미지급세금	720,000원	(대) 보통예금	720,000원

18 다음 중 건설형 공사계약에 관한 설명으로 틀린 것은? [78회]

① 공사수익은 수취하였거나 수취할 대가의 공정가치로 측정한다.

② 당기공사원가는 당기에 실제로 발생한 총공사비용에 공사손실충당부채전입액을 가산하고 공사손실충당부채환입액을 차감하며 다른 공사와 관련된 타계정대체액을 가감하여 산출한다.

③ 계약에 직접 관련이 되며 계약을 획득하기 위해 공사계약체결 전에 부담한 지출은 개별적으로 식별이 가능하며 신뢰성 있게 측정될 수 있고 계약의 체결가능성이 매우 높은 경우이더라도 공사원가에 포함될 수 없다.

④ 당기공사수익은 공사계약금액에 보고기간종료일 현재의 공사진행률을 적용하여 인식한 누적공사수익에서 전기말까지 계상한 누적공사수익을 차감하여 산출한다.

해설

공사원가는 계약체결일로부터 계약의 최종적 완료일까지의 기간동안에 당해 공사에 귀속될 수 있는 원가를 포함한다. 그러나 계약에 직접 관련이 되며 계약을 획득하기 위해 공사계약체결 전에 부담한 지출은, 개별적으로 식별이 가능하며 신뢰성 있게 측정될 수 있고 계약의 체결가능성이 매우 높은 경우에 공사원가의 일부로 포함된다. 공사원가에 포함되는 공사계약 전 지출은 경과적으로 선급공사원가로 계상하며, 당해 공사를 착수한 후 공사원가로 대체한다.

19 다음은 ㈜인천의 2023년 재무 관련 자료의 일부이다. ㈜인천의 2023년 당기순이익은 얼마인가? [78회]

- 매출액 : 15,000,000원
- 매출채권처분손실 : 300,000원
- 유형자산처분이익 : 500,000원
- 임직원급여 : 2,000,000원
- 매출액 대비 매출총이익률 : 30%
- 감가상각비 : 500,000원
- 자기주식처분이익 : 1,000,000원
- 임차료 : 200,000원

① 2,000,000원

② 3,000,000원

③ 3,500,000원

④ 3,800,000원

해설

- 매출총이익 = 매출액 15,000,000원 × 매출총이익률 30% = 4,500,000원
- 자기주식처분이익은 자본잉여금으로 분류되는 항목으로서 당기순이익 산출과정에서 고려하지 않는다.

∴ 당기순이익 = 매출총이익 4,500,000원 − 임직원급여 2,000,000원 − 감가상각비 500,000원 − 임차료 200,000원 + 유형자산처분이익 500,000원 − 매출채권처분손실 300,000원 = 2,000,000원

20 ㈜경기는 2023년 12월 1일 1년치의 화재보험료 120,000원을 전액 지급하고 모두 선급비용으로 처리하였다. 만약 ㈜경기가 12월 31일에 필요한 결산수정분개를 하지 않았다면, 이러한 결산수정분개의 누락이 2023년도의 손익계산서와 재무상태표에 미치는 영향으로 옳은 것은?　　　　[78회]

① 비용의 과소계상 10,000원, 자산의 과대계상 10,000원

② 비용의 과다계상 10,000원, 자산의 과소계상 10,000원

③ 비용의 과소계상 110,000원, 자산의 과대계상 110,000원

④ 비용의 과다계상 110,000원, 자산의 과소계상 110,000원

해설

• 12월 01일	(차) 선급비용	120,000원	(대) 현　금	120,000원
• 12월 31일	(차) 보험료	10,000원	(대) 선급비용	10,000원

∴ 12월 31일 수정분개 누락 시 선급비용 과대계상 및 보험료의 과소계상이 나타난다.

21 다음 중 당기손익에 영향을 미치는 항목으로만 짝지어진 것은?　　　　[77회]

A. 단기매매증권평가이익	B. 자기주식처분손실
C. 해외사업환산손실	D. 유형자산처분이익
E. 주식발행비	F. 매도가능증권평가손실

① A, F　　　　　　　　　　　② C, D

③ A, C　　　　　　　　　　　④ A, D

해설

• 당기손익 항목 : 단기매매증권평가이익, 유형자산처분이익

• 자본조정 항목 : 자기주식처분손실

• 기타포괄손익 항목 : 해외사업환산손실, 매도가능증권평가손실

• 주식발행비는 자본잉여금 항목인 주식발행초과금에서 차감하거나 자본조정 항목인 주식할인발행차금에 가산한다.

22 다음 중 일반기업회계기준의 수익인식 기준에 대한 설명으로 틀린 것은?　　　　[77회]

① 배당금수익은 배당금을 받을 권리와 금액이 확정되는 시점에 인식한다.

② 건설용역 제공의 경우, 진행기준을 적용하여 수익을 인식한다.

③ 위탁판매의 경우, 수탁자가 위탁자산을 판매한 날 수익을 인식한다.

④ 임대료의 경우, 임대료를 실제로 지급받는 날에 인식한다.

해설

임대수익은 발생주의에 따라 수익을 인식한다.

23 다음 중 비용의 인식기준에 관한 설명으로 틀린 것은? [77회]

① 비용은 경제적 효익이 사용 또는 유출됨으로써 자산이 감소하거나 부채가 증가하고 그 금액을 신뢰성 있게 측정할 수 있을 때 인식한다.

② 수익과 직접 관련하여 발생한 비용은 동일한 거래나 사건에서 발생하는 수익을 인식할 때 대응하여 인식한다. 이와 같은 예로는 매출수익에 대응하여 인식하는 매출원가를 들 수 있다.

③ 수익과 직접 대응할 수 없는 비용은 재화 및 용역의 사용으로 현금이 지출되거나 부채가 발생하는 회계기간에 인식한다. 이와 같은 예로는 판매비와 관리비를 들 수 있다.

④ 자산으로부터의 효익이 여러 회계기간에 걸쳐 기대되는 경우, 이와 관련하여 발생한 특정 성격의 비용은 체계적이고 합리적인 배분절차에 따라 각 회계기간에 배분하는 과정을 거쳐 인식한다. 이와 같은 예로는 광고선전비를 들 수 있다.

해설

• 경제적 효익의 사용은 다음과 같이 비용으로 인식된다.
  - 자산으로부터의 효익이 여러 회계기간에 걸쳐 기대되는 경우, 이와 관련하여 발생한 특정 성격의 비용은 체계적이고 합리적인 배분절차에 따라 각 회계기간에 배분하는 과정을 거쳐 인식한다. 이와 같은 예로는 유형자산의 감가상각비와 무형자산의 상각비를 들 수 있다.
• 광고선전비는 판매비와 관리비에 해당하며, 수익과 직접 대응할 수 없는 비용으로서 재화 및 용역의 사용으로 현금이 지출되거나 부채가 발생한 회계기간에 인식한다.

24 ㈜보장은 2022년 9월 1일 1년치 화재보험료(보험기간 2022.09.01 ~ 2023.08.31) 360,000원을 현금으로 전액 납부하고 즉시 비용처리하였다. ㈜보장이 2022년 12월 31일 결산일에 기말수정분개를 하지 않았을 경우 당기순이익에 미치는 영향으로 올바른 것은? [77회]

① 당기순이익 120,000원 과소계상

② 당기순이익 240,000원 과소계상

③ 당기순이익 120,000원 과대계상

④ 당기순이익 240,000원 과대계상

해설

• 선급보험료 = 360,000원 × 8/12 = 240,000원(비용 과대계상액)
• 선급보험료에 대한 기말수정분개를 하지 않은 경우 비용이 과대계상되고 이익은 과소계상된다.
∴ 당기순이익 240,000원 과소계상

25 다음은 ㈜지용의 당기(2022년 1월 1일 ~ 12월 31일) 거래 내역이다. ㈜지용이 당기에 수익으로 인식할 금액은 얼마인가? [76회]

- 10월 01일   상품을 1,000,000원에 판매하고 대금 중 300,000원은 현금으로 수령하였으며, 나머지는 2023년 2월 5일에 받기로 했다.
- 11월 01일   액면금액이 100,000원인 상품권 10매를 10% 할인하여 판매하였다. 결산일 현재 회수된 상품권은 없다.
- 12월 31일   판매대금을 2022년부터 매년 말 500,000원씩 4년간 회수하는 장기할부조건으로 제품을 인도하고 2022년분 판매대금 500,000원을 수령하였다. 장기할부판매금액의 현재가치는 1,500,000원이라고 가정하며, 현재가치와 명목가액의 차이는 중요하다고 판단된다.

① 800,000원   ② 1,500,000원
③ 2,500,000원   ④ 3,500,000원

해설
- 수익인식기준
  - 10월 01일 외상 판매 : 인도기준 → 1,000,000원
  - 11월 01일 상품권 판매 : 상품권을 회수하는 때 → 0원
  - 12월 31일 장기할부판매 : 인도기준, 단 현재가치와 명목가액의 차이가 중요하므로 현재가치로 수익인식
    → 1,500,000원
∴ 당기수익 = 10월 1일 매출액 1,000,000원 + 12월 31일 장기할부조건 매출액 1,500,000원 = 2,500,000원

26 2022년 3월 1일 ㈜네옴은 총 계약금액이 30,000,000원인 건설공사계약을 체결하였다. 이 건설공사는 2024년에 완공될 예정으로 당기에 발생한 공사원가는 9,000,000원이고 차기 이후에 완공까지 예상되는 추가공사원가는 18,000,000원이다. 이 건설공사와 관련하여 ㈜네옴이 2022년에 인식하여야 할 공사수익은 얼마인가?(단, 공사진행률은 소수점 둘째 자리까지 계산하고, 공사수익 계산 시 원 단위 미만은 반올림한다) [76회]

① 9,000,000원   ② 10,000,000원
③ 15,000,000원   ④ 30,000,000원

해설
- 2022년 누적공사진행률 = 9,000,000원 ÷ (9,000,000원 + 18,000,000원) = 33.33%
∴ 2022년 공사수익 = 총공사수익 30,000,000원 × 당기누적공사진행률 33.33% = 10,000,000원

27 다음 중에서 손익계산서상의 영업이익 계산과정에 포함되는 것은? [76회]

① 외상매출금 관련 대손상각비

② 유형자산 처분으로 발생한 손실

③ 단기매매증권을 보유한 상태에서 기말 결산 시기에 발생한 평가이익

④ 업무와 관계없이 공익단체에 무상으로 금품을 기부한 경우

해설

단기매매증권평가이익은 영업외수익이며, 유형자산처분손실과 기부금은 영업외비용이다.

28 아래의 자료는 ㈜월드의 소모품비 및 소모품의 계정별원장 내역이다. 다음 중 아래의 계정별원장에 기입된 내용을 바탕으로 날짜별로 거래를 추정한 것으로 틀린 것은? [76회]

소모품				
1/1 전기이월	1,000,000원	12/31	소모품비	2,500,000원
1/5 현 금	2,000,000원			

소모품비			
12/31 소모품	2,500,000원		

① 1월 1일 전기말에 미사용된 소모품 1,000,000원이 이월되었다.

② 1월 5일 소모품 2,000,000원을 판매하고 현금으로 대금을 수령하였다.

③ 12월 31일 미사용된 소모품이 500,000원 남아있다.

④ ㈜월드는 소모품 구입 시 소모품(자산) 계정으로 회계처리 하였으며, 12월 31일에 이에 대한 결산정리분개를 인식하였다.

해설

• 01월 01일　　전기이월 소모품 1,000,000원

• 01월 05일　　(차) 소모품　　　　　　　2,000,000원　　　(대) 현 금　　　　　　　2,000,000원

• 12월 31일　　(차) 소모품비　　　　　　2,500,000원　　　(대) 소모품　　　　　　　2,500,000원

∴ 1월 5일 소모품 2,000,000원을 구매하고 대금은 현금으로 지급하였다.

29 발생주의 회계는 발생과 이연의 개념을 포함한다. 다음 중 발생과 이연에 관련된 계정과목이 아닌 것은? [76회]

① 선수금   ② 선급비용

③ 미지급비용   ④ 미수수익

해설

• 발생 = 미수수익, 미지급비용

• 이연 = 선수수익, 선급비용

30 다음 중 수익인식에 대한 내용으로 틀린 것은? [75회]

① 상품권판매의 경우 재화가 인도되는 시점에 별도의 회계처리를 하지 않고, 상품권 판매시점에 수익을 인식한다.

② 시용판매의 경우 구매자가 구입의사를 표시한 날 수익을 인식한다.

③ 위탁판매의 경우 수탁자가 위탁품을 소비자에게 판매한 날 수익을 인식한다.

④ 할부판매의 경우 장·단기 구분 없이 재화가 고객에게 인도되는 시점에 수익으로 인식한다.

해설

상품권판매의 경우 상품권을 판매한 시점에는 상품권선수금(부채)으로 계상하고, 상품권이 회수되고 재화가 인도되는 시점에 수익으로 인식한다.

31 제조기업인 ㈜기업의 2022년 회계자료는 다음과 같다. 영업손익은 얼마인가? [75회]

• 매출액 : 150,000원   • 감가상각비 : 5,000원

• 이자비용 : 20,000원   • 종업원급여 : 5,000원

• 이자수익 : 10,000원   • 매도가능증권평가이익 : 10,000원

• 매출원가 : 60,000원   • 광고선전비 : 10,000원

• 법인세비용 : 10,000원   • 자기주식처분손실 : 10,000원

① 40,000원   ② 50,000원

③ 60,000원   ④ 70,000원

해설

• 매출총이익 = 매출액 150,000원 − 매출원가 60,000원 = 90,000원

• 판매관리비 = 감가상각비 5,000원 + 종업원급여 5,000원 + 광고선전비 10,000원 = 20,000원

∴ 영업손익 = 매출총이익 90,000원 − 판매관리비 20,000원 = 70,000원

정답   29 ①   30 ①   31 ④

32 2022년에 설립된 ㈜청라는 800,000,000원에 신축공사를 수주하였고, 공사진행률은 당기까지 발생한 실제 공사비를 총공사예정원가로 나누어 측정한다. 2022년도 공사이익은 60,000,000원이며 당기 말에 계산된 공사진행률은 40%이다. ㈜청라가 2022년 기말에 예상한 총공사원가로 옳은 것은?(단, 공사진행률 계산에서 제외되는 공사원가는 없다) [74회]

① 320,000,000원
② 650,000,000원
③ 700,000,000원
④ 740,000,000원

해설
- 당기공사수익 = 총공사수익 800,000,000원 × 누적공사진행률 40% = 320,000,000원
- 당기공사원가 = 당기공사수익 320,000,000원 – 당기공사이익 60,000,000원 = 260,000,000원
- ∴ 총공사원가 = 누적공사원가 260,000,000원 ÷ 누적공사진행률 40% = 650,000,000원

33 다음 중 상품권 판매 회계처리에 대한 설명으로 틀린 것은? [74회]

① 매출수익은 물품 등을 제공 또는 판매하여 상품권을 회수한 때에 인식한다.
② 상품권을 할인판매하는 경우에는 액면금액 전액을 선수금으로 인식한다.
③ 상품권의 잔액을 환급하는 경우에는 상환하는 현금을 선수금과 상계한다.
④ 유효기간이 경과된 장기 미회수 상품권은 영업수익으로 인식한다.

해설
상품권의 유효기간이 경과하였으나 상법상의 소멸시효가 완성되지 않은 경우에는 유효기간이 경과된 시점에 상품권에 명시된 비율에 따라 영업외수익으로 인식함을 원칙으로 하고, 상법상의 소멸시효가 완성된 경우에는 소멸시효가 완성된 시점에 잔액을 영업외수익으로 인식하여야 한다.

34 ㈜글로리아는 상품권 판매 시 상품권 권면의 7%에 해당하는 금액을 할인하여 판매하고 있다. 다음 중 아래의 분개에 대한 설명으로 틀린 것은?　　　　　　　　　　　　　　　　[73회]

(차) 선수금	30,000,000원	(대) 매 출	27,600,000원
		상품권할인액	2,100,000원
		현 금	300,000원

① 상품권 판매시점에 하는 회계처리다.
② 상품권할인액은 상품권 판매 시 선수금의 차감계정으로 표시된다.
③ ㈜글로리아가 매출로 인식한 금액은 27,600,000원이다.
④ 현금은 상품권 잔액을 환급하는 금액이다.

해설
- 상품 판매시점, 즉 소비자가 물품을 구매하고 상품권으로 결제하는 경우에 해당하며, 현금액은 상품권 액면가에서 잔액을 환급해 주는 금액이다. 매출로 인식하는 금액은 27,600,000원이다.
- 상품권 발행 시에는 부채 계정인 선수금 계정으로 처리한 후, 소비자가 상품 또는 제품을 구매하고 상품권으로 결제하여 상품권이 상품 또는 제품과 교환되는 시점에 매출로 인식한다.
- 상품권을 할인발행하는 경우, 상품권 액면금액을 선수금으로 인식하고 할인액은 선수금의 차감계정인 상품권할인액으로 처리 후, 매출시점에 선수금과 상품권할인액을 상계한다.

35 다음 자료를 이용하여 계산한 총매출액은 얼마인가?　　　　　　　　　　　　　　[73회]

- 매출운임 : 5,000원
- 매출환입 : 3,000원
- 매출총이익 : 90,000원
- 매입에누리 : 6,000원
- 기말재고 : 80,000원
- 매출할인 : 7,000원
- 기초재고 : 40,000원
- 총매입액 : 500,000원
- 매입할인 : 4,000원

① 490,000원
② 495,000원
③ 550,000원
④ 555,000원

해설
- 순매입액 = 총매입액 500,000원 − 매입에누리 6,000원 − 매입할인 4,000원 = 490,000원
- 매출원가 = 기초재고 40,000원 + 순매입액 490,000원 − 기말재고 80,000원 = 450,000원
- 순매출액 = 매출원가 450,000원 + 매출총이익 90,000원 = 540,000원
- ∴ 총매출액 = 순매출액 540,000원 + (매출할인 7,000원 + 매출환입 3,000원) = 550,000원

36 다음은 2022년에 발생한 항목으로 손익계산서상 당기손익에 영향을 주는 계정과목은 총 몇 개인가? [73회]

> • 자기주식처분손실 : 3,000,000원   • 매도가능증권평가이익 : 500,000원
> • 감자차손 : 5,000,000원   • 단기매매증권평가손실 : 2,000,000원

① 1개   ② 2개
③ 3개   ④ 4개

해설

자기주식처분손실, 감자차손, 매도가능증권평가이익은 자본항목으로 당기손익에 영향을 주지 않는다.

37 다음 중 건설형 공사계약에 대한 설명으로 틀린 것은? [72회]

① 당기공사수익은 공사계약금액에 보고기간종료일 현재의 공사진행률을 적용하여 인식한 누적공사수익에서 전기말까지 계상한 누적공사수익을 차감하여 산출한다.

② 공사원가에 포함되는 공사계약체결전 지출은 경과적으로 선급공사원가로 인식한 후 공사개시 후에 공사원가로 대체할 수 있다.

③ 공사와 관련하여 향후 공사손실의 발생이 예상되는 경우에는 예상손실을 즉시 공사손실충당부채로 인식하고 중요 세부내용을 주석으로 기재한다.

④ 공사종료 후에 하자보수 의무가 있는 경우에는 합리적이고 객관적인 기준에 따라 추정된 금액을 진행률에 따라 공사원가에 포함하고, 동액을 하자보수충당부채로 계상한다.

해설

공사종료 후에 하자보수 의무가 있는 경우에는 합리적이고 객관적인 기준에 따라 추정된 금액을 하자보수비로 하여 그 전액을 공사가 종료되는 회계연도의 공사원가에 포함하고, 동액을 하자보수충당부채로 계상한다.

38 ㈜발해의 2022년 총매출액은 1,000,000원, 매출환입및에누리는 100,000원, 매출할인 20,000원, 기초재고는 400,000원, 총매입액은 600,000원, 매입환출및에누리는 50,000원이다. 매출총이익률이 15%일 때 ㈜발해의 2022년 말 손익계산서상 매출원가는 얼마인가? [72회]

① 748,000원   ② 750,000원
③ 800,000원   ④ 850,000원

해설

• 순매출액 = 총매출액 1,000,000원 − 매출환입및에누리 100,000원 − 매출할인 20,000원 = 880,000원
∴ 매출원가 = 순매출액 880,000원 × (1 − 매출총이익률 15%) = 748,000원

39 다음은 ㈜용화의 장기할부판매 관련 자료이다. 이를 토대로 ㈜용화가 2022년에 인식할 수익은 모두 얼마인가? [71회]

> - 2022년 1월 1일 상품을 판매하고 대금은 2022년 12월 31일부터 3년간 매년 말 2,000,000원씩 받기로 하였다.
> - ㈜용화의 유효이자율은 8%이다.
> - 유효이자율 8%의 3기간 연금 현가계수는 2.5771이다.

① 2,000,000원 　　　　　　　② 5,154,200원
③ 5,566,536원 　　　　　　　④ 6,000,000원

해설
- 상품매출액 = 2,000,000원 × 2.5771 = 5,154,200원
- 이자수익 = 매출채권 5,154,200원 × 8% = 412,336원
∴ 수익 = 상품매출액 5,154,200원 + 이자수익 412,336원 = 5,566,536원

40 다음 중 영업이익의 변동에 영향을 주지 않는 계정과목으로 옳은 것을 모두 고른 것은? [71회]

> 가. 기말재고자산의 증가 　　　　나. 법인세비용
> 다. 자기주식처분손실 　　　　　　라. 감가상각비

① 가, 나 　　　　　　　　　　　② 나, 라
③ 나, 다 　　　　　　　　　　　④ 나, 다, 라

해설
법인세비용은 법인세비용차감전순이익에서 차감하여 당기순이익으로 산출되며, 자기주식처분손실은 자본조정항목이다. 이들은 영업이익과 관련이 없다.

41 다음 자료에 의한 당기 말 손익계산서상의 당기순이익은 얼마인가?(단, 당기 중 다음 자료 외의 자본변동은 없었다) [71회]

- 기말자산총액 : 6,000,000원
- 당기 중 배당금 지급액 : 500,000원
- 기초부채총액 : 2,000,000원
- 기말부채총액 : 4,000,000원
- 기초자산총액 : 3,000,000원

① 500,000원
② 1,000,000원
③ 1,500,000원
④ 2,000,000원

해설
- 기초자본 = 3,000,000원 − 2,000,000원 = 1,000,000원
- 기말자본 = 6,000,000원 − 4,000,000원 = 2,000,000원
∴ 당기순이익 = 기말자본 2,000,000원 − 기초자본 1,000,000원 + 배당금 지급액 500,000원 = 1,500,000원

42 2020년 12월 31일 ㈜행운의 선급보험료 잔액은 42,000원이었다. 2021년 중에 보험료로 70,000원을 지급하였으며, 2021년 말 기말수정분개 후의 선급보험료 잔액은 38,000원이었다. 2021년 보험료는 얼마인가? [70회]

① 66,000원
② 70,000원
③ 74,000원
④ 112,000원

해설
2021년 보험료 = 기초 선급보험료 42,000원 + 당기지급 70,000원 − 기말 선급보험료 38,000원 = 74,000원

43 다음 중 수익인식기준에 대한 설명으로 틀린 것은? [70회]

① 이자수익은 유효이자율법을 적용하여 수익을 인식한다.
② 상품권 판매의 경우 상품권을 판매하는 시점에 수익을 인식한다.
③ 위탁매출의 경우 수탁자가 위탁품을 제3자에게 판매하는 시점에 수익을 인식한다.
④ 배당금수익은 배당금을 받을 권리와 금액이 확정되는 시점에 인식한다.

해설
상품권 판매의 경우 상품권을 회수하고 재화를 인도하는 시점에 수익을 인식한다.

44 다음 요건을 모두 충족하는 재무제표의 기본요소에 해당하는 것은? [69회]

> 가. 실현되었거나 또는 실현가능한 시점에서 인식한다.
> 나. 가득과정이 완료되어야 인식한다.

① 수 익　　　　　　　　　　② 비 용
③ 자 산　　　　　　　　　　④ 부 채

해설
수익은 실현기준과 가득기준을 모두 충족하는 시점에서 인식된다.

45 다음 중 건설형 공사계약의 공사수익과 비용의 인식에 관한 설명으로 틀린 것은? [69회]

① 진행기준을 적용하여 인식하는 당기공사수익은 당기 말 누적공사수익에서 전기 말까지 계상한 누적공사수익을 차감하여 산출한다.
② 원가기준에 의하여 진행률을 산정하는 경우 총공사예정원가를 적절히 추정하여야 한다.
③ 진행기준에 따른 공사수익을 인식하는 경우에는 공사원가도 진행률로 계산하여야 한다.
④ 진행기준 하에서 공사수익은 그 공사가 수행된 회계기간별로 인식한다.

해설
공사원가는 공사가 수행된 회계기간의 비용으로 인식한다.

46 ㈜세무는 기말 결산과정에서 선납한 1년치 복합기 렌탈료 중 기간미경과분 선급비용 500,000원과 대여금에 대한 기간경과분 미수이자 600,000원에 회계처리를 누락하였다. 이를 반영하여 계산한 ㈜세무의 수정 후 당기순이익은 2,000,000원이라면 수정 전 당기순이익은 얼마인가? [69회]

① 900,000원　　　　　　　　② 1,900,000원
③ 2,100,000원　　　　　　　　④ 3,100,000원

해설
수정 전 당기순이익 = 수정 후 당기순이익 2,000,000원 − 선급비용 500,000원 − 미수이자 600,000원 = 900,000원

CHAPTER 12 회계변경과 오류수정

01 회계변경

1. 회계변경

(1) 회계변경의 의의

회계변경이란 새로운 경제적 사건의 발생 또는 기업환경의 변화에 적절히 대응하기 위하여 기업이 기존에 적용해오던 회계정책이나 회계추정을 변경하는 것을 말한다. 이는 변화된 새로운 환경에서 회계정보이용자의 의사결정에 보다 유용한 정보를 제공하기 위함이다.

(2) 회계변경의 정당성

이러한 회계변경은 기업환경의 중대한 변화 등 새롭게 변화되는 기업환경하에서 회계정보의 유용성을 높여 회계정보이용자의 의사결정에 유용한 정보를 제공하기 위한 것이지만 오히려 매기 동일한 회계정책 또는 회계추정을 사용할 때 얻을 수 있는 회계정보 간의 비교가능성을 저해하여 이용자들의 의사결정에 방해요소로 작용할 수 있으므로 기업회계기준에서는 회사가 회계변경의 정당성에 대한 입증을 하도록 규정하고 있어 회계변경을 엄격히 제한하고 있다.

정당한 회계변경은 다음과 같은 경우를 의미한다.

① 기업환경의 중대한 변화 예 합병, 사업부신설, 대규모투자, 사업의 양수·도 등
② 동종업계의 합리적인 관행수용
③ 기업공개 등의 사유로 재무정보의 유용성을 높이기 위해
④ 일반기업회계기준의 제정, 개정 또는 기존의 일반기업회계기준에 대한 새로운 해석에 따라 회계변경을 하는 경우

앞의 ①, ②, ③ 세 가지를 자발적 회계변경이라 하고, ④를 비자발적 회계변경이라 한다. 비자발적 회계변경을 제외하고는 그 회사가 변경의 정당성을 입증해야 한다.

단순히 세법규정을 따르기 위한 회계변경, 이익조정을 주된 목적으로 하는 회계변경의 경우에는 재무회계정보의 유용성을 증대시킨다고 보기 어렵기 때문에 정당한 회계변경으로 인정하지 않고 있다.

2. 회계변경의 유형

회계변경의 유형으로는 '회계정책의 변경'과 '회계추정의 변경'이 있다.

(1) 회계정책의 변경

회계정책의 변경은 재무제표의 작성과 보고에 적용하던 회계정책을 다른 회계정책으로 바꾸는 것을 말한다. 이는 일반기업회계기준에서 변경을 요구하거나, 회계정책의 변경이 회계정보의 목적적합성과 신뢰성을 향상시키는 경우에 적용한다.

회계정책의 변경은 일반적으로 인정된 회계원칙(GAAP)을 일반적으로 인정된 회계원칙(GAAP)으로 변경하는 것을 말하며, 만약에 인정되지 않는 회계원칙(Non-GAAP)을 일반적으로 인정된 회계원칙(GAAP)으로 변경하는 것은 오류수정을 하여야 한다.

회계정책의 변경에는 다음과 같은 것들이 있다.

- 재고자산 원가흐름가정의 변경 **예** 선입선출법에서 평균법으로 변경
- 고정자산의 상각방법 변경 **예** 정액법에서 정률법으로 변경
- 유가증권의 원가흐름의 가정 변경 **예** 이동평균법에서 총평균법으로 변경

유형자산의 '재평가모형'을 최초로 적용하는 것은 회계정책변경으로 보지 아니하며, 재평가모형에서 원가모형으로 변경하는 것은 회계정책의 변경으로 본다.

다음과 같은 경우에는 회계정책의 변경으로 보지 않고 회계정책의 채택으로 처리한다.

- 중요성의 판단에 따라 일반기업회계기준과 다르게 회계처리하던 항목들의 중요성이 커지게 되어 일반기업회계기준을 적용하는 경우. 예를 들면, 품질보증비용을 지출연도의 비용으로 처리하다가 중요성이 증대됨에 따라 충당부채 설정법을 적용하는 경우
- 과거에는 발생한 경우가 없는 새로운 사건이나 거래에 대하여 회계정책을 선택하거나 회계추정을 하는 경우

(2) 회계추정의 변경

회계추정의 변경은 기업환경의 변화, 새로운 정보의 획득 또는 경험의 축적에 따라 지금까지 사용해오던 회계적 추정치의 근거와 방법 등을 바꾸는 것을 말한다.

회계추정에는 다음과 같은 것들이 있다.

- 대손추정률의 변경
- 재고자산의 진부화 여부에 대한 판단과 평가(순실현가치의 재추정)
- 우발부채(채무)의 추정
- 감가상각자산의 (추정)내용연수 또는 잔존가액의 추정 변경 **예** 기술혁신에 따라 기계장치가 급속히 진부화되어 감가상각 (추정)내용연수를 단축 하는 경우

만약 회계정책과 회계추정변경의 구분이 모호한 경우에는 이를 회계추정의 변경으로 보고 그 변경의 효과는 해당 회계연도 개시일부터 적용한다. **예** 비용으로 처리하던 특정 지출의 미래 경제적 효익을 인정하여 자본화하는 경우

3. 회계변경의 처리방법

회계변경의 회계처리방법에는 소급법과 당기일괄처리법, 그리고 전진법이 있다.

(1) 소급법

소급법에서는 회계변경의 누적효과$^{*주)}$를 계산하고, 이를 전기손익수정항목으로 회계변경연도의 기초이익잉여금에 가감하여 수정한다. 그리고 비교목적으로 전기재무제표를 함께 공시하는 경우에는 새로운 회계처리방법에 따라 소급하여 재작성하고, 공시된 비교재무제표에 표시되지 않은 이전 회계연도에 귀속되는 누적효과는 공시된 회계연도 중 가장 빠른 회계연도의 기초이익잉여금을 수정하는 형식으로 표시한다.

소급법은 기간별 비교가능성이 일관되게 유지되는 장점이 있다. 그러나 회계변경의 영향이 손익계산서를 거치지 않고 이익잉여금에 반영되어 포괄이익의 개념에는 부합하지 않으며 수정하는 데 소요되는 비용이 과다하고 실무상 많은 어려움이 존재한다.

따라서 소급법은 회계변경의 효과가 크고 그 빈도가 적은 보고실체의 변경 또는 중요한 회계정책의 변경에 적용하기에 적합한 방법이다.

*주) 회계변경의 누적효과 : 회계변경연도 이전 기간에 변경 이후의 방법으로 회계처리하였을 경우와 변경 이전의 방법으로 회계처리하였을 경우 순이익에 미치는 영향의 차액을 말한다.

(2) 당기일괄처리법

당기일괄처리법에서는 회계변경의 누적효과를 계산하여 이를 회계변경기간의 손익계산서에 특별항목 등으로 보고한다. 이때 비교목적의 이전재무제표를 수정하여 재작성하지는 않는다. 당기일괄처리법은 소급법과 전진법의 중간 형태이다.

당기일괄처리법은 재무제표의 신뢰성을 유지할 수 있고, 변경효과를 한눈에 파악할 수 있고, 전진법과 비교할 때 누적효과가 당기에 모두 반영되어 이후의 기간에는 영향을 주지 않는 장점이 있다. 그러나 누적효과가 당해 연도에 모두 반영되면, 당해 연도의 이익에는 당기의 수익 또는 경제적 사건과 관련이 없거나 관련이 희박한 금액이 포함되어, 수익·비용대응의 원칙에 부합되지 않으며, 이익조정가능성이 존재한다는 단점이 있다.

(3) 전진법

회계변경을 전진법으로 회계처리하면 전에 보고된 결과에 대해서는 어떠한 수정도 하지 않는다. 회계변경연도 초의 장부상 잔액에 근거하여 회계변경기간과 그 이후의 회계기간에 대해서만 변경된 회계처리방법을 적용하여 회계처리하면 된다. 그 결과 회계변경의 누적효과가 당기와 당기 이후의 기간에 분산되어 반영된다. 소급법과 비교하여 전진법을 지지하는 이유는 누적효과를 산출할 필요가 없고 전기 재무제표를 수정할 필요도 없으므로 간편하고, 재무제표의 신뢰성도 유지하기 때문이다. 그러나 회계변경에 전진법을 적용하면 회계처리의 일관성이 유지될 수 없다는 단점이 있다.

회계변경 처리방법	내 용
소급법	• 회계변경의 누적효과를 과거로 소급하여 이익잉여금에 반영 • 전기이월미처분이익잉여금에 가감하여 수정한 후 전기재무제표 재작성 • 기간별 비교 가능
전진법	• 회계변경의 효과를 당기와 당기 이후에만 반영 • 누적효과 계산할 필요 없음 • 전기재무제표를 재작성할 필요 없으므로 가장 간편
당기일괄처리법	• 회계변경의 누적효과를 회계변경이 일어난 회계기간의 손익계산서에 반영 • 기간별비교가능성 떨어짐 • 전기재무제표를 수정하지 않으므로 신뢰성 높음

현행 기업회계기준에서는 '회계정책의 변경'은 **소급법**으로 처리하고, '회계추정의 변경'은 **전진법**으로 처리하도록 하고 있다.

회계정책변경에 대한 회계처리는 **소급법**을 원칙으로 한다. 소급법을 적용하게 되면 변경된 새로운 회계정책을 소급하여 적용하고, 전기 또는 그 이전의 재무제표는 비교목적으로 공시할 경우에 비교대상이 되는 과거연도의 재무제표를 재작성한다.

이는 이미 상법의 규정에 의해 주주총회에서 승인된 재무제표를 다시 작성하여 주주총회의 승인을 다시 얻는다는 것이 아니라, 회계정보이용자들이 보다 합리적으로 의사결정을 할 수 있도록 비교목적으로 첨부된 전기재무제표를 감사보고서 또는 결산서 상에서만 다시 재작성하여 공시한다는 의미이다. 만약, 누적효과를 합리적으로 결정하기 어려운 경우에는 예외적으로 **전진법**으로 처리할 수 있다.

회계추정변경에 대한 회계처리는 **전진법**을 적용한다. 기업환경의 변화, 새로운 정보의 획득 또는 경험의 축적에 따라 지금까지 사용해오던 회계적 추정치의 근거와 방법 등을 바꾸는 회계추정의 변경에 대한 회계처리는 당기부터 전진적으로 처리하여 그 변경효과를 당기와 당기 이후의 기간에 반영한다. 회계추정을 변경한 경우에는 변경내용, 그 정당성 및 그 변경이 당기 재무제표에 미치는 영향을 주석으로 기재해야 한다.

회계변경과 관련하여 특수한 상황은 다음과 같이 판단한다.

① 회계변경 누적효과 결정이 어려운 경우나 '회계정책의 변경', '회계추정의 변경'의 구분이 어려운 경우(회계추정의 변경으로 본다)에는 '**전진법**'을 사용한다.

② 회계정책의 변경과 회계추정의 변경이 동시에 이루어지는 경우에는 회계정책의 변경에 의한 누적효과를 먼저 계산하여 소급적용한 후(소급법), 회계추정의 변경효과를 전진적으로 적용한다(전진법).

02 오류수정

1. 오류수정의 의의

(1) 오류의 개념

오류수정은 전기 또는 그 이전의 재무제표에 포함된 회계적 오류를 당기에 발견하여 이를 수정하는 것을 말한다. 오류는 계산상의 실수, 기업회계 기준의 잘못된 적용, 사실판단의 잘못, 부정, 과실 또는 사실의 누락 등으로 인해 발생한다.

오류는 기업의 재무상태 및 경영성과를 정보이용자에게 왜곡하여 전달하게 되므로 발견 즉시 수정되어야 한다. 특히 순이익에 영향을 미치는 오류의 경우에는 당기뿐만 아니라 차기 이후에도 계속적으로 영향을 미치므로 반드시 오류수정이 이루어져야 한다.

(2) 오류의 회계처리

당기에 발견한 전기 또는 그 이전기간의 오류는 당기 손익계산서에 영업외손익 중 '**전기오류수정손익**'으로 보고한다(**당기일괄처리법**). 이렇게 당기일괄처리법을 적용하는 이유는 고의적인 오류로 인한 특정 회계연도의 이익을 조정할 가능성을 미연에 방지하고, 포괄주의에 입각한 손익계산서 보고규정을 유지하기 위함이다.

만약 전기 또는 그 이전기간에 발생한 재무제표에 심각한 왜곡을 초래할 수 있는 중대한 오류의 수정은 오류수정손익 항목을 **전기이월미처분이익잉여금**에 반영하고 관련 계정잔액을 수정한다(**소급법**). 비교재무제표를 작성하는 경우 중대한 오류의 영향을 받는 회계기간의 재무제표 항목은 소급법에 의해 재작성한다. 또한 전기오류수정손익의 발생원인과 그 내용 및 금액은 주석으로 기재하여야 한다.

분 류	회계처리	비교재무제표 수정 여부
중대하지 않는 오류	• 당기일괄처리법 　– '전기오류수정손익(영업외손익)'으로 반영	수정하지 않음
중대한 오류	• 소급법 　– '전기이월미처분이익잉여금'에 반영	수정해야 함

2. 오류수정의 유형

오류의 유형은 크게 순이익에 영향을 미치지 않는 오류와 순이익에 영향을 미치는 오류로 구분할 수 있다.

(1) 순이익에 영향을 미치지 않는 오류

순이익에 영향을 미치지 않는 오류란 계정과목 분류상의 오류로서 재무상태표의 오류와 손익계산서의 오류로 구분한다.

재무상태표 오류란 재무상태표에만 영향을 미치는 오류를 의미하는 것으로 자산, 부채, 자본계정 분류상의 오류로 발생하게 된다. 단기매매증권을 비유동자산인 투자유가증권으로 분류하거나, 유동부채를 비유동부채로 분류한 경우 등을 그 예로 둘 수 있다. 이와 같은 오류는 단순히 계정과목의 분류상의 오류이기 때문에 순이익에 전혀 영향을 미치지 아니한다. 따라서 발견될 경우 적절한 과목으로 재분류하면 된다.

손익계산서 오류란 손익계산서상의 계정과목을 잘못 분류한 경우로서 손익계산서에만 영향을 미치는 오류를 말한다. 오류발생연도에 발견한 경우라면 발견한 즉시 재분개를 하면 되며, 당기 이전에 발생한 오류를 발견한 경우라도 당기에 발견 시 당기손익에 아무 영향이 없으므로 오류수정분개가 필요 없다.

(2) 순이익에 영향을 미치는 오류

순이익에 영향을 미치는 오류란 재무상태표와 손익계산서 모두에 영향을 미치는 오류를 말한다. 주로 재무상태표의 자산·부채계정이 과소 또는 과대계상되면서 동시에 손익계산서의 수익비용이 과대(과소)계상되는 형태로 발생된다. 예를 들어 감가상각비 계산을 누락하는 경우나 미지급급여를 계상하지 않은 경우를 둘 수 있다. 감가상각비 계산을 누락하는 경우 비용계정과 감가상각누계액계정이 과소계상되어 순이익이 과대계상된다. 미지급급여를 계상하지 않은 경우에는 비용계정과 부채계정이 과소계상되고 순이익이 과대계상되게 된다.

순이익에 영향을 미치는 오류에는 다시 '자동조정적 오류'와 '비자동조정적 오류'로 구분할 수 있다.

오류의 유형	오류의 조정	사 례
자동조정적 오류	다음 기간에 오류가 상쇄되어 자동수정 됨	• 결산분개사항(미수수익, 미지급비용, 선급비용, 선수수익)의 누락 • 기말재고자산의 과대, 과소계상 오류
비자동조정적 오류	다음 기간에 자동적으로 오류가 상쇄되지 않음	• 자본적 지출과 수익적 지출의 구분 오류 • 감가상각비의 과대, 과소계상 오류

3. 자동조정적 오류

자동조정적 오류란 두 회계기간을 통하여 오류의 효과가 자동적으로 조정되는 오류로서 선급비용, 미지급비용, 선수수익, 미수수익, 재고자산 등의 과소·과대평가, 매출·매입기간구분오류 등을 그 예로 들 수 있다.

(1) 오류의 수정

자동조정적 오류를 오류발생연도에 발견한 경우에는 반대분개를 하여 수정하며, 오류발생연도의 다음 연도에 오류를 발견한 경우에는 전기손익에 미치는 오류금액을 전기오류수정손익(당기손익)으로 계상하고, 오류발생연도부터 두 회계기간 경과 후에 오류를 발견한 경우에는 두 회계기간을 통하여 오류의 효과가 자동적으로 조정되었으므로 이때에는 수정할 필요가 없다.

자동조정적 오류의 효과금액이 특히 중요한 경우에는 앞에서도 언급했듯이 전기이월미처분이익잉여금에서 수정하고 비교목적으로 작성하는 전기재무제표를 재작성한다(소급법).

(2) 오류의 유형

① 선급비용의 오류

당기(20x2년)에 선급비용을 과소계상하였다면 당기분 비용을 과대계상한 것이며, 이는 차기에 인식해야 할 비용을 당기에 인식하는 결과가 된다. 만약, 당기(20x2년)에 선급비용을 과대계상하였다면 당기분 비용을 과소계상한 것이며, 이는 당기에 인식해야 할 비용을 차기로 이연시키는 결과가 된다.

20x2년	선급비용의 과소(과대)계상 → 당기비용의 과대(과소)계상 → 당기순이익의 과소(과대)계상
20x3년	당기비용의 과소(과대)계상 → 당기순이익의 과대(과소)계상

② 선수수익의 오류

당기(20x2년)에 선수수익을 과소계상하였다면 당기분 수익을 과대계상한 것이며, 이는 차기에 인식할 수익을 당기에 인식하는 결과가 된다. 만약 당기(20x2년)에 선수수익을 과대계상하였다면 당기분 수익을 과소계상한 것이며, 이는 당기에 인식할 수익을 차기로 이연시키는 결과가 된다.

20x2년	선수수익의 과소(과대)계상 → 당기수익의 과대(과소)계상 → 당기순이익의 과대(과소) 계상
20x3년	당기수익의 과소(과대)계상 → 당기순이익의 과소(과대)계상

③ 미지급비용의 오류

당기(20x2년)에 미지급비용을 과소계상하였다면 당기분 비용을 과소계상한 것이며, 이는 당기에 인식할 비용을 차기로 이연시키는 결과가 된다. 만약 당기(20x2년)에 미지급비용을 과대계상하였다면 당기분 비용을 과대계상한 것이며, 이는 차기에 인식할 비용을 당기에 인식하는 결과가 된다.

20x2년	미지급비용의 과소(과대)계상 → 당기비용의 과소(과대)계상 → 당기순이익의 과대(과소)계상
20x3년	당기비용의 과대(과소)계상 → 당기순이익의 과소(과대)계상

④ 미수수익의 오류

당기(20x2년)에 미수수익을 과소계상하였다면 당기분 수익을 과소계상한 것이며, 이는 당기에 인식할 수익을 이연시키는 결과가 된다. 만약 당기(20x2년)에 미수수익을 과대계상하였다면 당기분 수익을 과대계상한 것이며 이는 차기에 인식할 수익을 당기에 인식하는 결과가 된다.

20x2년	미수수익의 과소(과대)계상 → 당기수익의 과소(과대)계상 → 당기순이익의 과소(과대)계상
20x3년	당기수익의 과대(과소)계상 → 당기순이익의 과대(과소)계상

⑤ 재고자산의 오류

재고자산의 오류는 포괄손익계산서의 매출원가와 직접 관련되어 있다. 예컨대, 20x2년 말 재고자산을 과대(과소)계상하였다면 20x2년과 20x3년의 재무제표에 다음과 같은 영향을 미칠 것이다. 따라서 특정 회계연도의 기말재고자산의 과대(과소)계상오류로 인한 순이익의 과대(과소)계상오류는 다음 회계연도에 반대의 결과를 나타내어 오류의 효과가 두 회계기간을 통해서 정확히 상쇄된다.

20x2년	기말재고자산의 과대(과소)계상 → 매출원가의 과소(과대)계상 → 당기순이익의 과대(과소)계상
20x3년	기초재고자산의 과대(과소)계상 → 매출원가의 과대(과소)계상 → 당기순이익의 과소(과대)계상

오류수정의 회계처리는 다음과 같다.

구 분	오류발생 회계기간의 장부마감 전 발견된 경우	오류발생 다음 기수의 장부마감 전 발견된 경우
과대 평가	매출원가　　xxx　/　재고자산(상품)　xxx	전기오류수정손실　xxx　/　매출원가　xxx (또는 이익잉여금)
과소 평가	재고자산(상품)　xxx　/　매출원가　xxx	매출원가　xxx　/　전기오류수정이익　xxx 　　　　　　　　　　　(또는 이익잉여금)

4. 비자동조정적 오류

(1) 비자동조정적 오류

비자동조정적 오류란 두 회계기간의 경과만으로 자동조정되지 않는 오류를 말한다. 즉, 오류로 인한 영향이 소멸되는데 3 회계연도 이상이 소요되는 오류로서 일반적으로 비유동자산이나 비유동부채 등과 관련된 오류들이 이에 속한다. 비자동조정적 오류의 예로는 유형자산 취득에 따른 지출을 전액 수익적 지출로 처리한 경우, 감가상각비 오류, 대손상각비 오류 등이 있다.

비자동조정적 오류를 오류발생연도에 발견한 경우에는 반대분개를 하여 수정을 하며, 오류발생연도 이후에 오류를 발견한 경우에는 오류의 누적효과만큼 전기오류수정손익으로 처리한다.

비자동조정적 오류를 발견한 경우의 수정분개요령은 회사가 행한 회계처리와 올바른 회계처리를 비교하여 ① 재무상태표 계정의 차이를 조정하고 ② 당기손익의 차이를 조정한 다음 ③ 대차차액을 전기오류수정손익(이익잉여금)으로 처리하는 것이다.

(2) 오류의 수정

비자동조정적 오류는 장부의 마감여부 불문하고 오류를 발견한 시점이 완전히 자동조정되는 시점 이전이면 항상 수정분개를 해야 한다. 누적효과금액은 전기오류수정손익으로 처리하는데 특히 중요한 경우에는 예외적으로 전기이월미처분이익잉여금에서 직접 소급하는 소급법을 적용한다.

01 다음 중 회계변경의 성격이 나머지와 다른 하나는 무엇인가? [84회]

① 유형자산의 내용연수 변경
② 재고자산 평가방법의 변경
③ 자산을 재평가하는 방법을 최초로 적용하는 경우로의 변경
④ 유가증권의 취득단가 산정방법 변경

해설

유형자산의 내용연수 변경은 회계추정의 변경에 해당하며, 나머지는 회계정책의 변경에 해당한다.

02 2023년 1월 1일 ㈜울산은 비품을 180,000원(잔존가치 0원, 내용연수 5년, 정액법 상각)에 취득하였으나 소모품비로 잘못 처리하였다. 2023년 결산 시 장부를 마감하기 전에 해당 오류를 발견하여 수정한 경우, 해당 오류수정이 ㈜울산의 당기순이익에 미치는 영향으로 올바른 것은? [83회]

① 190,000원 순감소
② 178,000원 순감소
③ 144,000원 순증가
④ 126,000원 순증가

해설

• 수정분개
	(차) 비 품	180,000원	(대) 소모품비	180,000원
	감가상각비	36,000원	감가상각누계액	36,000원

• 손익 변동 = 비용(소모품비) 감소 180,000원 − 비용(감가상각비) 증가 36,000원 = 144,000원 비용 감소
∴ 당기순이익 144,000원 순증가

03 다음 중 회계변경에 관한 설명으로 틀린 것은? [79회]

① 회계정책의 변경과 회계추정의 변경을 구분하는 것이 어려운 경우에는 이를 회계추정의 변경으로 본다.

② 회계추정의 변경은 전진적으로 처리하며, 그 효과를 당기와 미래에 반영한다.

③ 회계추정의 변경의 대표적 예로는 대손의 추정, 재고자산 진부화가 있다.

④ 단순히 세법 규정을 따르기 위한 회계변경은 정당한 회계변경으로 본다.

해설

단순히 세법 규정을 따르기 위한 회계변경은 정당한 회계변경으로 보지 아니한다.

04 다음 중 회계정책의 변경에 대한 설명으로 틀린 것은? [78회]

① 회계정책의 변경을 반영한 재무제표가 거래, 기타 사건 또는 상황이 재무상태, 재무성과 또는 현금흐름에 미치는 영향에 대하여 신뢰성 있고 더 목적적합한 정보를 제공하는 경우에는 회계정책을 변경할 수 있다.

② 변경된 새로운 회계정책은 소급하여 적용하며 전기 또는 그 이전의 재무제표를 비교목적으로 공시할 경우에는 소급적용에 따른 수정사항을 반영하여 재작성한다.

③ 회계정책의 변경에 따른 누적효과를 합리적으로 결정하기 어려운 경우에는 회계변경을 전진적으로 처리하여 그 효과가 당기와 당기 이후의 기간에 반영되도록 한다.

④ 회계정책 변경을 전진적으로 처리하는 경우에는 그 변경의 효과를 차기 회계연도 개시일부터 적용한다.

해설

회계정책 변경을 전진적으로 처리하는 경우에는 그 변경의 효과를 당해 회계연도 개시일부터 적용한다.

05 재고자산의 평가방법을 가중평균법에서 선입선출법으로 변경할 경우 저해되는 회계정보의 질적특성은 어느 것인가? [76회]

① 적시성   ② 기업간 비교가능성

③ 중요성   ④ 기간별 비교가능성

해설

기업 내에서의 회계정책의 변경은 기간별 비교가능성을 저해한다.

06 ㈜백제는 시산표를 작성하는 중에 차변 합계와 대변 합계가 일치하지 않는 것을 발견하였다. 이와 관련하여 다음 중 시산표상 차변 합계와 대변 합계가 일치하지 않는 원인으로 틀린 것은? [76회]

① 50,000원의 매입채무를 현금으로 상환하면서 분개를 누락하였다.

② 기계장치를 800,000원에 처분하고 '(차) 현금 800,000원 / (대) 기계장치 80,000원'으로 분개하였다.

③ '(차) 매출채권 35,000원 / (대) 매출 35,000원'의 분개를 원장으로 전기하면서 매출채권계정 차변에 53,000원, 매출계정 대변에 35,000원으로 전기하였다.

④ 신입사원과 월 급여 2,000,000원에 고용계약을 체결하고 '(차) 급여 2,000,000원'으로 분개하였다.

해설

차변과 대변의 금액이 불일치하는 경우에만 시산표에서 오류를 발견할 수 있으므로, 분개를 누락한 경우에는 시산표에서 자동으로 오류가 발견되지 않는다.

07 다음 중 회계정책의 변경에 해당하지 않는 것은? [75회]

① 채권의 대손설정률 변경

② 표시통화의 변경

③ 재고자산의 평가방법의 변경

④ 유형자산의 평가방법의 변경

해설

채권의 대손설정률 변경은 회계추정의 변경에 해당한다.

08 ㈜지용은 2021년 결산 시 2021년분 미지급급여의 계상을 누락하고 2022년 1월에 급여지급 시 비용으로 처리하였다. 이 오류가 ㈜지용의 2021년과 2022년의 당기순이익에 미치는 영향으로 올바른 것은? [75회]

	2021년 당기순이익	2022년 당기순이익
①	과소계상	과소계상
②	과소계상	과대계상
③	과대계상	과소계상
④	과대계상	과대계상

해설

2021년분 급여를 2022년의 비용으로 인식함으로 인해 2021년 당기순이익은 과대계상되고 2022년 당기순이익은 과소계상된다.

09 ㈜트리온은 2021년 기말 상품재고액이 50,000원 과대평가되었음을 2022년 기말에 발견하였다. 재고자산의 오류수정을 반영하기 전 ㈜트리온의 2022년도 손익계산서 관련 자료는 아래와 같다. 법인세효과를 고려하지 않는 경우 다음 중 ㈜트리온의 2022년도 손익계산서에 대한 설명으로 올바른 것은? [74회]

	2022년
기초상품재고액	200,000원
당기상품매입액	1,000,000원
기말상품재고액	400,000원
매출원가	800,000원
당기순이익	200,000원

① 수정 후 매출원가는 750,000원이다.
② 수정 후 기말상품재고액은 350,000원이다.
③ 수정 후 당기순이익은 150,000원이다.
④ 수정 후 기초상품재고액은 200,000원이다.

해설
- 전기 이전기간에 발생한 중대한 오류의 수정은 자산, 부채 및 자본의 기초금액에 반영한다.
- 수정 후 기초상품재고액 = 200,000원 − 50,000원 = 150,000원
- 수정 후 매출원가 = 800,000원 − 50,000원 = 750,000원
- 수정 후 당기순이익 = 200,000원 + 50,000원 = 250,000원

10 ㈜명인은 2019년 1월 1일에 취득한 기계장치에 대해서 2022년 1월 1일을 기준으로 다음과 같이 정당하게 회계추정을 변경하였다. 2022년에 인식할 감가상각비는 얼마인가? [73회]

- 취득원가 : 2,000,000원
- 감가상각방법 : 정액법
- 내용연수 : 4년에서 5년으로 변경
- 잔존가치 : 200,000원에서 100,000원으로 변경

① 275,000원
② 360,000원
③ 385,000원
④ 450,000원

해설
- 전기말 감가상각누계액 = (취득원가 2,000,000원 − 잔존가치 200,000원) × 3/4 = 1,350,000원
- ∴ 감가상각비 = (취득원가 2,000,000원 − 전기말 감가상각누계액 1,350,000원 − 잔존가치 100,000원) × 1/2 = 275,000원

11 다음 중 오류수정에 대한 설명으로 틀린 것은? [73회]

① 오류수정은 전기 또는 그 이전의 재무제표에 포함된 회계적 오류를 당기에 발견하여 이를 수정하는 것을 말한다.
② 중대한 오류를 수정한 경우에는 중대한 오류로 판단한 근거를 주석으로 기재한다.
③ 당기에 발견한 전기 또는 그 이전 기간의 오류는 기말 재무상태표에 기타포괄손익누계액 중 전기오류수정손익으로 보고한다.
④ 비교재무제표를 작성하는 경우 중대한 오류의 영향을 받는 회계기간의 재무제표항목은 재작성한다.

해설

당기에 발견한 전기 또는 그 이전기간의 중대하지 아니한 오류는 당기 손익계산서에 영업외손익 중 전기오류수정손익으로 보고하고, 중대한 오류는 이월이익잉여금의 전기오류수정손익으로 처리한다.

12 ㈜이윤은 2022년 9월 1일 비품을 190,000원(잔존가치 10,000원, 내용연수 5년, 정액법 상각)에 현금으로 취득하였으나 소모품비로 잘못 처리하였다. 2022년 결산 시 장부를 마감하기 전에 동 오류를 발견하였을 경우 ㈜이윤이 해야 하는 회계처리로 올바른 것은?(단, 감가상각비는 월할상각한다) [73회]

① (차) 비 품 190,000원 (대) 소모품비 190,000원
② (차) 현 금 180,000원 (대) 소모품비 180,000원
③ (차) 비 품 190,000원 (대) 소모품비 190,000원
　　감가상각비 12,000원 　　감가상각누계액 12,000원
④ (차) 소모품비 180,000원 (대) 비 품 180,000원
　　감가상각비 12,000원 　　감가상각누계액 12,000원

해설
• 소모품비를 대변계정에서 취소하고 비품을 차변에 계상하면서 감가상각비를 계상하여야 한다.
• 감가상각비 = (190,000원 − 10,000원)/5년 × 4/12 = 12,000원

13 다음 중 회계정책 및 회계추정에 관한 설명으로 틀린 것은? [72회]

① 변경된 새로운 회계정책은 소급하여 적용한다.
② 회계정책의 변경에 따른 누적효과를 합리적으로 결정하기 어려운 경우에는 회계변경을 전진적으로 처리하여 그 효과가 당기와 당기 이후의 기간에 반영되도록 한다.
③ 회계추정의 변경은 전진적으로 처리하여 그 효과를 당기와 당기 이후의 기간에 반영한다.
④ 회계변경의 속성상 그 효과를 회계정책의 변경효과와 회계추정의 변경효과로 구분하기가 불가능한 경우에는 이를 회계정책의 변경으로 본다.

해설
회계변경의 속성상 그 효과를 회계정책의 변경효과와 회계추정의 변경효과로 구분하기가 불가능한 경우에는 이를 회계추정의 변경으로 본다.

14 ㈜케이의 수정후당기순이익이 1,800,000원이며, 결산 시 발견한 수정사항이 다음과 같을 때 수정전
당기순이익은 얼마인가? [72회]

> 선수수익 150,000원과 미지급비용 230,000원에 대한 회계처리 누락

① 1,880,000원　　　　　　② 2,000,000원
③ 2,180,000원　　　　　　④ 2,320,000원

해설
수정전당기순이익 = 수정후당기순이익 1,800,000원 + 선수수익 150,000원 + 미지급비용 230,000원 = 2,180,000원

15 수정후시산표의 각 계정 잔액이 다음과 같이 존재한다고 가정할 경우, 장부 마감 후 다음 회계연도로
이월되는 계정과목의 차변 합계액은 얼마인가? [72회]

> ㉠ 지급임차료 : 1,000원　　　㉡ 기계장치 : 30,000원
> ㉢ 매출원가 : 60,000원　　　　㉣ 매출채권 : 35,000원
> ㉤ 단기차입금 : 43,000원　　　㉥ 매입채무 : 17,000원

① 60,000원　　　　　　② 65,000원
③ 77,000원　　　　　　④ 78,000원

해설
• 이월되는 계정은 ㉡ 기계장치, ㉣ 매출채권, ㉤ 단기차입금, ㉥ 매입채무지만 차변으로 이월되는 계정은 자산 항목
인 ㉡ 기계장치와 ㉣ 매출채권이다. 부채 항목인 ㉤ 단기차입금과 ㉥ 매입채무는 대변으로 이월된다.
∴ 차변 합계액 = 기계장치 30,000원 + 매출채권 35,000원 = 65,000원

16 ㈜성진은 2020년 1월 1일 기계장치를 2,000,000원에 취득하고, 내용연수 10년, 잔존가치는
200,000원으로 예측하여 정액법으로 상각해왔다. ㈜성진은 2022년 1월 1일에 이 기계장치의 상태
를 조사한 후 총내용연수를 6년, 잔존가치는 없는 것으로 추정을 변경하였다. ㈜성진이 2022년에
인식할 감가상각비는 얼마인가? [71회]

① 240,000원　　　　　　② 273,333원
③ 360,000원　　　　　　④ 410,000원

해설
• 기초 감가상각누계액 : (취득가액 2,000,000원 − 잔존가치 200,000원) × 2/10 = 360,000원
• 기초 장부가액 : 취득가액 2,000,000원 − 기초 감가상각누계액 360,000원 = 1,640,000원
• 잔여내용연수 : 새로운 총내용연수 6년 − 경과된 내용연수 2년 = 4년
• 회계추정의 변경에 해당하므로 전진법으로 회계처리한다.
∴ 2022년 감가상각비 = 기초 장부가액 1,640,000원 × 1/4 = 410,000원

17 ㈜연수는 기말 결산 시 다음과 같은 회계오류를 발견하였다. 다음 중 회계연도 말 유동자산과 자본을 모두 과대계상하게 되는 오류는 무엇인가? [71회]

① 기계장치에 대한 감가상각비 과소계상　　② 기말 재고자산의 과대계상
③ 미지급비용의 과소계상　　④ 매출채권에 대한 대손충당금 과대계상

해설

② 기말 재고자산 과대계상	→ 유동자산 과대계상
	→ 매출원가 과소계상 → 당기순이익 과대계상 → 자본 과대계상
① 기계장치 감가상각비 과소계상	→ 비유동자산 과대계상
	→ 당기순이익 과대계상 → 자본 과대계상
③ 미지급비용의 과소계상	→ 유동부채 과소계상
	→ 당기순이익 과대계상 → 자본 과대계상
④ 대손충당금 과대계상	→ 유동자산 과소계상
	→ 당기순이익 과소계상 → 자본 과소계상

18 ㈜서울은 결산 마감 전 다음 사항을 발견하였다. 수정 전 당기순이익이 2,500,000원일 경우 수정 후 당기순이익은 얼마인가? [70회]

- 다음 해 임차료 선급분을 당기 비용으로 처리한 금액 : 150,000원
- 매입거래 중복입력으로 인한 재고자산 과대계상 : 400,000원
- 단순착오에 의한 감가상각비 과대계상 : 600,000원

① 2,550,000원　　② 2,850,000원
③ 3,350,000원　　④ 3,650,000원

해설

수정 후 당기순이익 = 수정 전 당기순이익 2,500,000원 + 선급비용 누락 150,000원 − 재고자산 과대계상 400,000원 + 감가상각비 과대계상 600,000원 = 2,850,000원

19 다음 중 회계추정의 변경에 해당하지 않는 것은? [69회]

① 차량운반구의 감가상각방법을 정액법에서 정률법으로 변경하였다.
② 재고자산 원가흐름의 가정을 총평균법에서 선입선출법으로 변경하였다.
③ 기계장치의 내용연수를 8년에서 10년으로 변경하였다.
④ 비품의 잔존가치를 50,000원에서 100,000원으로 변경하였다.

해설

재고자산 원가흐름의 가정을 총평균법에서 선입선출법으로 변경한 것은 회계정책의 변경에 해당한다.

20 다음 중 오류수정에 대한 설명으로 틀린 것은? [68회]

① 오류수정은 전기 또는 그 이전의 재무제표에 포함된 회계적 오류를 당기에 발견하여 이를 수정하는 것을 말한다.

② 당기에 발견한 전기 또는 그 이전 기간의 중대하지 않은 오류는 당기 손익계산서에 영업외손익 중 전기오류수정손익으로 보고한다.

③ 전기 이전 기간에 발생한 중대한 오류의 수정은 자산, 부채 및 자본의 기초금액에 반영한다.

④ 비교재무제표를 작성하는 경우 중대한 오류의 영향을 받는 회계기간의 재무제표항목은 재작성하지 않는다.

해설

• 비교재무제표를 작성하는 경우 중대한 오류의 영향을 받는 회계기간의 재무제표항목은 재작성한다.

• 전기 또는 그 이전기간에 발생한 중대한 오류의 수정을 위해 전기 또는 그 이전기간의 재무제표를 재작성하는 경우 각각의 회계기간에 발생한 중대한 오류의 수정금액을 해당기간의 재무제표에 반영한다. 비교재무제표에 보고된 최초회계기간 이전에 발생한 중대한 오류의 수정에 대하여는 당해 최초회계기간의 자산, 부채 및 자본의 기초금액에 반영한다. 또한 전기 또는 그 이전기간과 관련된 기타재무정보도 재작성한다.

21 다음 중 회계변경에 관한 설명으로 틀린 것은? [64회]

① 회계정책의 변경은 소급하여 적용하는 것이 원칙이다.

② 단순히 세법 규정을 따르기 위한 회계변경은 정당한 회계변경으로 보지 아니한다.

③ 회계정책의 변경을 반영한 재무제표가 더 신뢰성과 목적적합한 정보를 제공한다 하더라도 회계정책을 변경할 수 없다.

④ 회계추정의 변경효과는 전진적으로 처리하며 그 효과는 당기와 미래에 반영한다.

해설

회계정책의 변경을 반영한 재무제표가 더 신뢰성과 목적적합한 정보를 제공한다면 회계정책을 변경할 수 있다.

22 다음 중 회계변경에 대한 설명으로 틀린 것은? [63회]

① 회계정책의 변경과 회계추정의 변경이 동시에 이루어지는 경우에는 회계정책 변경의 효과를 우선 적용한 후, 회계추정의 변경효과를 적용한다.

② 회계정책의 변경은 재무제표의 작성과 보고에 적용하던 회계정책을 변경하는 것을 말하며, 회계추정의 변경은 기존에 사용하던 회계적 추정치의 근거와 방법 등을 변경하는 것을 말한다.

③ 회계정책의 변경은 전진적으로 처리하여 그 효과를 당기와 당기이후의 기간에 반영한다.

④ 회계변경의 효과를 회계정책의 변경효과와 회계추정의 변경효과로 구분하기가 불가능한 경우에는 이를 회계추정의 변경으로 본다.

해설

회계정책의 변경은 소급법을 적용하고 회계추정의 변경은 전진법을 적용한다.

23 다음은 회계정책의 변경과 회계추정의 변경에 대한 내용이다. 그 중 성격이 다른 하나를 고르시오.

[61회]

① 우발부채의 추정
② 유가증권의 원가흐름 가정의 변경
③ 고정자산 상각방법의 변경
④ 재고자산 원가흐름 가정의 변경

해설

우발부채의 추정은 회계추정의 변경이고, 나머지는 회계정책의 변경이다.

24 ㈜회계의 2019년도 손익계산서상 다음과 같은 오류가 발견되었다. 오류를 수정한 후의 당기순이익은 얼마인가?(단, 오류를 수정하기 전의 당기순이익은 15,000,000원이다)

[59회]

- 임대료 수입 과소계상액 : 1,500,000원
- 이자비용 과대계상액 : 900,000원
- 감가상각비 과소계상액 : 1,200,000원
- 기말상품 과대계상액 : 1,000,000원

① 14,200,000원   ② 14,800,000원
③ 15,200,000원   ④ 15,800,000원

해설

오류수정 후 당기순이익 = 오류수정 전 당기순이익 15,000,000원 + 임대료 과소계상액 1,500,000원 + 이자비용 과대계상액 900,000원 - 감가상각비 과소계상액 1,200,000원 - 기말상품 과대계상액 1,000,000원 = 15,200,000원

25 다음의 회계변경 중 성격이 다른 것은?

[58회]

① 매출채권 등에 대한 대손추정률의 변경
② 재고자산의 진부화 여부에 대한 판단과 평가
③ 유가증권 취득단가 산정방법의 변경
④ 감가상각방법의 변경

해설

유가증권 취득단가 산정방법의 변경은 회계정책의 변경이고, 나머지는 회계추정의 변경이다.

26 ㈜세무는 2019년 10월 1일 본사 사옥에 대한 1년분 화재보험료 2,400,000원을 지급하였다. ㈜세무는 보험료를 지급하면서 모두 비용으로 회계처리하였다. 결산일인 2019년 12월 31일의 ㈜세무의 올바른 수정분개는 무엇인가?(단, ㈜세무의 회계기간은 1월 1일부터 12월 31일까지이다) [57회]

① (차) 선급보험료   1,800,000원   (대) 보험료   1,800,000원
② (차) 선급보험료   600,000원   (대) 현 금   600,000원
③ (차) 보험료   1,000,000원   (대) 선급보험료   1,000,000원
④ (차) 선급보험료   1,000,000원   (대) 보험료   1,000,000원

해설

화재보험료 2,400,000원 $\times \dfrac{\text{미경과기간 9개월}}{\text{총기간 12개월}} = 1,800,000$원

27 ㈜회계는 2019년 3월 1일에 특허권(내용연수 5년, 잔존가치 0원, 정액법 상각)을 600,000원에 현금으로 취득하면서 특허권을 경상개발비로 잘못 회계처리하였다. 2019년 결산 시 장부를 마감하기 전에 동 오류를 확인한 경우에 필요한 수정분개는?(단, 감가상각은 월할 계산한다) [57회]

	차 변		대 변	
①	특허권	600,000원	현 금	600,000원
②	특허권	600,000원	경상개발비	600,000원
③	감가상각비	100,000원	감가상각누계액	100,000원
④	특허권	600,000원	경상개발비	600,000원

해설

• 특허권을 경상개발비로 잘못 회계처리하였기 때문에 차변에는 특허권, 대변에는 경상개발비로 회계처리한다.
• 무형자산인 특허권에 대한 감가상각은 직접 상각한다.
• 특허권에 대한 무형자산상각비 = 취득가 600,000원 $\times \dfrac{\text{경과기간 10개월}}{\text{총기간 60개월}} = 100,000$원

28 다음 중 회계 추정의 변경이 아닌 것은? [56회]

① 매출채권의 손실예상률 변경
② 유형자산 및 무형자산의 감가상각방법, 경제적 내용연수 및 잔존가치의 변경
③ 제품보증충당부채의 추정치 변경
④ 유형자산 및 무형자산 측정기준을 원가모형에서 재평가모형으로 변경

해설

측정기준의 변경은 회계정책의 변경이다.

29 자본적 지출로 처리하여야 할 것을 수익적 지출로 잘못 회계처리한 경우 당해 연도의 재무제표에 미치는 영향이 아닌 것은? [54회]

① 당기순이익이 과소계상된다.
② 자산이 과대계상된다.
③ 자본이 과소계상된다.
④ 현금유출액의 변동은 없다.

해설

자본적 지출(자산)으로 처리하여야 할 것을 수익적 지출(비용)으로 처리한 경우 자산이 과소계상된다.

30 다음 중 시산표를 통해 발견할 수 없는 오류에 해당하는 것은? [53회]

① 계정에 전기할 때 차변이나 대변 중 어느 한 쪽을 누락한 오류
② 분개를 할 때 차변과 대변의 동일금액을 함께 잘못 기록한 오류
③ 원장계정의 합계와 잔액을 잘못 계산한 오류
④ 원장의 차변합계와 대변합계 혹은 잔액을 시산표에 잘못 옮긴 오류

해설

분개를 할 때 차변과 대변의 동일금액을 함께 잘못 기록한 오류는 시산표를 통해 발견할 수 없는 오류에 해당된다.

31 ㈜채원은 2018년 결산 시 다음과 같은 오류를 발견하고 수정하였다. 오류수정 후 영향에 대한 설명 중 틀린 것은?(단, 기말재고자산은 없는 것으로 가정함) [52회]

- 수정 전 분개
  (차) 소모품비(판매관리비) 1,000,000원　(대) 보통예금　1,000,000원
- 수정 후 분개
  (차) 소모품비(제조원가) 1,000,000원　(대) 보통예금　1,000,000원

① 오류수정 후 제조원가는 증가한다.
② 오류수정 후 영업이익은 증가한다.
③ 오류수정 후 당기순이익은 변화 없다.
④ 오류수정 후 매출총이익은 감소한다.

해설

판매관리비가 제조원가로 수정되면 제조원가 증가, 매출원가 증가, 매출총이익 감소되나, 영업이익, 당기순이익은 변하지 않는다.

13 중소기업회계기준 개괄

01 중소기업회계기준 주요 특징

영세한 중소기업의 일반기업회계기준을 적용함에 있어 어려움을 해소하기 위해 2014년부터 시행된 중소기업회계기준은 다음과 같은 차이점을 두고 있다.

① 재무제표 작성 범위 축소
　㉠ 현금흐름표를 필수재무제표에서 제외
　㉡ 주석은 권장사항

구 분	일반기업회계기준	중소기업회계기준
재무제표 구성항목	재무상태표 손익계산서 현금흐름표 자본변동표 주 석	대차대조표 손익계산서 자본변동표(또는 이익잉여금처분계산서)*주)

*주) 자본변동표와 이익잉여금처분계산서(결손금처리계산서)는 둘 중에 하나를 선택하여 작성한다.

② 비교재무제표 작성이 원칙이나, 당해 연도 재무제표만 작성하는 것도 가능
③ 해당 재무제표가 중소기업회계기준에 따라 작성된 경우에는 각 재무제표 아래에 중소기업회계기준에 따라 작성되었다는 사실을 기재한다.
④ 매출채권 및 대여금 양도 시 해당 자산을 대차대조표에서 제거하고, 장부금액과 수취금액의 차이는 매출채권처분손익 등 당기손익으로 인식(매출채권양도를 매각거래로 처리)
⑤ 유형자산과 무형자산의 취득 자금에 포함된 차입금의 이자비용 등은 법인세법 제28조(지급이자의 손금불산입)에 따라 해당 자산의 취득원가에 포함 가능
⑥ 유·무형자산 감가상각방법 지정

감가상각방법	일반기업회계기준	중소기업회계기준
유형자산	합리적인 방법으로 선택	정액법, 정률법, 생산량비례법
무형자산		정액법, 생산량비례법

⑦ 매출채권, 대여금, 미수금, 미수수익, 매입채무, 차입금, 사채, 미지급금, 미지급비용, 예수금 등에 대해서는 현재가치평가를 아니할 수 있음
⑧ 회계정책 또는 추정의 변경, 오류수정 시 변동효과를 당기손익에 반영
　→ 회계정책 변경과 과거오류 수정 시 소급하여 전기재무제표를 수정할 필요가 없음
⑨ 상각후원가측정 시 유효이자율법 대신 정액법 사용 가능
　→ 금융상품의 취득원가와 현재가치의 차이를 정액법으로 쉽게 회계처리 가능
⑩ 지분법, 이연법인세, 연결재무제표 등 복잡한 회계처리 적용배제

13 단원별 기출문제

01 [중소기업회계기준] 다음 중 중소기업회계기준에서 규정하고 있는 재무제표의 구성 서류가 아닌 것은? [85회]

① 대차대조표　　　　　　　　　　② 손익계산서
③ 이익잉여금처분계산서　　　　　④ 현금흐름표

해설

중소기업회계기준상 재무제표 구성 서류는 대차대조표, 손익계산서, 자본변동표, 이익잉여금처분계산서 또는 결손금처리계산서이다.

02 [중소기업회계기준] 다음 중 중소기업회계기준에 따른 자산과 부채에 대한 설명으로 틀린 것은 [84회]

① 가지급금이나 가수금 등은 그 내용을 나타내는 적절한 항목으로 표시한다.
② 자산과 부채는 어떠한 경우에도 상계하여 표시하지 않는다.
③ 자산과 부채는 유동성이 높은 항목부터 배열한다.
④ 부채는 회계연도 말부터 1년 이내에 상환 등을 통하여 소멸할 것으로 예상되면 유동부채로 구분한다.

해설

자산과 부채는 상계하여 표시하지 않는다. 다만, 회사가 채권과 채무를 상계할 수 있는 법적 권리를 가지고 있고, 채권과 채무를 차액으로 결제하거나 동시에 결제할 의도가 있다면 상계하여 표시한다.

03 [중소기업회계기준] 다음 중 중소기업회계기준에 대한 설명으로 틀린 것은? [83회]

① 중소기업회계기준은 외감법에 따른 외부감사 대상 회사에도 적용된다.
② 재무제표는 대차대조표, 손익계산서, 자본변동표, 이익잉여금처분계산서로 구성된다.
③ 재무제표는 직전 회계연도분과 해당 회계연도분을 비교하는 형식으로 작성한다.
④ 재무제표는 해당 회계연도분만 작성할 수 있다.

해설

중소기업회계기준은 외부감사 대상 회사와 공공기관을 제외한 기업으로써 주식회사의 회계처리에 적용된다. 재무제표는 직전 회계연도 분과 해당 회계연도 분을 비교하는 형식으로 작성한다. 다만, 재무제표는 해당 회계연도분만 작성할 수 있다.

04 [중소기업회계기준] 다음 중 중소기업회계기준에 따른 자산에 관한 설명으로 틀린 것은? [82회]

① 재고자산평가충당금은 재고자산 각 항목의 차감계정으로 대차대조표에 표시한다.
② 유형자산의 감가상각누계액과 손상차손누계액은 유형자산 각 항목의 차감계정으로 대차대조표에 표시한다.
③ 무형자산은 상각누계액과 손상차손누계액을 취득원가에서 직접 차감한 잔액으로 대차대조표에 표시한다.
④ 기타비유동자산에는 장기매출채권, 장기선급비용, 장기미수금 등을 제외한다.

해설

기타비유동자산이란 투자자산, 유형자산, 무형자산에 속하지 않는 비유동자산을 말하며 임차보증금, 장기매출채권, 장기선급비용, 장기미수금 등이 포함된다.

05 [중소기업회계기준] 다음 중 중소기업회계기준에 의한 자산·부채의 평가방법으로 틀린 것은?
[81회]

① 이종 자산의 교환으로 취득한 자산의 취득원가는 제공한 자산의 공정가치로 인식한다.
② 무상으로 취득한 자산의 취득원가는 제공받은 자산의 공정가치로 인식한다.
③ 부채는 과거의 거래나 사건의 결과로 현재 회사가 부담하고 있고, 미래에 자원이 유출되거나 사용될 것으로 예상되는 의무를 말한다.
④ 동종 자산(토지와 건물 제외)의 교환으로 취득한 자산의 취득원가는 제공한 자산의 공정가치로 인식한다.

해설

동종 자산의 교환으로 취득한 자산의 취득원가는 제공한 자산의 장부금액으로 인식한다.

06 [중소기업회계기준] 다음 중 중소기업회계기준에 따른 회계정책 및 회계추정의 변경과 오류수정에 관한 설명으로 틀린 것은?
[80회]

① 회계정책의 변경효과는 일반기업회계기준과 달리 전진법으로 처리한다.
② 당기에 발견한 전기 또는 그 이전 회계연도의 오류는 중대한 오류 여부와 상관없이 당기에 영업외손익으로 처리한다.
③ 유형자산의 감가상각방법 변경은 일반기업회계기준과 동일하게 회계추정의 변경으로 분류한다.
④ 중소기업회계기준에서 변경을 요구하는 경우 회계정책을 변경할 수 있다.

해설

'회계정책의 변경'이란 재무제표의 작성에 적용하던 회계정책을 다른 회계정책으로 바꾸는 것을 말한다. 이 경우 회계정책의 변경에는 재고자산의 단위원가결정방법 변경과 유형자산의 감가상각방법 변경 등이 포함된다.

07 [중소기업회계기준] 다음 중 중소기업회계기준에 따른 재무제표에 대한 설명으로 틀린 것은?

[79회]

① 재무제표 중 대차대조표와 손익계산서, 자본변동표는 반드시 작성해야 하고, 이익잉여금처분
계산서는 작성 여부를 선택할 수 있다.
② 재무제표는 원칙적으로 직전 회계연도와 당해 회계연도분을 비교하는 형식으로 작성한다.
③ 성격이나 금액이 중요하지 아니한 항목은 비슷한 항목에 통합하여 표시할 수 있다.
④ 중소기업회계기준에 따라 작성할 경우, 각 재무제표 하단에 중소기업회계기준에 따라 작성된
사실을 기재한다.

해설

재무제표 중 대차대조표와 손익계산서는 반드시 작성해야 하고, 자본변동표와 이익잉여금처분계산서는 둘 중 하나를
선택하여 작성한다.

08 [중소기업회계기준] 다음 중 중소기업회계기준에 따른 내용으로 틀린 것은?

[78회]

① 장기할부매출의 경우 할부금회수기일이 도래한 날에 수익을 인식할 수 있다.
② 시장가격이 없는 채무증권은 장부금액과 만기금액에 차이가 있는 경우 이자수익을 인식하는
방법으로 정액법을 사용할 수 있다.
③ 1년 내에 완료되는 단기용역매출에 대하여 진행률을 적용하지 않고 용역제공을 완료한 날에
수익을 인식할 수 있다.
④ 일반적인 오류는 영업외손익으로 당기손익에 반영하고 중대한 오류는 이익잉여금에 반영한다.

해설

당기에 발견한 전기 또는 그 이전 회계연도의 오류는 당기에 영업외손익의 전기오류수정손익으로 회계처리한다.

09 다음 중 중소기업회계기준에 제시된 종업원급여에 관한 내용으로 옳지 않은 것은?

[77회]

① 퇴직금제도의 경우 회계연도 말 현재 모든 종업원이 일시에 퇴직한다면 지급해야 할 퇴직일
시금에 상당하는 금액을 퇴직급여충당부채로 인식한다.
② 확정급여형퇴직연금제도에서 운용되는 자산은 하나로 통합하여 퇴직연금운용자산으로 표시한다.
③ 퇴직연금운용자산은 퇴직급여충당부채의 차감계정으로 표시한다. 다만, 퇴직연금운용자산이
퇴직급여충당부채보다 큰 경우에는 그 초과액을 투자자산의 퇴직연금운용자산으로 표시한다.
④ 확정기여형퇴직연금제도의 경우 해당 회계연도에 대해 회사에서 납부해야 하는 부담금(기여
금)을 퇴직급여충당부채에서 상계한다.

해설

확정기여형퇴직연금제도의 경우 해당 회계연도에 대해 회사에서 납부해야 하는 부담금(기여금)을 퇴직급여로 인식하
고, 회계연도 말 현재 아직납부하지 않은 기여금은 미지급비용으로 인식한다.

10 [중소기업회계기준] 다음 중 손익계산서 작성 시 구분표시하는 항목이 아닌 것은?　　　[76회]

① 매출액　　　　　　　　　　　　② 영업이익
③ 중단사업손익　　　　　　　　　④ 당기순이익

해설
- 손익계산서는 다음과 같이 구분하여 표시한다. 다만, 제조업, 판매업 및 건설업 외의 회사는 매출총이익(또는 손실)을 구분하여 표시하지 아니할 수 있다.
  매출액 / 매출원가 / 매출총이익(또는 손실) / 판매비와관리비 / 영업이익(또는 손실) / 영업외수익 / 영업외비용 / 법인세비용차감전순이익(또는 손실) / 법인세비용 / 당기순이익(또는 손실)

11 [중소기업회계기준] 다음 중 대차대조표 구성요소와 관련된 내용으로 틀린 것은?　　　[75회]

① 자산은 회계연도 말부터 1년 이내에 현금화되거나 실현될 것으로 예상되면 유동자산으로, 그 밖의 경우는 비유동자산으로 구분한다.
② 부채는 회계연도 말부터 1년 이내에 상환 등을 통하여 소멸할 것으로 예상되면 유동부채로, 그 밖의 경우는 비유동부채로 구분한다.
③ 자본은 자본금, 자본잉여금, 자본조정, 기타포괄손익과 이익잉여금 또는 결손금으로 구분한다.
④ 자산과 부채는 상계하여 표시하지 않는다.

해설
자본은 자본금, 자본잉여금, 자본조정과 이익잉여금 또는 결손금으로 구분한다.

12 [중소기업회계기준] 다음 중 중소기업회계기준의 내용과 관련이 없는 것은?　　　[74회]

① 매출채권을 양도하는 경우, 그 자산을 대차대조표에서 제거하고 장부금액과 수취한 대가의 차액은 매출채권처분손익 등 당기손익으로 인식한다.
② 자산과 부채는 유동성이 높은 항목부터 배열한다.
③ 이익잉여금처분계산서는 재무제표에 해당된다.
④ 손익계산서에서 중단사업손익을 별도로 구분하여 표시한다.

해설
중소기업회계기준에서 손익계산서는 중단사업손익을 별도로 구분하여 표시하지 않는다.

13 [중소기업회계기준] 다음 설명 중 틀린 것은? [73회]

① 재무제표는 비교형식이 아닌 해당 회계연도분만 작성할 수 있다.

② 자본은 자본금, 자본잉여금, 자본조정과 이익잉여금 또는 결손금으로 구분한다.

③ 이자수익은 유효이자율법이나 정액법을 적용하여 기간의 경과에 따라 인식한다.

④ 유형자산의 감가상각방법은 정액법, 정률법, 생산량비례법, 연수합계법 중 하나를 선택한다.

해설

유형자산의 감가상각방법은 정액법, 정률법, 생산량비례법 중 하나를 선택한다.

14 [중소기업회계기준] 다음 중 중소기업회계기준에 따른 내용으로 옳지 않은 것은? [71회]

① 손익계산서에 중단사업손익을 별도로 구분하여 표시하지 않는다.

② 1년 내에 완료되는 건설형 공사계약은 진행률에 의하지 않고 용역제공을 완료한 날에 수익을 인식할 수 있다.

③ 매출에누리와 매출환입은 매출액에서 차감된다.

④ 손익계산서에 계상된 포괄이익은 재무상태표(또는 대차대조표)에 기타포괄손익누계액에 반영된다.

해설

중소기업회계에서는 포괄이익과 기타포괄손익의 개념이 없다.

15 [중소기업회계기준] 다음은 중소기업회계기준의 회계정책, 회계추정의 변경과 오류 수정에 관한 설명이다. 틀린 것은? [70회]

① '회계정책의 변경'이란 재무제표의 작성에 적용하던 회계정책을 다른 회계정책으로 바꾸는 것을 말한다.

② '회계추정의 변경'이란 환경의 변화, 새로운 정보의 입수 또는 경험의 축적에 따라 회계적 추정치의 근거와 방법 등을 바꾸는 것을 말한다.

③ 변경된 새로운 회계정책은 소급하여 적용한다

④ 회계추정의 변경은 전진적으로 회계처리하여 그 효과는 당기와 그 이후의 회계연도에 반영한다.

해설

회계정책 또는 회계추정의 변경은 전진적으로 회계처리하여 그 효과가 당기와 그 이후의 회계연도에 반영되도록 한다.

16 [중소기업회계기준] 다음 중 중소기업회계기준에 의한 자본 항목의 구분에 해당하지 않는 것은? [69회]

① 자본잉여금
② 자본조정
③ 기타포괄손익누계액
④ 이익잉여금

해설

중소기업회계기준은 자본을 자본금, 자본잉여금, 자본조정과 이익잉여금(또는 결손금)으로 구분한다.

15 ③ 16 ③ **정답**

PART **2**

2026 hoa
기업회계 2 · 3급

원가회계

또 실패했는가? 괜찮다. 다시 실행하라. 그리고 더 나은 실패를 하라!

– 사뮈엘 베케트 –

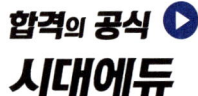

CHAPTER

01 원가회계의 개념

01 원가회계의 의의

1. 원가의 정의

원가란 특정목적(예를 들어 제조업에서 제품을 생산하는 것)을 달성하기 위해 경제적 자원의 희생을 화폐적 가치로 측정한 것을 말한다. 이 정의에는 다음과 같은 의미를 내포하고 있다.

① 주된 영업과 관련된 희생을 말한다. 즉, 주된 영업과 관련 없이 발생한 희생은 원가가 될 수 없다(비원가 항목).
② 특정목적을 위한 수단이므로 과거에 발생된 부분뿐만 아니라 미래에 희생되는 것도 포함한다. 이는 제품 의 원가 계산목적이 미래의 경영계획과 통제와도 관련되기 때문이다.
③ 원가는 측정단위의 편의성을 위해 거의 화폐단위로 측정한다.

2. 원가회계의 개념

원가회계란 제조기업에서 원가정보를 획득하기 위해 제품 생산에 소비된 원가를 기록, 집계, 계산하는 일련 의 회계과정을 말한다.

이렇게 집계된 원가회계는 제품원가를 계산하며, 경영활동의 계획과 통제, 미래 의사결정을 위한 성과평가 시 유용한 정보를 제공하게 된다.

간혹, 원가회계를 '원가회계'와 '관리회계'로 구분하기도 하는데, 이때 **원가회계**는 제품의 원가계산 본연의 목적에 충실한 원가정보 시스템을 말하며, **관리회계**는 원가정보를 통한 계획과 통제를 꾀하는 경영관리기 능적인 시스템을 일컫는다. 그러나 그 구분이 모호해서 '원가관리회계'로 통칭하여 사용하기도 한다.

02 원가회계의 목적

원가회계는 사용목적에 따라 상이한 원가정보를 제공해야 한다(상이한 목적에 상이한 원가).
다음과 같이 크게 3가지로 그 목적을 구분할 수 있는데, 어떤 경우이든 그 원가정보는 정보이용자의 사용목적
에 적합한 것이어야 한다.

1. 제품의 원가계산

원가회계시스템은 제품원가계산을 위한 원가정보를 제공한다. 재무상태표상의 '기말재고자산'가액, 손익계
산서상의 '매출원가' 파악을 위한 각종 경비의 원가 또는 비용에 관한 원가정보를 제공한다.
이때 원가의 측정방법(집계방법), 측정시점, 측정원가의 범위에 따라 다음과 같이 여러 형태로 구분되어진다.

분류 방법	구 분
원가집계방법에 따른 분류	• 개별원가계산　　• 종합원가계산
원가측정시점에 따른 분류	• 실제원가계산　　• 정상원가계산　　• 표준원가계산
제품원가에 포함되는 원가의 범위에 따른 분류	• 전부원가계산　　• 변동원가계산

2. 의사결정(계획과 통제)

원가회계는 다음과 같은 흐름으로 경영계획수립과 통제를 위한 원가정보를 제공한다.

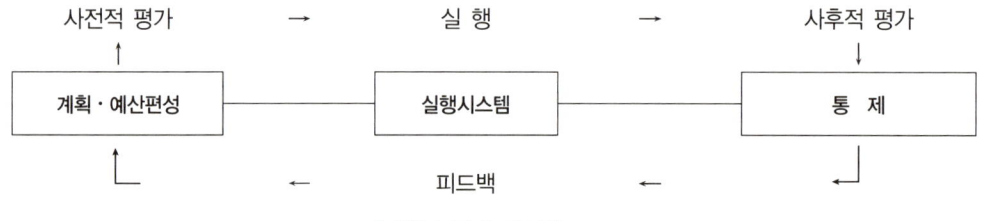

[계획과 통제 시스템]

(1) 계 획

사전적으로 조직의 목표를 세부적으로 설정하는 과정이다. 여기에서는 구체적인 실행에 앞서 조직의
목표를 반영하여야 한다. 왜냐하면 목표에 따라 구체적인 조직활동이 실행되며 필요한 자원의 배분이
이루어지게 되기 때문이다.

(2) 예산편성

수립된 계획을 화폐단위로 표현하는 과정이다. 계획은 대개 예산의 형태로 실행되어진다.

(3) 통 제

당초 계획단계에서 수립된 목표와 실제 결과치를 비교하여 차이나는 부분을 분석·평가하여 조기시정하
거나 미래의 계획수립에 반영하는 피드백과정을 말한다.

3. 성과평가

예산관리를 통해 당초 예산자료와 실제성과의 차이의 원인을 분석하는데 필요한 원가정보를 제공한다.
예 표준원가계산 시 차이분석, 경제적 부가가치(EVA)

03 원가회계의 용어

1. 원가대상

원가대상은 원가집적대상이라고도 하는데, 원가(집적)대상이란 원가를 개별적으로 집적되는 활동이나 조직의 하부단위 등으로서 원가를 부담할 수 있는 대상을 말한다. 즉, 원가를 부과할 수 있는 단위이면 그것이 제품이든 부문이든 모두 원가를 집적하는 대상이 될 수 있다.

예 제품, 활동, 부서, 프로젝트 등

2. 원가집계

원가집계란 회계기준에 따라 원가자료를 조직적, 체계적으로 수집하는 과정 또는 활동을 말한다. 예를 들어, 책을 인쇄하기 위하여 종이를 매입하는 출판회사의 월별 종이매입원가의 총액을 파악하기 위하여 특정한 한 달 동안에 매입된 개별적인 종이의 원가를 수집(집계)하는 활동을 말한다.

3. 원가집합

원가대상에 직접 부가되거나 추적할 수 없는 간접원가들을 집계한 것을 원가집합이라 한다. 원가집합의 원가들은 보통 두 개 이상의 원가대상에 배분되어야 할 공통비용들이다.

4. 원가배분

원가배분이라 함은 일정한 배분기준에 따라 공통적으로 발생한 원가(공통원가) 또는 원가 집합을 하나 또는 둘 이상의 원가집적대상에 배부하거나 재배부하는 과정을 말한다. 즉 원가집합에 집계된 간접원가를 배분기준에 따라 원가대상에 배분하는 과정을 말한다.

예 부문공통원가의 배분, 보조부문원가의 배분, 제조간접원가의 배분

> **➕ 더 알아두기**
>
> **원가배부**
> 원가집합을 합리적인 배부기준에 따라 제품에 배부하는 과정을 말한다. 즉 원가배분 중의 특수한 형태의 원가배분을 말하는데, 활동이나 부문 등에 배분하는 것이 아니라 제품에 배분하는 것을 말하므로, 원가 배부의 원가대상은 제품에 한정된다.

04 원가의 분류

원가는 상이한 기준에 따라 여러 가지 원가로 분류될 수 있다.
각각의 기준별 원가분류는 다음과 같다.

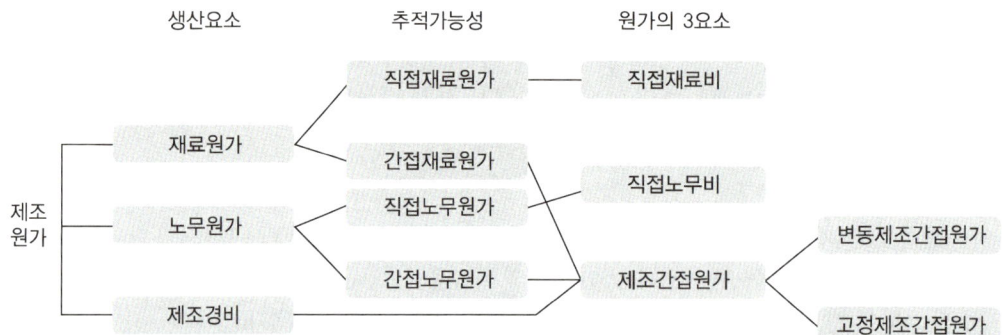

1. 제품(부문)과의 추적가능성에 따른 분류

제품 및 부문에의 추적가능성이란 발생된 원가를 직접적인 인과관계를 통해 원가대응을 시킬 수 있는지 여부를 나타내는 것으로 직접원가와 간접원가로 구분한다.

(1) 직접비(직접원가)

특정제품의 제조를 위해서만 소비되어 직접 그 제품에 원가를 부과할 수 있는 추적이 가능한 원가를 직접원가(직접원가)라 한다.

예 직접재료원가, 직접노무원가, 직접제조경비

(2) 간접비(간접원가)

여러 제품 제조에 공통적으로 발생되어 특정제품의 원가소비액을 추적할 수 없는 원가를 간접원가(간접원가)라 한다. 또한 특정 원가대상에 직접적으로 추적가능하다 하더라도 그 중요성이 없는 경우에는 비용 대비 효익 관점에서 간접원가로 구분한다. 간접원가는 추후에 합리적인 배분기준에 따라 원가대상에 배분하여야 한다.

예 간접재료원가, 간접노무원가, 간접제조경비

2. 원가 발생형태별 분류

원가는 크게 그 발생 원인에 따라 원재료원가와 노무원가 그리고 제조경비로 구분할 수 있다. 이는 생산과정에서 투입되는 원가요소의 형태를 기준으로 분류한 것인데 제조원가의 3요소라 한다.

(1) 재료원가

제품의 제조를 위해 소비된 주요재료원가를 말한다. 기초재고와 당기 매입액 중 실제로 제조공정에 사용된 재료의 원가만이 재료원가가 되며 소비되지 않은 것은 기말재고로 차기로 이월된다.

(2) 노무원가

제품의 제조를 위해 동원된 인적자원(노동력)에서 발생한 원가로서 종업원의 임금, 제수당 등이 이에 포함된다.

(3) 제조경비

제품생산을 위해 소비된 원가로 재료원가와 노무원가를 제외한 모든 기타원가로서, 공장의 감가상각비, 가스수도료, 수선유지비, 보험료 등이 이에 포함된다.

3. 원가행태에 따른 분류

원가행태란 조업도의 변화에 따라 원가가 변동하는 여부를 나타내는 것으로서, 조업도에 따라 원가가 변화하면 변동비, 조업도에 관계없이 원가가 일정하면 고정비로 구분한다.

> **➕ 더 알아두기**
>
> **조업도**
> 조업도란 일정기간 동안 기업이 보유하고 있는 설비능력의 이용정도를 말한다. 조업도는 매출액, 생산량, 판매량, 고객수, 직접노동시간, 기계작업시간 등 상황에 따라 다양한 영업활동 수준을 지칭하는 개념이다.

(1) 변동비(변동원가)

조업도 수준이 변동함에 따라 원가발생총액(총원가)이 직접적으로 비례하여 변동하는 원가로서 조업 중단시엔 변동비가 발생하지 않는다. 따라서 단위당 원가는 조업도의 증감에 관계없이 일정하다.

예 직접재료원가, 직접노무원가

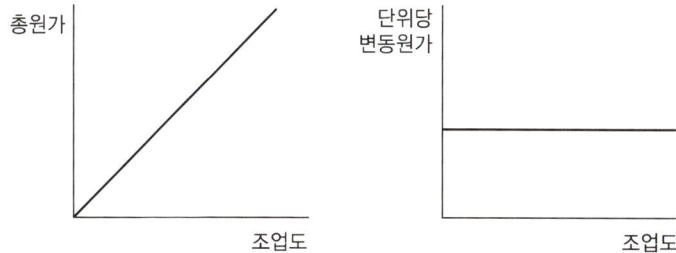

(2) 고정비(고정원가)

조업도 수준의 변동에 관계없이 총원가가 일정하게 발생하는 원가로서, 단위당 원가는 조업도의 증가함에 따라 감소한다.

🔲 예 감가상각비, 임차료, 보험료, 재산세 등

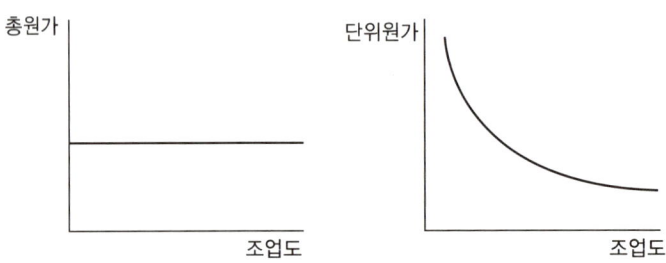

(3) 준변동비(혼합원가)

변동비와 고정비 두 요소를 모두 가지고 있는 원가를 말한다. 즉, 조업도가 '0'일 때도 고정비 부분만큼의 원가가 발생하며, 조업도 증가에 따라 비례하여 총원가가 증가하게 된다.

🔲 예 택시비, 전화요금 등

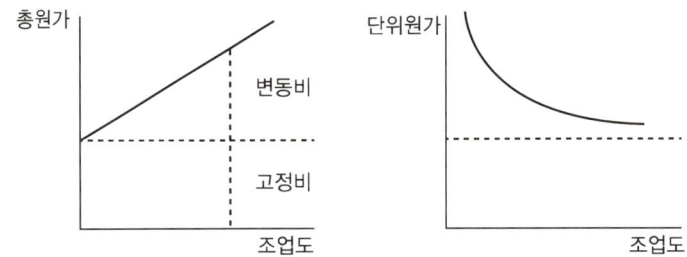

(4) 준고정비(계단식원가)

특정범위의 관련범위(조업도 수준)에서는 일정한 금액이 발생하지만, 관련범위를 벗어나면 원가총액이 일정액만큼 증가 또는 감소하는 원가로 일명 '계단원가'라 한다.

🔲 예 난방비, 생산관리자의 인건비 등

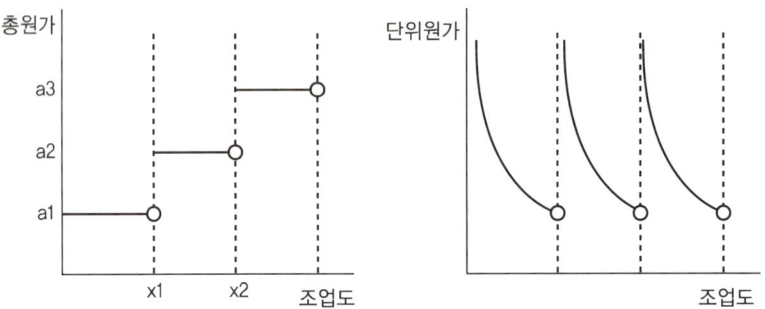

4. 제조활동과의 관련성에 따른 분류

(1) 제조원가

제품의 매출에 관련되는 원가로(일반적으로 '매출원가') 제품을 제조하기 위해 사용되는 원가를 말한다. 제조원가에는 직접재료원가, 직접노무원가, 제조간접원가가 포함된다.

제조간접원가는 직접재료원가와 직접노무원가를 제외한 모든 원가를 말하는데 이는 해당원가와의 직접 관련성이 없는 '간접제조비'의 성격을 띠고 있다.

제조간접원가에는 '간접재료원가', '간접노무원가', '기타의 제조원가(공장전기비, 공장난방비, 설비자산 감가상각비, 공장관련 각종 공과금 등)'로 구분되어진다.

(2) 비제조원가

제품 매출활동과 직접적인 관련이 없는 판매활동과 관리활동에서 발생되는 원가로 일반적으로 손익계산서상 '판매비와관리비'에서 발생하는 원가를 말한다. 제조원가의 '제조간접원가'와 유사한 형태의 원가지만 다음과 같이 다르게 구분할 수 있다.

[제조간접원가와 판매비와관리비의 비교]

제조간접원가	판매비와관리비
• 공장사무실의 전기비, 난방비 • 공장의 소모품비 • 공장생산직 관리자의 급여 • 공장건물, 기계 등 자산에 대한 보험료, 수선비, 감가상각비 등	• 사무실 전기비, 난방비 • 사무실 소모품비 • 영업(홍보)사원/영업(홍보)사원 관리자 급여 • 본사직원의 급여 • 사무실건물 등의 보험료, 수선비, 감가상각비 등

5. 통제가능성에 따른 분류

(1) 통제가능원가

회사의 원가관리자가 일정기간에 있어 원가발생 정도에 영향을 미칠 수 있는 원가를 통제가능원가라 한다. 직접재료원가, 직접노무원가 등이 있다.

(2) 통제불능원가

원가관리자가 원가발생 정도에 영향을 미칠 수 없는 원가를 통제불능원가라 한다. 설비자산의 감가상각비, 임차료 등이 있다.

6. 의사결정 관련성에 따른 분류

(1) 매몰원가

경영자의 과거 의사결정으로 이미 발생된 원가로서 현재 이후의 어떤 의사결정을 하더라도 회수할 수 없는 원가를 매몰원가라 한다. 즉, 의사결정과는 관계가 없는 원가를 말한다. 예를 들어 구기계설비를 신기계설비로 교체시 구기계설비의 미상각되어 있는 잔액이 매몰원가이다.

(2) 관련원가와 비관련원가

관련원가란 의사결정 대안간에 차이가 나는 원가이며, 비관련원가는 의사결정 대안간의 차이가 없는 원가를 말한다. 따라서 비관련원가는 여러 대안들 사이에 차이가 없으므로 의사결정과정에 영향을 미치지 아니한다.

(3) 회피가능원가와 회피불능원가

특정 대안을 선택하지 않았을 경우 회피가능한 원가를 회피가능원가라 하며, 특정 대안을 선택하더라도 계속 발생하는 원가를 회피불능원가라 한다.

(4) 기회원가(기회비용)와 지출원가

기회원가란 생산설비 등의 경제적인 자원을 대체적인 용도로 사용할 경우 얻을 수 있는 최대효익(최대금액)을 말하며, 또는 어떤 의사결정으로 인해 다른 대체안을 포기하게 될 경우 포기한 대체안에서 얻을 수 있는 최대금액상실분을 뜻하기도 한다. 예를 들어 생산시설을 계속 이용할 것인가, 아니면 임대할 것인가라는 기로에서 생산시설 계속 이용이라는 선택을 할 경우 이때의 기회원가는 포기하게 된 임대수익이 될 것이다.

기회원가는 실제로 현금이나 기타 자산의 유출이 없고 장부상 기록되지 않다 하더라도 의사결정과정에서 반드시 고려해야 한다. 지출원가란 현금이나 기타자원의 유출을 필요로 하는 원가로서 현금지출원가라고도 한다. 기회원가와 달리 지출원가는 실제 자원의 유출을 동반하며 장부에도 기록되어 관리된다.

(5) 차액원가(등분원가)

차액원가란 조업도, 설비, 생산방법 등의 원가발생 요인에 변화가 생기는 경우 발생할 수 있는 원가의 증감액을 말한다. 미래에 실현가능한 대안 중에 최선방안이 무엇이냐를 판단하기 위한 원가개념이다. 예를 들어 제품 1,000개를 추가로 생산할 때 매출액이 1,000만원 증가하고 변동비가 300만원, 고정비가 150만원 증가했다면, 1,000 − (300 + 150) = 550만원이다. 즉, 550만원만큼의 이익의 차이를 일으키게 된다.

차액원가에서는 변화하는 요인만을 포착하여 원가차액만을 검토한 후 투자여부의 의사결정을 하게 된다.

> **➕ TIP**
>
> **'의사결정 관련성에 따른 원가'를 의사결정관련 유무에 따라 분류하면 다음과 같다.**
>
> | 의사결정 관련성 있음 | 관련원가 = 회피가능원가 = 기회원가 = 차액원가 |
> | --- | --- |
> | 의사결정 관련성 없음 | 비관련원가 = 회피불능원가 = 매몰원가 |

05 원가의 구성

제품원가를 구성하는 원가요소는 여러 단계를 거쳐 판매가격을 구성한다.

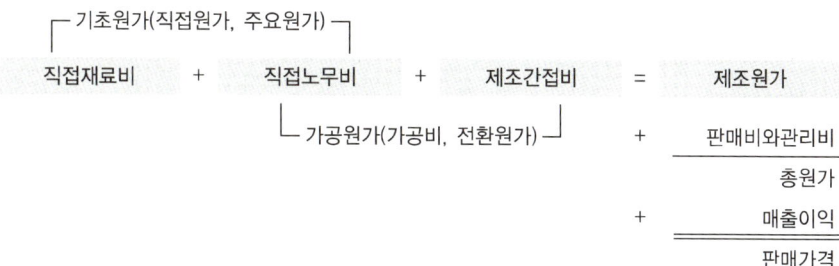

[판매가격의 구성 I]

1. 직접원가

직접재료원가, 직접노무원가, 직접경비로 구성된다.

① 직접재료원가와 직접노무원가를 합한 금액을 '**기초원가(주요원가)**'라 하는데, 이는 특정 제품을 제조하는 데 있어 필수적으로 발생되는 원가라는 뜻이다. 일반적으로 '직접경비'는 거의 발생되지 않으므로 이를 제외시켜 사용한다.

② 직접노무원가와 제조경비를 합한 금액을 '**가공원가(전환원가)**'라 하는데, 이는 직접재료를 가공하여 완제품을 제조하는 과정에서 발생하는 원가라는 의미이며, 직접재료를 완제품으로 전환시키는데 소비된 원가라는 뜻에서 '전환원가'라고도 한다.

2. 제조원가

제조원가는 직접원가(기초원가)에 '제조간접원가'를 가산한 원가로서, 일반적으로 원가라 하면 제조원가를 의미한다.

3. 총원가와 판매가격

제조원가에 '판매비와관리비'를 가산하면 총원가가 되며, 여기에 매출이익(판매이익)을 합하면 판매가격이 된다.

[판매가격의 구성 II]

			이 익	
		판관비		
	제조간접원가			
직접재료원가		제조원가	판매원가 (총원가)	판매가격
직접노무원가	직접원가			
직접제조경비				

06 요소별 원가계산 : 원가 3요소

원가는 크게 재료원가, 노무원가, 제조경비로 구분되며, 이 중 직접재료원가와 직접노무원가, 그리고 제조간접원가를 원가의 3요소라 한다.

1. 재료원가

(1) 재료원가의 분류

제품생산에 투입된 물적 요소로 구성된 원가로서 아래와 같이 분류된다.

① 제품제조에 사용되는 형태에 따른 분류

㉠ **주요재료원가** : 제품의 주요 부분을 구성하는 재료로서 가구제조회사의 목재, 제과회사의 밀가루, 제지회사의 펄프 등이 해당된다.

㉡ **보조재료원가** : 제품 제조과정에서 보조적으로 사용되는 재료로서 가구제조회사의 못, 의복제조회사의 단추 등이 해당된다.

㉢ **부품비** : 외부에서 매입하여 직접 제품에 부착되어 사용되는 재료로서 자동차회사의 타이어, 가구제조회사의 장식품 등이 해당된다.

㉣ **소모공구, 기구, 비품비** : 제조기업에서 사용하는 망치, 드라이버, 끌 등과 같이 내용연수가 1년 미만이고 가격이 비교적 저렴한 것을 의미한다.

㉤ **공장 소모품비** : 생산활동과 관련하여 계속적으로 사용하는 소모용품으로 기계의 윤활유, 장갑, 사무용품 등이 해당된다.

② 제품과의 관련성에 따른 분류

㉠ **직접재료원가** : 특정 제품 제조에만 사용되는 원가, 주요재료원가와 부품비가 해당된다.

㉡ **간접재료원가** : 여러 제품에 공통으로 사용된 원가, 보조재료원가와 소모공구, 기구, 비품비 등이 해당된다.

(2) 재료원가(재료소비액) 계산

① 재료소비액 계산

$$재료소비액 = 재료소비수량 \times 재료소비단가$$

㉠ 소비량 계산방법 : 계속기록법(장부기록법), 실지재고조사법, 역산법

㉡ 소비단가 계산방법 : 선입선출법, 후입선출법, 이동평균법 등

② 당기재료소비액 계산

$$기초재료재고액 + 당기재료매입액 - 기말재료재고액 = 당기재료소비액$$

재 료 비			
기초재료재고액	xxx	**당기재료소비액**	xxx
당기재료매입액	xxx	기말재료재고액	xxx

2. 노무원가

(1) 노무원가의 의의와 분류

노무원가는 제품제조를 위해 노동력을 소비함으로 발생된 원가로서 아래와 같이 분류된다.

① 지급형태에 따른 분류

  ㉠ 임금(생산직 사원에게 지급)

  ㉡ 급료(공장장, 감독자, 공장 사무원 등)

  ㉢ 상여금 및 각종 수당

② 제품과의 관련성에 따른 분류

  투입된 생산직 근로자의 급여는 제품과의 추적가능성에 따라 직접노무원가와 간접노무원가로 구분한다.

  ㉠ 직접노무원가 : 특정 제품 제조에 참여한 사원에게 지급된 인건비

  ㉡ 간접노무원가 : 여러 제품에 공통으로 참여한 사원에게 지급된 인건비

(2) 노무원가의 계산

당기발생한 노무원가 중에서 직접노무원가는 재공품계정으로 대체되며, 간접노무원가는 제조간접원가계정으로 구분하여 대체한다.

노 무 비				
당기발생액	xxx	직접노무원가	xxx	→ **재공품** 계정 차변으로 대체
		간접노무원가	xxx	→ **제조간접원가** 계정 차변으로 대체

당기 소비한 노무원가는 다음과 같이 계산하여 산출한다.

> **당기소비액 = 당기지급액 + 당기미지급액 + (전기선급액) − 전기미지급액 − 당기선급액**

노 무 비			
(전기선급액)	xxx	당기선급액	xxx
당기지급액	xxx	전기미지급액	xxx
당기미지급액	xxx	**당기소비액**	xxx

3. 제조경비(제조간접원가)

(1) 제조경비의 의의

제조경비는 제품의 제조를 위해 사용된 원가요소 중 재료원가와 노무원가를 제외한 나머지 원가요소로서 특성상 대부분 간접원가의 성격을 지닌다. 당기의 제조간접원가는 간접재료원가와 간접노무원가, 제조경비를 합산하여 구한다.

제조간접원가			
간접재료원가	xxx	**당기 제조간접원가**	xxx
간접노무원가	xxx	(제조간접원가 배부액)	
제조경비	xxx		

(2) 제조경비의 분류

제조경비는 소비액의 계산방법에 따라 아래와 같이 구분된다.

① 월할경비

1년 혹은 6개월분 단위로 발생하므로 월별로 할당하여 계산하는 경비

> 예 보험료, 임차료, 감가상각비, 특허권사용료, 세금과공과 등

② 측정경비

경비발생액을 계량기에 의해 측정할 수 있는 경비

> 예 전력비, 수도료, 가스료 등

③ 지급경비

그 달에 지급한 금액을 그달의 소비액으로 하는 경비

> 예 수선비, 운반비, 여비교통비, 교제비, 외주가공원가, 복리후생비 등

④ 발생경비

발생액을 실제 조사해야 할 수 있는 경비

> 예 재고자산감모손실, 공손비 등

07 원가의 흐름

1. 제조업의 원가흐름

일반적인 제조업에서 재료원가, 노무원가, 제조경비 계정의 발생과정과 관련계정으로의 대체과정 흐름을 '원가의 흐름'이라 한다. 재료원가, 노무원가, 제조경비의 해당기간 소비액이 직접원가와 간접원가로 구분되어 직접재료원가, 직접노무원가는 '재공품' 계정(직접재료원가, 직접노무원가)으로 대체하고, 간접원가는 '제조간접원가' 계정으로 대체한다. '제조간접원가' 계정 차변에 집계된 간접원가는 적정한 배부기준에 따라 '재공품' 계정으로 배부되어진다. 당기 제품생산에 사용된 제조원가는 '재공품' 계정에서 기말재공품을 차감한 후 '제품' 계정 차변의 '당기제품제조원가'로 대체된다.

당기 '매출원가'는 '제품' 계정에서 기초제품과 당기제품제조원가를 합산한 후 기말제품재고액을 차감하여 계산하며 이 금액은 당기 '매출원가' 계정으로 대체된다.

제조업의 **원가흐름**을 T-계정으로 나타내면 다음과 같다.

[제조업의 원가흐름]

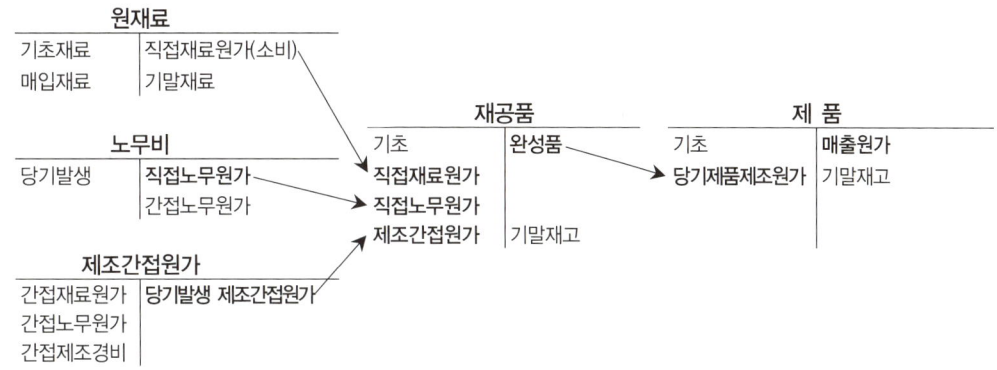

2. 각 계정별 회계처리

(1) 재료원가 계정

직접재료원가는 재공품계정 차변으로 대체하고, 간접재료원가는 제조간접원가계정 차변으로 대체한다.

재료의 구입	(차) 재료원가(원재료)	xxx	(대) 외상매입금	xxx
재료소비액의 대체	(차) 재공품(직접재료원가)	xxx	(대) 재료원가(원재료)	xxx
	제조간접원가(간접재료원가)	xxx		

(2) 노무원가 계정

당월 노무원가 지급액 중 직접노무원가는 재공품계정 차변에 대체하고, 간접노무원가는 제조간접원가계정 차변에 대체한다.

재료의 구입	(차) 노무비	xxx	(대) 현 금	xxx
노무비 지급액 대체	(차) 재공품(직접노무원가)	xxx	(대) 노무원가	xxx
	제조간접원가(간접노무원가)	xxx		

(3) 제조경비 계정

제조경비 중 직접제조경비는 재공품계정 차변에 대체하고, 간접제조경비는 제조간접원가 차변에 대체한다.

제조경비의 지급	(차) 제조경비	xxx	(대) 현 금	xxx
제조경비 소비액 대체	(차) 재공품(직접제조경비)	xxx	(대) 제조경비	xxx
	제조간접원가(간접제조경비)	xxx		

(4) 재공품 계정

① 재공품 계정의 전기이월은 기초재공품재고액을 의미하고, 차기이월(미완성품)은 기말재공품재고액을 의미한다.

② 재공품 계정 차변의 직접재료원가, 직접노무원가, 제조간접원가 합계액은 '**당기총제조비용(당기총제조원가)**'이 된다.

③ 재공품 계정 대변이 제품(완성품)은 '**당기제품제조원가**'로 제품 계정 차변으로 대체된다.

당기제품제조원가 대체	(차) 제 품	xxx	(대) 재공품	xxx

재공품

전기이월	xxx	완성품	xxx
직접재료원가	xxx	기말재고	xxx
직접노무원가	xxx		
제조간접원가	xxx		

(5) 제품 계정

기초제품재고액(전기완성품)과 당기제품제조원가(당기완성품) 합계액인 판매가능액 중에서 판매되는 것은 **매출원가**가 되고, 아직 판매되지 않는 것은 기말제품재고액(차기이월)이 된다. 산출된 매출원가는 '매출원가' 계정에 대체한다.

매출원가의 대체	(차) 매출원가	xxx	(대) 제 품	xxx

제 품					매출원가	
기초재고	xxx	**매출원가**	xxx	→	제 품	xxx
당기제품제조원가	xxx	기말재고	xxx		(매출원가)	

➕ **더 알아두기**

원가계산산식 요약

원가계산구분	내 용
당기총제조원가(당기총제조비용)	직접재료원가 + 직접노무원가 + 제조간접원가
당기제품제조원가	기초재공품 + 당기총제조원가 − 기말재공품
매출원가	기초제품 + 당기제품제조원가 − 기말제품

3. 제조원가명세서

생산요소(재료원가, 노무원가, 제조경비)를 투입하여 제품으로 전환되는 과정까지의 원가흐름은 모두 재공품계정에 집계되며 당기완성품원가인 '당기제품제조원가'는 제품계정의 차변으로 대체된다. 이를 외부보고식으로 작성한 명세표를 제조원가명세서라 하며, '당기제품제조원가'는 손익계산서의 매출원가를 구성하여 당기순이익을 산출하는데 사용된다. 제조원가명세서에는 직접재료원가, 직접노무원가, 제조간접원가와 '당기총제조원가'와 '당기제품제조원가'를 모두 파악할 수 있다(다만, '당기매출원가'는 파악할 수 없으며 이는 '손익계산서'에서 파악할 수 있다).

제조원가명세서는 재무제표의 필수적 부속명세서로 규정하고 있다.

[제조원가명세서]

과 목	금 액	
Ⅰ. 직접재료원가		
1. 기초원재료재고액	xxx	
2. 당기원재료매입액	xxx	
계	xxx	
3. 기말원재료재고액	(xxx)	xxx
Ⅱ. 직접노무원가		
1. 급여	xxx	
2. 제수당 등	xxx	xxx
Ⅲ. 제조간접원가		
1. 감가상각비	xxx	
2. 보험료	xxx	
3. 포장비	xxx	
4. 수선유지비 등	xxx	xxx
Ⅳ. 당기총제조원가		xxx
Ⅴ. 기초재공품재고액		xxx
합 계		xxx
Ⅵ. 기말재공품재고액		(xxx)
Ⅶ. 당기제품제조원가		xxx

01 다음 중 원가의 행태에 관한 설명으로 틀린 것은? [85회]

① 고정원가의 경우 관련 범위 내에서 생산량이 증가하여도 총원가는 일정하다.
② 생산량이 증가할 때 단위당 변동원가는 일정하다.
③ 생산량이 증가함에 따라 총변동원가는 증가한다.
④ 고정원가의 경우 생산량이 증가함에 따라 단위당 원가는 일정하다.

해설

총원가를 구성하는 고정원가가 일정하기 때문에 생산량이 증가하면 단위당 원가는 감소한다.

02 다음의 제조원가명세서에 대한 설명으로 올바른 것은? [85회]

제조원가명세서
2024년 1월 1일 ~ 2024년 12월 31일

1. 재료비		1,000,000원
기초원재료재고	0원	
당기매입액	3,000,000원	
기말원재료재고	( )	
2. 노무비		3,000,000원
3. 제조간접비		4,000,000원
4. 당기총제조비용		( )
5. 기초재공품재고		6,000,000원
6. 합계		14,000,000원
7. ( )		5,000,000원
8. 당기제품제조원가		( )

① 기말원재료재고액은 1,000,000원이다.
② 당기총제조비용은 7,000,000원이다.
③ 기말재공품재고액은 14,000,000원이다.
④ 당기제품제조원가는 9,000,000원이다.

해설

① 기말원재료재고액 = 재료비 1,000,000원 − 당기매입액 3,000,000원 = 2,000,000원
② 당기총제조비용 = 재료비 1,000,000원 + 노무비 3,000,000원 + 제조간접비 4,000,000원 = 8,000,000원
③ 기말재공품재고액 = 5,000,000원

03 다음 중 원가의 흐름과 배분에 대한 설명으로 틀린 것은? [85회]

① 직접경비는 직접재료비, 직접노무비처럼 별도로 구분해서 원가를 계산한다.

② 가공원가는 직접재료원가와 직접노무원가를 합한 것을 말한다.

③ 개별원가계산은 조선업, 건설업 등에 주로 사용된다.

④ 제조간접원가의 배분은 제조간접원가라는 계정에 집계하여 이를 적절한 배부기준에 따라 개별작업에 배부한다.

해설

가공원가는 직접재료원가와 제조간접원가를 합한 것을 말한다.

04 다음은 ㈜기초의 원가 관련 자료이다. 다음 자료를 이용하여 당기에 제품 A로부터 얻어지는 매출총이익을 구하면 얼마인가?(단, 제조간접원가 150,000원은 직접원가를 기준으로 배부하고 기초·기말재공품은 없다) [85회]

구 분	제품 A	제품 B
직접재료원가	30,000원	60,000원
직접노무원가	20,000원	40,000원
생 산 량	2,500개	900개
판 매 량	1,000개	400개
판매단가	100원	250원

① 40,000원
② 45,000원
③ 60,000원
④ 75,000원

해설

• 제품 A에 배부되는 제조간접원가 = 총제조간접원가 150,000원 × [직접원가(제품 A) 50,000원/직접원가(제품 총합) 150,000원] = 50,000원

• 제품 A의 제조원가 = 직접재료원가 30,000원 + 직접노무원가 20,000원 + 제조간접원가 50,000원 = 100,000원

• 제품 A의 매출원가 = 제조원가 100,000원 × 판매량 1,000개/생산량 2,500개 = 40,000원

• 제품 A의 매출액 = 판매량 1,000개 × 판매단가 100원 = 100,000원

∴ 제품 A의 매출총이익 = 매출액 100,000원 − 매출원가 40,000원 = 60,000원

05 ㈜관리의 2024년 기초·기말의 재고자산 및 당기에 발생된 원가는 다음과 같다. ㈜관리의 매출원가는 얼마인가? [85회]

구 분	2024년 1월 1일 재고	2024년 12월 31일 재고	2024년 발생원가
원재료	250,000원	300,000원	• 원재료매입액 : 1,000,000원
재공품	450,000원	500,000원	• 직접노무비 : 2,000,000원
제 품	350,000원	300,000원	• 제조간접비 : 1,500,000원

① 3,900,000원
② 4,400,000원
③ 4,450,000원
④ 4,750,000원

해설

- 직접재료비 = 기초재고(원재료) 250,000원 + 매입(원재료) 1,000,000원 − 기말재고(원재료) 300,000원 = 950,000원
- 당기제품제조원가 = 기초재고(재공품) 450,000원 + 직접재료비 950,000원 + 직접노무비 2,000,000원 + 제조간접비 1,500,000원 − 기말재고(재공품) 500,000원 = 4,400,000원
- ∴ 매출원가 = 기초재고(제품) 350,000원 + 당기제품제조원가 4,400,000원 − 기말재고(제품) 300,000원 = 4,450,000원

06 다음 중 원가계산에 관한 설명으로 틀린 것은? [84회]

① 원가는 신뢰할 수 있는 객관적인 자료와 증거에 의하여 계산한다.

② 원가 집계 대상별로 분리가능한 원가는 직접 부과한다.

③ 원가계산을 위해 채택한 원가계산방법은 매기 계속적으로 적용하여야 하며 변경하여서는 아니된다.

④ 원가는 국가회계실체가 프로그램 예산체계에 따라 집행한 예산을 발생주의의 원칙에 따라 계산한다.

해설

③국가회계실체는 원가계산준칙에 의거 원가계산을 수행하고, 채택한 원가계산방법은 매기 계속적으로 적용하여야 하며 정당한 이유 없이 원가계산방법을 변경하여서는 아니된다. 따라서 정당한 사유가 있으면 변경할 수 있다.

①원가는 신뢰할 수 있는 객관적인 자료와 증거에 의하여 계산한다.

②원가 집계 대상별로 분리가능한 원가는 직접 부과하고, 분리가능하지 않은 원가는 그 발생의 경제적 효익 또는 인과관계에 비례하여 배부하거나 원가의 특성을 반영한 배부기준을 설정하여 배부한다.

④원가는 국가회계실체가 프로그램 예산체계에 따라 집행한 예산을 발생주의의 원칙에 따라 계산한다.

07 ㈜한국의 당기 생산 및 판매 관련 자료가 아래와 같다면, 당기 매출액은 얼마인가? [84회]

- 기초제품재고액 : 3,000원
- 기말제품재고액 : 2,000원
- 당기제품제조원가 : 5,000원
- 영업이익 : 2,000원
- 판매관리비 : 1,000원

① 6,000원 ② 7,000원
③ 8,000원 ④ 9,000원

해설

- 매출총이익 = 영업이익 2,000원 + 판매관리비 1,000원 = 3,000원
- 매출원가 = 기초제품 3,000원 + 당기제품제조원가 5,000원 − 기말제품 2,000원 = 6,000원
- ∴ 매출액 = 매출총이익 3,000원 + 매출원가 6,000원 = 9,000원

08 다음은 ㈜서울의 2024년 7월 재고자산 관련 자료이다. 2024년 7월의 직접재료 사용액은 300,000원, 매출원가는 2,000,000원이다. 가공원가가 직접노무원가의 500%라고 할 때, 2024년 7월의 직접노무원가는 얼마인가? [84회]

구 분	2024년 7월 1일	2024년 7월 31일
직접재료	30,000원	40,000원
재공품	200,000원	300,000원
제 품	150,000원	100,000원

① 350,000원   ② 400,000원
③ 450,000원   ④ 500,000원

해설
- 매출원가 2,000,000원 = 기초제품 150,000원 + 당기제품제조원가 − 기말제품 100,000원
- ∴ 당기제품제조원가 = 1,950,000원
- 당기제품제조원가 1,950,000원 = 기초재공품 200,000원 + 당기총제조원가 − 기말재공품 300,000원
- ∴ 당기총제조원가 = 2,050,000원
- 당기총제조원가 2,050,000원 = 직접재료원가 300,000원 + 가공원가
- ∴ 가공원가 = 1,750,000원
- ∴ 직접노무원가 = 가공원가 1,750,000원 ÷ 5 = 350,000원

09 아래 자료에서 기본원가에 속하면서 동시에 가공원가에 속하는 금액은 모두 얼마인가? [84회]

- 직접재료원가 : 1,000원
- 직접노무원가 : 2,000원
- 제조간접원가 : 5,000원
- 간접경비 : 1,500원

① 1,000원   ② 2,000원
③ 3,500원   ④ 6,500원

해설
- 기본원가 = 직접재료원가 + 직접노무원가
- 가공원가 = 제조간접원가 + 직접노무원가
- ∴ 공통적으로 속하는 것은 직접노무원가 2,000원이다.

10 ㈜인천은 자동차를 생산하여 판매하는 기업이다. 다음 중 ㈜인천의 제조간접원가에 포함되는 것은?

[84회]

① 소형 승용자동차 생산라인에 투입되는 생산직원의 급여
② 타이어 제조업체에서 매입한 대형 트럭용 타이어
③ 본사 직영 영업소에 배치된 판매관리직원의 급여
④ 생산공장에서 생산을 지원하는 구매부 또는 자재관리부 사무직원의 급여

해설
④ 생산공장에서 생산을 지원하는 구매부 또는 자재관리부 사무직원의 급여 : 제조간접원가(간접노무원가)
① 소형 승용자동차 생산라인에 투입되는 생산직원의 급여 : 직접노무원가
② 타이어 제조업체에서 매입한 대형 트럭용 타이어 : 직접재료원가
③ 본사 직영 영업소에 배치된 판매관리직원의 급여 : 판매비와관리비

11 다음 중 자료에서 설명하는 원가개념으로 괄호 안에 들어갈 내용으로 알맞은 것은?   [84회]

갑(甲)은 노무사 자격증을 취득하기 위하여 노무사 시험 대비 수험서를 50만원에 구입하고 학습하기 시작하였으나, 세무사 자격증을 취득하기로 마음을 바꾸었다. 이때, 노무사 시험 대비 수험서를 구입하기 위하여 지출한 50만원은 세무사 자격증 취득을 위한 비용에 대한 (   )이다.

① 기회비용   ② 변동원가
③ 매몰원가   ④ 전환원가

해설
매몰원가에 대한 설명으로서 매몰원가는 이미 발생한 원가로서 의사결정자가 더 이상 통제할 수 없는 원가로 의사결정에 영향을 미치지 아니하는 원가를 말한다.

12 12월 말 결산법인인 ㈜대전의 2024년 제품생산량은 20,000개이다. 결산 과정에서 2024년 중 다음과 같은 원가 발생액이 누락된 것을 발견하였다. 오류 수정으로 인한 단위당 제조원가 증가액은 얼마인가?(단, 기초재공품과 기말재공품은 없다)   [84회]

· 공장 수선비 : 1,000,000원   · 광고료 : 2,000,000원
· 기계설비 감가상각비 : 2,000,000원   · 공장 관리자 급여 : 3,000,000원

① 100원   ② 200원
③ 300원   ④ 400원

해설
· 제품제조원가 증가액 = 공장 수선비 1,000,000원 + 기계설비 감가상각비 2,000,000원 + 공장 관리자 급여 3,000,000원
   = 6,000,000원
∴ 단위당 제조원가 증가액 = 제품제조원가 증가액 6,000,000원 ÷ 제품생산량 20,000개 = 300원

13 다음의 계정별원장은 ㈜광주의 2024년 제품 제조활동과 관련된 자료이다. 직접재료원가는 당기총제조원가의 40%, 제조간접원가는 직접노무원가의 200%일 때, ㈜광주의 2024년 가공원가는 얼마인가? [84회]

<table>
<tr><td colspan="4" align="center">재공품</td></tr>
<tr><td>기 초</td><td align="right">450,000원</td><td>당기제품제조원가</td><td align="right">5,250,000원</td></tr>
<tr><td>직접재료원가</td><td align="right">?</td><td>기 말</td><td align="right">200,000원</td></tr>
<tr><td>직접노무원가</td><td align="right">?</td><td></td><td></td></tr>
<tr><td>제조간접원가</td><td align="right">?</td><td></td><td></td></tr>
<tr><td></td><td align="right">5,450,000원</td><td></td><td align="right">5,450,000원</td></tr>
</table>

① 1,000,000원　　　　　　　② 2,000,000원
③ 3,000,000원　　　　　　　④ 5,000,000원

해설
- 당기총제조원가 = 당기제품제조원가 5,250,000원 + 기말재공품 200,000원 − 기초재공품 450,000원 = 5,000,000원
- 직접재료원가 = 당기총제조원가 5,000,000원 × 40% = 2,000,000원
∴ 가공원가 = 당기총제조원가 5,000,000원 − 직접재료원가 2,000,000원 = 3,000,000원

14 가전제품제조업을 영위하는 ㈜한국의 조업도에 따른 원가행태가 다음과 같다면 다음 중 원가행태에 따른 분류로 올바른 것은? [83회]

기계시간		총원가
	100시간 미만	2,000,000원
100시간 이상	500시간 미만	4,500,000원
500시간 이상		6,000,000원

① 변동원가　　　　　　　　　② 고정원가
③ 준변동원가　　　　　　　　④ 준고정원가

해설
특정범위에서는 일정한 금액이 발생하지만, 그 범위를 벗어나면 원가 총액이 일정액만큼 증가하는 원가

15 다음 중 원가에 관한 설명으로 올바른 것은? [83회]

① 미래원가는 과거에 이미 발생하여 현재 혹은 미래의 의사결정에 의하여 회피할 수 없는 원가이다.
② 과거원가는 의사결정과정에서 특정 대안을 선택함으로써 포기된 이익이나 효익을 말한다.
③ 관련원가는 대체안 간에 차이가 있는 과거원가로서 의사결정에 반드시 고려되어야 한다.
④ 의사결정 상황에서 하나의 대안을 선택한 결과 제거될 수 있는 원가를 회피가능원가라 한다.

해설

• 매몰원가는 과거에 이미 발생하여 현재 혹은 미래의 의사결정에 의하여 회피할 수 없는 원가이다.

• 기회원가는 의사결정과정에서 특정대안을 선택함으로써 포기된 이익이나 효익을 말한다.

• 관련원가는 대체안 간에 차이가 있는 미래원가이다.

16 다음 자료의 (   ) 안에 각각 들어갈 내용으로 알맞게 연결된 것은? [83회]

> (가) = 기초제품재고액 + (나) − 기말제품재고액

	(가)	(나)
①	매출원가	당기제품제조원가
②	당기제품제조원가	매출원가
③	매출액	당기제품제조원가
④	매출원가	매출액

해설

매출원가 = 기초체품재고액 + 당기제품제조원가 − 기말제품재고액

17 다음의 자료를 바탕으로 당기제품제조원가를 계산하면 얼마인가? [83회]

> (1) 당기 원재료 매입액은 200,000원이며, 기말원재료 재고는 기초에 비해서 60,000원이 증가했다.
> (2) 노무원가는 직접재료원가의 3배에 해당한다.
> (3) 제조간접원가는 280,000원이다.
> (4) 기초재공품은 당기총제조원가의 10%이고, 기말재공품은 기초재공품의 2배이다.

① 746,000원 ② 756,000원
③ 766,000원 ④ 776,000원

해설

• 재료원가 = 기초원재료 + 매입액 200,000원 − (기초원재료 + 60,000원) = 140,000원

• 노무원가 = 재료원가 140,000원 × 3 = 420,000원

• 당기총제조원가 = 재료원가 140,000원 + 노무원가 420,000원 + 제조간접원가 280,000원 = 840,000원

• 기초재공품 = 당기총제조원가 840,000원 × 10% = 84,000원

• 기말재공품 = 기초재공품 84,000원 × 2 = 168,000원

∴ 당기제품제조원가 = 기초재공품 84,000원 + 당기총제조원가 840,000원 − 기말재공품 168,000원 = 756,000원

18 다음 중 직접원가와 간접원가에 관한 설명으로 틀린 것은? [83회]

① 원가대상에 직접적으로 추적할 수 있는 원가는 직접원가이다.

② 직접원가는 원가대상에 개별적으로 구분되어 포함되므로 개별원가라고도 한다.

③ 가공원가는 직접원가로만 구성되어 있다.

④ 직접원가와 간접원가는 모두 제조원가이다.

해설

가공원가는 직접원가인 직접노무원가와 간접원가인 제조간접원가로 구성된다.

19 다음은 당기에 영업을 개시한 ㈜울산의 당기 제품 생산 관련 자료이다. 다음 자료를 이용하여 당기의 기본원가를 계산하면 얼마인가? [83회]

- 원재료 2,000,000원을 외상으로 구입하고, 즉시 50%를 생산에 투입하였다.
- 시간당 급여가 10,000원인 생산직 근로자 3명이 근무하였으며, 생산공정에 총 200시간이 투입되었다.
- 투입된 원가는 직접원가에 해당한다.

① 1,000,000원 ② 3,000,000원

③ 5,000,000원 ④ 7,000,000원

해설

기본원가 = (2,000,000원 × 0.5) + (10,000원 × 200시간) = 3,000,000원

20 다음 중 원가 개념에 대한 설명으로 틀린 것은? [83회]

① 관련원가는 특정 의사결정에 직접적으로 관련이 있는 원가로 의사결정 대안 간에 차이가 있는 과거원가를 의미하며 의사결정 시 고려되어야 한다.

② 매몰원가란 과거에 발생한 원가를 말하며, 비관련원가이므로 의사결정 시 배제되어야 한다.

③ 간접원가는 특정 제품이나 부문으로의 추적이 불가능한 원가로 공통원가에 해당하므로 특정 원가대상에 배부하는 절차를 거친다.

④ 통제가능원가는 경영자에게 원가의 발생 규모를 통제할 수 있는 권한이 부여된 원가이며 경영자의 성과평가에 반영할 수 있다.

해설

관련원가는 특정 의사결정에 직접적으로 관련이 있는 원가로 의사결정 대안 간에 차이가 있는 미래원가를 의미하며 비관련원가는 특정 의사결정과 관련이 없는 원가로 의사결정 대안 간에 차이가 없는 과거 또는 미래원가를 말한다.

21 다음 중 제조원가명세서와 재무상태표에 공통적으로 표시될 수 있는 항목은?　　　　[83회]

① 직접노무원가　　　　　　　　　　② 기말원재료재고
③ 기말제품재고　　　　　　　　　　④ 당기제품제조원가

해설

직접노무원가는 제조원가명세서, 기말제품재고는 손익계산서와 재무상태표, 당기제품제조원가는 제조원가명세서와 손익계산서에 표시된다.

22 다음 중 원가에 관한 설명으로 틀린 것은?　　　　[82회]

① 제조간접원가는 제품을 제조하는데 소비된 재료원가와 노무원가를 제외한 모든 원가요소를 총칭하는 개념으로 기계장치의 감가상각비, 공장 보험료, 제조부의 모든 경비를 말한다.
② 변동원가는 조업도가 증감하면 원가도 따라서 증감하는 원가로서 제품 단위당 변동원가는 조업도에 따라 증감한다.
③ 재료원가는 제품을 제조하기 위하여 소비된 직접재료원가와 간접재료원가를 말한다.
④ 고정원가는 조업도가 변동하여도 총원가는 항상 일정액으로서 변동이 없는 원가이며, 제품 단위당 고정원가는 조업도에 반비례한다.

해설

변동원가는 조업도가 증감하면 원가도 따라서 증감하는 원가로서 제품 단위당 변동원가는 조업도와 관계없이 항상 일정하다.

23 다음은 ㈜전남의 2023년 원가계산 관련 자료이다. 2023년 기말 제품재고액은 얼마인가?

　　　　[82회]

> • 기말제품 : ?　　　　　　　　　• 기초재공품 : 1,200,000원
> • 기초제품 : 400,000원　　　　　• 당기총제조원가 : 3,600,000원
> • 기말재공품 : 600,000원　　　　• 매출원가 : 2,000,000원

① 2,500,000원　　　　　　　　　　② 2,600,000원
③ 2,700,000원　　　　　　　　　　④ 2,800,000원

해설

• 당기제품제조원가 = 기초재공품 1,200,000원 + 당기총제조원가 3,600,000원 − 기말재공품 600,000원
　　　　　　　　= 4,200,000원
• 매출원가 2,000,000원 = 기초제품 400,000원 + 당기제품제조원가 4,200,000원 − 기말재고
∴ 원재료 기말재고액 = 2,600,000원

24 다음 제조간접원가 중 측정경비에 해당하지 않는 것은? [82회]

① 전력비   ② 수도료

③ 가스료   ④ 감가상각비

해설

감가상각비는 월할경비에 해당한다.

25 다음 중 원가의 용어에 대한 설명으로 틀린 것은? [82회]

① 매몰원가 : 의사결정 시 고려되는 과거의 지출원가

② 관련원가 : 두 가지 대안 간에 차이가 나는 미래의 지출원가

③ 기회비용 : 의사결정에는 중요하나 회계장부에는 기록되지 않는 원가

④ 한계원가 : 한 단위를 추가로 생산하거나 판매하려고 하는 경우 총원가의 증가분

해설

매몰원가 : 의사결정 시 고려하지 않는 과거의 원가

26 다음 중 제조원가의 흐름에 관한 설명으로 올바른 것은? [82회]

① 직접재료원가는 당기의 매입원재료를 의미한다.

② 당기총제조원가는 기본원가와 직접노무원가의 합이다.

③ 총원가는 제조원가와 비제조원가의 합계액이다.

④ 간접재료원가는 비제조원가에 포함된다.

해설

직접재료원가는 '기초원재료재고 + 당기매입원재료 − 기말원재료재고'로 구성되고, 당기총제조원가는 기본원가와 제조간접원가의 합이며, 간접재료원가는 제조간접원가에 포함된다.

27 ㈜경주의 회계팀 담당자는 생산직 사원 5명의 급여 지급 시 이를 모두 영업직 사원으로 오해하고 회계처리를 하였다. 다음 중 이로 인하여 나타날 오류에 대한 설명으로 틀린 것은? [82회]

① 판매관리비가 과대계상된다.
② 제품 단위당 원가가 과소계상된다.
③ 당기총제조원가가 과소계상된다.
④ 기말재공품원가가 과대계상된다.

해설

제조원가를 판매관리비로 회계처리한 경우이므로 판매관리비는 과대계상되고, 당기총제조원가와 제품 단위당 원가 및 기말재공품원가는 과소계상된다.

28 ㈜전주는 고성능 노트북을 주문생산하여 판매하고 있다. 당기의 직접재료 구입액은 95,000원, 직접노무원가는 89,000원, 제조간접원가는 45,000원이 발생하였다. 다음 자료에 의한 당기제품제조원가는 얼마인가? [82회]

구 분	기 초	기 말
원재료	55,000원	48,000원
재공품	57,000원	66,000원

① 213,500원   ② 225,000원
③ 226,500원   ④ 227,000원

해설

• 직접재료원가 = 기초원재료 55,000원 + 당기매입 95,000원 − 기말원재료 48,000원 = 102,000원
• 당기총제조원가 = 직접재료원가 102,000원 + 직접노무원가 89,000원 + 제조간접원가 45,000원 = 236,000원
∴ 당기제품제조원가 = 기초재공품 57,000원 + 당기총제조원가 236,000원 − 기말재공품 66,000원 = 227,000원

29 다음 중 조업도와 관계없이 총원가는 변화하지 않지만, 단위당 원가는 조업도에 따라 변화하는 원가는 무엇인가? [82회]

① 변동원가   ② 고정원가
③ 계단원가   ④ 혼합원가

해설

고정원가는 조업도가 증가하면 단위당 원가가 감소하고 조업도가 감소하면 단위당 원가는 증가한다.

30 다음 자료에 제시된 원가의 구분에 모두 해당하는 것으로 옳은 것은? [81회]

> 가. 가공원가
> 나. 기본원가
> 다. 제조원가

① 직접노무원가   ② 직접재료원가
③ 제조간접원가   ④ 간접재료원가

해설
- 제조원가 : 직접노무원가, 직접재료원가, 제조간접원가
- 가공원가 : 직접노무원가, 제조간접원가
- 기본원가 : 직접노무원가, 직접재료원가

31 컴퓨터를 제조하여 판매하는 ㈜전남의 2023년 직접재료원가는 100,000원, 기본원가는 170,000원, 제조간접원가는 가공원가의 50%이다. 2023년의 매출액은 600,000원, 매출원가율이 60%일 때 다음 자료를 이용하여 기말제품재고액을 계산하면 얼마인가? [81회]

구 분	기 초	기 말
재공품	100,000원	40,000원
제 품	80,000원	?

① 20,000원   ② 40,000원
③ 60,000원   ④ 80,000원

해설
- 직접노무원가 = 기본원가 170,000원 − 직접재료원가 100,000원 = 70,000원
- 가공원가 = 직접노무원가 70,000원 + 제조간접원가(가공원가 × 0.5)
- ∴ 가공원가 = 140,000원
- 제조간접원가 = 가공원가 140,000원 − 직접노무원가 70,000원 = 70,000원
- 당기총제조원가 = 기본원가 170,000원 + 제조간접원가 70,000원 = 240,000원
- 당기제품제조원가 = 기초재공품 100,000원 + 당기총제조원가 240,000원 − 기말재공품 40,000원 = 300,000원
- 매출원가 = 매출액 600,000원 × 매출원가율 60% = 360,000원
- ∴ 기말제품재고 = 기초제품 80,000원 + 당기제품제조원가 300,000원 − 매출원가 360,000원 = 20,000원

32 다음 중 아래의 그래프가 나타내는 원가행태를 보이는 원가에 해당하는 것은? [81회]

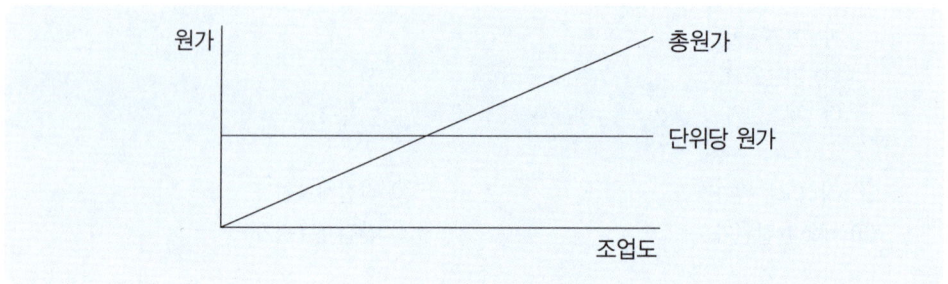

① 변동원가 　　　　　　　　　　② 고정원가
③ 준변동원가 　　　　　　　　　④ 준고정원가

해설
총원가는 조업도의 증감에 비례하고 단위당 원가가 일정한 원가는 변동원가이다.

33 다음은 ㈜경북의 제조원가명세서이다. 아래의 각 빈칸에 대한 설명으로 틀린 것은? [81회]

제조원가명세서

㈜경북	제5기 2023.1.1 ~ 2023.12.31	(단위 : 원)
1. 직접재료원가		1,400,000
기초재료재고액	100,000	
당기매입액	1,600,000	
기말재료재고액	(?)	
2. 직접노무원가		1,200,000
3. 제조경비		3,400,000
4. 당기총제조원가		(?)
5. 기초재공품원가		(?)
6. 합계		7,000,000
7. 기말재공품원가		1,200,000
8. 당기제품제조원가		(?)

① 기초재공품원가는 1,000,000원이다.
② 가공원가는 4,600,000원이다.
③ 당기총제조원가는 6,000,000원이다.
④ 기말원재료재고액은 200,000원이다.

해설
• 직접재료원가 1,400,000원 = 기초원재료 100,000원 + 당기매입 1,600,000원 − 기말원재료
∴ 기말원재료 = 300,000원

34 ㈜제주의 2023년 기말 결산 시 보유 중인 기말 재고는 없으며, 2022년 말 기말 재고는 원재료 40,000원, 재공품 100,000원, 제품 200,000원이었다. 2023년도에 발생한 원가 중 가장 큰 것은?

[81회]

① 제조간접원가   ② 당기총제조원가

③ 당기제품제조원가   ④ 매출원가

해설

- 직접재료원가 = 기초 원재료 40,000원 + 당기 매입액
- 당기총제조원가 = 직접재료원가 + 직접노무원가 + 제조간접원가
- 당기제품제조원가 = 기초재공품 100,000원 + 당기총제조원가
- 매출원가 = 기초제품 200,000원 + 당기제품제조원가

∴ 제조간접원가 < 당기총제조원가 < 당기제품제조원가 < 매출원가

※ 전기 말 재고는 당기의 기초 재고가 되고 당기 기말 재고는 없는 상황이므로, 기초 재고만큼 원가가 더 많이 계상되므로 매출원가가 가장 크게 나타난다.

35 원가회계는 제조 활동과의 관련성 여부에 따라 원가를 제조원가와 비제조원가로 분류한다. 다음 중 제조원가에 해당하지 않는 것은?

[81회]

① 공장 기계장치 감가상각비

② 생산직 관리자 급여

③ 판매장 건물에 대한 화재보험료

④ 공장 전력비

해설

판매장 건물에 대한 화재보험료는 판매비와관리비에 해당하므로 비제조원가이다.

36 다음 중 원가에 관한 설명으로 올바른 것은?

[80회]

> 가. 기회원가는 과거에 이미 발생하여 현재 혹은 미래의 의사결정에 의하여 회피할 수 없는 원가이다.
> 나. 매몰원가는 의사결정과정에서 특정 대안을 선택함으로써 포기된 이익이나 효익을 말한다.
> 다. 의사결정 상황에서 하나의 대안을 선택한 결과로 제거될 수 있는 원가를 결합원가라 한다.
> 라. 관련원가는 대체안 간에 차이가 있는 미래원가로서 의사결정 시 고려되어야 한다.

① 가, 나, 다   ② 가, 다, 라

③ 나, 다   ④ 라

해설

가. 매몰원가는 과거에 이미 발생하여 현재 혹은 미래의 의사결정에 의하여 회피할 수 없는 원가이다.

나. 기회원가는 의사결정과정에서 특정 대안을 선택함으로써 포기된 이익이나 효익을 말한다.

다. 회피가능원가는 의사결정 상황에서 하나의 대안을 선택한 결과 제거될 수 있는 원가를 말한다.

37 다음은 2023년에 사업을 개시한 ㈜경남의 원가 관련 자료이다. 2023년의 당기 매출원가는 얼마인가? [80회]

- 기본원가 : 150,000원
- 기말재공품재고 : 70,000원
- 당기총제조원가 : 400,000원
- 기말제품재고 : 10,000원

① 250,000원
② 320,000원
③ 330,000원
④ 400,000원

해설

- 당기제품제조원가 = 당기총제조원가 400,000원 − 기말재공품재고 70,000원 = 330,000원
- 당기에 사업을 개시하였으므로 기초재고는 존재하지 않는다.
∴ 당기 매출원가 = 당기제품제조원가 330,000원 − 기말제품재고 10,000원 = 320,000원

38 다음 중 원가와 제품 간의 추적가능성에 따른 원가 분류는 무엇인가? [80회]

① 통제가능원가와 통제불능원가
② 재료원가와 노무원가
③ 변동원가와 고정원가
④ 직접원가와 간접원가

해설

제품과의 추적가능성에 따른 분류는 직접원가와 간접원가이다.

39 ㈜경남의 회계팀 담당자는 영업직 사원 3명의 급여를 모두 생산직 사원의 급여로 오해하여 회계처리를 하였다. 이로 인해 나타날 오류에 대한 설명으로 틀린 것은? [80회]

① 당기총제조원가가 과대계상된다.
② 제품 단위당 원가가 과대계상된다.
③ 판매관리비가 과소계상된다.
④ 기말재공품원가가 과소계상된다.

해설

판매관리비를 제조원가로 회계처리한 경우이므로 판매관리비는 과소계상되고, 당기총제조원가, 제품 단위당 원가, 기말재공품원가는 과대계상된다.

40 다음 자료를 이용하여 당기제품제조원가를 구하면 얼마인가? [80회]

- 기초재공품 : 50,000원
- 직접재료원가 : 40,000원
- 기말재공품 : 30,000원
- 직접노무원가 : 50,000원
- 제조간접원가 배부액은 직접노무원가 발생액의 120%이다.

① 100,000원
② 130,000원
③ 150,000원
④ 170,000원

해설

- 제조간접원가 = 직접노무원가 50,000원 × 120% = 60,000원
- 당기총제조원가 = 직접재료원가 40,000원 + 직접노무원가 50,000원 + 제조간접원가 60,000원 = 150,000원
- ∴ 당기제품제조원가 = 기초재공품 50,000원 + 당기총제조원가 150,000원 − 기말재공품 30,000원 = 170,000원

41 다음 중 제품원가가 손익계산서에 비용으로 계상되는 시점은 언제인가? [80회]

① 제품이 판매된 때
② 제품이 창고에 보관하게 된 때
③ 제품 생산이 완료된 때
④ 제품 생산을 위해 재료가 사용된 때

해설

제품원가는 제품이 판매된 때 손익계산서에 비용으로 계상된다.

42 다음 중 제품원가에서 기본원가와 가공원가가 동일한 금액일 때, 이에 대한 설명으로 올바른 것은? [80회]

① 직접재료원가는 제조간접원가보다 크다.
② 직접재료원가는 직접노무원가보다 작다.
③ 직접재료원가와 제조간접원가는 같다.
④ 직접노무원가는 제조간접원가보다 크다.

해설

- 기본원가는 직접재료원가와 직접노무원가의 합이다.
- 가공원가는 직접노무원가와 제조간접원가의 합이다.
- ∴ 기본원가와 가공원가가 동일하다면, 직접재료원가와 제조간접원가가 동일하다.

43 ㈜익산은 실제원가계산을 적용하고 있으며 2023년의 기초 및 기말 재고자산은 다음과 같다. 2023년의 손익계산서상 매출액은 200,000원이며 매출총이익은 60,000원일 경우, 2023년 제조원가명세서상 당기총제조원가는 얼마인가? [79회]

구 분	기 초	기 말
직접재료	10,000원	12,000원
재공품	100,000원	90,000원
제 품	50,000원	45,000원

① 120,000원　　　　　　　② 125,000원
③ 135,000원　　　　　　　④ 140,000원

해설
• 매출원가 = 매출액 200,000원 − 매출총이익 60,000원 = 140,000원
• 당기제품제조원가 = 매출원가 140,000원 − 기초제품 50,000원 + 기말제품 45,000원 = 135,000원
∴ 당기총제조원가 = 당기제품제조원가 135,000원 − 기초재공품 100,000원 + 기말재공품 90,000원 = 125,000원

44 다음 중 원가에 관한 설명으로 틀린 것은? [79회]

① 회피가능원가는 특정 의사결정에 의하여 원가의 발생을 회피할 수 있는 원가로서 의사결정과 관련있는 원가이다.
② 발생한 원가를 원가대상별로 추적할 수 있는가에 따라서 직접원가와 간접원가로 분류된다.
③ 당기총제조원가는 당기에 완성되어 제품으로 대체된 완성품의 제조원가이다.
④ 가공원가는 직접노무원가와 제조간접원가의 합계액이다.

해설
당기에 완성되어 제품으로 대체된 완성품의 제조원가를 당기제품제조원가라 한다.

45 다음은 ㈜여수가 2023년에 지출한 경비 내역이다. ㈜여수의 2023년 제조원가에 해당하는 금액의 합계액은 얼마인가? [79회]

• 원재료 구입액 : 500,000원　　　　• 영업직 사원 급여 : 4,500,000원
• 공장 건물 화재보험료 : 1,500,000원　　• 영업부 접대비 : 200,000원
• 제품 외주가공비 : 2,500,000원　　　• 공장 기계장치 수선비 : 500,000원
• 영업용차량 보험료 : 700,000원　　　• 생산직 사원 급여 : 5,000,000원
• 공장 기계장치 감가상각비 : 1,000,000원

① 8,500,000원　　　　　　② 10,000,000원
③ 11,000,000원　　　　　　④ 16,400,000원

해설
제조원가 = 원재료 구입액 500,000원 + 공장 건물 화재보험료 1,500,000원 + 제품 외주가공비 2,500,000원 + 공장 기계장치 수선비 500,000원 + 생산직 사원 급여 5,000,000원 + 공장 기계장치 감가상각비 1,000,000원 = 11,000,000원

46 다음은 ㈜담양의 2023년 재고자산 및 원가와 관련된 자료이다. 당기의 기본원가는 얼마인가?

[79회]

- 원재료 : 기초재고액 35,000원, 기말재고액 30,000원
- 재공품 : 기초재고액 18,000원, 기말재고액 20,000원
- 제품 : 기초재고액 30,000원, 기말재고액 40,000원
- 당기 원재료 매입액 : 50,000원
- 당기 발생 가공원가 : 145,000원
- 당기 제조간접원가 : 당기총제조원가의 30%

① 130,000원
② 135,000원
③ 140,000원
④ 145,000원

해설
- 직접재료원가 = 기초재고액 35,000원 + 당기 매입액 50,000원 − 기말재고액 30,000원 = 55,000원
- 당기총제조원가 = 직접재료원가 55,000원 + 가공원가 145,000원 = 200,000원
- 제조간접원가 = 당기총제조원가 200,000원 × 30% = 60,000원
- 직접노무원가 = 당기총제조원가 200,000원 − 직접재료원가 55,000원 − 제조간접원가 60,000원 = 85,000원
∴ 기본원가 = 직접재료원가 55,000원 + 직접노무원가 85,000원 = 140,000원

47 다음은 ㈜세종의 관련범위 내의 조업도에 따른 총원가와 단위당 원가 관련 자료이다. 아래의 〈보기〉 중 ㈜세종의 원가행태에 관한 설명으로 옳은 것을 모두 고르시오.

[79회]

생산량	총원가	단위당 원가
0개	40,000원	
100개	100,000원	1,000원
150개	130,000원	866.7원
200개	160,000원	800원

〈보기〉
가. ㈜세종의 원가행태는 혼합원가(준변동원가)이다.
나. ㈜세종의 원가행태는 순수변동원가이다.
다. ㈜세종의 총원가 중 총고정원가는 40,000원이다.

① 가, 나
② 나, 다
③ 가, 다
④ 가, 나, 다

해설
조업도가 0일 때도 발생하는 40,000원의 원가는 원가행태 중 고정원가의 모습이다. 조업도가 100개, 150개, 200개 증가할 때 총원가가 증가하는 모습을 보이는 데 이러한 행태는 변동원가의 모습이다. 고정원가와 변동원가의 특징을 보이는 원가행태를 혼합원가(준변동원가)라 한다.

48 다음은 에어컨을 생산하여 판매하는 ㈜포항의 연간 조업도 및 원가 내역이다. ㈜포항의 당기 에어컨 생산량이 7,200개라면 당기제품제조원가는 얼마인가? [79회]

조업도 범위	단위당 변동원가	고정제조원가
0개 ~ 3,000개	600원	6,000,000원
3,001개 ~ 7,000개	550원	8,000,000원
7,001개 ~ 10,000개	500원	10,000,000원

① 10,000,000원　　　　　　　② 11,600,000원
③ 13,600,000원　　　　　　　④ 13,960,000원

해설
• 생산량이 7,200개이므로 조업도 범위 7,001개 ~ 10,000개 범위의 원가를 계산하면 된다.
∴ 당기제품제조원가 = 단위당 변동원가 500원 × 7,200개 + 고정제조원가 10,000,000원 = 13,600,000원

49 ㈜진천은 단일제품을 생산 및 판매하고 있다. ㈜진천은 매출원가의 40%를 매출총이익으로 설정하고 있으며, 당기제품제조원가는 72,000원이다. 당기의 기초 및 기말 재고자산이 다음과 같다면 당기의 매출액은 얼마인가? [79회]

구 분	원재료	재공품	제 품
기 초	20,000원	22,000원	20,000원
기 말	15,000원	13,000원	30,000원

① 84,000원　　　　　　　② 85,400원
③ 86,800원　　　　　　　④ 88,200원

해설
• 매출원가 = 기초제품 20,000원 + 당기제품제조원가 72,000원 − 기말제품 30,000원 = 62,000원
∴ 매출액 = 매출원가 62,000원 × 1.4 = 86,800원

50 다음 중 제조원가명세서에 대한 설명으로 올바른 것은? [79회]
① 손익계산서상의 매출원가에 대한 상세한 정보를 제공한다.
② 당기총제조원가를 구하는 과정을 나타내는 보고서이다.
③ 제조와 관련된 제품, 재공품, 원재료 재고액이 모두 표시된다.
④ 손익계산서와 제조원가명세서의 당기제품제조원가는 동일한 값으로 표시된다.

해설
① 제조원가명세서는 당기제품제조원가에 대한 정보를 제공한다.
② 당기제품제조원가를 구하는 과정을 나타내는 보고서이다.
③ 제조와 관련된 재공품, 원재료 재고액이 표시된다.

51 다음은 ㈜전남의 전력비와 관련된 자료이다. 다음 자료를 이용하여 제조경비에 포함될 당월 전력비를 계산하면 얼마인가?　　　　　　　　　　　　　　　　　　　　　　　　　　　　　　　　[79회]

> • 당월 지급액 : 180,000원
> • 당월 측정액 : 500,000원
> • 당월 측정액 중 60%는 제조부에서 소비한 전력에 해당한다.

① 180,000원　　　　　　　　　　　　② 300,000원
③ 480,000원　　　　　　　　　　　　④ 500,000원

해설
• 제조경비 중 측정경비는 계량기 등에 의해 측정한 자원의 실제 소비량을 기준으로 경비 지급액을 계산한다. 일반적으로 당월의 측정액과 소비액은 일치하지 않으므로 지급경비와는 차이가 있다. 그러므로 전력비 500,000원 중 60%에 해당하는 경비만이 제조경비에 해당한다.
∴ 제조경비에 포함될 전력비 = 당월 측정액 500,000원 × 제조부 60% = 300,000원

52 다음 중 원가회계의 목적으로 틀린 것은?　　　　　　　　　　　　　　　　　　　　　　[78회]

① 주주와 채권자를 위한 정보 제공
② 예산관리를 통해 당초 예산자료와 실제 성과의 차이의 원인을 분석하는데 필요한 원가정보 제공
③ 경영계획수립과 통제를 위한 원가정보 제공
④ 제품원가계산을 위한 원가정보 제공

해설
주주와 채권자를 위한 회계는 재무회계의 영역이다.

53 주문생산 방식으로 제품을 판매하고 있는 ㈜전주는 재고가 존재하지 않는다. 당월 원가 자료가 기본원가 200,000원, 가공원가 300,000원, 매출원가 400,000원이라고 할 경우, 당월의 직접재료원가는 얼마인가?　　　　　　　　　　　　　　　　　　　　　　　　　　　　　　　　　　[78회]

① 100,000원　　　　　　　　　　　　② 200,000원
③ 300,000원　　　　　　　　　　　　④ 400,000원

해설
• 재고가 존재하지 않으므로 '당월매출원가 = 당월제품제조원가 = 당월총제조원가'이다.
∴ 직접재료원가 = 매출원가 400,000원 − 가공원가 300,000원 = 100,000원

54 다음 중 제조원가를 구성하는 직접재료원가, 직접노무원가, 제조간접원가를 모두 실제 발생액에 따라 계산하는 원가계산 방법은? [78회]

① 종합원가계산

② 실제개별원가계산

③ 결합원가계산

④ 예정개별원가계산

해설

3요소 원가 모두 실제 발생액으로 하는 것은 실제개별원가계산이다.

55 ㈜광주는 2023년에 제품 1,000개를 생산하여 500개를 판매하였다. 2023년에 발생한 노무원가는 판매직 직원 급여 5,000,000원과 생산직 직원 급여 4,000,000원으로 총 9,000,000원이 발생하였다. 2023년에 발생한 노무원가 중 당기 손익계산서상의 매출원가에 포함되는 금액은 얼마인가? [78회]

① 1,000,000원

② 1,500,000원

③ 2,000,000원

④ 2,500,000원

해설

• 판매직 직원의 급여는 매출원가에 포함되지 않고, 생산직 직원의 급여는 제품에 포함되었다가 제품 판매 시 매출원가로 대체된다.

∴ 당기 매출원가 = 생산직 직원 급여 4,000,000원 × 500개/1,000개 = 2,000,000원

56 다음 중 제조기업의 원가흐름에서 원가가 계산되는 순서로 올바른 것은? [78회]

① 직접재료원가투입액 > 당기제품제조원가 > 당기총제조원가 > 기말제품재고액

② 당기총제조원가 > 직접재료원가투입액 > 당기제품제조원가 > 기말제품재고액

③ 당기총제조원가 > 기말재공품재고액 > 기말원재료재고액 > 기말제품재고액

④ 직접재료원가투입액 > 당기총제조원가 > 당기제품제조원가 > 기말제품재고액

해설

• 제조기업의 원가흐름은 다음과 같다.

1. 원재료 계정에서 직접재료원가투입액 계산

2. 직접노무원가 계산

3. 제조간접원가 계산

4. 재공품 계정에서 기초재공품재고액, 당기총제조원가 투입액을 반영하여 당기제품제조원가와 기말재공품재고액 계산

5. 제품 계정에서 기초제품재고액, 당기제품제조원가를 반영하여 매출원가와 기말제품재고액 계산

57 다음 중 아래의 제조원가명세서에 대한 설명으로 틀린 것은? [78회]

제조원가명세서
제1기 2023.01.01 ~ 2023.12.31

1. 직접재료원가		( )
기초재료재고액	( )	
당기매입액	( )	
기말재료재고액	300,000원	
2. 직접노무원가		3,100,000원
3. 제조간접원가		2,000,000원
4. 당기총제조원가		( )
5. 기초재공품원가		( )
6. 합계		7,400,000원
7. 기말재공품원가		1,400,000원
8. 당기제품제조원가		( )

① 당기총제조원가는 7,400,000원이다.
② 당기제품제조원가는 6,000,000원이다.
③ 기초재공품원가는 1,000,000원이다.
④ 당기직접재료매입액은 2,600,000원이다.

해설
1기이므로 기초재공품원가는 0원이다.

58 다음 설명 중 틀린 것은? [78회]

① 재료원가는 기초재료재고액에 당기재료매입액을 가산하고 기말재료재고액을 차감하여 계산한다.
② 재료의 소비수량은 계속기록법, 실지재고조사법 또는 역산법에 의하여 계산한다.
③ 재료의 소비수량 계산은 1가지 방법만을 선택하여 적용하여야 한다.
④ 재료의 소비가격은 취득원가에 의하여 계산하며 동일 재료의 취득원가가 다를 경우에는 개별법, 선입선출법, 후입선출법, 이동평균법 또는 총평균법 등의 방법을 적용하여 계산한다.

해설
재료의 소비수량은 계속기록법에 의하여 계산하며 필요한 경우에는 실지재고조사법 또는 역산법에 의하여 계산할 수 있고, 2 이상의 방법을 병행하여 적용할 수 있다.

59 다음은 ㈜가영이 5월 중 지출한 경비 내역이다. 비제조원가에 해당하는 항목의 총합계액은 얼마인가?

[78회]

- 제조공장 보험료 : 200,000원
- 본사 건물 수선유지비 : 800,000원
- 공장 건물 감가상각비 : 1,200,000원
- 생산직 급여 : 2,100,000원
- 온라인 제품홍보비 : 1,000,000원
- 공장근로자 산재보험료 : 200,000원

① 1,000,000원
② 1,400,000원
③ 1,800,000원
④ 2,100,000원

해설

- 비제조원가 항목은 본사 건물 수선유지비, 온라인 제품홍보비이다.
- ∴ 비제조원가 = 본사 건물 수선유지비 800,000원 + 온라인 제품홍보비 1,000,000원 = 1,800,000원

60 다음 중 제조원가명세서와 손익계산서 및 재무상태표와의 관계에 대한 설명으로 올바른 것은?

[78회]

① 손익계산서의 매출원가는 제조원가명세서상의 당기제품제조원가에 계상된다.
② 제조원가명세서상의 당기총제조원가는 직접재료원가, 직접노무원가, 제조간접원가의 합계를 말한다.
③ 당기총제조원가를 산정하기 위해서는 당기제품제조원가에 기초재공품을 가산하고 기말재공품을 차감한다.
④ 제조원가명세서상의 기말원재료재고액은 재무상태의 재공품 계정에 계상된다.

해설

- 당기총제조원가는 직접재료원가, 직접노무원가, 제조간접원가의 합계를 말한다.
- 당기제품제조원가와 매출원가는 다른 개념이다. 당기제품제조원가는 당기총제조원가에 기초재공품을 가산하고 기말재공품을 차감하여 산정한다.
- 매출원가는 기초제품원가에 당기제품제조원가를 가산한 다음 기말제품원가를 차감하여 산정한다.
- 제조원가명세서의 기말원재료재고액은 재무상태표의 원재료 계정에 계상된다.

61 다음은 ㈜전남의 당기제품제조원가 계산을 위한 자료이다. 아래의 자료를 이용하여 계산한 ㈜전남의 당기제품제조원가는 얼마인가? [78회]

- 직접재료원가 : 1,000,000원
- 직접노무원가 : 500,000원
- 제조간접원가 : 300,000원
- 기초재공품은 당기총제조원가의 20%이고, 기말재공품은 기초재공품의 2배이다.

① 1,440,000원   ② 1,540,000원
③ 1,640,000원   ④ 1,740,000원

해설

- 당기총제조원가 = 직접재료원가 1,000,000원 + 직접노무원가 500,000원 + 제조간접원가 300,000원
         = 1,800,000원
- 기초재공품 = 1,800,000원 × 20% = 360,000원
- 기말재공품 = 360,000원 × 2배 = 720,000원
∴ 당기제품제조원가 = 기초재공품 360,000원 + 당기총제조원가 1,800,000원 − 기말재공품 720,000원
         = 1,440,000원

62 ㈜한국의 원가 자료가 다음과 같을 때, 제조간접원가는 얼마인가? [77회]

- 직접재료원가 : 100,000원
- 직접노무원가 : 300,000원
- 제조간접원가 : 가공원가의 50%

① 50,000원   ② 150,000원
③ 200,000원   ④ 300,000원

해설

- 가공원가 = 직접노무원가 300,000원 + 제조간접원가 = 직접노무원가 300,000원 + 가공원가 × 0.5
∴ 가공원가 = 600,000원
∴ 제조간접원가 = 가공원가 600,000원 × 50% = 300,000원

63 다음은 2022년에 사업을 개시한 12월 말 결산법인인 ㈜서울의 원가 관련 자료이다. ㈜서울의 2022년 매출원가는 얼마인가? [77회]

- 직접재료원가 : 1,000,000원
- 직접노무원가 : 800,000원
- 제조간접원가 : 1,200,000원
- 기말재공품 : 당기총제조원가의 20%
- 기말제품 : 당기제품제조원가의 10%

① 2,160,000원　　　　　　② 2,400,000원
③ 3,000,000원　　　　　　④ 3,600,000원

해설
- 당기총제조원가 = 직접재료원가 1,000,000원 + 직접노무원가 800,000원 + 제조간접원가 1,200,000원
  = 3,000,000원
- 기말재공품 = 당기총제조원가 3,000,000원 × 20% = 600,000원
- 당기제품제조원가 = 당기총제조원가 3,000,000원 − 기말재공품 600,000원 = 2,400,000원
- 기말제품 = 당기제품제조원가 2,400,000원 × 10% = 240,000원
∴ 매출원가 = 기초제품 0원 + 당기제품제조원가 2,400,000원 − 기말제품 240,000원 = 2,160,000원

64 아래의 그래프가 나타내는 원가행태에 관한 설명으로 틀린 것은? [77회]

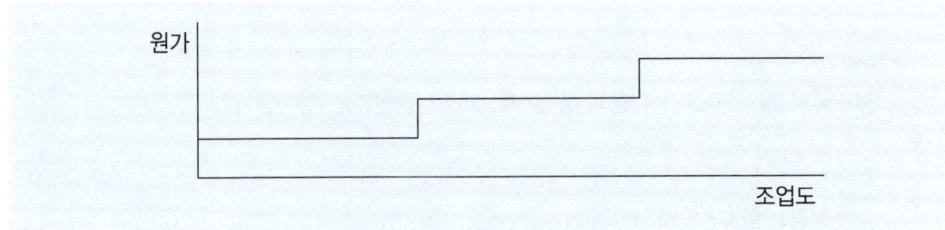

① 관련범위 조업도 내에서는 고정원가와 같은 형태를 띤다.
② 투입요소의 불가분성때문에 그림과 같은 원가행태가 발생한다.
③ 조업도가 증가하면 총원가는 증가하고, 단위당 원가는 변하지 않는다.
④ 조업도 내에서는 일정한 금액이 발생하지만, 조업도 범위를 벗어나면 원가 총액이 일정액만큼 증가하는 원가이다.

해설
변동원가에 대한 설명이다.

65 다음 자료의 괄호 안에 들어갈 내용으로 옳은 것은? [77회]

㈜광주는 사무실 내에 시스템에어컨을 2017년 설치하여 사용해 왔으나, 2022년 10월 노후화로 인해 일부 기능이 작동하지 않아 해당 시스템에어컨을 수리하여 사용할지, 새 제품으로 교체할지 고민하고 있다. 이 의사결정에서 과거의 시스템에어컨 구입액은 (   )이다.

① 기회원가
② 결합원가
③ 관련원가
④ 매몰원가

해설

매몰원가 : 과거에 이미 지출한 비용으로 현재 또는 미래에 어떠한 의사결정을 하더라도 회수할 수 없는 원가를 매몰원가라고 한다.

66 다음 중 용어의 개념설명이 틀린 것은? [77회]

① 관련범위 : 조업도와 원가 간에 일정한 선형관계가 유지되는 조업도의 범위
② 가공원가 : 직접노무원가와 제조간접원가
③ 역사적원가 : 의사결정 시에는 중요하나 회계장부에는 기록되지 않는 원가
④ 기간원가 : 제품생산과 관련 없이 발생하므로 발생 즉시 비용처리하는 원가

해설

역사적 원가는 회계장부에는 기록되지만 의사결정에는 영향을 미치지 않는다.

67 다음 중 재료원가의 계산에 있어 실지재고조사법의 적용이 곤란하고 계속기록법만 적용할 수 있는 원가결정방법은 무엇인가? [77회]

① 선입선출법
② 개별법
③ 총평균법
④ 이동평균법

해설

이동평균법은 매입할 때마다 평균단가를 계산하여 재료의 투입단가로 적용하는 방법이므로 계속기록법에서만 적용할 수 있다.

68 다음은 ㈜부산의 전력비에 대한 자료이다. 당월의 전력비 소비액은 얼마인가? [77회]

- 전월 선급액 : 40,000원
- 당월 선급액 : 20,000원
- 당월 지급액 : 90,000원
- 전월 미지급액 : 10,000원
- 당월 미지급액 : 50,000원

① 90,000원 ② 100,000원
③ 150,000원 ④ 180,000원

해설

당월 전력비 소비액 = 당월 지급액 90,000원 + 전월 선급액 40,000원 + 당월 미지급액 50,000원 − 당월 선급액 20,000원 − 전월 미지급액 10,000원 = 150,000원

69 다음 중 제조원가명세서에 대한 설명으로 틀린 것은? [77회]

① 제조원가명세서상에서 매출원가를 계산할 수 있다.
② 제조원가명세서에는 기말원재료재고액이 표시된다.
③ 제조원가명세서에는 당기총제조원가 및 당기제품제조원가가 모두 표시된다.
④ 제조원가명세서를 통하여 재공품계정의 변동사항을 확인할 수 있다.

해설

제조원가명세서에는 매출원가가 계산되지 않는다.

70 다음 중 원가의 개념에 대한 설명으로 틀린 것은? [76회]

① 매몰원가는 특정 의사결정에 고려할 필요가 없는 원가이다.
② 특정 제품에 투입되는 원재료의 원가는 직접원가에 해당한다.
③ 조업도의 변동에 따라 총원가가 비례적으로 변화하는 원가를 변동원가라 한다.
④ 고정원가의 경우 조업도의 변동과 관계없이 단위당 원가가 일정하게 발생한다.

해설

고정원가는 조업도의 변동과 관계없이 총원가가 일정하게 발생한다.

71 다음 중 기회원가에 대한 설명으로 가장 틀린 것은?　　　　　　　　　　[76회]

① 기회원가는 의사결정에 영향을 미치는 원가이다.

② 기회원가는 여러 대안 중 하나를 선택했을 때 그 선택으로 인해 포기해야 하는 가치를 표시한 원가이다.

③ 기회원가는 자원을 현재의 용도가 아닌 차선의 용도에 사용했더라면 얻을 수 있었던 최대금액을 말한다.

④ 기회원가는 장부상에 나타나는 현금지출원가이다.

해설

기회원가는 장부상에 나타나거나 현금이 지출되는 원가가 아니다.

72 다음 중 원가계산준칙에서 규정하고 있는 제조원가 요소의 분류에 대한 설명으로 틀린 것은?

[76회]

① 제조원가요소는 재료비, 노무비 및 경비로 분류하거나 직접재료비, 직접노무비 및 제조간접비로 분류할 수 있다.

② 제조원가요소가 명확하게 구분되지 않는 경우에는 일정한 기준에 따라 직접재료비, 직접노무비 및 제조간접비로 배부한다.

③ 제조원가요소와 판매비와일반관리비 요소는 구분하여 집계한다.

④ 제조원가요소와 판매비와일반관리비 요소가 명확하게 구분되지 않는 경우에는 발생원가를 비목별로 집계한 후, 일정한 기준에 따라 제조원가와 판매비와일반관리비로 구분하여 배부할수 있다.

해설

• 제조원가요소의 분류

 – 제조원가요소는 재료비, 노무비 및 경비로 분류하거나, 회사가 채택하고 있는 원가계산방법에 따라 직접재료비, 직접노무비 및 제조간접비 등으로 분류할 수 있다.

 – 제조원가요소와 판매비와일반관리비 요소는 구분하여 집계한다. 다만, 그 구분이 명확하지 아니한 경우에는 발생원가를 비목별로 집계한 후, 일정한 기준에 따라 제조원가와 판매비와일반관리비로 구분하여 배부할 수 있다.

73 다음 자료를 이용하여 당기제품제조원가를 구하면 얼마인가? [76회]

> • 매출액 : 2,300,000원   • 매출에누리 : 100,000원
> • 매출총이익 : 1,500,000원   • 기초제품 : 150,000원
> • 기말제품 : 100,000원   • 직접노무원가 : 250,000원
> • 기초재공품재고 : 80,000원   • 기말재공품재고 : 100,000원
> • 직접재료원가 : 150,000원

① 380,000원   ② 400,000원
③ 500,000원   ④ 650,000원

해설
• 매출총이익 = 매출액 2,300,000원 − 매출에누리 100,000원 − 매출원가 = 1,500,000원
∴ 매출원가 = 700,000원
∴ 당기제품제조원가 = 매출원가 700,000원 + 기말재고 100,000원 − 기초재고 150,000원 = 650,000원

74 다음 중 제조원가명세서에 대한 설명으로 틀린 것은? [76회]

① 손익계산서의 부속명세서에 해당한다.
② 당기제품제조원가를 구하는 과정을 나타내는 보고서이다.
③ 제조와 관련된 제품, 재공품, 원재료 재고액이 모두 표시된다.
④ 손익계산서의 당기제품제조원가와 동일한 값이 제조원가명세서에도 표시된다.

해설
제품 재고액은 손익계산서상 나타난다.

75 다음 중 원가집계계정 흐름의 순서로 가장 옳은 것은? [76회]

① 매출원가 → 제품 → 재공품 → 재료비
② 재료비 → 재공품 → 매출원가 → 제품
③ 재료비 → 재공품 → 제품 → 매출원가
④ 재공품 → 재료비 → 제품 → 매출원가

76 다음 중 원가회계의 목적으로 올바른 것은? [75회]

① 외부이용자의 정보수요를 충족시키는 것이 주된 목적이다.
② 경영계획수립과 통제를 위한 원가정보를 제공한다.
③ 회사의 모든 자산과 부채에 대한 평가자료를 제공한다.
④ 주주와 채권자를 위한 정보를 제공한다.

해설
① 원가회계는 내부이용자의 정보수요를 충족시키는 것이 주된 목적이다.
③ 회사의 모든 자산과 부채에 대한 평가자료를 제공하는 영역은 재무회계이다.
④ 주주와 채권자를 위한 회계는 재무회계의 영역이다.

77 다음은 ㈜가영의 2022년 원가계산 내역이다. 2022년 당기제품제조원가는 얼마인가? [75회]

- 기말제품 : 450,000원
- 기말재공품 : 230,000원
- 매출총이익 : 250,000원
- 기초제품 : 200,000원
- 기초재공품 : 240,000원
- 매출액 : 2,000,000원

① 1,450,000원
② 1,500,000원
③ 1,750,000원
④ 2,000,000원

해설
• 매출총이익 = 매출액 2,000,000원 − 매출원가 = 250,000원
• 매출원가 = 매출액 2,000,000원 − 매출총이익 250,000원 = 1,750,000원
∴ 당기제품제조원가 = (기말제품 450,000원 + 매출원가 1,750,000원) − 기초제품 200,000원 = 2,000,000원

78 다음은 ㈜가영이 9월 중 지출한 경비내역이다. 제조원가에 해당하는 금액은 얼마인가? [75회]

- 공장 건물 보험료 : 200,000원
- 영업부 회식비 : 150,000원
- 제품 판매촉진비 : 1,000,000원
- 본사 건물 수선유지비 : 530,000원
- 생산직 급여 : 3,000,000원
- 본사건물 재산세 : 760,000원

① 3,000,000원
② 3,200,000원
③ 3,400,000원
④ 4,160,000원

해설
• 제조원가 항목은 공장건물 보험료, 생산직 급여이며, 나머지는 비제조원가이다.
∴ 제조원가 = 공장 건물 보험료 200,000원 + 생산직 급여 3,000,000원 = 3,200,000원

79 ㈜지용의 노무비와 관련된 자료가 다음과 같을 때, 10월 노무비 발생액은 얼마인가? [75회]

> • 10월에 현금으로 지급한 금액 : 1,000,000원
> • 10월의 노무비 미지급액 : 100,000원
> • 10월분 노무비 중 9월에 선지급한 금액 : 50,000원
> • 10월에 현금으로 지급한 금액에는 9월분 노무비 미지급액 90,000원이 포함되어 있다.
> • 10월에 현금으로 지급한 금액에는 11월분 노무비 선지급액 30,000원이 포함되어 있다.

① 830,000원
② 1,030,000원
③ 1,060,000원
④ 1,120,000원

해설

10월 노무비 발생액 = 10월 현금지급액 1,000,000원 + 10월 미지급액 100,000원 + 10월분 중 9월 선지급액 50,000원
– 10월 현금지급액 중 9월분 미지급액 90,000원 – 10월 현금지급액 중 11월 선급액 30,000원 = 1,030,000원

80 ㈜지용의 원가자료가 다음과 같을 때, 당기총제조원가는 얼마인가? [75회]

> • 기본원가 : 300,000원   • 가공원가 : 500,000원   • 제조간접비 : 400,000원

① 700,000원
② 800,000원
③ 900,000원
④ 1,200,000원

해설

당기총제조원가 = 기본원가(직접재료원가 + 직접노무원가) 300,000원 + 제조간접비 400,000원 = 700,000원

81 다음은 원가 개념에 대한 설명이다. 다음 중 옳지 않은 것은? [75회]

① 관련원가는 특정 의사결정에 직접적으로 관련이 있는 원가로 의사결정 대안 간에 차이가 있는 과거원가 및 미래원가를 의미한다.
② 통제가능원가는 경영자에게 원가의 발생 규모를 통제할 수 있는 권한이 부여된 원가이며 경영자의 성과평가에 반영할 수 있다.
③ 간접원가는 특정 제품이나 부문으로의 추적이 불가능한 원가로 공통원가에 해당하므로 특정 원가대상에 배부하는 절차를 거친다.
④ 회피불능원가란 여러 의사결정 대안 중 하나를 선택하는 것과 관계없이 계속적으로 발생하는 원가를 말하며, 비관련원가이므로 의사결정 시 배제되어야 한다.

해설

관련원가는 특정 의사결정에 직접적으로 관련이 있는 원가로 의사결정 대안 간에 차이가 있는 미래원가를 의미하며 비관련원가는 특정 의사결정과 관련이 없는 원가로 의사결정 대안 간에 차이가 없는 과거 또는 미래원가를 말한다.

82 아래의 제조원가명세서에 대한 설명으로 틀린 것은? [75회]

제조원가명세서
제3기 2022.01.01 ~ 2022.12.31

1. 직접재료비		1,400,000원
기초재료재고액	(　? 　)	
당기매입액	1,600,000원	
기말재료재고액	200,000원	
2. 직접노무비		2,200,000원
3. 제조경비		2,400,000원
4. 당기총제조원가		(　? 　)
5. 기초재공품원가		(　? 　)
6. 합계		7,000,000원
7. 기말재공품원가		1,200,000원
8. 당기제품제조원가		(　? 　)

① 당기총제조원가는 6,000,000원이다.
② 가공원가는 4,600,000원이다.
③ 기초재공품원가는 1,000,000원이다.
④ 기초원재료재고액은 200,000원이다.

해설
- 직접재료비 = 기초원재료 + 당기매입 1,600,000원 − 기말원재료 200,000원 = 1,400,000원
∴ 기초원재료 = 0원

83 선풍기를 제조하는 ㈜가영의 연간 조업도 및 원가내역은 다음과 같다. 2022년 선풍기 6,000개를 생산한다면 제품 단위당원가는 얼마인가? [75회]

조업도	단위당 변동제조원가	고정제조원가
0개 ~ 2,000개	700원	2,000,000원
2,001개 ~ 5,000개	550원	5,000,000원
5,001개 ~ 10,000개	500원	9,000,000원

① 550원/단위　　　　　　　　　② 1,500원/단위
③ 2,000원/단위　　　　　　　　④ 2,200원/단위

해설
- 단위당 고정제조원가 = 9,000,000원 ÷ 6,000개 = 1,500원/단위
∴ 제품 단위당 원가 = 단위당 변동제조원가 500원 + 단위당 고정제조원가 1,500원 = 2,000원/단위

84 ㈜청결은 사무용 건물을 관리하는 용역서비스를 제공하고 있다. 청소 담당 직원들은 모든 입주기업의 사무실과 복도 등 건물 전체를 청소한다. 건물 전체의 청소비를 각 입주기업에 배부하기 위한 기준으로 가장 적합한 것은 무엇인가? [75회]

① 각 입주기업의 직원 수
② 각 입주기업의 주차 차량수
③ 각 입주기업의 임대면적
④ 각 입주기업의 전기 사용량

85 ㈜이윤의 2022년 매출액은 900,000원이며, 매출총이익률은 35%이다. 원가 관련 자료가 다음과 같을 때 2022년 제조원가명세서상 당기제품제조원가는 얼마인가? [74회]

구 분	2022년 1월 1일	2022년 12월 31일
직접재료	40,000원	?
재공품	80,000원	90,000원
제 품	160,000원	180,000원
직접재료매입액	165,000원	
전환(가공)원가	370,000원	

① 460,000원
② 540,000원
③ 580,000원
④ 605,000원

해설
• 매출원가 = 매출액 900,000원 × (1 - 매출총이익률 0.35) = 585,000원
• 매출원가 585,000원 = 기초제품 160,000원 + 당기제품제조원가 - 기말제품 180,000원
∴ 당기제품제조원가 = 605,000원

86 기본원가가 800,000원이며 이 중 직접노무원가는 60%이고, 가공원가가 1,350,000원일 때 제조간접원가는 얼마인가? [74회]

① 800,000원
② 820,000원
③ 870,000원
④ 900,000원

해설
• 직접노무원가 = 기본원가 800,000원 × 60% = 480,000원
• 가공원가 1,350,000원 = 직접노무원가 480,000원 + 제조간접원가
∴ 제조간접원가 = 870,000원

87 회계연도 말의 제조원가와 관련된 자료가 다음과 같을 때, 매출원가는 얼마인가? [74회]

> • 직접재료원가 : 60,000원
> • 직접노무원가 : 20,000원
> • 제조간접원가 : 50,000원
> • 재공품재고 증감액 : 10,000원 증가
> • 제품재고 증감액 : 10,000원 감소

① 120,000원   ② 130,000원

③ 140,000원   ④ 150,000원

해설

매출원가 = 직접재료원가 60,000원 + 직접노무원가 20,000원 + 제조간접원가 50,000원 − 재공품재고 증가액 10,000원 + 제품재고 감소액 10,000원 = 130,000원

88 다음 중 제조원가명세서상 표시될 수 없는 계정과목은 무엇인가? [74회]

① 직접재료비   ② 기말재공품재고액

③ 기초제품재고액   ④ 당기재료비구입액

해설

기초제품재고액은 손익계산서상에 나타난다.

89 ㈜평화는 2022년 초에 설립된 제조기업으로 2022년도에 발생한 원가 자료는 아래와 같다. 다음 중 기말재공품 재고액이 500원일 때 원가에 대한 설명으로 틀린 것은? [74회]

> • 직접재료원가 : 1,500원   • 간접재료원가 : 700원   • 광고선전비 : 200원
> • 직접노무원가 : 1,200원   • 간접노무원가 : 600원   • 영업부급여 : 170원
> • 간접제조경비 : 4,000원   • 직접제조경비 : 300원   • 본사건물재산세 : 100원

① 당기제품제조원가는 7,800원이다.

② 제조간접원가는 5,300원이다.

③ 당기총제조원가는 8,300원이다.

④ 기간원가는 470원이다.

해설

• 제조경비 = 간접제조경비 4,000원 + 직접제조경비 300원 = 4,300원
• 제조간접원가 = 간접재료원가 700원 + 간접노무원가 600원 + 제조경비 4,300원 = 5,600원

90 아래의 괄호 안에 들어갈 내용으로 올바른 것은? [74회]

> ㈜워터파크는 생산설비를 2022년 3월 30,000,000원에 구입하여 사용해 왔으나, 2022년 8월 태풍으로 인해 생산설비가 침수되었다. ㈜워터파크는 생산설비를 폐기처분할지 수리해서 사용할지 고민하고 있다. 이때, 생산설비구입액은 의사결정과 관계없는 (   )이다.

① 기회원가
② 매몰원가
③ 관련원가
④ 결합원가

해설

과거의 이미 지출한 비용으로 현재 또는 미래의 의사결정을 하더라도 회수할 수 없는 원가를 매몰원가라고 한다.

91 제품의 추적가능성에 따른 원가 분류는? [73회]

① 재료원가, 노무원가, 제조경비
② 변동비, 고정비
③ 직접비, 간접비
④ 제조원가, 비제조원가

해설

제품 추적가능성에 따른 원가 분류는 직접비와 간접비이다.

92 ㈜글로브는 장갑을 제조하여 판매한다. 당기에 직접재료를 95,000원에 구입하였고, 직접노무원가는 79,000원, 제조간접원가는 55,000원이 발생하였다. 다음 자료에 의한 당기제품제조원가는 얼마인가? [73회]

	기 초	기 말
원재료	45,000원	38,000원
재공품	47,000원	56,000원

① 213,500원
② 225,000원
③ 226,500원
④ 227,000원

해설

- 직접재료원가 = 기초원재료 45,000원 + 당기매입 95,000원 − 기말원재료 38,000원 = 102,000원
- 당기총제조원가 = 직접재료원가 102,000원 + 직접노무원가 79,000원 + 제조간접원가 55,000원 = 236,000원
- ∴ 당기제품제조원가 = 기초재공품 47,000원 + 당기총제조원가 236,000원 − 기말재공품 56,000원 = 227,000원

93 ㈜명인은 6월 중 52,000원의 원재료를 구입했다. 6월 중 직접노무비는 30,000원이었고 총제조원가는 120,000원이다. 직접재료의 6월 초 재고가 5,000원이고, 6월 말 재고가 8,000원이면 6월의 제조간접원가는 얼마인가? [73회]

① 38,000원 ② 39,000원
③ 41,000원 ④ 42,000원

해설

• 직접원재료비 = 5,000원 + 52,000원 − 8,000원 = 49,000원
∴ 제조간접원가 = 총제조원가 120,000원 − 직접원재료비 49,000원 − 직접노무비 30,000원 = 41,000원

94 원가회계는 제조 활동과의 관련성 유무에 따라 제조원가와 비제조원가로 분류한다. 다음 중 제조원가에 해당하지 않는 것은? [73회]

① 공장건물 감가상각비 ② 생산직 관리자 급여
③ 본사 건물에 대한 화재보험료 ④ 공장 소모품비

해설

본사 건물에 대한 화재보험료는 판매비와관리비에 해당하므로 비제조원가이다.

95 다음 중 고정비와 변동비에 관한 설명으로 틀린 것은? [73회]

① 관련 범위 내에서 변동비는 조업도가 증가함에 따라 원가 총액이 증가한다.
② 관련 범위 내에서 변동비의 단위당 원가는 증가한다.
③ 관련 범위 내에서 고정비는 조업도가 증가함에도 원가 총액은 일정하다.
④ 관련 범위 내에서 고정비의 단위당 원가는 감소한다.

해설

관련 범위 내에서 변동비의 단위당 원가는 일정하다.

96 다음 중 변동원가에 해당하는 것이 아닌 것은? [72회]

① 생산직원에게 지급되는 직접노무원가 ② 조업도의 변동에 따라 투입되는 소모품
③ 공장건물의 화재보험료 ④ 공장의 전력비

해설

공장건물의 화재보험료는 조업도의 변동과 무관한 고정원가이다.

97 다음의 자료를 바탕으로 원가 분류와 관련하여 가공원가와 기본원가의 합계액은 얼마인가? [72회]

- 변동판매비 : 13,000원
- 변동제조간접원가 : 13,500원
- 직접노무원가 : 26,000원
- 고정판매비 : 7,500원
- 직접재료원가 : 25,000원
- 고정제조간접원가 : 6,500원

① 46,000원
② 51,000원
③ 75,500원
④ 97,000원

해설
- 가공원가 = 직접노무원가 26,000원 + 제조간접원가(변동 13,500 + 고정 6,500원) 20,000원 = 46,000원
- 기본원가 = 직접재료원가 25,000원 + 직접노무원가 26,000원 = 51,000원
- ∴ 합계액 = 가공원가 46,000원 + 기본원가 51,000원 = 97,000원

98 다음 중 제조원가명세서와 재무제표에 관한 설명으로 옳지 않은 것은? [72회]

① 기말제품재고자산이 증가하면 당기순이익은 증가한다.
② 제조원가명세서상의 당기제품제조원가는 손익계산서의 매출원가계산의 구성항목에 해당한다.
③ 제조원가명세서상의 기말원재료재고액은 재무상태의 원재료 계정에 계상된다.
④ 당기에 발생한 모든 제조원가를 당기제품제조원가라 한다.

해설
당기에 발생한 모든 제조원가를 당기총제조원가라 하며, 당기제품제조원가는 당기에 완성된 제품의 원가를 말한다.

99 다음의 경비 중 제품의 원가항목이 아닌 것은? [72회]

① 공장 전력비
② 비정상공손원가
③ 정상적 재료감모손실
④ 원재료 운반비

해설
비정상공손원가는 영업외비용으로 처리한다.

100 ㈜명인의 제품 제조에 관한 자료는 다음과 같다. 기말재공품 재고액은 얼마인가? [72회]

- 당기총제조원가 : 15,000,000원
- 기초재고자산은 없다.
- 기말 원재료 재고액 : 2,000,000원
- 당기제품제조원가 : 13,500,000원
- 당기매출원가 : 12,500,000원

① 1,500,000원
② 2,500,000원
③ 3,500,000원
④ 4,500,000원

해설

기말재공품 재고액 = 당기총제조원가 15,000,000원 − 당기제품제조원가 13,500,000원 = 1,500,000원

101 다음 중 원가회계의 목적이 아닌 것은? [71회]

① 매출액의 계산 및 이익처분의 정보를 제공한다.
② 제품원가계산을 위한 정보를 제공한다.
③ 경영계획수립과 통제를 위한 원가정보를 제공한다.
④ 예산통제 및 성과평가에 필요한 정보를 제공한다.

해설

매출액의 계산 및 이익처분에 관한 정보는 재무회계의 목적이다.

102 다음 자료에 의한 매출총이익은 얼마인가? [71회]

• 매출액 : 1,000,000원	• 원재료 구입액 : 300,000원
• 당기제품제조원가 : 500,000원	• 판매비와관리비 : 400,000원
• 제조간접비 : 300,000원	• 기초재공품 : 500,000원
• 기말재공품 : 400,000원	• 기초제품 : 100,000원
• 기말제품 : 200,000원	

① 300,000원   ② 400,000원
③ 500,000원   ④ 600,000원

해설

• 매출원가 = 기초제품 100,000원 + 당기제품제조원가 500,000원 − 기말제품 200,000원 = 400,000원
∴ 매출총이익 = 매출액 1,000,000원 − 매출원가 400,000원 = 600,000원

103 다음은 의류제조회사인 ㈜더원의 원가자료이다. 다음 중 제품원가계산 시 포함하지 않는 항목의 합계는 얼마인가? [71회]

• 공장소모품비 : 150,000원	• 영업부 직원 급여 : 700,000원
• 공장감독관의 급여 : 800,000원	• 광고선전비 : 100,000원
• 본사 사옥 임차료 : 170,000원	• 공장건물 화재보험료 : 200,000원
• 기계수리공의 급여 : 500,000원	• 회계부서 소모품비 : 50,000원

① 750,000원   ② 850,000원
③ 1,020,000원   ④ 1,820,000원

해설

제품원가계산 시 포함하지 않는 항목 = 영업부 직원 급여 700,000원 + 광고선전비 100,000원 + 본사 사옥 임차료 170,000원 + 회계부서 소모품비 50,000원 = 1,020,000원

104 다음 중 제조원가의 흐름에 관한 설명으로 틀린 것은? [71회]

① 원재료는 제품을 생산하기 위해서 구입했으나 아직 생산공정에 투입되지 않은 재고자산을 의미하므로 원재료와 직접재료원가는 같은 의미가 아니다.
② 당기총제조원가는 기본원가와 가공원가의 합이다.
③ 간접재료원가와 간접노무원가는 제조간접원가에 포함된다.
④ 기초 및 기말제품재고가 없는 경우 매출원가는 당기제품제조원가와 같다.

해설

기본원가는 직접재료원가와 직접노무원가를 말하고, 가공원가는 직접노무원가와 제조간접원가를 이른다. 따라서 기본원가와 제조간접원가의 합이 당기총제조원가가 된다.

105 ㈜발해는 7월 중 원재료 100,000원을 구입하였고, 직접노무원가 200,000원, 제조간접원가 300,000원이 발생하였다. ㈜발해의 7월 1일 현재 원재료 재고액은 60,000원, 7월 31일 현재 원재료 재고액은 20,000원이다. 7월의 총제조원가는 얼마인가? [71회]

① 600,000원
② 620,000원
③ 640,000원
④ 660,000원

해설

• 직접재료원가 = 월초 재고 60,000원 + 당기매입 100,000원 − 월말 재고 20,000원 = 140,000원
∴ 총제조원가 = 직접재료원가 140,000원 + 직접노무원가 200,000원 + 제조간접원가 300,000원 = 640,000원

106 다음 원가계산방법 중 원가측정시점에 따른 분류가 아닌 것은? [71회]

① 실제원가계산
② 정상원가계산
③ 표준원가계산
④ 변동원가계산

해설

변동원가계산은 제품원가에 포함되는 원가의 범위에 따른 분류이다.

107 ㈜대한의 제조간접원가는 가공원가의 40%이다. 직접노무원가가 54,000원이고, 직접재료원가가 52,000원일 경우 ㈜대한의 제조간접원가는 얼마인가? [71회]

① 36,000원 ② 48,000원
③ 54,000원 ④ 60,000원

해설
- 가공원가 = 직접노무원가 54,000원 + 제조간접원가(가공원가 × 40%) ∴ 가공원가 = 90,000원
∴ 제조간접원가 = 가공원가 90,000원 × 40% = 36,000원

108 중식당을 운영하고 있는 김경구씨는 짜장면과 짬뽕을 만드는 데 들어가는 식용유의 원가를 직접재료원가로 분류할지 제조간접원가로 분류할지 고민 중이다. 두 메뉴 모두 재료를 볶는 과정에서 소량의 식용유가 소요된다. 다음 중 식용유 원가의 원가 분류와 관련하여 고려하지 않아도 되는 것은? [70회]

① 식용유 원가의 추적가능성
② 회계처리와 관련된 비용과 효익
③ 식용유의 원가가 총원가에서 차지하는 비중
④ 두 메뉴에 대한 고객의 선호도

해설
직접원가로 분류할지 여부를 결정할 때 두 메뉴에 대한 고객의 선호도는 고려할 필요가 없다.

109 ㈜서울은 구형 모니터를 보유 중이다. 이 모니터의 구입원가는 500,000원이었다. ㈜서울의 경영진은 이 모니터를 200,000원에 판매할지 150,000원을 투입하여 수리한 후 400,000원에 판매할지를 고민하고 있다. 이 경우의 매몰원가는 얼마인가? [70회]

① 150,000원 ② 200,000원
③ 400,000원 ④ 500,000원

해설
매몰원가는 이미 발생하여 의사결정과 관련이 없는 원가이므로 모니터의 구입원가 500,000원이 매몰원가이다.

110 ㈜은아의 직접노무원가는 기본원가의 60%이고, 가공원가의 40%이다. 직접재료원가가 20,000원
이라고 할 때 ㈜은아의 당기총제조원가는 얼마인가?(단, 기초 및 기말재고는 없다) [70회]

① 35,000원 ② 55,000원
③ 87,500원 ④ 95,000원

해설
• 기본원가 = 직접재료원가 20,000원 ÷ (1 − 0.6) = 50,000원
• 직접노무원가 = 기본원가 50,000원 × 60% = 30,000원
• 가공원가 = 직접노무원가 ÷ 40% = 75,000원
• 제조간접원가 = 가공원가 75,000원 − 직접노무원가 30,000원 = 45,000원
∴ 당기총제조원가 = 직접재료원가 20,000원 + 직접노무원가 30,000원 + 제조간접원가 45,000원

111 다음 중 일정한 조업도의 범위 내에서는 원가 총액의 변화가 없으나 일정한 범위를 벗어나면 원가
총액이 급격히 달라지는 형태의 원가는? [70회]

① 변동원가 ② 결합원가
③ 계단원가 ④ 혼합원가

해설
계단원가를 준고정원가라고도 한다.

112 ㈜태평은 2021년 중에 30,000단위의 제품을 판매하였으며, 제품 1단위를 생산하기 위해서는 7kg의
원재료가 소요된다. 기초재고와 기말재고수량이 다음과 같을 때 ㈜태평이 2021년 중에 구입한 원재
료 수량은 얼마인가?(단, 기초, 기말 재공품 재고는 없다) [70회]

구 분	기 초	기 말
원재료	50,000kg	10,000kg
제 품	15,000단위	25,000단위

① 235,000kg ② 240,000kg
③ 245,000kg ④ 250,000kg

해설
• 제품 당기생산량 = 당기 판매량 30,000단위 + 기말제품 25,000단위 − 기초제품 15,000단위 = 40,000단위
• 원재료 당기투입량 = 제품 당기생산량 40,000단위 × 7kg = 28,000kg
∴ 구입한 원재료 수량 = 당기 투입량 280,000kg + 기말 원재료 10,000kg − 기초 원재료 15,000kg = 240,000kg

110 ④ 111 ③ 112 ② **정답**

113 다음 중 제조원가명세서에 포함되지 않는 항목은?   [70회]

① 기말원재료재고액   ② 기말제품재고액
③ 당기제품제조원가   ④ 기말재공품재고액

해설

기말제품재고액은 손익계산서에 포함된다.

114 다음 중 지원부문으로 볼 수 없는 것은 무엇인가?   [70회]

① 부품조립부문   ② 공장경비부문
③ 자재관리부문   ④ 동력용수부문

해설

부품조립부문은 지원부문이 아닌 직접 생산을 담당하는 부문이다.

115 ㈜행운은 모자를 제조하여 판매한다. 당기에 원재료를 72,500원에 구입하였고, 직접노무원가는 69,500원, 제조간접원가는 40,500원 발생하였다. 다음 자료에 의하여 당기제품제조원가를 구하면 얼마인가?   [70회]

	기 초	기 말
원재료	30,000원	17,500원
재공품	37,500원	36,000원

① 193,500원   ② 195,000원
③ 196,500원   ④ 197,000원

해설

• 직접재료원가 = 기초원재료 30,000원 + 당기매입 72,500원 − 기말원재료 17,500원 = 85,000원
• 당기총제조원가 = 직접재료원가 85,000원 + 직접노무원가 69,500원 + 제조간접원가 40,500원 = 195,000원
∴ 당기제품제조원가 = 기초재공품 37,500원 + 당기총제조원가 195,000원 − 기말재공품 36,000원 = 196,500원

CHAPTER 02

원가배분과 부문별 원가계산

01 원가배분의 의의와 목적

1. 원가배분의 의의

원가배분이란 공통원가를 일정한 배분기준에 따라 하나 또는 둘 이상의 원가대상에 합리적으로 대응시키는 과정을 말한다. 직접원가와 달리 공통원가(간접원가)는 특정 원가대상의 추적이 불가능하기 때문에 합리적인 배분기준에 의해 원가대상에 배분하는 것이 필요하다.

2. 원가배분의 목적

원가의 배분 목적은 다음과 같다.
① 최적의 자원배분을 위한 경제적 의사결정
② 경영자와 종업원의 동기부여 및 성과평가
③ 외부보고를 위한 재고자산 및 매출원가와 이익의 측정
④ 제품가격결정 및 제품선택 의사결정

02 원가배분기준

1. 인과관계기준

원가배분대상과 배분대상원가 간의 인과관계를 통하여 특정원가를 원가배분대상에 대응시키는 가장 이상적인 배분기준이다. 즉, 원가배분대상에 제공된 서비스 또는 활동에 비례하여 공통원가를 배분하는 것이다. 예를 들어 전력비(결과)의 발생원인은 전력의 사용(원인)이므로 원가대상에서 사용한 전력량을 기준으로 전력비를 원가대상에 배분한다.

2. 수혜기준

원가배분대상이 공통원가로부터 제공받은 경제적 효익의 정도에 비례하여 원가를 배분하는 기준으로 수익자부담원칙에 입각한 배분기준이다. 예를 들어 회사 전체 이미지를 광고를 통해 여러 제품의 매출이 증가한 경우, 광고비의 발생원인인 광고시간을 각 제품이 얼마나 사용했는지 알 수 없으므로 광고 전과 광고 후의 각 제품 매출액의 증가액을 기준으로 광고비를 각 제품에 배분한다.

3. 부담능력기준

원가배분대상의 원가부담능력에 비례하여 공통원가를 배분하는 기준이다. 즉, 보다 많은 수익을 올리는 원가배분대상이 공통원가를 보다 더 부담할 능력을 지닌다는 가정하에 원가를 배분하는 방법이다. 예를 들어 방위성금을 회사의 각 사업부에 분담시킬 경우 수익성이 높은 사업부에 더 많은 성금을 부담시킨다.

4. 공정성과 공평성 기준

공정성과 공평성에 의하여 공통원가를 원가배분대상에 배분해야 한다는 원칙을 강조하는 포괄적인 기준으로 정부와의 계약에서 상호 만족할만한 가격을 설정하기 위한 수단으로 주로 사용된다.

> **➕ 더 알아두기**
>
> **원가집합과 원가대상**
> - **원가집합** : 특정 원가대상과의 인과관계가 불투명하여 추적가능성이 없거나 추적이 비경제적인 원가를 간접원가라고 하고 주로 둘 이상의 유사한 원가항목이 집계되는 계정을 말한다(예 제조간접원가).
> - **원가대상** : 제품, 제조부문, 보조부문, 활동, 각 사업부 등과 같이 원가가 집계되는 장소로 원가계산을 위한 최종적인 원가대상은 제품이며, 제품으로 원가가 최종 배분·집계되기 위한 중간 원가대상으로서 제조부문이나 보조부문, 활동 등이 있다.

03 원가배분 절차

원가배분의 절차는 일반적으로 다음과 같다.

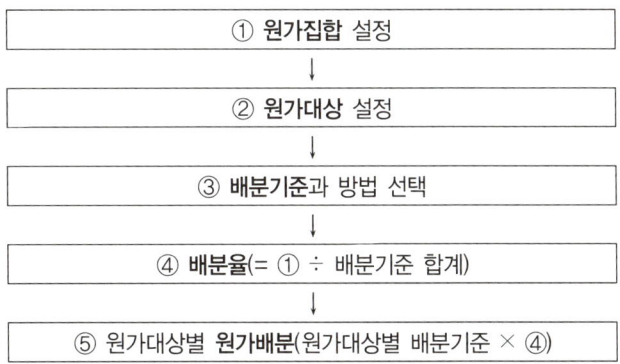

① 원가집합 설정
↓
② 원가대상 설정
↓
③ 배분기준과 방법 선택
↓
④ 배분율(= ① ÷ 배분기준 합계)
↓
⑤ 원가대상별 **원가배분**(원가대상별 배분기준 × ④)

04 부문별 원가계산의 의의와 원가부문

(1) 부문별 원가계산의 의의

부문이라 함은 기업의 제조활동에서 그 과정을 기능에 따라 구분하여 관리하는 단위를 일컫는다. 제조기업의 제조활동은 크게 제조활동을 담당하는 '**제조부문**'과 제조부문의 지원역할을 담당하는 '**보조부문**'으로 구분할 수 있다. '보조부문'은 제조부문의 제조활동을 지원하기 위해 반드시 필요한 부문이므로 보조부문에서 발생한 원가도 제품의 원가에 포함되어야 한다. 그러나 보조부문은 여러 제품의 생산과 관련되어 있으므로 직접 어떤 제품에 얼마의 금액이 배부될 것인가를 알 수 없다. 따라서 보조부문의 원가를 집계한 후 이를 합리적으로 제품에 배부하는 절차가 필요한데 이것이 '**부문별 원가계산**'이 필요한 이유이다.

'부문별 원가계산'은 제품별 원가계산 방법인 '개별원가계산'과 '종합원가계산' 방법에 공통으로 사용된다. 일반적으로 '개별원가계산에는 제조간접원가를 제품에 배부하는 절차로 이용되고, 종합원가계산에서는 모든 원가요소의 제품 배분에 이용된다.

(2) 원가부문의 구분

원가부문은 제조활동을 담당하는 '제조부문'과 제조부문의 지원역할을 하는 '보조부문'으로 구분한다. 구체적인 구분은 다음과 같다.

① 제조부문

제품의 제조활동을 직접 담당하여 생산하는 부문

예 주조, 절단, 선반, 조립 부문 등

② 보조부문

제조부문의 제조활동을 지원하는 부문

예 동력, 수선, 공장사무, 식당, 구매, 검사 등

(3) 배부기준

① 부문공통비의 부문별 배부기준

부문개별비는 추적가능한 특정부문에 배부하고, 부문공통비는 다음의 배부기준에 따라 각 부문에 배부한다.

부문공통비	배부기준
공장수선유지부문	수선횟수, 수선시간
가스비, 수도비, 전력비	가스, 수도, 전력 사용량
기계감가상각비	기계장치가액, 기계작업시간
간접노무원가, 복리후생비	직접노무원가, 직접작업시간, 종업원수
간접재료원가	직접재료원가
건물감가상각비	건물 점유면적, 건물가액

② 보조부문비의 배부기준

보조부문비를 제조부문에 배부하기 위해서는 발생한 원가와 충분한 인과관계가 있어야 하고 비용 대비 효익이 우수해야 하며 그 기준이 간단명료해야 한다.

보조부문비	배부기준
동력부문	사용전기량
수선유지부문	수선횟수, 수선유지시간
공장사무부문	종업원수
식당부문	종업원수
구매부문	주문횟수, 주문비용
검사부문	검사시간, 검사수량

05 제조간접원가 원가배분 단계

부문원가의 배분과정은 다음의 3단계 절차를 거쳐 이루어진다.

[1단계] **제조간접원가**의 여러 원가요소를 부문별(제조/보조)로 집계한다.
[2단계] **보조부문**에 집계된 원가를 다시 제조부문에 재배분한다.
  (직접배부법, 단계배부법, 상호배부법)
[3단계] **제조부문원가**를 **제품**별로 배분한다.

결국, 모든 원가가 **제품**에 합리적으로 배분될 때 정확한 매출원가가 집계되어지므로 우리가 원가배분대상으로 삼을 대상은 **제조간접원가**가 된다.

(1) 공장전체 배분

공장전체의 제조간접원가를 하나의 배부기준으로 배부하는 방법으로, 계산이 간단하나 원가배부의 정확성이 떨어진다. 보조부문이 존재시에도 보조부문원가를 제조부문에 배부할 필요가 없으며 제품으로 직접 배부한다.

(2) 제조부문별 배분

각 제조부문별로 부문별 제조간접원가의 발생과 인과관계가 높은 합리적인 배부기준을 각각 선택하여 배부하는 방법으로 보다 정확한 원가배부가 가능하다. 보조부문 존재시에 보조부문원가를 제조부문으로 배부해야 한다.

(3) 보조부문비를 제조부문에 배분

보조부문비를 제조부문에 배부하는 방법은 보조부문 상호 간의 용역수수를 어느 정도 고려하느냐에 따라 다음과 같이 구분한다.

① 직접배분법

보조부문 상호 간의 용역수수료를 전혀 고려하지 않고 보조부문비를 직접 제조부문에만 배부하는 방법으로, 배분절차가 매우 간단하나 보조부문 상호 간의 용역 수수관계가 밀접한 경우에는 부정확한 원가배분을 초래할 수 있다.

② 단계배분법

보조부문 간의 일정한 배분순서를 정한 다음 그 배분순서에 따라 보조부문비를 배분하는 방법을 말한다. 이 방법을 적용하기 위해서는 우선 보조부문원가의 배분순서를 정해서 그 순서에 따라 그 보조부문원가를 다른 보조부문과 제조부문에 배분하여야 한다. 일단 특정 보조부문비가 다른 보조부문에 배분된 다음에는 다른 보조부문의 부문비가 역으로 그 특정 보조부문에 재배분되지는 않는다. 보조부문 상호 간의 용역수수관계를 인식하므로 직접배분법보다는 정확한 원가계산이 가능하나 용역수수관계를 완전히 반영하지 못하기 때문에 원가계산의 부정확성이 여전히 존재한다.

③ 상호배분법

보조부문 간의 용역수수관계를 완전하게 고려하는 방법으로 보조부문비를 보조부문 상호 간에도 서로 배분하는 방법이다. 일반적으로 이차연립방정식의 해를 구하는 방법으로 보조부문비를 계산한다. 이 방법은 보조부문의 용역수수관계를 완전히 반영한다는 점에서 가장 정확한 원가계산이 가능하며, 단계배분법처럼 원가배분순서를 결정할 필요가 없다. 다만, 계산과정이 복잡하기 때문에 시간과 비용이 많이 소요된다는 단점이 있다.

[보조부문 제조부문 원가배분방법]

구 분	직접배분법	간접배분법	상호배분법
특 징	간편한 계산	배부순서를 고려	배부가 가장 정확
보조부문 상호 간의 용역수수 관계 인식정도	전혀 인식하지 않음	일부만 인식	전부 인식

➕ 예제

구 분	보조부문		제조부문		합 계
	동력부	수선부	조립부	포장부	
발생원가	150,000원	45,000원	100,000원	50,000원	345,000원
용역제공 비율 동력부		800kw(20%)	1,200kw(30%)	2,000kw(50%)	4,000kw(100%)
수선부	200시간(20%)		700시간(70%)	100시간(10%)	1,000시간(100%)

▌ 요구사항

1. 직접배분법을 이용하여 보조부문원가를 제조부문에 배분하시오.
2. 단계배분법을 이용하여 보조부문원가를 제조부문에 배분하시오(단, 동력부를 먼저 배분한다).
3. 상호배분법을 이용하여 보조부문원가를 제조부문에 배분하시오.

▌ 정답 및 해설

1. 직접배분법
   (1) 동력부의 원가배부
      • 조립부 = 150,000원 × 30% / 80% = 56,250원
      • 포장부 = 150,000원 × 50% / 80% = 93,750원

(2) 수선부의 원가배부
- 조립부 = 45,000원 × 70% / 80% = 39,375원
- 포장부 = 45,000원 × 10% / 80% = 5,625원

구 분		동력부	수선부	조립부	포장부	합 계
배부 전 원가		150,000	45,000	100,000	50,000	345,000
배부액	동력부	(150,000)		56,250	93,750	
	수선부		(45,000)	39,375	5,625	
배부 후 원가		0	0	195,625	149,375	345,000

2. 단계배분법(배부순서 : 동력부 → 수선부)
(1) 동력부의 원가배부
   수선부 = 150,000원 × 20% = 30,000원
   조립부 = 150,000원 × 30% = 45,000원
   포장부 = 150,000원 × 50% = 75,000원

(2) 수선부의 원가배부
   조립부 = 75,000원 × 70% / 80% = 65,625원
   포장부 = 75,000원 × 10% / 80% = 9,375원

구 분		동력부	수선부	조립부	포장부	합 계
배부 전 원가		150,000	45,000	100,000	50,000	345,000
배부액	동력부	(150,000)	30,000	45,000	75,000	
	수선부		(75,000)	65,625	9,375	
배부 후 원가		0	0	210,625	134,375	345,000

3. 상호배분법
※ 동력부문원가 : A, 수선부문원가 : B라 하면
   A = 150,000원 + 0.2B
   B = 45,000원 + 0.2A
   위 방정식을 풀면, A = 165,625 / B = 78,125
(1) 동력부의 원가배부
   수선부 = 165,625원 × 20% = 33,125원
   조립부 = 165,625원 × 30% = 49,688원
   포장부 = 165,625원 × 50% = 82,812원

(2) 수선부의 원가배부
   동력부 = 78,125원 × 20% = 15,625원
   조립부 = 78,125원 × 70% = 54,688원
   포장부 = 78,125원 × 10% = 7,812원

구 분		동력부	수선부	조립부	포장부	합 계
배부 전 원가		150,000	45,000	100,000	50,000	345,000
배부액	동력부	(165,625)	33,125	49,688	82,812	
	수선부	15,625	(78,125)	54,688	7,812	
배부 후 원가		0	0	204,376	140,624	345,000

④ 원가행태에 따른 보조부문비 배부

　ⓐ 단일배분율법 : 보조부문비를 고정비와 변동비로 구분하지 않고 하나의 기준으로 배부하는 방법이다. 사용하기는 간편하지만 원가행태(변동비 vs 고정비)에 따른 구분이 없어 정확한 원가배분이 이루어지지 않아 최적의 의사결정이 되지 않을 수 있다.

　ⓑ 이중배분율법 : 보조부문비를 고정비와 변동비로 구분하여 각각의 원가행태별로 다른 배부기준을 적용하여 원가를 배부하는 방법을 말한다. 단일배분율법보다 정확한 원가계산이 가능하다.

> • 변동비 = '**실제사용량**' 기준
> • 고정비 = 제조부문에서 사용할 수 있는 '**최대사용가능량**'을 기준

> **➕ 더 알아두기**
>
> **직접/단계/상호배분법과 단일/이중배분율법의 관계**
> 직접/단계/상호배분법은 보조부문 간의 용역수수관계를 얼마나 반영할 것인가에 따른 구분이며, 단일/이중배분율법은 원가행태에 따른 배부기준의 선택문제인데, 이 두 방법은 서로 혼용하여 사용할 수 있다. 즉, '단계법에 의한 이중배부율법', '상호배분법에 의한 단일배분율법'이 가능하다는 의미이다.

(4) 제조부문비를 제품별 배부

제조부문에 집계한 원가들을 각 제조부문을 거쳐 생산한 제품의 원가로 배부하여야 한다.

배부액은 배부율에 제품별 배부기준을 곱하여 계산하는데, 배부율에는 '**공장전체단일배부율**'과 '**부문별배부율**'이 있다. 이렇게 계산된 배부액은 제조간접원가계정에서 재공품계정으로 대체한다.

① 공장전체 제조간접원가 배부율

　총제조간접원가를 공장전체의 단일 배부기준으로 나누어 배부율을 산정한 후에 제품에 제조간접원가를 배부하는 방법이다. 이 방법에서는 보조부문과 제조부문을 구분할 필요 없이 공장전체에서 발생한 총제조간접원가를 사용하게 된다.

② 부문별 제조간접원가 배부율

　각 제조부문별로 제조간접원가를 집계한 후에 각 제조부문별 특성에 따른 배부기준을 사용하여 서로 다른 제조간접원가배부율을 산정하여 제품에 배부하는 방법이다. 부문별 제조간접원가 배부율을 선택하게 되면 각 부문의 제조간접원가 발생액과 더 인과관계가 큰 배부기준을 사용하게 되므로 보다 정확한 제품의 원가를 계산할 수 있게 된다.

[각 제품별 배부액 비교]

구 분	공장전체 배부율법	부문별 배부율법
제조간접원가 배부율	$\dfrac{공장전체제조간접비}{공장전체배부기준총계} - ①$	$\dfrac{부문별제조간접비}{부문별배부기준총계} - ②$
제품별 배부액	제품의 배부기준 × 배부율(①)	Σ(제품의 부문별배부기준 × 부문별배부율(②))

02 단원별 기출문제

01 다음 중 제조간접비의 배부기준을 정할 때 가장 고려해야 하는 요소는? [85회]

① 예측가능성 ② 판매가치성
③ 신뢰성 ④ 인과관계

해설

제조간접비를 배부하는 기준을 정할 때 제조간접비와 제조부문 사이의 원인과 결과에 대한 관계를 연결하는 것이 가장 합리적이다.

02 ㈜제조는 두 개의 보조부문(검사부문, 전기부문)과 두 개의 가공부문(A공정, B공정)을 가지고 있다. 보조부문인 검사부문과 전기부문에서 발생한 원가는 각각 24,000원과 16,000원이며, 검사부문에 원가를 먼저 배분하는 단계배분법으로 가공부문인 A공정과 B공정에 배부한다. 보조부문이 제공한 용역이 다음과 같을 때 A공정에 배분되는 금액은 얼마인가? [85회]

구 분	보조부문		가공부문		합 계
	검 사	전 기	A공정	B공정	
검사부	–	2,000시간	2,000시간	1,000시간	5,000시간
전기부	4,000kwh	–	2,000kwh	2,000kwh	8,000kwh

① 9,600원 ② 12,800원
③ 22,400원 ④ 40,000원

해설

- 검사부 = 24,000원 × 2,000시간/5,000시간 = 9,600원
- 전기부 = [(24,000원 × 2,000시간/5,000시간) + 16,000원] × 2,000kwh/4,000kwh = 12,800원
- ∴ A공정에 배분되는 원가 = 9,600원 + 12,800원 = 22,400원

구 분	검 사	전 기	A공정	B공정	합 계
배분 전 원가	24,000원	16,000원			40,000원
A공정 배분	(24,000원)	9,600원	9,600원	4,800원	
B공정 배분		(25,600원)	12,800원	12,800원	
배분 후 원가			22,400원	17,600원	40,000원

03 다음은 보조부문비를 제조부문으로 배분하는 방법에 대한 설명이다. 다음에서 설명하는 방법으로 옳은 것은? [85회]

> • 먼저 배분순서를 정하고 그 순서에 따라 배분한다.
> • 보조부문 상호 간의 용역수수를 일부 고려한다.
> • 배분순서가 임의적인 경우 원가배분결과에 왜곡이 발생한다.

① 단계배분법 　　　　　　　　② 단일배분율법
③ 상호배분법 　　　　　　　　④ 직접배분법

해설
단계배분법은 배분순서가 중요하다.

04 다음 중 인과관계기준에 의한 보조부문원가의 원가배분기준으로 연관이 없는 것은? [84회]

① 동력부문 – 사용전기량
② 구매부문 – 구매시간, 협상비용
③ 검사부문 – 검사시간, 검사수량
④ 수선유지 – 수선횟수, 수선시간

해설
구매부문의 경우 주문횟수, 주문비용 등과 직접 연관이 있다.

05 다음 중 보조부문원가의 배부방법에 대한 설명으로 틀린 것은? [84회]

① 이중배분율법은 변동원가와 고정원가로 구분하여 배분하는 방법으로, 변동원가는 실제사용량에 근거하여 배분하고, 고정원가는 최대사용가능량에 근거하여 배분한다.
② 상호배분법은 보조부문 상호 간의 용역수수관계를 모두 고려하므로 배분 순서와 관계가 없다.
③ 단계배분법은 배분순서에 따라 배분 후의 제조간접원가 총액이 달라진다.
④ 단일배분율법과 상호배분법은 혼용해서 적용할 수 있다.

해설
직접배분법과 단계배분법, 상호배분법은 각각 보조부문 상호 간의 용역수수관계의 반영 정도에 차이가 있을 뿐 배분 전후의 제조간접원가 총액은 모두 동일하다.

06 다음은 보조부문원가를 제조부문에 배분하는 방법에 대한 설명이다. 다음 중 상호배분법에 대한 설명으로만 묶은 것은? [83회]

> 가. 보조부문 상호 간의 용역수수관계를 완전히 인식하는 방법이다.
> 나. 보조부문원가의 배분 순서에 따라 순차적으로 다른 보조부문과 제조부문에 배분하는 방법이다.
> 다. 이론적으로 가장 타당하지만 계산이 복잡하다.
> 라. 배분 순서의 정함에 따라 원가 배분 결과가 달라질 수 있다.
> 마. 보조부문원가를 다른 보조부문에는 배분하지 않는 방법이다.

① 가, 나   ② 가, 다
③ 다, 마   ④ 나, 마

해설
• 나, 라 : 단계배분법
• 마 : 직접배분법

07 당월 중에 실제로 발생한 총원가 및 제조지시서 No.3의 제조에 실제로 발생한 원가는 다음과 같다. 당월 중 실제직접노동시간은 20,000시간이었으며, 이 중 제조지시서 No.3의 제조에 투입된 시간은 1,500시간이었다. 제조간접원가를 직접노동시간을 기준으로 실제 배부하는 경우, 제조지시서 No.3에 배부되는 제조간접원가는 얼마인가? [83회]

구 분	총원가	제조지시서 NO.3
직접재료원가	18,000,000원	500,000원
직접노무원가	20,000,000원	1,500,000원
제조간접원가	4,000,000원	?

① 250,000원   ② 300,000원
③ 350,000원   ④ 400,000원

해설
• 제조간접원가 배부율 = 4,000,000원 ÷ 20,000시간 = 200원/시간
∴ 배부되는 제조간접원가 = 제조간접원가 배부율 200원/시간 × 실제직접노동시간 1,500시간 = 300,000원

08 다음 중 부문공통원가의 배부기준으로 적합하지 않은 것은? [82회]

① 전력비 : 각 부문의 전력소비량
② 복리후생비 : 각 부문의 종업원 수
③ 임차료 : 각 부문이 차지하는 면적
④ 감가상각비 : 수선횟수

해설
감가상각비 : 기계는 사용시간, 건물은 면적기준으로 배부한다.

09 다음은 보조부문원가를 제조부문에 배부하는 방법을 설명한 것이다. 이에 해당하는 방법은 무엇인가? [82회]

> • 보조부문 간 일정한 배분 순위를 정한다.
> • 보조부문 간 용역 수수관계는 부분적으로 인식한다.

① 직접배분법   ② 단계배분법
③ 상호배분법   ④ 교차배분법

해설

단계배분법은 배분 순서가 중요하고, 배분순서에 따라 원가배분의 결과가 달라질 수 있는 단점이 있다.

10 다음 중 보조부문원가의 배분에 관한 설명으로 틀린 것은? [81회]

① 보조부문원가를 배분하는 방법에 따라 회사의 총이익도 달라진다.
② 단계배분법은 보조부문 상호 간에 배부순서를 정한 다음 그 순서에 따라 보조부문원가를 다른 보조부문과 제조부문에 배분하는 방법으로 배분이 끝난 보조부문에는 다른 보조부문원가를 배분하지 않음을 주의해야 한다.
③ 보조부문원가의 제조부문에 대한 배분방법에는 직접배분법, 단계배분법, 상호배분법이 있다.
④ 상호배분법은 보조부문의 수가 여러 개일 경우 시간과 비용이 많이 소요되고 계산하기가 어렵다는 단점이 있다.

해설

보조부문원가를 어떻게 배부하더라도 회사의 총이익은 변동이 없다.

11 다음 중 부문간접원가인 복리후생비의 배부기준으로 적합한 것은? [81회]

① 각 부문의 직원 수
② 각 부문의 주차 차량 수
③ 각 부문의 임대면적
④ 각 부문의 전기 사용량

해설

각 부문의 직원 수

12 다음 중 부문별 원가계산의 절차를 올바르게 나열한 것은? [81회]

> (ㄱ) 부문개별원가의 부문별 집계
> (ㄴ) 부문공통원가의 부문별 배부
> (ㄷ) 제조부문원가를 제품별로 배부
> (ㄹ) 원가의 요소별 집계
> (ㅁ) 제조부문에 보조부문원가 배분

① (ㄱ) → (ㄴ) → (ㄷ) → (ㄹ) → (ㅁ)
② (ㅁ) → (ㄹ) → (ㄷ) → (ㄴ) → (ㄱ)
③ (ㄱ) → (ㄴ) → (ㄷ) → (ㅁ) → (ㄹ)
④ (ㄹ) → (ㄱ) → (ㄴ) → (ㅁ) → (ㄷ)

해설
(ㄹ) → (ㄱ) → (ㄴ) → (ㅁ) → (ㄷ)

13 ㈜강원은 직접노무시간을 기준으로 제조간접원가를 배부하는데 예정배부율을 산정하기 위한 직접노무시간은 5,000시간이다. 12월의 제조간접원가 실제 발생액은 918,000원이고, 실제 발생 직접노무시간은 5,400시간이다. 12월의 제조간접원가 배부차이가 32,400원 초과배부일 때, 제조간접원가 예산 총액은 얼마인가? [80회]

① 820,000원　　　　　　　　　　② 840,000원
③ 860,000원　　　　　　　　　　④ 880,000원

해설
- 제조간접원가 예정배부액 = 실제 제조간접원가 918,000원 + 초과배부액 32,400원 = 950,400원
- 제조간접원가 예정배부율 = 제조간접원가 예정배부액 950,400원 ÷ 실제 직접노무시간 5,400시간 = 176원
∴ 제조간접원가 예산 총액 = 예산직접노무시간 5,000시간 × 제조간접원가 예정배부율 176원 = 880,000원

14 다음은 보조부문 원가 배분에 관한 설명이다. 괄호 안에 각각 들어갈 용어로 옳게 짝지어진 것은?

[80회]

> 제조간접원가를 원가행태에 따라 구분하지 않고 하나의 배분기준을 적용하여 배분하는 방법을 (㉠) 이라 하고, 변동원가와 고정원가로 구분하여 복수의 배분기준을 사용하는 방법을 (㉡) 이라 한다.

	㉠	㉡
①	직접배분법	상호배분법
②	단일배분율법	상호배분법
③	단계배분법	이중배분율법
④	단일배분율법	이중배분율법

해설

제조간접원가를 원가행태에 따라 구분하지 않고 하나의 배분기준을 적용하여 배분하는 방법을 단일배분율법이라 하고, 변동원가와 고정원가로 구분하여 복수의 배분기준을 사용하는 방법을 이중배분율법이라 한다.

15 다음 중 공통원가 배부기준에 대한 설명으로 틀린 것은?

[80회]

① 인과관계기준은 원가배부 대상과의 인과관계를 분석하여 그 인과관계에 대응되도록 원가를 배분하는 것이다.
② 수혜기준이란 원가 투입 정도에 비례하여 원가를 배분하는 것이다.
③ 공정성기준은 공정하고 공평하게 원가를 배분하는 것이다.
④ 부담능력기준은 원가 부담 능력에 비례하여 원가를 배분하는 것이다.

해설

수혜기준이란 효익을 제공받은 정도에 비례하여 원가를 배분하는 것이다.

16 보조부문원가의 배분방법 중 보조부문 간 용역수수를 전부 고려하는 가장 정확한 방법으로 보조부문 원가를 제조부문 뿐만 아니라 보조부문에도 배분하는 방법은 무엇인가?

[80회]

① 직접배분법   ② 간접배분법
③ 단계배분법   ④ 상호배분법

해설

상호배분법은 보조부문 상호 간의 용역수수를 전부 고려하는 가장 정확한 원가 배분 방식이다.

17 다음은 두 개의 제조부문과 두 개의 보조부문으로 이루어진 ㈜용인의 부문간 용역수수에 관련된 자료이다. 단계배분법을 사용할 경우, 제조부문 중 도색부문의 총제조간접원가는 얼마인가?(단, 보조부문원가는 전력부문의 원가를 우선 배분하고, 소수점 이하에서 반올림한다) [79회]

소비부문 제공부문	보조부문		제조부문	
	전력부문	수선부문	조립부문	도색부문
발생원가	100,000원	200,000원	300,000원	500,000원
전력부문	–	20%	40%	40%
수선부문	10%	–	50%	40%

① 462,222원 　　　　　　　　　 ② 562,222원
③ 637,778원 　　　　　　　　　 ④ 737,778원

해설

소비부문 제공부문	보조부문		제조부문	
	전력부문	수선부문	조립부문	도색부문
발생원가	100,000원	200,000원	300,000원	500,000원
전력부문	(100,000원)	20,000원	40,000원	40,000원
수선부문	–	(220,000원)	122,222원	97,778원
총제조간접원가	0	0	462,222원	637,778원

18 ㈜남해는 한 개의 보조부문(수선부문)과 두 개의 제조부문(조립부문과 도장부문)으로 구성되어 있다. 수선부문은 제조부문에 설비수선 용역을 제공하고 있는데, 각 제조부문에 대한 최대공급노동시간과 실제공급노동시간은 다음과 같다. 보조부문인 수선부문에서 발생한 변동원가는 18,000원, 고정원가는 24,000원이다. 보조부문의 원가를 공급노동시간 기준으로 이중배분율법을 적용하여 제조부문에 배분한다고 할 때 조립부문에 배분될 원가는 얼마인가? [78회]

구 분	조립부문	도장부문	합 계
최대공급노동시간	600시간	600시간	1,200시간
실제공급노동시간	400시간	600시간	1,000시간

① 18,600원 　　　　　　　　　 ② 19,090원
③ 19,200원 　　　　　　　　　 ④ 19,500원

해설
- 이중배분율법에 의하면 고정원가는 최대공급시간에 의하여 배부하고, 변동원가는 실제공급시간에 의하여 배부한다.
- 고정원가 배분율 = 고정원가 24,000원 ÷ 최대공급노동시간 1,200시간 = 20원
- 변동원가 배분율 = 변동원가 18,000원 ÷ 실제공급노동시간 1,000시간 = 18원
∴ 조립부문 배분원가 = 고정원가 배분액(최대공급시간 600시간 × @20원) + 변동원가 배분액(실제공급시간 400시간 × @18원) = 19,200원

19 보조부문원가를 제조부문에 배분하는 방법 중 단계배분법에 대한 설명만으로 묶은 것은? [77회]

> 가. 보조부문원가를 다른 보조부문에는 배분하지 않고 제조부문에만 배분하는 방법이다.
> 나. 보조부문 상호 간의 용역수수관계를 완전히 인식하는 방법이다.
> 다. 보조부문원가를 배분 순서에 따라 순차적으로 다른 보조부문과 제조부문에 배분하는 방법이다.
> 라. 이론적으로 가장 타당하지만 계산이 복잡하다.
> 마. 배분 순서의 정함에 따라 원가 배분 결과가 달라질 수 있다.
> 바. 보조부문 상호 간의 용역수수관계를 전혀 인식하지 않는 방법이다.

① 가, 바　　　　　　　　　　② 나, 라
③ 다, 마　　　　　　　　　　④ 다, 바

해설
- 가, 바 : 직접배분법
- 나, 라 : 상호배분법

20 ㈜대구는 두 개의 보조부문(S1, S2)과 두 개의 제조부문(P1, P2)을 운영하고 있으며, 직접배분법에 의해 보조부문원가를 제조부문에 배분한다. 2022년 중 용역제공부문이 용역사용부문에 제공한 용역의 비율과 각 부문별 원가의 실제 발생액은 아래와 같다. 직접배분법에 의하여 2022년에 실제 발생한 보조부문원가를 제조부문에 배부한 후, 제조부문 P2에 집계될 원가는 얼마인가? [77회]

사용부문 제공부문	보조부문		제조부문	
	보조부문 S1	보조부문 S2	제조부문 P1	제조부문 P2
보조부문 S1		50%	30%	20%
보조부문 S2	40%		30%	30%
원가 발생액	100,000원	50,000원	200,000원	220,000원

① 255,000원　　　　　　　　② 280,000원
③ 285,000원　　　　　　　　④ 290,000원

해설

사용부문 제공부문	보조부문		제조부문	
	보조부문 S1	보조부문 S2	제조부문 P1	제조부문 P2
원가 발생액	100,000원	50,000원	200,000원	220,000원
보조부문 S1	(100,000원)		60,000원	40,000원
보조부문 S2		(50,000원)	25,000원	25,000원

∴ 제조부문 P2 원가 = P2 원가 발생액 220,000원 + S1 배분원가 40,000원 + S2 배분원가 25,000원
　　　　　　　　　　= 285,000원

21 ㈜태양은 단계배분법을 사용하여 보조부문원가를 제조부문에 배분한다. 보조부문원가를 전력부문부터 배분할 경우 수선부문이 도색부문에 배분할 원가는 얼마인가?　　　　[76회]

제공부문＼사용부문	보조부문		제조부문	
	전력부문	수선부문	조립부문	도색부문
배분 전 원가	200,000원	170,000원	300,000원	200,000원
전력부문 공급(kW)	–	200kW	300kW	500kW
수선부문 공급(시간)	40시간	–	40시간	20시간

① 34,000원　　　　　　　② 56,667원
③ 60,000원　　　　　　　④ 70,000원

해설

제공부문＼사용부문	보조부문		제조부문	
	전력부문	수선부문	조립부문	도색부문
배부 전 원가	200,000원	170,000원	300,000원	200,000원
전력부문 배부액	(200,000원)	40,000원	60,000원	100,000원
수선부문 배부액	–	(210,000원)	140,000원	70,000원
배부 후 원가	–	–	500,000원	370,000원

22 보조부문원가의 배분 방법 중 상호배분법에 대한 설명으로 틀린 것은?　　　　[76회]

① 보조부문 상호 간의 용역수수관계를 완전히 인식하는 방법이다.
② 보조부문원가 배분 방법 중 가장 정확성이 높은 방법이다.
③ 배분 순서를 어떻게 정하느냐에 따라 원가 배분 결과가 달라질 수 있다.
④ 연립방정식을 통해 보조부문원가 배분액을 계산한다.

해설

단계배분법에 대한 설명이다.

23 보조부문인 수선부와 전력부에서 발생한 원가는 각각 40,000원과 24,000원이며, 보조부문의 원가는 수선부 원가에 이어 전력부 원가를 배부하는 단계배부법으로 제조부문인 A공정과 B공정에 배부한다. 보조부문이 제공한 용역이 다음과 같을 때, 보조부문의 원가 64,000원 중에서 A공정에 배부되는 금액은 얼마인가?   [75회]

사용부문 제공부문	수선부	전력부	A공정	B공정	합 계
수선부	–	2,000시간	2,000시간	1,000시간	5,000시간
전력부	4,000kwh	–	3,000kwh	3,000kwh	10,000kwh

① 24,000원   ② 28,000원
③ 32,000원   ④ 36,000원

해설

구 분	수선부	전력부	A공정	B공정
배분 전 원가	40,000원	24,000원		
1단계	(40,000원)	16,000원	16,000원	8,000원
2단계		(40,000원)	20,000원	20,000원

∴ A공정에 배부되는 금액 = 16,000원 + 20,000원 = 36,000원

24 다음 중 보조부문원가의 배부에 관한 설명으로 틀린 것은?   [75회]

① 보조부문원가를 배부하는 방법에 따라 회사의 총이익도 달라진다.
② 단계배부법은 보조부문 상호 간에 배부순서를 정한 다음 그 순서에 따라 보조부문비를 다른 보조부문과 제조부문에 배분하는 방법이다.
③ 보조부문원가의 제조부문에 대한 배분방법에는 직접배분법, 단계배분법, 상호배분법 등이 있다.
④ 상호배분법은 보조부문의 수가 여러 개일 경우 시간과 비용이 많이 소요되고 계산하기가 어렵다는 단점이 있다.

해설

보조부문원가를 어떻게 배부하더라도 회사의 총이익은 변동이 없다.

25 다음 중 이중배부율법과 관련된 설명으로 틀린 것은? [75회]

① 이중배부율법은 보조부문원가를 변동원가와 고정원가로 구분하여 각각 다른 배부기준을 적용하는 방법이다.

② 보조부문의 변동원가는 실제사용량에 비례하여 발생하므로 실제사용량을 기준으로 배부한다.

③ 보조부문의 고정원가는 최대사용가능량을 기준으로 배부한다.

④ 이중배부율법은 단일배부율법에 비해 회사 전체의 이익을 낮게 계상하도록 하는 방법이다.

해설

단일배부율법과 이중배부율법에서 각각 배부되는 보조부문원가 및 계상되는 회사 전체의 이익은 동일하다.

26 다음 자료에 의하여 작업 #1의 제조원가를 계산하면 얼마인가?(단, 제조간접비 실제 발생액은 직접노무비 실제 발생액을 기준으로 제품에 배부한다) [75회]

	직접재료비	직접노무비	제조간접비
작업 #1	4,000원	8,000원	
작업 #2	2,000원	4,000원	
합 계	6,000원	12,000원	9,000원

① 12,000원 ② 15,000원

③ 18,000원 ④ 21,000원

해설

• 작업 #1 제조간접비 배부액 = 제조간접비 9,000원 × (8,000원 ÷ 12,000원) = 6,000원

∴ 작업 #1의 제조원가 = 직접재료비 4,000원 + 직접노무비 8,000원 + 제조간접비 6,000원 = 18,000원

27 다음 중 제조간접원가의 배부에 대한 설명으로 틀린 것은? [74회]

① 제조간접원가 배부율은 총제조간접원가를 총배부기준량으로 나눈 값이다.

② 어느 배부기준을 이용하여도 배부결과는 달라지지 않는다.

③ 실제배부율 계산에 사용되는 실제 총제조간접원가는 회계기간 말에 계산된다.

④ 직접노무시간을 기준으로 제조간접원가를 배부한다면 모든 작업의 총직접노무시간과 총제조간접원가가 필요하다.

해설

공통원가 배부의 핵심문제는 배부기준을 선택하는 일이다. 어느 배부기준을 이용하느냐에 따라 배부결과가 많이 달라진다. 배부기준을 선정하는 기준으로 인과관계, 수혜기준, 부담능력, 공정성 등이 있다.

28 다음 중 원가의 배부기준으로 가장 적절하지 않은 것은? [74회]

① 공장수선유지부문 : 공장면적
② 가스비 : 가스사용량
③ 기계감가상각비 : 기계작업시간
④ 간접재료원가 : 직접재료원가

해설

공장수선유지부문은 수선횟수, 수선시간에 따라 배부하는 것이 합리적이다.

29 ㈜야너두는 보조부문으로 설계부와 전력부, 제조부문으로 조립부와 가공부로 구성되어 있으며, 용역제공량을 기준으로 보조부문원가를 배분한다. 다음은 ㈜야너두의 원가 관련 자료이다. 설계부는 시간당 30원의 변동비가 발생하고 전력부는 kwh당 50원의 변동비가 발생한다. 직접배분법에 의해 보조부문원가를 배분할 경우 조립부에 배분되는 원가는 얼마인가? [74회]

구 분	보조부문		제조부문		총사용량
	설계부	전력부	조립부	가공부	
설계부	–	2,000시간	3,000시간	5,000시간	10,000시간
전력부	2,000kwh	–	4,000kwh	4,000kwh	10,000kwh

① 358,000원
② 362,500원
③ 363,500원
④ 364,500원

해설

• 설계부 원가 = 10,000시간 × 30원 = 300,000원
• 전력부 원가 = 10,000kwh × 50원 = 500,000원
∴ 조립부에 배분되는 원가 = (300,000원 × 3,000시간/8,000시간) + (500,000원 × 4,000kwh/8,000kwh) = 362,500원

30 다음 보조부문 원가배분방법 종류 중 나머지와 성격이 다른 것은? [73회]

① 직접배분법
② 단계배분법
③ 상호배분법
④ 이중배분율법

해설

이중배분율법은 보조부문 상호관계가 아닌 원가형태에 의한 배분방법이다.

31 ㈜씽크는 두 개의 제조부문 A, B와 두 개의 보조부문 S1, S2를 두고 있다. 보조부문의 원가는 단계배분법을 사용하여 각 소비부문에 배부하며 보조부문 S1부터 배분한다고 할 때, 제조부문 A에 배분해야 하는 보조부문 총원가는 얼마인가?　[73회]

소비부문 제공부문	제조부문		보조부문	
	A	B	S1	S2
부문별 원가	?	?	150,000원	45,000원
S1	30%	50%		20%
S2	70%	10%	20%	

① 76,500원 　　　　　　　　　② 84,375원
③ 95,500원 　　　　　　　　　④ 110,625원

해설

소비부문 제공부문	제조부문		보조부문		합 계
	A	B	S1	S2	
배분 전 원가	–	–	150,000원	45,000원	195,000원
S1	45,000원	75,000원	(150,000원)	30,000원	0원
S2	65,625원	9,375원		(75,000원)	0원
배분 후 원가	110,625원	84,375원	0원	0원	195,000원

32 다음 중 부문별로 발생하는 원가를 집계한 후 이를 다시 제품별로 배부하는 방법에 대한 설명으로 틀린 것은?　[73회]

① 원가부문은 제조부문과 보조부문으로 구분한다.
② 보조부문을 지원부문이나 서비스부문으로 부르기도 한다.
③ 보조부문은 외부고객에게 서비스를 제공하는 부문이다.
④ 제조부문은 직접 제조작업을 수행하는 부문이다.

해설
보조부문은 외부고객이 아니라 내부고객인 다른 부문에게 지원서비스를 제공하는 부문이다.

33 ㈜대한은 직접배부법을 사용하여 보조부문 원가를 제조부문에 배분한다. 보조부문인 수선부에서 발생한 원가는 300,000원이다. 제조부문인 A공정에 보조부문 원가 275,000원이 배부되었다면 보조부문 중 전력부에서 발생한 원가로 옳은 것은? [72회]

소비부문 제공부문	보조부문		제조부문	
	수선부	전력부	A공정	B공정
수선제공(시간)		4,000	3,000	1,000
동력제공(kw)	3,000		1,500	1,500

① 50,000원
② 100,000원
③ 225,000원
④ 370,000원

해설

• A공정 수선부 배부액 = 300,000원 × 3,000시간/4,000시간 = 225,000원
• A공정 전력부 배부액 = A공정 부조부문 원가 배부액 275,000원 − A공정 수선부 배부액 225,000원 = 50,000원
∴ 전력부에서 발생한 원가 = A공정 전력부 배부액 50,000원 × 3,000kw/1,500kw = 100,000원

34 다음의 원가배분 절차를 올바른 순서대로 나열한 것은? [72회]

> (가) 배부기준과 방법 선택   (나) 원가대상 설정
> (다) 원가집합 설정   (라) 배분율 계산
> (마) 원가배분

① (가) → (나) → (다) → (라) → (마)
② (나) → (다) → (가) → (라) → (마)
③ (다) → (나) → (가) → (라) → (마)
④ (가) → (다) → (나) → (라) → (마)

해설

원가배분 절차 : 원가집합 설정 → 원가대상 설정 → 배부기준과 방법 선택 → 배분율 계산 → 원가배분

35 ㈜한세는 보조부분의 원가를 이중배분율법에 의하여 배부하고자 한다. 다음 중 보조부문의 원가를 용역제공량 기준으로 이중배분율법에 따라 제조부문에 배분하는 방법으로 올바른 것은? [72회]

	변동원가	고정원가
①	실제사용량	실제사용량
②	실제사용량	최대사용량
③	최대사용량	최대사용량
④	최대사용량	실제사용량

해설

보조부문의 원가를 원가행태별로 구분하면 변동원가는 각 부문의 실제 또는 예정 용역제공량에 비례하는 것에 비해 고정원가는 주로 보조부문의 설비능력 유지원가이므로 각 부문의 용역 최대사용량에 비례하는 경우가 일반적이다.

36 ㈜서울은 보조부문 B의 원가부터 배부하는 방식의 단계배부법을 이용하여 보조부문원가를 배부하고 있다. 다음 자료를 이용하여 보조부문 A로부터 제조부문 X에 배부되는 금액은 얼마인가?

[71회]

제공부문＼사용부문	보조부문		제조부문		합 계
	A	B	X	Y	
부문별 원가	13,800원	12,000원	12,000원	15,000원	40,000원
A	–	40%	40%	20%	100%
B	35%	–	45%	20%	100%

① 4,200원　　　　　　　　　② 6,000원

③ 8,800원　　　　　　　　　④ 12,000원

해설

• 보조부문 B의 A부문 배부금액 = 12,000원 × 35% = 4,200원

∴ 보조부문 A의 제조부문 X에 배부되는 금액 = (13,800원 + 4,200원) × $\dfrac{40\%}{40\% + 20\%}$ = 12,000원

37 다음 중 상호배분법에 대한 설명으로 올바른 것은?　　　　　　　[71회]

① 배분절차가 다른 방법보다 간단하다.

② 보조부문 상호 간의 용역수수관계가 밀접한 경우 부정확한 원가배분을 초래할 수 있다.

③ 어느 부문의 원가를 먼저 배분해야 하는지 배분 순서를 정해야 한다.

④ 보조부문 상호 간의 용역수수관계를 완전히 반영한다.

해설

①, ②는 직접배분법, ③은 단계배분법에 대한 설명이다.

38 다음 중 원가배분의 기준으로 틀린 것은?　　　　　　　[70회]

① 수혜기준

② 인과관계기준

③ 부담능력기준

④ 일괄분배기준

해설

일괄분배기준은 원가배분 기준이 아니다.

39 다음 중 부문별 원가계산에 대한 설명으로 틀린 것은? [70회]

① 단일배분율법은 보조부문의 원가를 변동비와 고정비로 구분하지 않고 하나의 기준으로 배분하는 방법이다.

② 이중배분율법은 보조부문의 원가를 변동비와 고정비로 구분하여 각각 다른 기준으로 배분하는 방법이다.

③ 단일배분율법과 이중배분율법은 부문별원가를 원가행태에 따라 배부하는 방법이다.

④ 단일배분율법은 이중배분율법에 비해 회사 전체의 이익을 높게 계상하도록 하는 방법이다.

해설

단일배분율법은 이중배분율법에 비해 회사 전체의 이익을 높게 계상하도록 하는 방법이 아니다.

40 다음 중 부문별 원가계산에 관한 설명으로 틀린 것은? [69회]

① 제품이 여러 제조과정을 거쳐 생산되는 기업에서 사용한다.

② 제조간접비를 발생한 장소별로 분류 집계한다.

③ 직접재료비를 보다 더 정확하게 배부하기 위하여 부문별 원가계산을 한다.

④ 소규모 기업보다는 상대적으로 규모가 큰 기업에서 적용한다.

해설

제조간접비를 보다 더 정확하게 배부하기 위하여 부문별 원가계산을 한다.

41 ㈜선호는 두 개의 보조부문(수선부문, 전력부문)에서 발생하는 원가를 직접노동시간을 기준으로 각 작업에 예정배부하고 있다. 다음 예산 자료에 의하여 작업 A에 배부될 보조부문원가의 합계액을 구하면 얼마인가? [69회]

구 분	수선부문	전력부문
간접재료비	400,000원	1,000,000원
간접노무비	1,400,000원	1,800,000원
감가상각비	1,000,000원	8,200,000원
감독자급여	1,200,000원	1,000,000원
합 계	4,000,000원	12,000,000원
예정직접노동시간	4,000시간	6,000시간
작업 A의 실제 직접노동시간	15시간	10시간

① 20,000원　　　　　　　　② 35,000원

③ 40,000원　　　　　　　　④ 60,000원

해설

- 수선부문 배부액 = 수선부문 실제 직접노동시간 15시간 × 예정배부율 1,000원 = 15,000원
- 전력부문 배부액 = 전력부문 실제 직접노동시간 10시간 × 예정배부율 2,000원 = 20,000원
- 수선부문 예정배부율 = 수선부문 예산합계액 4,000,000원 ÷ 예정직접노동시간 4,000시간 = 1,000원/직접노동시간
- 전력부문 예정배부율 = 전력부문 예산합계액 12,000,000원 ÷ 예정직접노동시간 6,000시간 = 2,000원/직접노동시간
- ∴ A에 배부될 보조부문원가의 합계액 = 수선부문 배부액 15,000원 + 전력부문 배부액 20,000원 = 35,000원

---

42 다음 중 보조부문의 원가 배부에 관한 설명으로 틀린 것은? [68회]

① 보조부문의 원가를 배부하는 방법에 따라 회사의 매출총이익도 달라진다.
② 단계배분법은 보조부문 상호 간에 배부순서를 정한 다음 그 순서에 따라 보조부문비를 다른 보조부문과 제조부문에 배분하는 방법으로 배분이 끝난 보조부문에는 다른 보조부문비를 배분하지 않는다.
③ 보조부문원가의 제조부문에 대한 배분 방법에는 직접배분법, 단계배분법, 상호배분법 등이 있다.
④ 상호배분법은 보조부문의 수가 여러 개일 경우 시간과 비용이 많이 소요되고 계산하기가 어렵다는 단점이 있다.

해설

보조부문의 원가를 어떻게 배부하더라도 회사의 매출총이익은 변동이 없다.

---

43 ㈜성진은 두 개의 보조부문(동력부문과 수선부문)과 두 개의 제조부문(조립부문과 절단부문)을 운영하고 있다. 2021년 중 각 부문의 상호 용역 수수 관계와 부문별로 집계된 원가는 다음과 같다. 직접배부법을 이용하여 보조부문 원가를 배부하였다면 (가)에 들어갈 금액은 얼마인가? [68회]

소비부문 제공부문	보조부문		제조부문	
	동력부문	수선부문	조립부문	절단부문
동력부문		50%	20%	30%
수선부문	40%		30%	30%
배분 전 원가	200,000원	300,000원	(가)	580,000원
배분 후 원가			950,000원	850,000원

① 680,000원
② 720,000원
③ 820,000원
④ 830,000원

해설

- 동력부문 배부액 = 동력부문원가 200,000원 × 20%/(20% + 30%) = 80,000원
- 수선부문 배부액 = 수선부문원가 300,000원 × 30%/(30% + 30%) = 150,000원
- ∴ (가) = 배분 후 원가 950,000원 − 동력부문 배부액 80,000원 − 수선부문 배부액 150,000원 = 720,000원

---

44 보조부문비를 각 제조부분에 배부하는데 있어 보조부문 간의 배부순서에 따라 배부액이 달라질 수 있는 방법은? [67회]

① 직접배분법　　　　　　　　　② 단계배분법
③ 상호배분법　　　　　　　　　④ 이중배부법

해설
단계배분법은 보조부문 상호 간에 배부순서를 정한 다음 그 순서에 따라 보조부문비를 다른 보조부문과 제조부문에 배분하는 방법이다. 단계배분법은 배분이 끝난 보조부문에는 다른 보조부문비를 배분하지 않음을 주의해야 한다.

45 ㈜기업은 단계배부법에 의하여 동력부문, 수선부문의 순으로 보조부문의 원가를 배부하고 있다. ㈜ 기업의 원가계산 담당자는 보조부문의 원가를 배부하는 중 실수로 다른 보조부문으로부터 배부받은 원가를 누락하고 다음과 같이 원가를 배부하였다. 이 실수로 인하여 제조부문에 배부되지 못한 보조부문의 원가는 얼마인가? [67회]

구 분	보조부문		제조부문	
	동력부문	수선부문	조립부문	절단부문
배부 전 원가	10,000원	8,000원	25,000원	30,000원
동력부문 배부액		2,000원	3,000원	5,000원
수선부문 배부액			6,000원	2,000원
배부 후 원가			34,000원	37,000원

① 2,000원　　　　　　　　　② 3,000원
③ 8,000원　　　　　　　　　④ 10,000원

해설
동력부문 부문비 배부 후 수선부문이 배부하여야 할 금액은 10,000원이나 수선부문의 배부 전 원가 8,000원만 제조부문에 배부하였으므로 동력부문으로부터 배부받은 금액 2,000원이 제조부문에 배부되지 못하고 남아있다.

46 다음 중 보조부문의 원가를 제조부문에 배분하는 방법에 해당하지 않는 것은? [66회]

① 상호배분법　　　　　　　　　② 단계배분법
③ 직접배분법　　　　　　　　　④ 순실현가치법

해설
순실현가치법은 결합원가를 배분하는 방법이다.

47 ㈜기업은 다음 자료를 바탕으로 단계배부법에 의하여 보조부문의 원가를 배부하고 있다. 부문원가는 수선부문, 전력부문, 관리부문 순으로 배부한다. 당기 중에 ㈜기업의 전력부문은 거래처에게 용역을 제공하여 20,000원의 수익이 발생하였다. 다음 중 제1제조부문에 배부될 부문원가 총액은 얼마인가? [66회]

구 분	보조부문			제조부문	
	수선부문	전력부문	관리부문	제1제조부문	제2제조부문
각 부문원가(원)	500,000원	120,000원	110,000원	300,000원	400,000원
수선제공(시간)		1,000원	500원	1,500원	2,000원
동력제공(kW)	1,000원		1,000원	2,000원	2,000원
관리용역제공(㎡)	100원	150원		500원	750원

① 300,000원　　　　　　　② 302,000원
③ 310,000원　　　　　　　④ 319,600원

해설

구 분	보조부문			제조부문	
	수선부문	전력부문	관리부문	제1제조부문	제2제조부문
배부 전 원가	500,000원	120,000원 − 20,000원	110,000원		
수선부문비 배부액	(500,000원)	100,000원	50,000원	150,000원	200,000원
전력부문비 배부액	–	(200,000원)	40,000원	80,000원	80,000원
관리부문비 배부액	–	–	(200,000원)	80,000원	120,000원
배부 후 원가	–	–	–	310,000원	400,000원

48 다음 중 보조부문의 원가를 용역제공량 기준으로 이중배분율법에 따라 제조부문에 배분하는 방법으로 올바른 것은? [66회]

	변동원가	고정원가		변동원가	고정원가
①	실제사용량	실제사용량	②	실제사용량	최대사용량
③	최대사용량	최대사용량	④	최대사용량	실제사용량

해설

보조부문의 원가를 원가행태별로 구분하면 변동원가는 각 부문의 실제 또는 예정 용역제공량에 비례하는 것에 비해 고정원가는 주로 부문의 설비능력 유지원가이므로 각 부문의 용역 최대사용량에 비례하는 경우가 일반적이다.

03 개별원가계산

원가계산은 크게 3단계의 과정을 거쳐 계산되어진다.

원가 요소별계산	→	부문별 원가계산	→	제품별 원가계산
		'보조부문원가배부'		'개별원가계산' vs '종합원가계산'

01 개별원가계산의 의의와 절차

1. 개별원가계산의 의의

개별원가계산이란 제품원가를 개별작업별로 구분하여 집계하는 원가계산제도로서, 주로 다품종 소량주문 생산형태에 적합한 원가계산제도이다. 개별원가계산은 기계제작업, 조선업, 건설업, 항공기제조업 등에서 주로 이용되며, 종류, 모양, 크기 등이 서로 다른 제품을 고객의 주문에 따라 개별적으로 생산하는 형태이므로 제작기간이 상대적으로 오래 걸린다.

개별원가계산은 '작업지시서(제조지시서)'를 통해 모든 원가요소를 '직접원가(직접재료원가 + 직접노무원가)'와 '간접원가(제조간접원가)'로 구분한다. 직접원가는 각 '작업원가표'에 직접 집계되고 간접원가는 적절한 배부기준에 따라 각 '작업원가표'에 배부되는데, 제품의 원가계산을 정확하기 위해서는 제조간접원가의 배부액 계산이 매우 중요하다.

➕ 더 알아두기

작업지시서

고객으로부터 특정 제품의 주문이 이루어지면 제조부문은 작업지시서를 작성하여 생산현장에 작업을 지시한다.

즉, '작업지시서(제조지시서, 제조지령서)'란 특정제품의 제조를 작업현장에 지시하는 지시서를 말한다.

작 업 지 시 서

No.		결	작 성	검 토	승 인
생산공장 :		재			

20 년 월 일			담당자 :		
품 명		개 시 일			
		완 성 일			
발 주 처		내 역			
수 량		S I Z E			
발 주	신규 차	L O S S			
	기성 차	진 행	정상	긴급	
견 본		예비작업현황			
특기사항		비 고			

㈜ ○○○○

🔵 더 알아두기

작업원가표

각 제품의 제조과정에서 발생하는 제조원가를 집계하기 위한 명세서로서 직접재료원가, 직접노무원가, 제조간접원가가 상세히 기록된 표를 말한다. 작업원가표에는 특정작업과 관련하여 발생된 직접재료원가, 직접노무원가, 제조간접원가가 기록된다. 작업지시서에 의해 제품생산의 지시가 내려지고 작업이 수행되면 각각의 제품별로 작업원가표를 작성하여 원가요소별로 원가를 기록·집계한다. 종합원가계산시 '제조원가보고서'를 기초로 하여 원가계산이 이루어지듯이 개별원가를 계산하는 경우에 '작업원가표'를 통해 원가를 집계하고 계산한다.

작 업 원 가 표

고 객 No.							지시서 No.				
사양서 No.							날짜				
제 품 명							제조착수일				
제 조 수 량							제품완성일				

직접재료원가				직접노무원가			제조간접원가				합계	
날짜	출고표No	수량	금액	날짜	시간	금액	날짜	시간	배부율	금액		
											직접재료원가	
											직접노무원가	
											제조간접원가	
											제조원가계	
											생산량	
											단위 원가	
											적요 :	

2. 개별원가계산의 특징

개별원가계산의 특징은 다음과 같다.

① 원가계산이 용이하다.

② 제품별로 손익분석 및 계산이 쉽다.

③ 이질적인 제품을 주문생산하는 경우에 목적적합하다.

④ 제조간접원가 배부가 중요하다.

⑤ 주문에 따라 제품을 생산하는 주문생산 업종에 적합하다.

3. 개별원가계산과 종합원가계산의 비교

① 개별원가계산과 종합원가계산 방법의 선택은 해당 기업의 생산방법(발생된 원가를 제품별로 집계하는 방법)에 따라 구분된다.

구 분	개별원가계산	종합원가계산
제품생산방법	종류와 규격이 다른 제품을 주문생산 및 작업단위별 생산	동일한 제품을 반복하여 대량생산 (공정별 생산)
적용 업종	조선, 항공, 건설업 등	식품, 화학, 제분, 정유업 등
원가집계단위	개별제품(개별 작업지시서)	기간(보통 1개월) 생산량
원가계산의 초점	원가구분 : 직접원가와 간접원가 제조간접원가를 특정제품에 배부 (작업원가표 작성)	원가구분 : 재료원가와 가공원가 환산단위원가에 의해 제품에 배부(공정별 제조원가보고서)
기말재공품의 평가	미완성 제조지시서의 집계로 파악	재료원가와 가공원가(전환원가)로 구분하여 계산

② 개별원가계산에서의 생산활동은 '**작업지시서**'에 의해 이루어지고, 각 작업지시서별로 직접재료원가와 직접노무원가를 집계하고 제조간접원가 배부기준에 따라 제조간접원가를 배부하여 제품원가를 계산한다.

③ 개별원가계산에서는 이처럼 각각의 제품단위(작업지시서)별로 원가를 계산하며 이를 위해 **작업원가표** (원가계산표)를 작성한다.

4. 개별원가계산의 절차

개별원가계산절차는 다음의 3단계 절차를 거쳐 이루어진다.

[1단계] 개별작업에 대한 직접원가(직접재료원가, 직접노무원가)를 파악하여 개별작업에 직접 부과

[2단계] 제조간접원가를 파악하여 적정한 배부기준을 설정하고 배부율을 계산하여 개별작업에 배부

[3단계] 원가계산표에 집계된 직접원가와 제조간접원가배부액의 합계인 '완성품제조원가'를 제품계정으로 대체

02 제조간접원가의 제품별 원가배부

제조간접원가의 제품원가에 부과하기 위해 일정한 배부기준에 따라 배부하는데, 이때 선택되어진 배부기준에 따라 단위당 제조간접원가를 얼마씩 배부할 것인가를 결정하게 되는데 이것을 '제조간접원가 배부율'이라고 한다. '제조간접원가배부율'은 '실제제조간접원가배부율'과 '예정제조간접원가배부율'로 구분할 수 있다.

개별원가계산시 배부율 사용차이에 따라 용어사용이 다음과 같이 구분된다.

• 개별원가계산 시 실제제조간접원가배부율에 의해 제조간접원가계산 시 = 실제개별원가계산

• 개별원가계산 시 예정제조간접원가배부율에 의해 제조간접원가계산 시 = 정상개별원가계산(예정개별원가계산)

1. 제조간접원가의 배부

제조간접원가 배부는 크게 실제배부법과 예정배부법으로 구분하는데, 실제발생액을 산정한 다음 실제배부기준에 따라 제조간접원가 배부액을 제조지시서에 배부하는 방법을 '**실제배부법**'이라 한다. 그러나 실무에서는 적용상의 어려움 때문에 예정배부를 하는 경우가 많은데, '**예정배부법**'은 연초에 미리 제조간접원가 예정배부율을 산정해 두었다가 제품이 완성되면 미리 계산해둔 예정배부율을 사용하여 각 제품의 제조간접원가 배부액을 결정하는 방법이다.

(1) 실제배부법에 의한 제조간접원가 배부 계산절차

실제개별원가계산하에서는 매월 말 또는 매년 말에 실제로 집계되는 제조간접원가 실제발생액을 아래 절차에 따라 제품에 배부한다.

① 제조간접원가 실제배부율 = 실제 제조간접원가 총액 ÷ 실제 배부기준 합계(실제조업도)
② 제조간접원가 실제배부액 = 제품별 배부기준의 실제발생량(실제조업도) × 제조간접원가 실제배부율(①)

(2) 예정배부법에 의한 제조간접원가 배부 계산절차

정상개별원가(예정개별원가)계산하에서는 연초에 미리 설정한 제조간접원가 예정배부율을 이용하여 제품별로 제조간접원가를 다음의 순서에 따라 배부한다.

① 제조간접원가 예정배부율 = 제조간접원가 연간예상액 ÷ 배부기준의 연간예상액
② 제조간접원가 예정배부액 = 제품별 배부기준의 실제발생액 × 제조간접원가 예정배부율(①)

➕ 더 알아두기

실제배부법과 예정배부법 장단점 비교

	실제배부법	예정배부법
장 점	기간 말에 제조간접원가 배부차이에 대한 조정작업이 필요 없다.	기간 초에 미리 계산해 둔 예정배부율을 사용하므로 신속하게 제품원가계산을 할 수 있다.
단 점	① 기간 말에 실제발생한 제조간접원가를 집계해서 제품원가계산을 해야 하므로 신속한 원가계산이 어렵다. ② 동일한 작업에 배부되는 제조간접원가가 월별, 계절별로 차이가 발생할 수 있다.	① 기간 초에 예정배부율을 결정할 때 예산액과 배부기준수를 추정하여야 한다. ② 기간 말에 배부차이에 대한 조정 회계처리를 해야 한다.

실제개별원가계산제도와 정상(예정)개별원가계산제도의 비교

내 용	실제개별원가계산	정상개별원가계산
제조간접원가	실제발생액	예정배부액
계산시점	제품생산 후 기말시점	제품생산 완료시점
정보이용자	외부정보이용자	내부관리자

2. 제조간접원가 배부방법

제조간접원가를 특정 제품에 배부하기 위해서는 제조간접원가와 제품 간의 인과관계를 잘 나타내줄 수 있는 배부기준을 선정해야 한다. 배부기준은 기업이 처한 상황에 따라 다양하나 일반적으로 사용되는 기준은 아래와 같다.

- 제조간접원가 배부율(①) = 제조간접원가 총액 ÷ 배부기준총계
- 특정제품의 배부액 = 특정제품의 배부기준총계 × 제조간접원가 배부율(①)

제조간접원가의 배부방법에는 위에서 언급한 대로 '실제배부법'과 '예정배부법'이 있으며, 배부기준의 선택에 따라 '가격법'(직접재료원가법, 직접노무원가법, 직접원가법)과 '시간법'(직접작업시간법, 기계작업시간법)으로 구분한다. 가격법(가액법)은 각종 특정 제품을 제조하기 위하여 소비된 직접비를 배부기준으로 하는 방법이며, 시간법은 제품을 제조하기 위하여 소비된 작업시간을 제조간접원가의 배부기준으로 하는 방법이다.

➕ 예제

1. 실제개별원가계산

구 분	#101	#102	#103
직접재료원가	800,000	700,000	500,000
직접노무원가	800,000	1,200,000	2,000,000
직접노동시간	100시간	150시간	250시간

- 제조간접원가 발생액 : 2,400,000원
- 제조간접원가 배부기준 : 직접노동시간기준
- #101, #102는 완성, #103은 미완성, #101은 판매완료

┃ 요구사항

위와 같은 조건인 경우 배부율과 작업별 제조원가, 당기제품 제조원가, 기말재공품원가, 매출원가는?

┃ 정답 및 해설

1) 배부율 = 2,400,000/500시간 = 4,800원
   #101 → 100 × 4,800 = 480,000
   #102 → 150 × 4,800 = 720,000
   #103 → 250 × 4,800 = 1,200,000

2) 작업별제조원가
   #101 → 800,000 + 800,000 + 480,000 = 2,080,000
   #102 → 700,000 + 1,200,000 + 720,000 = 2,620,000
   #103 → 500,000 + 2,000,000 + 1,200,000 = 3,700,000

3) 당기제품제조원가, 기말재공품, 매출원가

구 분	제조원가	당기제품제조원가	기말재공품	매출원가
#101	2,080,000	2,080,000		2,080,000
#102	2,620,000	2,620,000		
#103	3,700,000		3,700,000	

2. 예정개별원가계산

구 분	#101	#102	#103
직접재료원가	800,000	700,000	500,000
직접노무원가	800,000	1,200,000	2,000,000
직접노동시간	100시간	150시간	250시간

- 제조간접원가 예상액 : 2,100,000원
- 제조간접원가 배부기준 : 직접노무원가
- 기초직접노무원가 예상액 : 4,200,000원
- #101, 102는 완성, #103은 미완성, #101은 판매완료

│ 요구사항

위와 같은 조건인 경우 배부율, 작업별 제조원가, 당기제품제조원가, 기말재공품원가, 매출원가는?

│ 정답 및 해설

1) 배부율 = 2,100,000(예정)/4,200,000(예정) = 0.5
   #101 → 800,000 × 0.5 = 400,000
   #102 → 1,200,000 × 0.5 = 600,000
   #103 → 2,000,000 × 0.5 = 1,000,000

2) 작업별제조원가
   #101 = 800,000 + 800,000 + 400,000 = 2,000,000
   #102 = 700,000 + 1,200,000 + 600,000 = 2,500,000
   #103 = 500,000 + 2,000,000 + 1,000,000 = 3,500,000

3) 당기제품제조원가, 기말재공품원가, 매출원가

구 분	제조원가	당기제품제조원가	기말재공품	매출원가
#101	2,000,000	2,000,000		2,000,000
#102	2,500,000	2,500,000		
#103	3,500,000		3,500,000	

---

03 제조간접원가 배부차이

1. 정상원가계산과 제조간접원가 배부차이의 관계

정상원가계산(예정원가계산)은 제품원가계산시 직접재료원가와 직접노무원가는 각 제품에 직접 부과하고, 제조간접가만 예정배부율에 의해 각 제품에 배부하는 원가계산방법이다. 그런데 제조간접원가를 예정배부율에 따라 배부하다 보면 예정배부된 제조간접원가와 실제 발생한 제조간접원가 사이에 차이가 발생할 수 있으며 이를 '제조간접원가 배부차이'라고 한다.

회사 내부의 즉시적인 원가관리목적으로 제조간접원가를 예정배부율에 의해 배부하는 것인데, 이는 외부보고용 재무제표의 실제원가 보고원칙에는 위배되므로 제조간접원가 예정배부액과 실제발생액 차이를 조정하여 재무제표에 반영하는 절차가 필요하다.

2. 제조간접원가 배부차이의 유형

기말에 실제발생한 제조간접원가가 예정배부한 제조간접원가보다 더 크면 '과소(부족)배부'라 하고, 반대로 예정배부한 제조간접원가가 더 크면 '과대(초과)배부'라 한다.

> 배부차이 = 실제발생액(제조간접원가 차변) − 예정배부액(제조간접원가 대변)

제조간접원가 계정으로 살펴보면 다음과 같다.

① 과소배부(부족배부) − 불리한 차이

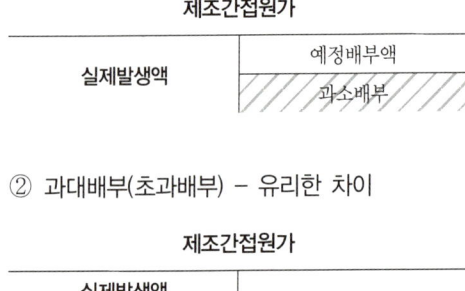

② 과대배부(초과배부) − 유리한 차이

3. 제조간접원가 배부차이 조정

외부보고용 재무제표에는 실제원가계산에 의한 원가로 보고하여야 하는데, 그렇게 하려면 제조간접원가 배부차이를 조정하는 작업을 통해 제조간접원가 예정배부액을 실제발생액으로 수정하여 표시하여야 한다. 배부차이 조정방법에는 다음과 같은 것들이 있다.

① 매출원가 조정법

제조간접원가 배부차이를 전액 매출원가에서 가감시키는 방법으로, 부족배부시에는 실제 제조간접원가 발생액이 예정배부액보다 크므로, 대변에 제조간접원가를 계상하고 과소계상되어 있는 매출원가를 부족부분만큼 증가시키는 회계처리를 한다.

> (차) 매출원가   xxx   (대) 제조간접원가   xxx

반대로, 과대배부되어 있을 때에는 차이만큼 제조간접원가를 차변에 계상하고, 과대계상되어 있는 매출원가에서 차이부문만큼 감액처리한다.

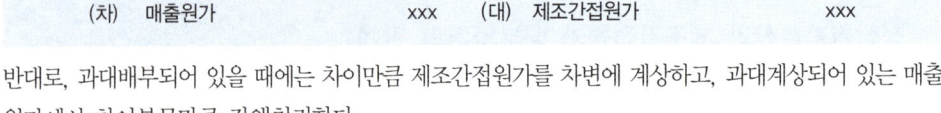

- 과대배부액 = 배부차이 만큼 매출원가에서 차감
- 과소배부액 = 배부차이 만큼 매출원가에 가산

② 총원가 비례배부법

제조간접원가 배부차이를 '기말재공품', '기말제품', '매출원가' 계정에 **총원가(기말잔액)**의 비율에 따라 배부하는 방법이다. 이 방법은 배부 시 기준이 되는 총원가의 비율과 총원가에 포함되어 있는 제조간접원가의 비율이 같다고 가정하므로 실제로 각각의 비율차이가 있는 경우에는 실제원가와 차이가 발생하는 단점이 있다.

부족배부 시 조정 회계처리는 다음과 같다.

(차)	재공품	×××	(대)	제조간접원가	×××
	제 품	×××			
	매출원가	×××			

③ 원가요소별 비례배부법(제조간접원가 기준법)

제조간접원가 배부차이를 '기말재공품', '기말제품', '매출원가' 계정에 **원가요소(제조간접원가 예정배부액)**의 비율에 따라 배부하는 방법이다. 이 방법은 총원가비율과 총원가에 포함되어 있는 제조간접원가의 비율이 현저히 다를 경우에 유용하나 원가계산에 드는 비용이 과다하게 든다는 단점이 있다. 또한 이 방법을 사용하게 되면 처음부터 실제원가계산을 적용했을 때와 동일한 결과가 나오게 된다.

④ 영업외손익법

제조간접원가 배부차이를 전부 '영업외손익'에서 가감하는 방법으로 배부차이의 원가성이 인정되지 않을 경우 사용하는 방법이다.

- 과대배부액 = 영업외비용으로 처리
- 과소배부액 = 영업외수익으로 처리

01 ㈜평강은 개별원가계산제도를 채택하고 있으며, 두 개의 부문(부문1, 부문2)에 걸쳐 제조된다. 제조지시서 #101은 2024년 중 완성되었고, #102는 아직 제조 과정에 있다. 각 부문별 제조원가 등 관련 자료는 다음과 같다. 부문1은 직접노무원가를 기준으로, 부문2는 기계시간을 기준으로 제조간접원가를 배부한다. 다음 자료를 이용하여 2024년 제품제조원가를 계산하면 얼마인가?(단, 기초재공품은 없으며 #101과 #102는 당기에 착수되었다) [85회]

구 분	부문1		부문2	
제조지시서	#101	#102	#101	#102
직접재료원가	100,000원	120,000원	110,000원	130,000원
직접노무원가	80,000원	40,000원	40,000원	20,000원
기계시간	600시간	400시간	500시간	500시간
공통 제조간접원가	60,000원		45,000원	

① 320,000원
② 380,000원
③ 392,500원
④ 396,000원

해설
• 부문1
 – #101에 배부되는 제조간접원가 = 공통 제조간접원가 60,000원 × [직접노무(#101) 80,000원/직접노무(합계) 120,000원] = 40,000원
 – #101 총제조원가 = 직접재료원가 100,000원 + 직접노무원가 80,000원 + 제조간접원가 40,000원 = 220,000원
• 부문2
 – #101에 배부되는 제조간접원가 = 공통 제조간접원가 45,000원 × [기계시간(#101) 500시간/기계시간(합계) 1,000시간 = 22,500원
 – #101 총제조원가 = 직접재료원가 110,000원 + 직접노무원가 40,000원 + 제조간접원가 22,500원 = 172,500원
∴ 완성된 제품 #101에 대한 제품제조원가 = 총제조원가(부문1) 220,000원 + 총제조원가(부문2) 172,500원
　　　　　　　　　　　　　　　　　 = 392,500원

02 ㈜공인은 제조간접비를 직접노무시간을 기준으로 배부한다. 당기 말 실제 제조간접비는 5,000,000원, 실제 발생한 직접노무시간은 50,000시간이다. 당기 제조간접비 배부차이가 200,000원 부족배부되었다면, 직접노무시간당 제조간접비 예정배부율은 얼마인가? [85회]

① 94원/시간　　　　　　　　　　　② 96원/시간
③ 98원/시간　　　　　　　　　　　④ 100원/시간

해설
- 부족배부 200,000원 = 실제 제조간접비 5,000,000원 − 예정배부액
- ∴ 예정배부액 = 4,800,000원
- ∴ 제조간접비 예정배부율 = 예정배부액 4,800,000원 ÷ 직접노무시간 50,000시간 = 96원/시간

03 정상개별원가계산을 적용하고 있는 ㈜기술의 원가 관련 자료가 다음과 같을 때, 당기에 실제 발생한 제조간접원가는 얼마인가? [85회]

- 직접재료원가 : 500,000원　　　　　　• 간접재료원가 : 100,000원
- 직접노무원가 : 200,000원　　　　　　• 간접노무원가 : 50,000원
- 간접경비 : 30,000원　　　　　　　　• 제조간접비예정배부율 : 직접노동시간당 300원

① 180,000원　　　　　　　　　　　② 250,000원
③ 280,000원　　　　　　　　　　　④ 380,000원

해설
제조간접원가 = 간접재료원가 100,000원 + 간접노무원가 50,000원 + 간접경비 30,000원 = 180,000원

04 ㈜산책은 제조간접원가를 기계시간 기준으로 예정배부한다. 2024년 제조된 제품에 대해 제조간접원가 실제 발생액은 1,000,000원이며, 실제 기계시간은 5,500시간이다. 제조간접원가 예산설정 시 고려한 기계시간은 5,000시간이며 2024년 제조간접원가 배부차이가 45,000원 초과배부일 때, 제조간접원가 예산액은 얼마인가? [85회]

① 870,000원　　　　　　　　　　　② 950,000원
③ 957,000원　　　　　　　　　　　④ 1,045,000원

해설
- 제조간접원가 예정배부액 = 실제 제조간접원가 1,000,000원 + 초과배부액 45,000원 = 1,045,000원
- 제조간접원가 예정배부율 = 제조간접원가 예정배부액 1,045,000원 ÷ 실제 기계시간 5,500시간 = 190원/시간
- ∴ 제조간접원가 예산액 = 예상 기계시간 5,000시간 × 제조간접원가 예정배부율 190원/시간 = 950,000원

05 다음 중 정상개별원가계산에 대한 다음 설명으로 틀린 것은? [85회]

① 실제원가계산에 의한 원가 보고를 하기 위해 배부 차이를 조정해야 한다.

② 과소배부액이 발생하면 실제원가 과소계상되어 손익계산서상 매출원가가 과소계상된다.

③ 총원가 비례배분법은 기말 원재료, 기말 재공품, 기말 제품, 매출원가 계정에 원가요소 비율에 따라 배분하는 방법이다.

④ 정상개별원가 예정배부액은 실제발생시간(직접노동시간, 기계시간)에 예정배부율(액)을 곱하여 계산한다.

해설

총원가 비례배분법은 기말재공품, 기말제품, 매출원가 계정에 배분하는 방법이다.

06 ㈜결산은 제조간접비를 예정배부하고 있으며, 선입선출법을 적용하여 제품원가를 계산하고 있다. 2024년 12월 원가계산 결과를 요약한 자료는 다음과 같다. ㈜결산의 2024년 12월 제조간접비 실제 발생액은 129,000원이며 월초 재고는 없을 때, 12월의 제조간접비 배부차이에 대한 설명으로 옳은 것은? [85회]

구 분	2024년 12월 31일		12월 매출원가
	재공품	제 품	
직접재료비	81,200원	61,600원	161,200원
직접노무비	24,000원	48,000원	120,000원
제조간접비 배부액	18,000원	36,000원	90,000원
합 계	123,200원	145,600원	371,200원

① 15,000원 초과배부　　　　　　② 15,000원 부족배부

③ 36,000원 초과배부　　　　　　④ 36,000원 부족배부

해설

• 실제 제조간접원가 : 129,000원

• 제조간접비 배부액 = 재공품 18,000원 + 제품 36,000원 + 매출원가 90,000원 = 144,000원

∴ 배부차이 = 제조간접비 배부액 144,000원 − 실제 제조간접원가 129,000원 = 15,000원(초과배부)

07 다음 중 원가계산에 대한 설명으로 틀린 것은? [84회]

① 초변동원가계산은 직접재료원가만을 제품원가에 포함한다.
② 정상개별원가계산의 제조간접원가는 실제배부액으로 배부한다.
③ 표준원가계산의 제조간접원가는 표준배부액으로 배부한다.
④ 전부원가계산은 고정제조간접원가도 제품원가에 산입한다.

해설

정상개별원가계산은 실제개별원가계산의 문제점(원가계산 지연, 단위당 원가 변동)을 극복하고자 연초에 연간예산과 연간예정조업도를 예측하여 예정배부액을 구하여 제조간접원가를 배부하는 방법으로, 실제 발생원가로 계산하기 위하여 제조간접원가 배부절차가 필요하다.

08 정상개별원가계산을 채택하고 있는 ㈜중부는 직접노무시간을 기준으로 제조간접원가를 배부하고 있다. 2024년 제조간접원가 예산은 3,000원이고, 예정 직접노무시간은 300시간이었다. 2024년 실제 직접노무시간은 310시간, 제조간접원가 실제 발생액이 3,000원이라면, 제조간접원가 초과배부액은 얼마인가? [84회]

① 50원   ② 80원
③ 100원   ④ 150원

해설

• 예정배부율 = 제조간접원가 예산 3,000원 ÷ 예정 직접노무시간 300시간 = 10원/직접노무시간
• 제조간접원가 예정배부액 = 실제 직접노무시간 310시간 × 예정배부율 10원/직접노무시간 = 3,100원
∴ 초과배부액 = 예정배부액 3,100원 − 실제 발생액 3,000원 = 100원

09 다음 중 정상개별원가계산에 대한 설명으로 올바른 것은? [84회]

① 정상개별원가계산에서 제조간접원가는 예정배부율로 계산한다.
② 정상개별원가계산에서 모든 원가는 실제원가로 계산한다.
③ 정상개별원가계산은 완성품환산량 단위당 원가를 사용한다.
④ 정상개별원가계산은 직접노무원가만 실제 배부율을 사용한다.

해설

② 정상원가계산에서의 직접재료원가와 직접노무원가는 실제원가를 사용한다.
③ 완성품환산량 단위당 원가를 사용하는 것은 종합원가계산방법이다
④ 정상원가계산방법에서의 직접재료원가도 실제 배부율을 사용한다.

10 다음 자료를 바탕으로 ㈜경기의 2024년 기본원가 실제 발생액은 얼마인가? [84회]

> ㈜경기는 개별원가계산제도를 채택하고 있으며, 제조간접원가는 기본원가(= 직접재료원가 + 직접노무원가)를 기준으로 예정배부하여 제품 원가를 계산한다. 2024년 제조간접원가 예산액은 2,000,000원이며, 제품 제조와 관련된 기본원가 예산은 8,000,000원이다. 2024년도 제조간접원가 예정배부액은 1,500,000원이고, 실제 제조간접원가 발생액은 1,800,000원이다.

① 5,000,000원 ② 6,000,000원
③ 7,200,000원 ④ 8,000,000원

해설
- 제조간접원가 예정배부율 = 제조간접원가 예산 2,000,000원 ÷ 기본원가 예산 8,000,000원 = 0.25원/기본원가
- 제조간접원가 예정배부액 = 실제 발생 기본원가 × 제조간접원가 예정배부율 0.25 = 1,500,000원
- ∴ 실제 발생 기본원가 = 6,000,000원

11 ㈜대한의 부산공장은 중형승용차를 생산하는데, 공장유지비가 기준조업도 생산 시에는 20,000,000원, 기준조업도 초과 생산 시에는 40,000,000원으로 일정하게 유지된다. 중형승용차 1대 생산 시 발생하는 직접재료원가는 50,000원, 직접노무원가는 직접재료원가의 40%이다. 1월의 생산량이 700대라면, 1월의 총제조원가는 얼마인가?(단, 부산공장의 기준조업도는 월 500대이며, 이외의 경비는 고려하지 않기로 한다) [83회]

① 69,000,000원 ② 79,000,000원
③ 89,000,000원 ④ 99,000,000원

해설
- 직접노무원가 = 직접재료원가 50,000원 × 40% = 20,000원
- ∴ 총제조원가 = (직접재료원가 50,000원 + 직접노무원가 20,000원) × 700대 + 공장유지비 40,000,000원
  = 89,000,000원

12 ㈜광주는 선박을 주문생산하는 회사이다. 회사는 개별원가계산을 채택하고 있으며, 직접노무원가를 기준으로 제조간접원가를 배부한다. 제조지시서 #05는 2023년 중에 시작되어 완성되었으며, 원가 발생액은 다음과 같다. 2023년도의 제조간접원가 배부율은 조립부문에 대해서는 150%, 도색부문에 대해서는 75%이다. 제조지시서 #05와 관련된 총제조원가는 얼마인가? [83회]

구 분	조립부문	도색부문
직접재료원가	70,000원	20,000원
직접노무원가	?	40,000원
제조간접원가	60,000원	?

① 150,000원   ② 210,000원
③ 260,000원   ④ 300,000원

해설
- A 부문 = 직접재료원가 70,000원 + 직접노무원가(60,000원 ÷ 1.5) + 제조간접원가 60,000원 = 170,000원
- B 부문 = 직접재료원가 20,000원 + 직접노무원가 40,000원 + 제조간접원가(40,000원 × 0.75) = 90,000원
∴ 총제조원가 = A부문 총원가 170,000원 + B부문 총원가 90,000원 = 260,000원

13 ㈜인천의 당기 실제 제조간접원가 발생액은 200,000원이다. 실제 작업시간이 100시간, 추정작업시간이 110시간이고, 제조간접원가 배부차이가 10,000원 부족배부인 경우, 제조간접원가 예정배부율은 얼마인가? [83회]

① 1,900원   ② 2,000원
③ 2,100원   ④ 2,200원

해설

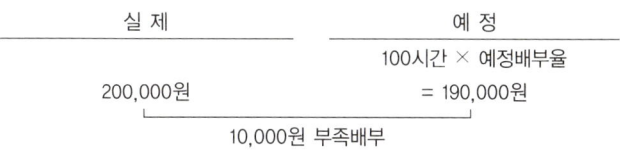

- 예정배부액 190,000원 = 실제 작업시간 100시간 × 예정배부율
∴ 예정배부율 = 1,900원

14 다음 중 정상개별원가계산의 방법에 의하여 제조간접원가를 예정배부할 경우 예정배부액 계산으로 올바른 것은? [83회]

① 배부기준의 예정발생량 × 예정배부율
② 배부기준의 예정발생량 × 실제배부율
③ 배부기준의 실제발생량 × 예정배부율
④ 배부기준의 실제발생량 × 실제배부율

15 다음 중 개별원가계산에 대한 설명으로 틀린 것은? [83회]

① 주문이나 특별수요에 따라 종류와 규격이 상이한 제품을 개별적으로 생산하는 경영형태에서 사용한다.

② 조선업, 건축업, 인쇄업 등의 업종에 적합하다.

③ 작업지시서에 의해 제조활동을 시작하고 각 제품별로 원가를 집계하여 제조원가를 개별적으로 계산하는 형태이다.

④ 총제조원가를 총생산량으로 나누어 제품의 단위당 원가를 계산하고 이를 토대로 제조원가를 완성품과 기말재공품으로 배부하는 원가형태이다.

해설

종합원가계산에 대한 설명이다.

16 2023년에 설립된 ㈜경기는 화장품제조업을 영위하는 회사로 정상개별원가계산을 적용하고 있다. 제조간접원가는 직접노무시간을 기준으로 배부하고 있으며, 화장품의 브랜드별 관련 활동 및 원가는 아래의 자료와 같다. 2023년도에 발생한 실제 제조간접원가는 113,000원, 제조간접원가 예정배부율은 시간당 10원이다. 2023년 말 현재 X브랜드는 완성되어 판매되었고, Y브랜드는 완성되었으나 미판매되었다. ㈜경기가 제조간접원가 배부차이를 매출원가에서 전액 조정할 경우, 제조간접원가 배부차이를 조정한 후의 매출원가는 얼마인가? [83회]

구 분	X	Y	합 계
직접재료원가	15,000원	30,000원	45,000원
직접노무원가	30,000원	45,000원	75,000원
실제직접노무시간	5,000시간	7,000시간	12,000시간

① 55,000원   ② 67,000원

③ 75,000원   ④ 88,000원

해설

• 제조간접원가 예정배부액 = 실제직접노무시간 12,000시간 × 예정배부율 10원 = 120,000원
• 제조간접원가 배부차이 = 실제 제조간접원가 113,000원 − 예정배부액 120,000원 = 7,000원(초과배부)
• X브랜드 제조간접원가 배부액 = 실제 직접노무시간 5,000시간 × 예정배부율 10원 = 50,000원
∴ 조정 후 매출원가 = 직접재료원가 15,000원 + 직접노무원가 30,000원 + 제조간접원가배부액 50,000원 − 초과 배부액 7,000원 = 88,000원

17 정상개별원가계산을 채택하고 있는 ㈜충남은 노무시간을 기준으로 제조간접원가를 배부한다. 당기의 예정제조간접원가배부율은 노무시간당 270원이며, 실제 노무시간은 900시간, 실제 제조간접원가는 240,000원이다. 다음 중 배부차이를 매출원가에서 조정하는 경우 올바른 것으로만 묶인 것은?

[82회]

> 가. 배부차이 3,000원 부족배부   나. 배부차이 3,000원 초과배부
> 다. 배부차이를 매출원가에 가산   라. 배부차이를 매출원가에서 차감

① 가, 다   ② 가, 라
③ 나, 다   ④ 나, 라

해설
- 제조간접원가 예정배부액 = 실제노무시간 900시간 × 예정배부율 270원 = 243,000원
- 제조간접원가 초과배부액 = 제조간접원가 예정배부액 243,000원 − 실제 제조간접원가 240,000원 = 3,000원
∴ 초과배부액 3,000원을 매출원가에서 차감한다.

18 ㈜강릉은 개별원가계산제도를 채택하고 있으며, 직접노무원가를 기준으로 제조간접원가를 배부한다. 2023년도의 제조간접원가배부율은 A부문에 대해서는 100%, B부문에 대해서는 50%이다. 제조지시서 #01는 2023년 중에 시작되어 완성되었으며 원가 발생액은 다음과 같다. 제조지시서 #01의 총제조원가는 얼마인가?

[82회]

구 분	A	B
직접재료원가	50,000원	10,000원
직접노무원가	?	40,000원
제조간접원가	60,000원	?

① 170,000원   ② 190,000원
③ 210,000원   ④ 240,000원

해설
- A 직접노무원가 = 제조간접원가 60,000원 ÷ 배부율 100% = 60,000원
- B 제조간접원가 = 직접노무원가 40,000원 × 배부율 50% = 20,000원
∴ 총제조원가 = 직접재료원가(50,000원 + 10,000원) + 직접노무원가(60,000원 + 40,000원) + 제조간접원가(60,000원 + 20,000원) = 240,000원

19 다음은 소량다품종 제품을 생산하는 ㈜충주의 원가 자료이다. 다음 자료에 의한 작업 #1의 제조원가가 18,000원이라 할 때 작업 #1의 직접재료원가 발생액을 계산하면 얼마인가?(단, 제조간접원가 실제 발생액은 직접노무원가 실제 발생액을 기준으로 제품에 배부한다) [82회]

구 분	직접재료원가	직접노무원가	제조간접원가
작업 #1	?	8,000원	
작업 #2	3,000원	8,000원	
합 계		16,000원	10,000원

① 3,000원　　　　　　　　　　② 4,000원
③ 5,000원　　　　　　　　　　④ 6,000원

해설
- 작업 #1 제조간접원가 배부액 = 제조간접원가 10,000원 × 8,000원/16,000원 = 5,000원
- 제조원가 18,000원 = 직접재료원가 + 직접노무원가 8,000원 + 제조간접원가 5,000원
∴ 직접재료원가 = 5,000원

20 다음 중 실제개별원가계산에 대한 설명으로 올바른 것은? [82회]

① 적시성 있는 정보를 제공하여 기업의 의사결정을 신속하게 해준다.
② 실제개별원가계산에서는 제조간접비 배부차이는 존재하지 않는다.
③ 실제개별원가계산은 제조원가 모두가 예정 금액으로 계산된다.
④ 실제개별원가계산은 회계처리가 복잡하고 이해하기 어렵다는 단점이 있다.

해설
① 적시성 있는 정보를 제공하지 못한다.
③ 실제개별원가계산은 제조원가 모두가 실제 금액으로 계산된다.
④ 실제개별원가계산은 회계처리가 간단하고 이해하기 쉽다는 장점이 있다.

21 ㈜상주는 소형선박을 생산하는 회사이다. 제품의 원가계산방법으로 개별정상원가계산을 사용하며 직접노무시간당 제조간접원가 5원을 예정배부한다. 원재료는 직접재료로만 투입되며, 원재료의 기초재고액은 80,000원, 당기매입액은 300,000원이다. 당기총제조원가는 500,000원, 당기제품제조원가는 590,000원, 직접노무원가는 200,000원이며, 실제 발생한 직접노무시간은 10,000시간이다. ㈜상주의 원재료 기말재고액으로 올바른 것은? [82회]

① 100,000원　　　　　　　　　　② 130,000원
③ 170,000원　　　　　　　　　　④ 210,000원

해설
- 제조간접원가배부액 = 직접노무시간 10,000원 × 예정배부율 5원 = 50,000원
- 당기총제조원가 500,000원 = 직접재료원가 + 직접노무원가 200,000원 + 제조간접원가 배부액 50,000원
∴ 직접원가 = 250,000원
- 직접재료원가 250,000원 = 기초재고 80,000원 + 당기매입 300,000원 − 기말재고
∴ 기말재고액 = 130,000원

22 ㈜나주의 제조간접원가 계정의 차변 금액은 대변 금액보다 25,000원만큼 더 컸다. ㈜나주가 제조간접원가 배부차이를 원가요소별 비례배분법에 의하여 회계처리를 한다면, 매출원가조정법으로 처리하는 경우에 비하여 당기순이익에 어떠한 영향을 미치는가? [82회]

구 분	매출원가	기말제품	기말재공품	합 계
기말잔액	60,000원	30,000원	10,000원	100,000원

① 15,000원만큼 증가
② 15,000원만큼 감소
③ 10,000원만큼 증가
④ 10,000원만큼 감소

해설
- 제조간접원가 계정의 차변 금액이 25,000원만큼 더 크다는 것은 부족배부한 것이다.
- 매출원가조정법은 25,000원만큼 매출원가에 가산하여야 하므로 당기순이익이 25,000원만큼 감소한다. 반면, 원가요소별 비례배분법에 의하여 매출원가에 배분하면 15,000원(25,000원 × 60,000원/100,000원)만큼 가산하면 되므로 매출원가조정법보다 당기순이익이 10,000원만큼 증가한다.

23 다음 중 실제개별원가계산에 대한 설명으로 틀린 것은? [81회]

① 회계기간 말에 실제 발생한 제조간접원가를 집계하여 제품원가계산을 해야 하므로 회계기간 중에 빠르게 원가계산하는 것이 어렵다.

② 원가계산 시 직접재료원가와 직접노무원가는 각 작업에 직접 부과하고, 제조간접원가는 예정 배부율을 이용하여 배부한다.

③ 주문 소량 생산에 적합하고 작업지시서를 통해 제조 활동이 시작되며, 작업원가표를 사용하여 각 작업별 원가를 계산한다.

④ 제조간접원가 배부차이에 대한 회계처리가 필요하지 않다.

해설
제조간접원가는 실제배부율을 사용하여 배부한다.

24 ㈜경남은 직접노무원가를 기준으로 제조간접원가를 배부한다. 2023년 초 제조간접원가 예상액은 6,000,000원, 예상 직접노무원가는 3,000,000원이다. 2023년 말 실제로 발생한 제조간접원가는 6,120,000원, 실제 발생한 직접노무원가는 3,080,000원이라고 할 때, 제조간접원가 배부차이는 얼마인가? [81회]

① 40,000원 초과배부   ② 40,000원 부족배부

③ 60,000원 초과배부   ④ 60,000원 부족배부

해설
• 제조간접원가 예정배부율 = 제조간접원가 예상액 6,000,000원 ÷ 직접노무원가 예상액 3,000,000원 = 2
• 제조간접원가 예정배부액 = 직접노무원가 실제 발생액 3,080,000원 × 예정배부율 2 = 6,160,000원
∴ 제조간정원가 배부차이 = 제조간접원가 배부액 6,160,000원 − 제조간접원가 실제 발생액 6,120,000원
= 40,000원 초과배부

25 ㈜충주는 개별원가제도를 채택하고 있으며, 직접노무원가를 기준으로 제조간접원가를 배부한다. 2023년도 제조간접원가 배부율은 각각 조립부문은 80%, 절단부문은 20%이다. 작업지시서 No.2는 2023년에 완성되었다. 작업지시서 No.2의 총제조원가는 얼마인가? [81회]

작업지시서 No.2	조립부문	절단부문
직접재료원가	30,000원	20,000원
직접노무원가	80,000원	?
제조간접원가	?	20,000원

① 274,000원   ② 280,000원

③ 294,000원   ④ 314,000원

해설

- 조립부문 제조간접원가 = 직접노무원가 80,000원 × 80% = 64,000원
- 절단부문 직접노무원가 = 제조간접원가 20,000원 ÷ 20% = 100,000원
- ∴ 총제조원가 = 조립부문원가 174,000원 + 절단부문원가 140,000원 = 314,000원

26 ㈜전북은 정상개별원가계산을 채택하고 있으며, 제조간접원가 배부차이를 총원가비례배분법에 의하여 기말재고자산과 매출원가에 배부한다. 당기의 제조간접원가 부족배부액은 150,000원이며, 다음은 당기말 현재 제조간접원가 배부차이를 조정하기 전의 각 계정 잔액의 일부 내역이다. 배부차이 조정 후 기말재고자산금액은 얼마인가? [80회]

원재료	재공품	제 품	매출원가
80,000원	90,000원	230,000원	680,000원

① 368,000원 ② 413,500원
③ 434,500원 ④ 448,000원

해설

- 총원가비례배분법에 따른 제조간접비 배부

구 분	재공품	제 품	매출원가	합 계
조정 전 금액	90,000원	230,000원	680,000원	1,000,000원
비 율	9%	23%	68%	100%
배부차이조정	13,500원	34,500원	102,000원	150,000원
조정 후 금액	103,500원	264,500원	782,000원	1,150,000원

- 회계처리 (차) 매출원가   102,000원 (대) 제조간접원가   150,000원
             기말재공품   13,500원
             기말제품   34,500원

∴ 기말재고자산금액 = 원재료 80,000원 + 재공품 103,500원 + 제품 264,500원 = 448,000원

27 ㈜포항은 예정개별원가제도를 채택하고 있으며, 제조간접원가는 기계시간을 기준으로 배부한다. 2023년 초 연간 기계시간은 500시간을 가동하고, 총제조간접원가는 500,000원이 발생할 것으로 예상하였다. 2023년 말 제조간접원가 배부액은 450,000원이었고, 실제 제조간접원가 발생액은 430,000원이었다. 2023년에 가동된 실제 기계시간은 얼마인가? [80회]

① 400시간 ② 450시간
③ 500시간 ④ 550시간

해설

- 제조간접원가 예정배부율 = 예산제조간접원가 500,000원 ÷ 예산기계시간 500시간 = 1,000원/기계시간
- 제조간접원가 예정배부액 = 예정배부율 1,000원 × 실제 기계시간 = 450,000원
- ∴ 실제 기계시간 = 예정배부액 450,000원 ÷ 예정배부율 1,000원 = 450시간

28 ㈜세종은 정상개별원가계산을 적용하고 있다. 당기 중에 착수한 작업 중 #101은 완료되었으며, #102
는 미완료 상태이다. 당기에 발생한 작업별 원가는 다음과 같다. ㈜세종은 제조간접원가를 실제직접
원가의 50%로 예정배부하고 있다. 당기 중에 발생한 실제 제조간접원가는 30,000원이다. 제조간접
원가 배부차이를 총원가비례배분법에 의해 회계처리할 경우의 분개로 옳은 것은? [80회]

구 분	#101	#102	합 계
직접재료원가	20,000원	30,000원	50,000원
직접노무원가	20,000원	10,000원	30,000원

① (차) 재공품   7,500원   (대) 제조간접원가배부차이   15,000원
      제 품   7,500원
② (차) 제품간접원가배부차이 15,000원   (대) 재공품   7,500원
                                         제 품   7,500원
③ (차) 재공품   5,000원   (대) 제조간접원가배부차이   10,000원
      제 품   5,000원
④ (차) 제조간접원가배부차이 10,000원   (대) 재공품   5,000원
                                         제 품   5,000원

해설
- #101 제조간접원가 예정배부액 = (직접재료원가 20,000원 + 직접노무원가 20,000원) × 50% = 20,000원
- #102 제조간접원가 예정배부액 = (직접재료원가 30,000원 + 직접노무원가 10,000원) × 50% = 20,000원
- #101 총원가 = 20,000원 + 20,000원 + 20,000원 = 60,000원
- #102 총원가 = 30,000원 + 10,000원 + 20,000원 = 60,000원
- 제조간접원가 배부차이 = 예정배부액 40,000원 − 실제 발생액 30,000원 = 10,000원 초과배부
∴ 배부차이는 #101과 #102에서 50%씩 조정하므로 답은 ④번이다.

29 ㈜성남은 직접노동시간을 기준으로 제조간접원가를 예정배부한다. 당기의 제조간접원가 예산액은
10,000,000원, 당기 제조간접원가 실제 발생액은 9,000,000원, 연간 예상 직접노동시간은
10,000시간, 실제 직접노동시간은 8,000시간일 때, 제조간접원가의 초과(부족)배부액은 얼마인가?
[80회]

① 1,000,000원 초과배부   ② 1,000,000원 부족배부
③ 2,000,000원 초과배부   ④ 2,000,000원 부족배부

해설
- 제조간접원가 예정배부율 = 제조간접원가 예산 10,000,000원/예상 직접노동시간 10,000시간
                        = 1,000원/직접노동시간
- 제조간접원가 예정배부액 = 실제 직접노동시간 8,000시간 × 예정배부율 1,000원 = 8,000,000원
∴ 제조간접원가 초과 배부액 = 실제 발생액 9,000,000원 − 예정배부액 8,000,000원 = 1,000,000원 부족배부

30 다음 중 개별원가계산에 대한 설명으로 틀린 것은? [80회]

① 개별원가계산에서 작업별 원가를 계산할 때 작업원가표를 작성하면 편리하다.

② 개별원가계산에서는 종합원가계산보다 쉽게 원가계산이 가능하다.

③ 개별원가계산은 조선업, 항공기제조업 등과 같이 주로 제조업 분야에서 활용되는 원가계산방식이다.

④ 개별원가계산은 개별작업별로 원가를 집계하는 원가시스템을 말한다.

해설

개별원가계산에서는 종합원가계산보다 복잡하고 많은 노력을 필요로 한다.

31 원가계산방법은 원가 측정 시점에 따라 실제원가계산과 정상원가계산으로 구분할 수 있다. 다음 중 실제원가계산과 정상원가계산의 차이를 발생시키는 원가요소는 무엇인가? [79회]

① 직접재료원가

② 직접노무원가

③ 기본원가

④ 제조간접원가

해설

정상원가계산은 원가 계산을 위해 직접재료원가와 직접노무원가의 실제 발생한 원가를 이용하고 제조간접원가는 예정원가를 이용하는 방법이다.

32 ㈜경북은 예정개별원가제도를 택하고 있으며, 제조간접원가는 기계시간을 기준으로 배부한다. 2023년 연간 6,000시간을 가동하고, 총제조간접원가는 3,000,000원이 발생할 것으로 예상하였다. 그러나, 실제 제조간접원가 발생액은 3,120,000원이고, 실제기계가동시간은 6,200시간이었다. 제조간접원가 배부차액은 얼마인가? [79회]

① 20,000원 부족배부

② 100,000원 부족배부

③ 20,000원 초과배부

④ 100,000원 초과배부

해설

• 제조간접원가 배부율 = 3,000,000원 ÷ 6,000시간 = 500원/시간

• 제조간접원가 배부액 = 500원/시간 × 6,200시간 = 3,100,000원

∴ 제조간접원가 배부차액 = 실제 제조간접원가 발생액 3,120,000원 − 제조간접원가 배부액 3,100,000원
= 20,000원 부족배부

33 다음 중 개별원가계산에 대한 설명으로 틀린 것은? [79회]

① 개별제품별로 원가를 집계하므로, 시간과 비용이 많이 소요된다.

② 개별작업별로 원가를 구분하여 계산하므로, 제품별 정확한 원가계산이 가능하다.

③ 개별원가계산은 서로 다른 종류의 제품을 주문생산하는 경우 적합하다.

④ 개별제품별로 원가를 집계하므로 제조간접원가의 배분은 중요하지 않다.

해설

개별제품별로 원가를 집계하여도 직접 추적이 불가능한 원가는 배분해야 하므로 제조간접원가의 배분은 중요하다.

34 다음은 ㈜고양의 기말 재고자산 관련 자료이다. ㈜고양은 정상개별원가계산을 적용하고 있으며 제조간접원가 부족배부액 30,000원을 총원가비례배분법에 의해 배부할 경우, 제품에 배부되는 금액은 얼마인가?(단, 기초재고는 없으며, 소수점 발생 시 소수점 첫째 자리에서 반올림한다) [79회]

· 재공품 : 100,000원   · 제품 : 200,000원   · 매출원가 : 300,000원

① 10,000원   ② 20,000원

③ 30,000원   ④ 40,000원

해설

제품에 배부되는 금액

= 부족배부액 30,000원 × $\dfrac{\text{기말제품 200,000원}}{\text{기말재공품 100,000원 + 기말제품 200,000원 + 매출원가 300,000원}}$

= 10,000원

35 ㈜경주는 개별원가계산을 적용하고 있으며, 직접작업시간을 기준으로 제조간접원가를 예정배부한다. 2023년 제조간접원가 예정배부율은 직접작업시간당 100원이다. 2023년 실제 발생한 제조간접원가는 1,500,000원이었고, 제조간접원가가 100,000원 초과배부된 것으로 나타났다. 2023년의 실제조업도는 예정조업도의 80%였다. 2023년의 제조간접원가 예산금액은 얼마인가? [79회]

① 1,625,000원   ② 1,875,000원

③ 1,920,000원   ④ 2,000,000원

해설

· 제조간접비 예정배부액 = 실제 발생 제조간접원가 1,500,000원 + 초과배부액 100,000원 = 1,600,000원

· 실제조업도 = 예정배부액 1,600,000원 ÷ 예정배부율 100원 = 16,000시간

· 예정조업도 = 실제조업도 16,000원 ÷ 80% = 20,000시간

∴ 제조간접원가 예산금액 = 예정조업도 20,000시간 × 예정배부율 100원 = 2,000,000원

36 신속한 원가계산을 위하여 정상원가계산을 사용하고 있는 ㈜전주의 제조간접원가와 관련된 정보는 다음과 같다. 다음 중 제조간접원가 배부차이로 알맞은 것은? [78회]

- 제조간접원가 예산 : 500,000원 + (기계시간 × 5원)
- 실제 제조간접원가 발생액 : 505,000원
- 예정조업도 : 2,000기계시간
- 실제조업도 : 1,500기계시간

① 2,500원 부족배부　　　　　　② 2,500원 초과배부
③ 5,000원 부족배부　　　　　　④ 5,000원 초과배부

해설
- 예정배부액 = 500,000원 + 실제조업도 1,500시간 × 5원 = 507,500원
- ∴ 제조간접원가 배부차이 = 예정배부액 507,500원 − 실제발생액 505,000원 = 2,500원 초과배부

37 다음은 개별원가계산제도를 채택하고 있는 ㈜인천의 당기 제품 제조 활동과 관련된 자료의 일부이다. 아래의 자료에 의할 때 직접재료원가와 제조간접원가의 합계액은 얼마인가? [78회]

- 총제조원가 : 1,000,000원　　• 가공원가 : 800,000원　　　• 직접노무원가 : 300,000원

① 400,000원　　　　　　　　② 500,000원
③ 600,000원　　　　　　　　④ 700,000원

해설
- 총제조원가 = 직접재료원가 + 직접노무원가 300,000원 + 제조간접원가 = 1,000,000원
- 가공원가 = 직접노무원가 300,000원 + 제조간접원가 = 800,000원
- 직접재료원가 = 총제조원가 1,000,000원 − 가공원가 800,000원 = 200,000원
- 제조간접원가 = 가공원가 800,000원 − 직접노무원가 300,000원 = 500,000원
- ∴ 직접재료원가 200,000원 + 제조간접원가 500,000원 = 700,000원

38 ㈜전북은 정상개별원가계산을 채택하고 있으며, 직접노무시간을 기준으로 제조간접원가를 예정배부한다. 2023년 예정직접노무시간은 8,000시간이며, 원가 예산은 다음과 같다. 2023년 직접노무시간당 제조간접원가 예정배부율은 얼마인가? [78회]

구 분	금 액
직접재료원가	30,000원
직접노무원가	35,000원
간접재료원가	6,000원
공장설비 감가상각비	14,000원
본사직원 급여	15,000원
광고선전비	10,000원
공장건물 임차료	20,000원

① 4원   ② 5원
③ 5.5원   ④ 7원

해설
- 제조간접원가 예산 = 간접재료원가 6,000원 + 공정설비 감가상각비 14,000원 + 공장건물 임차료 20,000원
  = 40,000원
∴ 제조간접원가 예정배부율 = 제조간접원가 예산 40,000원 ÷ 예정직접노무시간 8,000시간 = 5원

39 다음 중 개별원가계산에 대한 설명으로 틀린 것은? [77회]

① 개별원가계산의 경우에는 각 개별작업별로 원가를 기록하기 때문에 각 개별작업별로 작업원가표가 작성된다.
② 개별원가계산에서는 총원가에 비하여 생산량이 적기 때문에 단위당 원가가 일반적으로 크게 나타난다.
③ 개별원가계산은 직접원가와 간접원가의 구분이 필요 없는 대신 직접재료원가와 가공원가로 분류하게 된다.
④ 개별원가계산에서는 기말재공품의 평가 문제가 발생하지 않는다.

해설
직접원가와 간접원가의 구분이 필요 없는 대신 직접재료원가와 가공원가로 분류하는 것은 종합원가계산의 특징이다.

40 다음 중 실제개별원가계산에 대한 설명으로 틀린 것은? [77회]

① 작업지시서를 통해 제조 활동이 시작되며, 작업원가표를 사용하여 각 작업별 원가를 계산한다.

② 직접재료원가와 직접노무원가는 각 작업에 직접 부과하고, 제조간접원가는 배부하여 원가를 계산한다.

③ 회계기간 말에 실제 발생한 제조간접원가를 집계해서 제품원가계산을 해야 하므로 신속한 원가계산이 어렵다.

④ 제조간접원가 배부차이에 대한 회계처리가 필요하다.

해설

실제원가계산에서는 실제 발생한 제조간접원가를 배부하므로 배부차이에 대한 조정이 필요하지 않다.

41 다음 중 아래의 분개에 대한 설명으로 틀린 것은? [77회]

(차) 제조간접원가	50,000원	(대) 재공품	20,000원
		제 품	10,000원
		매출원가	20,000원

① 제조간접원가가 50,000원 초과배부되었다.

② 배부차액을 안분법을 적용하여 배부하였다.

③ 배부차액의 배부 후 매출원가는 20,000원 감소한다.

④ 배부차액의 배부 후 제품원가는 10,000원 증가한다.

해설

배부차액 배부 후 제품원가는 10,000원만큼 감소한다.

42 ㈜대한은 제조간접원가 예정배부율을 이용하여 제조간접원가를 예정배부하고 있으며, 2022년의 생산 및 원가 관련 자료는 아래와 같다. 다음의 설명 중 틀린 것은? [77회]

구 분	예 산	실 제
기계작업시간	40,000시간	37,500시간
직접노동시간	30,000시간	40,000시간
제조간접원가	2,400,000원	2,700,000원

① 기계작업시간을 기준으로 계산한 제조간접원가 예정배부율은 60원이다.
② 직접노동시간을 기준으로 계산한 제조간접원가 예정배부율은 80원이다.
③ 기계작업시간을 기준으로 계산한 제조간접원가 배부차이는 450,000원 부족배부이다.
④ 직접노동시간을 기준으로 계산한 제조간접원가 배부차이는 520,000원 초과배부이다.

해설

구 분	기계작업시간	직접노동시간
예정배부율	2,400,000원 ÷ 40,000시간 = 60원	2,400,000원 ÷ 30,000시간 = 80원
실제배부율	2,700,000원 ÷ 37,500시간 = 72원	2,700,000원 ÷ 40,000시간 = 67.5원
예정배부액	@60원 × 37,500시간 = 2,250,000원	@80원 × 40,000시간 = 3,200,000원
실제배부액	@72원 × 37,500시간 = 2,700,000원	@67.5 × 40,000시간 = 2,700,000원
배부차이	2,700,000원 − 2,250,000원 = 450,000원 과소	3,200,000원 − 2,700,000원 = 500,000원 과대

43 ㈜강릉은 전력사용시간을 기준으로 제조간접원가를 배부하고 있다. 당기 초의 예상 제조간접원가는 2,000,000원이고, 예상 전력사용시간은 20,000시간이다. 당기 말 현재 실제 제조간접원가 발생액은 1,650,000원, 실제 전력사용시간은 24,500시간일 경우, 당기의 제조간접원가 초과배부액은 얼마인가? [77회]

① 0원
② 350,000원
③ 650,000원
④ 800,000원

해설

• 예정배부율 = 예상 제조간접원가 2,000,000원 ÷ 예정 전력사용시간 20,000시간 = 100원/시간
• 예정배부액 = 예정배부율 100원 × 실제 전력사용시간 24,500시간 = 2,450,000원
∴ 제조간접원가 초과배부액 = 예정배부액 2,450,000원 − 실제 발생액 1,650,000원 = 800,000원

44 ㈜전주는 직접노동시간을 기준으로 제조간접원가를 예정배부하고 있다. 당기 말 실제 제조간접원가는 100,000원, 실제 직접노동시간은 400시간이다. 당기 제조간접원가 배부차이가 20,000원 부족배부였다면 제조간접원가 예정배부율은 직접노동시간당 얼마인가? [77회]

① 150원/시간   ② 200원/시간

③ 250원/시간   ④ 300원/시간

해설

• 제조간접원가 예정배부액 = 제조간접원가 실제 발생액 100,000원 − 배부차이 20,000원 = 80,000원
• 제조간접원가 예정배부율 = 제조간접원가 예정배부액 80,000원 ÷ 실제 직접노동시간 400시간 = 200원/시간

45 ㈜참진은 정상개별원가계산을 사용하고 있으며, 기계작업시간을 기준으로 제조간접비를 배부하고 있다. 당기의 제조간접원가 관련 자료가 다음과 같을 때 제조간접원가 예산은 얼마인가? [76회]

• 제조간접비 실제발생액 : 1,900,000원
• 예정기계작업시간 : 5,000시간
• 제조간접비 배부차이 : 부족배부 100,000원
• 실제기계작업시간 : 4,500시간

① 1,800,000원   ② 1,900,000원

③ 2,000,000원   ④ 2,100,000원

해설

• 예정배부액 = 1,900,000원 − 100,000원 = 1,800,000원
• 예정배부율 = 1,800,000원 ÷ 4,500시간 = 400원/시간
∴ 제조간접원가 예산 = 5,000시간 × 400원/시간 = 2,000,000원

46 다음 중 제조간접원가의 예정배부에 관한 설명으로 틀린 것은? [76회]

① 제조간접원가 예정배부액과 실제배부액의 차액은 매출원가 계정에 대체한다.
② 제품의 제조원가는 예정배부액으로 계산한다.
③ 예정배부액은 실제배부기준에 예정배부율을 곱하여 계산한다.
④ 제조간접원가를 예정배부하여도 재무제표에는 실제원가로 보고한다.

해설

제조간접원가 배부차이의 발생 원인이 정상적인 경우에는 원가성이 있으므로 매출원가가감법 또는 비례배분법으로 조정하며, 비정상적인 경우에는 영업외손익법으로 조정한다.

47 ㈜수작은 개별원가계산을 채택하고 있으며, 직접노무원가를 기준으로 제조간접원가를 배부한다. 제조지시서 #04는 2022년 중에 시작되어 완성되었으며, 원가 발생액은 다음과 같다. 2022년도의 제조간접원가 배부율은 A부문에 대해서는 150%, B부문에 대해서는 75%이다. 제조지시서 #04와 관련된 총제조원가는 얼마인가? [76회]

구 분	A부문	B부문
직접재료원가	50,000원	30,000원
직접노무원가	?	40,000원
제조간접원가	60,000원	?

① 150,000원 ② 210,000원
③ 250,000원 ④ 300,000원

해설
• A 부문 = 직접재료원가 50,000원 + 직접노무원가 40,000원 + 제조간접원가 60,000원 = 150,000원
• B 부문 = 직접재료원가 30,000원 + 직접노무원가 40,000원 + 제조간접원가 30,000원 = 100,000원
∴ 총제조원가 = A부문 총원가 150,000원 + B부문 총원가 100,000원 = 250,000원

48 ㈜강인의 제조간접비 예정배부율은 작업시간당 2,500원이다. 실제작업시간이 100시간, 추정작업시간이 110시간이고 제조간접비 배부차이가 20,000원 초과배부라면, 실제 제조간접비 발생액은 얼마인가? [75회]

① 230,000원 ② 250,000원
③ 255,000원 ④ 270,000원

해설

실 제	예 정
	100 × @2,500 = 250,000원

20,000원 초과배부

∴ 실제보다 예정이 20,000원 초과배부된 경우라면 실제발생액은 230,000원이다.

49 ㈜지용은 정상개별원가계산을 사용하고 있으며, 기계시간을 기준으로 제조간접비를 배부하고 있다. 당기의 제조간접비 관련 자료가 다음과 같을 때 실제조업도는 몇 시간인가? [75회]

• 제조간접비 예산 : 5,000,000원   • 제조간접비 실제발생액 : 4,700,000원
• 정상 조업도 : 25,000시간   • 제조간접비 배부차이 : 부족배부 100,000원

① 23,000시간 ② 23,500시간
③ 24,000시간 ④ 25,000시간

- 예정배부율 = 5,000,000원 ÷ 25,000시간 = 200원/시간
- 예정배부액 = 4,700,000원 − 100,000원 = 4,600,000원
- ∴ 실제조업도 = 예정배부액 4,600,000원 ÷ 예정배부율 200원/시간 = 23,000시간

50 당월 중에 완성된 제품의 제조간접비 예정배부액은 20,000원이었으나 월말에 집계된 실제 제조간접비 발생액은 25,000원이다. 제조간접비 집계 시 부족배부액에 대한 회계처리로 옳은 것은?

[75회]

① (차) 매출원가　　　　　　 5,000원　　(대) 제조간접비배부차이　　 5,000원
② (차) 제조간접비배부차이　 5,000원　　(대) 재공품　　　　　　　　 5,000원
③ (차) 재공품　　　　　　　 5,000원　　(대) 제조간접비　　　　　　 5,000원
④ (차) 제조간접비배부차이　 5,000원　　(대) 제조간접비　　　　　　 5,000원

해설

- 제조간접원가의 배부차이는 제조간접비 계정에서 집계된다. 제조간접비 계정 차변에는 실제발생액이 집계되며, 대변에는 예정배부액이 집계되므로 부족배부액이 발생한 경우의 회계처리는 (차) 제조간접비배부차이 5,000원 (대) 제조간접비 5,000원이다.
- 제조간접원가의 배부차이가 집계된 이후 매출원가조정법 또는 비례배분법 등을 사용하여 배부차이를 조정한다.

51 ㈜이윤은 정상원가계산을 사용하고 있다. 2022년 원가차이 조정 전의 제조간접원가가 다음과 같을 때 (A) 제조간접원가실제발생액, (B) 2022년 제조간접원가배부액, (C) 원가차이를 매출원가조정법으로 처리할 경우의 분개는 각각 어떤 것인가?

[74회]

제조간접원가(통제)	
5,000원	6,000원

	(A)	(B)	(C)
①	6,000원	5,000원	(차) 제조간접가 1,000원 (대) 매출원가 1,000원
②	5,000원	6,000원	(차) 제조간접가 1,000원 (대) 매출원가 1,000원
③	6,000원	5,000원	(차) 매출원가 1,000원 (대) 제조간접원가 1,000원
④	5,000원	6,000원	(차) 매출원가 1,000원 (대) 제조간접원가 1,000원

해설

제조간접원가 T-계정 차변은 실제발생액, 대변은 예정배부액이다. [실제발생액 < 예정배부액]이므로 과대배부된 것이다. 매출원가에서 차감하여야 한다.

52 ㈜발해는 개별정상원가계산을 사용하며 직접노무시간을 기준으로 제조간접원가를 배부한다. 2022년 제조간접원가 실제 발생액은 2,000,000원이며, 예정 직접노무시간은 700,000시간이다. 2022년도 제조간접원가 예산은 2,100,000원이고, 실제직접노무시간이 710,000시간일 때 제조간접원가 배부차이로 옳은 것은? [74회]

① 100,000원 초과배부
② 100,000원 부족배부
③ 130,000원 초과배부
④ 130,000원 부족배부

해설
• 예정배부율 = 2,100,000원/700,000시간 = 3원/시간
∴ 배부차이 = (제조간접원가 총배부액 710,000시간 × 3원/시간) − 실제 총제조간접원가 2,000,000원 = 130,000원 (초과배부)

53 다음 중 개별원가계산에 대한 설명으로 틀린 것은? [74회]

① 원가계산이 용이하다.
② 제품별로 손익분석 및 계산이 쉽다.
③ 모든 제조원가를 작업별로 직접 추적한다.
④ 이질적인 제품을 주문생산하는 경우에 적합하다.

해설
제조간접원가는 작업별로 추적할 수 없어서 배부한다.

54 ㈜화성은 개별정상원가계산을 사용하며 직접노무시간당 4원을 제조간접원가에 예정배부한다. 직접재료만 사용되는 재료원가의 기초금액은 70,000원이며, 기말금액은 55,000원이다. 당기총제조원가는 800,000원, 당기제품제조원가는 790,000원, 직접노무원가는 200,000원이며, 실제 발생한 직접노무시간은 10,000시간이다. ㈜화성의 당기 직접재료 매입액으로 옳은 것은? [74회]

① 535,000원   ② 545,000원
③ 560,000원   ④ 575,000원

해설
• 당기총제조원가 800,000원 = 직접재료원가 + 직접노무원가 200,000원 + 제조간접원가 배부액(10,000시간 × 4원/시간)
∴ 직접재료원가 = 560,000원
• 직접재료원가 560,000원 = 기초재료원가 70,000원 + 당기매입 − 기말재료원가 55,000원
∴ 당기 직접재료 매입액 = 545,000원

55 다음 중 개별원가계산을 적용하기에 적절하지 않은 것은? [74회]

① 가전제품의 제조원가 ② 탱크의 제조원가
③ 전투기의 제조원가 ④ 항공모함의 제조원가

해설
가전제품 제조업은 종합원가계산이 적합하다.

56 다음 중 제조간접비 배부차이를 조정하는 분개로 틀린 것은? [73회]

① (차) 매출원가	×××원	(대) 제조간접비배부차이	××× 원
② (차) 제조간접비배부차이	×××원	(대) 매출원가	×××원
③ (차) 매출원가	×××원	(대) 제조간접비배부차이	×××원
재공품	×××원		
④ (차) 제조간접비배부차이	×××원	(대) 원재료	×××원
		제 품	×××원
		매출원가	×××원

해설
매출원가조정법은 과소배부 및 과대배부에 대한 배부차이를 전액 매출원가에서 조정하는 방법이며, 비례배분법은 배부차이를 재공품, 제품, 매출원가에서 조정하는 방법이다. 따라서 이들 방법에 따르면 원재료 계정에서는 배부차이를 조정하지 않는다.

57 다음 중 직접재료비와 직접노무비는 실제발생액으로 배부하고, 제조간접비는 배분기준에 따라 배부하는 원가계산 방법은 무엇인가? [73회]

① 표준종합원가계산 ② 실제개별원가계산
③ 결합원가계산 ④ 정상개별원가계산

해설
직접재료비와 직접노무비는 실제발생액으로 하고 제조간접비는 배분기준에 따라 배부하는 원가계산 방법은 정상개별원가계산이다.

58 다음 중 개별원가계산에 대한 설명으로 틀린 것은? [73회]

① 기말재공품을 제조지시서의 집계로 파악하므로 계산이 쉽다.
② 개별작업에 대한 직접원가를 파악하여 개별작업에 직접 부과한다.
③ 소품종 대량생산방식의 원가계산에 적용한다.
④ 제품의 종류와 규격이 다른 작업 단위별 생산에 유리한 원가계산 방법이다.

해설
종합원가계산에 대한 설명이다.

59 다음은 정상원가계산을 사용하는 ㈜명인의 2022년 1년 동안의 제조간접비 계정별원장으로 배부차이를 조정하기 직전 기록이며, 다음과 같이 회계처리하였다. 다음 설명 중 틀린 것은? [73회]

	제조간접원가	
	80,000원	50,000원

회계처리 : (차) 매출원가　30,000원　(대) 제조간접원가　30,000원

① 2022년 실제 제조간접비 발생액은 80,000원이다.
② 제조간접비가 30,000원 과소배부되었다.
③ 예정제조간접비가 실제제조간접비보다 30,000원 과대배부되었다.
④ 제조간접비 배부차액을 매출원가에서 조정하였다.

해설

예정제조간접비가 실제제조간접비보다 30,000원 과소배부되었다.

60 다음은 ㈜판타지의 제조간접원가 관련 자료이다. ㈜판타지가 직접노동시간을 기준으로 제조간접원가를 배부할 때 6월의 제조간접원가의 예정배부액은 얼마인가? [73회]

- 1년간 제조간접원가 예산 : 6,000,000원
- 1년간 예상직접노동시간 : 20,000시간
- 6월의 실제직접노동시간 : 2,000시간

① 500,000원　② 550,000원
③ 600,000원　④ 650,000원

해설

• 제조간접비 예정배부율 = 6,000,000원 ÷ 20,000시간 = 300원/시간
∴ 예정배부액 = 300원 × 2,000시간 = 600,000원

61 다음 중 제조원가의 흐름에 맞는 회계처리 방법으로 틀린 것은? [73회]

① 생산과정에 투입된 재료는 차변에 재공품으로 인식한다.
② 정상적인 재료의 분실이나 파손은 차변에 영업외손실로 인식한다.
③ 생산이 완료된 재공품은 차변에 제품으로 인식한다.
④ 판매된 제품은 차변에 매출원가로 인식한다.

해설

재료의 분실이나 파손은 재고감모손실로 인식하며 비정상적으로 발생한 경우에는 영업외손실로 처리하고 금액이 적고 통상적으로 발생하면 제조경비로 인식한다.

62 정상개별원가계산을 사용하는 ㈜대한의 제품 제조와 관련하여 2022년도에 발생한 원가 관련 자료는 아래와 같다. 제조간접원가 예정배부율을 계산하기 위해서 사용된 예정제조간접원가는 얼마인가?

[73회]

> • 실제제조간접원가 : 600,000원
> • 예정 기계작업시간 : 80,000시간
> • 실제기계작업시간 : 70,000시간
> • 제조간접원가 배부액 : 560,000원

① 490,000원   ② 560,000원
③ 600,000원   ④ 640,000원

해설
• 제조간접원가 예정배부율 = 제조간업원가 배부액 560,000원 ÷ 실제기계작업시간 70,000시간 = 8원/시간
∴ 예정제조간접원가 = 예정 기계작업시간 80,000시간 × 제조간접원가 예정배부율 8원/시간 = 640,000원

---

63 ㈜진해의 당기말 현재 각 계정별 잔액은 다음과 같다. ㈜진해가 제조간접비 배부차액을 기말재공품, 제품, 매출원가에 배분하여 처리한다면 당기순이익 변화금액은 얼마인가?

[72회]

구 분	차 변	대 변
재공품	1,000원	
제 품	2,000원	
매출원가	7,000원	
제조간접비	2,500원	3,000원

① 150원 증가   ② 200원 감소
③ 350원 증가   ④ 350원 감소

해설
• 당기순이익 = 배부차액 500원 × 7,000원/10,000원 = 350원 증가
• 제조간접원가 차변과 대변의 차액 500원은 과대배부를 의미한다. 따라서 매출원가는 실제보다 과대표시되어 있고 매출원가 금액에 대하여 350원만큼 차감 조정하고, 당기순이익은 350원만큼 증가한다.

---

64 다음 중 정상원가계산에서 제조간접비 배부차이에 관한 설명으로 틀린 것은?

[72회]

① 실제제조간접비와 제조간접비배부액의 차이를 배부차이라 한다.
② 제조간접비배부액이 실제제조간접비보다 큰 경우를 과대배부라 한다.
③ 배부차이를 매출원가에서 전액 조정하는 경우 제조간접비 과소배부액은 매출원가에서 차감한다.
④ 제조간접원가 실제발생액은 제조간접원가(통제)계정의 차변에 집계된다.

해설
배부차이를 매출원가에서 전액 조정하는 경우 제조간접비 과소배부액은 매출원가에 가산한다.

65 ㈜발해는 제조간접비를 기계작업시간을 기준으로 배부한다. 2022년 초 제조간접비 예상액은 3,000,000원, 예상 기계작업시간은 30,000시간이다. 2022년 말 실제로 발생한 제조간접비는 2,800,000원, 실제 기계작업시간은 35,000시간이라고 할 때, 제조간접비 배부차이는 얼마인가?

[72회]

① 200,000원 초과배부 ② 200,000원 부족배부
③ 700,000원 초과배부 ④ 700,000원 부족배부

해설
• 제조간접비 배부율 = 제조간접비 예상액 3,000,000원 ÷ 예상 기계작업시간 30,000시간 = 100원/기계작업시간
• 제조간접비 배부액 = 실제기계작업시간 35,000시간 × 제조간접비 배부율 100원/기계작업시간 = 3,500,000원
∴ 제조간접비 배부차이 = 실제제조간접비 2,800,000원 − 제조간접비 배부액 3,500,000원 = 700,000원 초과배부

66 다음 중 개별원가계산에 대한 설명으로 틀린 것은?

[72회]

① 종류, 크기, 모양 등이 상이한 제품을 주문 등에 의하여 개별적으로 생산하는 기업이 사용하는 원가계산방식이다.
② 조선업, 건설업 등의 업종에 적합하다.
③ 재료비와 가공비에 대하여 완성품환산량을 사용하여 계산한다.
④ 다품종 소량생산하는 업종에 적합하다.

해설
완성품환산량을 이용하는 것은 종합원가계산의 특징이다.

67 ㈜손수는 2022년 한 해 동안 #1, #2, #3 세 가지 작업을 착수하였고, 작업별 실제발생원가와 실제발생기계시간은 다음과 같다. 완성된 세 가지 작업에 대하여 연말에 집계된 실제제조간접원가는 35,000원이다. 기계시간기준을 이용하여 배부하는 경우 각 작업에 배부되는 제조간접원가는 얼마인가?

[72회]

구 분	#1	#2	#3	합 계
직접재료원가	6,000원	5,000원	9,000원	20,000원
직접노무원가	7,000원	11,000원	22,000원	40,000원
기계시간	1,000시간	1,200시간	1,800시간	4,000시간

	#1	#2	#3
①	8,000원	10,000원	17,000원
②	8,750원	10,500원	15,750원
③	8,000원	9,000원	18,000원
④	6,000원	10,000원	19,000원

구 분		#1	#2	#3	합계
기계시간 기준	제조간접원가 배부율	25%	30%	45%	100%
	제조간접원가 배부액	8,750원	10,500원	15,750원	35,000원

68 다음 중 개별원가계산에 관한 설명으로 틀린 것은? [71회]

① 작업별 원가계산이라고도 하며 작업원가표를 통해서 원가를 집계한다.
② 작업별로 가공원가를 배부기준에 따라 배부하여야 한다.
③ 배부기준은 편리하게 적용가능한 방법으로 발생원인과의 인과관계를 고려하여야 한다.
④ 제조간접원가는 구분된 작업별 추적이 불가능하다.

해설

가공원가 중 직접노무원가는 직접원가로 원가파악이 쉽기 때문에 원가배부대상이 아니다.

69 ㈜백제는 직접노동시간을 기준으로 제조간접원가를 예정배부하고 있다. 당기의 제조간접원가 관련 자료가 다음과 같을 때 정상조업도는 몇 시간인가? [71회]

- 제조간접원가 예산액 : 500,000원
- 제조간접원가 실제발생액 : 420,000원
- 실제조업도(직접노동시간) : 4,000시간
- 제조간접비 배부차이 : 과소배부 20,000원

① 4,000시간
② 4,500시간
③ 5,000시간
④ 5,500시간

해설

- 예정배부율 = (실제발생액 420,000원 − 과소배부액 20,000원) ÷ 실제조업도 4,000시간 = 100원/시간
- ∴ 정상조업도 = 제조간접원가 예산액 500,000원 ÷ 예정배부율 100원 = 5,000시간

70 ㈜서울은 제조간접비를 직접노무시간 기준으로 배분하고 있다. 제조지시서 #2의 제조원가는 얼마인가? [71회]

- 당기 제조간접비 총액 : 1,200,000원
- 당기 직접노무시간 : 800시간
- 제조지시서 #2
  - 직접재료비 : 2,400,000원
  - 직접노무비 : 1,600,000원
  - 직접노무시간 : 700시간

① 4,000,000원
② 4,780,000원
③ 5,050,000원
④ 5,200,000원

해설
- 제조간접비 배부율 = 당기 제조간접비 1,200,000원 ÷ 당기 직접노무시간 800시간 = 1,500원/시간
- #2 제조간접비 배부액 = 직접노무시간 700시간 × 제조간접비 배부율 1,500원/시간 = 1,050,000원
- ∴ #2의 제조원가 = 직접재료비 2,400,000원 + 직접노무비 1,600,000원 + 제조간접비 1,050,000원 = 5,050,000원

71 ㈜고려는 정상개별원가계산을 이용한다. 제조간접원가(통제)계정의 차변금액이 20,000원만큼 더 크다. 배부차이를 원가요소별 비례배분법에 의하여 회계처리를 할 때 매출원가의 증감액은 얼마인가?

[70회]

	매출원가	기말제품	기말재공품	계
기말잔액	500,000원	300,000원	150,000원	950,000원
제조간접원가포함액	(20,000원)	(30,000원)	(50,000원)	(100,000원)

① 4,000원 감소   ② 4,000원 증가
③ 6,000원 감소   ④ 6,000원 증가

해설
- 제조간접원가(통제)계정의 차변금액이 20,000원만큼 더 크다는 것은 20,000원 과소배부된 것이다.
- ∴ 매출원가 = 과소배부액 20,000원 × 매출원가 중 제조간접비배부액 20,000원/제조간접비배부액 100,000원 = 4,000원 증가

	매출원가	기말제품	기말재공품	합계
기말잔액	500,000원	300,000원	150,000원	950,000원
제조간접원가포함액	(20,000원)	(30,000원)	(50,000원)	(100,000원)
과소배부액의 배분	4,000원	6,000원	10,000원	20,000원
조정 후 기말잔액	504,000원	306,000원	160,000원	970,000원

72 ㈜삼한은 제조간접비를 기계작업시간을 기준으로 배부한다. 2021년 초 예상 제조간접원가는 3,000,000원, 예상 기계작업시간은 30,000시간이다. 2021년 말 실제로 발생한 제조간접원가는 2,800,000원, 실제 기계작업시간은 35,000시간이라고 할 때, 제조간접원가 배부차이는 얼마인가?

[70회]

① 200,000원 과소배부   ② 200,000원 과대배부
③ 700,000원 과소배부   ④ 700,000원 과대배부

해설
- 제조간접원가 예정배부율 = 예상 제조간접원가 3,000,000원 ÷ 예상 기계작업시간 30,000시간 = 100원/기계작업시간
- 제조간접원가 예정배부액 = 실제 기계작업시간 35,000시간 × 예정배부율 100원/기계작업시간 = 3,500,000원
- ∴ 제조간접원가 배부차이 = 제조간접원가 예정배부액 3,500,000원 - 실제 제조간접원가 2,800,000원 = 700,000원 과대배부

CHAPTER
04 종합원가계산

01 종합원가계산의 의의

종합원가계산은 자동차, 전자제품 등 시장수요에 따라 동종제품을 계속·반복적으로 대량생산하는 기업에 적합한 원가계산방법이다. 종합원가계산은 그 특성상 동종 또는 유사한 제품을 연속적인 공정을 통해 대량생산하는 시스템에 적용되는 제품원가계산방법이므로 개별원가계산방법과는 대조를 이루고 있다.

종합원가계산은 제품별로 원가를 집계하는 것이 아니므로 직접원가와 간접원가로 구분할 필요가 없으며 대신 직접재료원가와 가공원가(직접노무원가 + 제조간접원가)로 분류하게 된다. 이는 개별원가계산은 원가대상에 대한 추적가능성을 중시하는 반면 종합원가계산에서는 원가의 변형과정을 중시하므로, 제조원가도 직접재료원가와 가공원가로 단순화시켜 제품원가계산을 신속하게 진행하기 때문이다.

02 종합원가계산의 특징

종합원가계산하의 특징은 다음과 같다.
① 연속적인 제조공정을 통해 동일 종류의 제품을 대량생산하는 업종에 적당하다.
② 제품단위원가(환산단위원가)를 산정해야 한다.
③ 제조원가를 직접재료원가와 가공원가(직접노무원가와 제조간접원가)로 분류해야 한다.
　　→ 이는 두 제조원가의 투입시기가 상이하기 때문인데, 원재료는 공정 초 또는 공정 말에 투입되는데 반해 일반적으로 가공원가는 공정진행에 따라 순차적으로 투입되기 때문에 노무원가와 제조간접원가는 전 공정을 통해 균등하게 발생하는 것으로 가정하기 때문이다.
④ 기말재공품의 평가가 특히 중요하다.
⑤ 공정별 원가통제가 용이하므로 책임회계에 적합하다.
⑥ 개별원가계산보다 상대적으로 복잡하지 않아 계산에 있어 수월하다.
⑦ 제조원가가 각 공정별로 집계되며, 그 공정을 통과한 제품단위에 원가를 배분한다.
⑧ 평균화과정으로 원가계산을 단순화시킬 수 있다.

03 종합원가계산의 절차

1. 종합원가계산의 5단계

종합원가계산은 다음과 같은 절차에 따라 계산하여야 한다.

> [1단계] **물량흐름을 요약**
> [2단계] 원가요소별(직접재료원가/가공원가)로 **완성품환산량을 계산**
> [3단계] 총원가를 요약하고 **배분대상원가를 결정**(기초재공품원가와 당기발생원가를 파악)
> [4단계] 원가요소별로 **완성품환산량의 단위당 원가를 계산**
> [5단계] 총원가를 **완성품원가와 기말재공품원가로 배분**

(1) 물량흐름 요약

각 공정별로 재공품계정의 총투입량과 총산출량을 파악한다. 이때 재공품 'T-계정'을 이용해서 물량의 흐름을 파악하면 계산이 편리해진다.

재공품(수량)

기초재공품수량	xxx	완성품수량*주)	xxx
당기착수량	xxx	기말재공품수량	xxx
총투입량	xxx	총산출량	xxx

*주) 선입선출법에서는 완성품수량이 '기초재공품'과 '당기착수완성품'으로 구분되어진다.

물량흐름파악에서는 기말재공품의 완성도를 고려할 필요없이 수량으로 파악하면 된다.

(2) 원가요소별 완성품환산량 계산

개별원가계산과는 달리 종합원가계산에서는 제조원가를 완성품과 기말재공품에 배부하기 위해 인위적인 배부기준이 필요한데 이때 사용하는 것이 '완성품환산량' 개념이다.

① 완성품환산량의 개념

  ㉠ **완성도** : 제조공정에서 수행해야 하는 전체적인 노력(원가의 투입)을 100%로 볼 때 가공대상물이 얼마나 완성되었는가를 나타내는 지표를 말한다. 20%, 50%, 80% 등으로 표시되어진다.

  ㉡ **완성품환산량** : 제조공정에 투입한 모든 노력의 정도를 그 기간 동안 제품을 완성하는 데에만 투입하였다면 완성되었을 완성품수량으로 나타낸 수치를 완성품환산량이라 한다. 즉, 각 공정의 완성품과 기말재공품을 완성품을 기준으로 환산할 경우 몇 개에 해당하는지를 나타내는 가상적인 수치를 의미한다. 예를 들어, 완성품 2단위와 기말재공품 2단위(50% 완성도)일 경우 완성품환산량은 다음과 같다.

> 완성품 2단위 + (기말재공품 2단위 × 50%) = 3단위

단순히 물량기준으로 봤을 때에는 4단위가 되지만, 완성품을 만들기 위해 투입된 원가의 정도를 보면 완성품 3단위가 완성됐으므로 완성품환산량은 3단위가 되는 것이다.
완성품환산량은 완성품과 기말재공품에 투입된 원가가 다르기 때문에 동일한 비중으로 원가배부를 할 수 없으므로 그 비중을 같게 하기 위해 인위적인 기준이 필요하게 된 것이다.

　ⓒ 완성품환산량의 산식

$$\text{완성품환산량} = \text{물량(수량)} \times \text{완성도(진척도)}$$

② 원가요소별 완성품환산량의 계산

직접재료원가, 가공원가 같은 원가요소별로 완성도가 다른 것이 일반적이므로(∵ 직접재료원가는 일반적으로 공정초에 전량 투입되고, 가공원가는 공정전반에 걸쳐 균등하게 발생된다) 완성품환산량도 원가요소별로 각각 계산하여야 한다.

- 평균법 = 완성품**총**환산량
- 선입선출법 = **당기**완성품환산량

(3) 원가요약

배분하려는 대상인 총원가는 원가흐름의 가정에 따라 원가요소별로 다음과 같이 다르게 적용하여야 한다.

- 평균법 = 기초재공품원가 + 당기투입원가 = 총원가
- 선입선출법 = **당기투입원가**

(4) 완성품환산량 단위당 원가 계산

원가요소별로 집계된 원가를(3) 완성품환산량(2)으로 나누어 단위당 원가를 계산한다.

- 평균법 = 총원가 ÷ 완성품**총**환산량
- 선입선출법 = **당기투입원가 ÷ 당기완성품환산량**

(5) 완성품원가와 기말재공품원가로 배분

기초재공품원가와 당기투입원가를 원가흐름의 가정에 따라 완성품과 기말재공품에 배분한다. 이때 [2단계]와 [4단계]에서 계산된 결과치를 그대로 이용한다. 완성품원가는 당기제품제조원가로 제품계정에 대체되고, 기말재공품원가는 차기의 기초재공품으로 이월된다.

04 기말재공품 평가방법(원가흐름 가정에 따른 원가계산과정)

종합원가계산에서는 기말재공품을 어떻게 평가하는가에 따라 완성품 원가가 결정된다. 그 평가방법에는 평균법, 선입선출법, 후입선출법 등이 있다. 이 중 한국채택국제회계기준에서는 평균법과 선입선출법을 인정하고 있다. 평균법과 선입선출법의 선택에 따라 '완성품환산량'에 차이가 발생하며 이는 배분할 원가의 금액이 달라져 '완성품원가'와 '기말재공품원가'가 달라지게 된다. 각 가정별로 사례를 통해 비교해 보기로 한다.

1. 평균법

(1) 가 정

기초재공품과 당기투입분의 원가가 비례적으로 기말재공품에 포함되어 있다고 가정하고 기말재공품을 평가한다. 따라서 기초재공품원가와 당기투입발생원가를 구분하지 않고 모두 합산해서 배부할 원가로 파악한다. 즉, 당기 이전에 이미 착수된 기초재공품(전기말 재공품)도 당기에 착수한 것과 동일하게 간주하므로 투입측면보다는 산출측면을 강조하는 가정이다.

평균법은 계산과정이 간단하지만, 전기작업분도 당기 완성품환산량에 포함되어 있으므로 당기의 성과를 독립적으로 평가하기에는 문제점이 있다.

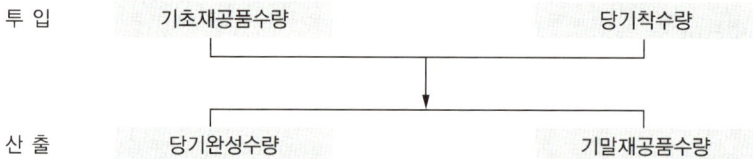

(2) 평가방법

- 완성품에 대한 **완성품환산량** = 완성품수량 × 100% = 완성품수량
- 기말재공품에 대한 **완성품환산량** = 기말재공품수량 × **가공원가 진척도**

※ '완성품'은 당해공정에서 생산이 완료된 것이므로 언제나 가공원가의 완성도(진척도)가 100%이다. 따라서 언제나 완성품수량과 완성품환산량은 동일하다. 그에 비해 '기말재공품'은 당해 공정에서 생산이 완료되지 않고 아직 가공 중에 있으므로 가공원가 완성도가 100%에 미치지 못한다.

※ '완성도(진척도)'란 완성품 1단위에 들어가는 원가가 몇 %나 투입되었는지를 나타내는 척도를 의미한다.

(기초재공원가 + 당기투입원가) ÷ (완성품수량 + 기말재공품환산량) = 환산량 단위당 원가 ········ [4단계]
∴ 기말재공품원가 = 환산량 단위당 원가 × 기말재공품 환산량 ····································· [5단계]

> **➕ 예제**
>
> **평균법에 의한 기말재공품과 완성품원가를 계산하라.**
>
> 1. 기초재공품 20,000개(가공원가 진척도 60%)
>   재료원가 80,000원
>   가공원가 10,000원
> 2. 당기투입량 70,000개
>   재료원가 460,000원
>   가공원가 154,000원
> 3. 기말재공품 10,000개(가공원가 진척도 20%)
> 4. 재료는 공사착수시점에 전량 투입된다.

┃ 정답 및 해설

[1단계] 물량흐름을 요약

재공품

기초재공품	20,000	**단기완성**	**80,000**	← 투입과 산출의 합이 같으므로 역산하여 계산
당기투입	70,000	기말재공	10,000 (20%)	
	90,000		90,000	

[2단계] 원가요소별(직접재료원가/가공원가)로 **완성품환산량 계산**

	수 량	완성품환산량 재료원가	완성품환산량 가공원가
완성품	80,000개	80,000개	80,000개
기말재공품(20%)	10,000개	10,000개	2,000개[*주]
		90,000개	82,000개

*주) 10,000개 × 20% = 2,000개 (기말재공품 완성품환산량)

[3단계] 총원가를 요약하고 **배분대상원가**를 결정(기초재공품원가와 당기발생원가를 파악)

	완성품환산량 재료원가	완성품환산량 가공원가
기초재공품	80,000원	10,000원
당기발생원가	460,000원	154,000원
	540,000원	164,000원

[4단계] 원가요소별로 **완성품환산량의 단위당 원가 계산**
① 재료원가의 완성품환산량 단위당 원가 = 540,000원 ÷ 90,000개 = @6
② 가공원가의 완성품환산량 단위당 원가 = 164,000원 ÷ 82,000개 = @2

[5단계] 총원가를 **완성품원가와 기말재공품원가로** 배분
① 완성품원가 = (80,000개 × @6) + (80,000개 × @2) = **640,000원**
② 기말재공품원가 = (10,000개 × @6) + (2,000개 × @2) = **64,000원**

2. 선입선출법

(1) 가 정

전기에 착수한 기초재공품이 당기에 착수한 제품보다 먼저 생산되어 완성된다고 가정하고 기초재공품원가를 먼저 완성품원가에 배부한 후에 당기투입원가를 완성품원가와 기말재공품에 배부하는 방법이다. 따라서 선입선출법에서는 기말재공품의 원가는 모두 당기투입원가로만 구성되어 있다.

완성품환산량이 당기 중의 완성된 완성품으로만 구성되므로 당기의 성과를 전기의 성과와 구분하여 독립적으로 평가할 수 있기 때문에 내부관리의 계획과 통제목적상 평균법보다는 우수하다고 볼 수 있다.

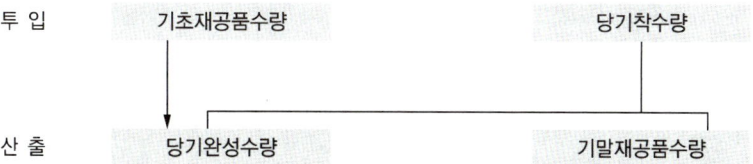

(2) 평가방법

물량의 흐름 파악시 다음과 같이 세 가지 물량을 파악해야 한다.

① 기초재공품

② 당기에 착수하여 당기에 완성한 제품

③ 기말재공품

당기투입원가 ÷ 당기완성품환산량(완성품수량 − 기초재공품환산량 + 기말재공품환산량)

= 환산량 단위당 원가 ··· [4단계]

∴ 기말재공품원가 = 환산량 단위당 원가 × 기말재공품 환산량 ······························· [5단계]

➕ 예제

선입선출법에 의한 기말재공품과 완성품원가를 계산하라.

1. 기초재공품 20,000개(가공원가 진척도 60%)
   재료원가 80,000원
   가공원가 10,000원
2. 당기투입량 70,000개
   재료원가 460,000원
   가공원가 154,000원
3. 기말재공품 10,000개(가공원가 진척도 20%)
4. 재료는 공사착수시점에 전량 투입된다.

▍정답 및 해설

[1단계] 물량흐름을 요약

재공품					
기초재공품	20,000	(60%)	당기완성	80,000	
당기투입	70,000		기말재공	10,000	(20%)
	90,000			90,000	

[2단계] 완성품환산량 계산

		수 량	완성품환산량	
			재료원가	가공원가
완성품	기초재공품	20,000개	0(전기투입완료)	8,000개*주1)
	당기투입	60,000개	60,000개	60,000개
기말재공품(20%)		10,000개	10,000개	2,000개*주2)
			70,000개	70,000개

*주1) 20,000개 × (1 − 60%) = 8,000개 (기초재공품 완성품환산량)

*주2) 10,000개 × 20% = 2,000개 (기말재공품 완성품환산량)

[3단계] 총원가를 요약하고 **배분대상원가를 결정**(기초재공품원가와 당기발생원가를 파악)

• 당기발생원가의 계산

① 재료원가 = 460,000원

② 가공원가 = 154,000원

※ 기초재공품원가는 전액 완성품원가로 직행하여 배분한다.(∵ 선입선출법가정)

[4단계] 원가요소별로 **완성품환산량의 단위당 원가 계산**
① 재료원가의 완성품환산량 단위당 원가 = 460,000원 ÷ 70,000개 = 약 @6.57
② 가공원가의 완성품환산량 단위당 원가 = 154,000원 ÷ 70,000개 = @2.2

[5단계] **총원가를 완성품원가와 기말재공품원가로 배분**
- 완성품원가(① + ② + ③) = 633,800원
  ① 기초재공품원가 : 80,000 + 10,000 = 90,000
  ② 기초재공품 당기완성분 : 8,000개 × @2.2 = 17,600
  ③ 당기투입 당기완성분 : (60,000개 × @6.57) + (60,000개 × @2.2) = 526,200
- 기말재공품원가 = (10,000개 × @6.57) + (2,000개 × @2.2) = 70,100원

➕ 더 알아두기

기초재공품이 없는 경우

기초재공품이 없는 경우에는 평균법과 선입선출법의 결과가 동일하다. 왜냐하면 배분대상이 되는 모든 원가가 당기발생원가로만 이루어져 있기 때문이다.

또한, 적시재고시스템(JIT) 및 공정의 자동화가 구축되어 기말재고가 현저히 낮아지게 될 때에도 평균법과 선입선출법의 결과차이가 거의 없어지게 된다.

3. 평균법과 선입선출법의 비교

평균법과 선입선출법을 비교하면 다음과 같다.

구 분	평균법	선입선출법
기본가정	기초재공품도 당기 중에 작업착수됨	전기발생원가는 전기에, 당기발생원가만 당기분에 투입됨
[1단계] 물량흐름파악	재공품(수량) 기초재공품수량 / 당기착수량 | 완성품수량 / 기말재공품수량	재공품(수량) 기초재공품수량 / 당기착수량 | **기초재공품수량 / 당기착수완성품수량** / 기말재공품수량
[2단계] 완성품환산량	당기까지의 작업분 = **완성품수량** + (기말재공품수량 × 기말재공품완성도)	당기까지의 작업분 = **기초재공품수량 × (1 − 기초재공품진척도) + 당기착수완성품수량** + (기말재공품수량 × 기말재공품완성도)
[3단계]원가요약	총원가(= 기초재공품원가 + 당기투입원가)	당기투입원가(only)
[4단계] 단위당 원가	총원가 ÷ 완성품환산량(당기까지작업분)	당기투입원가 ÷ 완성품환산량(당기 중 작업분)
[5단계] 완성품원가	Σ원가요소별(완성품환산량 × 단위당 원가)	기초재공품원가 + 당기완성한 기초재공품에 투입한 원가 + 당기착수완성품원가
[5단계] 기말재공품원가	Σ기말재공품 원가요소별(완성품환산량 × 단위당 원가)	건물 점유면적, 건물가액

05 복수의 공정이 있는 경우 종합원가계산

1. 의 의

대부분의 제조기업에서는 둘 이상의 연속된 제조공정을 통해 최종완성품을 생산한다. 이처럼 복수의 공정을 통해 제품이 완성되는 종합원가계산을 '복수공정 원가계산', 또는 '공정별 원가계산'이라고 한다. 복수공정 원가계산의 핵심은 '전공정대체원가'와 '자체공정원가(자공정원가)'를 구분하여 정확하게 계산하는 것이다.

2. 원가흐름

연속되는 제조공정에서 공정별 원가흐름은 다음과 같다.

[물량흐름]

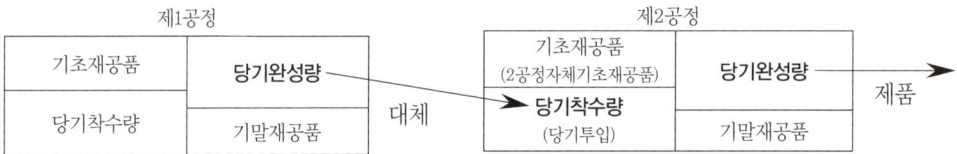

[원가흐름]

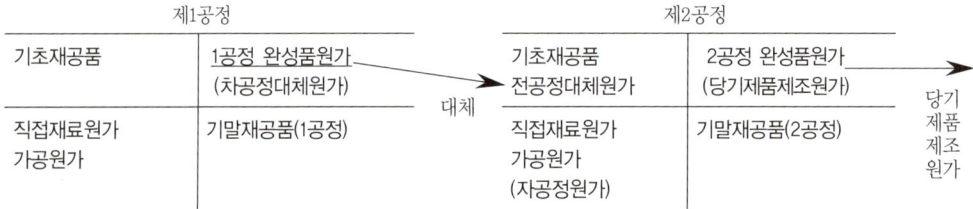

즉, 앞에서 학습한 단공정(하나의 공정) 종합원가계산 방법에 의해 1공정에 대한 완성품에 대한 물량과 완성품원가(차공정대체원가)를 구한 후 이를 2공정으로 대체한다.

2공정에서는 원가요소를 기초재공품원가, 전공정대체원가, 직접재료원가, 가공원가로 구분한 후 1공정과 동일한 방법으로 원가를 계산하면 된다. 특별한 언급이 없는 한 전공정대체원가의 완성도는 공정초에 전량 투입되는 재료와 동일하게 처리하면 된다.

➕ 예제

다음과 같이 복수의 공정이 있는 경우 2공정의 평균법과 선입선출법에 의한 기말재공품과 완성품원가를 각각 계산하라.

20x3년 9월 중 2공정에서 발생된 활동 및 관련원가는 다음과 같다.

- 9월 초 기초재공품 10,000개(가공원가 진척도 30%)
- 2공정에서 원재료는 공정 말에 전량 투입되며, 가공원가는 2공정 전반에 걸쳐 균등하게 발생된다.
- 9월 중 1공정에서 대체된 20,000개의 전공정대체원가는 40,000원이다.
- 기말재공품재고는 15,000개가 남아 있는데, 가공원가는 80% 진척된 상태이다.

- 원가별 요소는 다음과 같다.

구 분	전공정원가	직접재료원가	가공원가
기초재공품원가	20,000	0	17,900
당월투입원가	40,000	22,500	28,000

▌정답 및 해설

(평균법)

[1단계] 물량흐름을 요약

재공품

기초재공품	10,000	(30%)	당기완성	15,000	
당기투입	20,000		기말재공품	15,000	(80%)
	30,000			30,000	

[2단계] 완성품환산량 계산

	수 량	완성품환산량		
		전공정비	재료원가	가공원가
당기완성	15,000	15,000	15,000	15,000
기말재공품(80%)	15,000	15,000	0	12,000
	30,000	30,000	15,000	27,000

[3단계&4단계] 총원가를 요약하고 **배분대상원가를 결정**하고 원가요소별로 **완성품환산량**의 **단위당 원가 계산**

	총투입원가와 완성품환산량 단위당 원가			
	전공정비	재료원가	가공원가	총 계
기초재공품	20,000	0	17,900	37,900
당기투입원가	40,000	22,500	28,000	90,500
총투입원가	60,000	22,500	45,900	128,400
완성품환산량	÷ 30,000	÷ 15,000	÷ 27,000	
단위당 원가	@2	@1.5	@1.7	

[5단계] 총원가를 완성품원가와 기말재공품원가로 배분

1. 완성품원가 = 15,000 × (@2 + @1.5 + @1.7) = 78,000
2. 기말재공품원가(① + ② + ③) = 30,000 + 0 + 20,400 = 50,400
   - ① 전공정대체원가 = 15,000 × @2 = 30,000
   - ② 직접재료원가 = 0
   - ③ 가공원가 = 12,000 × @1.7 = 20,400
∴ 총배분원가 = 78,000 + 50,400 = 128,400

(선입선출법)

[1단계] 물량흐름을 요약

재공품

기초재공품	10,000 (30%)	기초재공품완성	10,000	
		당기착수완성	5,000	
당기투입	20,000	기말재공	15,000 (80%)	
	30,000		30,000	

[2단계] 완성품환산량 계산

	수 량	전공정비	재료원가	가공원가
			완성품환산량	
기초재공품완성(30%)	10,000	0	10,000	7,000
당기착수완성	5,000	5,000	5,000	5,000
기말재공품(80%)	15,000	15,000	0	12,000
	30,000	20,000	15,000	24,000

[3단계&4단계] 총원가를 요약하고 배분대상원가를 결정하고 원가요소별로 완성품환산량의 단위당 원가 계산

	전공정비	재료원가	가공원가	총 계
		총투입원가와 완성품환산량 단위당 원가		
기초재공품	20,000	0	17,900	37,900
당기투입원가(①)	40,000	22,500	28,000	90,500
총투입원가	60,000	22,500	45,900	128,400
당기투입원가(①)	40,000	22,500	28,000	
완성품환산량	÷ 20,000	÷ 15,000	÷ 24,000	
단위당 원가	@2	@1.5	≒@1.167	

[5단계] 총원가를 완성품원가와 기말재공품원가로 배분

1. 완성품원가 = 37,900(기초재공품원가) + (5,000 × @2) + (15,000 × @1.5) + (12,000 × @1.167) ≒ **84,400**
2. 기말재공품원가(① + ② + ③) = 30,000 + 0 + 14,000 = **44,000**
   ① 전공정대체원가 = 15,000 × @2 = 30,000
   ② 직접재료원가 = 0
   ③ 가공원가 = 12,000 × @1.167 ≒ 14,000
∴ 총배분원가 = 84,400 + 44,000 = 128,400

06 공손품이 있는 종합원가계산

1. 공손품

품질이나 규격이 미리 정한 일정수준에 미달하는 불합격품을 공손품이라 한다. 공손품은 작업자의 실수, 원자재의 불량, 기계결함 등으로 인해 발생되며, 크게 정상공손품과 비정상공손품으로 구분한다.

① **정상공손**

제조공정에서 불가피하게 발생하는 공손으로서 능률적인 생산조건하에서도 기업이 특정생산방법을 선택한 결과로 발생하게 되는 것을 말한다. 제품을 생산하기 위해 반드시 필요한 과정이므로 정상품원가인 '**기말재공품**' 및 '**완성품 원가**'에 포함시킨다.

② **비정상공손**

작업의 효율성을 높일 경우 발생을 방지할 수 있는 불필요한 공손으로서 단기적으로 통제가 가능한 공손을 말한다. 정상품제조와 관련없이 발생하였으므로 비정상공손원가는 정상품원가에 포함하지 않고 생산기간의 '**영업외비용**'으로 처리한다.

2. 정상공손수량과 비정상공손수량 파악

정상공손이나 비정상공손은 실무적으로 그 구분이 어렵기 때문에 과거경험치 등을 고려하여 공손에 대한 정상적인 허용한도(= 정상공손허용률)를 설정하여 허용한도 내에서 발생하는 공손을 정상공손, 허용한도를 초과하여 발생하는 공손을 비정상공손으로 처리한다.

검사를 받는 기준금액에 따라 다음과 같이 구분하여 적용한다.

(1) 정상공손허용량

① 검사시점 통과기준(품질검사합격수량 기준)

당기 중 검사를 받은 정상품(양품)의 일정비율까지를 정상공손허용량으로 본다.

> **정상공손허용량 = 당기 중 검사를 통과한(합격한) 정상품 × 정상공손허용률**

② 검사시점 도달기준(품질검사대상수량 기준)

당기 중 검사를 받은 총수량의 일정비율까지를 정상공손허용량으로 본다. 이 방법의 경우 검사시점의 총수량을 기준으로 하기 때문에 정상공손수량을 파악하는데 비정상공손품이 포함되는 문제점이 발생한다.

> **정상공손허용량 = 당기 중 검사를 받은 정상품*[주] × 정상공손허용률**

*[주] 당기 중 검사를 받은 정상품과 공손수량의 합을 말한다.

③ 원가흐름과 정상공손수량과의 관계

원가흐름의 가정(평균법, 선입선출법)과는 상관없이 정상공손수량은 실제의 물량흐름에 따라 계산하면 된다. 왜냐하면, 정상공손수량의 물량파악은 원가흐름의 가정에 따라 원가배분을 하기 전단계에서 하므로 평균법이나 선입선출법의 가정 선택의 문제는 물량파악 이후의 문제일 뿐이다. 따라서 실제물량흐름인 선입선출법에 따라 파악하면 된다.

(2) 공손품회계의 기본과정

① 공손은 검사시점에서 일시에 발생하고, 검사시점 이후에는 발생하지 않는다. 따라서 검사시점과 공손의 완성도는 일치한다.

② 실제물량흐름인 선입선출법에서 공손품은 모두 당기에 착수된 물량에서 발생한 것으로 보고 원가계산을 한다. 이는 기초재공품과 당기분 공손품을 구분하기 번거로우므로 계산의 편의를 위해 이렇게 가정하는 것이다(비용대비 효익 기준).

3. 정상공손원가의 배분문제

정상공손의 배분은 검사시점에 따라 다음과 같이 두 가지 방법으로 구분한다.

(1) 정상공손원가를 완성품원가에만 포함시키는 경우

공손품 검사시점이 기말재공품 완성도 이후인 경우 해당한다. 이 경우 공손품은 기말재공품과는 관계없이 모두 완성품에서만 발생한 것이다. 따라서 공손품 원가는 모두 완성품에만 부담시키면 된다.

(2) 정상공손원가를 완성품과 기말재공품에 포함시키는 경우

공손품 검사시점이 기말재공품 완성도 이전인 경우에 해당한다. 이때 기초재공품이 전기에 검사시점을 통과했는지, 아니면 당기에 검사시점을 통과했는지에 따라 다르게 배분한다.

① 기초재공품이 전기에 검사시점을 통과한 경우

기초재공품이 전기에 검사시점을 통과한 경우, 다음의 비율로 완성품과 기말재공품에 재배분한다.

평균법	전기정상공손원가와 당기정상공손원가의 합계를 **당기완성량 : 기말재공품수량** 비율로 재배분
선입선출법	당기정상공손원가를 **당기착수완성량 : 기말재공품수량** 비율로 재배분

② 기초재공품이 당기에 검사시점을 통과한 경우

기초재공품이 당기에 검사시점을 통과한 경우, 다음의 비율로 완성품과 기말재공품에 재배분한다.

평균법	당기정상공손원가를 **당기완성량 : 기말재공품수량** 비율로 재배분
선입선출법	당기정상공손원가를 **당기완성량 : 기말재공품수량** 비율로 재배분

기초재공품이 당기에 검사시점을 통과하게 되면 기초재공품과 당기착수완성품의 구분이 필요없으므로 평균법과 선입선출법의 재배분 비율은 동일하게 된다. 그러나 그 금액은 다르게 산출될 수 있다.

➕ 예제

㈜위드는 종합원가계산제도를 적용하고 있으며 다음과 같은 조건으로 생산하고 있다.

- 공손수량 : 450개
- 당기착수량 : 3,500개
- 기초재공품 : 1,000개(30% 완성)
- 기말재공품 : 2,000개(70% 완성)
- 정상공손은 검사를 통과한 합격품의 10%이다.

▌요구사항

검사시점 20%, 40%, 100%일 경우 각각의 정상공손수량과 비정상공손수량을 구하라.

정답 및 해설

[1단계] 물량흐름을 요약

재공품

기초재공품	1,000	(30%)	당기완성	2,050	
당기착수량	3,500		공손수량	450	
			기말재공	2,000	(70%)
	4,500			4,500	

[2단계] 당기검사합격품 수량 계산

	수 량	검사시점 20%	검사시점 40%	검사시점 100%
기초재공(30%)-완성품	1,000개	0	1,000	1,000
당기착수-완성품	1,050개	1,050	1,050	1,050
기말재공품(70%)	2,000개	2,000	2,000	0
합격품수량		3,050	4,050	2,050
정상공손수량(합격품의 10%)①		305	405	205
비정상공손수량③(= ② - ①)		145	45	245
공손수량합계②		450	450	450

4. 작업폐물

제품의 제조과정에서 발생한 원재료의 부스러기를 작업폐물이라 한다. 작업폐물이 발생하면 그 평가액만큼 제조원가를 감소시켜야 하는데, 작업폐물이 특정작업으로 추적이 가능하면 해당 작업의 제조원가 즉 직접재료원가에서 차감하고, 특정작업으로 추적이 불가능한 경우에는 제조경비에서 차감한다. 작업폐물과 공손품은 다른 개념이라는 것을 주의해야 한다.

예 기계제조업에서 철판조각이나 쇳가루 등

5. 감 손

제품의 제조과정 중에 증발, 분산, 가스화, 연기화 등으로 원재료가 소실되거나 제품화 되지 않는 것을 말한다. 감손이나 작업폐물 모두 제조활동에서 발생한 찌꺼기라는 점에서는 유사하지만, 작업폐물은 감손에 비해 매각가치가 비교적 적지만 가치가 있다는 점에서 구분된다.

04 단원별 기출문제

01 다음 중 공손에 관한 설명으로 올바른 것은? [85회]

① 정상공손은 양질의 제품을 생산하는 과정에 불가피하게 발생하는 공손을 말하는 것으로 정상 공손원가는 검사합격 물량 원가에 미포함시킨다.

② 비정상공손원가는 정상품과 관련이 없으므로 자산으로 처리한다.

③ 공손품이 순실현가치를 가지는 경우에 공손품의 순실현가치를 공손원가에서 차감하여 공손품 비용이라는 비용계정으로 기록한다.

④ 공손품은 검사시점에 발견되어 더 이상 가공되지 않기 때문에 공손품의 가공원가 완성도는 검사시점의 완성도로 한다.

해설

① 정상공손은 양질의 제품을 생산하는 과정에서 불가피하게 발생하는 공손을 말하는 것으로 정상공손원가는 검사 합격 물량 원가에 포함시킨다.

② 비정상공손원가는 정상품과 관련이 없으므로 기타 비용으로 처리한다.

③ 공손품이 순실현가치를 가지는 경우에 공손품의 순실현가치를 공손 원가에서 차감하여 공손품이라는 자산계정으로 기록한다.

02 ㈜공원의 재료비와 가공비는 공정 전반에 걸쳐 투입하여 선입선출법에 의한 종합원가계산을 사용한다. 품질검사는 공정의 50% 시점에서 이루어지며 정상공손은 검사를 통과한 합격품의 5%일 때, 비정상공손품의 수량은 몇 개인가? [85회]

- 기초수량 : 50,000개(완성도 20%)
- 착수수량 : 100,000개
- 완성품 수량 : 100,000개
- 기말수량 : 40,000개(완성도 70%)

① 3,000개 ② 5,000개
③ 7,000개 ④ 10,000개

해설

- 총 공손 수량 = 기초수량 50,000개 + 착수수량 100,000개 − 완성품수량 100,000개 − 기말수량 40,000개
  = 10,000개
- 정상공손 수량 = [완성품 수량(100%) 100,000개 + 기말수량(70%) 40,000개] × 5% = 7,000개
※ 공정률 50% 시점에서 품질검사가 진행되므로 70%의 공정률을 보이는 기말수량도 검사가 진행되었다.
∴ 비정상공손 수량 = 10,000개 − 7,000개 = 3,000개

01 ④ 02 ① **정답**

03 다음의 자료를 이용하여 선입선출법에 의한 완성품환산량을 계산하면 몇 개인가?　[85회]

> • 평균법에 의한 완성품환산량 : 100개
> • 평균법에 의한 기초재공품 완성품환산량 : 30개
> • 평균법에 의한 기말재공품 완성품환산량 : 50개

① 50개　　　　　　　　　　② 70개
③ 100개　　　　　　　　　④ 120개

해설

선입선출법에 의한 완성품환산량 = 평균법에 의한 완성품환산량 100개 − 평균법에 의한 기초재공품 완성품환산량 30개 = 70개

04 ㈜건국은 선입선출법으로 종합원가계산을 하고 있다. 다음 중 2024년도 기말재공품 완성도가 과소평가될 경우 원가계산에 미치는 영향으로 틀린 것은?　[85회]

① 당기완성품원가가 과대평가된다.
② 완성품환산량의 단위당 원가는 과대평가된다.
③ 기말재공품의 완성품환산량이 과소계상된다.
④ 손익계산서상 매출원가는 과소평가된다.

해설

손익계산서상 매출원가는 과대평가된다.

05 다음 중 종합원가계산에 관한 설명으로 틀린 것은?　[85회]

① 완성품환산량은 선입선출법보다 평균법이 항상 크거나 같다.
② 평균법에서는 기초재공품의 완성도를 알 수 없어도 완성품환산량 계산을 할 수 있다.
③ 원재료 구입가격이 상승하는 경우, 평균법보다 선입선출법에서 이익이 크게 나타난다.
④ 원가집계 시 평균법은 당기 발생한 원가만을 직접재료비와 가공비로 각각 집계한다.

해설

평균법의 경우 기초재공품에 포함된 원가와 당기에 발생한 원가를 모두 당기에 발생한 원가로 가정하여 집계하며, 선입선출법의 경우 기초재공품에 포함된 원가는 당기 완성품원가에 포함시키며, 당기에 발생한 원가만 직접재료비와 가공비로 각각 집계한다.

06 ㈜한양의 재료비는 기초시점에 투입하고 가공비는 공정 전반에 걸쳐 투입하여 종합원가계산을 사용한다. 다음 자료를 이용하여 선입선출법에 의한 완성품원가를 계산하면 얼마인가? [85회]

구 분	수 량	완성도	재료비	가공비
기초재공품	2,000개	70%	400,000원	500,000원
당기투입비용	8,000개		2,160,000원	1,600,000원
기말재공품	3,000개	80%		

① 1,200,000원 ② 2,470,000원
③ 2,870,000원 ④ 3,370,000원

해설

[1단계] 완성품 환산량 계산

구 분		물량의 흐름		재료비	가공비
	기초 재공품	2,000단위	(70%)	0	600단위
완성품	당기 착수량	5,000단위		5,000단위	5,000단위
	기말 재공품	3,000단위	(80%)	3,000단위	2,400단위
				8,000단위	8,000단위

[2단계] 원가요소별 단위당 원가계산
• 재료비 = 2,160,000원 ÷ 8,000단위 = 270원/단위
• 가공비 = 1,600,000원 ÷ 8,000단위 = 200원/단위

총원가의 배분
∴ 완성품 원가 = (400,000원 + 500,000원) + (5,000단위 × 270원 + 5,600단위 × 200원) = 3,370,000원
※ 기말재공품 원가 = 3,000단위 × 270원 + 2,400단위 × 200원 = 1,290,000원

07 ㈜부산은 제품제조원가 계산에 종합원가계산을 적용하고 있다. 2024년 5월 제조와 관련하여 차후 검토 결과 월말 재공품의 완성도가 80%이었으나 30%로 잘못 적용하여 계산하는 오류가 발생하였다. 이러한 오류가 완성품환산량, 완성품환산량 단위당 원가, 완성품원가에 각각 미치는 영향으로 옳은 것은? [84회]

	완성품환산량	완성품환산량 단위당 원가	완성품원가
①	과 소	과 대	과 대
②	과 소	과 소	과 소
③	과 대	과 대	과 대
④	과 대	과 소	과 소

해설

기말재공품의 완성도 적용 오류이므로 평균법 또는 선입선출법 여부와 관계없이 동일한 결과를 나타낸다. 완성품환산량은 과소계상되며, 따라서 완성품환산량 단위당 원가는 과대, 완성품원가도 과대계상된다.

08 다음 중 공손 및 작업폐물에 대한 설명으로 틀린 것은? [84회]

① 공손품은 모두 당기에 착수한 물량에서 발생한 것으로 보아 원가를 계산한다.
② 공손은 검사 시점에 일시에 발생한다.
③ 생산기준법에서 작업폐물은 순실현가치를 제조원가 또는 제조경비에서 차감한다.
④ 정상공손은 제품생산을 위하여 불가피하게 발생한 것으로 제품 원가에서 차감한다.

해설

정상공손은 제품생산을 위하여 불가피하게 발생하는 것으로 합격물량(기말재공품과 완성품)의 원가에 포함되어야 한다.

09 ㈜울산은 평균법에 의한 종합원가계산을 채택하고 있다. 재료원가와 가공원가는 공정 전반에 걸쳐 발생하고, 기초재고는 없다. 다음 자료를 바탕으로 기말재공품의 재료원가 완성품환산량과 가공원가 완성품환산량의 합계 수량은 얼마인가? [84회]

- 당기착수량 : 100,000개
- 기말재공품수량 : 40,000개(완성도 : 재료원가 70%, 가공원가 20%)

① 8,000개   ② 28,000개
③ 36,000개   ④ 40,000개

해설

- 기말재공품의 재료원가 완성품환산량 = 기말재공품 40,000개 × 완성도 70% = 28,000개
- 기말재공품의 가공원가 완성품환산량 = 기말재공품 40,000개 × 완성도 20% = 8,000개
- ∴ 기말재공품 완성품환산량 합계 수량 = 재료원가 28,000개 + 가공원가 8,000개 = 36,000개

10 다음은 ㈜강원의 2024년 2월 제품생산과 관련된 자료이다. ㈜강원은 종합원가계산제도를 채택하고 있으며, 직접재료는 작업 착수 시점에 전량 투입되며, 가공원가는 공정의 진행 정도에 따라 균등하게 발생한다. 또한 완성품환산량 단위당 재료원가와 가공원가는 5 : 4의 비율로 구성되어 있다. 아래의 자료를 이용하여 당기 재료원가 완성품 수량을 계산하면 몇 단위인가?(단, 기초재공품은 없다)

[84회]

- 2월 직접재료 소비액 : 855,000원
- 2월 가공원가 발생액 : 570,000원
- 2월 말 재공품 수량 : 2,500단위(완성도 40%)
- 완성품환산량 단위당 원가 : 171원

① 2,500단위   ② 6,000단위

③ 6,500단위   ④ 9,000단위

해설

- 완성품환산량 단위당 원가 171원이 [재료원가 5 : 가공원가 4] 비율이므로 각각의 단위당 원가는 아래와 같다.
  - 재료원가 완성품환산량 단위당 원가 = 171원 × 5/9 = 95원
  - 가공원가 완성품환산량 단위당 원가 = 171원 × 4/9 = 76원
- 주어진 소비액(발생액)을 완성품환산량 단위당 원가로 나누어 완성환산량을 구하면 아래와 같다.
  - 재료원가 완성품환산량 = 855,000원 ÷ 95원 = 9,000단위
  - 가공원가 완성품환산량 = 570,000원 ÷ 76원 = 7,500단위

∴ 재료원가 완성품 수량 = 완성품환산량 9,000단위 − 기말수량 2,500단위 = 6,500단위

※ 직접재료는 공정초기 전량 투입되므로 미완성된 기말수량의 100%만큼 환산량에서 차감한다.

11 다음 중 종합원가계산에 대한 설명으로 틀린 것은?

[84회]

① 평균법 완성품환산량은 총원가에 대하여 계산되고, 선입선출법 완성품환산량은 당기발생원가로 이루어진 작업량만으로 계산된다.

② 기초(기말)재공품의 완성도를 두 가지로 제시한 경우 기초(기말)재공품을 완성도별로 구분해서 완성품환산량을 계산한다.

③ 평균법 완성품환산량은 기말재공품 완성품환산량과 선입선출법 완성품환산량을 합한 수량이다.

④ 선입선출법은 전기의 작업능률과 당기의 작업능률을 구분하므로 원가 통제상 유용한 정보를 제공한다.

해설

평균법 완성품환산량은 기초재공품 완성품환산량과 선입선출법 완성품환산량을 합한 수량이다.

12 ㈜서울은 선입선출법하의 종합원가계산을 적용하고 있다. 재료는 공정이 시작되는 시점에 전량 투입되며, 가공원가는 공정 진행에 따라 균등하게 발생한다. 다음 자료를 이용하여 재료원가와 가공원가의 당기 완성품환산량을 계산하면 각각 몇 개인가? [83회]

- 기초재공품 : 200개(40%)
- 기말재공품 : 500개(50%)
- 당기완성품 : 1,000개

	재료원가	가공원가
①	1,300개	1,100개
②	1,300개	1,170개
③	1,400개	1,200개
④	1,400개	1,250개

해설

구 분	물량단위	완성도	재료원가	가공원가
기초재공품 수량	200개			
당기투입수량	1,300개			
합 계	1,500개			
당기완성				
기초분	200개	40%	–	120개
당기분	800개	100%	800개	800개
기말재공품	500개	50%	500개	250개
합 계	1,500개		1,300개	1,170개

13 다음 중 제품의 제조원가 항목에 해당하는 경비는 무엇인가? [83회]

① 작업폐물 처분이익   ② 본사사무실 통신비
③ 정상공손원가   ④ 영업직 사원의 급여

해설
- 작업폐물 처분이익은 영업외수익으로 처리한다.
- 본사사무실 통신비와 영업직 사원의 급여는 판매비와관리비이다.

14 ㈜대전의 2023년의 종합원가계산 관련 자료가 다음과 같고, 공손검사는 공정의 완료 시점에서 이루어진다. 아래 자료와 관련하여 ㈜대전이 2023년에 인식할 완성품의 제조원가는 얼마인가?(단, 기초제품재고는 없다) [83회]

- 당기완성품수량 : 1,000단위
- 완성품제조원가 : 1,800,000원
- 공손품수량 : 150단위
- 비정상공손원가 : 100,000원
- 기말재공품 : 200단위(완성도 70%)
- 재공품원가 : 400,000원
- 정상공손원가 : 200,000원

① 1,300,000원
② 1,400,000원
③ 1,800,000원
④ 2,000,000원

해설

- 완성품의 제조원가 = 완성품제조원가 1,800,000원 + 정상공손원가 200,000원 = 2,000,000원
- ※ 기말재공품 완성도는 검사시점에 도달하지 못했으므로 정상공손원가는 전액 제품에만 배부된다.

15 다음 중 종합원가계산에 대한 설명으로 올바른 것을 모두 고른 것은? [83회]

가. 전공정원가에 대한 완성품환산량은 공정 초기(0% 시점)에 투입되는 재료원가처럼 계산한다.
나. 정상공손수량은 평균법과 선입선출법이 동일하게 계산된다.
다. 정상공손원가의 배분기준으로 검사시점을 통과한 합격품의 물량을 사용하는 것이 타당하다.
라. 작업단위별로 작성되는 작업지시서로 원가가 집계되며, 각 제품에 부과되며 계산된다.

① 가
② 가, 나
③ 가, 나, 다
④ 가, 나, 다, 라

해설

(라)는 개별원가계산에 대한 설명이다.

16 다음 설명 중 틀린 것은? [83회]

① 감손은 제조과정에서 여러 이유로 공정에 투입된 원재료의 수량이 감소하는 손실로 잔존가치가 존재한다.

② 작업폐물은 투입된 원재료로부터 발생하는 찌꺼기나 조각을 말하며, 잔존가치가 상대적으로 작다.

③ 정상공손은 생산과정에서 합격품을 만드는 과정에서 어쩔 수 없이 발생하는 공손을 말하며, 검사시점에 따라 완성품, 기말재공품에 배분한다.

④ 부산물은 주산물의 생산과정에서 부수적으로 발생하는데, 주산물의 수익에 비해 적은 수익을 창출한다.

해설

감손은 제조과정에서 여러 이유로 공정에 투입된 원재료의 수량이 감소하는 손실로 잔존가치가 전혀 없다.

17 2023년도에 생산을 개시한 ㈜대구의 2023년 생산내역은 다음과 같다. 모든 제조원가(재료원가, 가공원가)가 공정 전반에 걸쳐 균등하게 투입되는 것으로 할 때, 완성품환산량 단위당 원가가 320원이라면 기말재공품의 완성도는 얼마인가? [83회]

- 당기 착수량 : 2,000단위
- 완성품수량 : 1,200단위
- 당기투입원가 : 480,000원

① 25% 　　　　　　　　　② 37.5%

③ 50% 　　　　　　　　　④ 62.5%

해설

- 완성품환산량 = 당기투입원가 480,000원 ÷ 단위당 원가 320원 = 1,500단위
- 기말재공품 완성품환산량 = 완성품환산량 1,500단위 − 완성품수량 1,200단위 = 300단위
- 기말재공품수량 = 당기 착수량 2,000단위 − 완성품수량 1,200단위 = 800단위
- ∴ 기말재공품 완성도 = 기말재공품 완성품환산량 300단위 ÷ 기말재공품수량 800단위 = 37.5%

18 ㈜원주는 헤어드라이기를 제조 판매하는 회사로 평균법에 의한 종합원가계산제도를 채택하고 있다. 직접재료는 공정의 50% 시점에서 전량 투입되고, 가공원가는 공정 전체를 통하여 균등하게 발생한다. 기말재공품원가는 얼마인가? [82회]

- 기초재공품 : 2,000개(완성도 70%)
- 당기착수량 : 18,000개
- 당기발생원가 : 재료원가 190,000원, 가공원가 224,000원
- 기말재공품 : 1,000개(완성도 60%)
- 당기완성량 : 19,000개
- 기초재공품원가 : 재료원가 20,000원, 가공원가 70,000원

① 10,500원   ② 19,500원
③ 25,500원   ④ 30,000원

해설

	[1단계] 물량의 흐름	[2단계] 완성품환산량 직접재료원가	가공원가	
기초재공품	2,000개 (70%)			
당기착수	18,000개			
	20,000개			
당기완성				
기초재공품	2,000개	2,000개	2,000개	
당기착수	17,000개	17,000개	17,000개	
기말재공품	1,000개 (60%)	1,000개	600개	
	20,000개	20,000개	19,600개	
[3단계] 총원가의 요약				합계
기초재공품원가		20,000원	70,000원	90,000원
당기발생원가		190,000원	224,000원	414,000원
합 계		210,000원	294,000원	504,000원
[4단계] 환산량단위당원가				
		210,000원	294,000원	
완성품 환산량		÷20,000개	÷19,600개	
환산량 단위당원가		@10.5원	@15원	
[5단계] 원가의배분				
완성품원가		19,000개 × (@10.5원 + @15원) =		484,500원
기말재공품원가		1,000개 × @10.5 + 600개 × @15 =		19,500원
				504,000원

19 다음 중 아래의 종합원가계산의 계산 절차를 올바르게 나열한 것은? [82회]

> 가. 물량의 흐름을 파악한다.
> 나. 원가요소별로 완성품환산량을 계산한다.
> 다. 원가요소별로 기초재공품원가와 당기발생원가를 구한다.
> 라. 원가요소별로 완성품환산량 단위당 원가를 계산한다.
> 마. 완성품원가와 기말재공품원가를 구한다.

① 가 > 나 > 다 > 라 > 마
② 나 > 가 > 마 > 라 > 다
③ 나 > 마 > 가 > 다 > 라
④ 마 > 나 > 가 > 라 > 다

20 ㈜세종은 선입선출법에 따른 종합원가계산을 적용하고 있다. 직접재료는 공정 초기에 전량 투입되며, 가공원가는 공정 전반에 걸쳐 균등하게 발생한다. 다음 자료에 따른 기말재공품의 가공원가 완성품 환산량은 얼마인가? [82회]

> • 기초재공품 : 100단위(완성도 20%)
> • 당기착수품 : 900단위
> • 당기완성품 : 800단위
> • 기말재공품 : 200단위
> • 선입선출법에 의한 가공원가의 총 완성품 환산량 : 920단위

① 120단위　　　　　　② 130단위
③ 140단위　　　　　　④ 150단위

해설

	[1단계] 물량의 흐름	[2단계] 완성품환산량 직접재료원가	가공원가
기초재공품	100단위 (20%)		
당기착수	900단위		
	1,000단위		
당기완성			
기초재공품	100단위		80단위
당기착수	700단위	700단위	700단위
기말재공품	200단위 (　%)	200단위	? 단위
	1,000단위	900단위	920단위

∴ 기말재공품 완성품환산량 = 완성품환산량 920단위 − 기초재공품 80단위 − 당기착수당기완성 700 = 140단위
※ 기말재공품의 완성도 = 140단위/200단위 = 70%

21 다음 중 종합원가계산 시 기말재공품의 완성도가 과대평가되어 있을 경우, 각 물량흐름의 가정에 따라 순이익에 미치는 영향으로 맞는 것은? [82회]

	선입선출법	평균법
①	과 소	과 대
②	과 대	과 대
③	과 소	과 소
④	과 대	과 소

해설

선입선출법, 평균법 모두 기말재공품의 완성도가 과대평가된 경우, 기말재공품 완성품환산량이 과대계상되고 매출원가인 완성품 원가가 과소계상되어 순이익은 과대계상된다.

22 다음의 자료에서 설명하고 있는 것은? [81회]

> 생산과정에서 발생하는 재료의 찌꺼기 등으로서 가구제작업의 나무토막 또는 톱밥이나 프레스 공정 후에 나오는 철판의 잔여물 등과 같이 제품 제조과정에 투입된 원재료로부터 발생하는 찌꺼기나 조각을 말한다.

① 연산품   ② 불량품
③ 부산물   ④ 작업폐물

해설

작업폐물은 주산품 이외의 부수적으로 생산되는 제품으로 수익면에서 가치가 거의 없는 제품이다.

23 다음 자료를 이용하여 종합원가계산에 의한 선입선출법에 따라 재료원가의 완성품환산량을 계산하면 몇 개인가? [81회]

구 분	수 량	완성도
기초재공품	1,000개	60%
당기착수품	5,000개	
당기완성품	4,000개	
기말재공품	2,000개	40%

※ 모든 재료는 공정의 초기에 전량 투입되며, 가공원가는 공정 전반에 걸쳐 균등하게 발생한다고 가정한다.

① 2,600개 ② 4,400개
③ 4,800개 ④ 5,000개

해설

재료원가의 완성품환산량 = 당기 완성품 4,000개 − 기초재공품 1,000개 + 기말 재공품 2,000개 = 5,000개

24 ㈜파주는 2023년 중에 12,000단위의 제품을 판매하였으며, 제품 1단위의 생산에 원재료 3kg이 소요된다. 재고자산 계정의 기초재고와 기말재고가 다음과 같을 때 2023년 중에 구입한 원재료 수량은 얼마인가? [81회]

구 분	기 초	기 말
원재료	30,000kg	10,000kg
재공품	–	–
제 품	6,000단위	18,000단위

① 50,000kg ② 52,000kg
③ 54,000kg ④ 56,000kg

해설

- 당기제품생산량 = 당기 판매량 12,000단위 + 기말 제품 18,000단위 − 기초 제품 6,000단위 = 24,000단위
- 당기 원재료 사용량 = 당기제품생산량 24,000단위 × 3kg = 72,000kg
- ∴ 당기 원재료 매입량 = 당기 사용량 72,000kg + 기말 원재료 10,000kg − 기초 원재료 30,000kg = 52,000kg

25 다음 중 공손에 대한 설명으로 틀린 것은? [81회]

① 공손품이란 정상품에 비해 품질이나 규격이 미달되는 불합격품을 말한다.

② 공손은 정상공손과 비정상공손으로 이루어진다.

③ 비정상공손원가는 제품의 원가로 처리한다.

④ 기말재공품이 검사시점을 통과한 경우 정상공손원가는 완성품과 기말재공품에 배분한다.

해설

비정상공손원가는 영업외비용으로 처리한다.

26 단일제품을 대량으로 생산하는 ㈜울산은 종합원가계산을 채택하고 있다. 재료는 공정이 시작되는 시점에 전량 투입되며 가공원가는 공정 진행에 따라 균등하게 발생한다. 당기 완성품수량은 9,000 단위, 직접재료원가에 대한 총완성품환산량은 15,000단위, 가공원가에 대한 총완성품환산량은 12,000단위이다. 평균법에 따라 계산할 경우 기말재공품의 가공원가 완성도는 얼마인가?[81회]

① 40% ② 50%

③ 60% ④ 70%

해설

(1) 물량흐름	(2) 완성품 환산량	
	재료원가	가공원가
기초재공품		
당기투입		
당기완성	9,000단위	9,000단위
기말재공품	6,000단위	3,000단위
	15,000단위	12,000단위

∴ 가공원가 완성도 = 기말재공품 가공원가 환산량 3,000단위 ÷ 기말재공품 재료원가 환산량 6,000단위 = 50%

27 다음 중 종합원가계산에 대한 설명으로 틀린 것은? [81회]

① 표준화된 제품을 연속적으로 반복하여 생산하는 업종에 적합하다.

② 종합원가계산은 원가 발생 시점에 따라 재료원가와 가공원가로 분류한다.

③ 선박, 항공기 등 소량 주문 생산제품에 적합하다.

④ 제조원가 계산 시 완성품환산량 개념을 사용한다.

해설

다품종 소량 생산 업종은 개별원가계산이 적합하다.

28 ㈜경주는 평균법에 의한 종합원가계산을 하고 있다. 당기 완성품은 2,000개, 기말재공품은 1,000개 (완성도 40%)이며, 재료는 공정의 50% 시점에서 전량 투입되며, 가공원가는 전 공정에 걸쳐 균일하게 투입된다. 재료원가 및 가공원가의 완성품환산량은 각각 몇 개인가? [81회]

	재료원가 완성품환산량	가공원가 완성품환산량
①	2,000개	3,000개
②	2,000개	2,400개
③	3,000개	3,000개
④	3,000개	2,400개

해설
- 재료원가 완성품환산량 = 완성품 2,000개(기말재공품의 완성도가 재료 투입시점에 미치지 못함)
- 가공원가 완성품환산량 = 완성품 2,000개 + 기말재공품 1,000개 × 완성도 40% = 2,400개

29 다음 중 아래의 자료와 가장 관련이 있는 것은? [81회]

- 공정별 원가계산
- 완성품환산량
- 재료원가와 가공원가
- 소품종 대량 생산제품의 원가계산

① 개별원가계산 ② 표준원가계산
③ 종합원가계산 ④ 정상원가계산

해설
자료의 내용은 종합원가계산에 관한 설명이다.

30 다음 중 완성품환산량 계산에 대한 설명으로 틀린 것은? [80회]

① 선입선출법 적용 시 기초재공품의 완성도는 반드시 필요하다.
② 평균법을 적용하는 경우 기초재공품에 대한 완성품환산량은 계산하지 않는다.
③ 재료가 제조 착수 시점에서 전량 투입되는 경우, 재료원가에 대한 기말재공품의 완성품환산량 계산 시 완성도는 100%이다.
④ 평균법은 선입선출법에 비해 원가계산이 더 복잡하지만, 정확성은 더 높다.

해설
선입선출법은 평균법에 비해 원가계산이 더 복잡하지만, 정확성은 더 높다.

31 다음 중 종합원가계산에 대한 설명으로 틀린 것은? [80회]

① 책임회계 및 통제가 용이하다.

② 작업 또는 제품별로 손익 비교가 어렵다.

③ 재공품 또는 제품재고액의 평가는 단위당 원가에 완성품환산량을 곱하여 계산한다.

④ 기말재공품원가가 기초재공품원가에 비해 더 크다면 당기발생제조원가가 당기제품제조원가보다 더 작다.

해설

재공품			
기초재공품원가	10원	당기제품제조원가	80원
당기발생제조원가	90원	기말재공품원가	20원

∴ 기말재공품원가가 기초재공품원가에 비해 더 크다면 당기발생제조원가가 당기제품제조원가보다 더 크다.

32 ㈜나주는 종합원가계산을 적용한다. 직접재료는 공정 초기에 전량 투입되며, 가공원가는 공정 전반에 걸쳐 균등하게 발생한다. 2023년 12월의 생산자료는 다음과 같다. 생산공정에서 발생하는 공손품의 검사는 공정의 50% 시점에서 이루어지며 검사를 통과한 합격품의 10%를 정상공손으로 허용한다고 할 때 비정상공손품의 수량은 몇 개인가? [80회]

- 기초재공품 : 1,000개(완성도 70%)
- 당기착수량 : 8,000개
- 당기완성품 : 6,000개
- 기말재공품 : 2,000개(완성도 60%)

① 200개   ② 300개
③ 400개   ④ 500개

해설

- 공손품 수량 = (기초재공품 1,000개 + 당기착수량 8,000개) − (당기완성품 6,000개 + 기말재공품 2,000개)
  = 1,000개
- 합격품 수량 = 당기완성품 6,000개 + 기말재공품 2,000개 − 기초재공품 1,000개 = 7,000개
- 정상공손품 수량 = 합격품 7,000개 × 10% = 700개
∴ 비정상공손품의 수량 = 공손품 1,000개 − 정상공손품 700개 = 300개

33 ㈜남원은 종합원가계산제도를 채택하고 있으며, 직접재료는 공정 초기 투입되고 가공원가는 전공정을 통하여 균등하게 발생한다. 평균법에 의할 경우, 기말재공품원가는 얼마인가?　　　[80회]

- 기초재공품원가 : 재료원가 14,000원
　　　　　　　　　 가공원가 64,000원
- 당기발생원가 : 재료원가 186,000원
　　　　　　　　 가공원가 224,000원
- 기초재공품 : 3,000개(완성도 70%)
- 당기완성량 : 18,000개
- 당기착수량 : 17,000개
- 기말재공품 : 2,000개(완성도 60%)

① 20,000원
② 38,000원
③ 51,000원
④ 78,000원

해설

	[1단계] 물량의 흐름		[2단계] 완성품환산량	
			직접재료원가	가공원가
기초재공품	3,000개	(70%)		
당기착수	17,000개			
	20,000개			
기초재공품	3,000개		3,000개	3,000개
당기착수	15,000개		15,000개	15,000개
기말재공품	2,000개	(60%)	2,000개	1,200개
	20,000개		20,000개	19,200개
[3단계]총원가의 요약				
기초재공품원가			14,000원	64,000원
당기발생원가			186,000원	224,000원
합계			200,000원	288,000원
[4단계] 환산량단위당원가				
완성품 환산량			÷ 20,000개	÷ 19,200개
환산량 단위당원가			10원	15원

∴ 기말재공품원가 = 2,000개 × 단위당 재료원가 10원 + 1,200개 × 단위당 가공원가 15원 = 38,000원

34 다음 중 공손에 대한 설명으로 틀린 것은? [80회]

① 공손은 정상공손 또는 비정상공손으로 분류된다.
② 공정별원가계산에서 정상공손원가는 관련된 정상제품의 원가에 가산된다.
③ 종합원가계산에서 정상공손원가는 완성품 또는 재공품에 배부한다.
④ 개별원가계산에서 비정상공손원가는 재고가능원가로 간주된다.

해설
개별원가계산에서 비정상공손원가는 재고가능원가로 간주되지 않는다.

35 다음 중 종합원가계산에 대한 설명으로 틀린 것은? [79회]

① 동질적인 제품을 연속적으로 생산하는 업종에 적합하다.
② 원가 발생의 예외를 관리하여 통제하기에 적절한 원가계산방법이다.
③ 완성품환산량을 사용한다.
④ 단위당 원가가 공정별로 집계된다.

해설
원가 발생의 예외를 관리하여 통제하기에 적절한 원가계산방법은 표준원가계산이다.

36 ㈜고성은 종합원가계산을 적용한다. 모든 원가는 공정 전반에 걸쳐 완성도에 따라 균등하게 발생한다. 2023년 12월의 기말재공품 물량은 1,000단위이며 완성도는 60%이다. 기말재공품원가는 24,000원, 완성품환산량 단위당 직접재료원가는 10원이라면 12월 말 완성품환산량 단위당 가공원가는 얼마인가? [79회]

① 14원
② 16원
③ 20원
④ 30원

해설
• 완성품환산량(직접재료원가 및 가공원가 동일) = 기말재공품 1,000단위 × 완성도 60% = 600단위
• 기말재공품 직접재료원가 = 직접재료원가 완성품환산량 600단위 × 단위당 직접재료원가 10원 = 6,000원
∴ 12월 말 완성품환산량 단위당 가공원가 = (기말재공품원가 24,000원 − 기말재공품 직접재료원가 6,000원) ÷ 가공원가 완성품환산량 600단위 = 30원

37 다음 중 공손에 관한 내용으로 틀린 것은?   [79회]

① 정상공손품에 투입된 제조원가는 당기 완성품 및 기말재공품 원가에 포함시킨다.
② 정상공손이란 제조과정에서 불가피하게 발생하는 원가를 말한다.
③ 공손은 정상공손과 비정상공손으로 나눌 수 있다.
④ 공손품은 품질 및 규격이 표준에 미달하더라도 완성품에 가산한다.

해설

공손품이란 품질 및 규격이 표준에 미달하는 불합격품을 말한다. 비정상공손은 비용으로 처리한다.

38 ㈜천안은 종합원가계산 제도를 채택하고 있다. 2023년도 제품 생산과 관련된 정보는 다음과 같다. 직접재료원가는 공정 초기에 전량 투입되고 가공원가는 공정 전반에 걸쳐 균등하게 발생한다. 선입선출법과 평균법 간의 가공원가 완성품환산량의 차이는 몇 개인가?   [79회]

- 기초재공품 수량 : 1,000개(가공원가 완성도 40%)
- 당기완성품 수량 : 5,000개
- 기말재공품 수량 : 2,000개(가공원가 완성도 60%)

① 400개   ② 600개
③ 800개   ④ 1,200개

해설

- 평균법 = 당기완성품 5,000개 + 기말재공품 완성품환산량 1,200개 = 6,200개
- 선입선출법 = 당기완성품 5,000개 − 기초재공품 완성품환산량 400개 + 기말재공품 완성품환산량 1,200개
             = 5,800개
∴ 가공원가 완성품환산량 차이 = 400개

39 다음 중 종합원가계산에 대한 설명으로 올바른 것을 모두 고른 것은?   [78회]

가. 정상공손원가의 배분기준으로 검사시점을 통과한 합격품의 완성품환산량을 사용하는 것이 타당하다.
나. 정상공손수량은 평균법이 선입선출법보다 크게 계산된다.
다. 전공정원가에 대한 완성품환산량은 공정 초기(0% 시점)에 투입되는 재료원가처럼 계산한다.

① 가   ② 나
③ 다   ④ 나, 다

해설

가. 정상공손원가는 검사시점을 통과한 합격품 물량을 기준으로 배분한다.
나. 정공손수량은 원가흐름에 대한 가정에 영향을 받지 않는다. 평균법 또는 선입선출법에 의한 정상공손수량은 동일하다.

40 종합원가계산 시 기초재공품 수량이 없고, 재료는 공정 착수 시점에 전량 투입될 경우, 재료원가 완성품환산량에 대한 설명으로 다음 중 올바른 것은? [78회]

① 가공비의 완성도에 따라 착수 수량과 같거나 적게 된다.
② 당기 완성품 수량과 같다.
③ 가공비의 완성도에 따라 완성품 수량과 같거나 적게 된다.
④ 당기 착수 수량과 같다.

해설
당기 착수 수량이 완성품과 기말재공품으로 나뉘게 되나, 재료가 공정 착수 시점에 전량 투입되므로 완성품환산량은 당기 착수 수량과 같다.

41 다음은 ㈜춘천의 제조활동과 관련된 자료이다. 당기 중에 발생한 정상공손수량은 몇 개인가?(단, 공손품을 제외한 파손품이나 작업폐물은 없는 것으로 가정한다) [78회]

- 기초재공품 : 300개
- 비정상공손수량 : 100개
- 당기완성수량 : 4,500개
- 당기착수량 : 5,000개
- 기말재공품 : 500개

① 100개
② 200개
③ 300개
④ 400개

해설
- 총공손수량 = 기초 300개 + 당기착수 5,000개 - 완성 4,500개 - 기말 500개 = 300개
- ∴ 정상공손수량 = 총공손수량 300개 - 비정상공손수량 100개 = 200개

42 종합원가계산을 채택하고 있는 ㈜한국의 모든 원가는 공정 전반에 걸쳐 완성도에 따라 균등하게 발생한다. 2023년 12월 말 기말재공품의 물량은 1,000단위이며, 완성도는 60%이다. 기말재공품원 가가 24,000원이고, 완성품환산량 단위당 직접재료원가가 10원인 경우, 12월 말 완성품환산량 단위 당 가공원가는 얼마인가? [78회]

① 14원
② 16원
③ 20원
④ 30원

해설
- 기말재공품 완성품환산량 = 1,000단위 × 완성도 60% = 600단위(직접재료원가와 가공원가 모두 동일)
- 기말재공품 직접재료원가 = 완성품환산량 600단위 × 단위당 직접재료원가 10원 = 6,000원
- ∴ 완성품환산량 단위당 가공원가 = (기말재공품원가 24,000원 - 기말재공품 직접재료원가 6,000원) ÷ 완성품환산량 600단위 = 30원

40 ④ 41 ② 42 ④ **정답**

43 ㈜서울은 종합원가계산을 채택하고 있다. 당기의 기초재공품은 1,000단위, 기말재공품은 2,000단위(완성도 70%)이며, 당기투입수량은 4,000단위이다. 선입선출법에 의한 완성품환산량이 4,000단위일 경우, 기초재공품의 완성도는 몇 %인가? [78회]

① 30%

② 40%

③ 60%

④ 70%

해설

	재공품		
기 초	1,000개	기초완성	1,000개
당기투입	4,000개	당기착수완성	2,000개
		기말재공품(70%)	2,000개

- 선입선출법 완성품환산량 = 당기완성품 3,000단위 − 기초재공품환산량 + 당기착수미완성환산량 1,400단위
  = 4,000단위
- 기초재공품 환산량 = 당기완성품 3,000단위 + 당기착수미완성환산량 1,400단위 − 당기총완성품환산량 4,000단위
  = 400단위
- ∴ 기초재공품의 완성도 = (400단위 ÷ 1,000단위) × 100 = 40%

44 다음은 종합원가계산을 채택하고 있는 ㈜포항의 원가 관련 자료이다. 품질검사는 완성도 40% 시점에서 이루어지며, 당기에 검사를 통과한 합격품의 2%를 정상공손으로 간주한다. 당기의 정상공손수량은 몇 단위인가? [77회]

- 기초재공품 : 2,000단위(완성도 60%)
- 당기착수량 : 8,000단위
- 기말재공품 : 2,700단위(완성도 30%)
- 완성품수량 : 7,000단위

① 100단위

② 140단위

③ 194단위

④ 300단위

해설

- 당기 합격품 = 완성품수량 7,000단위 − 기초재공품 2,000단위 = 5,000단위
- 총공손수량 = 기초재공품 2,000단위 + 당기착수량 8,000단위 − 완성품수량 7,000단위 − 기말재공품 2,700단위
  = 300단위
- 기초재공품은 완성도가 60%이므로 전기에 품질검사를 통과하였으므로 당기 합격품에 포함하지 않으며, 기말재공품은 완성도가 30%이므로 아직 품질검사를 실시하지 않았다.
- ∴ 당기 정상공손수량 = 당기 합격품 5,000단위 × 2% = 100단위

45 ㈜한세는 선입선출법에 따른 종합원가계산제도를 채택하고 있으며, 직접재료는 공정의 50% 시점에 투입되고 가공원가는 공정 전체를 통하여 균등하게 발생한다. 당기의 원가 관련 자료는 아래와 같다. 다음 중 ㈜한세의 원가에 관한 설명으로 틀린 것은? [77회]

- 기초재공품 : 4,000개(완성도 30%)
- 당기착수량 : 16,000개
- 당기완성량 : 15,000개
- 기말재공품 : 5,000개(완성도 40%)
- 기초재공품원가 : 가공원가 79,000원
- 당기발생원가 : 재료원가 165,000원
　　　　　　　　　가공원가 189,600원

① 재료원가에 대한 완성품환산량 단위당 원가는 11원이다.
② 가공원가에 대한 완성품환산량 단위당 원가는 12원이다.
③ 완성품환산량 단위당 원가를 구할 때, 총원가는 당기발생원가와 기초재공품원가의 합이다.
④ 기말재공품원가는 24,000원이다.

해설

- 선입선출법의 경우, 완성품환산량 단위당 원가를 구할 때, 총원가는 당기발생원가를 기준으로 한다.

	[1단계]　물량의 흐름		[2단계] 완성품환산량	
			직접재료원가	가공원가
기초재공품	4,000단위	(30%)		
당기착수	16,000단위			
	20,000단위			
기초재공품	4,000단위	(70%)	4,000단위	2,800단위
당기착수	11,000단위		11,000단위	11,000단위
기말재공품	5,000단위	(40%)	0단위	2,000단위
	20,000단위		15,000단위	15,800단위

[3단계]총원가의 요약			합 계
기초재공품원가			79,000원
당기발생원가	165,000원	189,600원	354,600원
합계	165,000원	189,600원	433,600원
[4단계] 환산량단위당원가			
	165,000원	189,600원	
완성품 환산량	÷ 15,000단위	÷ 15,800단위	
환산량 단위당원가	@11원	@12원	

[5단계]원가의배분
완성품원가　　　79,000원 + 15,000단위 × @11원 + 13,800단위 × @12원 =　　409,600원
기말재공품원가　　　　　　　　0단위 × @11원 + 2,000단위 × @12원 =　　24,000원

46 다음은 원가계산 및 원가배분에 관련된 설명이다. 다음 중 타당한 보기를 모두 고른 것은?

[76회]

> 가. 종합원가계산 시 기초재공품이 없는 경우 선입선출법에 의한 제품제조원가와 평균법에 의한 제품제조원가를 계산한 결과는 동일하다.
> 나. 종합원가계산 시 기초재공품의 완성도와 기말재공품의 완성도가 동일한 경우 선입선출법에 의한 제품제조원가와 평균법에 의한 제품제조원가를 계산한 결과는 동일하다.
> 다. 종합원가계산 시 기말재공품이 없는 경우 선입선출법에 의한 제품제조원가와 평균법에 의한 제품제조원가를 계산한 결과는 동일하다.
> 라. 종합원가계산 시 기초재공품이 존재할 경우 평균법에 의한 완성품환산량이 선입선출법에 의한 완성품환산량보다 크다.
> 마. 종합원가계산 시 기초재공품이 존재할 경우 선입선출법에 의한 완성품환산량이 평균법에 의한 완성품환산량보다 크다.

① 가, 나
② 나, 다
③ 나, 마
④ 가, 라

해설
- 평균법 완성품환산량 = 완성품수량 + 기말완성품환산량
- 선입선출법 완성품환산량 = 완성품수량 − 기초완성품환산량 + 기말완성품환산량

47 ㈜기업은 종합원가계산을 사용하고 있으며, 평균법을 적용하여 완성품환산량을 계산하고 있다. 다음 자료에 의하여 기말재공품에 포함된 가공원가를 계산하면 얼마인가?

[76회]

> - 기초재공품 가공원가 : 150,000원
> - 기말재공품 물량 : 800개
> - 기말재공품 완성도 : 50%
> - 당기투입 가공원가 : 350,000원
> - 당기완성품수량 : 1,600개

① 100,000원
② 125,000원
③ 175,000원
④ 250,000원

해설
- 평균법 완성품환산량 단위당 원가 = (150,000원 + 350,000원) ÷ (1,600개 + 400개) = @250원
- ∴ 기말재공품에 포함된 가공원가 = 400개 × @250원 = 100,000원

48 종합원가계산에 의한 가공원가의 완성품환산량은 다음과 같다. 가공원가는 가공과정 동안 균등하게 발생한다고 가정할 때 기초재공품의 완성도는 얼마인가? [76회]

- 가공원가 완성품환산량 : 평균법 400개, 선입선출법 375개
- 당기 물량흐름

구 분	수 량	완성도
기초 재공품	100개	?%
당기 착수품	400개	
당기 완성품	300개	
기말 재공품	200개	?%

① 20% ② 25%

③ 35% ④ 50%

해설

- 가공원가가 가공과정 동안 균등하게 발생하는 경우 평균법과 선입선출법의 가공원가 완성품환산량의 차이는 '기초재공품 × 기초재공품 완성도'만큼 발생한다.
- ∴ 기초재공품 완성도 = (400개 − 375개) ÷ 100개 = 25%

49 다음 설명 중 틀린 것은? [76회]

① 감손은 제조과정에서 여러 이유로 공정에 투입된 원재료의 수량이 감소하는 손실로 잔존가치가 전혀 없다.

② 작업폐물은 투입된 원재료로부터 발생하는 찌꺼기나 조각을 말하며, 잔존가치가 상대적으로 작다.

③ 정상공손은 생산과정에서 합격품을 만드는 과정에서 어쩔 수 없이 발생하는 공손을 말하며, 영업외비용으로 처리한다.

④ 부산물은 주산물에 부수적으로 발생하는데, 주산물의 수익에 비해 적은 수익을 창출한다.

해설

정상공손은 정상 제품 제조와 관련이 있으므로, 검사시점에 따라 완성품, 기말재공품에 배분한다.

50 다음 중 종합원가계산의 선입선출법과 평균법에 대한 설명으로 올바른 것은? [75회]

① 선입선출법은 기초재공품을 당기에 착수하여 완성한 것으로 가정한다.

② 선입선출법에 의하면 완성품환산량 단위당원가에 전기의 원가가 포함된다.

③ 선입선출법은 평균법에 비해 당기의 성과를 전기의 성과와 구분하여 독립적으로 평가할 수 있다.

④ 선입선출법과 평균법에서의 완성품환산량 차이는 기말재공품 때문에 발생한다.

해설

- ①과 ②는 평균법에 대한 설명이다.
- ④ 선입선출법과 평균법에서의 완성품환산량 차이는 기초재공품 때문에 발생한다.

51 다음 중 개별원가계산에 대한 설명으로 틀린 것은? [75회]

① 종합원가계산에 비하여 원가계산이 단순하지만 정확한 원가계산이 가능하다.
② 개별원가계산은 다품종 소량생산업종에 적합하다.
③ 개별원가계산은 원가를 직접재료비, 직접노무비, 제조간접비로 구분한다.
④ 개별원가계산은 제품을 비반복적으로 생산하는 업종에 적합하다.

해설
개별원가계산은 원가계산을 함에 있어 종합원가계산보다 복잡하고 많은 노력을 필요로 한다.

52 종합원가계산을 사용하는 ㈜지용의 2022년 생산내역은 다음과 같다. 가공비의 완성품환산량 단위당 원가가 200원으로 계산되었다면 기말재공품의 가공비 완성도는 얼마인가? [75회]

- 기초재공품 : 없음
- 당기착수량 : 5,000단위
- 완성품수량 : 3,500단위
- 기말재공품 : 1,500단위(가공비 완성도 ?)
- 당기투입 가공비 : 760,000원(가공비는 공정 전반에 걸쳐 균등하게 발생한다고 가정한다)

① 10%　　　　　　　② 20%
③ 30%　　　　　　　④ 100%

해설
- 완성품환산량 = 760,000원 ÷ 200원 = 3,800단위
- 기말재공품 완성품환산량 = 3,800단위 − 3,500단위 = 300단위
∴ 기말재공품 가공비 완성도 = 300단위 ÷ 1,500단위 = 20%

53 공손에 대한 다음 설명 중 틀린 것은? [75회]

① 공손품이란 정상품에 비하여 품질이나 규격이 미달되는 불합격품을 말한다.
② 정상공손원가는 기말재공품이 검사시점을 통과하였으면 완성품과 기말재공품에 배분하고, 기말재공품이 검사시점을 미통과하였으면 완성품에만 배분한다.
③ 공손은 검사시점인 특정시점에서 발생되고, 공손이 발생하면 검사시점 이후로는 더 이상 추가가공하지 않는다고 가정한다.
④ 정상공손은 작업의 비능률로 발생하는데 이는 회피가능하며 통제할 수 있는 공손이다. 이는 기타비용으로 처리한다.

해설
비정상공손은 작업의 비능률로 발생되는데 이는 회피가능하며 통제할 수 있는 공손이다. 이는 기타비용으로 처리한다.

54 다음은 종합원가계산을 채택하고 있는 ㈜지용의 원가계산 관련 자료이다. 원재료는 공정 초기에 전량 투입되며 가공비는 공정 전반에 걸쳐 균등하게 발생한다. 가공비 완성품환산량을 계산할 때 선입선출법과 평균법의 방법 차이로 인해 나타나는 완성품환산량의 차이는 얼마인가?　　[75회]

- 기초재공품 : 2,000단위(완성도 60%)
- 당기착수량 : 8,000단위
- 기말재공품 : 3,000단위(완성도 50%)
- 완성품수량 : 7,000단위

① 0단위　　　　　　　　　　　　② 800단위
③ 1,200단위　　　　　　　　　　④ 1,500단위

해설

· 가공비에 대한 완성품환산량

구 분	선입선출법	평균법
기초재공품 완성	2,000단위 × 40% = 800단위	2,000단위 × 100% = 2,000단위
당기착수 완성	5,000단위	5,000단위
기말재공품	3,000단위 × 50% = 1,500단위	3,000단위 × 50% = 1,500단위
합 계	7,300단위	8,500단위

· 선입선출법과 평균법의 완성품환산량의 차이는 기초재공품의 완성품환산량이다.
∴ 완성품 환산량 차이 = 기초재공품 2,000단위 × 60% = 1,200단위

55 ㈜명인은 선입선출법에 의한 종합원가계산을 사용하고 있다. 당기 중 발생한 정상공손의 수량은 몇 개인가?(단, 검사시점은 공정의 50% 시점이며, 정상공손은 당기 검사를 통과한 수량의 10%이다)　　[74회]

- 기초재공품 : 200개(가공비 완성도 45%)
- 기말재공품 : 300개(가공비 완성도 80%)
- 당기착수량 : 1,800개
- 당기완성수량 : 1,500개

① 150개　　　　　　　　　　　　② 170개
③ 180개　　　　　　　　　　　　④ 200개

해설

정상공손 수량 = (1,500개 + 300개) × 10% = 180개

56 선입선출법에 의한 종합원가계산을 사용하는 ㈜대한의 2022년도 생산 관련 자료는 아래와 같다. 직접재료원가는 공정 초기에 전량 투입되고, 가공원가는 공정 전체를 통하여 균등하게 발생한다. ㈜대한의 2022년 기말재공품의 원가로 올바른 것은? [74회]

물량(완성도)		직접재료원가	가공원가
• 기초재공품 1,000개(40%)	• 기초재공품원가	50,000원	30,000원
• 당기착수량 21,000개	• 당기발생원가	1,050,000원	404,000원
• 기말재공품 2,000개(30%)	계	1,100,000원	434,000원

① 112,000원　　　　　　　　　　② 120,600원
③ 139,500원　　　　　　　　　　④ 192,000원

해설

	[1단계] 물량의 흐름	[2단계] 완성품환산량 직접재료원가	가공원가
기초재공품	1,000개 (40%)		
당기착수	21,000개		
	22,000개		
당기완성			
기초재공품	1,000개		600개
당기착수	19,000개	19,000개	19,000개
기말재공품	2,000개 (30%)	2,000개	600개
	22,000개	21,000개	20,200개

[3단계]총원가의 요약			합계
기초재공품원가	50,000원	30,000원	80,000
당기발생원가	1,050,000원	404,000원	1,454,000
합계	1,100,000원	434,000원	1,534,000

[4단계] 환산량단위당원가

	직접재료원가	가공원가
	1,050,000원	404,000원
완성품 환산량	÷ 21,000개	÷ 20,200개
환산량 단위당원가	@50원	@20원

[5단계]원가의배분

완성품원가	(50,000원 + 30,000원) + (19,000개 × @50원) + (19,600개 × @20원) =	1,422,000원
기말재공품원가	2,000개 × @50원 + 600개 × @20원 =	112,000원
		1,534,000원

57 ㈜밸런스는 가중평균법에 의한 종합원가계산을 사용하며 최초 공정은 A공정이고 최종 공정은 B공정이다. B공정에서 직접재료는 공정의 50% 시점에서 일괄 투입되고 가공원가는 B공정 전반에 걸쳐 균등하게 발생한다. B공정의 2022년 기말 완성품환산량 단위당 원가는 아래와 같다. 2022년 기말 B공정의 재공품이 2,000개이고 가공원가의 완성도는 40%일 때 ㈜밸런스의 B공정 기말재공품원가로 옳은 것은? [74회]

> • 직접재료원가 : 200원/개
> • 전공정(A공정)원가 : 700원/개
> • 가공원가 : 400원/개

① 1,400,000원   ② 1,720,000원
③ 1,820,000원   ④ 1,880,000원

해설

(2,000개 × 700원/개) + (2,000개 × 40% × 400원/개) = 1,720,000원

58 ㈜한우물은 단일제품을 대량으로 생산하고 있다. 재료는 공정 초기에 전량 투입되며, 가공원가는 공정 진행에 따라 균등하게 발생한다. 기초재공품 수량 2,000단위(완성도 50%), 당기투입수량 18,000단위이며, 당기의 직접재료원가에 대한 총완성품환산량은 18,000단위, 전환원가에 대한 총 완성품환산량은 17,000단위, 당기 완성품 수량은 16,000단위이다. 원가계산 시 선입선출법에 따라 계산할 경우 기말재공품의 가공원가 완성도는 얼마인가? [74회]

① 40%   ② 50%
③ 60%   ④ 70%

해설

(1) 물량흐름		(2) 완성품 환산량	
		재료원가	가공원가
기초재공품	2,000		
당기투입	18,000		
당기완성			
기초분			1,000(50%)
당기투입		14,000	14,000
기말재공품		①	②
		18,000	17,000

• ① : 4,000단위, ② : 2,000단위
∴ 가공원가의 완성도 = 2,000/4,000 = 50%

59 다음 중 평균법을 적용한 종합원가계산에 대한 설명으로 틀린 것은? [74회]

① 완성품환산량 단위당 원가계산 시 당기투입원가와 기초재공품원가를 합한 금액을 사용한다.
② 가중평균법은 기초재공품 모두를 당기에 착수·완성한 것으로 가정한다.
③ 가중평균법에 의한 완성품환산량은 항상 선입선출법에 의한 완성품환산량보다 크거나 같다.
④ 가중평균법은 선입선출법에 비해 당기의 성과를 더 잘 표현한다.

해설
선입선출법이 평균법에 비해 당기의 성과를 더 잘 표현한다.

60 다음 중 종합원가계산에 대한 설명으로 틀린 것은? [73회]

① 표준화된 제품을 연속적으로 반복하여 생산하는 업종에 적합하다.
② 종합원가계산은 원가 발생 시점에 따라 재료비와 가공비로 분류한다.
③ 다품종 소량생산업종에 적합하다.
④ 제조원가 계산 시 완성품환산량 개념을 사용한다.

해설
다품종소량생산업종은 개별원가계산이 적합하다.

61 다음 중 종합원가계산의 평균법과 선입선출법에 대한 설명으로 틀린 것은? [73회]

① 선입선출법은 평균법에 비해 원가계산이 용이하고 정확성이 더 높다.
② 선입선출법은 완성품환산량 계산 시 당기 발생작업량만으로 계산한다.
③ 기초재공품이 없다면 선입선출법과 평균법의 결과는 차이가 없다.
④ 평균법은 기초재공품의 완성도를 무시하고 계산한다.

해설
선입선출법은 평균법에 비해 원가계산이 더 복잡하다.

62 다음 중 공손에 대한 설명으로 틀린 것은? [73회]

① 비정상공손은 생산과정에서 어쩔 수 없이 발생하는 공손이 아닌 것으로, 제조 활동을 효율적으로 수행하면 방지할 수 있는 통제 가능한 공손이다.
② 작업폐물이란 투입된 원재료로부터 발생하는 찌꺼기나 조각을 말하며, 판매가치가 상대적으로 작은 것을 말한다.
③ 공손품이란 정상품에 비하여 품질이나 규격이 미달하는 불합격품을 말한다.
④ 정상공손원가는 기말재공품이 검사시점을 통과하였으면 완성품에만 배분하고, 기말재공품이 검사시점을 미통과하였으면 완성품과 기말재공품에 배분한다.

해설

정상공손원가는 기말재공품이 검사시점을 통과하였으면 완성품과 기말재공품에 배분하고, 기말재공품이 검사시점을 미통과하였으면 완성품에만 배분한다.

63 다음 중 '주산품 이외에 부수적으로 생산되는 제품으로서 보통 수익 면에서 상대적으로 가치가 거의 없는 제품'은 무엇인가? [73회]

① 공손품
③ 작업폐물
② 연산품
④ 감손품

64 다음은 ㈜프로도의 종합원가계산 내역이다. 평균법에 의하여 기말재공품의 재료비 완성품환산량을 계산하면 몇 개인가? [73회]

- 기초재공품 : 0개
- 당기착수량 : 8,000개
- 완성품 : 6,000개
- 기말재공품(50%) : 2,000개
- 당기 착수 : 재료비 2,160,000원, 가공비 1,600,000원
- 원재료는 공정 80% 시점에 투입되며, 가공비는 공정 전반에 걸쳐 투입된다.

① 0개
③ 2,000개
② 1,000개
④ 3,000개

해설

공정의 80% 시점에 원재료가 투입되므로 기말재공품에는 원재료가 투입되어 있지 않다.

65 ㈜대한은 가중평균법에 의한 종합원가계산을 채택하고 있다. 품질검사는 제품의 완성도 40% 시점에서 이루어지며 당기 품질검사를 통과한 정상품의 2%를 정상공손으로 간주한다. 2022년도 제품 생산 관련 자료가 아래와 같을 때 ㈜대한의 2022년도 정상공손수량으로 올바른 것은? [72회]

- 기초재공품 수량 : 5,000단위(완성도 80%) · 당기완성 수량 : 20,500단위
- 당기착수 수량 : 20,000단위   · 기말재공품 수량 : 4,000단위(완성도 60%)

① 390단위
③ 490단위
② 410단위
④ 500단위

해설

정상공손수량 = (당기완성 수량 20,500단위 − 기초재공품 5,000단위 + 기말재공품 4,000단위) × 2% = 390단위

66 ㈜미래는 선입선출법에 의한 종합원가계산을 채택하고 있다. 재료는 공정의 착수 시점에 전량 투입되고 가공원가는 공정 전반에 걸쳐 균등하게 발생한다. 당기 가공원가의 완성품환산량 단위당원가는 몇 원인가? [72회]

구 분	물량 단위	가공원가 완성도	재료원가	가공원가
기초재공품 수량	500개	50%	400,000원	300,000원
당기투입 수량	9,000개		900,000원	406,250원
당기완성품 수량	8,000개			
기말재공품 수량	1,500개	25%		

① 50원　　　　　　　　② 100원
③ 150원　　　　　　　　④ 200원

해설

	[1단계] 물량의 흐름	[2단계] 완성품환산량 재료원가	가공원가
기초재공품	500개 (50%)		
당기착수	9,000개		
	9,500개		
당기완성			
기초재공품	500개		250개
당기착수	7,500개	7,500개	7,500개
기말재공품	1,500개 (25%)	1,500개	375개
	9,500개	9,000개	8,125개

[3단계] 총원가의 요약　　　　　　　　　합계
기초재공품원가　　　　　　　　　　　　700,000원
당기발생원가　　　900,000원　406,250원　1,306,250원
합계　　　　　　　900,000원　406,250원　2,006,250원
[4단계] 환산량단위당원가
완성품 환산량　　　÷ 9,000개　÷ 8,125개
환산량 단위당원가　　@100원　　@50원

67 다음 중 종합원가계산에서 완성품환산량 계산 시 완성도가 항상 100%인 것은? [72회]

① 노무원가　　　　　　② 직접재료비
③ 전공정대체원가　　　④ 가공원가

해설
전공정대체원가는 전공정에서 원가가 모두 발생한 것으로 항상 완성도가 100%로 환산된다.

68 ㈜한국은 선입선출법에 의한 종합원가계산을 사용한다. 제2공정의 물량 흐름에 관한 자료는 다음과 같다. 제2공정에서 직접재료가 가공원가 완성도 40%에서 투입된다면 직접재료원가와 가공원가의 당기작업량의 완성품환산량은 각각 얼마인가? [72회]

구 분	물량단위	가공원가완성도
기초재공품 수량	700개	50%
전공정대체량	5,300개	
당기완성품 수량	5,700개	
기말재공품 수량	300개	70%

	직접재료원가	가공원가
①	5,300개	5,700개
②	5,300개	5,560개
③	6,000개	5,700개
④	6,000개	5,560개

해설

- 직접재료원가 완성품환산량 = 기초재공품 700개 × 0% + 당기투입 당기완성품 5,000개 × 100% + 기말재공품 300개 × 100% = 5,300개
- 가공원가 완성품환산량 = 기초재공품 700개 × 50% + 당기투입 당기완성품 5,000개 × 100% + 기말재공품 300개 × 70% = 5,560개

69 다음 중 부산물에 대한 설명으로 올바른 것은? [72회]

① 주산물의 수익에 비해 적은 수익을 창출하는 제품
② 작업폐물로 처리될 원료로부터 생산된 제품
③ 동일한 종류의 원재료를 투입하여 동시에 생산되는 서로 다른 2종 이상의 제품
④ 주산물보다 더 높은 판매가치를 가지는 제품

해설

부산물은 주산물의 수익에 비해 적은 수익을 창출하는 제품을 말한다.

70 다음 중 종합원가계산에 대한 설명으로 틀린 것은? [71회]

① 원가분류를 재료원가와 가공원가로 분류한다.
② 공정별 원가계산이라고도 한다.
③ 인쇄업이나 조선업에서 제품을 고객별로 제공하는 주문별, 작업별 원가계산에 사용된다.
④ 제조원가계산 시 완성품환산량 개념을 사용한다.

해설

인쇄업이나 조선업 등에 주문별, 작업별 원가계산에 사용되는 것은 개별원가계산이다.

71 ㈜한국은 단일제품을 대량으로 생산하고 있다. 직접재료는 공정이 시작되는 시점에 전량 투입되며, 가공원가는 공정 진행에 따라 균등하게 발생한다. 당기 완성품 수량은 15,000단위이며, 직접재료원가에 대한 총완성품환산량은 20,000단위, 가공원가에 대한 총완성품환산량은 18,000단위이다. 원가계산 시 평균법에 따라 계산할 경우 기말재공품의 가공원가 완성도는 얼마인가? [71회]

① 40%   ② 50%

③ 60%   ④ 70%

해설

	[1단계] 물량의 흐름		[2단계] 완성품환산량 재료원가	가공원가
당기완성	15,000단위		15,000단위	15,000단위
기말재공품	5,000단위	(60%)	5,000단위	3,000단위
	20,000단위		20,000단위	18,000단위

∴ 기말재공품의 가공원가 완성도 = 가공원가 완성품환산량 3,000단위 ÷ 재료원가 완성품환산량 5,000단위 = 60%

72 다음 중 공손에 관한 설명으로 틀린 것은? [71회]

① 공손품이란 정상품에 비해 품질이나 규격이 기준에 미달하는 불합격품을 말한다.
② 공손은 정상공손과 비정상공손으로 나뉜다.
③ 비정상공손원가는 영업외비용으로 처리한다.
④ 기말재공품이 검사 시점을 통과하지 못한 경우 정상공손원가는 완성품과 기말재공품에 배분한다.

해설

기말재공품이 검사시점을 통과하지 못한 경우 정상공손원가는 완성품에만 배분한다.

73 다음의 내용은 무엇에 대한 설명인가? [71회]

> 생산과정에서 생기는 재료의 찌꺼기나 조각으로 인쇄소에서 종이 절단 후 나오는 종이 부스러기, 목공소의 톱밥, 프레스 공정 후의 철판 잔여물 등을 말한다.

① 연산품   ② 작업폐물
③ 공 손   ④ 감 손

해설

작업폐물은 생산과정에서 생기는 재료의 찌꺼기나 조각으로 인쇄소에서 종이 절단 후 나오는 종이 부스러기, 목공소의 톱밥, 프레스 공정 후의 철판 잔여물을 말한다.

74 다음 종합원가계산 자료에 의하여 재료비와 가공비의 당월 작업분의 완성품환산량을 각각 구하면 얼마인가?(단, 재공품 평가는 선입선출법에 따른다) [70회]

- 당월 착수수량 : 90,000개
- 당월 완성량 : 80,000개
- 월초 재공품수량 : 30,000개(완성도 : 재료비 70%, 가공비 60%)
- 월말 재공품수량 : 40,000개(완성도 : 재료비 60%, 가공비 20%)

	재료비	가공비
①	68,000개	60,000개
②	76,000개	60,000개
③	76,000개	68,000개
④	83,000개	70,000개

해설

- 재료비 완성품환산량 = 기초재공품 30,000개 × (1 − 70%) + (당기완성품 80,000개 − 기초재공품 30,000개) + 기말재공품 40,000개 × 60% = 83,000개
- 가공비 완성품환산량 = 기초재공품 30,000개 × (1 − 60%) + (당기완성품 80,000개 − 기초재공품 30,000개) + 기말재공품 40,000개 × 20% = 70,000개

75 종합원가계산을 적용하는 공정에서 재료 A는 공정 40% 시점에 전량 투입되며, 가공원가는 공정 전반에 걸쳐 균등하게 투입된다. 공정 30%가 진척된 기말재공품의 완성품환산량에 대한 설명으로 올바른 것은? [70회]

① 재료원가와 가공원가에 모두 완성품환산량이 포함된다.
② 재료원가에는 완성품환산량이 포함되지 않으며 가공원가에는 모두 포함된다.
③ 재료원가에는 완성품환산량이 포함되지 않으며 가공원가에는 30% 포함된다.
④ 재료원가와 가공원가에 모두 완성품환산량이 포함되지 않는다.

해설

재공품이 재료 A가 투입되는 시점에 도달하지 않았으므로 재료원가 포함되지 않고, 가공원가는 공정 전반에 걸쳐 균등하게 투입되므로 공정진척도인 30%만큼 포함된다.

76 다음 중 종합원가계산에서 공손 및 감손에 대한 설명으로 틀린 것은?　　　　[70회]

① 감손이란 제조과정에서 증발, 분산, 가스화 등으로 공정에 투입된 원재료의 수량이 감소하여 나타나는 손실을 말한다.

② 비정상공손 및 감손은 영업외비용으로 처리한다.

③ 공손품의 검사시점이 기말재공품의 완성도 이후인 경우에는 기말재공품에 정상공손원가를 배분하지 않는다.

④ 감손은 잔존가치가 존재하므로 작업폐물과 같다.

해설
감손은 잔존가치가 전혀 없으므로 작업폐물과 구별된다.

77 ㈜세종은 종합원가계산을 적용한다. 원재료는 공정 초기에 전량 투입되며, 가공원가는 공정 전반에 걸쳐 균등하게 발생한다. 평균법과 선입선출법에 의한 가공원가 완성품환산량은 각각 15,000개, 14,250개이다. 기초재공품의 수량이 3,750개일 때 기초재공품의 가공원가 완성도는 얼마인가?　　　　[70회]

① 10%　　　　　　　　　　　② 20%
③ 30%　　　　　　　　　　　④ 40%

해설
• 기초재공품 완성품환산량 = 평균법 환산량 15,000개 − 선입선출법 환산량 14,250개 = 750개
• 평균법 완성품환산량과 선입선출법완성품환산량의 차이는 기초재공품 환산량이다.
∴ 기초재공품의 가공원가 완성도 = 기초재공품 완성품환산량 750개 ÷ 기초재공품 수량 3,750개 = 20%

78 다음은 ㈜한국의 제조활동과 관련된 자료이다. ㈜한국은 선입선출법에 의한 종합원가계산을 사용하고 있다. 당기 중 발생한 정상공손 수량은 얼마인가?(단, 검사시점은 40% 공정이며, 정상공손은 당기 검사를 통과한 수량의 10%이다)　　　　[70회]

- 기초재공품 : 200개(60%)　　• 당기착수량 : 2,000개
- 기말재공품 : 300개(80%)　　• 당기완성수량 : 1,700개

① 160개　　　　　　　　　　② 170개
③ 180개　　　　　　　　　　④ 190개

해설
당기 중에 발생한 정상공손 수량 = [(당기완성품 1,700개 − 기초재공품 200개) + 기말재공품 300개] × 10%
= 180개

CHAPTER
05 결합원가

01 결합원가 개요

1. 결합원가의 의의

결합원가계산이란 결합제품(연산품 또는 부산품)의 원가계산하는 것을 말한다. 즉, 동일한 종류의 원재료를 투입하여 동시에 생산되는 서로 다른 2종 이상의 제품을 생산하는 제조형태에서 원가를 배분하는 과정을 말한다. 이는 개별작업별로 원가계산이 이루어지는 개별원가계산이나 각 제조공정별로 제조원가를 집계하여 그 공정에서 생산된 완성품과 미완성된 기말재공품에 제조원가를 배분하는 종합원가계산하고는 그 생산형태와 원가배분방법이 상이하다.

결합제품은 농산물가공업, 석유화학산업, 추출산업, 반도체산업 등 여러 업종에서 볼 수 있다.

예 돈육가공업(베이컨, 햄, 삼겹살, 비계 등), 정유업(휘발유, 경우, 등유, LPG 등)

2. 결합원가배분의 목적

결합원가는 다음과 같은 목적으로 원가배분을 하여야 한다.
① 외부보고용 재무제표작성과 과세당국에 세금신고를 위한 기말재고자산과 매출원가의 산정을 위해
② 경영자에 대한 보상계약체결을 위한 재고자산 평가와 이익의 결정을 위해
③ 가격결정의 기초자료로 활용하기 위해

3. 용어의 정의

① 연산품

동일한 종류의 원재료를 투입하여 동시에 생산되는 서로 다른 2종 이상의 제품을 총칭하는 용어로서 다음과 같은 특징이 있다.

㉠ 분리점 이전까지는 개별적으로 식별이 불가능

㉡ 주·부산물과 달리 각 제품별로 판매가격에 현격한 차이가 없음

㉢ 화학적 성질 또는 생산설비의 결정적 성격에 의해 생산비율의 자의적 조정이 불가능

② 주산품

연산품 중에서 생산량이나 가치면에서 다른 제품들에 비하여 중요성이 큰 제품이다.

③ 부산물

연산품과 마찬가지로 분리점 이전까지는 개별적으로 식별할 수 없지만 다른 제품에 비하여 판매가치가 상대적으로 낮은 제품이다.

④ 분리점

연산품(결합제품)이 개별제품으로 식별 가능한 시점으로서 다음과 같은 특징이 있다.

ㄱ 특정 결합제품에 대한 원가가 추적될 수 있는 점이다.

ㄴ 분리점 이후에 발생한 원가는 배부되어지지 않는다.

ㄷ 분리점에서 판매 또는 추가가공하는가에 관해서 의사결정문제발생

ㄹ 어떤 제품은 분리점에서 '최종제품'이다.

ㅁ 다른 결합제품은 분리점에서 '중간제품'이다.

⑤ 결합원가

분리점 이전의 제조과정에서 발생한 제조원가로 배부기준에 따라 개별제품에 배부하여야 할 공통원가이다.

⑥ 분리원가

'추가가공원가'라고도 하며 분리점 이후의 공정(흔히 가공공정)에서 발생하는 원가로서 결합제품별로 직접 추적이 가능한 원가를 말한다. 만약 추가가공을 하지 않으면 분리점에서 최종제품이 이미 되어 있거나 다른 공정에서 완성이 되는 중간제품으로서 판매가 되어진다.

02 결합원가 배분

결합원가는 결합제품을 생산하는 과정에서 소요된 원가이므로 결합제품의 원가를 계산할 때 이를 포함시켜야 한다. 그런데, 결합원가는 분리점 이전에 발생되었으므로 각각의 결합제품과 인과관계에 따라 대응시키거나 추적할 수 없으며 합리적인 배부기준을 정하기도 어렵다. 따라서 임의성이 강한 일정한 기준에 의하여 결합원가를 각 제품에 배분하여야 하며, 그로인해 결합원가계산은 정확한 원가계산이 힘들다는 한계점을 드러낸다.

1. 결합원가 배분방법

결합제품의 원가계산은 결합원가를 각각의 결합제품에 적절히 배분하는 과정이 필요하며 그 방법에는 다음과 같은 4가지 방법이 있다.

(1) 물량기준법

개별제품의 물량(생산량, 무게, 부피, 면적)과 판매가격이 상호 밀접한 상관관계를 가진다면 물량을 기준으로 원가를 배분하는 것이 합리적일 것이라는 가정의 배분법이다. 물량이 큰 제품일수록 결합원가의 수혜비율이 클 것으로 가정하는 일종의 수혜기준에 의한 배분법이다. 배분계산방법이 간단하고 제품의 판매가를 몰라도 적용할 수 있지만, 물리적 기준이 판매가치와 밀접한 관련이 없을 경우 원가가 왜곡될 수 있으며 이는 개별제품의 수익성을 무시한다는 단점을 가지고 있다.

(2) 분리점에서의 판매가치기준법

분리점에서 개별제품의 판매가치를 결정할 수 있다면 각 제품의 상대적인 판매가치를 기준으로 결합원가를 배분할 수 있다는 방법이다. 이는 판매가치가 높을수록 많은 원가를 부담해야 한다는 원가부담능력기준에 의한 원가배분방법이다.

분리점에서의 총판매가액 = 생산량 × 분리점에서의 판매가격

원가배분 시 연산품의 수익성이 고려되며 수익과 비용의 대응이 적절하지만, 분리점에서의 판매가치를 알 수 없는 경우 적용할 수 없다는 단점이 있다. 이 방법은 주로 분리점에서 판매할 수 없는 결합제품을 판매가능한 상태로 만들기 위하여 추가가공하는 경우에 사용되어 진다.

(3) 순실현가치기준법(NRV)

개별제품의 최종판매가치에서 분리점 이후의 추가적 원가를 차감한 순실현가치(NRV)를 기준으로 원가를 배분하는 방법으로 분리점에서 개별제품의 판매가치를 알 수 없는 경우에도 적용이 가능한 보충적인 방법이다. 다만, 순실현가치가 (-)인 제품은 원가부담능력이 없다고 판단되므로 결합원가를 배분하지 않고 나머지 제품에만 원가를 배분한다.

> 분리점에서의 순실현가치(NRV) = 개별제품 최종판매가 - 분리원가(추가가공원가 + 추가판매비)

연산품의 판매시 수익성을 고려하여 결합원가를 배분할 수 있으며 분리점에서의 중간제품 판매가치를 알 수 없어도 적용가능하지만, 결합원가만이 이익창출에 기여하고 추가가공원가는 이익창출에 기여하지 않는다는 가정을 하고 있으므로 원가에 이익을 가산하여 판매가를 결정하는 방식에서는 왜곡된 결과가 나올 수 있다.

(4) 균등이익률법

동일한 공정에서 생산된 개별제품이 각각의 최종판매가치에 대하여 모두 동일한 매출총이익률을 갖도록 결합원가를 배분하는 방법이다. 다음과 같은 순서로 원가를 배분한다.

① 기업전체의 매출총이익률을 계산한다.
② ①의 매출총이익률을 이용하여 개별제품의 매출총이익률을 계산한다.
③ 추가가공원가를 차감한 후 개별제품에 배분될 결합원가를 계산한다.

결합원가와 추가가공원가가 모두 수익창출에 기여한다고 가정하여 결합원가를 배분한다는 장점이 있는 반면에 매출총이익률을 동일하게 산정하다보니 부(-)의 결합원가가 배분될 수도 있다는 단점이 있다.

➕ 예제

20x4년 9월에 ㈜위드는 1,000리터의 우유를 가공하여 커피우유 400리터와 초코우유 600리터를 생산하였다. 커피우유는 분리점에서 리터당 1,150원에, 초코우유는 리터당 900원에 처분할 수 있다. 결합공정에서 발생한 원가는 다음과 같다.

> 직접재료원가 300,000 + 가공원가 450,000 = 750,000

한편 커피우유와 초코우유는 향료를 추가로 투입하는 공정을 가지고 있으며 월중 발생한 원가는 각각 216,000원과 384,000원이다. 가공이 끝난 완제품은 리터당 커피우유가 2,100원에, 초코우유가 1,600원에 판매된다.

│ 요구사항

1. 물량기준법을 이용하여 결합원가를 배분하라.
2. 판매가치기준법에 따라 결합원가를 배분하라.
3. 순실현가치법에 따라 결합원가를 배분하라. 단, 중간제품의 판매가격은 알 수 없는 것으로 가정한다.
4. 균등이익률법에 의해 결합원가를 배분하라.

정답 및 해설

1. 물량기준법
① 결합원가의 배분

커피우유 : $750,000 \times \dfrac{400L}{1,000L} = 300,000$

초코우유 : $750,000 \times \dfrac{600L}{1,000L} = 450,000$

2. 판매가치기준법
① 상대적 판매가치

제 품	상대적 판매가치		비율(①÷②)
커피우유	400L × 1,150 =	460,000——①	46%
초코우유	600L × 900 =	540,000——①	54%
계		1,000,000——②	

② 결합원가 배분
커피우유 : $750,000 \times 46\% = 345,000$
초코우유 : $750,000 \times 54\% = 405,000$

3. 순실현가치법
① 순실현가치 계산

제 품	최종판매가치 (㉠)		추가가공원가 (㉡)	순실현가치 (㉠－㉡)	NRV비율
커피우유	400L × 2,100 =	840,000	216,000	624,000	52%
초코우유	600L × 1,600 =	960,000	384,000	576,000	48%
계		1,800,000	600,000	1,200,000	

② 결합원가 배분
커피우유 : $750,000 \times 52\% = 390,000$
초코우유 : $750,000 \times 48\% = 360,000$

4. 균등이익률법
① 매출총이익

매 출	(400L × 2,100) + (600L × 1,600) =	1,800,000
매출원가	750,000 + 600,000 =	1,350,000
매출총이익		450,000
매출총이익률	450,000 ÷ 1,800,000 =	25%

② 결합원가 배분
커피우유 : (400L × 2,100) = 840,000
840,000 × (1 − 0.25) = 630,000 ········ (매출원가)
630,000 − 216,000 = 414,000
초코우유 : (600L × 1,600) = 960,000
960,000 × (1 − 0.25) = 720,000 ········ (매출원가)
720,000 − 384,000 = 336,000
※ 개별제품의 매출총이익률이 모두 같게 결합원가를 배분하면 된다.

03 부산물의 회계처리 문제

부산물이란 결합제품 공정에서 생산된 생산물 중에 상대적으로 판매가치가 작은 제품을 말하는데, 부차적이란 점에서 보면 작업폐물과도 유사하지만 작업폐물은 투입된 원재료와 동질적인 파생물인데 반하여 부산물은 이질적인 파생물이란 점과 판매가치가 매우 작다는 점에서 구별된다.

부산물은 주산품에 비해 중요성은 낮으나 부산물의 회계처리가 잘못되면 주산품의 원가계산에도 영향을 주므로 별도의 회계처리를 행해야 한다. 부산물의 회계처리방법은 그 인식시점에 따라 판매기준법(잡이익법)과 생산기준법(원가차감법)으로 나눌 수 있다.

1. 판매기준법(잡이익법)

판매기준법은 부산물이 생산 완료되어도 그 수량이나 가치를 인식하지 않고(부외자산처리) 실제로 판매가 되었을 때에 잡이익으로 인식하는 방법을 말한다. 부산물이 판매될 때까지는 회계상 아무런 기록도 하지 않기 때문에 부산물이 원가계산에서 완전히 무시된다. 이때 부산물의 처분비용이 발생하였다면 처분가액에서 처분비용을 차감한 후 순액을 잡이익으로 인식한다.

판매기준법은 부산물의 가치의 금액적 중요성이 적어 회사의 순이익에 미치는 영향이 미미할 때 사용하는 것이 적절하다. 이 방법에서는 모든 결합원가가 주산품에 배부된다.

부산물 생산시점	부산물 관련 분개 없음(주산품 회계처리만 있음)					
	(차)	제 품(주산품)	xxx	(대)	재공품	xxx
부산물 판매시점	(차)	현 금	xxx	(대)	잡이익*주)	xxx

*주) 판매가치 − 처분비용

2. 생산기준법(원가차감법)

생산기준법 또는 순실현가치법은 부산물의 생산이 완료되었을 때 결합원가 중에서 부산물에 대해 예상되는 순실현가치(= 처분가액 − 처분비용)에 해당하는 금액을 부산물에 먼저 배분하고 나머지 결합원가를 주산물에 배분한다. 즉, 생산시점에 부산물의 순실현가치만큼 재고자산으로 처리했다가 판매시 현금 등과 대체하여 비용처리하는 방법이다. 이 방법은 부산물이라 하더라도 순실현가치를 어느 정도 확실하게 추정할 수 있고 금액적 중요성으로 보아 회사의 순이익에 크게 영향을 미칠 수 있는 경우에 적절한 방법이다.

부산물 생산시점 (분리점)	(차)	제품(주산품)	xxx	(대)	재공품	xxx
		부산물	xxx			
부산물 판매시점	(차)	현 금	xxx	(대)	부산물	xxx

단, 판매 시 순처분가액이 당초 생산시점에 예상했던 순실현가치와 일치하지 않을 경우에는 추가로 처분손익을 인식한다.

➕ 예제

㈜위드는 연산품 A, B와 부산물 X를 생산하며 자료는 다음과 같다. 부산물의 회계처리는 판매기준법(잡이익법)을 따른다.

내 용	A	B	X	계
생산수량	15,000개	19,000개	6,000개	40,000개
분리점에서의 판매가치	270,000	370,000	32,000	672,000
결합원가배분액	?	?	?	320,000

요구사항

1. ㈜위드가 판매가치법을 사용하여 결합원가를 배분하는 경우 분리점에서 필요한 분개를 행하라.
2. ㈜위드가 부산물의 회계처리방법을 생산기준법(원가차감법)으로 변경하였을 경우 다음 상황시 분개를 행하라.
   ① 분리점에서의 경우
   ② 판매시점의 경우, 단 실제판매가격은 33,000원이었으며 처분비용은 없다.

정답 및 해설

1. 판매가치법
   ① 결합원가배분액 계산

   • 제품 A = $320,000 \times \dfrac{270,000}{270,000 + 370,000} = 135,000$

   • 제품 B = $320,000 \times \dfrac{370,000}{270,000 + 370,000} = 185,000$

   ② 분리점에서의 회계처리

   (차) 제품 A　135,000　(대) 재공품　320,000
   　　 제품 B　185,000

2. 생산기준법
   ① 결합원가배분액 계산

   • 제품 A = $(320,000 - 32,000) \times \dfrac{270,000}{270,000 + 370,000} = 121,500$

   • 제품 B = $(320,000 - 32,000) \times \dfrac{370,000}{270,000 + 370,000} = 166,500$

   ② 분리점에서의 회계처리

   (차) 제품 A　121,500　(대) 재공품　320,000
   　　 제품 B　166,500
   　　 부산물 X　32,000

   ③ 판매시점의 회계처리

   (차) 현 금　33,000　(대) 부산물　32,000
   　　　　　　　　　　　　잡이익　1,000

04 결합제품의 매각과 추가가공의 의사결정

추가가공 의사결정은 분리점에서 판매시장이 존재할 경우 연산품은 즉시 판매할 수도 있으며 또는 추가비용을 들여 추가가공해서 판매를 할 수도 있다면 어느 시점에 판매하는 것이 유리한가라는 것을 의사결정하는 것을 말한다. 이러한 의사결정에 있어서 고려해야 할 사항은 딱 3가지로 ① **분리점에서의 판매가격**과 ② **추가가공원가**, 그리고 ③ **추가가공 후의 판매가격**이다. 이때 주의해야 할 것은 결합원가는 분리점에서 판매하든지 추가가공 후에 판매하든지 관계없이 이미 발생된 원가이기 때문에 고려할 필요가 없다는 것이다(매몰원가). 따라서 의사결정기준은 추가가공에 따른 판매가격의 차액(추가가공 후 판매가격 – 분리점에서의 판매가격 : 증분수익)과 추가가공원가(증분비용)을 비교하여 전자가 더 큰 경우에는 추가가공을 하고, 후자가 더 크다면 분리점에서 판매하는 것이다.

추가가공 시 증분수익(추가수익)	=	xxx
추가가공 시 증분비용(추가비용)	=	(xxx)
추가가공 시 **증분이익**(추가이익)		xxx

[의사결정]

증분이익 ≥ 0 ························· **추가가공한다.**

증분이익 < 0 ························· 추가가공 안 한다.

> ➕ **더 알아두기**
>
> **다양한 원가계산 방법**
>
> ① **조별 원가계산(혼합원가계산)** : 다른 종류의 제품을 조별로 연속하여 생산하는 생산형태로서 개별원가계산과 종합원가계산을 혼합한 계산방법
>
> ② **공정별 원가계산** : 종합원가계산을 복수의 공정별로 실시하는 원가계산방법
>
> ③ **등급별 원가계산** : 동일 종류의 제품이 동일공정에서 연속적으로 생산되나 그 제품의 품질 등이 다른 경우 적용되는 원가계산방법

01 연산품 A와 B를 생산하는 ㈜한영의 결합원가는 200,000원이다. 순실현가치기준법에 의해 결합원가를 배분할 경우 제품B의 총원가는 얼마인가? [85회]

제 품	생산량	판매가격	추가가공원가
A	500개	900원	150,000원
B	400개	700원	80,000원

① 80,000원
② 100,000원
③ 120,000원
④ 160,000원

해설
• 제품B의 결합원가 배분액

구 분	순실현가치	결합원가 배분비율	배분된 결합원가
제품A	500개 × 900원 − 150,000원 = 300,000원	60%	120,000원
제품B	400개 × 700원 − 80,000원 = 200,000원	40%	80,000원

∴ 제품B의 총원가 = 제품B에 배분된 결합원가 80,000원 + 추가가공원가 80,000원 = 160,000원

02 다음 중 부산물에 관한 설명으로 올바른 것은? [85회]

① 동일한 원재료가 동일한 제조과정에 투입 및 사용되어 생산되는 생산품이다.
② 함께 생산되는 여러 종류의 제품 중 판매가치가 상대적으로 높은 것이다.
③ 비정상적인 생산과정에서 발생하는 불량품이다.
④ 일정 시점에서 검사를 통과하지 못한 불합격품이다.

해설
• 부산물은 정상적인 생산과정에서 발생하며 동일한 원재료가 동일한 제조과정에서 투입 및 사용되어 생산되는 여러 종류의 제품 중 판매가치가 상대적으로 낮은 생산품을 말한다.
② 함께 생산되는 여러 종류의 제품 중 판매가치가 상대적으로 낮은 것이다.
③ 정상적인 생산과정에서 발생하는 정상품이다.

03 ㈜대구는 3종류의 결합제품 A, B, C를 하나의 결합공정에서 생산하고 있다. 결합원가는 분리점에서의 상대적 판매가치에 의하여 배분하고 있으며, 관련된 자료는 아래와 같다. 이 경우, A의 분리점에서의 판매가치는 얼마인가? [84회]

구 분	A	B	C	합계
결합원가	( )	( )	60,000원	240,000원
분리점에서의 판매가치	( )	72,000원	( )	360,000원
추가가공원가	6,000원	2,000원	12,000원	
추가가공 후 판매가치	210,000원	( )	120,000원	

① 90,000원
② 198,000원
③ 210,000원
④ 240,000원

해설

• 결합원가를 분리점에서의 상대적 판매가치로 배분한다.
• C의 분리점에서의 판매가치 = 360,000원 × (60,000원 ÷ 240,000원) = 90,000원
∴ A의 분리점에서의 판매가치 = 360,000원 − 72,000원 − 90,000원 = 198,000원

04 다음 중 연산품에 대한 설명으로 틀린 것은? [84회]

① 연산품과 공손품의 공통점은 정상적인 생산과정에서 발생하는 재작업이 필요한 규격품이라는 것이다.

② 연산품을 분리점에서 판매할 것인지 아니면 추가가공하여 판매할 것인지에 대한 의사결정 시 연산품에 배분된 결합원가는 매몰원가로서 고려대상이 아니다.

③ 연산품은 분리점에 도달할 때까지 발생한 결합원가를 일정한 기준에 따라 각 제품에 배분해 주어야 하며 배분하는 방법으로는 물량기준법, 분리점에서의 판매가치법, 균등이익률법, 순실현가치법 등이 있다.

④ 연산품이란 동일한 종류의 원재료를 투입하여 동시에 생산되는 서로 다른 2종 이상의 제품을 말하며, 결합제품이라고도 한다.

해설

공손품은 정상적인 생산과정에서 발생하는 불량품으로서 재작업이 불가능하거나 비경제적이어서 폐기처분 등으로 처리하는 것이 유리한 품목을 말한다.

05 참치통조림을 생산하여 판매하는 ㈜동해는 제조공정에서 발생하는 부산물인 참치알을 생산 시점에서 순실현가치로 평가하여 참치통조림에 배부하고 있다. 참치알은 외부에 kg당 4,000원에 판매되며, 판매비용은 10,000원이 발생한다. 제조공정에서 부산물인 참치알이 40kg 발생했다면 참치통조림에 배부할 부산물 금액은 얼마인가? [84회]

① 140,000원　　　　　　　　　　　② 150,000원
③ 160,000원　　　　　　　　　　　④ 170,000원

해설

참치통조림에서 배부할 부산물 금액 = 40kg × 4,000원 − 10,000원 = 150,000원

06 ㈜중부는 결합원가를 순실현가능가치에 의하여 배분하고 있다. 다음 자료에 의하여 당월에 발생한 결합원가 3,000,000원 중 A제품에 배분될 결합원가는 얼마인가? [83회]

제 품	생산량	단위당 판매가격	단위당 추가가공원가
A	20,000개	350원	100원
B	40,000개	400원	150원

① 500,000원　　　　　　　　　　　② 1,000,000원
③ 1,500,000원　　　　　　　　　　④ 2,000,000원

해설

• A 제품의 순실현가치 = (350원 − 100원) × 20,000개 = 5,000,000원
• B 제품의 순실현가치 = (400원 − 150원) × 40,000개 = 10,000,000원
• 순실현가치 합계액 = A제품 순실현가치 5,000,000원 + B제품 순실현가치 10,000,000원 = 15,000,000원
∴ A제품에 배분될 결합원가 = 결합원가 3,000,000원 × (A제품 순실현가치 5,000,000원/순실현가치 합계액 15,000,000원) = 1,000,000원

07 다음 자료에서 결합원가를 순실현가치법으로 배분하는 경우 제품 B에 배분되는 결합원가는 얼마인가?

[82회]

> ㈜청주는 원재료 X를 결합공정에 투입하여 두 개의 제품 A, B를 생산하기로 하였다. 원재료 X의 단위당 구입가격은 10원이다. 당기 중 결합공정에 원재료 X가 1,000단위 투입되었으며, 직접노무원가 5,000원, 제조간접원가 15,000원이 발생하였다. 당기 말 현재 완제품 A 1,000단위와 완제품 B 500단위가 생산되었으며, 결합공정에 기초 및 기말재공품은 없다. 단, 단위당 판매가격은 A제품 20원, B제품 20원이다.

① 10,000원   ② 15,000원
③ 20,000원   ④ 30,000원

해설

• 결합원가 = 직접재료원가(1,000단위 × 10원) + 직접노무원가 5,000원 + 제조간접원가 15,000원 = 30,000원

제 품	순실현가치	비 율
A	1,000개 × 20원 = 20,000원	2/3
B	500개 × 20원 = 10,000원	1/3

∴ 제품 B에 배분되는 결합원가 = 30,000원 × 1/3 = 10,000원

08 다음 중 부산물과 관련한 설명으로 올바른 것은?

[82회]

① 공통의 투입요소로부터 동일한 생산공정을 거쳐 동시에 생산되는 제품으로서 상당한 판매가치가 있는 두 종류 이상의 제품
② 재료의 불량, 작업기술의 미숙, 기계 등의 정비불량 등으로 가공과정에 실패한 불합격품
③ 생산과정에서 생기는 재료의 찌꺼기로서 목공소의 톱밥과 같이 생산과정에서 제외되어 동일한 목적에 사용할 수 없는 것
④ 공통의 재료와 공정으로부터 생산되는 제품으로 주제품에 비하여 상대적으로 판매가치가 적은 제품

해설

① 연산품, ② 공손품, ③ 작업폐물을 말하는 것이다.

09 다음 중 결합원가를 배분하는 방법이 아닌 것은?

[82회]

① 순실현가치법   ② 직접배분법
③ 균등이익률법   ④ 물량기준법

해설

직접배분법은 보조부분원가를 배분하는 방법이다.

10 다음 중 결합원가에 대한 설명으로 틀린 것은? [81회]

① 연산품은 분리점에 도달하기 전까지는 개별제품으로 식별되지 않으며, 분리점 이후에 개별제품으로 확인된다.

② 동일한 원재료에서 출발하여 서로 다른 제품으로 인식되는 시점을 분리점이라 한다.

③ 인과관계에 따라 배부기준을 사용하므로 결합원가는 개별제품에 추적이 불가능하며, 정확한 원가계산이 어렵다.

④ 분리점 이후 가공과정에서 발생한 제조원가를 추가가공원가라 하며, 이는 의사결정과정에 영향을 미치지 아니한다.

해설

분리점 이후 가공과정에서 발생한 제조원가를 추가가공원가라 하며, 이는 의사결정과정에 영향을 미친다.

11 ㈜순천은 당기 중 제품생산과정에서 발생한 부산물 2,000kg을 kg당 100원에 판매하였으며, 부산물의 판매비용은 50,000원이 발생하였다. 회사는 그동안 부산물의 중요성이 낮다고 판단하여 순실현가치를 모두 잡이익으로 인식하고 있었으나 회계처리를 변경하여 매출원가에서 차감하기로 하였다. 회계처리의 변경으로 인하여 ㈜순천의 당기순이익에 미치는 영향은 얼마인가? [81회]

① 0원

② 50,000원 증가한다.

③ 150,000원 증가한다.

④ 200,000원 증가한다.

해설

• 당기순이익 = 기존 잡이익 처리 150,000원 − 변경 후 매출원가 감소 150,000원 = 0원

※ 기존 회계처리는 잡이익이 증가하여 당기순이익을 증가시키지만, 회계처리를 변경하여도 매출원가(비용)가 감소하여 당기순이익을 증가시키므로 결과적으로 당기순이익에 미치는 영향은 없다.

12 ㈜독도는 결합원가를 투입하여 제1공정에서 연산품 P와 Q를 생산하고 있으며 2023년 생산량 및 원가 자료는 다음과 같다. ㈜독도가 순실현가능가치를 기준으로 결합원가를 제품에 배분하는 경우, 2023년에 발생한 결합원가 총액은 얼마인가? [81회]

구 분	P	Q
결합원가	60,000원	?
생산량	1,500개	2,000개
단위당 판매가격	200원	250원
단위당 판매비용	100원	200원
추가가공원가	30,000원	20,000원

① 40,000원   ② 60,000원

③ 80,000원   ④ 100,000원

해설

• P의 순실현가능가치 = 생산량 1,500개 × (200원 − 100원) − 추가가공원가 30,000원 = 120,000원
• Q의 순실현가능가치 = 생산량 2,000개 × (250원 − 200원) − 추가가공원가 20,000원 = 80,000원
• P의 결합원가 배부액 60,000원 = 결합원가 총액 × P의 순실현가능가치 120,000/순실현가능가치 합계 200,000원)
∴ 결합원가 총액 = 100,000원

13 하나의 생산과정에서 여러 가지의 제품이 생산되었을 때 제품의 연산품 또는 부산물 여부를 결정하는 요인으로 옳은 것은? [80회]

① 각 제품 생산에 소요되는 작업의 양
② 분리시점 이후의 추가가공원가 발생 여부
③ 각 제품의 판매가능성
④ 분리점에서의 상대적 판매가치

해설

부산물은 주산품의 생산과정에서 발생하는 것으로서 회사의 다른 제품과 비교하여 판매가치가 상대적으로 작을 경우에 부산물로 분류된다.

14 ㈜여수는 재료를 투입하여 주산품 A와 B, 부산물 C를 생산하고 있다. 각 제품은 분리점 이후에 추가 가공된 후에 판매된다. 분리점 이전의 결합원가는 1,300,000원이며, 순실현가치법에 의하여 배부한다. 2023년 중의 생산 및 판매 관련 자료는 다음과 같다. 부산물을 생산시점에서 인식한다고 가정할 때, 다음 설명 중 틀린 것은?(단, 기초재고는 없다) [80회]

제 품	생산량	판매량	추가가공원가	kg당 판매단가
A	300kg	300kg	200,000원	4,000원
B	600kg	600kg	300,000원	3,000원
C	100kg	100kg	–	1,000원

① 제품 A의 총제조원가는 480,000원이다.
② 제품 B의 총제조원가는 1,020,000원이다.
③ 회사 전체의 매출총이익은 1,300,000원이다.
④ 부산물에 대한 결합원가 배부액은 100,000원이다.

해설

제 품	생산판매량	추가가공원가	kg당 판매단가	순실현가치	배부액
A	300kg	200,000원	4,000원	1,000,000원	480,000원
B	600kg	300,000원	3,000원	1,500,000원	720,000원
C	100kg	–	1,000원	100,000원	100,000원

• 제품 A의 총제조원가 = 결합원가 배부액 480,000원 + 추가가공원가 200,000원 = 680,000원
• 제품 B의 총제조원가 = 결합원가 배부액 720,000원 + 추가가공원가 300,000원 = 1,020,000원
• 제품 A의 매출총이익 = 매출액 1,200,000원 – 총제조원가 680,000원 = 520,000원
• 제품 B의 매출총이익 = 매출액 1,800,000원 – 총제조원가 1,020,000원 = 780,000원

15 다음의 자료에서 설명하고 있는 결합원가 배분 방법은 무엇인가? [80회]

• 결합제품으로 생산한 석유와 천연가스는 동일한 측정치를 이용하여 계산할 수 없기 때문에 이 방법을 이용할 수 없다.
• 이 방법을 사용하면 개별 제품에 대한 수익성을 왜곡시킬 가능성이 크다.

① 상대적 판매가치법   ② 순실현가치법
③ 균등매출총이익률법   ④ 물량기준법

해설

결합제품이 액체, 고체 등 서로 다른 물리적 형태로 존재할 경우 물량기준법을 사용할 수 없다.

16 다음은 ㈜경기의 연산품과 관련된 자료이다. 전체 연산품에 대한 결합원가 총액이 10,000,000원이라고 할 때 물량기준법에 의하여 연산품 B에 배부될 결합원가는 얼마인가? [80회]

연산품	수 량	총판매가치
A	100개	2,000,000원
B	300개	5,000,000원
C	200개	7,000,000원
합 계	600개	14,000,000원

① 5,000,000원　　　　　　　　② 6,000,000원
③ 7,000,000원　　　　　　　　④ 8,000,000원

해설
연산품 B의 결합원가 = 결합원가 10,000,000원 × 300개/600개 = 5,000,000원

17 다음 중 결합원가와 관련한 설명으로 올바른 것을 모두 고른 것은? [79회]

> 가. 물량기준법은 주로 판매가격의 차이가 큰 결합제품 간에 적용할 때 그 효과가 크다.
> 나. 균등이익률법에서는 조건이 같다면 추가가공원가가 높은 제품에 더 높은 결합원가가 배부된다.
> 다. 분리점판매가치법에서 분리점의 판매가치를 계산할 때에는 (판매량 × 판매가격)으로 계산한다.
> 라. 균등매출총이익률법을 이용하여 결합원가를 배분하면 분리점 이후에 추가가공을 하는 경우에도 각 개별제품의 매출총이익률은 동일하다.

① 가, 나　　　　　　　　② 가, 다
③ 나, 다　　　　　　　　④ 라

해설
• 물량기준법은 주로 판매가격의 차이가 없는 결합제품 간에 적용할 때 효과가 크다.
• 균등이익률법에서는 조건이 같다면 추가가공원가가 높은 제품에 더 적은 결합원가가 배부된다.
• 분리점판매가치법에서 분리점의 판매가치를 계산할 때에는 판매량이 아닌 생산량을 이용한다.

18 ㈜완도케미컬은 1,100kg의 원료를 투입하여 두 가지 제품 X, Y로 분리하고 있으며, 분리된 각 제품은 추가가공을 거쳐서 완제품으로 판매되고 있다. 결합제품 X, Y의 생산을 위해 투입된 결합원가는 1,000,000원이다. ㈜완도케미컬은 순실현가능가치를 기준으로 결합원가를 배분하며, 제품의 생산과 관련한 자료는 다음과 같다. 제품 X의 kg당 제조원가는 얼마인가? [79회]

결합제품	용 량	kg당 최종판매가격	추가가공원가
X	450kg	1,600원	20,000원
Y	550kg	4,000원	100,000원

① 450원　　　　　　　　② 500원
③ 600원　　　　　　　　④ 650원

해설

구 분	순실현가능가치	비 율	결합원가배분액
X	450kg × 1,600원 − 20,000원 = 700,000원	25%	250,000원
Y	550kg × 4,000원 − 100,000원 = 2,100,000원	75%	750,000원
계	2,800,000원	100%	1,000,000원

∴ 제품 X의 kg당 제조원가 = (결합원가배분액 250,000원 + 추가가공원가 20,000원) ÷ 450kg = 600원

19 ㈜밀양은 당기에 200개의 제품을 생산하는데 600,000원의 제조원가가 발생하였다. 완성도 100% 시점에서 품질검사를 수행한 결과, 공손품 40개가 발생하였으며 공손품의 추정 판매단가는 5,000 원이고, 완성품의 단위당 판매가격은 7,000원이다. ㈜밀양이 추가로 20,000원을 투입하여 공손품 에 대한 재작업을 수행하고 정상제품으로 만들어 판매하기로 하였다면, 제품의 단위당 원가는 얼마 인가?(단, 모든 공손은 정상적으로 발생한 것이다) 　　　　　　　　　　　　　　　　　[79회]

① 2,500원　　　　　　　　　　　　　　② 3,000원
③ 3,100원　　　　　　　　　　　　　　④ 3,500원

해설

제품 단위당 원가 = (당기제품제조원가 600,000원 + 재작업원가 20,000원) ÷ 200개 = 3,100원

20 ㈜대구는 제품을 생산하여 판매하고 있다. 제조공정에서 부득이하게 발생하는 부산물을 생산 시점 의 순실현가치로 평가하여 제품에 배부하고 있다. 부산물은 ㈜서울에 kg당 5,000원에 판매하며, 총판매수수료가 50,000원 발생한다. 부산물이 100kg 발생했다면 제품에 배부할 부산물 금액은 얼 마인가? 　　　　　　　　　　　　　　　　　　　　　　　　　　　　　　　　　　[78회]

① 400,000원　　　　　　　　　　　　　② 450,000원
③ 500,000원　　　　　　　　　　　　　④ 550,000원

해설

제품에 배부할 부산물 금액 = 부산물 순실현가치(100kg × 5,000원) − 총판매수수료 50,000원 = 450,000원

21 다음은 ㈜나주의 연산품에 대한 자료이다. 전체 연산품에 대한 총 결합원가가 10,000,000원인 경우 순실현가치법에 의한 연산품 C의 총원가는 얼마인가? [78회]

연산품	생산량	총판매가격	추가가공원가
A	100개	2,500,000원	500,000원
B	200개	3,000,000원	1,000,000원
C	350개	4,500,000원	3,500,000원
합 계	650개	10,000,000원	5,000,000원

① 1,000,000원　　　　　　　　② 2,000,000원
③ 3,500,000원　　　　　　　　④ 5,500,000원

해설

연산품	순실현가치	비 율	결합원가배분액
A	2,000,000원	40%	4,000,000원
B	2,000,000원	40%	4,000,000원
C	1,000,000원	20%	2,000,000원
합 계	5,000,000원	100%	10,000,000원

∴ 연산품 C의 총원가 = 결합원가 배부액 2,000,000원 + 추가가공원가 3,500,000원 = 5,500,000원

22 다음 중 결합원가계산에서 분리점에서의 상대적 판매가치에 대한 설명으로 올바른 것은? [78회]

① 분리시점의 총판매가치에서 결합원가배부액을 차감한 것
② 판매가격에서 결합원가배부액을 차감한 것
③ 판매가격에서 결합원가배부액과 추가가공원가를 차감한 것
④ 판매가격에서 분리점 이후 추가가공원가를 차감한 것

해설

분리점에서의 상대적 판매가치는 판매가격에서 분리점 이후 추가가공원가를 차감한 것이다.

23 다음 중 제품원가계산 방법에 대한 설명으로 틀린 것은? [78회]

① 공정별원가계산은 전 공정에서 다음 공정으로 대체되는 제조원가는 무시하고, 공정별로 제조원가를 계산한다.
② 연산품원가계산은 주산물과 부산물을 명확히 구분하기 곤란한 경우에 적용한다.
③ 조별원가계산은 다른 종류의 제품을 조별로 연속하여 생산하는 생산형태에 적용한다.
④ 개별원가계산은 다른 종류의 제품을 개별적으로 생산하는 생산형태에 적용한다.

해설

공정별원가계산은 전 공정에서 다음 공정으로 대체되는 제조원가를 전 공정대체원가로 하여 다음 공정의 제조원가에 가산한다.

24 당기에 사업을 개시한 ㈜대전은 하나의 결합공정에 결합원가 400,000원을 투입하여 제품 X와 제품 Y를 생산 및 판매하고 있다. 관련 자료가 아래와 같고, 판매가치법에 따라 결합원가를 배분할 경우, 제품 X에 배분될 결합원가는 얼마인가? [77회]

제품	생산량	분리점 판매가치(개당)	추가가공원가	단위당 판매가격
X	400개	3,000원	300,000원	8,000원
Y	300개	4,000원	–	6,000원

① 144,000원
② 256,000원
③ 300,000원
④ 400,000원

해설

제 품	판매가치	비 율	결합원가 배분액
X	3,200,000원	64%	256,000원
Y	1,800,000원	36%	144,000원
계	5,000,000원	100%	400,000원

$$\therefore \text{제품 X 결합원가} = \frac{\text{결합원가 400,000원} \times \text{제품 X 판매가치 3,200,000원}}{\text{총판매가치 5,000,000원}} = 256,000원$$

25 다음 중 연산품의 종합원가계산에 대한 설명으로 틀린 것은? [77회]

① 연산품은 동일한 재료를 투입하여 동일한 공정에서 서로 다른 종류의 제품이 생산되는 것을 말한다.
② 연산품을 분리점에서 판매할 것인지, 추가가공하여 판매할 것인지에 대한 의사결정 시 결합원가는 최우선 고려사항이다.
③ 연산품원가계산은 일정 단계가 되기 전까지 주산물과 부산물이 명확히 구분하기 곤란한 경우에 적용한다.
④ 물량 기준에 의한 결합원가의 배분은 각 제품의 물량과 판매가격 사이에 밀접한 상관관계가 존재하는 경우에 적용한다.

해설

결합원가는 매몰원가로서, 추가가공 여부를 의사결정할 때 고려사항이 아니다.

26 부산물은 그 가액을 산정하여 이를 발생부문의 주산물 총원가에서 안분하여 차감한다. 다음 중 부산물의 평가방법에 대한 설명으로 틀린 것은? [77회]

① 부산물을 그대로 외부에 매각할 수 있는 경우에는 추정매각가격에서 판매관리비와 정상이윤을 공제한 가액으로 한다.
② 부산물을 추가가공 후 매각하는 경우에는 추정매각가격에서 추가가공원가, 판매관리비, 정상이윤을 공제한 가액으로 한다.
③ 부산물을 그대로 자가소비하는 경우에는 추정매각가액으로 한다.
④ 부산물을 추가가공 후 자가소비하는 경우에는 그 추정매입가격에서 추가가공원가 발생액을 공제한 가액으로 한다.

해설

부산물을 그대로 자가소비하는 경우에는 추정매입가격으로 한다.

27 다음 중 제품원가계산 방법에 대한 설명으로 틀린 것은? [76회]

① 등급별원가계산은 동일한 종류의 제품이 동일공정에서 연속적으로 생산되나 그 제품의 품질 등이 다른 경우에 적용한다.
② 연산품원가계산은 동일재료로 동일공정에서 생산되는 다른 제품으로서 주산물과 부산물로 명확히 구분되는 경우에 적용한다.
③ 조별원가계산은 다른 종류의 제품을 조별로 연속하여 생산하는 생산 형태에 적용한다.
④ 공정별원가계산은 제조공정이 2 이상의 연속되는 공정으로 구분되고 각 공정별로 당해 공정 제품의 제조원가를 계산할 경우에 적용한다.

해설

연산품원가계산은 동일재료로 동일공정에서 생산되는 다른 종류의 제품으로서 주산물과 부산물을 명확히 구분하기 곤란한 경우에 적용한다.

28 ㈜하나는 동일한 원재료를 사용하여 결합생산공정으로부터 제품 A와 B를 생산하고 있다. 순실현가치를 기준으로 제품 A에 배부된 결합원가는 50,000원이다. 결합원가를 배부하기 전의 총결합원가는 얼마인가? [76회]

구 분	생산량	분리점에서의 단위당 판매가격	추가가공원가	추가가공 후 단위당 판매가격
A	2,000개	50원	0원	50원
B	4,000개	50원	100,000원	100원

① 50,000원
② 100,000원
③ 150,000원
④ 200,000원

해설

- 총결합원가 = A에 배분된 결합원가 50,000원 ÷ 0.25 = 200,000원

구 분	순실현가치	배분비율
A	2,000개 × 50원 = 100,000원	0.25
B	4,000개 × 100원 − 100,000원 = 300,000원	0.75

29 ㈜살만은 제조공정에서 발생한 부산물을 생산시점의 순실현가치로 평가하여 제품에 배부하고 있다. 부산물 50단위가 발생하여 제품에 배부하고자 할 경우에 나타나는 현상으로 옳은 것은? [76회]

① 제품제조원가가 감소한다.
② 제품제조원가가 증가한다.
③ 판매관리비가 감소한다.
④ 판매관리비가 증가한다.

해설

부산물의 순실현가치를 제품에 배부하면, 주산물인 제품의 총제조원가에서 차감한다.

30 다음의 등급별원가계산에서 등급품의 결합원가는 30,000원이다. 판매가치법에 의한 1급품의 결합원가 배부액은 얼마인가? [75회]

등 급	생산량	판매단가	무 게
1급품	150개	120원	20kg
2급품	100개	130원	5kg
3급품	200개	70원	15kg

① 10,000원
② 11,250원
③ 12,000원
④ 15,000원

해설

등 급	생산량	판매단가	무 게	판매가치	판매가치 비율
1급품	150개	120원	20kg	18,000원	0.4
2급품	100개	130원	5kg	13,000원	0.29
3급품	200개	70원	15kg	14,000원	0.31

∴ 1급품 결합원가 배부액 = 30,000원 × 0.4 = 12,000원

31 다음 중 결합원가에 대한 설명으로 틀린 것은?   [75회]

① 동일한 원재료에서 출발하여 서로 다른 제품으로 인식되는 시점을 분리점이라 한다.

② 인과관계에 따라 정확한 배부기준을 사용하므로 결합원가는 개별제품에 추적이 가능하며, 정확한 원가계산이 가능하다.

③ 동일한 공정에서 동일한 재료를 투입하여 생산되는 두 종류 이상의 서로 다른 제품을 연산품이라 한다.

④ 분리점 이후 가공과정에서 발생한 제조원가를 추가 가공원가라 하며, 이는 의사결정과정에 영향을 미친다.

해설

결합원가는 인과관계에 따라 개별제품에 추적하는 것이 불가능하기에 정확한 원가계산이 불가능하다.

32 ㈜한세는 결합원가를 판매가치법에 의해 배분하고 있다. 다음 자료에 의하여 결합원가 8,000,000원 중 연산품 Z에 배분될 결합원가는 얼마인가?   [74회]

연산품	수 량	단위당 판매가격	총 판매가격
X	1,000개	5,000원	5,000,000원
Y	1,000개	1,000원	1,000,000원
Z	3,000개	2,000원	6,000,000원
합 계	5,000개		12,000,000원

① 2,000,000원   ② 4,000,000원
③ 5,000,000원   ④ 6,000,000원

해설

결합원가 = 8,000,000원 × (6,000,000원 ÷ 12,000,000원) = 4,000,000원

33 다음 중 결합원가에 대한 설명으로 틀린 것은?   [74회]

① 동일한 원재료에서 출발하여 서로 다른 제품으로 인식되는 시점을 분리점이라 한다.

② 결합원가는 인과관계에 따른 개별제품 추적이 불가능하여 정확한 원가계산이 불가능하다.

③ 동일한 공정에서 동일한 재료를 투입하여 생산되는 두 종류 이상의 서로 다른 제품을 연산품이라 한다.

④ 분리점 이전의 가공과정에서 발생한 제조원가를 추가가공원가라 하며, 이는 의사결정과정에 영향을 미친다.

해설

분리점 이전의 가공과정에서 발생한 제조원가는 결합원가이다.

34 다음 중 조별원가계산의 설명으로 틀린 것은? [74회]

① 동일 재료로 동일한 공정에서 생산되는 다른 종류의 제품으로 주산물과 부산물을 명확하게 구분하기 곤란한 경우에 적용한다.

② 각 조별로 원가를 집계한 후, 종합원가계산 절차를 따른다.

③ 당해 제조원가를 조직접비와 조간접비로 구분하여 조직접비는 각 조에 직접 부과하고, 조간접비는 일정 배부기준에 따라 각 조별로 배부한다.

④ 다른 종류의 제품을 조별로 연속하여 대량생산하는 생산형태에 적합하다.

해설

동일재료로 동일공정에서 생산되는 다른 종류의 제품으로 주산물과 부산물을 명확하게 구분하기 곤란한 경우에는 연산품원가계산을 적용한다.

35 ㈜대한은 분리점에서 판매가치법을 사용하여 결합원가를 각 제품에 배부한다. 2022년도에 결합공정을 거쳐 결합제품 A와 B를 각각 1,500단위 생산하였으며, 재공품은 없다. 분리점에서 결합제품 A와 B의 단위당 판매가격은 각각 300원과 200원이며, ㈜대한의 결합제품 B에 배분된 결합원가가 120,000원일 경우 결합원가 총액으로 올바른 것은? [73회]

① 150,000원   ② 180,000원

③ 200,000원   ④ 300,000원

해설

• A제품 판매가치 = 1,500단위 × 300원 = 450,000원

• B제품 판매가치 = 1,500단위 × 200원 = 300,000원

• B제품 결합원가배부율 = B제품 판매가치 300,000원/A제품 판매가치 750,000원 = 40%

∴ 결합원가총액 = B 결합원가 배부액 120,000원/0.4 = 300,000원

36 다음 중 등급별 원가계산에 대한 설명으로 옳지 않은 것은? [72회]

① 동일 종류의 제품이 동일 공정에서 연속적으로 생산되나 그 제품의 품질 등이 다른 경우에 적용한다.

② 다른 종류의 제품을 조별로 연속하여 생산하는 생산형태에 적용한다.

③ 각 등급품에 대하여 합리적인 배부기준을 정하고 동 배부기준에 따라 당기 완성품총원가를 안분하여 계산한다.

④ 등급별로 직접원가를 구분하는 것이 가능할 경우 직접원가는 당해 제품에 직접 부과한다.

해설

다른 종류의 제품을 조별로 연속하여 생산하는 생산형태에는 조별 원가계산을 적용한다.

37 다음 중 결합원가를 배부하는 방법으로 틀린 것은? [72회]

① 분리점판매가치법 　　　　　　② 이중배분율법

③ 균등이익률법 　　　　　　　　④ 물량기준법

해설

이중배부율이란 부문별 원가계산에서 보조부문의 원가를 다른 부문에 배부할 때 변동원가와 고정원가를 서로 다른 기준으로 배부하는 방법을 말한다.

38 ㈜희망은 제품의 제조 공정상 발생하는 부산물의 생산이 완료되었을 때 부산물의 순실현가치를 주산물에 배부한다. 부산물의 판매가격은 50,000원, 판매비용은 30,000원이라고 할 때 주산물에 배부할 부산물 금액은 얼마인가? [72회]

① 0원 　　　　　　　　　　　② 20,000원

③ 30,000원 　　　　　　　　　④ 50,000원

해설

주산물에 배부할 부산물 금액 = 부산물 판매가격 50,000원 − 부산물 판매비용 30,000원 = 20,000원

39 당기에 사업을 개시한 ㈜한국은 동일한 공정에 100,000원을 투입하여 제품 A와 제품 B를 생산하였다. 순실현가치법에 따라 결합원가를 배부할 경우, 제품 A에 배부되는 결합원가는 얼마인가?

[71회]

구 분	생산량	분리점에서의 판매가치	추가가공원가	추가가공 후 생산량	추가가공 후 단위당 판매가격
A	90,000단위	?	300,000원	50,000단위	10원
B	100,000단위	?	100,000원	100,000단위	7원

① 25,000원 　　　　　　　　　② 50,000원

③ 75,000원 　　　　　　　　　④ 100,000원

해설

구 분	순실현가치	비 율	결합원가 배부액
A	50,000개 × 단위당 10원 − 300,000원 = 200,000원	25%	25,000원
B	100,000개 × 단위당 7원 − 100,000원 = 600,000원	75%	75,000원
계	800,000원	100%	100,000원

∴ A에 배부되는 결합원가 = 결합원가 100,000원 × 제품 A 순실현가치 200,000원/총 순실현가치 800,000원 = 25,000원

40 다음 중 결합원가에 관한 설명으로 올바른 것은? [71회]

① 균등이익률법에서는 조건이 같다면 추가가공비가 높은 제품에 더 많은 결합원가가 배부된다.

② 분리점판매가치법에서 분리점의 판매가치를 계산할 때에는 생산량이 아닌 판매량을 이용한다.

③ 물량기준법은 제품의 판매가격을 알 수 없을 때 유용하게 사용될 수 있다.

④ 기업이익을 극대화하기 위한 추가가공 의사결정을 할 때 이미 배분된 결합원가를 고려해야 한다.

해설

① 균등이익률법에서는 조건이 같다면 추가가공비가 높은 제품에 더 적은 결합원가가 배부된다.

② 분리점판매가치법에서 분리점의 판매가치를 계산할 때에는 판매량이 아닌 생산량을 이용한다.

④ 기업이익을 극대화하기 위한 추가가공 의사결정을 할 때 이미 배분된 결합원가를 고려하지 않는다.

41 ㈜대전은 결합제조공정에서 제품 A와 제품 B를 생산하고 있다. ㈜대전은 제품 A 1,000개와 제품 B 500개를 생산했으며, 분리점에서 단위당 판매가격은 제품 A 100원, 제품 B 50원이다. 분리점에서의 판매가치법에 따라 제품 B에 배분되는 결합원가가 200,000원이었다면 총결합원가는 얼마인가? [71회]

① 600,000원

② 800,000원

③ 1,000,000원

④ 1,200,000원

해설

• 제품 A 분리점 판매가치 = 1,000개 × 100원 = 100,000원

• 제품 B 분리점 판매가치 = 500개 × 50원 = 25,000원

• 제품 B의 분리점 판매가치 비율 = 제품 B 분리점 판매가치 25,000원 ÷ 총 분리점 판매가치 125,000원 = 20%

• 제품 B 결합원가 배분액 = 총결합원가 × 제품 B의 분리점 판매가치 비율 20% = 200,000원

∴ 총결합원가 = 제품 B 배분액 200,000원 ÷ 제품 B의 분리점 판매가치 비율 20% = 1,000,000원

42 ㈜연세는 균등매출총이익률법에 의해 결합원가를 배부하고 있다. 결합제품 X에 배부된 결합원가가 170,000원일 때 총결합원가는 얼마인가? [70회]

결합제품	용량	kg당 최종판매가격	추가가공원가
X	500kg	560원	40,000원
Y	600kg	400원	60,000원

① 230,000원
② 250,000원
③ 280,000원
④ 290,000원

해설
- X 매출액 = 500kg × 560원 = 280,000원
- X 매출총이익률 = (매출액 280,000원 − 추가가공원가 40,000원 − 결합원가 170,000원) ÷ 매출액 280,000원 = 25%
- 총제조원가 = 총판매가치(X 280,000원 + Y 240,000원) × 매출원가율(1 − 매출총이익률 0.25) = 390,000원
- ∴ 총결합원가 = 총제조원가 390,000원 − 총추적가능원가 100,000원 = 290,000원

43 동일한 공정에서 결합제품을 생산하는 ㈜대한은 A제품 10,000개와 B제품 5,000개를 생산하였다. 분리점에서 A제품은 단위당 200원, B제품은 단위당 100원에 판매할 수 있다. 결합원가는 750,000원이 발생했고 상대적 판매가치를 기준으로 배부한다면 B제품에 배부할 결합원가는 얼마인가? [70회]

① 150,000원
② 250,000원
③ 375,000원
④ 750,000원

해설
- 분리점에서의 상대적 판매가치법으로 배부한다.

구분	생산량(단위)	단위당 판매가격	상대적 판매가치	결합원가 배부액
A 제품	10,000	200원	2,000,000원 (80%)	750,000원 × 80% = 600,000원
B 제품	5,000	100원	500,000원 (20%)	750,000원 × 20% = 150,000원
			2,500,000원 (100%)	750,000원

∴ B제품에 배부할 결합원가 = 결합원가 750,000원 × B제품 판매가치 500,000원/총판매가치 2,500,000원 = 150,000원

44 다음 중 결합원가배분방법과 관련이 없는 것은? [70회]

① 물량기준법
② 분리점에서의 판매가치기준법
③ 균등이익률법
④ 원가차감법

해설
원가차감법은 부산물의 회계처리 방법이다.

06 표준원가

01 기본개념

1. 의 의

표준원가계산제도란 직접재료비, 직접노무비, 제조간접비에 대해서 미리 설정해 놓은 표준원가를 이용하여 제품원가계산을 하는 것을 말한다.

2. 실제원가계산의 문제점 해결

① 완성되기 전 표준원가로 계상되기 때문에 원가계산이 신속하고 간편해진다.
② 표준원가계산은 표준원가와 실제원가를 비교하여 그 차이를 분석함으로써 원가통제에 도움을 주는 정보를 제공해 주므로 실제원가계산의 비능률요소를 제거할 수 있다.

3. 표준원가계산의 유용성

① 예산설정 기초자료
② 원가통제
③ 제품원가계산의 신속·간편성으로 적시의 유용한 정보 얻음 → 기장업무 간소화
④ 재무제표 작성시 원가정보 제공(매출원가 재고자산가액 산출근거 제공)

구 분	실제원가	표준원가
목 적	결산용(재무회계적), 재고평가용	관리회계적 분석 및 사전통제, 목표개념 부여
작성시점	사후원가 (매월 또는 익월초, 실적 발생 후)	사전원가 (실적 발생 전 반드시 생성)
금액평가시점	실제원가 마감작업을 통한 금액평가	실시간 원가 확인 가능
관리측면	단 순	• 복잡, 많은 비용 소요 • 기업 내 외부 환경변화에 따라 원가설정의 사후 관리 요구

4. 표준원가의 종류

표준원가를 설정할 때 가격, 능률, 조업도와 경영자의 목표에 관한 다양한 수준에서 어떠한 수치를 택하는가에 따라 이상적 표준, 정상적 표준, 현실적 표준으로 나누어지며, 경영의 실제활동에서 열심히 노력하면 달성될 것으로 기대되는 현실적 표준을 표준원가계산제도에서는 사용한다.

5. 표준원가의 설정

표준원가는 제품 1단위에 투입되는 원가를 의미하며 원가요소별로 설정

표준직접재료비의 설정	제품단위당 표준직접재료비 = 제품 단위당 표준원재료수량 × 원재료 단위당 표준가격
표준직접노무비의 설정	제품단위당 표준직접노무비 = 제품 단위당 표준직접노동시간 × 시간당 표준임률
표준제조간접비의 설정	제품단위당 표준변동제조간접비 = 제품 단위당 표준조업도 × 조업도 단위당 표준배부율[주1] *주1) 표준배부율 = $\dfrac{\text{변동제조간접원가예산}}{\text{기준조업도}}$ 제품단위당 표준고정제조간접비 = 제품 단위당 표준조업도 × 조업도 단위당 예정배부율[주2] *주2) 예정배부율 = $\dfrac{\text{고정제조간접원가예산}}{\text{기준조업도}}$

---

02 원가차이분석

원가차이분석이란 표준원가와 실제원가를 비교하여 그 원가차이를 분석하는 것으로서,
이 차이분석은 각 원가요소별로, 즉 직접재료비, 직접노무비, 변동제조간접비, 고정제조간접비의 각각에
대하여 행해진다. 원가차이는 불리한 차이(Unfavorable variance : U)와 유리한 차이(Favorable variance
: F)로 나누어진다.

불리한 차이(U)	실제원가가 표준원가보다 많이 발생하여 영업이익을 감소시키는 차이
유리한 차이(F)	실제원가가 표준원가보다 적게 발생하여 영업이익을 증가시키는 차이

1. 직접재료비차이

실제직접재료비와 실제생산량에 허용된 표준직접재료비의 차이

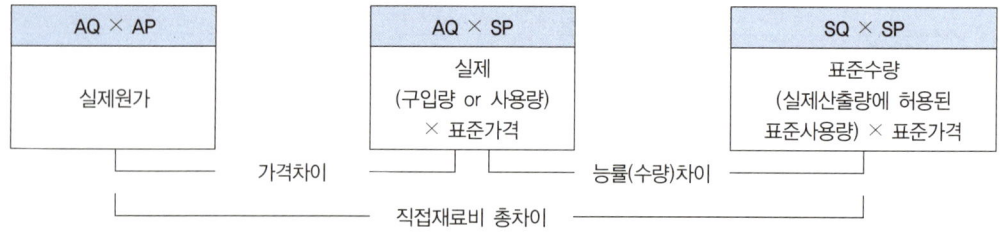

- AQ : 원재료의 실제사용량(투입량)
- AP : 원재료의 단위당 실제가격
- SQ : 실제생산량에 허용된 원재료의 표준사용량(투입량)
- SP : 원재료의 단위당 표준가격

➕ 더 알아두기

직접재료비차이 주요 원인

가격차이	능률(수량)차이
① 시장의 상황 변동(구입량, 구입처, 구입방법의 변동)	① 생산의 비효율성
② 구매담당자의 비능률	② 부적당한 표준소비량의 설정
③ 재료품질수준의 변화	③ 규격 외 또는 불량재료 사용
④ 부적당한 표준가격의 설정	④ 작업방법의 변경

가격차이와 능률차이를 분리하는 이유

① 구입가격에 대한 통제는 구입시점에 사용에 대한 통제는 사용시점에서 이루어져야 하므로
② 구입가격에 대한 책임지는 부서와 사용량에 대한 책임지는 부서가 서로 다르기 때문

직접재료원가 가격차이 분리하는 두가지 방법
① 구입시점에서 분리하는 경우

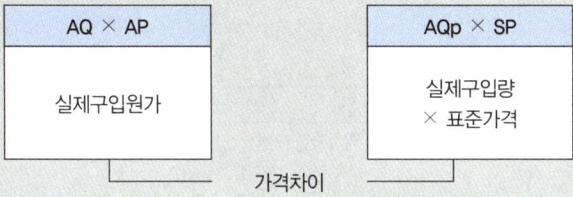

② 사용시점에서 분리하는 경우

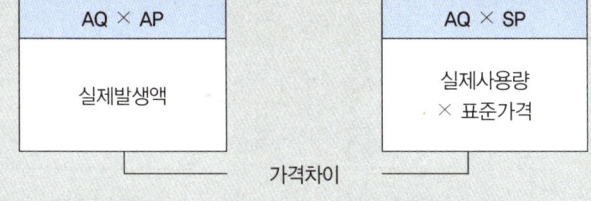

직접재료원가 능률차이

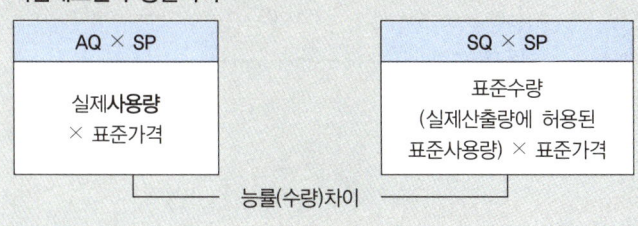

2. 직접노무비차이

실제 직접노무비와 실제생산량에 허용된 표준직접노무비의 차이

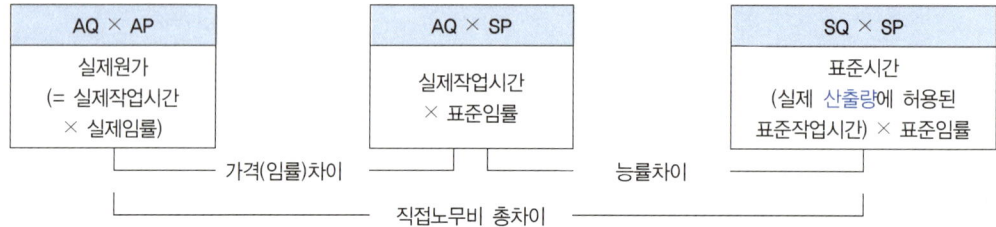

- AQ : 실제직접노동시간
- AP : 직접노동시간당 실제임률
- SQ : 실제산출량에 허용된 표준직접노동시간
- SP : 직접노동시간당 표준임률

> ➕ **더 알아두기**
>
> **직접노무비차이의 원인**
>
> | 임률차이 | 능률차이 |
> | --- | --- |
> | ① 노사협상, 물가상승 등으로 인한 임금의 인상 | ① 부적당한 작업시간표준의 설정 |
> | ② 초과근무로 인한 시간외 근무수당의 지급 | ② 작업자의 미숙련, 태만 |
> | ③ 부적당한 표준임률의 설정 | ③ 제품설계의 변경 |
> | ④ 긴급작업을 위한 높은 임률의 지급 | ④ 생산부문 책임자의 감독소홀, 일정계획등의 차질 |

3. 변동제조간접비차이

실제변동제조간접비와 실제생산량에 허용된 표준변동제조간접비의 차이

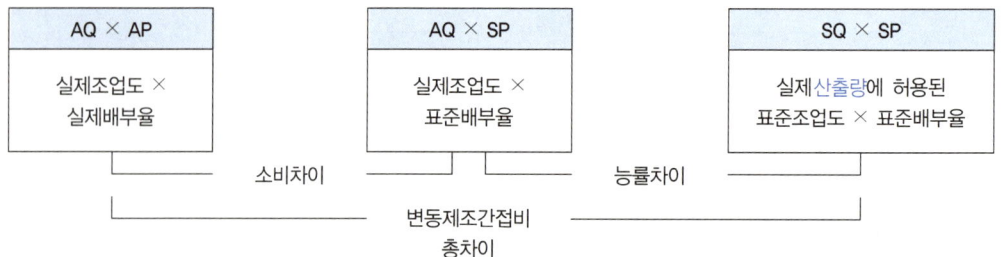

- AQ : 실제조업도
- AP : 조업도 단위당 실제배부율
- SQ : 실제산출량에 허용된 표준조업도
- SP : 조업도 단위당 표준배부율

4. 고정제조간접비차이

실제고정제조간접비와 고정제조간접비배부액과 차이

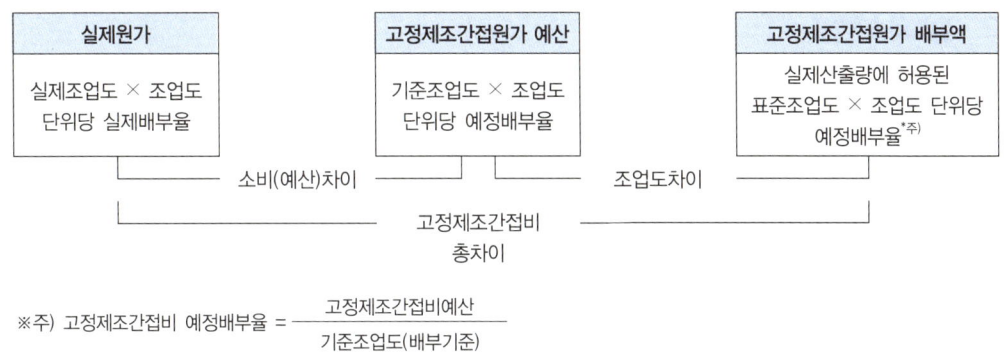

※주) 고정제조간접비 예정배부율 = $\dfrac{\text{고정제조간접비예산}}{\text{기준조업도(배부기준)}}$

5. 제조간접비의 3분법에 의한 원가차이 분석

03 원가차이의 회계처리방법

내부관리목적으로 표준원가계산을 사용했더라도 외부공표용 재무제표를 작성하기 위해서는 실제원가로
전환해야 하며, 이때 회계처리하는 방법은 비배분법(매출원가조정법, 영업외손익법)과 비례배분법(총원가
비례배분법, 원가요소별 비례배분법)으로 분류할 수 있다.

1. 매출원가 가감법

실제원가를 중시하는 입장으로 원가차이의 원가성을 인정하는 방법으로
유리한 원가차이는 매출원가에서 차감하고, 반대로 불리한 차이는 매출원가에 가산한다.

2. 영업외손익법

유리한 차이는 영업외수익으로, 불리한차이는 영업외비용 항목으로 처리한다.

3. 총원가 비례배분법 & 원가요소별 비례배분법

총원가비례 배분법	재고자산과 매출원가에의 비율대로 배분하는 방법
원가요소별 비례배분법	재고자산과 매출원가의 원가요소별 비율대로 배분하는 방법

01 표준원가계산제도를 도입하고 있는 ㈜세종은 제조간접원가를 직접작업시간 기준으로 배부하고 있다. 다음 자료를 이용하여 고정제조간접원가배부액을 계산하면 얼마인가? [85회]

- 고정제조간접비예산 : 4,800,000원
- 실제제조간접원가 : 5,000,000원
- 기준조업도 : 4,000시간
- 실제직접작업시간 : 5,000시간

① 3,840,000원
② 4,000,000원
③ 5,000,000원
④ 6,000,000원

해설

- SP = 4,800,000원/4,000시간 = 1,200원/시간
- ∴ 고정제조간접원가배부액 = SQ 5,000시간 × SP 1,200원/시간 = 6,000,000원

02 다음 중 표준원가의 유용성에 대한 설명으로 틀린 것은? [85회]

① 실제원가가 표준원가의 범위 내에서 발생하고 있는지를 분석함으로써 원가통제를 보다 효과적으로 수행할 수 있다.
② 이상적 표준을 표준원가로 설정하면 지나치게 높은 기준으로 종업원들에 대한 동기부여를 저해할 수도 있다.
③ 원가흐름의 가정이 필요없고 제품의 판매수량만 파악되면 표준단가를 사용해서 간편하게 제품원가를 계산할 수 있다.
④ 표준원가는 예산을 설정할 때 기초자료로 활용할 수 있다.

해설

판매수량이 아니라 생산수량이다.

03 ㈜미래는 자동차 관련 제품을 생산하는 기업으로 표준원가계산을 채택하여 제품원가를 계산한다. 다음은 2024년 ㈜미래의 제품생산과 관련된 자료이다. ㈜미래의 직접노무원가 임률(가격)차이는 얼마인가? [85회]

> • 제품 단위당 표준 직접노무원가 : 4시간 × 250원/노동시간 = 1,000원
> • 실제 제품 생산량 : 500단위
> • 당기 실제발생 노동시간 단위당 임률 : 230원/노동시간
> • 직접노무원가 능률차이 : 50,000원(유리한 차이)

① 35,000원 유리　　　　　　　　② 35,000원 불리
③ 36,000원 유리　　　　　　　　④ 36,000원 불리

해설

AP × AQ	SP × AQ	SP × SQ
230원 × 1,800시간	250원 × 1,800시간	250원 × 4시간 × 500개
= 414,000원	= 450,000원	= 500,000원

　　　　　　임률차이 36,000원 유리　　　　능률차이 50,000원 유리

• 직접노무원가 능률차이가 50,000원 유리한 차이이므로 실제 발생한 노동시간은 1,800시간이다.
• 당기에 실제 발생한 노무원가(AP × AQ) = 230원 × 1,800시간 = 414,000원
∴ 직접노무원가 임률(가격)차이 = 450,000원 − 414,000원 = 36,000원(유리한 차이)

04 다음은 표준원가계산제도를 채택하고 있는 ㈜세종의 당기 제품 원가에 관한 자료이다. 당기의 실제 생산량은 얼마인가? [84회]

> • 유리한 능률차이 : 600,000원
> • 유리한 임률차이 : 400,000원
> • 실제 작업시간 : 1,000시간
> • 실제 노무원가 발생액 : 2,000,000원
> • 단위당 표준 허용시간 : 10시간

① 120개　　　　　　　　　　　② 125개
③ 200개　　　　　　　　　　　④ 250개

해설

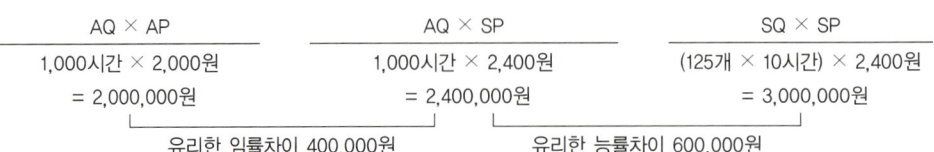

AQ × AP	AQ × SP	SQ × SP
1,000시간 × 2,000원	1,000시간 × 2,400원	(125개 × 10시간) × 2,400원
= 2,000,000원	= 2,400,000원	= 3,000,000원

　　　　　　유리한 임률차이 400,000원　　　유리한 능률차이 600,000원

05 다음 중 표준원가계산제도에 관한 설명으로 틀린 것은? [84회]

① 원가계산준칙에서 표준원가로 재무제표를 표시하는 것은 인정되지 않는다.
② 직접재료원가, 직접노무원가, 변동제조간접원가는 변동비의 성격으로 분류한다.
③ 고정제조간접원가는 예산차이와 조업도차이로 분석될 수 있다.
④ 표준원가와 실제발생원가와의 차액인 원가차이는 원가계산 기간별로 산정한다.

해설
표준원가로 재무제표를 표시할 수 있다.

06 표준원가계산제도를 채택하고 있는 ㈜남해의 2024년 당기 제조간접원가 관련 정보는 다음과 같다. 고정제조간접원가 단위당 예정배부율은 얼마인가? [84회]

- 고정제조간접원가 예산은 1,500,000원이다.
- 제조간접원가 배부율 산정을 위한 기준조업도는 5,000시간이다.
- 실제 산출량에 허용된 표준시간은 6,000시간이다.
- 당기 실제 고정제조간접원가 발생액은 1,200,000원이다.
- 고정제조간접원가의 조업도차이는 300,000원(유리한 차이)이 발생했다.

① 200원　　　② 250원
③ 300원　　　④ 500원

해설

실제발생액	예산	SQ × SP
1,200,000원	5,000시간 × 300원 = 1,500,000원	6,000시간 × 300원 = 1,800,000원

유리한 조업도차이 300,000원

07 다음 중 표준원가계산의 차이분석에 관한 설명으로 틀린 것은? [83회]

① 직접재료원가는 가격차이와 수량차이로 분석된다.
② 직접노무원가는 가격적인 측면에서 능률차이로 분석된다.
③ 제조간접원가는 변동제조간접원가와 고정제조간접원가로 구분하여 차이분석을 한다.
④ 실제원가보다 표준원가가 더 큰 경우에는 유리한 차이를 발생시킨다.

해설
직접노무원가는 가격적인 측면에서 임률차이로 분석된다.

08 ㈜강원은 과자를 생산하고 있으며 표준원가계산제도를 채택하고 있다. 다음은 ㈜강원의 2023년 7월 중 표준원가 및 생산활동 관련 자료이다. 기초 및 기말재고가 없는 경우, ㈜강원의 2023년 7월 실제 제품생산량은 몇 단위인가? [83회]

- 과자 1단위 제조를 위해서 투입되는 직접재료의 표준수량은 5kg이며, kg당 표준가격은 20원이다.
- 실제 발생한 직접재료원가 : 160,000원
- 직접재료가격차이 : 30,000원 유리
- 직접재료수량차이 : 40,000원 불리

① 1,000단위
② 1,500단위
③ 1,600단위
④ 2,000단위

해설

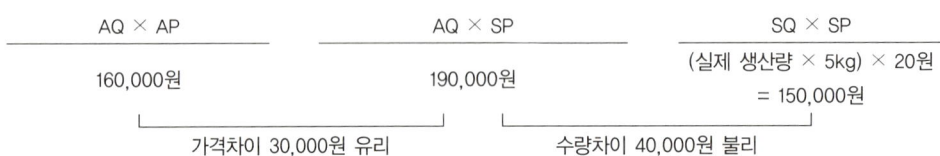

- 표준재료원가 150,000원 = 실제 생산량 × 5kg × 20원
∴ 실제 생산량 = 1,500단위

09 다음은 ㈜제주의 12월 한 달간의 직접노무원가 자료이다. 다음 자료에 의한 직접노무원가 능률차이는 얼마인가? [82회]

- 실제노무원가발생액 : 120,000원
- 직접노무원가 임률차이(불리) : 5,000원
- 실제 직접노동시간 : 10,000시간
- 표준 직접노동시간 : 11,000시간

① 6,500원 유리
② 11,500원 유리
③ 12,500원 유리
④ 16,500원 유리

해설

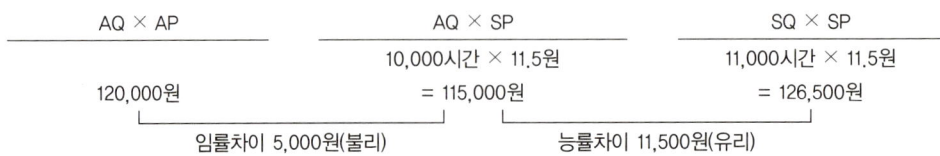

10 다음 중 표준원가계산의 유용성에 해당하지 않는 것은? [82회]

① 계획의 수립
② 원가의 통제
③ 재무정보의 작성 및 분석
④ 성과의 평가

해설

재무적 정보의 작성 및 분석은 재무회계의 유용성에 해당한다.

11 ㈜전주의 2023년 표준원가계산 자료가 다음과 같을 때 직접노무원가의 능률차이는 얼마인가? [81회]

- 실제 노무원가 발생액 : 2,500,000원
- 유리한 임률차이 : 400,000원
- 총차이 : 200,000원 유리

① 200,000원 유리　　　　　② 200,000원 불리
③ 600,000원 유리　　　　　④ 600,000원 불리

해설

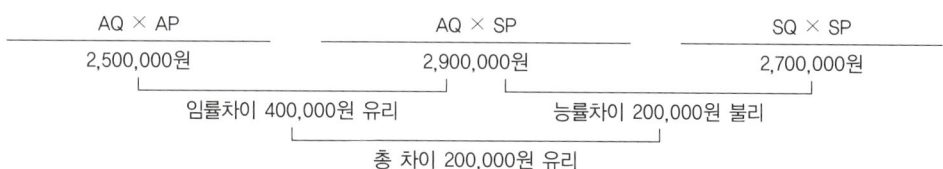

12 다음 중 표준원가계산에서 고정원가의 차이분석에 나타날 수 있는 것은? [81회]

① 임률차이　　　　　　② 소비차이
③ 능률차이　　　　　　④ 조업도차이

해설

고정제조간접원가의 차이분석은 예산차이(가격적인 측면)와 조업도차이(수량적인 측면)으로 나타난다.

13 ㈜보성은 표준원가계산제도를 채택하고 있다. 직접재료원가의 실제원가는 400,000원, 표준원가는 410,000원, 직접재료원가의 가격차이는 20,000원 불리한 차이라고 할 경우, 예산액은 얼마인가?

[79회]

① 380,000원　　　　　　　　　　　② 390,000원

③ 420,000원　　　　　　　　　　　④ 430,000원

해설

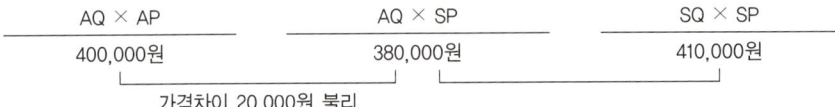

AQ × AP	AQ × SP	SQ × SP
400,000원	380,000원	410,000원

가격차이 20,000원 불리

∴ 예산액 = 실제원가 400,000원 − 불리한 가격차이 20,000원 = 380,000원

14 다음 중 표준원가계산에 대한 설명으로 틀린 것은?　　　　　　　　　　　[79회]

① 표준원가는 직접재료원가, 직접노무원가 및 제조간접원가에 대하여 산정한다.

② 표준원가계산은 사전에 객관적이고 합리적인 방법에 의하여 산정한 원가를 이용하여 제조원가를 계산하는 경우에 적용한다.

③ 표준원가는 회사의 제반 사정을 고려하여 현실적으로 달성 가능하도록 설정한다.

④ 원가요소의 표준은 수량 또는 가격 중 하나를 선택하여 설정한다.

해설

원가요소의 표준은 수량과 가격에 대하여 각각 설정한다.

15 다음 중 표준원가계산 시 원가차이에 대한 설명으로 틀린 것은?　　　　　　[79회]

① 표준원가와 실제발생원가와의 차액은 원가계산 기간별로 산정한다.

② 원가차이는 일정한 기준에 따라 회계연도의 매출원가와 기말재고자산에 배부한다.

③ 원가차이의 정확한 배부를 목적으로 하더라도 원가 요소별로 배부기준을 다르게 적용할 수 없다.

④ 비정상적으로 발생한 원가차이는 영업외수익 또는 영업외비용으로 한다.

해설

원가차이는 일정한 기준에 따라 회계연도의 매출원가와 기말재고자산에 배부하며, 원가차이의 배부를 보다 정확히 하기 위하여 원가 요소별로 다른 배부기준을 적용할 수 있다.

16 다음은 표준원가계산제도를 사용하는 ㈜한세의 2023년 12월 중 표준원가 및 생산활동 관련 자료이다. 기초 및 기말재고가 없는 경우, ㈜한세의 2023년 12월 실제 제품생산량은 몇 단위인가?

[78회]

- 제품 1단위 제조를 위해서 투입되는 표준수량은 4kg이며, kg당 가격은 10원이다.
- 실제 발생한 직접재료원가 : 60,000원
- 직접재료가격차이 : 20,000원 유리
- 직접재료수량차이 : 30,000원 불리

① 1,000단위 　　　　　　　　　② 1,250단위
③ 1,600단위 　　　　　　　　　④ 2,000단위

해설

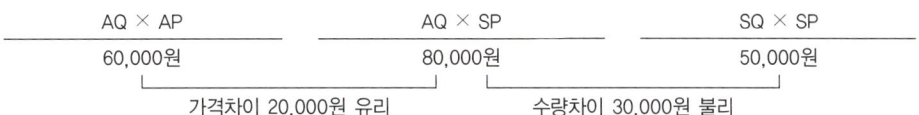

AQ × AP	AQ × SP	SQ × SP
60,000원	80,000원	50,000원

가격차이 20,000원 유리　　　　수량차이 30,000원 불리

- 표준재료원가 = 실제생산량 × 단위당 표준투입량 4kg × 표준가격 10원/kg = 50,000원
- 실제생산량에 허용된 표준투입량은 5,000kg(= 표준재료원가 50,000원 ÷ 표준가격 10원)이다. 따라서 실제생산량은 1,250단위(= 5,000kg ÷ 4kg)이다.

17 ㈜인천은 표준원가계산제도를 채택하고 있으며, 당기의 제조간접원가와 관련된 정보는 다음과 같다. 고정제조간접원가에 대한 조업도차이로 옳은 것은?

[77회]

- 제조간접원가 배부율 산정을 위한 기준조업도는 5,000시간이다.
- 고정제조간접원가 예산은 1,500,000원, 실제 발생액은 1,660,000원이다.
- 총표준작업시간은 6,000시간이다.

① 140,000원 불리 　　　　　　② 160,000원 유리
③ 300,000원 유리 　　　　　　④ 500,000원 유리

해설

- 고정제조간접원가 배부율 = 고정제조간접원가 예산 1,500,000원 ÷ 기준조업도 5,000시간 = @300원/시간

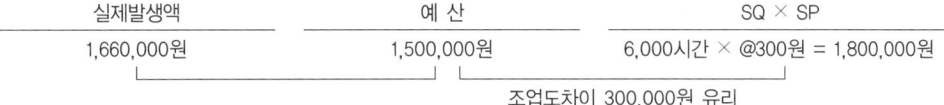

실제발생액	예 산	SQ × SP
1,660,000원	1,500,000원	6,000시간 × @300원 = 1,800,000원

조업도차이 300,000원 유리

∴ 고정제조간접원가 조업도차이 = 고정제조간접원가 배부액 1,800,000원 − 고정제조간접원가 예산 1,500,000원
　　　= 300,000원 유리

18 ㈜경기는 표준원가계산제도를 채택하고 있다. 당기에 직접노무원가에서 불리한 능률차이가 발생하였을 경우, 직접노무원가에서 불리한 능률차이가 발생하게된 원인으로 적절하지 않은 것은?

[77회]

① 부적당한 표준작업시간의 설정　　② 미숙련 노동자의 배치
③ 기계 및 공구의 정비 불량　　④ 초과근무로 인한 시간외근무수당 지급

해설

초과근무로 인한 시간외근무수당은 불리한 임률차이의 원인이다.

19 다음은 표준원가계산을 채택하고 있는 ㈜한국이 생산하는 제품 A에 관한 자료이다. ㈜한국의 실제 직접노무시간은 몇 시간인가?

[76회]

- 단위당 표준 직접노무원가 : 2시간 × 10원/시간 = 20원/개
- 실제생산량 : 6,000개
- 직접노무원가 임률차이 : 6,250원(불리한 차이)
- 직접노무원가 능률차이 : 5,000원(불리한 차이)

① 11,375시간　　② 11,500시간
③ 12,000시간　　④ 12,500시간

해설

- 실제 직접노무시간 = (표준 직접노무원가 120,000원 + 불리한 능률차이 5,000원) ÷ 표준 시간당 직접노무원가 10원
　　　= 12,500시간

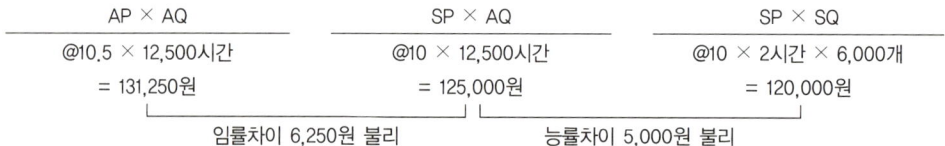

AP × AQ	SP × AQ	SP × SQ
@10.5 × 12,500시간	@10 × 12,500시간	@10 × 2시간 × 6,000개
= 131,250원	= 125,000원	= 120,000원

　　　　　　임률차이 6,250원 불리　　　능률차이 5,000원 불리

20 다음은 ㈜지용의 표준원가계산자료이다. 당기의 직접재료원가 수량차이를 계산하시오. [76회]

- 제품 단위당 직접재료 표준투입량 : 10kg　　• 실제 생산량 : 50개
- 실제 발생 직접재료원가 : 11,400원　　• 직접재료 표준가격 : 20원/kg
- 직접재료 구입가격 : 19원/kg

① 600원 유리　　② 600원 불리
③ 2,000원 유리　　④ 2,000원 불리

해설

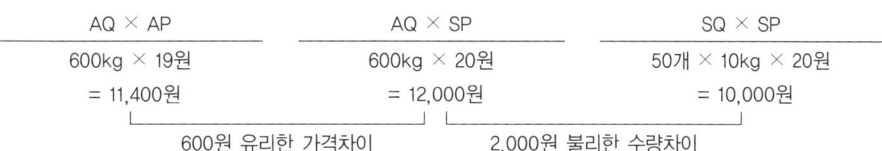

AQ × AP	AQ × SP	SQ × SP
600kg × 19원	600kg × 20원	50개 × 10kg × 20원
= 11,400원	= 12,000원	= 10,000원

600원 유리한 가격차이   2,000원 불리한 수량차이

21 다음 중 표준원가계산에 대한 설명으로 틀린 것은? [75회]

① 표준원가계산은 사전에 객관적이고 합리적인 방법에 의해 산정된 원가를 이용하여 제조원가를 계산하는 경우에 적용한다.
② 표준원가는 경영자의 성과평가기준으로 사용된다.
③ 표준원가는 제품원가계산에 있어 수량만 파악하면 간편하고 신속하게 원가계산을 할 수 있다.
④ 표준원가계산도 재고자산의 원가흐름에 대한 가정은 필요하다.

해설

표준원가계산 시에 재고자산의 원가흐름에 대한 가정은 필요 없다.

22 ㈜가영은 표준원가계산제도를 채택하고 있다. 직접재료원가에 대한 실제원가는 300,000원, 예산액은 280,000원, 표준원가는 310,000원이라고 할 때, 직접재료원가에 대한 능률차이는 얼마인가? [75회]

① 20,000원 불리한 차이　　　　② 30,000원 불리한 차이
③ 20,000원 유리한 차이　　　　④ 30,000원 유리한 차이

해설

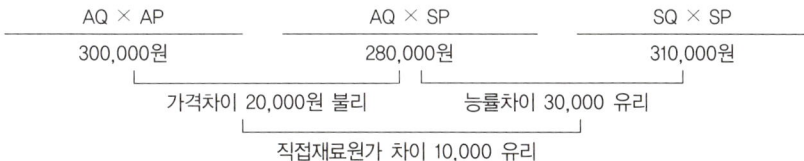

AQ × AP	AQ × SP	SQ × SP
300,000원	280,000원	310,000원

가격차이 20,000원 불리   능률차이 30,000 유리

직접재료원가 차이 10,000 유리

23 다음 중 표준원가의 차이분석에 관한 설명으로 옳지 않은 것은? [74회]

① 실제원가보다 표준원가가 더 작은 경우에는 불리한 차이가 발생한다.
② 직접재료원가 차이분석은 가격차이와 수량차이로 분석된다.
③ 비숙련된 작업자의 경우 직접노무원가에 대한 유리한 능률차이가 발생할 수 있다.
④ 고정제조간접원가의 차이분석에서 예산차이가 발생할 수 있다.

해설

비숙련된 작업자의 경우 직접노무원가에 대한 불리한 능률차이가 발생할 수 있다.

24 다음은 ㈜이윤의 2022년 표준원가계산자료이다. 당기의 실제작업시간을 계산하면 몇 시간인가?

[73회]

- 실제 생산량 : 1,500단위
- 단위당 표준허용시간 : 10시간
- 유리한 능률차이 : 300,000원
- 노무비발생액 : 2,300,000원
- 불리한 임률차이 : 200,000원

① 12,510시간
② 12,720시간
③ 13,125시간
④ 14,600시간

해설

AQ × AP	AQ × SP	SQ × SP
2,300,000원	2,100,000원	2,400,000원
	임률차이 200,000원 불리	능률차이 300,000원 유리

- (10시간 × 1,500단위) × SP = 2,400,000원   ∴ SP = 160원/시간
- AQ × 160원/시간 = 2,100,000원   ∴ AQ = 13,125시간

25 다음 중 표준원가계산에 대한 설명으로 틀린 것은?

[73회]

① 원가요소의 표준은 수량과 가격에 대하여 각각 설정한다.
② 표준배부율은 예산제조간접원가를 기준조업도로 나눈 배부율이다.
③ 변동제조간접원가 능률차이는 변동제조간접원가 배부율의 차이에 대한 원가차이를 말한다.
④ 고정제조간접원가 소비차이는 실제고정제조간접원가와 예산고정제조간접원가의 차이이다.

해설

변동제조간접원가 배부율의 차이에 대한 원가차이를 변동제조간접원가 소비차이, 배부기준량의 차이에 의한 원가차이를 변동제조간접원가 능률차이라고 한다.

26 다음은 ㈜소노의 2022년 표준원가계산과 관련된 자료이다. ㈜소노의 당기 실제 작업시간은 얼마인가?

[71회]

- 실제 생산량 : 1,000단위
- 단위당 표준허용시간 : 12시간
- 불리한 능률차이 : 100,000원
- 노무비발생액 : 2,000,000원
- 유리한 임률차이 : 500,000원

① 11,000시간
② 12,500시간
③ 15,000시간
④ 20,000시간

해설

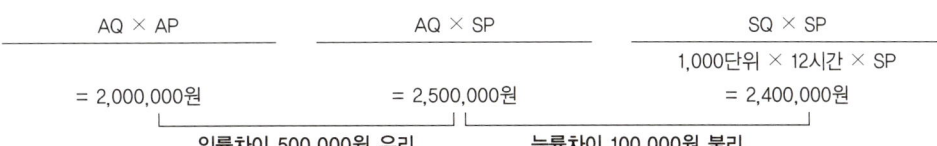

AQ × AP	AQ × SP	SQ × SP
		1,000단위 × 12시간 × SP
= 2,000,000원	= 2,500,000원	= 2,400,000원

임률차이 500,000원 유리　　능률차이 100,000원 불리

- 1,000단위 × 12시간 × SP = 2,400,000원　　∴ SP = 200원/시간
- AQ × 200원/시간 = 2,500,000원　　　　　∴ AQ = 12,500시간

27 다음 중 표준원가계산에 관한 설명으로 틀린 것은? [71회]

① 표준원가는 성과평가의 자료로 이용된다.
② 실제원가보다 표준원가가 더 큰 경우에는 불리한 차이를 발생시킨다.
③ 표준원가를 이용하여 직접재료원가, 직접노무원가, 제조간접원가를 계산하는 방법이다.
④ 표준원가는 원가통제를 목적으로 이용되며 가격표준과 수량표준으로 설정된다.

해설
실제원가보다 표준원가가 더 큰 경우에는 유리한 차이를 발생시킨다.

28 다음 자료를 이용하여 변동제조간접원가의 소비차이와 능률차이를 계산하면 각각 얼마인가? [71회]

- 변동제조간접원가 실제발생액 : 8,800원
- 변동제조간접원가 표준배부율 : 80원/작업시간당
- 실제작업시간 : 120시간
- 실제생산량에 허용된 표준작업시간 : 115시간

	소비차이	능률차이
①	880원 유리	440원 불리
②	600원 불리	400원 불리
③	460원 불리	440원 유리
④	800원 유리	400원 불리

해설

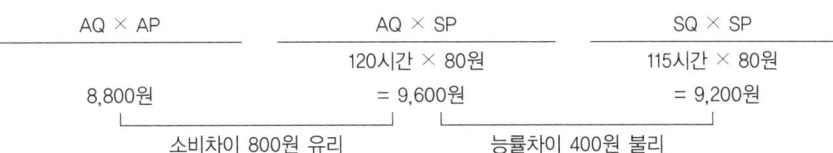

AQ × AP	AQ × SP	SQ × SP
	120시간 × 80원	115시간 × 80원
8,800원	= 9,600원	= 9,200원

소비차이 800원 유리　　능률차이 400원 불리

29 다음 중 표준원가계산제도에 관한 설명으로 틀린 것은? [70회]

① 표준을 설정할 때는 달성 가능한 표준을 설정하여야 동기부여가 가능하다.
② 표준원가는 원가요소별로 가격표준과 수량표준을 합산하여 제품 단위당 표준원가를 설정한다.
③ 원가 발생의 예외를 관리하여 통제하기에 적절한 원가계산방법이다.
④ 표준에서 벗어나는 중요한 차이는 모두 검토하여야 한다.

해설
표준원가는 원가요소별로 가격표준과 수량표준을 곱하여 제품 단위당 표준원가를 설정한다.

30 ㈜서울은 당기 중에 직접재료 2,000kg을 kg당 100원에 구입하였다. 당기의 예정생산량은 50단위이며, 실제생산량은 52단위이다. 직접재료의 가격표준은 kg당 90원이다. 수량차이가 54,000원(유리)일 때 직접재료의 표준수량은?(단, 당기 직접재료의 기초재고와 기말재고는 없다) [70회]

① 50kg ② 54kg
③ 60kg ④ 64kg

해설

AQ × AP	AQ × SP	SQ × S P
2,000kg × 100원	2,000kg × 90원	52단위 × A × 90원
= 200,000원	= 180,000원	= 234,000원

54,000원 유리

31 ㈜대전은 표준원가계산제도를 사용하여 제품 원가를 계산하고 있다. 다음 자료를 이용하여 실제발생 고정제조간접원가를 계산하면 얼마인가? [70회]

- 정상조업도 : 400단위
- 예산생산량 : 220단위
- 실제생산량 : 360단위
- 예산차이 : 1,200원 유리
- 조업도차이 : 800원 불리
- 제품 단위당 고정제조간접비 배부율 : 20원

① 6,400원 ② 6,800원
③ 7,200원 ④ 8,000원

해설

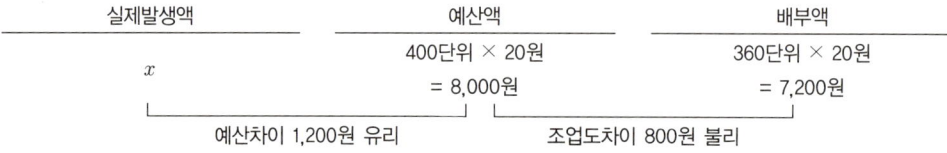

실제발생액	예산액	배부액
x	400단위 × 20원	360단위 × 20원
	= 8,000원	= 7,200원

예산차이 1,200원 유리   조업도차이 800원 불리

∴ 실제발생 고정제조간접원가 = 예산액 8,000원 − 유리한 예산차이 1,200원 = 6,800원

29 ② 30 ① 31 ② **정답**

32 표준원가의 차이분석 대한 다음의 표에서 (㉠), (㉡)에 들어갈 단어로 알맞은 것은? [69회]

구 분	직접재료원가	직접노무원가	변동제조간접원가	고정제조간접원가
가격 측면	가격차이	임률차이	(㉠)	예산차이
수량 측면	수량차이	능률차이	능률차이	(㉡)

	㉠	㉡
①	소비차이	수량차이
②	예산차이	수량차이
③	소비차이	조업도차이
④	임률차이	조업도차이

해설

구 분	직접재료원가	직접노무원가	변동제조간접원가	고정제조간접원가
가격 측면	가격차이	임률차이	㉠ 소비차이	예산차이
수량 측면	수량차이	능률차이	능률차이	㉡ 조업도차이

33 ㈜민우는 표준원가계산제도를 채택하고 있으며, 직접노무시간을 기준으로 고정제조간접원가를 제품에 배부한다. 다음 자료에 의할 경우 기준조업도는 얼마인가? [69회]

- 직접노무시간당 고정제조간접비배부율 : 10원
- 제품단위당 표준직접노무시간 : 2시간
- 불리한 조업도 차이 : 2,000원
- 실제생산량 : 1,000단위

① 1,700시간   ② 1,900시간
③ 2,000시간   ④ 2,200시간

해설

- 고정제조간접원가예산 = 실제생산량 표준배부액(1,000단위 × 2시간 × 10원) + 조업도차이 2,000원 = 22,000원
- ∴ 기준조업도 = 고정제조간접원가예산 22,000원 ÷ 고정제조간접비 배부율 10원 = 2,200시간

34 다음 중 표준원가계산에 대한 설명으로 틀린 것은? [68회]

① 예외에 의한 관리를 통해 원가통제를 수행하므로 표준원가와 실제원가의 차이는 원가차이의 중요성에 대한 객관적인 기준이 된다.

② 과학적이고 객관적인 표준원가를 설정하는 것이 쉽지 않으며, 표준원가를 설정하는 데에 시간과 비용이 많이 소비된다.

③ 표준원가를 기초로 하여 성과평가를 수행하는 경우 주로 재무적 측정치만을 강조하는 경향이 있다.

④ 최근에는 직접원가보다 간접원가의 비중이 증가하고 있으므로 표준원가의 유용성이 감소하고 있다.

해설

예외에 의한 관리를 하는 경우에는 어느 정도의 원가차이를 중요한 예외사항으로 볼 것인가를 결정해야 하는데, 이에 대한 객관적인 기준을 설정하기 어렵다.

35 다음은 ㈜세무의 2021년 표준원가계산자료이다. 당기의 실제 작업시간을 계산하면 얼마인가?

[68회]

- 실제 생산량 : 2,000단위
- 단위당 표준허용시간 : 24시간
- 불리한 능률차이 : 200,000원
- 노무비 발생액 : 4,000,000원
- 유리한 임률차이 : 1,000,000원

① 44,000시간　　　　② 48,000시간
③ 50,000시간　　　　④ 52,000시간

해설

AQ × AP	AQ × SP	SQ × SP
4,000,000원	5,000,000원	2,000단위 × 24시간 × SP = 4,800,000원

임률차이 1,000,000원 불리　　　능률차이 200,000원 불리

- SP = 4,800,000원 ÷ (2,000단위 × 24시간) = 100원/시간
- ∴ AQ = 5,000,000원 ÷ SP 100원 = 50,000시간

36 ㈜기업은 표준원가시스템을 사용하고 있다. 직접재료원가의 제품 단위당 표준사용량은 8g이고, 표준가격은 g당 10원이다. ㈜기업은 월초에 g당 9원에 재료를 10,000g 구입하였으며, 이 중 8,000g은 제조에 사용되었다. ㈜기업의 당월 생산량은 800개이다. 직접재료가격차이를 구입시점에 분리하는 경우 직접재료원가 차이를 계산한 것으로 옳은 것은? [67회]

① 불리한 가격차이 10,000원, 유리한 수량차이 16,000원
② 불리한 가격차이 8,000원, 유리한 수량차이 16,000원
③ 유리한 가격차이 10,000원, 불리한 수량차이 16,000원
④ 유리한 가격차이 8,000원, 불리한 수량차이 16,000원

해설

• 직접재료가격차이 : 구입시점 분리

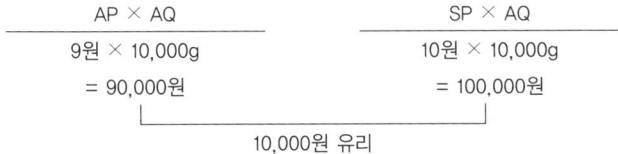

• 수량차이 : 투입수량 기준

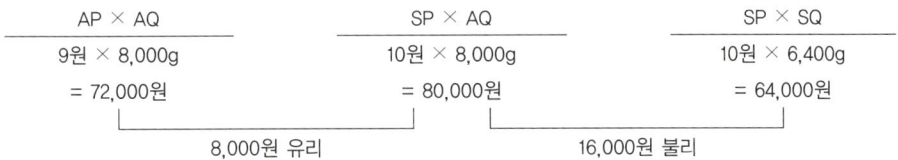

37 다음 중 표준원가계산에 대한 설명으로 틀린 것은? [67회]

① 표준원가는 미래의 계획을 계량화한 예산을 작성하는데 사용할 수 있다.
② 표준원가는 경영자의 성과평가의 기준으로 사용된다.
③ 표준원가는 제품원가계산에 있어 계산이 복잡하고 많은 시간이 할애된다.
④ 표준원가는 재고자산의 원가흐름에 대한 가정이 필요없다.

해설

표준원가는 제품원가계산에 있어 수량만 파악하면 간편하고 신속하게 원가계산을 할 수 있다.

38 ㈜주원의 3월 제조간접원가와 관련된 정보는 다음과 같다. 고정제조간접원가에 대한 조업도차이는?

[67회]

- 제조간접원가 배부율 산정을 위한 기준조업도는 10,000작업시간이다.
- 고정제조간접원가 예산은 3,200,000원, 실제발생액은 3,560,000원이다.
- 총표준작업시간은 11,000시간이다.

① 40,000원 불리
② 356,000원 유리
③ 320,000원 유리
④ 716,000원 유리

해설

• 고정제조간접원가 예정배부율 = 고정제조간접원가 예산 3,200,000 ÷ 기준조업도 10,000시간 = 320원/시간

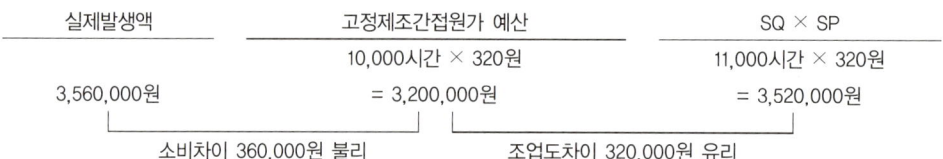

실제발생액	고정제조간접원가 예산 10,000시간 × 320원	SQ × SP 11,000시간 × 320원
3,560,000원	= 3,200,000원	= 3,520,000원

소비차이 360,000원 불리　　　　조업도차이 320,000원 유리

39 ㈜세무는 표준원가계산제도를 채택하고 있으며, 기계작업시간을 기준으로 고정제조간접원가를 제품에 배분한다. 다음 자료에 의할 경우 기준조업도는 몇 시간인가?

[66회]

- 기계작업시간당 고정제조간접비배부율 : 10원
- 실제 생산량 : 1,000단위
- 유리한 조업도차이 : 1,000원
- 제품 단위당 표준기계작업시간 : 2시간

① 1,000시간
② 1,100시간
③ 1,900시간
④ 2,000시간

해설

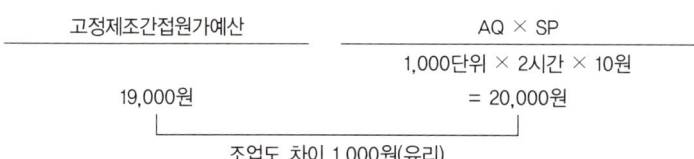

고정제조간접원가예산	AQ × SP 1,000단위 × 2시간 × 10원
19,000원	= 20,000원

조업도 차이 1,000원(유리)

∴ 고정제조간접원가예산 = 19,000원

∴ 기준조업도 = 고정제조간접원가예산 19,000원 ÷ 기계시간당 배부율 10원 = 1,900시간

40 다음 중 표준직접재료비에 대한 설명으로 틀린 것은? [66회]

① 표준직접재료비는 직접재료의 종류별로 제품 단위당 표준소비수량과 표준소비가격을 설정하고 이를 곱하여 산정한다.

② 표준소비수량은 제품의 생산에 필요한 각종 재료의 종류, 품질, 가공방법 등을 고려하여 정하며, 표준소비수량에는 공손 및 감손을 제외한다.

③ 동일한 기능을 수행하는 여러 종류의 재료가 대체적으로 사용되는 경우 표준직접재료비는 각 재료의 표준배합비율을 설정하고, 각 재료의 표준소비수량과 표준소비가격을 곱하여 산정한다.

④ 표준소비가격은 과거 및 현재의 시장가격과 장래에 예측되는 가격 동향이나 거래관습 등 제반 경제적 여건을 고려하여 정한다.

해설

표준소비수량은 제품의 생산에 필요한 각종 재료의 종류, 품질, 가공방법 등을 고려하여 정하며, 표준소비수량에는 정상적인 공손 및 감손을 포함한다.

41 다음은 ㈜기업의 2021년 2월의 직접노무원가 자료이다. 2월의 실제 직접노무시간이 3,000시간이었다면 표준작업시간은 얼마인가? [66회]

- 실제직접노무원가 : 27,000원
- 임률차이 : 3,000원(유리)
- 능률차이 : 1,500원(불리)

① 2,700시간　　　　　　　② 2,850시간
③ 3,000시간　　　　　　　④ 3,150시간

해설

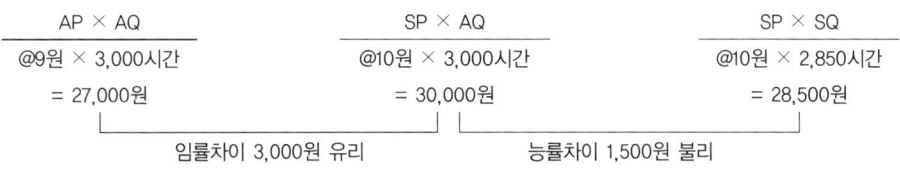

$$
\begin{array}{ccc}
\underline{\text{AP} \times \text{AQ}} & \underline{\text{SP} \times \text{AQ}} & \underline{\text{SP} \times \text{SQ}} \\
@9원 \times 3,000시간 & @10원 \times 3,000시간 & @10원 \times 2,850시간 \\
= 27,000원 & = 30,000원 & = 28,500원
\end{array}
$$

임률차이 3,000원 유리　　　능률차이 1,500원 불리

불가능한 것이라고 생각하는 순간, 그것은 당신을 멈추게 만들 것이다.

– 알버트 아인슈타인 –

PART **3**

2026 hoa
기업회계 2 · 3급

기출문제

교육은 우리 자신의 무지를 점차 발견해 가는 과정이다.

– 윌 듀란트 –

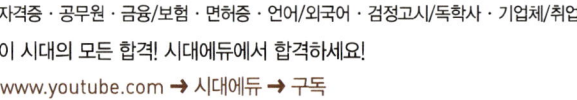

01

제91회 2급 기출문제

1부 재무회계

※ 재무회계의 문제에서 별도의 언급이 없으면 일반기업회계기준을 적용하고 해당 문제에서 중소기업회계기준을 명시한 경우 중소기업회계기준을 적용한다.

01 재무회계는 기업의 재무상태와 경영실적을 측정하여 정보이용자들에게 재무정보를 제공한다. 다음 중 재무정보이용자에 대한 설명으로 옳지 않은 것은?

① 소비자는 해당 기업의 제품을 구입하는 경우 제품의 품질과 내용연수를 평가하는 데 유용한 정보를 필요로 한다.

② 채권자는 원금과 이자의 회수가능성을 평가하는 데 유용한 정보를 필요로 한다.

③ 경영자는 투자자와 채권자들이 이용하는 회계정보를 전혀 이용하지 않는다.

④ 재무정보의 이용자는 현재 및 잠재적 투자자, 채권자, 기타 정보이용자를 대상으로 한다.

02 ㈜태양은 2025년 1월 1일 자기주식 10주를 주당 5,000원에 취득하였고 2025년 12월 31일 자기주식 5주를 주당 6,000원에 처분하였다. 이러한 거래들로 인하여 2025년 손익계산서상 영향을 주는 금액은 얼마인가?

① 20,000원 감소　　　　　　　② 5,000원 감소
③ 영향 없음　　　　　　　　　　④ 5,000원 증가

03 다음 중 재무제표 요소의 측정기준에 대한 설명으로 옳은 것은?

① 현행원가로 측정한 자산은 동일하거나 동등한 자산을 취득 시점에 취득할 경우에 그 대가로 지급할 현금이나 현금성 자산의 금액으로 평가한다.

② 역사적 원가는 자산과 부채를 최초로 인식할 때의 금액이며, 자산의 경우에는 취득원가라고도 한다.

③ 자산의 실현 가능 가치는 정상적이지 않은 처분거래에서도 실현 가능할 것으로 예상되는 현금이나 현금성 자산의 금액으로 평가한다.

④ 현재가치 측정 자산은 정상적인 영업과정에서 그 자산이 창출한 확정된 과거 현금유입액의 현재할인가치로 평가한다.

04 다음 중 회계상 거래인 것은?

① 종업원을 월급 1,200,000원으로 채용하였다.

② 상품 300,000원의 주문을 받았다.

③ 광고료 100,000원을 현금으로 지급하였다.

④ 건물 월세 계약을 500,000원으로 하기로 구두상 약속하였다.

05 ㈜성은은 2025년 7월 1일 액면금액 1,000,000원(만기일 : 2029년 6월 30일, 표시이자율 : 연 8%)의 사채를 936,600원에 할인 발행하였다. 사채 발행 당시 유효이자율은 10%이며 표시이자는 매년 6월 30일과 12월 31일 두 번 지급한다. 사채할인발행차금을 유효이자율법으로 상각한다면 사채를 발행한 시점부터 2025년 12월 31일까지의 기간에 상각되는 사채할인발행차금으로 올바른 것은?

① 13,600원

② 10,500원

③ 6,830원

④ 5,500원

06 2024년말 미처분이익잉여금이 80,000원인 ㈜새싹의 2025년 당기순이익은 120,000원이다. 당기 이익잉여금을 다음과 같이 처분하려고 한다. 다음의 사항들이 주주총회에서 원안대로 승인되는 경우 차기이월이익잉여금은 얼마인가?

- 감채기금적립금 이입 : 30,000원
- 현금배당 : 40,000원
- 주식배당 : 10,000원
- 사업확장적립금 적립 : 25,000원
- 이익준비금 적립 : 현금배당의 10%

① 151,000원

② 161,000원

③ 171,000원

④ 181,000원

07 ㈜탐사의 결산일 현재 매출채권은 6,450,000원이고 매출채권의 대손과 관련된 자료는 다음과 같을 때, 회수 가능한 매출채권 추정액은 얼마인가?

- 기초 매출채권 대손충당금 잔액 : 400,000원
- 당기 중 회수불능으로 대손처리한 매출채권 : 500,000원
- 당기 중 매출채권의 대손상각비 : 1,050,000원

① 5,300,000원

② 5,400,000원

③ 5,500,000원

④ 5,600,000원

08 ㈜정성은 주식 100주를 단기 보유 목적으로 1주당 5,000원에 취득하고 증권거래 수수료로 20,000원을 지급하였다. 재무상태표에 기록될 단기매매증권은 얼마인가?

① 520,000원 ② 500,000원

③ 450,000원 ④ 400,000원

09 다음은 ㈜랑랑의 재고자산과 관련된 자료이다. ㈜랑랑은 상품과 관련하여 매년 말 저가법을 적용한다고 할 때 보기 중 틀린 설명은?

- 2024년 기말 자료
  - 상품 취득원가 : 3,000,000원
  - 상품 순실현가능가치 : 2,000,000원
- 2025년 기중 자료
  - 상품과 관련하여 어떠한 매입이나 판매는 없었다.
- 2025년 기말 자료
  - 상품 취득원가 : 3,000,000원
  - 상품 순실현가능가치 : 3,100,000원

① 2024년말 재고자산평가충당금잔액은 1,000,000원이다.
② 2024년말 재고자산 장부가액은 2,000,000원이다.
③ 2025년말 재고자산 장부가액은 3,100,000원이다.
④ 2025년말 재고자산평가충당금환입액은 1,000,000원이다.

10 ㈜부산의 2025년 상품의 매입과 매출에 관한 자료가 다음과 같을 때, 선입선출법에 의한 매출원가는?

일 자	수 량	단 가	금 액
기초재고(1월 1일)	100개	50원	5,000원
매입(4월 1일)	200개	65원	13,000원
매출(4월 30일)	(250)개	?	
매입(7월 1일)	200개	75원	15,000원
매출(9월 1일)	(200)개	?	

① 21,500원 ② 21,750원

③ 23,250원 ④ 29,250원

11 ㈜태인은 화재로 인해 기말재고자산이 전부 소실되었다. 매출총이익률법을 적용하여 소실된 재고자산을 추정하려고 한다. 관련 자료가 다음과 같을 때 소실된 재고자산을 추정하면 얼마인가?

> • 기초 재고금액 : 1,000,000원
> • 당기 매입금액 : 8,000,000원
> • 당기 매출액 : 10,000,000원
> • 매출총이익률 : 30%

① 1,000,000원　　　　　　　② 2,000,000원
③ 3,000,000원　　　　　　　④ 4,000,000원

12 다음 내용에 해당하는 질적 특성으로 올바른 것은?

> 재무정보는 오류, 편견으로부터 벗어나 충실하게 나타낼 수 있어야 한다. 이 특성에 대한 하부속성으로는 표현의 충실성, 중립성, 검증 가능성이 있다.

① 이해가능성　　　　　　　② 목적적합성
③ 신뢰성　　　　　　　　　④ 비교가능성

13 다음 중 유형자산에 대한 설명으로 틀린 것은?

① 토지와 건물을 매입하여 건물을 신축할 목적으로 취득한 토지와 기존건물의 대가는 모두 토지의 취득원가로 한다. 이 경우 기존건물 철거비용에서 부산물 매각 대금을 차감한 금액도 토지의 취득원가로 처리한다.
② 토지를 보유하는 동안 납부하는 부동산 보유세의 경우도 토지취득과 관련된 지출로 보아 매년 말 토지의 취득원가에 가산시킨다.
③ 새로운 지역 또는 새로운 고객층을 대상으로 영업을 하는 데 소요되는 원가는 유형자산의 취득원가로 보지 아니한다.
④ 유형자산의 설치장소 준비원가는 해당 유형자산이 가동하기 위해 필요한 장소와 상태에 이르게 하는 데 직접 관련되는 원가이므로 유형자산의 취득원가를 구성한다.

14 ㈜팔자는 2024년 4월 1일 건물을 13,000,000원에 구입한 후 내용연수 10년, 잔존가액 1,000,000원, 정액법을 사용하여 감가상각하고 있다. 2025년 9월 30일 해당 건물을 분할하여 50%는 기존 그대로 사용하고 나머지 50%는 현금 6,000,000원에 처분한 경우 건물 처분으로 인식할 유형자산 처분손익은 얼마인가?(단, 감가상각비는 월할 계산한다)

① 처분손실 7,000,000원
② 처분손실 5,200,000원
③ 처분손실 12,500원
④ 처분이익 400,000원

15 ㈜도움의 2025년 기계의 취득 및 결산에 대한 자료가 다음과 같다. 2025년 12월 31일에 기계장치의 장부금액은 얼마인가?

- 2025년 1월 1일 15,000,000원의 기계장치를 구입하였으며, 정부로부터 국고보조금 3,000,000원을 지원받아 실제 12,000,000원을 지출하였다(국고보조금은 자산차감법을 적용하여 재무제표에 반영한다).
- 기계장치는 내용연수 10년, 잔존가치 0원, 정액법으로 감가상각하며 월할 계산한다.

① 10,500,000원
② 10,800,000원
③ 12,000,000원
④ 13,500,000원

16 ㈜연구의 2025년 지출한 연구비용 내역은 아래와 같다. ㈜연구가 2025년에 연구와 관련하여 경상연구개발비로 처리할 금액은 얼마인가?

- 연구단계 지출액 : 3억원
- 개발단계 지출액 : 2억원(이중 무형자산 인식요건을 갖춘 금액은 1억원)

① 1억원
② 3억원
③ 4억원
④ 5억원

17 ㈜민정의 매도가능증권과 관련된 정보는 다음과 같다. 2025년 10월 1일 처분으로 당기손익에 영향을 미치는 금액은 얼마인가?

- 2023년 1월 1일 매도가능증권을 5,000,000원에 취득했다.
- 2023년 12월 31일 매도가능증권 공정가액은 7,000,000원이다.
- 2024년 12월 31일 매도가능증권 공정가액은 4,000,000원이다.
- 2025년 10월 1일 매도가능증권을 6,000,000원에 처분했다.

① 2,000,000원 증가
② 1,000,000원 증가
③ 1,000,000원 감소
④ 2,000,000원 감소

18 ㈜정밀의 기말 재무상태표상 계정의 잔액이 다음과 같을 때 기말 자본은 얼마인가?

- 현금 : 100,000원
- 상품 : 300,000원
- 선수금 : 250,000원
- 미수수익 : 130,000원
- 선급금 : 180,000원
- 미지급금 : 110,000원

① 150,000원
② 350,000원
③ 590,000원
④ 850,000원

19 다음 중 부채에 대한 설명으로 올바른 것은?

① 기업의 정상영업주기 이내에 상환이나 결제 등을 통하여 소멸할 것이 충분히 예상되는 부채의 경우 유동부채로 분류할 수 있다.
② 지급 시기나 금액이 불확실한 경우 부채의 정의에 부합해도 부채로 인식할 수 없다.
③ 우발부채는 재무제표에 인식한다.
④ 장기차입금, 장기매입채무는 유동부채에 해당한다.

20 다음 중 자본에 대한 설명으로 옳지 않은 것은?

① 자본금은 법정자본금뿐만 아니라 임의자본금으로도 할 수 있다.

② 자본잉여금은 증자나 감자 등 주주와의 거래에서 발생하여 자본을 증가시키는 잉여금이다.

③ 자본조정은 당해 항목의 성격으로 보아 자본거래에 해당하나 최종 납입된 자본으로 볼 수 없거나 자본의 가감 성격으로 자본금이나 자본잉여금으로 분류할 수 없는 항목이다.

④ 기타포괄손익누계액은 보고기간 종료일 현재의 매도가능증권평가손익, 해외사업환산손익, 현금흐름위험회피 파생상품평가손익 등의 잔액이다.

21 ㈜정찰의 2025년 기말 유동자산의 내역이 다음과 같을 때 2025년 기말 재무상태표에 표시될 현금및현금성자산은 얼마인가?

- 선일자수표 : 50,000원
- 양도성예금증서(160일 만기) : 180,000원
- 정기적금 : 2,000,000원
- 지점전도금 : 120,000원
- 통화(지폐) : 25,000원
- 보통예금 : 70,000원
- 장기금융상품 : 200,000원
- 배당금지급통지서 : 50,000원

① 150,000원   ② 200,000원

③ 265,000원   ④ 300,000원

22 다음 중 시용판매의 수익 인식 시점은 언제인가?

① 상품의 발송을 위한 선적이 시작되는 시점

② 구매자에게 상품이 인도되는 시점

③ 구매자가 구입의사 표시를 하는 시점

④ 구매자로부터 판매대금을 회수하는 시점

23 ㈜공정은 50,000,000원의 공사도급계약(공사기간 : 2024년 4월 1일 ～ 2025년 9월 30일)을 체결하였으며 공사관련 원가는 다음과 같다. 진행기준에 따라 수익을 인식하는 경우 2025년의 공사원가와 공사이익은 얼마인가?

구 분	2024년	2025년
실제발생한 공사원가	10,000,000원	25,000,000원
추가예정 공사원가	30,000,000원	

	공사원가	공사이익
①	25,000,000원	12,500,000원
②	25,000,000원	7,500,000원
③	35,000,000원	12,500,000원
④	30,000,000원	7,500,000원

24 ㈜한성은 다음과 같은 내용의 보험에 가입하였다. 이와 관련하여 2025년 ㈜한성에서 보험료로 인식할 금액은 얼마인가?

- 2025년 8월 1일 차량보험료 120,000원을 현금으로 납부하였다.
- 차량보험료의 보험기간은 2025년 8월 1일 ～ 2026년 1월 31일이다.

① 20,000원   ② 50,000원
③ 100,000원   ④ 120,000원

25 [중소기업회계기준] 다음 중 재무제표에 해당하지 않는 것은?
① 대차대조표   ② 손익계산서
③ 현금흐름표   ④ 자본변동표

2부 원가회계

01 다음 중 직접원가와 간접원가에 대한 설명으로 틀린 것은?

① 직접원가는 원가대상에 직접적으로 추적할 수 있는 원가이다.
② 간접원가는 원가대상에 개별적으로 구분되어 포함되므로 개별원가라고도 한다.
③ 가공원가는 직접원가인 직접노무원가와 간접원가인 제조간접원가로 구성된다.
④ 직접원가는 변동원가이다.

02 표준원가를 적용하는 ㈜사무의 2025년 직접노무원가와 관련된 자료는 다음과 같다. 2025년 직접노무시간당 실제 임률은 얼마인가?

- 제품 실제생산량 : 100개
- 직접노무원가 실제 발생액 : 145,600원
- 단위당 표준직접노무시간 : 6시간
- 직접노무원가 능률차이 : 10,000원(유리)
- 직접노무원가 임률차이 : 5,600원(불리)

① 240원   ② 250원
③ 260원   ④ 270원

03 다음 중 표준원가계산에 대한 설명으로 틀린 것은?

① 미리 설정해 놓은 표준원가를 이용하여 원가계산을 한다.
② 원가계산을 간편하고 신속하게 할 수 있다.
③ 표준원가를 통하여 예산설정의 기초자료로 사용할 수 있다.
④ 표준원가계산은 원가흐름에 대한 가정이 필수적이다.

04 다음 중 제조간접원가 배부에 대한 설명으로 틀린 것은?

① 공장전체에 하나의 배부기준을 적용하면 제조부문의 특성을 반영하지 못한다.
② 공장전체에 하나의 배부기준을 적용하면 보조부문원가를 제조부문에 배분할 필요가 있다.
③ 제조부문별로 다른 배부기준을 적용하면 제조부문의 특성을 반영할 수 있다.
④ 제조부문별로 다른 배부기준을 적용하면 보조부문원가를 제조부문에 배분할 필요가 있다.

05 ㈜세연이 2025년에 매입한 원재료는 190,000원이고, 제조공정에 투입되는 원재료는 모두 직접재료원가이다. 제조간접원가는 가공원가의 50%이고 기본원가는 500,000원이며 재고자산 현황이 다음과 같을 때 당기제품제조원가와 매출원가는 얼마인가?

구 분	2025년 1월 1일 잔액	2025년 12월 31일 잔액
원재료	20,000원	10,000원
재공품	60,000원	80,000원
제 품	50,000원	30,000원

	제품제조원가	매출원가
①	800,000원	780,000원
②	800,000원	790,000원
③	780,000원	810,000원
④	780,000원	800,000원

06 다음은 ㈜세상의 2025년 원가와 관련된 자료이다. 2025년 당기총제조원가는 얼마인가?

- 매출원가 : 2,120,000원
- 기초제품 : 100,000원
- 기말제품 : 180,000원
- 기초재공품 : 300,000원
- 기말재공품 : 400,000원

① 2,100,000원 ② 2,200,000원
③ 2,300,000원 ④ 2,400,000원

07 다음 중 기본원가와 가공원가에 모두 속하는 원가는?

① 직접재료원가 ② 간접재료원가
③ 직접노무원가 ④ 제조간접원가

08 다음은 정상개별원가계산을 적용하는 ㈜세경의 2025년 원가 자료이다. 제조간접원가 과소배부액이 40,000원일 때 2025년 예산 직접노무시간은?

연간 제조간접원가 예산	실제 발생한 제조간접원가	실제 직접노무시간
500,000원	480,000원	2,200시간

① 2,300시간   ② 2,400시간
③ 2,500시간   ④ 2,600시간

09 다음의 자료를 이용하여 ㈜세영의 제조간접원가를 계산하면 얼마인가?

- 직접재료원가 : 10,000원
- 간접재료원가 : 5,000원
- 간접노무원가 : 10,000원
- 공장 수선비 : 20,000원
- 공장 보험료 : 10,000원
- 본사 보험료 : 15,000원

① 30,000원   ② 35,000원
③ 40,000원   ④ 45,000원

10 다음 중 공손에 대한 설명으로 틀린 것은?

① 공손은 정상공손, 비정상공손으로 분류된다.
② 공손수량을 계산할 때에는 선입선출법으로만 계산한다.
③ 개별원가계산에서 비정상공손원가는 재고가능원가로 간주되지 않으며, 그 공손이 발견된 기간의 비용으로 처리된다.
④ 공정별 원가계산에서 공손단위를 산출 단위에 포함시킬 경우 완성품환산량 단위당 원가가 더 커진다.

11 ㈜세현의 매출 및 원가 관련 자료가 다음과 같을 때 매출총이익은 얼마인가?

- 기초 제품재고 : 12,000원
- 기말 제품재고 : 24,000원
- 기초 재공품재고 : 6,000원
- 기말 재공품재고 : 12,000원
- 공장 감가상각비 : 16,000원
- 직접재료원가 : 10,000원
- 직접노무원가 : 8,000원
- 매출액 : 30,000원

① 10,000원   ② 14,000원
③ 20,000원   ④ 24,000원

12 다음의 설명에 맞는 배분방법은 무엇인가?

- 먼저 배분순서를 정하고 그 순서에 따라 배분한다.
- 보조부문 상호 간의 용역수수를 일부 고려한다.
- 배분순서가 임의적인 경우 원가배분결과에 왜곡이 발생한다.

① 직접배분법   ② 단일배분율법
③ 상호배분법   ④ 단계배분법

13 ㈜세인의 2025년 재고자산과 관련된 자료가 다음과 같을 때 2025년 가공원가는 얼마인가?

구 분	원재료	재공품	제 품
기초재고	25,000원	50,000원	13,000원
기말재고	16,000원	35,000원	28,000원
당기매입액	38,000원	?	?

※ 당기제품제조원가는 97,000원이다.

① 35,000원   ② 40,000원
③ 150,000원   ④ 180,000원

14 원가대상이 제공받은 경제적 효익 정도에 따라 원가를 배분하는 기준으로, 수익자 부담원칙에 입각한 공통원가 배분기준인 것은?

① 인과관계기준
② 수혜기준
③ 부담능력기준
④ 공정성과 공평성 기준

15 ㈜양용은 단계배분법(전력부문, 수선부문 순으로 배분)을 사용하여 보조부문원가를 제조부문으로 배분하고자 한다. 보조부문의 용역제공 정도 및 부문별 발생원가는 다음과 같다. 이때 보조부문원가를 배분한 후 B제조부문의 총원가는 얼마인가?

사용부문 / 제공부문	보조부문		제조부문	
	전력부문	수선부문	A제조부문	B제조부문
발생원가	3,000,000원	2,000,000원	4,000,000원	3,500,000원
전력부문		30%	40%	30%
수선부문	20%		40%	40%

① 5,850,000원
② 6,150,000원
③ 6,350,000원
④ 6,650,000원

16 다음 중 개별원가계산에 대한 설명으로 틀린 것은?

① 주로 다품종 소량 주문생산형태에 적합한 원가계산제도이다.
② 각 작업별로 원가가 계산되기 때문에 비용과 시간이 많이 소요된다.
③ 각 작업지시서별로 직접재료원가와 직접노무원가를 집계하고 제조간접원가 배부기준에 따라 제조간접원가를 배부하여 제품원가를 계산한다.
④ 원가계산자료가 상세하고 단순해서 오류가 발생할 가능성이 적다.

17 ㈜고독은 정상개별원가계산을 사용하고 있으며 기계사용시간을 기준으로 제조간접원가를 배분하고 있다. 원가 자료가 다음과 같을 때 제조간접원가 예산은 얼마인가?

• 예상 기계사용시간(예정조업도) : 13,000시간
• 실제 기계사용시간(실제조업도) : 10,000시간
• 실제 제조간접원가 발생액 : 3,000,000원
• 제조간접원가 배부차이 : 300,000원 과다배부

① 3,510,000원
② 3,900,000원
③ 4,290,000원
④ 4,680,000원

18 다음 중 결합원가에 대한 설명으로 올바른 것은?

① 물량기준법은 추가가공공정이 있는 제품의 수익성을 낮게 판단한다.

② 순실현가치법은 분리점 판매가치를 알 수 없는 경우는 사용할 수 없다.

③ 균등매출총이익률법은 결합공정이 많은 경우 순실현가치법보다 적용이 간편하다.

④ 기업이익을 극대화하기 위한 추가가공 의사결정을 할 때에는 이미 배분된 결합원가를 고려하지 않는다.

19 ㈜결합은 결합 생산공정에서 원재료를 이용하여 A제품과 B제품을 제조하고 있으며 A제품에 배부된 결합원가는 50,000원이다. 결합원가를 순실현가치를 이용하여 두 제품에 배부하는 경우 원가 자료가 다음과 같을 때 두 제품으로 배부되기 이전의 총 결합원가는 얼마인가?

구 분	A제품	B제품
생산량	500개	800개
분리점에서의 1개당 가격	400원	500원
1개당 추가 가공원가	–	150원
1개당 최종 판매가격	400원	900원

① 50,000원   ② 100,000원

③ 150,000원   ④ 200,000원

20 선입선출법에 따른 종합원가계산을 적용하는 ㈜세한의 생산 관련 자료는 다음과 같다. 직접재료는 공정 초기에 전량 투입되고 가공원가는 공정 전반에 걸쳐 균등하게 발생할 때 기말재공품의 가공원가 완성품환산량은 얼마인가?

- 기초재공품 : 200단위(완성도 30%)
- 당기착수품 : 800단위
- 당기완성품 : 700단위
- 기말재공품 : 300단위
- 선입선출법에 의한 가공원가의 총 완성품환산량 : 850단위

① 200단위   ② 210단위

③ 220단위   ④ 230단위

21 다음 중 종합원가계산과 관련된 설명으로 틀린 것을 모두 고른 것은?

> ㉠ 가중평균법은 기초재공품 모두를 당기에 착수하는 것으로 가정한다.
> ㉡ 선입선출법에 비해 가중평균법은 당기의 성과를 이전의 기간과 독립적으로 평가할 수 있는 보다 적절한 기회를 제공한다.
> ㉢ 종합원가계산에서는 기초재공품의 존재 여부와 관계없이 선입선출법과 평균법에 의한 제품 제조원가가 항상 다르게 산정된다.
> ㉣ 선입선출법이 가중평균법에 비해 실제 물량 흐름에 보다 충실한 원가 흐름 가정이라 볼 수 있다.

① ㉡, ㉢
③ ㉡
② ㉠, ㉡
④ ㉡, ㉢, ㉣

22 종합원가계산을 적용하는 ㈜세계의 원재료는 공정의 초기에 전량 투입되고 가공원가는 공정 전반에 걸쳐서 균등하게 발생한다. 재료원가에 대한 완성품 환산량은 평균법과 선입선출법을 적용했을 때 각각 5,000단위와 4,500단위이다. 또한, 가공원가에 대한 완성품 환산량은 평균법과 선입선출법을 적용했을 때 각각 3,000단위와 2,600단위이다. 기초재공품의 가공원가 완성도는 몇 %인가?

① 50%
③ 70%
② 60%
④ 80%

23 선입선출법에 의한 종합원가계산을 체택하고 있는 ㈜신속의 직접재료원가는 공정의 70% 시점에 전량 투입된다. 관련 원가자료가 다음과 같을 때 직접재료원가의 완성품환산량은 몇 개인가?

> • 기초재공품 수량 : 500개(완성도 : 50%)
> • 당기착수량 : 1,000개
> • 완성품수량 : 800개
> • 기말재공품 수량 : 700개(완성도 : 80%)

① 500개
③ 1,200개
② 700개
④ 1,500개

24 다음 중 원가의 행태에 대한 설명으로 옳지 않은 것은?

① 총 고정원가는 관련 범위 내에서 생산량이 증가하면 증가한다.

② 단위당 변동원가는 생산량이 증가하더라도 일정하다.

③ 총 변동원가는 생산량이 증가하면 증가한다.

④ 단위당 고정원가는 생산량이 증가하면 감소한다.

25 ㈜민영은 정상개별원가계산을 사용하고 있으며 노동시간을 기준으로 제조간접원가를 배분하고 있다. 예정배부율은 400원/노동시간, 실제 발생한 노동시간은 300시간, 실제 발생한 제조간접원가는 110,000원이다. 다음의 설명 중 틀린 것은?

① 제조간접원가가 10,000원만큼 과다배부되었다.

② 제조간접원가 계정의 차변 금액이 대변 금액보다 큰 상태이다.

③ 배부차이를 매출원가조정법으로 조정할 경우 매출총이익은 증가한다.

④ 기말재고자산(기말재공품, 기말제품)이 없는 경우, 배부차이에 대한 적용은 총원가 비례배분법, 원가요소별 비례배분법 둘 다 동일하다.

1부 재무회계

※ 재무회계의 문제에서 별도의 언급이 없으면 일반기업회계기준을 적용하고 해당 문제에서 중소기업회계기준을 명시한 경우 중소기업회계기준을 적용한다.

01 다음 중 재무제표에 대한 설명으로 틀린 것은?

① 재무제표 작성 시 계속기업을 전제로 한다.
② 재무제표는 재무상태표, 포괄손익계산서, 현금흐름표, 자본변동표로 구성되며 주석을 포함한다.
③ 재무제표의 기업 간 비교가능성을 제고하기 위하여 원칙적으로 재무제표 항목의 표시는 매기 동일하여야 한다.
④ 재무상태표는 일정 시점 현재 기업의 재무상태를 나타내는 보고서이다.

02 다음은 재무회계의 질적 특성에 대한 설명이다. 틀린 것은 모두 몇 개인가?

> 가. 근본적 질적 특성 구성에는 목적 적합성과 충실한 표현이 있고, 보강적 질적 특성 구성에는 비교 가능성, 검증 가능성, 적시성 및 이해 가능성이 있다.
> 나. 목적 적합한 재무정보가 예측 가치를 갖기 위해서 그 자체가 예측 또는 예상치일 필요는 없다.
> 다. 충실한 표현에 있어 완전한 서술은 정보이용자가 서술되는 현상을 이해하는 데 필요한 모든 정보를 포함하는 것이다.
> 라. 검증 가능성은 합리적인 판단력이 있고 독립적인 서로 다른 관찰자가 어떤 서술이 충실한 표현이라는 데, 비록 반드시 완전히 일치하지는 못하더라도, 의견이 일치할 수 있다는 것을 의미한다.

① 0개   ② 1개
③ 2개   ④ 3개

03 다음 중 재무상태표의 작성기준에 대한 설명으로 틀린 것은?

① 자산, 부채 및 자본은 총액에 의하여 기재함을 원칙으로 하고 자산의 항목과 부채 또는 자본의 항목을 상계함으로써 그 전부 또는 일부를 재무상태표에서 제외하여서는 안 된다.

② 재무제표의 작성과 표시에 대한 책임은 경영자에게 있다.

③ 중요한 항목은 재무제표의 본문이나 주기에 그 내용을 가장 잘 나타낼 수 있도록 구분하여 표시한다.

④ 재무상태표에 기재하는 자산과 부채의 항목배열은 유동성 배열법에 의함을 원칙으로 한다.

04 다음의 자료를 기초로 재무상태표에 표시될 현금및현금성자산의 총액을 구하면 얼마인가?

- 배당금 지급통지표 : 150,000원
- 부도수표 : 10,000원
- 지점전도금 : 70,000원
- 직원가불금 : 130,000원
- 우편환증서 : 40,000원
- 우표 : 10,000원
- 수입인지 : 30,000원

① 220,000원　　　　　　　　　　　② 260,000원
③ 320,000원　　　　　　　　　　　④ 350,000원

05 ㈜기업은 상품을 거래처에 판매하고 약속어음 1,000,000원을 받았으나 거래처가 9월 26일에 파산하여 약속어음의 회수가 불가능하게 되었다. 9월 26일 현재 장부상 대손충당금이 400,000원일 때 9월 26일에 인식할 대손상각비는 얼마인가?

① 1,000,000원　　　　　　　　　　② 800,000원
③ 700,000원　　　　　　　　　　　④ 600,000원

06 ㈜회계는 2025년 2월 6일에 시장성 있는 단기매매증권 300주를 6,000,000원에 취득하였다. 이 중 100주를 2025년 8월 7일에 1주당 24,000원에 양도하였으며 대금은 수수료 비용 100,000원을 차감한 후 현금으로 받은 경우 이 거래로 인한 당기순이익의 증가액은 얼마인가?

① 300,000원　　　　　　　　　　　② 400,000원
③ 500,000원　　　　　　　　　　　④ 600,000원

07 다음은 ㈜부산이 2025년 중에 매입한 재고 관련 자료이다. ㈜부산이 2025년에 매입한 재고자산의 취득원가는?

- 매입 재고 : 22,000,000원
- 보험료 및 하역료 : 400,000원
- 매입운임 : 400,000원
- 매입 할인 : 300,000원
- 제품 생산 전 원재료 보관을 위한 창고보관료 : 1,500,000원

① 25,700,000원

③ 24,000,000원

② 22,500,000원

④ 22,100,000원

08 ㈜서울의 2025년 중 재고자산의 거래 내역과 재고자산의 손실 내역이 다음과 같을 때 손익계산서에 인식할 매출원가와 영업외비용은 얼마인가?

구 분	단 위	단위원가	총원가
기초(1/1)	100개	100원	10,000원
매입(5/30)	300개	200원	60,000원
매출(6/23)	300개	?	?
매입(9/30)	400개	250원	100,000원
매출(11/20)	400개	?	?
기말(12/31)	100개	?	?

- 단가 결정은 이동평균법을 사용한다.
- 재고자산평가손실 : 5,000원
- 정상적인 재고감모손실 : 3,000원
- 비정상적인 재고감모손실 : 2,500원

	매출원가	영업외비용
①	71,650원	5,000원
②	150,000원	5,000원
③	154,500원	3,000원
④	154,500원	2,500원

09 다음 중 재고자산의 단가 결정에 대한 설명으로 틀린 것은?

① 재고자산의 단가 결정을 어떻게 가정하느냐에 따라 매출원가와 기말재고자산의 단가가 달라질 수 있다.

② 개별법이란 실제 매출이 발생할 때 실제 구입원가를 기록하였다가 매출원가로 대응시키는 방법이다.

③ 선입선출법은 현실에서 가장 많이 쓰이는 방법으로, 실제 회사의 물량 흐름과 유사하다.

④ 물가 상승 시 기말재고금액은 후입선출법이 선입선출법보다 크게 계상된다.

10 ㈜경기는 2025년 1월 1일에 A공장을 신축하기 위해 B건물(토지 포함)을 500,000원에 매입한 후 B건물은 철거하였다. 이후 A공장의 건설공사를 착공하여 2025년 12월 10일에 완공하였다. A공장의 건설공사 기간 중 발생한 자료가 다음과 같을 때 토지와 건물의 취득원가는 얼마인가?

- B건물의 철거 비용 : 100,000원
- A공장의 건축 설계비용 : 150,000원
- B건물의 매매계약 및 등기 등과 관련된 법률 비용 : 80,000원
- A공장 건축비용 : 2,000,000원
- B건물을 철거할 때 나온 고철 등 판매 수입 : 50,000원

	토 지	건 물
①	2,150,000원	630,000원
②	630,000원	630,000원
③	630,000원	2,150,000원
④	2,150,000원	2,150,000원

11 다음 중 유형자산의 원가 구성에 대한 설명으로 틀린 것은?

① 자본적 지출은 생산능력의 증대, 내용연수의 연장을 가져오는 지출을 말한다.

② 수익적 지출은 자산의 원상회복이나 능률 유지를 위한 지출을 말한다.

③ 자본적 지출을 수익적 지출로 처리하게 되면 비용이 과소계상된다.

④ 수익적 지출을 자본적 지출로 처리하게 되면 비용이 과소계상된다.

12 ㈜강서는 보유하고 있던 건물을 3,000,000원에 외상으로 매각하였다. 처분 건물의 취득원가는 5,000,000원이고 처분일 현재의 감가상각누계액은 3,500,000원인 경우 ㈜강서가 행할 회계처리를 올바르게 표시한 것은?

①	(차)	외상매입금	3,000,000원	(대)	건 물	5,000,000원
		감가상각누계액	3,500,000원		유형자산처분이익	1,500,000원
②	(차)	미수금	3,000,000원	(대)	건 물	5,000,000원
		감가상각누계액	3,500,000원		유형자산처분이익	1,500,000원
③	(차)	외상매입금	3,000,000원	(대)	건 물	5,000,000원
		감가상각누계액	3,500,000원		기타포괄손익누계액	1,500,000원
④	(차)	미수금	3,000,000원	(대)	건 물	5,000,000원
		감가상각누계액	3,500,000원		기타포괄손익누계액	1,500,000원

13 ㈜강남은 2023년 1월 1일에 A기계를 100,000원에 취득한 후 연수합계법(내용연수 5년, 잔존가치 10,000원)으로 감가상각하였다. 2025년 1월 1일에 A기계의 감가상각방법을 정액법으로 변경하고 잔존내용연수는 5년, 잔존가치는 0원으로 추정 변경하였다. 이러한 회계변경이 정당한 것으로 인정될 때 2025년에 인식할 A기계의 감가상각비는 얼마인가?

① 8,500원
② 8,800원
③ 9,000원
④ 9,200원

14 다음 중 무형자산의 상각방법에 대한 설명으로 틀린 것은?

① 상각방법은 경제적 효익이 소비되는 형태를 반영하는 합리적인 방법이어야 한다.
② 합리적인 상각방법을 정할 수 없는 경우 정액법을 사용한다.
③ 무형자산의 상각은 지출이 발생한 시점부터 시작한다.
④ 무형자산의 잔존가치는 없는 것을 원칙으로 한다.

15 ㈜태인은 2025년 말 다음과 같은 상황에 대한 회계처리 방안에 대해 검토 중에 있다. 다음 사항을 반영할 때 2025년 말 재무상태표에 계상하여야 할 충당부채의 금액은 얼마인가?(단, 다음에 제시된 금액은 모두 신뢰성 있게 측정 가능하다)

> (1) ㈜태인은 용광로 사용 시 발생하는 매연에 대한 여과장치를 새로운 법률제정으로 인해 2026년 말까지 설치하여야 한다. 2025년 말 현재 여과장치를 설치하고 있지 않았다. 여과장치의 예상 설치비용은 10,000,000원이다.
> (2) ㈜태인은 점포를 임차하여 사용하고 있으며, 임차기간이 만료되었을 때 원상복구 해주어야 하는 의무가 있다. 복구 시 예상되는 비용은 7,000,000원이고 2025년 말 현재가치 금액은 6,200,000원이다.

① 6,200,000원 ② 7,000,000원
③ 16,200,000원 ④ 17,000,000원

16 다음 중 사채에 대한 설명으로 틀린 것은?
① 사채의 할인발행이란 사채의 발행금액을 액면금액보다 낮게 발행하는 것이다.
② 사채발행비는 사채 발행으로 인해 조달된 현금을 감소시키는 효과로 인하여 지급수수료로 회계처리 한다.
③ 사채발행 시 시장이자율과 사채의 액면이자율의 크기에 따라 사채는 액면발행, 할인발행, 할증발행으로 구분된다.
④ 유효이자율법 적용 시 사채를 할인 발행하는 경우 사채의 장부금액은 매년 증가한다.

17 ㈜조정은 2025년 1월 1일에 사채(액면금액 100,000원, 만기 3년, 표시이자율 연 8%, 매년 말 이자지급)를 발행하였다. 2025년 1월 1일 사채의 유효이자율이 연 10%일 때 사채의 발행가액은 얼마인가?(단, 소수점 이하는 절사한다)

할인율	단일금액 1원의 현재가치			정상연금 1원의 현재가치		
	1년	2년	3년	1년	2년	3년
8%	0.9259	0.8573	0.7938	0.9259	1.7833	2.5771
10%	0.9091	0.8264	0.7513	0.9091	1.7355	2.4868

① 92,031원 ② 95,024원
③ 97,031원 ④ 99,737원

18 ㈜한국의 2025년 거래 내역이 다음과 같을 때 2025년 말 자본잉여금으로 계상되는 금액은 얼마인가?(단, 각 거래는 독립적이고 상계 처리하지 않는 것으로 가정한다)

- 2월 5일 액면 2,000원인 주식을 7,000원에 발행하였다.
- 3,000원에 매입한 자기주식을 8,000원에 처분하였다.
- 장기투자목적으로 1월 1일에 매입한 주식 15,000원의 12월 31일 현재 공정가치는 18,000원이다.
- 액면 5,000원인 주식을 7,000원에 매입하여 즉시 소각하였다.

① 5,000원   ② 10,000원
③ 11,000원   ④ 13,000원

19 다음 중 재무제표상 자본에 해당하는 계정과목이 아닌 것은?

① 주식발행초과금   ② 가지급금
③ 기타포괄손익누계액   ④ 감자차손

20 컴퓨터를 판매하는 ㈜전자는 2025년 4월 1일에 컴퓨터 100대를 총 5,000,000원에 판매하였고 판매 대금의 20%는 현금으로, 50%는 어음으로 받고 나머지 잔액은 2026년 중에 받기로 하였다. 이 경우 해당 거래와 관련하여 2025년 4월 1일 매출채권으로 계상해야 할 금액은 얼마인가?

① 5,000,000원   ② 1,500,000원
③ 2,500,000원   ④ 4,000,000원

21 백신프로그램을 제조 판매하는 ㈜제조는 백신프로그램을 2025년 11월 1일 300,000원에 판매하였다. 백신프로그램은 4년간 사후관리를 진행하며 사후관리의 대가 120,000원은 판매대금에 포함되어 있다. 이 경우 2025년에 수익으로 인식할 금액은 얼마인가?

① 180,000원   ② 185,000원
③ 190,000원   ④ 300,000원

22 2024년 1월 1일 ㈜대전은 총도급금액 10,000,000원인 건설공사계약(공사기간 : 2024년 1월 1일 ~ 2026년 12월 31일)을 체결하였다. 공사원가 내역이 다음과 같을 때 2025년 공사수익으로 인식할 금액은?

구 분	2024년	2025년	2026년
연도별 발생(예상)원가	3,000,000원	2,500,000원	2,500,000원
연도별 공사대금 수령액	3,500,000원	3,000,000원	3,500,000원

① 2,500,000원 ② 3,000,000원
③ 3,125,000원 ④ 6,875,000원

23 다음은 ㈜사과의 비용항목이다. 영업외비용은 얼마인가?

- 복리후생비 : 1,000원
- 접대비 : 1,500원
- 이자비용 : 3,000원
- 유형자산처분손실 : 1,000원
- 미수금 : 2,500원

① 2,500원 ② 4,000원
③ 5,500원 ④ 6,500원

24 매출채권의 매각거래로 보기 위한 조건(제거 조건)에 대한 다음의 설명 중 옳은 것을 모두 고른 것은?

(ㄱ) 양도인은 매출채권 양도 후 당해 매출채권에 대한 권리를 행사할 수 없어야 한다.
(ㄴ) 양수인은 양수한 매출채권을 처분(양도 및 담보제공 등)할 자유로운 권리를 갖고 있어야 한다.
(ㄷ) 양도인은 매출채권 양도 후에 효율적인 통제권을 행사할 수 있어야 한다.

① (ㄱ), (ㄷ) ② (ㄱ), (ㄴ)
③ (ㄴ), (ㄷ) ④ (ㄱ), (ㄴ), (ㄷ)

25 [중소기업회계기준] 다음 중 손익계산서의 작성기준에 대한 설명으로 옳지 않은 것은?

① 수익과 비용은 순액으로 표시하는 것을 원칙으로 한다.
② 수익과 비용은 그 발생 원천에 따라 명확하게 분류하고, 수익항목과 이에 관련되는 비용항목은 대응하여 표시한다.
③ 손익계산서에는 그 회계연도에 속하는 모든 수익과 이에 대응하는 모든 비용을 적정하게 표시한다.
④ 손익계산서는 한 회계연도의 회사의 경영성과에 대한 정보를 제공하는 재무보고서이다.

2부 원가회계

01 ㈜드림의 2025년 원가자료가 다음과 같은 경우 가공원가는 얼마인가?

- 원재료 : 기초재고 15,000원, 기말재고 3,000원
- 직접노무원가 : 10,000원
- 가공원가의 20%가 제조간접원가이다.

① 10,000원 　　　　　　② 12,500원
③ 22,000원 　　　　　　④ 24,500원

02 다음은 ㈜해냄의 2025년 경비 내역이다. 비제조원가는 얼마인가?

- 생산직 직원의 격려 및 사기 진작을 위한 회식비 : 300,000원
- 거래처 영업을 위한 접대비 : 200,000원
- 생산용으로 사용하는 기계장치의 감가상각비 : 400,000원
- 회사 광고를 위한 광고선전비 : 500,000원
- 관리자 급여 : 5,000,000원(본사영업부서 30%, 공장생산부서 70% 비율로 관리)
- 생산직 직원 급여 : 3,000,000원
- 공장 화재보험료 : 200,000원

① 2,200,000원 　　　　　② 2,400,000원
③ 4,300,000원 　　　　　④ 5,700,000원

03 **다음 중 원가의 분류에 대한 설명으로 옳은 것은?**

① 생산량의 변동에 따라 정비례하여 총원가가 변동하는 원가는 변동원가라 한다.
② 제품생산과 관련 없이 발생하므로 발생 즉시 비용으로 처리되는 원가를 기회비용이라고 한다.
③ 한 단위를 추가로 생산하거나 판매하려고 하는 경우 총원가의 증가분은 기간원가라고 한다.
④ 일정기간 생산량의 변화에 관계없이 총원가가 일정한 원가를 역사적 원가라고 한다.

04 **다음 중 제품생산에 사용한 기계의 감가상각비를 기간비용으로 처리한 결과로 맞는 것은?**

① 제품 단위당 원가가 과대계상된다.
② 판매관리비가 과소계상된다.
③ 당기총제조원가가 과대계상된다.
④ 기말재공품재고 금액이 과소계상된다.

05 **종합원가계산에서 평균법 완성품환산량이 100개이고 기초재공품 완성품환산량이 30개, 기말재공품 완성품환산량이 50개인 경우 선입선출법 완성품환산량은 몇 개인가?**

① 50개   ② 70개
③ 100개   ④ 120개

06 **다음 중 옳지 않은 것은?**

① 직접경비는 직접재료원가, 직접노무원가처럼 별도로 구분해서 원가를 계산한다.
② 가공원가는 직접재료원가와 제조간접원가를 합한 것을 말한다.
③ 개별원가계산은 조선업, 건설업 등에 주로 사용된다.
④ 제조간접원가의 배분은 제조간접원가라는 계정에 집계하여 이를 적절한 배부기준에 따라 개별작업에 배부한다.

07 다음 중 표준원가계산에 대한 설명으로 옳지 않은 것은?

① 표준원가계산은 표준원가를 달성할 수 있도록 효과적으로 원가통제를 하기 위해 적용하는 방법이다.

② 표준종합원가계산에서는 완성품환산량의 단위당 원가를 별도로 계산할 필요가 없다.

③ 표준원가와 실제원가가 차이가 나는 경우 원가통제를 할 수 없다.

④ 원가흐름의 가정이 필요 없으며 제품의 수량만 파악되면 표준단가를 이용하여 제품원가를 신속하게 계산할 수 있다.

08 ㈜전주의 2025년 원가 관련 자료가 다음과 같을 때 매출원가는 얼마인가?

- 기초제품 : 40,000원
- 기말재공품 : 60,000원
- 기말제품 : 260,000원
- 당기총제조원가 : 360,000원
- 기초재공품 : 120,000원

① 190,000원
② 200,000원
③ 210,000원
④ 220,000원

09 ㈜수원의 원가 자료가 다음과 같을 때 기말재공품원가는 얼마인가?

- 직접재료원가 : 20,000원
- 당기제품제조원가 : 30,000원
- 가공원가 : 30,000원
- 기초제품 : 15,000원
- 기초재공품 : 10,000원
- 매출원가 : 35,000원

① 10,000원
② 15,000원
③ 25,000원
④ 30,000원

10 ㈜화성은 2025년 초에 영업을 개시하여 여객선 제작, 화물선 제작에 착수하였다. 여객선은 당기 중 완성되어 판매되었고, 화물선은 기말 현재 완성되어 판매되지 않고 있다. 당기 중 이들 작업과 관련하여 발생한 원가 및 기타 자료는 다음과 같다.

구 분	여객선 작업	화물선 작업
직접재료원가	800,000원	700,000원
직접노무원가	800,000원	1,200,000원
직접노동시간	100시간	150시간
기계가동시간	500시간	200시간

당기 중 집계된 제조간접원가 발생액은 2,400,000원이다. 제조간접원가 배부기준이 직접노무원가 일 경우 당기제품제조원가와 매출원가는?

	당기제품제조원가	매출원가
①	3,340,000원	5,900,000원
②	3,340,000원	2,560,000원
③	5,900,000원	3,340,000원
④	5,900,000원	2,560,000원

11 당월의 실제직접노동시간 2,000시간 중 제조지시서(A) 제조에 투입된 시간은 150시간이었다. 당월에 실제로 발생한 총원가와 제조지시서(A) 제조에 대한 원가가 다음과 같을 때 제조지시서(A)에 배부되는 제조간접원가는 얼마인가?(단, 제조간접원가는 실제직접노동시간을 기준으로 배부한다)

구 분	총원가	제조지시서(A)
직접재료원가	1,800,000원	50,000원
직접노무원가	2,000,000원	150,000원
제조간접원가	400,000원	?

① 15,000원   ② 20,000원

③ 25,000원   ④ 30,000원

12 다음은 ㈜세광의 2025년 원가와 관련된 자료이다. 2025년 당기총제조원가는 얼마인가?

> (1) 직접원재료 관련
> - 2025년 기초 재고 없음
> - 2025년 당기 중 매입액 : 4,200,000원
> - 2025년 기말 재고액 : 400,000원
>
> (2) 직접노무원가 관련
> - 2025년 총 지급된 노무원가 : 9,700,000원(전년도에 미지급한 노무원가 500,000원이 포함됨)
> - 2025년 미지급한 노무원가 : 800,000원
>
> (3) 제조간접원가 관련
> - 직접노무원가 발생액의 20%이다.

① 15,080,000원   ② 15,800,000원
③ 15,840,000원   ④ 16,240,000원

13 다음 중 보조부문원가 배분방법에 대한 올바른 설명으로 묶인 것은?

> 가. 직접배분법은 원가배분의 정확성이 높다.
> 나. 단계배분법은 보조부문 상호간의 용역수수를 일부 고려한다.
> 다. 상호배분법은 배분순서에 영향을 받지 않는다.
> 라. 직접배분법은 배분순서가 달라지면 배분 후의 결과가 달라진다.
> 마. 상호배분법은 배분과정이 간단하다.

① 가, 나   ② 나, 다
③ 다, 라   ④ 가, 마

14 다음은 ㈜성장의 2025년 원가 및 매출 등에 대한 자료이다. 다음의 자료를 이용하여 매출총이익을 계산하면 얼마인가?

> - 매출 : 7,000,000원
> - 당기제품제조원가 : 5,000,000원
> - 제품의 재고는 기초보다 기말에 100,000원이 증가하였다.
> - 원재료 재고는 기초보다 기말에 200,000원이 증가하였다.
> - 재공품 재고는 기초와 기말이 동일하다.
> - 판매관리비 : 300,000원

① 1,400,000원   ② 1,800,000원
③ 2,000,000원   ④ 2,100,000원

15 보조부문으로서 검사부문과 전기부문에서 발생한 원가는 각각 60,000원과 90,000원이고 보조부문이 제공한 용역은 다음과 같다.

구 분	보조부문		가공부문		합 계
	검 사	전 기	A공정	B공정	
검사부문	–	100시간	200시간	300시간	600시간
전기부문	400kwh	–	300kwh	200kwh	900kwh

보조부문 원가의 배분은 단계배분법으로서 검사부문 원가를 먼저 배분할 때 A공정에 배분되는 금액은 얼마인가?

① 70,000원　　　　　　　　　② 80,000원
③ 90,000원　　　　　　　　　④ 100,000원

16 다음 중 개별원가계산방법에 대한 설명으로 틀린 것은?

① 직접재료원가는 개별작업에 직접 추적하여 집계한다.
② 제조간접원가는 중요성이 큰 원가를 선정하여 그 비율에 따라 배부한다.
③ 제조간접원가는 실제배부율을 이용하여 각 작업에 배부할 수 있다.
④ 정상개별원가계산에서 제조간접원가는 예정배부율을 이용하여 배부한다.

17 다음 중 결합원가에 대한 설명으로 틀린 것은?

① 연산품은 동일한 종류의 재료를 투입하여 같은 공정을 거쳐서 생산되는 여러 종류의 제품을 말한다.
② 결합원가는 인과관계에 따라서 개별제품별 추적이 어렵다.
③ 분리점 이후에 발생하는 추가 가공원가도 개별제품별 추적이 어렵다.
④ 결합원가를 배분하는 방법에는 물량기준법, 분리점에서의 판매가치법, 순실현가치법, 균등이익률법이 있다.

18 정상개별원가계산을 적용하는 ㈜다산은 직접노무시간을 기준으로 제조간접원가를 예정 배부하고 있다. 2025년 말 제조간접원가 배부차이를 조정하기 전의 재공품은 5,000원, 제품은 15,000원, 매출원가는 80,000원이다. 2025년 원가 자료가 다음과 같을 때 제조간접원가 배부차이를 재공품, 제품, 매출원가(배부차이 조정 전) 비율로 조정하면 2025년 말 배부 차이 조정 후 매출원가는 얼마인가?

연간 제조간접원가 예산	실제 발생한 제조간접원가	연간 예정조업도 (직접노무시간)	실제 직접노무시간
14,400원	14,500원	1,600시간	1,700시간

① 65,360원   ② 69,360원
③ 75,360원   ④ 79,360원

19 ㈜평등은 종합원가계산을 채택하고 있으며 평균법을 적용한다. 직접재료는 공정 초기에 전량 투입되고, 가공원가는 공정 전반에 걸쳐 균등하게 발생한다. 당기의 가공원가와 관련된 원가 자료가 다음과 같을 때 완성품환산량 단위당 가공원가는 얼마인가?

- 기초재공품 : 100개(완성도 50%)
- 당기착수량 : 900개
- 기말재공품 : 100개(완성도 50%)
- 당기완성품수량 : 900개
- 기초재공품의 가공원가 : 63,500원
- 당기발생 가공원가 : 459,000원

① 510원   ② 530원
③ 550원   ④ 570원

20 ㈜가든은 A, B, C의 세 가지 결합제품을 생산하고 있으며, 결합원가는 분리점에서의 상대적 판매가치에 의해 배분되고 추가적인 자료는 아래와 같다. 이 경우 B의 분리점에서의 판매가치는 얼마인가?

구 분	A	B	C	합 계
결합원가	?	?	40,000원	200,000원
분리점에서의 판매가치	80,000원	?	?	300,000원
추가가공원가	6,000원	32,000원	12,000원	
추가가공 후 판매가치	?	230,000원	120,000원	

① 60,000원   ② 160,000원
③ 200,000원   ④ 300,000원

21 ㈜정원은 선입선출법에 의한 종합원가계산을 이용하여 원가를 계산한다. 다음의 자료를 이용할 때 가공원가의 완성품환산량은 얼마인가?

> • 기초재공품 : 8,000개(완성도 70%)
> • 기말재공품 : 13,000개(완성도 50%)
> • 착수량 : 30,000개
> • 완성품수량 : 25,000개
> • 원재료는 공정 초에 전량 투입되고, 가공원가는 공정 전반에 걸쳐 균등하게 발생한다.

① 25,900개   ② 28,700개
③ 30,000개   ④ 35,200개

22 다음 중 공손과 감손에 대한 설명으로 틀린 것은?

① 공손품이란 품질 및 규격이 표준에 미달하는 불합격품을 말한다.
② 비정상공손원가는 제조활동을 효율적으로 수행하였다면 방지할 수 있으므로 영업외비용으로 처리한다.
③ 감손은 감손물량 전부를 정상감손으로 간주한다.
④ 정상공손은 양질의 제품을 생산하는 과정에 불가피하게 발생하는 공손을 말하는 것으로 정상 공손원가는 검사합격물량원가에 미포함시킨다.

23 ㈜독고는 정상개별원가계산을 사용하고 있으며 전력사용시간을 기준으로 제조간접원가를 배분하고 있다. 제조간접원가와 관련된 원가 자료는 다음과 같을 때 제조간접원가 배부차이는 얼마인가?

> • 제조간접원가 예산 : 5,000,000원
> • 예상 전력사용시간 : 250,000시간
> • 실제 제조간접원가 발생액 : 5,200,000원
> • 실제 전력사용시간 : 230,000시간

① 600,000원 과대배부   ② 600,000원 과소배부
③ 200,000원 과대배부   ④ 200,000원 과소배부

24 표준원가계산제도를 채택하고 있는 ㈜한영은 노동시간을 기준으로 고정제조간접원가를 배부하고 있다. 노동시간당 고정제조간접원가 표준배부율은 50원, 실제 생산량은 300단위, 제품 단위당 표준 노동시간은 4시간이다. 기준조업도가 1,000시간일 경우 조업도차이와 능률차이는 얼마인가?

	조업도차이	능률차이
①	15,000원 불리	15,000원 불리
②	10,000원 불리	15,000원 유리
③	10,000원 유리	0원
④	계산 불가능	15,000원 유리

25 ㈜세인은 표준원가계산제도를 채택하고 있고 직접노무원가에 대한 자료는 다음과 같다. 이때 실제 발생한 직접노무원가는 얼마인가?

- 실제 제품 생산량 : 200개
- 제품 단위당 허용된 표준작업시간 : 5시간
- 시간당 직접노무원가의 표준임금 : 600원
- 직접노무원가의 가격차이 : 30,000원 불리한 차이
- 직접노무원가의 능률차이 : 10,000원 유리한 차이

① 620,000원   ② 640,000원
③ 660,000원   ④ 670,000원

※ 재무회계의 문제에서 별도의 언급이 없으면 일반기업회계기준을 적용하고 해당 문제에서 중소기업회계기준을 명시한 경우 중소기업회계기준을 적용한다.

01 다음 중 일반적으로 인정된 회계원칙의 특성으로 올바른 것은?

① 회계원칙은 회계실무적 측면이 강조되는 것으로 회계원칙 제정과정에 영향을 미치지 않는다.

② 경제적, 사회적 환경이 변화하면 회계원칙도 변화한다.

③ 회계원칙은 회계이론적인 측면으로 회계실무에 적용할 수는 없다.

④ 회계원칙은 회계기준으로서의 역할을 할 수 없어 회계감사인이 재무제표의 적정성을 판단하는 기준이 될 수 없다.

02 다음 중 재무제표의 특성과 한계에 대한 설명으로 틀린 것은?

① 재무제표는 화폐단위로 측정된 정보를 주로 제공한다.

② 재무제표는 대부분 과거에 발생한 거래나 사건에 대한 정보를 나타낸다.

③ 재무제표는 추정에 의한 측정치를 포함하고 있다.

④ 재무제표는 산업 또는 경제 전반에 관한 정보를 제공하며, 특정 기업실체에 관한 정보를 제공하지 않는다.

03 다음 중 재무제표의 자산과 부채의 측정 속성으로 '독립된 당사자 간의 현행 거래에서 자산이 매각 또는 구입되거나 부채가 결제 또는 이전될 수 있는 교환가치'를 나타내는 것은?

① 공정가치   ② 취득원가

③ 기업특유가치   ④ 상각후가액

04 다음 내용을 보고 현금및현금성자산의 합계액을 구하면 얼마인가?

- 보통예금 : 500,000원
- 당좌예금 : 200,000원
- 외상매출금 : 100,000원
- 단기대여금 : 850,000원
- 선일자수표 : 150,000원
- 취득 시 3개월 이내의 환매조건인 환매체 : 600,000원

① 300,000원　　　　　　　　　② 700,000원
③ 1,300,000원　　　　　　　　④ 1,450,000원

05 ㈜한국은 2024년 4월 25일 거래처의 파산으로 인하여 매출채권 중 2,000,000원이 대손 확정되었다. ㈜한국은 보충법을 따라 매출채권의 1%를 대손충당금으로 설정하고 있으며, 2024년 12월 31일 매출채권 잔액은 400,000,000원이다. 2023년 부분재무상태표가 아래와 같다면 2024년 손익계산서상 대손상각비로 계상되는 금액은 얼마인가?

부분재무상태표(2023년 12월 31일 현재)	
매출채권	50,000,000원
대손충당금	5,000,000원

① 500,000원　　　　　　　　　② 1,000,000원
③ 3,000,000원　　　　　　　　④ 4,000,000원

06 다음의 자료를 이용하여 ㈜회계의 2024년도 매도가능증권의 처분손익을 계산하면 얼마인가?

- 2023년 4월 1일 매도가능증권을 10,000,000원에 취득하였다.
- 2023년 말 매도가능증권의 공정가액은 9,000,000원이다.
- 2024년도 중에 매도가능증권을 9,600,000원에 처분하였다.

① 400,000원 이익　　　　　　② 400,000원 손실
③ 600,000원 이익　　　　　　④ 600,000원 손실

07 다음은 ㈜세무의 재무제표에서 발췌한 항목이다. 다음 항목 중 유동자산으로 분류될 금액은?

- 단기매매목적으로 보유하고 있는 다른 회사가 발행한 주식 : 100,000원
- 거래처에 대한 대여금(보고기간 후 12개월 이내에 회수될 것으로 예상) : 230,000원
- 제품 제조를 위해 보유하고 있는 원재료 : 220,000원
- 거래처에 외상 판매한 상품 대금 : 340,000원
- 사용 용도가 제한된 예금(향후 6개월 내 차입금 상환에 사용될 예정) : 150,000원

① 550,000원 ② 700,000원
③ 890,000원 ④ 1,040,000원

08 ㈜제조의 2024년 12월 31일 현재 창고의 실지재고액은 800,000원이다. 실지재고액에는 다음의 사항이 반영되어 있지 않다. 다음의 사항을 모두 반영할 경우 2024년 12월 31일 재고자산을 계산하면 얼마인가?

- 2024년 12월 29일 선적지인도조건으로 판매한 상품 120,000원이 12월 31일 현재 아직 운송 중에 있다.
- 2024년 12월 30일 도착지인도조건으로 구매한 상품 150,000원이 12월 31일 현재 아직 운송 중에 있다.
- 시용판매분 중 고객이 2024년 12월 31일까지 매입의사를 표시하지 않은 시송품(원가) 110,000원이 있다.
- 위탁판매분 중 수탁자가 2024년 12월 31일까지 아직 판매하지 못한 위탁품(원가) 200,000원이 있다.

① 800,000원 ② 1,110,000원
③ 1,310,000원 ④ 1,350,000원

09 ㈜경기의 2024년 재고자산 매입 및 매출내역은 다음과 같다. ㈜경기가 선입선출법에 의해 단가를 산정하는 경우 2024년 말의 기말재고자산 금액은 얼마인가?

일 자	구 분	수 량	단 가
1월 1일	기 초	400개	50원
2월 1일	매 입	600개	100원
6월 30일	매 출	600개	200원
9월 1일	매 입	400개	200원
12월 21일	매 출	500개	300원

① 15,000원 ② 20,000원
③ 40,000원 ④ 60,000원

10 ㈜강원은 2001년에 토지와 건물을 구입하여 사용중이다. 2023년말 기준으로 토지의 장부가액은 10억원, 건물의 장부가액은 4억원이며, 해당 건물은 해당 토지 위에 지어져 있다. 2024년 ㈜강원은 해당 토지 위에 건물을 신축하기 위하여 기존 건물을 철거하였으며, 철거비용으로 1억원이 지출되었다. 다른 고려 사항은 없다고 할 때, 위 거래와 관련된 설명으로 올바른 것은?

① 건물 철거비용은 토지의 취득원가에 포함된다.
② 건물 철거비용은 전액 당기비용 처리해야 한다.
③ 건물 철거비용은 신축건물이 완공된 후, 건물의 취득원가에서 차감한다.
④ 건물 철거비용은 신축건물의 취득원가에 포함된다.

11 12월 결산법인인 ㈜제주는 2023년 4월 초 기계장치(취득원가 400,000원, 내용연수 4년, 잔존가치 0원, 연수합계법 상각)를 취득하여 사용하다가 2024년 8월 말에 250,000원에 처분하였다. 2024년 기계장치처분손익을 계산하면 얼마인가?(단, 감가상각은 월할상각한다)

① 90,000원 손실   ② 120,000원 손실
③ 60,000원 이익   ④ 190,000원 이익

12 ㈜여수는 2024년 5월 해상구조물을 현금 500,000원에 구입하였다. 환경 관련 법률에서는 이 구조물의 내용연수가 종료된 후에는 훼손된 환경을 원상복구 하도록 하고 있다. 이를 위하여 지출될 것으로 추정되는 금액은 40,000원이며 현재가치는 30,000원이다. 해상구조물의 취득 시점에 ㈜여수가 행할 회계처리로 올바른 것은?

① (차) 구축물   540,000원   (대) 현 금   500,000원
                                              복구비용   40,000원
② (차) 구축물   540,000원   (대) 현 금   500,000원
                                              복구충당부채   40,000원
③ (차) 구축물   530,000원   (대) 현 금   500,000원
                                              복구비용   30,000원
④ (차) 구축물   530,000원   (대) 현 금   500,000원
                                              복구충당부채   30,000원

13 ㈜군산은 2024년 1월 1일 정부로부터 국고보조금 2,000,000원을 지원받아 기계장치(취득가액 5,000,000원, 내용연수 5년, 잔존가치 없음)을 취득하였다. 기계장치를 정액법으로 상각할 경우, 2024년도 당기손익에 미친 영향은 얼마인가?

① 600,000원 이익   ② 1,000,000원 손실
③ 600,000원 손실   ④ 1,000,000원 이익

14 다음 중 무형자산에 대한 설명으로 틀린 것은?

① 무형자산 상각을 회계처리할 때에는 일반적으로 해당 자산계정을 직접 차감한다.

② 무형자산 상각 시 잔존가치는 원칙적으로 '0'인 것으로 한다.

③ 무형자산의 상각방법에는 정액법, 정률법 등이 있는데, 소비되는 형태를 신뢰성 있게 결정할 수 없는 경우에는 정률법을 사용한다.

④ 무형자산의 상각기간은 독점적, 배타적인 권리를 부여하고 있는 관계 법령이나 계약에 정해진 경우를 제외하고는 20년을 초과할 수 없다.

15 다음 중 충당부채, 우발부채, 우발자산에 대한 설명으로 올바른 것은?

① 충당부채는 의무를 이행하기 위하여 예상되는 지출액의 현재가치로 평가한다.

② 우발부채는 의무를 이행하기 위하여 자원이 유출될 가능성이 아주 낮지 않은 한, 주석에 기재한다.

③ 우발자산은 자원의 유입 가능성이 매우 높은 경우 자산으로 인식한다.

④ 충당부채를 발생시킨 사건과 밀접하게 관련된 자산의 예상처분차익은 충당부채 금액 측정 시 고려한다.

16 ㈜수민은 2023년 1월 1일 ㈜현재가 발행한 사채(액면금액 10,000원, 표시이자율 8%, 만기 3년, 이자는 매년 말 후급)를 취득하고 만기보유증권으로 분류하였다. 해당 사채의 발행 당시 시장이자율은 10%였다. ㈜수민이 2024년 말 인식할 이자수익은?(단, 아래 표는 단일금액 1원의 현재가치 요소이며, 계산 결과는 소수점 이하를 절사한다)

기 간	8%	10%
1	0.9259	0.9091
2	0.8573	0.8264
3	0.7938	0.7513

① 650원 ② 800원

③ 950원 ④ 965원

17 사채는 발행조건에 따라 액면발행, 할인발행, 할증발행을 할 수 있다. 아래의 괄호에 알맞은 부호를 모두 옳게 고른 것은?

- 액면발행 : 액면이자율 (㉠) 시장이자율
- 할증발행 : 액면이자율 (㉡) 시장이자율
- 할인발행 : 액면이자율 (㉢) 시장이자율

	㉠	㉡	㉢
①	>	<	=
②	>	=	=
③	=	>	<
④	=	<	>

18 다음 중 수익의 인식기준에 대한 설명으로 틀린 것은?

① 인도기준 : 판매자가 재화를 구매자에게 판매한 시점에 수익을 인식한다.
② 완성기준 : 재화가 생산이 완료된 시점에 수익을 인식한다.
③ 회수기준 : 판매대금을 회수하는 시점에 수익을 인식한다.
④ 진행기준 : 재화의 생산이 진행되는 정도에 따라 수익을 인식한다.

19 2024년 1월 1일, ㈜기업은 판매대금으로 만기가 2024년 10월 31일인 액면 2,000,000원의 어음을 거래처로부터 수취하였다. 2024년 8월 1일, ㈜기업은 해당 어음을 은행에서 연 5% 이자율로 할인하였다(단, 월할 계산함). 해당 어음이 무이자부어음인 경우 ㈜기업이 인식할 매출채권처분손익은 얼마인가?

① 손실 100,000원　　　　　　　② 손실 25,000원
③ 이익 100,000원　　　　　　　④ 이익 25,000원

20 ㈜성동은 ㈜행당이 발행한 보통주식을 단기시세차익을 얻을 목적으로 취득하였다. 다음은 2024년 동안 ㈜성동이 보유한 보통주식과 관련된 거래내역이다. 해당 보통주식 거래와 관련하여 인식할 순손익(수익 − 비용)은 얼마인가?

- 7월 1일 : ㈜행당의 보통주식 100주를 주당 5,000원에 취득하였다. 취득에 따른 거래비용은 총 15,000원이 발생하였다.
- 9월 1일 : ㈜행당의 보통주식 40주를 주당 6,500원에 처분하였다.
- 2024년 말 : ㈜행당 보통주식의 주당 공정가치는 6,300원이다.

① 15,000원
② 29,000원
③ 123,000원
④ 138,000원

21 다음은 ㈜한양의 2024년 자료이다. 손익계산서에 계상될 영업이익은 얼마인가?

- 매출액 : 20,000,000원
- 당기상품매입액 : 8,000,000원
- 광고선전비 : 2,500,000원
- 잡이익 : 300,000원
- 기초상품재고 : 2,000,000원
- 직원급여 : 5,000,000원
- 세금과공과 : 4,000,000원
- 배당금수익 : 800,000원
- 이자비용 : 2,000,000원
- 기말상품재고 : 5,000,000원
- 기부금 : 250,000원
- 재해손실 : 2,000,000원

① 1,250,000원
② 3,250,000원
③ 3,500,000원
④ 7,500,000원

22 ㈜조선은 2024년 7월 1일 ㈜세종으로부터 3,000,000원을 차입하였다. 연 이자율 6%, 2025년 6월 30일 원리금 일시상환 조건인 경우, ㈜조선이 2024년 12월 31일해야 할 회계처리는?

① (차) 이자비용　　　　　90,000원　　(대) 현　금　　　　　90,000원
② (차) 이자비용　　　　　90,000원　　(대) 단기차입금　　　90,000원
③ (차) 단기차입금　　　　90,000원　　(대) 미지급이자　　　90,000원
④ (차) 이자비용　　　　　90,000원　　(대) 미지급이자　　　90,000원

23 다음 중 결산 절차를 바르게 나열한 것은?

> a. 거래의 발생
> b. 분개
> c. 수정전시산표 작성
> d. 전기
> e. 계정 마감

① a → c → b → e → d   ② a → b → d → e → c
③ a → b → d → c → e   ④ a → b → c → d → e

24 12월 말 결산법인인 ㈜유통은 2023년 1월 초 외상 판매한 상품판매대금 3,000,000원을 매년 말 1,000,000원씩 분할하여 회수하기로 하였다. 상품판매대금의 명목가액과 현재가치의 차이는 중요하고, 유효이자율은 8%이다. 해당 장기매출채권의 2024년 말 현재 장부금액은 얼마인가?(단, 장기매출채권의 유동성대체는 하지 않으며, 1원의 현재가치(3년, 8%)는 0.7938이고, 1원의 정상연금 현재가치(3년, 8%)는 2.5770인 것으로 가정한다)

① 775,813원   ② 793,840원
③ 925,813원   ④ 1,633,160원

25 [중소기업회계기준] 다음 중 자산, 부채의 평가에 대한 설명으로 틀린 것은?

① 같은 종류의 자산(토지와 건물 제외)을 교환하였을 때에는 제공한 자산의 장부금액을 취득원가로 한다.

② 재고자산의 취득 과정에서 정상적으로 발생한 부대원가는 취득원가에 포함하고, 매입에누리, 매입할인과 매입환출은 취득원가에서 차감한다.

③ 유형자산과 무형자산의 취득원가는 구입가격 또는 제작원가와 의도하는 방식으로 자산을 가동하는 데 필요한 장소와 상태에 이르게 하는 데 직접 관련되는 원가를 포함하며, 매입에누리, 매입할인과 매입환출을 차감한 금액을 말한다.

④ 유형자산과 무형자산의 생산능력을 향상시키거나 내용연수를 연장시키는 등 자산의 가치를 실질적으로 높이는 지출은 발생한 회계연도의 비용으로 인식하고, 원상을 회복시키거나 능률을 유지하기 위한 지출은 해당 자산의 장부금액에 가산한다.

2부 원가회계

01 다음 중 원가회계의 목적이 아닌 것은?

① 재무제표 작성 목적
② 원가관리 목적
③ 예산편성 및 통제 목적
④ 외부정보이용자에게 정보제공 목적

02 ㈜망고는 표준원가계산제도를 사용한다. 다음은 ㈜망고의 6월 중 생산활동과 관련된 직접노무원가에 대한 자료이다. 직접노무원가 임률차이는 얼마인가?

- 직접노무원가 표준임률 : 시간당 1,000원
- 허용 표준직접작업시간 : 500시간
- 실제 직접노무원가 임률 : 시간당 800원
- 직접노무원가의 유리한 능률차이 : 250,000원

① 유리한 임률차이 50,000원
② 유리한 임률차이 250,000원
③ 불리한 임률차이 200,000원
④ 불리한 임률차이 300,000원

03 다음 자료를 이용하여 비정상공손수량을 계산하면 얼마인가?(단, 정상공손은 당기완성품의 20%로 가정한다)

- 기초재공품 : 300개
- 기말재공품 : 30개
- 당기착수량 : 500개
- 당기완성량 : 600개

① 30개
③ 120개
② 50개
④ 160개

04 다음 중 제조원가명세서에 대한 설명으로 틀린 것은?

① 제조원가명세서는 제조원가 이외의 기간비용을 나타내어 당기순이익을 제시하지 않는다.
② 제조원가명세서는 직접재료원가, 직접노무원가만을 표시하고 있다.
③ 제조원가명세서는 당기제품제조원가의 계산내역으로 상기업에서는 작성하지 않는다.
④ 제조원가명세서는 재무제표의 부속명세서이다.

05 2024년 ㈜원가의 제품생산에 제조간접원가는 가공원가의 40%, 직접노무원가는 90,000원, 직접재료원가는 50,000원이 소요되었다면, 2024년 생산된 제품의 제조간접원가는 얼마인가?

① 50,000원　　　　　　　　　② 60,000원
③ 70,000원　　　　　　　　　④ 80,000원

06 다음 중 원가배부 기준에 대한 설명으로 올바른 것은?

① 원가배부기준은 인과관계기준, 수혜기준, 부담능력기준, 공정성과 공평성 기준 등에 의한다.
② 제조간접비의 비중이 높을수록 정확한 원가계산을 위해서 단순한 배부기준을 설정해야 한다.
③ 공정성과 공평성 기준은 구체적으로 적용 가능한 원가배부기준이다.
④ 수혜기준은 원가대상이 원가를 부담하는 능력에 비례하여 원가를 배부하는 기준이다.

07 ㈜성주의 제조원가가 다음과 같을 때 기본원가와 가공원가는 얼마인가?

- 직접재료원가 : 20,000원
- 직접노무원가 : 30,000원
- 제조간접원가 : 50,000원

	기본원가	가공원가
①	20,000원	30,000원
②	50,000원	80,000원
③	50,000원	50,000원
④	70,000원	80,000원

08 ㈜미래는 주차장을 운영하고 있으며 기본주차요금으로 1,500원, 10분 추가 시 500원의 요금을 받고 있다. 이러한 요금의 원가행태는 무엇인가?

① 고정비
② 준고정비
③ 변동비
④ 준변동비

09 ㈜이연은 3월 중에 30,000원의 원재료를 구입하였고, 가공원가가 60,000원 발생하였다. 원재료의 재고와 관련된 자료는 다음과 같다. 3월 중 총제조원가는 얼마인가?

원재료			
3월 1일	10,000원	3월 31일	5,000원

① 65,000원
② 85,000원
③ 90,000원
④ 95,000원

10 다음 중 개별원가계산에 대한 설명으로 틀린 것은?

① 주문이나 특별수요에 따라 종류와 규격이 상이한 제품을 개별적으로 생산하는 경영형태에서 사용한다.
② 조선업, 건축업, 인쇄업 등의 업종에 적합하다.
③ 작업지시서에 의해 제조활동을 시작하고 각 제품별로 원가를 집계하여 제조원가를 개별적으로 계산하는 형태이다.
④ 총제조원가를 총생산량으로 나누어 제품단위당 원가를 계산하고 이를 토대로 제조원가를 완성품과 기말재공품으로 배부하는 원가형태이다.

11 ㈜비유는 제조간접원가를 직접노무원가를 기준으로 예정배부하는 방식에 따라 제품원가를 계산한다. 2024년 제품제조와 관련된 추정제조간접원가는 4,000,000원, 추정직접노무시간은 400시간이다. 2024년 말 실제 집계된 제조간접원가 총액은 4,400,000원이며, 실제 직접노무시간은 410시간이다. 2024년 기말 제조간접원가 배부차이로 올바른 것은?

① 150,000원 (과대배부)
② 150,000원 (과소배부)
③ 300,000원 (과대배부)
④ 300,000원 (과소배부)

12 다음은 ㈜기연의 2024년 제품 제조활동과 관련된 자료이다. 2024년 제품제조원가는 얼마인가?

- 기초재공품재고액 : 500,000원
- 기말재공품재고액 : 150,000원
- 당기 가공원가 총액 : 1,300,000원
- 제조간접원가 발생액 : 550,000원
- 기초원재료재고액 : 250,000원
- 기말원재료재고액 : 180,000원
- 당기 원재료 매입액 : 1,050,000원
- 당기 원재료 사용액은 모두 직접재료원가로 사용된 금액임

① 1,120,000원
② 2,300,000원
③ 2,420,000원
④ 2,770,000원

13 다음 중 원가 개념에 대한 설명으로 틀린 것은?

① 관련원가는 의사결정과 관련된 원가로서 의사결정대안 간에 차이가 나는 미래원가를 말한다.
② 매몰원가는 의사결정대안을 비교·검토하는 시점 이전에 이미 발생하였으므로 현재의 의사결정에 영향을 미치지 못하는 원가를 말한다.
③ 기회비용은 재화·용역 또는 생산설비를 현재의 용도가 아닌 차선의 용도로 사용하였을 경우 얻을 수 있었던 최소금액을 말한다.
④ 고정비는 조업도가 변동하여도 총원가는 항상 일정액으로서 변동이 없는 원가이며, 제품 단위당 고정비는 조업도에 반비례한다.

14 ㈜투자는 A, B, C라는 3가지 결합제품을 생산하고 있다. 결합원가 500,000원은 순실현가치에 비례해 배부한다. 결합원가가 가장 많이 배부되는 제품은 무엇인가?

구 분	A	B	C
생산·판매량	1,800단위	2,000단위	3,000단위
단위당 판매가격	400원	300원	200원
단위당 추가가공원가	30원	10원	10원
단위당 판매비	20원	40원	10원

① A
② B
③ C
④ B, C

15 다음 중 개별원가계산과 종합원가계산을 비교한 설명으로 틀린 것은?

① 개별원가계산은 원가를 직접비와 간접비로 분류하고 제조간접비의 정확한 배부가 원가계산에 서 가장 중요한 반면, 종합원가계산은 공정별로 재료비, 가공비를 집계하여 제품과 재공품에 원가 배분한다.

② 개별원가계산은 제품별로 손익분석 및 계산이 용이한 반면, 종합원가계산은 보다 경제적이다.

③ 종합원가계산에서는 작업지시서 별로 원가계산표를 작성하여 원가를 계산하나 개별원가계산 에서는 공정별로 원가요소를 계산한다.

④ 개별원가계산은 제조간접원가의 배부문제, 종합원가계산은 완성품환산량 계산이 원가계산의 핵심이다.

16 ㈜경영의 2024년도 제조간접비 실제발생액은 80,000원이고 매출원가는 64,000원이다. 제조간접 비 과소배부액 10,000원을 영업외손익으로 배부할 경우 매출원가는 얼마인가?

① 54,000원   ② 64,000원

③ 74,000원   ④ 80,000원

17 다음은 보조부문비를 제조부문으로 배분하는 방법에 대한 설명이다. 다음 설명에 맞는 배분법은 무엇인가?

- 보조부문 상호간의 용역수수를 일부 고려한다.
- 특정 보조부문원가를 배분하고 나면 배분이 끝난 보조부문에는 다시 원가를 배분하지 않는다.

① 상호배분법   ② 단계배분법

③ 단일배분율법   ④ 직접배분법

18 표준원가계산제도를 채택하고 있는 ㈜정보의 2024년 당기 제조간접원가와 관련된 정보는 다음과 같다. 고정제조간접원가 배부율 산정을 위한 기준조업도는?

- 당기 실제 고정제조간접원가 발생액은 1,200,000원이다.
- 고정제조간접원가의 예산 차이는 300,000원(유리한 차이)이다.
- 고정제조간접원가의 조업도 차이는 300,000원(유리한 차이)이다.
- 실제 산출량에 허용된 표준시간은 6,000시간이다.

① 3,000시간   ② 4,500시간

③ 5,000시간   ④ 6,000시간

19 ㈜연수는 완성도 40% 수준에서 검사를 하는 생산공정을 가지고 있다. 2024년 1월의 월초재고 완성도는 30%였고 월말재고 완성도는 20%였다. ㈜연수가 선입선출법을 사용할 경우 생산품에 대한 정상공손원가는 어디에 배분해야 하는가?

① 월초재고

② 월초재고, 당월 착수 및 완성품

③ 월말재고, 당월 착수 및 완성품

④ 월초재고, 월말재고, 당월 착수 및 완성품

20 ㈜종합은 종합원가방식을 이용하여 원가를 산정한다. 재료는 공정의 초기에 모두 투입되며, 가공원가는 공정 전반에 걸쳐 균등하게 발생한다. 선입선출법에 의하여 완성품 환산량을 계산하는 경우, 재료원가의 완성품환산량 단위당원가는 얼마인가?

〈수량에 관한 정보〉
- 기초재공품 : 400개(40%)
- 착수량 : 1,000개
- 완성품 : 900개
- 기말재공품 : 500개(60%)

〈원가에 관한 정보〉

구 분	재료원가	가공원가
기초재공품원가	200,000원	126,000원
당기발생원가	600,000원	640,000원

① 500원　　　　　　　　② 600원

③ 700원　　　　　　　　④ 800원

21 ㈜영업은 2024년 5,000단위의 제품을 생산하여 4,500단위의 제품을 단위당 200원에 판매하였다. ㈜영업의 2024년 원가 자료는 다음과 같을 때, 제품단위당 원가와 기말제품재고액으로 올바른 것은?

> • 제품단위당 직접재료원가 : 100원
> • 제품단위당 직접노무원가 : 40원
> • 제품단위당 제조간접원가 : 32원
> • 판매비와 관리비 : 40,000원
> ※ 단, 기초재고자산은 없다고 가정한다.

	제품 단위당 원가	기말제품재고액
①	160원	80,000원
②	170원	85,000원
③	172원	86,000원
④	180원	90,000원

22 다음 중 직접재료원가 차이분석에 대한 설명으로 올바른 것은?

① 구매부서와 생산부서의 능률을 각각 독립적으로 평가하려면 가격차이와 수량(능률)차이를 구분할 필요가 있다.

② 직접재료원가 구입가격차이에 대해서는 생산담당자가, 직접재료원가 수량(능률)차이에 대해서는 구매담당자가 책임을 지도록 해야 한다.

③ 직접재료원가 총차이가 유리한 경우 가격차이와 수량(능률)차이로 구분할 필요가 없다.

④ 유리한 직접재료원가차이에 대해서는 재료원가 구매담당자가 책임을 지며, 불리한 직접재료원가차이에 대해서는 생산담당자가 책임을 지도록 해야 한다.

23 다음은 정상원가계산을 사용하는 ㈜개정의 2024년 1년 동안의 제조간접비 계정으로서 배부차이를 조정하기 직전의 기록이다. ㈜개정은 제조간접비의 배부차이를 전액 매출원가에서 조정한다고 할 때, (A) 2024년 제조간접비 배부액, (B) 2024년 제조간접비 실제 발생액, (C) 제조간접비 배부차이 조정(매출원가에서 조정)이 올바르게 나열된 것은?

제조간접비

100,000원	80,000원

	(A)	(B)	(C)
①	100,000원	80,000원	(차) 매출원가 20,000원 (대) 제조간접비 20,000원
②	80,000원	100,000원	(차) 제조간접비 20,000원 (대) 매출원가 20,000원
③	100,000원	80,000원	(차) 제조간접비 20,000원 (대) 매출원가 20,000원
④	80,000원	100,000원	(차) 매출원가 20,000원 (대) 제조간접비 20,000원

24 ㈜통화는 보조부문으로 수선부와 동력부, 제조부문으로 용접부와 조립부로 구성되어 있으며, 용역 제공량을 기준으로 보조부문원가를 배분한다. ㈜통화의 원가자료는 아래와 같다.

구 분	보조부문		제조부문		총사용량
	수선부	동력부	용접부	조립부	
수선부	–	4,000시간	3,000시간	3,000시간	10,000시간
동력부	3,000kwh	–	4,000kwh	3,000kwh	10,000kwh

수선부는 총 200,000원의 원가가 발생하고 동력부는 총 140,000원의 원가가 발생한다. 직접배분법에 의해 보조부문원가를 배분할 경우 용접부에 배분되는 원가는 얼마인가?

① 140,000원 ② 116,000원
③ 180,000원 ④ 340,000원

25 다음 중 부문간접비인 공장인사관리부문의 배부기준으로 적합한 것은?

① 각 부문의 종업원 수 ② 각 부문의 주차 차량수
③ 각 부문의 임대면적 ④ 각 부문의 전기 사용량

1부 재무회계

※ 재무회계의 문제에서 별도의 언급이 없으면 일반기업회계기준을 적용하고 해당 문제에서 중소기업회계기준을 명시한 경우 중소기업회계기준을 적용한다.

01 다음 중 재무제표의 작성과 표시에 대한 설명으로 틀린 것은?

① 재무제표는 재무상태표, 손익계산서, 현금흐름표, 자본변동표로 구성되며, 주석을 포함한다.

② 경영진은 재무제표를 작성할 때 계속기업으로서의 존속가능성을 평가해야 한다.

③ 재무제표의 작성과 표시에 대한 책임은 작성 담당자에게 있다.

④ 재무제표의 표시와 관련하여 재무제표 본문과 주석에 적용하는 중요성에 대한 판단기준은 서로 다를 수 있다.

02 다음 자료를 이용하여 계산한 금액으로 올바르게 연결된 것은

- 외환차손 : 50,000원
- 기부금 : 100,000원
- 매출원가 : 150,000원
- 세금과공과 : 20,000원
- 이자비용 : 15,000원
- 통신비 : 30,000원
- 차량유지비 : 10,000원
- 수도광열비 : 25,000원
- 유형자산처분손실 : 5,000원

	판매비와관리비	영업외비용
①	40,000원	115,000원
②	85,000원	170,000원
③	100,000원	320,000원
④	235,000원	5,000원

03 **재무상태표의 기본요소 중 자산에 대한 설명으로 옳지 않은 것은?**

① 자산은 미래의 경제적 효익을 창출할 수 있어야 한다.
② 물리적 형태가 있어야 자산으로 인식이 가능하다.
③ 자산취득이 반드시 현금유출을 동반하는 것은 아니다.
④ 재고자산은 상품, 제품, 재공품을 포함한다.

04 **다음의 자료를 이용하여 기말 비유동부채를 계산하면 얼마인가?**

- 기초 자본 : 50,000원
- 기말 자산 : 300,000원
- 기말 비유동부채 : (   )원
- 당기순이익 : 100,000원
- 기말 유동부채 : 50,000원
- 기중 자본금 증가액 : 80,000원

① 20,000원   ② 30,000원
③ 40,000원   ④ 50,000원

05 **다음은 ㈜한국의 매출채권과 관련된 자료이다. 다음의 자료를 이용하여 2024년도 결산 시 손익계산서에 나타나는 대손상각비를 계산하면 얼마인가?**

- 2024년도 기초잔액
  - 외상매출금 : 4,000,000원
  - 받을어음 : 2,000,000원
  - 대손충당금 : 550,000원
- 2024년도 거래내역
  - 상품 외상매출액 : 12,000,000원
  - 외상매출금 회수액 : 8,000,000원
  - 받을어음 회수액 : 2,000,000원
  - 외상매출금 대손 발생액 : 500,000원
- 2024년도 12월 31일 결산 시 매출채권 잔액에 대한 대손율은 1%로 가정한다.

① 25,000원   ② 50,000원
③ 75,000원   ④ 100,000원

06 다음은 ㈜독도의 2024년 12월 31일 자료이다. 기말 재무상태표에 보고될 현금및현금성자산과 단기 금융상품의 금액은 각각 얼마인가?

> • 당좌수표 : 50,000원
> • 보통예금 : 10,000원
> • 60일 환매조건 환매채 : 3,000원
> • 만기도래국공채이자표 : 2,000원
> • 정기예금(계약일 2024년 7월 1일, 만기일 2025년 6월 30일) : 40,000원
> • 양도성 예금증서(120일 만기) : 12,000원

	현금및현금성자산	단기금융상품
①	60,000원	40,000원
②	60,000원	52,000원
③	65,000원	52,000원
④	105,000원	12,000원

07 다음은 ㈜서울이 보유하고 있는 유가증권 자료이다. 2024년 말 유가증권평가손익이 당기순이익에 미치는 영향으로 옳은 것은?(단, 매도가능증권은 중대한 영향력을 행사할 수 없다)

구 분	2023년 4월 1일 취득원가	2023년 12월 31일 공정가치	2024년 12월 31일 공정가치
단기매매증권	120,000원	110,000원	140,000원
매도가능증권	100,000원	150,000원	160,000원

① 10,000원 증가   ② 20,000원 증가
③ 30,000원 증가   ④ 40,000원 증가

08 다음 중 유가증권을 제외한 금융자산의 양도를 매각거래로 보는 경우에 대한 설명으로 틀린 것은?

① 양도인은 금융자산 양도 후 당해 양도자산에 대한 권리를 행사할 수 없어야 한다.
② 양도인이 파산 또는 법정관리 등에 들어가는 경우, 양도인 및 양도인의 채권자는 양도한 금융자산에 대한 권리를 행사할 수 있어야 한다.
③ 양수인은 양수한 금융자산을 처분(양도 및 담보제공 등)할 자유로운 권리를 갖고 있어야 한다.
④ 양도인은 금융자산 양도 후에 효율적인 통제권을 행사할 수 없어야 한다.

09 2024년 ㈜대전의 재고자산과 관련된 자료가 다음과 같을 때 ㈜대전의 기말재고자산은 얼마인가?

- 기말재고자산 실사액 : 20,000,000원
- 미착상품 : 2,000,000원(도착지 인도조건으로 매입하여 현재 운송 중이다.)
- 적송품 : 10,000,000원(기말 현재 적송품의 80%를 판매 완료하였다.)
- 시송품 : 1,000,000원(기말 현재 고객이 매입의사를 표시한 금액은 200,000원이다.)

① 20,000,000원　　　　　　　② 22,000,000원
③ 22,200,000원　　　　　　　④ 22,800,000원

10 ㈜금융은 2024년 6월 1일에 거래처에 상품을 판매하고 그 대가로 이자부 약속어음(액면금액 500,000원, 표시이자율 연 8%, 3개월 만기)을 수취하여 1개월간 보유하다가 ㈜자산은행에서 연 10% 이자율로 할인받았다. 해당 어음의 할인은 금융자산의 제거요건을 충족한다. ㈜금융이 2024년 인식할 어음할인액은 얼마인가?

① 1,500원　　　　　　　　　② 4,000원
③ 8,500원　　　　　　　　　④ 10,000원

11 재고자산에 대한 원가흐름으로 총평균법을 가정하고 있는 ㈜재고의 재고자산 자료가 다음과 같을 때 ㈜재고의 2024년 6월 말 재고자산은 얼마인가?

구 분		수 량	단 가	금 액
6월 1일	기초재고	10개	880원	8,800원
6월 9일	매 입	40개	980원	39,200원
6월 14일	매 출	40개	-	-
6월 24일	매 입	100개	1,200원	120,000원
6월 30일	기말재고	110개	-	-

① 105,600원　　　　　　　　② 121,000원
③ 123,200원　　　　　　　　④ 132,000원

12 다음 중 유형자산의 취득원가에 포함되는 항목으로만 묶인 것은?

> 가. 설치장소 준비를 위한 지출
> 나. 자본화대상 차입원가
> 다. 유형자산 취득 매입할인
> 라. 외부 운송 및 취급비
> 마. 해당 유형자산의 재산세

① 가, 나, 다   ② 가, 나, 라
③ 나, 다, 라   ④ 다, 라, 마

13 12월 말 결산법인인 ㈜결산은 2024년 1월 1일 기계장치를 2,000,000원에 취득하였다. 취득한 기계장치를 내용연수 3년, 잔존가치는 취득원가의 10%, 정액법으로 감가상각하다가 2024년 12월 31일에 1,500,000원에 처분하였다. 기계장치와 관련된 회계처리가 ㈜결산의 당기순이익에 미치는 영향은?

① 100,000원 감소   ② 200,000원 감소
③ 300,000원 감소   ④ 500,000원 감소

14 ㈜운반은 법인 영업용 차량을 20,000,000원에 취득하면서 액면가액 2,000,000원(공정가치 1,800,000원)의 도시개발공채를 불가피하게 액면가액으로 취득한 경우 차량운반구로 계상할 금액은 얼마인가?

① 20,000,000원   ② 20,200,000원
③ 21,800,000원   ④ 22,000,000원

15 다음의 자료를 이용하여 무형자산의 합계액을 계산하면 얼마인가?

> • 연구단계에서 발생한 개발비 : 10,000원
> • 영업권 : 50,000원
> • 임차보증금 : 40,000원
> • 개발비 인식요건을 충족한 개발비 : 15,000원
> • 소프트웨어 : 20,000원
> • 산업재산권 : 30,000원

① 75,000원   ② 95,000원
③ 110,000원   ④ 115,000원

16 ㈜안동은 2024년 1월 1일, ㈜하회가 발행한 사채(액면가 1,000,000원, 액면이자율 10%, 이자는 매년말 후급, 만기 3년)를 913,492원에 만기까지 보유할 목적으로 구입하였다. 사채 발행 당시 시장이자율은 12%이다(단, 소수점 이하는 절사한다). ㈜안동이 2024년 기말 장부상 인식할 채권 잔액은 얼마인가?

① 9,619원   ② 913,492원

③ 923,111원   ④ 1,000,000원

17 다음 중 사채에 대한 설명으로 옳지 않은 것은?

① 사채를 발행하는 입장에서는 비유동부채로 처리하며, 사채를 구입하는 입장에서는 자산으로 처리한다.
② 액면이자율보다 시장이자율이 클 경우에는 할인발행한다.
③ 액면이자율과 시장이자율이 같은 경우에는 액면발행한다.
④ 사채할인발행차금은 정액법을 적용하여 상각한다.

18 다음 중 자본에 대한 설명으로 옳지 않은 것은?

① 주식발행초과금 계정이 먼저 계상되어 있다면, 주식의 발행을 회계처리할 때 이를 우선상계하고, 초과분에 대하여만 주식할인발행차금 계정을 인식한다.
② 감자차익 계정이 먼저 계상되어 있다면, 주식의 소각을 회계처리할 때 이를 우선상계하고, 초과분에 대하여만 감자차손 계정을 인식한다.
③ 자기주식처분손실 계정이 먼저 계상되어 있다면, 자기주식의 처분을 회계처리할 때 이를 우선상계하고, 초과분에 대하여만 자기주식처분이익 계정을 인식한다.
④ 회사 설립 시 발생하는 주식발행비는 자본금으로 처리하고, 추가적인 증자 시 발생하는 주식발행비는 주식발행초과금이 있는 경우 주식발행초과금에서 차감하고, 주식할인발행차금이 발생할 경우 주식할인발행차금에는 가산한다.

19 다음 자료를 이용하여 ㈜자본의 재무상태표에 표시되는 자본 총계를 계산하면 얼마인가?

> • 자본금 : 1,000,000원
> • 주식발행초과금 : 100,000원
> • 매도가능증권평가이익 : 20,000원
> • 자기주식 : 30,000원
> • 미처분이익잉여금 : 300,000원
> • 단기매매증권평가이익 : 40,000원

① 1,120,000원 ② 1,150,000원
③ 1,390,000원 ④ 1,420,000원

20 다음 중 수익인식에 대한 설명으로 옳지 않은 것은?

① 용역의 제공으로 인한 수익은 착수시점에 전부 수익으로 인식한다.
② 시용판매는 고객이 일정기간 사용한 후 구매의사를 표시하는 시점에 수익을 인식한다.
③ 상품권의 경우 재화가 고객에게 인도되는 시점에 수익으로 인식한다.
④ 위탁판매는 수탁자가 고객에게 제품을 판매하는 시점에 수익을 인식한다.

21 재고자산의 기말 재고액이 과소계상되는 오류가 발생하는 경우, 다음 중 이로 인한 영향으로 올바른 것은?

① 당기순이익이 당기에는 과소, 차기에는 과대계상되어 자동으로 오류가 조정된다.
② 당기순이익이 당기에는 과대, 차기에는 과소계상되어 자동으로 오류가 조정된다.
③ 당기에만 순이익이 과소계상된다.
④ 당기에만 순이익이 과대계상된다.

22 ㈜기업은 확정급여형(DB) 퇴직연금에 가입하고, K은행과 매년 말에 퇴직금추계액의 10%를 적립하기로 계약하였다. 2024년 12월 31일, ㈜기업은 K은행에 적립부담금 10,000,000원을 이체하였다. 이에 대한 분개로 올바른 것은?

① (차) 퇴직급여 10,000,000원 (대) 보통예금 10,000,000원
② (차) 퇴직급여 10,000,000원 (대) 퇴직급여충당부채 10,000,000원
③ (차) 퇴직연금운용자산 10,000,000원 (대) 보통예금 10,000,000원
④ (차) 퇴직연금운용자산 10,000,000원 (대) 퇴직급여충당부채 10,000,000원

23 다음 중 재무정보의 질적특성에 대한 설명으로 틀린 것은?

① 재무정보가 갖추어야 할 가장 중요한 질적특성은 목적적합성과 신뢰성이다.

② 목적적합성과 신뢰성 중 어느 하나가 완전히 상실되더라도 그 정보는 유용한 정보가 될 수 있다.

③ 목적적합성과 신뢰성을 갖춘 정보가 기업실체 간에 비교가능하거나 또는 기간별 비교가 가능할 경우 재무정보의 유용성이 제고될 수 있다.

④ 특정거래를 회계처리할 때 대체적인 회계처리 방법이 허용되는 경우, 목적적합성과 신뢰성이 더 높은 회계처리방법을 선택할 때에 재무정보의 유용성은 증대된다.

24 ㈜공사는 부산광역시와 야구경기장 신축공사 도급계약(2024년 9월 26일 ~ 2026년 9월 25일)을 체결하였다. 도급금액은 500,000,000원이며, 2024년 실제 투입된 공사비는 100,000,000원이다. 2024년 작업진행률이 25%라고 할 경우, 총공사예정원가는 얼마인가?

① 100,000,000원

② 200,000,000원

③ 300,000,000원

④ 400,000,000원

25 [중소기업회계기준] 다음 중 중소기업회계기준상 유가증권의 평가에 대한 설명으로 틀린 것은?

① 시장가격이 있는 유가증권의 취득 시, 해당 자산의 거래원가를 최초 인식하는 시점에 취득원가에 포함하여 회계처리한다.

② 시장가격이 있는 유가증권은 시장가격으로 평가하고 시장가격 변동에 따른 보유손익은 단기투자자산평가손익 등으로 회계처리한다.

③ 시장가격이 없는 주식, 출자금 등의 지분증권은 취득원가로 측정한다.

④ 시장가격이 없는 유가증권에 손상이 발생하였다는 객관적인 증거가 있으면 회수가능액을 추정하여 장부금액과의 차이를 손상차손으로 인식한다.

2부 원가회계

01 다음 중 과거의 의사결정 결과에 따라 이미 발생한 원가로, 현재나 미래의 의사결정에 영향을 미치지 않는 원가는?

① 기회원가
② 매몰원가
③ 증분원가
④ 소멸원가

02 다음은 표준원가제도를 채택하고 있는 ㈜표준의 2024년 직접재료원가와 관련된 표준원가 및 실제 원가에 대한 자료이다. 2024년 실제 제품생산량은 몇 단위인가?

- 실제 발생한 직접재료원가 : 46,800원
- 제품단위당 직접재료 표준사용량 : 7개
- 직접재료단위당 구입단가 : 52원
- 직접재료 가격차이 : 1,800원 불리
- 직접재료 수량(능률)차이 : 6,500원 불리

① 100단위
② 110단위
③ 120단위
④ 150단위

03 ㈜종합은 평균법에 의한 종합원가계산시스템을 도입하고 있다. 직접재료는 공정의 초기에 전량 투입되고 가공원가는 공정 전반에 걸쳐 균등하게 발생한다. 원가계산을 위해 수집한 자료가 다음과 같을 때 기말재공품의 가공원가 완성도는?

- 직접재료원가의 완성품환산량 : 9,000단위
- 가공원가의 완성품환산량 : 7,500단위
- 당기완성품수량 : 6,000단위

① 30%
② 40%
③ 50%
④ 60%

04 다음은 단일제품을 생산, 판매하고 있는 ㈜제주의 연간 조업도와 관련된 자료이다. 연간 800개를 생산하는 경우 제품 단위당 원가는 얼마인가?

조업도	1개 ~ 500개	501개 ~ 1,000개	1,001개 ~ 1,500개
변동비	100원/개	110원/개	120원/개
고정비	50,000원	80,000원	100,000원

① 100원　　　　　　　　　　　② 110원
③ 160원　　　　　　　　　　　④ 210원

05 ㈜제조는 2024년 A제품 1,000단위를 생산하여 700단위를 단위당 1,000원에 판매하였다. ㈜제조의 제품생산과 관련된 자료가 다음과 같을 때, A제품의 2024년 매출총이익은?(단, 기초 제품 재고수량은 없다)

구 분	단위당 변동원가	연간 고정원가
직접재료원가	300원	
직접노무원가	250원	
제조간접원가	70원	150,000원
판매관리비	30원	40,000원

① 100,000원　　　　　　　　　② 121,000원
③ 132,000원　　　　　　　　　④ 161,000원

06 다음 중 보조부문원가의 배분에 대한 설명으로 옳지 않은 것은?

① 보조부문간에 용역을 주고받는 경우 보조부문원가를 제조부문에 배분하는 방법에는 직접배분법, 단계배분법, 상호배분법이 있다.
② 부문간접비란 개별 제품뿐만 아니라 개별 부문에 직접 추적할 수 없는 제조간접비를 말한다.
③ 부문직접비란 특정 부문에서 개별적으로 발생하는 원가로서, 비록 개별 제품에는 추적이 어려운 제조간접비지만 특정 부문에는 추적 가능한 원가를 말한다.
④ 보조부문비를 가장 정확하게 배분하는 방법은 단계배분법이다.

07 다음의 자료를 이용하여 가공원가 총액을 계산하면 얼마인가?

- 공장건물 재산세 : 30,000원
- 공장건물 감가상각비 : 100,000원
- 직접재료원가 : 50,000원
- 공장관리자 급여 : 20,000원
- 생산직 사원 급여 : 30,000원

① 130,000원   ② 150,000원
③ 160,000원   ④ 180,000원

08 ㈜원가는 여성의류를 제조·판매하고 있으며, 다음은 ㈜원가의 2024년 제품생산 및 판매와 관련된 자료이다. 다음 중 원가계산이 올바르게 제시된 것은?

- 직접노무원가 : 500,000원
- 직접재료원가 : 650,000원
- 소모품 사용액(생산량에 비례하여 발생) : 20,000원
- 제품 광고선전비 : 120,000원
- 제조공장 임차에 따른 임차료(매년 정액 발생) : 80,000원
- 제조공장 전력비(생산량에 비례하여 발생) : 240,000원

① 제조간접원가 320,000원
② 당기총제조원가 1,490,000원
③ 기본원가 1,390,000원
④ 기간원가 140,000원

09 다음 중 개별원가계산에 대한 설명으로 옳지 않은 것은?
① 개별원가계산에서 작업별 원가를 계산할 때 작업원가표를 작성하면 편리하다.
② 개별원가계산은 조선업, 항공기제조업 등과 같이 주로 제조업 분야에서 활용되는 원가계산 방식이다.
③ 개별원가계산에서는 종합원가계산보다 복잡하고 많은 노력을 필요로 한다.
④ 개별원가계산은 개별작업별로 원가를 집계하는 원가시스템을 말하며, 따라서 모든 제조원가를 작업별로 직접 추적한다.

10 ㈜개별은 개별원가제도를 채택하고 있으며, 제조간접원가는 기계시간을 기준으로 배부한다. 2024년 연간 600시간을 가동하고, 총제조간접원가는 300,000원이 발생할 것으로 예상하였다. 제조간접원가 배부액은 550,000원이고, 실제 제조간접원가 발생액은 500,000원이었다. 2024년 가동된 실제기계시간은 얼마인가?

① 500시간　　　　　　　　　　② 600시간
③ 1,000시간　　　　　　　　　④ 1,100시간

11 ㈜손실은 2024년 홍수로 인하여 보관 중이던 제품 1,000,000원이 파손되었다. 이 제품을 파손된 상태에서 처분하면 400,000원에 처분가능하나, 100,000원의 원가를 투입해서 파손된 부분을 수선하면 600,000에 처분가능하다. 수선 후 처분한다고 할 때의 기회비용은 얼마인가?

① 100,000원　　　　　　　　　② 400,000원
③ 500,000원　　　　　　　　　④ 600,000원

12 다음은 ㈜결합의 생산 및 판매와 관련된 자료이다. ㈜결합은 당기에 사업을 개시하여 동일한 공정에 900,000원을 투입하여 제품 X, Y를 생산한다. 제품 X는 추가가공하지 않고 판매하며, 제품 Y는 모든 물량을 추가 가공한 후에 판매한다. ㈜결합이 순실현가치법에 따라 결합원가를 배분할 경우, 제품 Y의 결합원가 배분 금액은 얼마인가?

구 분	생산량	판매량	추가가공원가	개당 판매가격
X	500개	300개	–	8,000원
Y	300개	200개	1,000,000원	10,000원

① 300,000원　　　　　　　　　② 600,000원
③ 900,000원　　　　　　　　　④ 1,200,000원

13 다음 중 직접노무원가를 포함하는 개념이 아닌 것은?

① 가공원가　　　　　　　　　　② 당기총제조원가
③ 제조간접원가　　　　　　　　④ 기초원가

14 다음 중 결합원가를 배분하는 방법이 아닌 것은?

① 판매가치기준법   ② 물량기준법

③ 균등이익율법   ④ 상호배분법

15 다음 중 부문별 원가계산의 절차를 올바르게 나열한 것은?

> (ㄱ) 부문직접비를 각 부문에 부과
> (ㄴ) 부문간접비를 각 부문에 배분
> (ㄷ) 보조부문에 집계된 원가를 제조부문에 배분
> (ㄹ) 제조부문에 집계된 원가를 각 제품에 배분

① (ㄱ) → (ㄴ) → (ㄷ) → (ㄹ)
② (ㄴ) → (ㄱ) → (ㄷ) → (ㄹ)
③ (ㄱ) → (ㄷ) → (ㄴ) → (ㄹ)
④ (ㄹ) → (ㄷ) → (ㄱ) → (ㄴ)

16 다음 중 평균법에 의한 종합원가계산에서 완성품환산량 단위당원가를 계산하는 식은?

① (당기투입원가 + 기말재공품원가) ÷ 완성품환산량
② (당기투입원가 − 기초재공품원가) ÷ 완성품환산량
③ 당기투입원가 ÷ 완성품환산량
④ (당기투입원가 + 기초재공품원가) ÷ 완성품환산량

17 표준원가계산제도를 채택하고 있는 ㈜한라는 당기 중 화재로 인하여 기록의 일부가 소실되었다. 실제 투입된 직접노동시간은 2,000시간이고, 시간당 표준임률은 1,000원이다. 당기에 직접노무원가의 유리한 가격차이 200,000원, 직접노무원가의 불리한 총차이는 500,000원이고 제품단위당 표준노동시간이 2시간일 때 당기의 생산량은 몇 개인가?

① 550개   ② 600개

③ 650개   ④ 700개

18 종합원가계산제도를 채택하고 있는 ㈜겨울은 단일제품을 생산, 제조하고 있으며, 원가자료는 다음과 같다. 평균법에 의한 완성품환산량과 선입선출법에 의한 완성품환산량의 차이를 계산하면 각각 몇 단위인가?

> (1) 생산 관련 자료
> - 기초재공품 : 100단위(완성도 40%)
> - 기말재공품 : 200단위(완성도 60%)
> - 당기 착수량 : 900단위
> - 당기 완성수량 : 800단위
> (2) 재료는 공정 초에 전량 투입되며 가공비는 공정 전반에 걸쳐 균등하게 발생한다.

	재료비	가공비
①	100단위	40단위
②	100단위	60단위
③	200단위	40단위
④	200단위	60단위

19 다음은 종합원가계산의 계산 절차에 대한 설명이다. 괄호 안에 들어갈 것으로 알맞게 연결된 것은?

> 1. 물량의 흐름을 파악한다.
> 2. 원가요소별로 (ㄱ)을 계산한다.
> 3. 원가요소별로 (ㄴ)와 당기발생원가를 파악한다.
> 4. 원가요소별로 완성품환산량 단위당 원가를 계산한다.
> 5. 완성품원가와 (ㄷ)를 계산한다.

	(ㄱ)	(ㄴ)	(ㄷ)
①	완성품환산량	기초재공품원가	기말재공품원가
②	완성품환산량	단위당원가	기초재공품원가
③	당기착수수량	기초재공품원가	기말재공품원가
④	기초재고수량	기말재공품원가	기초재공품원가

20 ㈜기후는 표준원가제도를 채택하고 있으며 기계작업시간을 기준으로 고정제조간접원가를 배부한다. 2024년 제조활동과 관련된 자료가 다음과 같을 때, ㈜기후의 2024년 실제 제품생산량은?

- 실제 고정제조간접원가 : 11,700원
- 고정제조간접원가 예산차이 : 300원 유리
- 고정제조간접원가 조업도차이 : 1,000원 유리
- 고정제조간접원가 표준배부율 : 조업도 단위당 10원
- 제품 단위당 표준기계작업시간 : 2시간

① 600단위
② 650단위
③ 700단위
④ 750단위

21 ㈜가을은 제품제조 활동에 종합원가계산의 선입선출법을 적용하며, 공정 진행률 50% 시점에서 공손검사를 실시한다. 재료비는 공정 초기에 전량 투입되며, 가공비는 공정 진행에 따라 균등하게 투입된다. 2024년 제품제조와 관련된 자료가 다음과 같을 때, 정상공손 수량은 몇 개인가?(단, 정상공손은 검사대상물량의 10%이다)

- 기초재공품 : 200개(공정 진행률 60%)
- 당기착수수량 : 800개
- 당기완성수량 : 800개
- 기말재공품 : 100개(공정 진행률 30%)

① 50개
② 60개
③ 70개
④ 90개

22 다음은 ㈜문서의 제품제조원가계산을 위한 자료이다. ㈜문서의 당기제품제조원가는 얼마인가?

- 직접재료원가 : 80,000원
- 직접노무원가 : 70,000원
- 제조간접원가 : 50,000원
- 기초재공품은 당기총제조원가의 20%이고, 기말재공품은 기초재공품의 2.5배이다.

① 140,000원
② 160,000원
③ 180,000원
④ 200,000원

23 ㈜한파는 두 개의 제조부문과 두 개의 보조부문으로 운영된다. 회사는 단계배분법을 이용하여 보조부문원가를 제조부문에 배부하고 있으며, 각 보조부문의 용역제공 비율은 다음과 같다.

구 분	보조부문		제조부문	
보조부문	자재부문	시설부문	세단부문	SUV부문
자재부문	–	20%	50%	30%
시설부문	25%	–	50%	25%

보조부문의 변동원가 발생액은 자재부문이 10,000원, 시설부문이 7,000원이다. 보조부문원가 중 자재부문 원가를 먼저 배분하는 경우, 세단부문에 배부되는 보조부문의 원가는 얼마인가?

① 8,000원 ② 9,000원
③ 10,500원 ④ 11,000원

24 다음 중 부문공통원가의 배분기준으로 옳지 않은 것은?

① 식당부문 : 종업원 수 ② 동력부문 : 전력사용량
③ 수선유지부문 : 주문수량 ④ 창고부문 : 사용면적

25 ㈜연구는 매출원가에 20%의 이익을 가산하여 제품을 판매한다. ㈜연구의 당기 매출액이 1,200,000원일 경우 다음의 자료를 이용하여 기말재공품원가를 계산하면 얼마인가?(단, 기초와 기말 제품 재고는 없다)

- 직접재료원가 : 200,000원
- 직접노무원가 : 200,000원
- 제조간접원가 : 300,000원
- 기초재공품원가 : 400,000원

① 100,000원 ② 200,000원
③ 300,000원 ④ 400,000원

1부 재무회계

※ 재무회계의 문제에서 별도의 언급이 없으면 일반기업회계기준을 적용하고 해당 문제에서 중소기업회계기준을 명시한 경우 중소기업회계기준을 적용한다.

01 다음 중 재무정보이용자에 대한 설명으로 틀린 것은?

① 재무정보 이용자 중 투자자는 현재의 투자자를 의미하며, 현재 주식을 보유하고 있지 않은 잠재적 투자자는 재무정보 이용자로 간주하지 않는다.

② 소비자는 해당 기업의 제품을 구입하는 경우 제품의 품질과 내용연수를 평가하는 데 유용한 정보를 필요로 한다.

③ 채권자는 원금과 이자의 회수가능성을 평가하는 데 유용한 정보를 필요로 한다.

④ 경영자는 투자자와 채권자들이 이용하는 회계정보를 이용하기도 한다.

02 재무보고를 위한 개념체계는 재무정보가 유용하기 위한 질적 특성으로 크게 근본적 질적 특성과 보강적 질적 특성 등을 제시하고 있다. 다음 중 목적적합하고 충실하게 표현된 정보의 유용성을 보강시키는 질적 특성에 해당하지 않는 것은?

① 확실성　　　　　　　　　　② 검증가능성
③ 적시성　　　　　　　　　　④ 비교가능성

03 재무제표는 발생기준에 따라 작성된다. 다음 재무제표 중 발생기준에 따라 작성되지 않는 것은?

① 재무상태표　　　　　　　　② 현금흐름표
③ 손익계산서　　　　　　　　④ 자본변동표

04 다음 중 재무상태표상 유동자산 내 당좌자산으로 계상될 금액은 얼마인가?

- 미수수익 : 60,000원
- 선급금 : 40,000원
- 재공품 : 100,000원
- 기계장치 : 120,000원
- 단기대여금 : 20,000원
- 보통예금 : 30,000원
- 매출채권 : 110,000원

① 50,000원 ② 130,000원
③ 150,000원 ④ 260,000원

05 다음 자료를 이용하여 ㈜망고의 대손예상률을 계산한 것으로 옳은 것은?

- 기말매출채권 잔액 : 2,000,000원
- 대손 예상 전 대손충당금 잔액 : 30,000원
- 12월 31일 대손충당금 설정 회계처리 :

(차) 대손상각비 70,000원 (대) 대손충당금 70,000원

① 1% ② 1.5%
③ 3.5% ④ 5%

06 다음은 ㈜회계의 매출 및 원가와 관련된 자료이다. 기말 재무상태표에 표시될 매출채권은 얼마인가?

- 당기현금매출액 : 100,000원
- 매출채권 회수액 : 300,000원
- 당기 상품매입액 : 400,000원
- 매출총이익 : 200,000원
- 기초 상품재고 : 100,000원
- 기말 상품재고 : 200,000원
- 기초 매출채권 : 50,000원

① 150,000원 ② 200,000원
③ 250,000원 ④ 300,000원

07 ㈜무역은 2024년 10월 1일 단기보유목적으로 1주당 액면가액 1,000원인 ㈜상사의 주식 100주를 주당 5,000원에 구입하고 수수료 25,000원을 지급하였다. 2024년 12월 31일 ㈜상사의 주식의 주당 공정가치가 6,000원일 때 ㈜무역의 2024년 12월 31일 재무상태표상 단기매매증권의 장부가액은 얼마인가?

① 425,000원   ② 500,000원

③ 525,000원   ④ 600,000원

08 ㈜서울의 재고자산과 관련된 자료가 다음과 같을 때 기말 재고자산의 회계처리로 올바른 것은?

- 장부상 재고자산 : 3,000개
- 실제 재고수량 : 2,800개
- 단위당 원가 : 200원
- 재고감모손실의 10%는 비정상적으로 발생함

①	(차) 매출원가	40,000원	(대) 재고자산	40,000원
②	(차) 재고자산감모손실	40,000원	(대) 재고자산	40,000원
③	(차) 매출원가	4,000원	(대) 재고자산	40,000원
	재고자산감모손실	36,000원		
④	(차) 매출원가	36,000원	(대) 재고자산	40,000원
	재고자산감모손실	4,000원		

09 ㈜여수는 화재로 인해 기말재고자산이 전부 소실되었다. 매출총이익률법을 적용하여 소실된 재고자산을 추정하려고 한다. 다음의 자료를 이용하여 소실된 재고자산을 계산하면 얼마인가?

- 기초 재고금액 : 220,000원
- 당기 매입금액 : 780,000원
- 당기 매출액 : 1,000,000원
- 매출총이익률 : 25%

① 200,000원   ② 250,000원

③ 750,000원   ④ 1,000,000원

10 아래의 자료에서 기말재고자산에 포함해야 할 금액은 얼마인가?

> • 선적지인도조건으로 매입한 미착상품 : 2,000,000원
> • 도착지인도조건으로 판매한 운송중인 상품 : 3,000,000원
> • 판매 시 반품률을 예측할 수 있는 판매상품 : 1,500,000원
> • 고객이 구매의사를 표시하기 전인 시송상품 : 1,000,000원

① 2,000,000원   ② 4,500,000원
③ 5,500,000원   ④ 6,000,000원

11 다음 중 감가상각에 대한 설명으로 올바른 것은?

① 유형자산의 가치감소분을 인식하는 것으로 시간이 갈수록 감가상각금액이 더 커진다.
② 감가상각의 방법은 업종이 동일한 모든 기업이 일치해야 한다.
③ 수익·비용 대응원칙에 따라 수익창출 활동에 기여하는 만큼 취득가액을 비용으로 인식하는 것이다.
④ 모든 자산은 동일한 감가상각방법을 적용해야 한다.

12 ㈜군산은 보유중인 장부가액 10,000,000원의 차량운반구와 현금 2,000,000원을 주고 ㈜바다의 기계장치와 교환하였다. 교환시점의 차량운반구와 기계장치의 공정가액은 각각 12,500,000원과 13,000,000원이었다. 해당 교환거래로 발생한 ㈜군산의 유형자산처분손익은 얼마인가?

① 유형자산처분손실 2,500,000원
② 유형자산처분이익 500,000원
③ 유형자산처분이익 2,500,000원
④ 유형자산처분손실 500,000원

13 ㈜광양은 2024년 7월 1일 기계장치 취득에 사용될 정부보조금(상환의무 없음) 1,000,000원을 수령하여 해당 일자에 기계장치(취득원가 5,000,000원, 내용연수 10년, 잔존가치 0원, 정액법 상각)를 취득하여 사용하고 있다. 2024년 12월 31일 현재 재무상태표상 기계장치의 장부금액은 얼마인가? (단, 정부보조금의 회계처리는 자산차감법에 따르고, 감가상각비는 월할 계산한다)

① 3,400,000원   ② 3,800,000원
③ 4,250,000원   ④ 4,750,000원

14 다음 중 무형자산의 회계처리에 대한 설명으로 틀린 것은?

① 내부적으로 창출된 브랜드에 대한 지출은 무형자산으로 인식하지 않는다.

② 무형자산은 사용가능한 때부터 상각한다.

③ 프로젝트 연구단계에서 발생한 지출은 무형자산에 가산한다.

④ 생산 또는 사용 전의 시제품과 모형을 설계, 제작 및 시험하는 활동은 개발단계로 분류한다.

15 ㈜전주는 2023년 1월 1일 사채(액면금액 1,000,000원, 표시이자율 8%, 이자는 매년 말 후급, 만기 3년)를 발행하였다. 2024년 12월 말 ㈜전주의 회계처리 결과가 다음과 같으며, 해당 회계처리가 반영된 2024년 말 사채의 장부가액이 981,794원일 때 사채 발행일에 적용된 유효이자율은?

(차) 이자비용	96,527원	(대) 현 금	80,000원
		사채할인발행차금	16,527원

① 8% ② 9%

③ 10% ④ 12%

16 다음 중 재화의 수익인식 조건이 아닌 것은?

① 재화의 소유에 따른 중요한 위험과 보상이 구매자에게 이전된다.

② 경제적 효익의 유입 가능성이 높다.

③ 발생했거나 발생할 원가를 신뢰성 있게 측정할 수 있다.

④ 판매자는 판매된 재화의 소유권에 대하여 관리상 지속적으로 관여를 해야 한다.

17 다음은 ㈜한국의 2024년 회계자료이다. 다른 자본거래는 없을 때 2024년 기말 이익잉여금은 얼마인가?

• 2024년 당기순이익 : 3,600,000원
• 기초자산 총계 : 10,000,000원
• 기초부채 총계 : 5,000,000원
• 기초 자본금 : 2,000,000원

① 4,000,000원 ② 5,000,000원

③ 5,600,000원 ④ 6,600,000원

18 2024년 7월 1일에 보험기간이 1년인 자동차보험에 가입하고 보험료를 일시에 납부하며 전액 보험료로 비용처리 하였을 때, 선급비용을 계상해야 하는 기간에 대한 선급비용 수정분개를 누락한 경우 재무제표에 미치는 영향으로 올바른 것은?

	과대계상	과소계상
①	자산, 자본, 비용	없 음
②	자산, 자본	비 용
③	비 용	자산, 자본
④	없 음	자산, 자본, 비용

19 다음 중 자본잉여금 항목에 해당하지 않는 것은?

① 자기주식　　　　　　　　　　② 주식발행초과금
③ 감자차익　　　　　　　　　　④ 자기주식처분이익

20 다음 중 자본에 대한 설명으로 틀린 것은 무엇인가?

① 우선주 : 이익배당이나 청산으로 인한 재산분배와 같은 특정사항에 대해 보통주보다 우선적 권리가 있는 주식을 말한다.
② 할증발행 : 액면금액보다 발행가액이 크도록 주식을 발행하는 것으로 주식발행초과금이 발생한다.
③ 할인발행 : 액면금액보다 발행가액이 작게 주식을 발행하는 것으로 주식할증이익이 발생한다.
④ 자본잉여금 : 증자나 감자 등 주주와의 거래에서 발생하여 자본을 증가시키는 잉여금이다.

21 ㈜광주는 ㈜전남과 도급계약(2024년 3월 1일 ~ 2025년 10월 30일)을 체결하였다. 도급금액은 100,000,000원이며, 총공사예정원가는 80,000,000원이다. 2024년 실제 투입된 공사비는 30,000,000원이라고 할 경우, 2024년에 인식할 공사이익은 얼마인가?

① 7,500,000원　　　　　　　　② 20,000,000원
③ 30,000,000원　　　　　　　　④ 37,500,000원

22 ㈜제주는 2023년 중에 1,000,000원의 상품을 현금으로 매입한 후, 2023년 중에 1,500,000원에 모두 매출하였다. 매출액 중 800,000원은 2023년에 회수하고, 잔액은 2024년에 회수하였다. 발생주의에 의한 2023년과 2024년의 손익은 얼마인가?

	2023년	2024년
①	500,000원	0원
②	800,000원	700,000원
③	500,000원	700,000원
④	800,000원	0원

23 12월 말 결산법인인 ㈜부산은 2024년 12월 1일에 A제품을 수출하고 해외구매자와 $10,000에 외상거래를 하였다. 매출대금 전액이 2025년 2월 1일에 보통예금에 입금되었다. 일자별 기준환율이 다음과 같을 때, ㈜부산의 외화채권이 2024년 영업외손익에 미치는 영향으로 옳은 것은?

일 자	2024년 12월 1일	2024년 12월 31일	2025년 2월 1일
환율(W/$)	1,100원/$	1,150원/$	1,200원/$

① 500,000원 감소　　　　　　　　② 500,000원 증가

③ 1,000,000원 감소　　　　　　　④ 1,000,000원 증가

24 ㈜현재의 2024년 재무상태표상 기초 미지급이자비용은 400,000원, 기말 미지급이자비용은 300,000원이 계상되어 있다. ㈜현재의 2024년 손익계산서상 이자비용이 1,600,000원 계상되어 있는 경우, ㈜현재의 2024년 현금이자 지급액은 얼마인가?

① 1,500,000원　　　　　　　　　② 1,700,000원

③ 1,900,000원　　　　　　　　　④ 2,000,000원

25 다음 중 중소기업회계기준에서 정하는 종업원급여에 대한 설명으로 틀린 것은?

① 종업원이 근무용역을 제공한 때 이에 대한 대가의 금액을 신뢰성 있게 측정할 수 있다면 급여로 인식한다.

② 회계연도 말 현재 모든 종업원이 일시에 퇴직한다면 지급해야 할 퇴직일시금에 상당하는 금액을 퇴직급여충당부채로 인식한다.

③ 확정급여형퇴직연금제도에서 운용되는 자산은 하나로 통합하여 퇴직연금운용자산으로 표시한다.

④ 퇴직연금운용자산이 퇴직급여충당부채보다 적은 경우에는 그 부족액을 투자자산의 퇴직연금운용자산으로 표시한다.

2부 원가회계

01 다음 중 원가집계 계정의 흐름으로 올바른 것은?

① 매출원가 → 제품 → 재공품 → 원재료
② 원재료 → 재공품 → 매출원가 → 제품
③ 재공품 → 원재료 → 매출원가 → 제품
④ 원재료 → 재공품 → 제품 → 매출원가

02 ㈜미래의 2024년 제조활동 관련자료가 다음과 같을 때, ㈜미래의 2024년 변동제조간접원가 소비차이와 능률차이로 옳은 것은?

- 실제변동제조간접원가 : 970,000원
- 실제직접노동시간 : 23,000시간
- 생산된 제품단위 : 7,000개
- 표준변동제조간접원가 : 직접노동시간당 50원
- 표준직접노동시간 : 단위당 3시간

	소비차이	능률차이
①	120,000원 (유리)	100,000원 (유리)
②	180,000원 (유리)	100,000원 (유리)
③	180,000원 (유리)	100,000원 (불리)
④	180,000원 (불리)	120,000원 (불리)

03 다음은 기계장치와 관련된 의사결정 사례이다. 사례별 원가 분류로 틀린 것은?

① 사용하던 기계장치(장부가치는 1,000,000원)를 매각하려고 한다. 해당 기계장치의 매각처분 결정 시점의 장부가치는 매몰원가이다.
② 사용 중인 기계장치는 200,000원에 매각할 수 있지만, 계속 사용하려고 한다. 매각가능원가 200,000원은 해당 기계장치의 계속 사용에 따른 기회원가이다.
③ 기계장치의 사용비용을 사용시간에 비례하여 각 부서에 할당시키려고 한다. 이때 각 부서의 기계사용비용은 일정한 금액으로 발생하므로 고정원가가 된다.
④ 사용 중인 기계장치에 대한 대안으로 연간 1,500,000원의 리스료를 지불해야 하는 새로운 기계장치의 리스를 고려하고 있다. 해당 리스료는 고정원가이다.

04 원가 관련 자료가 다음과 같을 때 매출원가를 계산하면 얼마인가?

- 당기총제조원가 : 800,000원
- 기초재공품재고액 : 200,000원
- 기말재공품재고액 : 기초 재공품의 100%
- 기초제품재고액 : 300,000원
- 기말제품재고액 : 기초 제품의 100%

① 800,000원   ② 1,000,000원
③ 1,300,000원   ④ 1,500,000원

05 다음 자료를 이용하여 당기제품제조원가를 구하면 얼마인가?

- 총매출액 : 2,300,000원
- 매출에누리 : 100,000원
- 매출총이익 : 1,500,000원
- 기초제품 : 150,000원
- 기말제품 : 100,000원
- 기초재공품재고 : 80,000원
- 기말재공품재고 : 100,000원
- 직접노무원가 : 250,000원
- 직접재료원가 : 150,000원

① 380,000원   ② 400,000원
③ 500,000원   ④ 650,000원

06 다음 중 보조부문원가의 배분방법인 이중배분율법에 대한 설명으로 틀린 것은?

① 보조부문원가가 원가행태별로 성격이 상이한 변동비와 고정비로 구성된 경우 서로 다른 배분 기준을 사용하여 배분하는 방법이다.
② 원가발생액과 원가대상 사이의 인과관계를 밀접하게 관련시킬 수 있다.
③ 원가부문의 활동에 대한 계획과 통제에 보다 유용한 원가정보를 제공할 수 있다.
④ 하나의 배분율을 사용하여 보조부문원가를 배분한다.

07 ㈜과거의 제품제조와 관련된 원가자료는 다음과 같다. 기본원가는 얼마인가?

구 분		금 액
직접재료원가	기초재고액	2,400원
	당기매입액	3,600원
	기말재고액	1,400원
가공원가		5,400원
당기발생제조간접원가		2,200원
당기제품제조원가		10,000원
당기판매비		1,000원

① 7,800원   ② 8,200원

③ 9,200원   ④ 9,400원

08 다음은 제조원가를 계산하기 위한 산식이다. 이 중 올바른 것은 무엇인가?

> 가. 원재료 사용액 = 기초원재료재고액 + 당기원재료매입액 − 기말원재료재고액
> 나. 당기총제조원가 = 직접재료원가 + 직접노무원가
> 다. 당기제품제조원가 = 기초재공품재고액 + 당기총제조원가 − 기말재공품재고액
> 라. 매출원가 = 기초제품재고액 + 당기제품제조원가 − 기말제품재고액

① 가, 나   ② 가, 라

③ 가, 다, 라   ④ 가, 나, 다, 라

09 ㈜상식의 자료가 다음과 같을 때, 제조간접원가를 계산하면 얼마인가?

> • 직접노무원가 : 90,000원
> • 직접재료원가 : 100,000원
> • 제조간접원가 : 가공원가의 20%

① 10,000원   ② 12,500원

③ 17,500원   ④ 22,500원

10 다음 중 개별원가계산 방법에 대한 설명으로 틀린 것은?

① 정상개별원가계산은 실제발생액과 예정배부액 간의 차이가 발생하게 되는데, 배부차이에 대한 회계처리가 추가로 필요하므로 계산이 복잡해질 수 있다.

② 개별원가계산은 개별작업별로 원가를 집계하는 시스템이다.

③ 실제개별원가계산은 모든 실제 자료가 집계될 때까지 원가계산하는 것이 어렵기 때문에 원가정보의 적시성이 감소한다.

④ 정상개별원가계산은 예정배부율을 추측하여 배부하므로 기중에는 제품원가계산을 할 수 없다.

11 ㈜기업은 제조간접원가를 직접노무시간을 기준으로 배부한다. 당기 말 실제 제조간접원가는 8,000,000원, 실제 발생한 직접노무시간은 50,000시간이다. 당기 제조간접원가 배부차이가 200,000원 과소배부되었다면, 제조간접원가 예정배부율은 직접노무시간당 얼마인가?

① 150원   ② 156원
③ 158원   ④ 160원

12 다음 중 원가를 확인할 수 있는 보고서로 올바르게 연결된 것은?

	원 가	보고서
①	매출원가	제조원가명세서
②	당기제품제조원가	손익계산서
③	당기총제조원가	손익계산서
④	기말제품재고액	제조원가명세서

13 ㈜해달은 두 종류의 주산품으로 갑 제품과 을 제품을, 부산품으로 병 제품을 생산한다. 당사는 부산품의 순실현가치를 결합원가에서 차감하고 있다. 당기의 발생한 결합원가는 200,000원이며, 순실현가치를 기준으로 결합원가를 배분한다. 갑 제품에 배분될 결합원가는 얼마인가?(단, 기초재고와 기말재공품은 없다)

제 품	분리점 이후 추가가공원가	생산량	최종판매가치
갑 제품	50,000원	250개	300,000원
을 제품	30,000원	250개	180,000원
병 제품	2,000원	10개	20,000원

① 68,250원   ② 98,250원
③ 113,750원   ④ 163,750원

14 **다음 중 원가배부에 대한 설명으로 틀린 것은?**

① 결합원가의 배부 방법에는 물량기준법, 상대적 판매가치법, 순실현가치법 등이 있다.
② 원가통제의 목적을 위해서는 반드시 실제발생원가를 기준으로 배부해야 한다.
③ 제조간접원가를 보다 더 정확하게 배부하기 위하여 부문별 원가계산을 한다.
④ 원가배부의 기준은 가능한 인과관계를 반영하는 것이어야 한다.

15 **㈜미영은 정상개별원가계산을 택하고 있으며, 제조간접원가 배부차이를 영업외손익법에 따라 조정한다. 다음의 설명 중 틀린 것은?**

매출원가	기말제품	기말재공품
200,000원	120,000원	80,000원

• 제조간접원가 배부액은 96,000원, 제조간접원가 실제 발생액은 100,000원이다.

① 배부차이액은 4,000원이다.
② 제조간접원가 배부차이를 조정하면 영업이익이 4,000원 증가한다.
③ 재무상태표에 표시될 재고자산가액은 200,000원이다.
④ 제조간접원가 배부차이는 과소배부되었다.

16 **다음 중 공손에 대한 설명으로 틀린 것은?**

① 정상공손은 생산과정에서 어쩔 수 없이 발생하는 공손을 말하는 것으로, 제조활동을 효율적으로 수행하면 방지할 수 있는 통제가능한 공손이다.
② 작업폐물이란 투입된 원재료로부터 발생하는 찌꺼기나 조각을 말하며, 판매가치가 상대적으로 작은 것을 말한다.
③ 공손품이란 정상품에 비하여 품질이나 규격이 미달되는 불합격품을 말한다.
④ 정상공손원가는 기말재공품이 검사시점을 통과하였으면 완성품과 기말재공품에 배분하고, 기말재공품이 검사시점을 미통과하였으면 완성품에만 배분한다.

17 **다음 중 평균법을 적용한 공정별 원가계산에 대한 설명으로 틀린 것은?**

① 평균법은 기초재공품 모두를 당기에 착수, 완성한 것처럼 가정한다.
② 평균법은 전기에 투입되어 이월된 원가와 당기에 투입된 원가를 평균하는 방법이므로 당기의 성과와 이전 기간의 성과를 독립적으로 평가하기에는 부적절하다.
③ 평균법은 착수 및 원가발생시점에 관계없이 당기완성량의 평균적 원가를 계산한다.
④ 평균법이 선입선출법에 비해 실제 물량흐름에 보다 충실한 원가흐름가정이다.

18 ㈜종합은 종합원가계산제도를 채택하고 있으며, 원재료는 공정의 초기에 전량 투입되고, 가공원가는 공정 전반에 걸쳐서 균등하게 발생한다. 재료원가의 경우 평균법에 의한 완성품환산량은 100,000단위이고, 선입선출법에 의한 완성품환산량은 90,000단위이다. 또한 가공원가의 경우 평균법에 의한 완성품환산량은 64,000단위이고, 선입선출법에 의한 완성품환산량은 57,000단위이다. 기초재공품의 완성도를 계산하면 몇 %인가?

① 20%   ② 30%
③ 70%   ④ 80%

19 ㈜경기는 선입선출법에 의한 종합원가계산을 하고 있다. ㈜경기의 재료원가 완성품환산량과 가공원가 완성품환산량으로 모두 옳은 것은?

구 분	수 량	완성도
기초 재공품	600개	60%
당기 착수품	1,000개	
당기 완성품	1,300개	
기말 재공품	300개	40%

• 모든 재료는 공정의 초기에 전량 투입되며, 가공원가는 공정 전반에 걸쳐 균등하게 발생한다고 가정한다.

	재료원가	가공원가
①	1,000개	1,060개
②	1,300개	1,420개
③	1,600개	1,420개
④	1,600개	1,600개

20 다음 중 표준원가계산에 대한 설명으로 올바른 것을 모두 고르면?

> ㄱ. 원가흐름의 가정이 불필요하다.
> ㄴ. 고정제조간접원가에서는 능률차이, 조업도차이가 발생할 수 있다.
> ㄷ. 변동제조간접원가에서는 소비차이, 능률차이가 발생할 수 있다.

① ㄱ   ② ㄱ, ㄴ
③ ㄱ, ㄷ   ④ ㄱ, ㄴ, ㄷ

21 ㈜안동은 이미지 홍보를 위한 광고비 20,000,000원을 지출하였고, 이 광고비는 각 제품이 제공받는 경제적 효익의 정도에 비례하여 배분하려고 한다. 관련 자료가 다음과 같을 때 수혜기준에 의한 X제품의 광고비 부담액은 얼마인가?

구 분	X제품	Y제품
매출원가	5,000,000원	15,000,000원
매출증가액	3,000,000원	7,000,000원
직접노동시간	20,000시간	20,000시간

① 5,000,000원　　　　　　② 6,000,000원
③ 8,000,000원　　　　　　④ 10,000,000원

22 다음 중 종합원가계산에 대한 설명으로 틀린 것은?

① 단일종류의 제품을 연속적으로 대량생산하는 업종에 사용되는 원가계산방법이다.
② 완성품환산량을 별도로 계산하여야 한다.
③ 기말재공품의 원가를 평가하는 방법에는 평균법, 선입선출법이 있다.
④ 개별 작업지시서에 따라 상이하게 작업이 진행되는 경우 이용된다.

23 ㈜전산은 2개의 제조부문(M1, M2)과 2개의 보조부문(S1, S2)으로 운영되며, 부문간 용역수수관계는 다음과 같다. 보조부문원가를 상호배분법을 적용하여 배분할 때, 보조부문원가 계산과 관련된 산식으로 올바른 것은?

사용부문 / 제공부문	보조부문		제조부문		합 계
	S1	S2	M1	M2	
S1	–	30%	30%	40%	100%
S2	50%	–	40%	10%	100%
부문 자체 발생원가	605,000원	320,000원	800,000원	650,000원	2,375,000원

	S1	S2
①	$605,000 + 0.3 \times S2$	$320,000 + 0.5 \times S1$
②	$605,000 + 0.5 \times S2$	$320,000 + 0.3 \times S1$
③	$800,000 + 0.3 \times S2$	$650,000 + 0.5 \times S1$
④	$650,000 + 0.6 \times S2$	$800,000 + 0.9 \times S1$

24. ㈜교육은 평균법을 적용한 종합원가계산으로 제품원가를 계산한다. 기말재공품의 물량은 5,000단 위이고, 직접재료원가 완성도는 60%이며 가공원가 완성도는 40%이다. 기말재공품의 원가가 80,000원이고 완성품환산량 단위당 직접재료원가가 20원이라면, 완성품환산량 단위당 가공원가는 얼마인가?

① 10원   ② 15원
③ 20원   ④ 30원

25. 다음은 ㈜중급의 직접재료원가에 대한 자료이다. 다음의 자료를 이용하여 원재료 실제 투입량을 계산하면 얼마인가?

- 직접재료 실제구입가격 : kg당 400원
- 직접재료의 표준가격 : kg당 300원
- 직접재료원가 가격차이 : 1,800,000원 불리

① 18,000kg   ② 19,000kg
③ 20,000kg   ④ 21,000kg

제86회 2급 기출문제

> **1부 재무회계**

※ 재무회계의 문제에서 별도의 언급이 없으면 일반기업회계기준을 적용하고 해당 문제에서 중소기업회계기준을 명시한 경우 중소기업회계기준을 적용한다.

01 다음 중 일반적으로 인정된 회계원칙의 특성으로 옳지 않은 것은?

① 제정 당시의 이용 가능한 회계실무로서 기업실무에서 수용해야 한다.

② 경제적, 사회적 환경이 변화한다고 하더라도 변화되지 않는 특성이 있다.

③ 회계감사인이 재무제표의 적정성을 판단하는 기준이 되기도 한다.

④ 다양한 이해관계자들이 회계원칙 제정과정에서 영향력을 행사하여 제정되는 정치적 과정의 산물이다.

02 다음은 ㈜세무가 단기매매목적으로 취득한 ㈜회계의 주식과 관련한 사항이다.

일 자	구 분	수 량	단위당 취득(처분)가격	취득(처분) 수수료
2023년 2월	취 득	500주	300원	–
2024년 5월	취 득	300주	410원	12,800원
2024년 9월	처 분	400주	400원	5,000원

㈜세무는 ㈜회계의 주식에 대해 총평균법으로 단가를 계산하고 있으며 2023년 말 ㈜회계의 주식의 주당 공정가치는 330원이었다. 2024년 ㈜회계의 주식을 처분하는 것과 관련하여 ㈜세무가 손익계산서에 인식할 이익은?

① 4,600원   ② 11,000원

③ 13,000원   ④ 17,000원

03 다음 중 재무상태표의 자산에 대한 설명으로 틀린 것은?

① 자산은 과거의 거래나 사건의 결과로서 현재 기업실체에 의해 지배되고 미래에 경제적 효익을 창출할 것으로 기대되는 자원이다.

② 자산에 내재된 미래의 경제적 효익이란 직접 또는 간접적으로 기업실체의 미래 현금흐름 창출에 기여하는 잠재력을 말한다.

③ 자산은 물리적 형태가 그 본질적인 특성이다.

④ 기업실체의 자산은 과거의 거래나 사건으로부터 발생한다.

04 다음 자료에 의하여 재무상태표에 표시할 현금및현금등가물의 총액은 얼마인가?

- 계약기간이 3개월 이하인 초단기수익증권 : 300,000원
- 양도성예금증서(결산일로부터 150일 만기) : 400,000원
- 은행 발행 자기앞수표 : 350,000원
- 보통예금 : 300,000원
- 매출채권 : 600,000원
- 부도수표 : 400,000원

① 300,000원
② 600,000원
③ 700,000원
④ 950,000원

05 다음 중 재무정보의 질적 특성에 대한 설명으로 틀린 것은?

① 중요성은 기업특유의 목적적합성으로 미리 정할 수 있다.

② 누락되거나 잘못 기재된 경우 의사결정에 영향을 미친다면 중요하다.

③ 재무정보의 선택이나 표시에 편의가 없어야 한다.

④ 미래 결과를 예측하기 위해 사용하는 절차의 투입요소로 사용된다.

06 ㈜제주는 2022년 8월 1일 투자목적으로 ㈜여수의 주식 200주를 주당 15,000원에 취득하고 이를 매도가능증권으로 분류하였다. 2023년 중 손상에 대한 사유가 발생하였으며, 회수가능액은 1주당 10,000원으로 추정된다. 2024년 중 손상에 대한 사유가 해소되어 회수가능액은 주당 12,000원으로 예상된다면 ㈜제주의 2024년 손익계산서에 미칠 영향으로 올바른 것은?

① 이익이 400,000원 감소한다.
② 이익이 400,000원 증가한다.
③ 이익이 600,000원 감소한다.
④ 이익이 600,000원 증가한다.

07 ㈜광양은 2024년 4월 25일 거래처의 파산으로 인하여 미수금 중 1,000,000원이 대손 확정되었다. 매출채권 관련 내용이 다음과 같을 때, 2024년 4월 25일 분개로 올바른 것은?

부분재무상태표(2024년 1월 1일 현재)	
매출채권	20,000,000원
대손충당금	2,000,000원
미수금	6,000,000원
대손충당금	500,000원

① (차) 대손상각비 1,000,000원 (대) 대손충당금 1,000,000원
② (차) 대손상각비 500,000원 (대) 대손충당금 500,000원
③ (차) 대손충당금 500,000원 (대) 미수금 1,000,000원
　　　 대손상각비 500,000원
④ (차) 대손충당금 2,000,000원 (대) 미수금 2,500,000원
　　　 대손상각비 500,000원

08 다음 중 비용의 인식 방법에 대한 설명으로 틀린 것은?

① 매입에누리와 매입할인은 매입액에서 차감한다.
② 대손상각비는 항상 판매관리비 계정으로 분류한다.
③ 진행 기준으로 매출을 인식하는 경우 비용도 진행 기준으로 인식한다.
④ 법인세 추납액은 영업외비용이다.

09 다음은 ㈜강릉의 2024년 자본거래 내역이다. 2024년 말 자본잉여금과 기타포괄손익누계액으로 계상되는 금액은 얼마인가?(단, 각 거래는 독립적이고 거래 간에 상계 처리하지 않는 것으로 가정한다)

- 1월 5일 액면 1,000원인 주식을 5,000원에 발행하였다(신주발행비 1,000원 존재).
- 3월 5일 액면 5,000원인 주식을 3,000원에 발행하였다.
- 2,000원에 매입한 자기주식을 5,000원에 처분하였다(전기 이월된 자기주식처분손실 1,000원이 계상되어 있다).
- 장기투자목적으로 1월 1일 10,000원에 매입한 주식의 12월 31일 현재 공정가치는 11,000원이다.

	자본잉여금	기타포괄손익누계액
①	1,000원	5,000원
②	4,000원	1,000원
③	5,000원	1,000원
④	6,000원	2,000원

10 다음 중 재고자산에 가산하여야 할 항목이 아닌 것은?

① 회수기간이 2년 이상인 장기 할부판매상품
② 수입 시 지출한 관세
③ 위탁판매분 중 수탁자가 판매하지 못한 위탁상품
④ 매입운임 및 상품보험료

11 다음은 ㈜경기의 상품 관련 자료이다.

• 10월 초	– 상품재고	520,000원
• 10월 중	– 매입액	1,300,000원
	– 매입환출	50,000원
	– 매출액	1,850,000원
	– 매출환입	250,000원

2024년 10월 31일에 상품 창고에 화재가 발생하였으며 화재로 인해 소실되지 않은 상품재고는 35,000원으로 확인되었다. ㈜경기의 상품 판매가격은 원가에 25%의 이익을 가산한 금액으로 책정된다면 화재로 소실된 상품의 원가는 얼마인가?

① 330,000원
③ 420,000원
② 385,000원
④ 455,000원

12 다음 중 사채에 대한 설명으로 올바른 것은?

① 사채발행비는 사채발행으로 인해 조달된 현금을 감소시키는 효과로 인하여 지급수수료로 회계처리한다.
② 사채의 할인발행이란 사채의 발행금액을 시장금액보다 낮게 발행하는 것을 의미한다.
③ 사채할인발행차금은 사채의 액면금액에서 차감하는 형식으로 한다.
④ 유효이자율법 적용 시 사채를 할인 발행하는 경우 사채의 장부금액은 매년 감소한다.

13 ㈜서울은 확정기여형(DC형) 퇴직연금에 가입하고, 은행과 매년 말에 퇴직금추계액의 10%를 적립하기로 계약하였다. 2024년 12월 31일에 은행에 적립부담금 2,000,000원을 보통예금에서 이체하였다. 이에 대한 올바른 분개는?

① (차) 퇴직급여 2,000,000원 (대) 보통예금 2,000,000원
② (차) 퇴직급여충당부채 2,000,000원 (대) 보통예금 2,000,000원
③ (차) 퇴직연금운용자산 2,000,000원 (대) 보통예금 2,000,000원
④ (차) 퇴직급여 2,000,000원 (대) 퇴직급여충당부채 2,000,000원

14 다음 중 무형자산에 대한 설명으로 틀린 것은?
① 무형자산의 잔존가치는 원칙적으로 0원으로 한다.
② 무형자산의 감가상각방법을 기업이 합리적으로 선택하여 정할 수 없는 경우에는 정액법을 사용하도록 하고 있다.
③ 직접상각법을 사용하여 재무상태표에 표시할 수도 있다.
④ 개발비의 원가는 그 자산의 창출, 제조, 사용준비에 직접 관련된 지출만 포함하며, 합리적이고 일관성있게 배분된 간접 지출은 포함하지 않는다.

15 2024년 초 ㈜국가는 ㈜민간이 보유하고 있던 실용신안권(장부가액 1,500,000원, 공정가치 2,000,000원)을 취득하는 조건으로 ㈜국가의 보통주식 250주(주당 액면가액 5,000원, 주당 공정가치 5,500원)를 발행하여 교부하였다. ㈜국가가 인식할 실용신안권 취득원가는 얼마인가?
① 1,250,000원   ② 1,375,000원
③ 1,500,000원   ④ 2,000,000원

16 다음 중 충당부채 및 우발부채에 대한 설명으로 틀린 것은?
① 우발부채는 재무상태표상에 부채로 인식한다.
② 충당부채로 인식하는 금액은 현재의무의 이행에 소요되는 지출에 대한 보고기간 종료일 현재의 최선의 추정치이어야 한다.
③ 충당부채의 명목금액과 현재가치의 차이가 중요한 경우에는 의무를 이행하기 위하여 예상되는 지출액의 현재가치로 평가한다.
④ 충당부채로 인식하기 위해서는 현재의무가 존재하고, 그 의무의 이행으로 인한 자원의 유출 가능성이 매우 높아야 한다.

17 ㈜자격은 기존에 임대업에 사용 중인 건물을 철거하고 새 건물을 신축하였다. 보유 중이던 건물 및 신축건물과 관련된 자료가 다음과 같을 경우 신축건물의 취득원가는 얼마인가?

> • 토지 취득원가 : 200,000,000원
> • 토지 취득세 : 30,000,000원
> • 기존 건물 취득원가 : 80,000,000원
> • 기존 건물 취득세 : 20,000,000원
> • 취득 당시 중개수수료 등 공통 부대비용 : 10,000,000원
> • 건물 철거비용 : 10,000,000원
> • 건물 신축비용 : 150,000,000원
> • 신축건물 취득세등 : 15,000,000원

① 165,000,000원　　　　　　　② 168,030,030원
③ 175,000,000원　　　　　　　④ 265,000,000원

18 ㈜현재는 2024년 1월 1일 ㈜재영이 발행한 사채(액면금액 100,000원, 표시이자율 연 10%, 만기 3년, 이자는 매년 말 후급)를 취득하고 만기보유증권으로 분류하였다. 해당 사채의 발행 당시 시장이 자율은 연 12%였다. ㈜현재가 2024년 기말 현재 보유하고 있는 만기보유증권의 장부가액은 얼마인 가?(단, 아래 표는 단일금액 1원의 현재가치 요소이며, 계산 결과는 소수점 이하 절사한다)

기 간	10%	12%
1	0.9091	0.8929
2	0.8264	0.7972
3	0.7513	0.7118

① 95,199원　　　　　　　② 96,622원
③ 97,524원　　　　　　　④ 98,223원

19 다음은 상품매매업을 주업으로 하는 ㈜채연의 2024년 말 상품 재고와 관련된 자료이다. ㈜채연은 재고자산을 종목별 저가법에 따라 평가한다. 2024년 말 인식될 상품 재고자산평가손실은 얼마인가?

종 목	수 량	단위당 취득원가	단위당 순실현가능가치
갑	100단위	12,000원	13,000원
을	200단위	15,000원	11,500원
병	100단위	18,000원	16,500원

① 150,000원　　　　　　　② 600,000원
③ 650,000원　　　　　　　④ 850,000원

20 ㈜소망의 이익잉여금처분계산서가 다음과 같을 때 ㈜소망의 당기순이익은 얼마인가?

- 이익준비금 적립액 : 500,000원
- 현금배당금 : 5,000,000원
- 전기이월 이익잉여금 : 10,000,000원
- 차기이월 이익잉여금 : 12,500,000원

① 4,500,000원
② 5,500,000원
③ 7,500,000원
④ 8,000,000원

21 다음 중 수익의 인식에 대한 설명으로 올바른 것은?

① 수익은 실현이 확정되어 있는 경우에만 인식한다.
② 프랜차이즈 수수료는 창업지원용역과 운영지원용역, 설비와 기타 유형자산 및 노하우 제공에 대한 대가를 포함할 수 있기 때문에 부과되는 목적을 반영하는 기준에 따라 수익으로 인식한다.
③ 부동산 판매는 법적소유권이 이전되기 전까지는 수익으로 인식할 수 없다.
④ 상품권을 할인 판매하는 경우 액면금액 전액을 수익으로 인식한다.

22 2023년 초 ㈜부여는 지방정부와 교량 건설 공사계약을 체결하였다. 공사계약금액은 1,200,000원이며, 2023년 초 공사를 시작하여 2025년 말 완공한다. ㈜부여가 2024년에 인식할 공사이익은 얼마인가?

구 분	2023년	2024년	2025년
당기 발생원가	300,000원	200,000원	300,000원
추가 발생원가 예상액	500,000원	300,000원	–
공사대금 수령액	400,000원	400,000원	400,000원

① 100,000원
② 150,000원
③ 200,000원
④ 250,000원

23 ㈜공주는 2024년 8월 1일에 공장건물에 대한 향후 1년분 화재보험에 가입하고 총 120,000원을 지급하면서 모두 비용으로 계상하였다. ㈜공주가 2024년 12월 31일(결산일)에 기말 수정분개를 하지 않았다면 당기순이익에 미치는 영향으로 올바른 것은?

① 당기순이익 70,000원 과소계상
② 당기순이익 70,000원 과대계상
③ 당기순이익 50,000원 과소계상
④ 당기순이익 50,000원 과대계상

24 12월 말 결산법인인 ㈜속초는 2024년 1월 1일에 기계장치를 향후 3년간 매년 말 2,000,000원씩 분할하여 회수하는 조건으로 매각하였다. 매각대금의 명목가액과 현재가치의 차이는 중요하고, 유효이자율은 연 10%이다. ㈜속초의 기계장치 매각 당시 장기미수금 장부가액은 얼마인가?(단, 1원의 현재가치(3년, 10%)는 0.7513이고, 1원의 정상연금 현재가치(3년, 10%)는 2.4868이다)

① 3,470,960원   ② 4,973,600원
③ 5,312,500원   ④ 6,000,000원

25 [중소기업회계기준] 다음 중 중소기업회계기준에서 정하는 자산, 부채의 평가기준으로 틀린 것은?

① 토지와 건물을 제외한 같은 종류의 자산을 교환하여 취득한 경우, 제공한 자산의 공정가액을 취득원가로 한다.
② 취득이 시작된 날부터 의도한 용도로 사용·판매할 수 있는 상태가 될 때까지 1년 이상이 걸리는 재고자산의 취득 자금에 포함된 차입금의 이자비용 등은 재고자산의 취득원가에 포함할 수 있다.
③ 매입채무 등의 장부금액과 만기금액에 차이가 있는 경우 그 차이를 상환기간에 걸쳐 유효이자율법이나 정액법으로 상각하여 장부금액과 이자비용에 반영한다.
④ 화폐성외화자산 또는 부채는 매 회계연도말에 마감환율로 다시 환산한다.

2부 원가회계

01 다음 중 직접노무원가가 포함되는 항목과 그렇지 못한 항목을 표시한 것으로 올바른 것은?

	기본원가	가공원가	제품원가	기간비용
①	O	O	X	O
②	O	O	O	X
③	X	O	O	X
④	X	O	O	O

02 아래의 그림이 나타내고 있는 원가 행태로 옳은 것은?

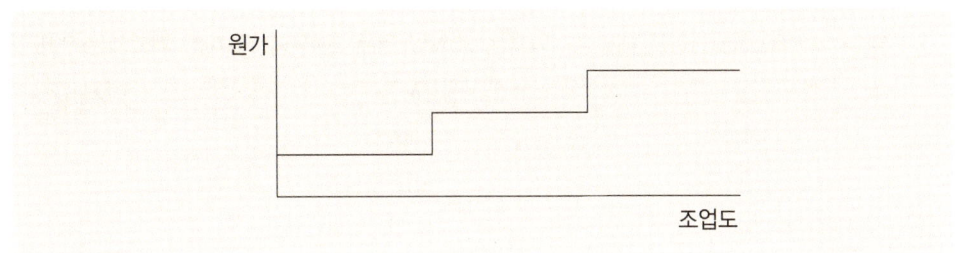

① 고정원가   ② 변동원가
③ 단위당 고정원가   ④ 준고정원가

03 다음 중 원가회계의 목적이 아닌 것은?

① 재무상태표상의 재고자산가액을 결정하기 위해 필요한 자료를 제공한다.
② 관리적 의사결정을 수행하는데 필요한 원가자료를 제공한다.
③ 자본금 변동에 대한 필요한 자료를 제공한다.
④ 경영활동의 통제에 필요한 원가자료를 제공한다.

04 다음은 ㈜창업의 2024년 기초 및 기말 재고자산 내역이다.

구 분	2024년 1월 1일	2024년 12월 31일
원재료	275,000원	275,000원
재공품	480,000원	400,000원
제 품	250,000원	425,000원

2024년 동안 발생한 직접노무원가는 1,100,000원, 제조간접원가는 1,650,000원, 매출원가는 4,605,000원일 때, 원재료 매입액은 얼마인가?(단, 당기 원재료 매입액은 직접재료원가 사용액과 동일하다)

① 1,800,000원   ② 1,950,000원
③ 2,300,000원   ④ 4,781,000원

05 다음 중 고정원가와 변동원가에 대한 설명으로 틀린 것은?

① 변동원가는 일반적으로 제품 단위당 원가가 일정하다.
② 고정원가는 일반적으로 조업도가 증가함에 따라 단위당 원가가 감소한다.
③ 고정원가는 일반적으로 통제불능원가이다.
④ 변동원가는 제조원가만을 구성한다.

06 ㈜원가의 2024년 기초 및 기말 재고자산은 다음과 같다. 2024년 중 ㈜원가의 직접재료원가는 800,000원이며, 제조간접원가는 가공원가의 40%인 2,000,000원이다. ㈜원가의 2024년도 매출액이 10,000,000원이고 매출총이익율은 50%일 경우 2024년 말 제품 재고액은 얼마인가?

구 분	2024년 초	2024년 말
재공품	300,000원	400,000원
제 품	300,000원	?

① 1,000,000원
② 1,500,000원
③ 2,000,000원
④ 2,500,000원

07 ㈜금융은 두 개의 제조부문 A, B와 두 개의 보조부문 S1, S2를 두고 있다. 당해 연도 6월 중에 각 보조부문에서 생산한 보조용역의 사용원가율은 다음과 같다. S1부문과 S2부문에서 당월에 발생한 변동원가는 각각 400,000원과 200,000원이었다. ㈜금융은 보조부문원가의 배분에 단계배분법을 사용하며, S1부문부터 배분한다. 제조부문 A의 배분 후 원가는 얼마인가?

보조용역 사용부문 보조용역 제공부문	S1	S2	A	B
S1	0	0.4	0.2	0.4
S2	0.2	0	0.4	0.4

① 260,000원
② 340,000원
③ 360,000원
④ 600,000원

08 ㈜민국의 당기 제품 생산수량은 600단위, 기말 제품수량은 200단위이다. 제품 단위당 판매가격은 1,400원이며, 당기에 발생한 원가가 다음과 같을 때 전부원가계산에 의한 제품제조원가는 얼마인가?(단, 기초 및 기말 재공품과 기초제품은 없다)

- 직접재료원가 : 180,000원
- 직접노무원가 : 120,000원
- 변동제조간접원가 : 150,000원
- 변동판매관리비 : 50,000원
- 고정제조간접원가 : 30,000원
- 고정판매관리비 : 20,000원

① 150,000원
② 180,000원
③ 210,000원
④ 480,000원

09 다음 중 부문별 원가계산에 대한 설명으로 올바른 것은?

① 원가부문은 원가요소를 분류·집계하는 계산상의 구분으로서 생산부문과 판매부문으로 구분한다.
② 직접노무원가를 보다 더 정확하게 배분하기 위하여 사용한다.
③ 배분방법으로는 상호배분법, 단계배분법, 직접배분법이 있다.
④ 제조부문이 하나인 기업에서 많이 사용한다.

10 다음 중 제조간접원가 차이를 조정하는 회계처리 방법이 매출총이익에 미치는 영향에 대한 설명으로 틀린 것은?

① 영업외손익법은 원가차이가 중대할 경우 매출총이익에 큰 영향을 미친다.
② 매출원가가감법은 매출원가에서 원가차이를 조정하는 방법으로 원가차이가 중대할 경우 매출총이익에 영향을 미친다.
③ 원가요소별 비례배분법은 실질에 맞춰 배분하는 방법으로 정확한 영업이익을 계산한다.
④ 총원가 비례배분법은 배분기준이 되는 총원가비율이 총원가에 포함된 제조간접원가의 비율과 같다고 가정하므로 실제원가 가정과 다른 경우 매출총이익에 영향을 미친다.

11 다음은 정상개별원가계산을 사용하는 ㈜대한의 2024년 제조간접원가 계정으로서 배부차이를 조정하기 직전의 기록이다. 다음의 설명 중 틀린 것은?

제조간접원가	
100,000원	90,000원

① 2024년 제조간접원가 배부액은 90,000원이다.
② 2024년 제조간접원가 실제발생액은 100,000원이다.
③ 제조간접원가 배부차이를 매출원가에서 조정할 때 필요한 분개는 (차)매출원가 10,000원 (대)제조간접원가 10,000원이다.
④ 2024년 제조간접원가는 초과배부 상태임을 알 수 있다.

12 보조부문원가의 배분에 대한 설명은 아래와 같다. 다음 중 올바른 설명으로 묶인 것은?

> 가. 이중배분율이란 보조부문의 원가를 고정원가와 변동원가로 구분하고 변동원가는 보조부문이
>   제공하는 용역에 대한 각 부문의 최대 사용가능량을 기준으로 배분한다.
> 나. 단계배분법은 배분순서가 달라지면 배분 후의 결과가 달라질 수 있다.
> 다. 상호배분법은 배분과정이 복잡하고 배분순서에 영향을 받지 않는다.
> 라. 원가배분의 정확성이 가능 낮은 배분방법은 단계배분법이다.
> 마. 직접배분법은 보조부문 상호간의 용역수수를 고려한다.

① 가, 나
② 나, 다
③ 다, 라
④ 가, 마

13 다음은 개별원가계산제도를 채택하고 있는 ㈜심화의 제품 제조와 관련된 자료이다. 기본원가와 가
공원가는 얼마인가?

> • 당기총제조원가 : 1,700,000원
> • 직접재료원가 : 500,000원
> • 제조간접원가는 직접노무원가의 50%이다.

	기본원가	가공원가
①	900,000원	1,200,000원
②	900,000원	1,300,000원
③	1,200,000원	900,000원
④	1,300,000원	1,200,000원

14 다음 중 결합원가에 대한 설명으로 틀린 것은?

① 분리점에서 결합제품의 판매가치를 기준으로 결합원가를 배분하는 방법을 상대적 판매가치법
   이라고 한다.
② 순실현가치법은 물량기준법보다는 결합제품의 수익성이 왜곡되지 않는다.
③ 기업이익을 극대화하기 위한 추가가공 의사결정을 할 때는 이미 배분된 결합원가를 고려한다.
④ 결합원가 배분 시 판매량을 기준으로 배분하지 않고 생산량을 기준으로 배분한다.

15 ㈜행운은 결합제조공정에서 A제품과 B제품을 생산하고 있다. ㈜행운은 A제품 200단위와 B제품 300단위를 생산하였으며, 분리시점에서 A제품은 단위당 2,000원에 판매 가능하나, B제품은 분리점에서 판매시장이 형성되지 않아 추가가공을 거쳐 단위당 1,000원에 판매 가능하다. B제품의 추가 가공에 소요되는 원가는 200,000원이다. 순실현가치법을 적용할 경우 B제품에 배분되는 결합원가가 50,000원이었다면 결합원가총액은 얼마인가?

① 100,000원   ② 150,000원
③ 200,000원   ④ 250,000원

16 다음은 ㈜담채의 당기 제품생산에 대한 직접재료원가 관련 자료이다. ㈜담채는 직접재료원가 가격차이를 구입시점에서 분리한다. 다음 중 당기 직접재료원가 가격차이로 옳은 것은?

- 제품단위당 직접재료 표준투입량 : 10g
- 직접재료 단위당 표준가격 : 45원/g
- 실제 직접재료 구입량 : 1,000g
- 직접재료 단위당 구입가격 : 42원/g

① 2,400원 유리   ② 3,000원 유리
③ 4,500원 불리   ④ 5,000원 유리

17 스마트폰을 생산하는 ㈜윤리는 제품을 검사하는 시점에서 공손품을 파악하고 있다. 정상적인 공손품은 품질검사 시점을 통과한 합격품의 15%의 비율로 가정한다. 월초 재공품(완성도 30%) 10,000단위, 당월 생산착수량 40,000단위, 당월 제품생산량 30,000단위, 월말 재공품(완성도 80%) 14,000단위이다. 품질검사가 생산공정의 20% 시점에서 실시되는 경우 공손품 수량은 몇 단위인가?

① 5,000단위   ② 6,000단위
③ 8,000단위   ④ 9,000단위

18 다음 중 원가계산에 대한 설명으로 틀린 것은?

① 결합원가는 분리점 이전에 발생한 원가로 배부기준에 따라 제품에 배부해야 할 원가이다.
② 주산품은 생산량이나 가치면에서 다른 제품들에 비하여 중요성이 큰 제품이다.
③ 추가가공원가는 분리점 이전에 발생하는 원가로, 결합제품별로 직접 추적이 가능한 원가이다.
④ 부산물은 분리점 이전까지 개별적으로 식별 불가능하다.

19 종합원가계산제도를 적용하고 있는 ㈜사회는 기말재공품의 평가에는 평균법을 사용하며, 모든 원가는 공정 전체를 통하여 균등하게 발생한다. 2024년 제조 활동과 관련된 자료가 다음과 같을 때 완성품환산량은 얼마인가?

- 기초재공품 : 300단위(완성도 70%), 원가 500,000원
- 당기 투입원가 : 3,000,000원
- 당기 완성품수량 : 380단위
- 기말 재공품수량 : 200단위(완성도 60%)

① 380개   ② 500개

③ 580개   ④ 820개

20 ㈜건강은 종합원가계산을 이용하여 원가를 계산하고 있다. 기초 재공품은 없으며 완성품은 300개, 기말 재공품은 400개(완성도 : ?)이다. 가공원가는 1,200,000원이 발생하였으며 가공원가의 완성품환산량 단위당 원가는 2,400원일 때 기말 재공품 완성도는 얼마인가?(단, 재료는 공정 초에 모두 투입되고, 가공원가는 공정 전반에 걸쳐 균등하게 투입된다)

① 25%   ② 30%

③ 50%   ④ 60%

21 평균법에 의한 종합원가계산 시, 기말 재공품 완성도를 실제보다 과대평가한 경우 아래의 다음 각 항목에 미치는 영향으로 올바른 것은?

	완성품환산량	완성품환산량 단위당 원가	기말재공품원가
①	과대평가	과소평가	과대평가
②	과소평가	과대평가	과소평가
③	과대평가	과소평가	과소평가
④	과소평가	과소평가	과소평가

22 ㈜한성의 2024년 제조간접원가 실제 발생액은 470,000원이며, 제조간접원가 부족배부액 10,000원을 영업외손익으로 배부한다. 관련 자료가 다음과 같을 때 배부 후 매출원가는 얼마인가?

구 분	재공품	제 품	매출원가
직접재료원가	100,000원	50,000원	100,000원
직접노무원가	40,000원	100,000원	150,000원
제조간접원가 배부액	60,000원	150,000원	250,000원
합 계	200,000원	300,000원	500,000원

① 490,000원 　　　　　　　　② 500,000원
③ 510,000원 　　　　　　　　④ 520,000원

23 다음 중 직접재료원가의 능률차이를 계산하는 식으로 올바른 것은?

① 실제 원가 − 실제 사용량 × 표준가격
② 실제 사용량 × 표준가격 − 실제 산출량에 허용된 표준사용량 × 표준가격
③ 실제 원가 − 실제 구입량 × 표준가격
④ 실제 사용량 × 표준가격 − 표준산출량에 허용된 표준사용량 × 표준가격

24 노동작업시간을 기준으로 고정제조간접원가를 배부하고 있는 ㈜도덕은 표준원가계산제도를 채택하고 있다. 노동작업시간당 고정제조간접원가 표준배부율은 50원, 실제 생산량은 600단위, 제품 단위당 표준노동작업시간은 2시간이다. 기준조업도가 1,000시간일 경우 조업도차이로 옳은 것은?

① 조업도차이 15,000원 불리
② 조업도차이 10,000원 불리
③ 조업도차이 10,000원 유리
④ 조업도차이 없음

25 다음 중 부산물 회계처리 방법에 대한 설명으로 틀린 것은?

① 판매기준법에 의해 처리할 경우 생산과 판매할 때 수익을 인식하지 않고 분리점에서 분리될 때 순실현가치를 평가하여 부산물에 원가를 배분하고 기타 결합원가에서 부산물 실현가치만큼을 차감한다.
② 부산물은 주산물에 비해 상대적으로 판매가치가 작은 제품을 말한다.
③ 의사결정 시 결합원가는 고려대상에서 제외한다.
④ 생산기준법은 순실현가치를 확실히 추정할 수 있고 금액적으로 중요할 때 적절한 방법이다.

1부 회계원리

※ 재무회계의 문제에서 별도의 언급이 없으면 일반기업회계기준을 적용하고 해당 문제에서 중소기업회계기준을 명시한 경우 중소기업회계기준을 적용한다.

01 제조기업에서 원가에 대한 정보를 획득하기 위하여 제품생산에 소비된 원가를 기록, 계산, 집계하는 회계는?

① 재무회계   ② 관리회계

③ 원가회계   ④ 세무회계

02 다음 거래의 결합관계를 바르게 연결한 것은?

> 불우이웃돕기성금으로 현금 1,000,000원을 대한적십자사에 기탁하였다.

① (차) 부채의 감소   (대) 자산의 감소

② (차) 비용의 발생   (대) 자산의 감소

③ (차) 자산의 증가   (대) 부채의 증가

④ (차) 부채의 감소   (대) 자산의 증가

03 다음 중 회계등식을 이용한 거래의 기록에 대한 설명으로 틀린 것은?

> 가. 자본이란 기업의 자산총액에서 부채총액을 차감하고 남은 순자산이라 정의한다.
> 나. 회계등식 : 자산 = 부채 + 자본으로 표시된다.
> 다. 당기순이익은 배당으로 유출되지 않고 매년 기업에 누적되어 있는 것을 말한다.
> 라. 자본금이란 소유주가 직접 출자한 금액을 주식의 액면가액으로 나타낸 것이다.

① 가   ② 나

③ 다   ④ 라

04 ㈜세무의 다음 분개로 추정할 수 있는 것은?

| (차) 보험료 | 70,000원 | (대) 선급보험료 | 70,000원 |

① 기간 미경과 보험료를 자산 처리하였다.
② 전기에 보험료를 미지급하고 당기에 지급하였다.
③ 전기에 이연 처리한 보험료를 당기의 비용으로 대체하였다.
④ 당기에 보험료를 선지급하였다.

05 다음 중 재무상태표 표시와 관련된 설명으로 옳지 않은 것은?

① 부채는 유동부채와 비유동부채로 구분한다.
② 자산은 유동자산과 비유동자산으로 구분한다.
③ 비유동자산은 재고자산, 유형자산, 무형자산, 기타비유동자산으로 구분한다.
④ 자본은 자본금, 자본잉여금, 이익잉여금, 기타포괄손익누계액, 자본조정으로 구분한다.

06 다음 거래의 회계처리 결과로 옳은 것을 〈보기〉에서 고른 것은?

㈜세무유통은 사업확장을 위하여 신주 1,000주(주당 액면가액 5,000원)를 액면발행하여 교부하고 주식대금을 타인발행수표로 받아 당좌예입 하였다.

〈보기〉
가. 부채의 증가
나. 자본의 증가
다. 자산의 증가
라. 영업이익의 증가

① 가, 나   ② 가, 다
③ 나, 다   ④ 나, 라

07 다음 중 거래요소의 결합관계가 성립될 수 없는 것은?

① (차) 자산의 증가   (대) 부채의 증가
② (차) 자산의 감소   (대) 비용의 발생
③ (차) 부채의 감소   (대) 수익의 발생
④ (차) 자본의 감소   (대) 자본의 증가

08 다음 중 임시계정이 아닌 것은?

① 가수금   ② 가지급금
③ 미지급금   ④ 현금과부족

09 다음 내용 중 회계상의 거래를 모두 고른 것은?

세무가구는 사업확장을 위해 (가) 영업사원 3명을 채용하고, 거래처에 (나) 판매용 가구 5,000,000원을 주문하였다. (다) 영업용 컴퓨터 8,000,000원을 24개월 무이자할부로 구입하고 (라) 영업용 차량에 휘발유 60,000원을 신용카드로 주유하였다. (마) 국민은행에서 현금 50,000,000원을 대출받았다.

① 가, 나, 다   ② 가, 다, 라
③ 나, 다, 마   ④ 다, 라, 마

10 다음 중 손익계산서 영업외비용 계정은 몇 개인가?

• 복리후생비   • 지급임차료
• 이자비용   • 기부금

① 1개   ② 2개
③ 3개   ④ 4개

11 다음 자료에서 결산 후 당기순이익 금액으로 옳은 것은?

> (가) 결산정리 전 순이익 : 500,000원
> (나) 결산정리사항
> • 이자미수액 : 150,000원
> • 급여미지급액 : 100,000원
> • 보험료선급액 : 50,000원

① 500,000원　　　　　　　　　② 550,000원
③ 600,000원　　　　　　　　　④ 650,000원

12 다음을 이용하여 매출액을 계산하면 얼마인가?

> • 기초 상품 재고액 : 120,000원
> • 기말 상품 재고액 : 180,000원
> • 당기 상품 매입액 : 410,000원
> • 매출총이익 : 220,000원

① 520,000원　　　　　　　　　② 570,000원
③ 630,000원　　　　　　　　　④ 690,000원

13 다음 보기의 (가)에 기입할 수 없는 계정과목은?

(가)

1월 1일　　전기이월　　100,000원 |

① 현금　　　　　　　　　　　② 지급어음
③ 외상매출금　　　　　　　　　④ 차량운반구

14 다음 중 상품을 외상으로 매출하고 거래처별로 그 거래내역을 기록하는 보조장부는?

① 매출장　　　　　　　　　　② 매출처원장
③ 상품재고장　　　　　　　　④ 매입처원장

15 다음 자료가 설명하고 있는 장부로 옳은 것은?

> • 분개장에서 총계정원장으로 정확하게 전기되었는지를 확인할 수 있다.
> • 대차평균의 원리를 이용하여 장부기장의 오류를 검증하여 결산 절차를 보다 쉽게 도와준다.

① 분개장   ② 시산표
③ 손익계산서   ④ 총계정원장

16 다음 중 장부 마감 시 잔액이 차기로 이월되지 않는 계정은?

① 당좌예금   ② 외상매입금
③ 받을어음   ④ 임대료

17 세무상점은 10월 10일에 발생한 거래를 다음과 같이 잘못 분개하였다. 이를 결산과정에서 수정하기 위한 분개로 올바른 것은?

> • 10월 10일 거래 : 거래처의 외상매입금 100,000원을 현금으로 지급하다.
> • 분개 : (차) 외상매입금   10,000원   (대) 현 금   10,000원

① (차) 현 금   90,000원   (대) 외상매입금   90,000원
② (차) 현 금   10,000원   (대) 외상매입금   10,000원
③ (차) 외상매입금   90,000원   (대) 현 금   90,000원
④ (차) 외상매입금   10,000원   (대) 현 금   10,000원

18 개인기업에서 납부하는 각종 세금에 대해 회계처리를 하는 경우 계정과목이 잘못 연결된 것은?

① 건물 취득 시 납부한 취득세 : 건물 계정
② 회사 소유 화물 차량에 대한 자동차세 : 차량운반구 계정
③ 사업주 개인 소유 건물의 재산세 : 인출금 계정
④ 종업원 급여 지급 시 원천 징수한 소득세 : 예수금 계정

19 다음 거래와 관련하여 작성되는 전표가 바르게 짝지어진 것은?(단, 3전표제를 채택하고 있다)

> (가) 현금 100,000원을 거래은행에 당좌예금하였다.
> (나) 상품을 100,000원에 매출하고 대금은 타인발행수표로 받았다.

	(가)	(나)
①	출금전표	입금전표
②	출금전표	대체전표
③	입금전표	출금전표
④	입금전표	대체전표

20 [중소기업회계기준] 다음 중 재무제표에 대한 설명으로 틀린 것은?

① 손익계산서는 한 회계연도의 회사의 경영성과에 대한 정보를 제공하는 재무보고서이다.

② 수익과 비용은 총액으로 표시하는 것을 원칙으로 하고 허용하는 경우에는 상계하여 표시할 수 있다.

③ 자산이란 과거의 거래나 사건의 결과로 현재 회사가 통제하고 미래에 경제적 효익을 창출할 것으로 예상되는 자원을 말한다.

④ 부채는 회계연도 말부터 1년 이내 상환 등을 통하여 소멸할 것으로 예상되면 비유동부채로, 그 밖의 경우는 유동부채로 구분한다.

2부 회계원리

※ 재무회계의 문제에서 별도의 언급이 없으면 일반기업회계기준을 적용하고 해당 문제에서 중소기업회계기준을 명시한 경우 중소기업회계기준을 적용한다.

01 다음 계정과목 중 당좌자산에 해당하는 것을 모두 고른 것은?

> 가. 상 품
> 나. 받을어음
> 다. 장기대여금
> 라. 단기매매증권

① 가, 나

② 가, 다

③ 나, 라

④ 다, 라

02 다음의 자산계정들을 재무상태표에 기록할 경우 유동성배열법에 따라 표기했을 때 가장 먼저 배열되는 것은?

① 건 물　　　　　　　　　　　② 당좌예금
③ 산업재산권　　　　　　　　　④ 투자부동산

03 다음 중 대손충당금에 대한 설명으로 틀린 것은?

① 대손충당금은 채권계정에 대한 차감적 평가계정이다.
② 모든 채권에 대한 대손액과 대손추산액은 판매비와관리비에 속한다.
③ 미수금에 대해서도 대손충당금을 설정할 수 있다.
④ 대손충당금은 수익과 비용의 기간적 대응을 위해 설정한다.

04 단기매매차익을 목적으로 100주의 주식을 주당 20,000원에 매입하고 수수료 200,000원을 지급한 경우의 분개로 올바른 것은?

① (차) 단기매매증권　　　　2,200,000원　　(대) 현 금　　　　　　2,200,000원
② (차) 단기매매증권　　　　2,000,000원　　(대) 현 금　　　　　　2,200,000원
　　　지급수수료　　　　　　200,000원
③ (차) 단기매매증권　　　　2,000,000원　　(대) 현 금　　　　　　2,000,000원
④ (차) 만기보유증권　　　　2,200,000원　　(대) 현 금　　　　　　2,200,000원

05 다음 자료에서 외상매출금 기말잔액을 계산한 금액으로 옳은 것은?(단, 상품 매출은 외상거래로만 이루어졌다)

- 상품 매출액 : 200,000원
- 외상매출금 전기이월액 : 50,000원
- 외상매출금 당기 회수액 : 70,000원
- 당기 외상매출액 중 대손발생액 : 5,000원

① 75,000원　　　　　　　　　② 175,000원
③ 185,000원　　　　　　　　　④ 200,000원

06 다음 빈칸에 들어갈 말로 알맞게 짝지은 것은?

> 현금및현금성자산은 통화 및 타인발행수표 등 통화대용증권과 당좌예금, 보통예금 및 큰 거래비용 없이 현금으로 전환이 용이하고 이자율 변동에 따른 가치변동의 위험이 경미한 금융상품으로서 ⎡ (가) ⎤ 만기일(또는 상환일)이 ⎡ (나) ⎤ 이내인 것을 말한다.

	(가)	(나)
①	결산 시	3개월
②	결산 시	6개월
③	취득 시	3개월
④	취득 시	6개월

07 다음 자료에 의해 당기 상품 순매입액을 계산하면 얼마인가?

- 당기에 상품 100개를 개당 3,000원에 외상으로 매입하였다.
- 이때 50,000원의 운반비가 발생하였다.
- 상품 100개 중 10개가 반품되었다.
- 외상매입금을 조기 지급하여 8,000원의 매입할인을 받았다.

① 342,000원 ② 320,000원
③ 312,000원 ④ 300,000원

08 다음 자료에 의해 상품의 기말재고액을 계산하면 얼마인가?

- 상품 매출액 : 3,000,000원
- 상품 매출총이익 : 800,000원
- 당기 상품 매입액 : 2,000,000원
- 기초 상품 재고액 : 1,000,000원

① 500,000원 ② 700,000원
③ 800,000원 ④ 900,000원

09 ㈜정읍의 2025년 거래에 대해 계속기록법과 후입선출법에 의한 기말재고자산을 계산한 것으로 올바른 것은?

구 분	날 짜	수 량	단 가	합 계
기초재고	1월 1일	10개	100원	1,000원
당기매입	5월 5일	200개	150원	30,000원
매 출	7월 10일	150개	300원	45,000원
당기매입	11월 9일	50개	120원	6,000원

① 14,500원　　　　　　　　② 15,000원

③ 16,500원　　　　　　　　④ 17,000원

10 다음은 ㈜성림이 건물을 수리하고 현금으로 지출한 내용을 요약한 것이다. 건물의 취득원가에 포함할 금액을 계산한 것으로 옳은 것은?

연 번	내 역	금 액	비 고
1	파손된 유리창 교체	100,000원	원상 회복
2	외벽 페인트 칠	200,000원	현상 유지
3	창고를 사무실로 개조	1,000,000원	가치 증대

① 100,000원　　　　　　　② 200,000원

③ 1,000,000원　　　　　　④ 1,200,000원

11 다음 자료에서 유형자산처분손익을 계산한 것으로 옳은 것은?

- 취득 : 2023년 1월 1일(취득원가 1,000,000원)
- 내용연수 : 5년
- 감가상각 : 정률법(정률 40%)에 의하여 매년 정상적으로 상각함
- 결산 : 연 1회(매년 12월 31일)
- 처분 : 2025년 1월 1일(처분가액 300,000원)

① 처분손실 60,000원　　　　② 처분이익 60,000원

③ 처분손실 156,000원　　　　④ 처분이익 156,000원

12 다음 중 유형자산의 취득원가와 관련된 설명으로 옳지 않은 것은?

① 시운전 시 발생한 시제품의 순매각금액은 취득원가에 가산한다.
② 유형자산 취득 시 발생하는 매입할인액은 취득원가에서 차감한다.
③ 유형자산 취득과 직접 관련된 운송비, 설치비는 취득원가에 포함한다.
④ 설계와 관련되어 전문가에게 지급하는 수수료는 취득원가에 포함한다.

13 다음 자산의 분류 중 무형자산에 해당하는 것끼리 짝지어진 것은?

> 가. 상표권
> 나. 임차보증금
> 다. 실용신안권
> 라. 투자부동산

① 가, 나   ② 가, 다
③ 나, 다   ④ 다, 라

14 다음 중 기타비유동자산으로 분류될 수 없는 것은?

① 장기선급비용   ② 장기매출채권
③ 임차보증금   ④ 건설중인자산

15 다음 중 유동부채에 해당하지 않는 계정과목은?

① 미지급법인세   ② 단기대여금
③ 단기차입금   ④ 지급어음

16 다음의 계정과목 중 예수금으로 처리할 수 없는 것은?

① 근로소득세 원천징수액   ② 건강보험료(직원부담분)
③ 국민연금(직원부담분)   ④ 종업원 급여 선급액

17 다음 거래 중 비유동부채가 기입되지 않는 거래는?

① 3년 상환 조건으로 현금 100,000,000원을 차입하였다.
② 전기 말 유동성 대체한 장기차입금 20,000,000원을 현금으로 상환하였다.
③ 액면금액 1,000,000원의 사채를 액면금액으로 발행하고 대금은 당좌예금에 입금받았다.
④ 건물을 2년간 임대하는 계약을 체결하고, 임대보증금 200,000,000원과 1개월분 임대료 1,000,000원을 보통예금에 입금받았다.

18 ㈜거성은 사업축소를 위해 자기주식 100주(주당 액면금액 10,000원)를 1주당 8,000원에 현금으로 매입하여 소각하였다. 이에 대해 회계처리할 때 (가)에 기입될 계정과목은?

(차) 자본금	1,000,000원	(대) 현 금	800,000원
		(가)	200,000원

① 감자차익
② 주식발행초과금
③ 자기주식처분이익
④ 주식할인발행차금

19 ㈜세정의 아래 자료를 이용하여 계산한 기초자본은 얼마인가?

• 기초자산은 8,000,000원이었고 기말에 5,000,000원이 증가하였다.
• 기말부채액은 4,000,000원이고 당기순이익은 3,000,000원이다.

① 13,000,000원
② 10,000,000원
③ 9,000,000원
④ 6,000,000원

20 다음 중 이익잉여금에 해당하는 항목으로 옳은 것은?
① 이익준비금
② 유형자산처분이익
③ 주식할인발행차금
④ 단기매매증권처분이익

1부 회계원리

※ 재무회계의 문제에서 별도의 언급이 없으면 일반기업회계기준을 적용하고 해당 문제에서 중소기업회계기준을 명시한 경우 중소기업회계기준을 적용한다.

01 다음 중 역사적 원가에 대한 설명으로 틀린 것은?

① 자산을 취득할 당시의 공정한 시장가격을 잘 반영한다.
② 자산을 취득할 때의 교환가격이다.
③ 정상적인 청산을 가정하는 경우 현재시점에서 자산의 판매가치를 말한다.
④ 자산을 취득한 시점의 시장가치를 나타낸다.

02 다음 중 손익계산서의 작성기준에 해당하지 않는 것은?

① 발생주의　　　　　　　　　② 실현주의
③ 수익·비용대응　　　　　　　④ 현금주의

03 다음의 거래로 결합관계를 설명한 것 중 올바른 것은?

> 법인회사를 설립하기 위해 주주들이 현금 10,000,000원을 출자하였다.

① 자산의 증가　　　　　　　　② 수익의 증가
③ 비용의 증가　　　　　　　　④ 부채의 증가

04 ㈜한국의 다음 거래에 대한 회계처리 결과로 옳은 것을 〈보기〉에서 고른 것은?

> ㈜세무에 대한 외상매출금 100,000원을 ㈜한국이 ㈜세무에게 발행해 주었던 약속어음으로 회수하였다.

> 〈보기〉
> 가. 재고자산 100,000원이 증가한다.
> 나. 유동자산 100,000원이 감소한다.
> 다. 당좌자산 100,000원이 증가한다.
> 라. 유동부채 100,000원이 감소한다.

① 가, 나   ② 가, 다
③ 나, 다   ④ 나, 라

05 다음의 (가), (나)에서 설명하는 자산의 분류로 옳은 것은?

> (가) : 전자제품 유통업을 운영하는 회사가 상품 운반용으로 사용하는 자동차
> (나) : 자동차를 생산하여 판매하는 회사가 투자를 목적으로 보유하고 있는 토지

	(가)	(나)
①	재고자산	투자자산
②	투자자산	유형자산
③	유형자산	투자자산
④	유형자산	재고자산

06 다음 거래에 대한 전표를 연결한 것으로 틀린 것은?(단, 3전표제에 의하여 기입한다)

① 상품 100,000원을 외상으로 매출하였다 : 대체전표
② 상품에 대한 외상대금 40,000원을 현금으로 받았다 : 입금전표
③ 기말 결산 정리분개 중 감가상각비 50,000원을 계상하였다 : 출금전표
④ 회사에 필요한 소모품을 구입하고 현금 50,000원을 지급하였다 : 출금전표

07 다음의 내용이 설명하는 보고서에 해당하지 않는 것은?

> 이것은 기업실체의 외부 정보이용자에게 기업실체에 관한 재무정보를 전달하는 핵심적 재무보고 수단이다. 기업은 여러 형태의 보고서를 작성하여 기업의 경영성과나 재정상태 등을 외부에 공개한다.

① 현금흐름표   ② 자본변동표
③ 합계시산표   ④ 재무상태표

08 다음 중 가지급금 계정에 기입된 내용을 바탕으로 거래를 추정한 것으로 옳은 것은?

가지급금			
10월 15일	현금	10,000원	

① 현금 10,000원의 수입이 있었으나 원인을 알 수 없다.
② 상품 구입을 위해 계약금 10,000원을 현금으로 지급하였다.
③ 여비 정산을 하며 출장비 잔액 10,000원을 현금으로 반납하였다.
④ 현금 10,000원의 지출이 있었으나 계정과목과 금액을 확정할 수 없다.

09 다음에 나열된 사건 중 회계상 거래에 해당하지 않는 것은?

> 가. 은행에서 현금을 인출하였다.
> 나. 업무용차량 리스료를 지급하였다.
> 다. 재고 상품을 판매하였다.
> 라. 공장에서 사용할 기계장치를 구입하기로 약정하였다.

① 가   ② 나
③ 다   ④ 라

10 다음의 자료를 이용하여 손익계산서에 표시될 매출액을 계산하면 얼마인가?

- 총매출액은 700,000원이며 매출환입액은 20,000원이다.
- 매출 대금의 선입금으로 10,000원을 매출할인하였다.
- 매출과 관련한 판매비 100,000원이 지출되었다.

① 570,000원   ② 580,000원
③ 670,000원   ④ 680,000원

11 다음 자료를 이용하여 매출원가를 계산한 금액으로 옳은 것은?

- 총매출액 : 800,000원
- 매출총이익 : 200,000원
- 판매비와관리비 : 30,000원

① 550,000원   ② 570,000원
③ 600,000원   ④ 650,000원

12 다음 중 아래의 손익계산서의 (가), (나)에 들어갈 수 있는 계정과목으로 바르게 짝지어진 것은?

손익계산서

㈜세무	2025년 1월 1일 ~ 2025년 12월 31일		(단위 : 원)
(가)	200,000	(나)	300,000
	80,000		40,000
	70,000		60,000
당기순이익	50,000		
	400,000		400,000

	(가)	(나)
①	수수료수익	급 여
②	복리후생비	이자수익
③	여비교통비	세금과공과
④	차량운반구	수선비

13 다음 거래를 회계처리 한 후 재무상태의 변화를 설명한 것으로 옳은 것을 〈보기〉에서 고른 것은?

> 직원들의 체육대회에 경품으로 사용하기 위해 냉장고를 500,000원에 구입하고 대금은 소지하고
> 있던 자기앞수표로 지급하다.

> 〈보기〉
> 가. 유동자산의 감소
> 나. 비유동자산의 증가
> 다. 영업외비용의 발생
> 라. 판매비와관리비의 발생

① 가, 나   ② 가, 라
③ 나, 다   ④ 다, 라

14 다음의 자료를 이용하여 당기순손익을 계산하면 얼마인가?

> • 매출총이익 : 35,000원
> • 급여 : 10,000원
> • 세금과공과 : 5,000원
> • 보험료 : 4,000원

① 당기순이익 16,000원   ② 당기순이익 10,000원
③ 당기순이익 10,500원   ④ 당기순손실 16,000원

15 다음은 특정 비용 항목에 대한 일반기업회계기준의 설명이다. 이에 해당하지 않는 계정과목은?

> 이것은 제품, 상품, 용역 등의 판매활동과 기업의 관리활동에서 발생하는 비용으로서 매출원가에
> 속하지 아니하는 모든 영업비용을 포함한다.

① 급여   ② 기부금
③ 감가상각비   ④ 접대비(기업업무추진비)

16 다음 중 필요한 수정분개가 누락되었을 때 자산계정이 과대계상되는 경우는?

① 이자비용이 미지급된 경우

② 급여가 미지급된 경우

③ 선급보험료를 계상한 후 기간이 경과된 경우

④ 당기에 상품을 납품하지 않고 대금을 미리 받은 경우

17 다음 중 장부의 마감과정에서 집합손익계정으로 대체할 수 없는 것은?

① 건물   ② 보험료

③ 임대료   ④ 광고선전비

18 회계담당자의 실수로 자본적 지출을 수익적 지출로 잘못 회계처리한 경우 나타나는 현상으로 옳은 것은?

① 자산이 과대계상된다.   ② 비용이 과대계상된다.

③ 수익이 과대계상된다.   ④ 부채가 과대계상된다.

19 ㈜안양의 수정후시산표를 통해 결산 전 보험료 금액을 계산하면 얼마인가?(단, ㈜안양은 보험료 지급 당시 전액을 비용으로 처리하였다)

수정후시산표

㈜안양	2025년 1월 1일 ~ 2025년 12월 31일		(단위 : 원)
차 변	**원 면**	**계정과목**	**대 변**
⋮		⋮	⋮
100,000	원면생략	선급보험료	
⋮		⋮	⋮
220,000		보험료	
⋮		⋮	⋮

① 100,000원   ② 120,000원

③ 220,000원   ④ 320,000원

20 [중소기업회계기준] 중소기업회계기준에서 규정하고 있는 유형자산의 상각방법이 아닌 것은?

① 정액법　　　　　　　　　　② 정률법
③ 생산량비례법　　　　　　　④ 계속기록법

2부 회계원리

※ 재무회계의 문제에서 별도의 언급이 없으면 일반기업회계기준을 적용하고 해당 문제에서 중소기업회계기준을 명시한
경우 중소기업회계기준을 적용한다.

01 만기가 1년 이내 도래하는 특정현금예금은 다음 중 어디에 속하는가?

① 유동자산　　　　　　　　　② 비유동부채
③ 유형자산　　　　　　　　　④ 유동부채

02 ㈜정릉이 결산 기말에 재무상태표에 계상할 현금및현금성자산은 얼마인가?

- 소액현금 : 100,000원
- 타인발행 수표 : 200,000원
- 배당금 지급통지표 : 300,000원
- 타인발행 약속어음 : 400,000원

① 300,000원　　　　　　　　② 350,000원
③ 500,000원　　　　　　　　④ 600,000원

03 다음은 현금과부족 계정의 기입 내용이다. 결산 시 현금부족분의 원인이 판명되지 않았을 경우 (가)에 기입될 계정과목으로 옳은 것은?

		현금과부족			
12월 5일	현 금	150,000	12월 17일	보험료	140,000
			12월 31일	(가)	10,000
		150,000			150,000

① 손 익   ② 현 금

③ 잡손실   ④ 차기이월

04 다음 중 받을어음 계정의 차변에 기입하는 내용은?

① 어음대금의 회수   ② 어음의 수취

③ 어음의 배서양도   ④ 어음의 할인

05 다음은 ㈜인천이 단기시세차익을 목적으로 취득한 ㈜경기의 주식 관련 자료이다. 이를 통해 ㈜인천의 단기매매증권처분이익을 구하면?

- 4월 3일 : ㈜인천은 ㈜경기의 주식 10주를 주당 12,000원에 취득하고, 대금은 수수료 10,000원과 함께 보통예금에서 이체하여 지급하였다.
- 12월 21일 : 위 주식 중 7주를 1주당 15,000원에 처분하였으며, 수수료 5,000원을 제외한 잔액을 보통예금으로 입금받았다.

① 14,000원   ② 16,000원

③ 20,000원   ④ 21,000원

06 다음 거래를 통해 ㈜김포의 2025년 손익계산서에 계상될 대손상각비를 계산하면?

- 2월 1일 : 거래처의 파산으로 외상매출금 150,000원이 대손되었다(기초 대손충당금 잔액은 100,000원이다).
- 12월 31일 : 결산 시 외상매출금 잔액 500,000원에 대하여 3%의 대손을 예상하였다.

① 15,000원   ② 50,000원

③ 65,000원   ④ 100,000원

07 다음 중 기말재고액이 과대계상 되는 오류가 발생된 경우 재무제표에 미치는 효과로 틀린 것은?

① 당기의 매출원가가 과대계상된다.
② 당기의 매출총이익이 과대계상된다.
③ 당기의 순이익이 과대계상된다.
④ 차기에는 순이익이 과소계상되어 자동조정된다.

08 다음 중 물가가 지속적으로 상승하는 인플레이션 상태에서 기말재고 금액을 가장 작게 만드는 재고자산평가방법은 무엇인가?

① 선입선출법 　　　　　　　　　　② 총평균법
③ 후입선출법 　　　　　　　　　　④ 이동평균법

09 다음은 ㈜강원의 기말재고 관련 자료이다. 이를 모두 반영한 기말상품재고액을 계산하면?

- 장부상 기말상품재고액 : 1,000,000원
- 위탁판매 상품 : 200,000원(수탁자가 아직 판매하지 못함)
- 위탁판매 상품은 장부에 반영되지 않았다.

① 200,000원 　　　　　　　　　② 800,000원
③ 1,000,000원 　　　　　　　　　④ 1,200,000원

10 사옥을 신축할 목적으로 토지와 건물을 취득한 후 구건물을 철거하는 데 비용이 발생한 경우 회계처리할 계정과목은?

① 신축건물 취득원가 　　　　　　② 토지 취득원가
③ 수선비 　　　　　　　　　　　④ 유형자산폐기손실

11 보유 중인 차량운반구를 매각하고 대금 14,000,000원을 현금으로 수취하였다. 차량운반구의 매각으로 인한 유형자산처분손익은 얼마인가?

- 취득원가 : 20,000,000원
- 잔존가치 : 4,000,000원
- 감가상각방법 : 정액법
- 내용연수 : 8년
- 자산의 취득일자 : 2022년 1월 1일
- 매각일자 : 2025년 9월 30일
- 유형자산의 감가상각은 월할 상각을 적용하였다.

① 유형자산처분이익 1,500,000원
② 유형자산처분손실 1,500,000원
③ 유형자산처분이익 1,000,000원
④ 유형자산처분손실 1,000,000원

12 다음 자료에 의하여 기말외상매입금의 미지급액을 계산하면 얼마인가?

- 전기이월액 : 100,000원
- 당기외상매입액 : 250,000원
- 외상매입금 중 현금지급액 : 200,000원

① 100,000원
② 150,000원
③ 200,000원
④ 250,000원

13 기업 고유의 목적과 관계없이 타 회사를 지배할 목적이나 장기적인 투자 이윤을 얻을 목적으로 장기적으로 투자된 자산의 항목으로 옳은 것은?

① 당좌자산
② 무형자산
③ 유형자산
④ 투자자산

14 다음 중 무형자산에 속하는 것끼리 묶어 놓은 것은?

① 건설중인자산 – 산업재산권
② 산업재산권 – 소프트웨어
③ 특허권 – 임차보증금
④ 장기대여금 – 상장주식

15 다음의 자료를 이용하여 유동부채 총액을 계산하면?

- 예수금 : 150,000원
- 사채 : 500,000원
- 외상매입금 : 200,000원
- 단기차입금 : 300,000원

① 450,000원   ② 650,000원

③ 900,000원   ④ 1,150,000원

16 유형자산의 감가상각방법에 대한 다음의 내용 중 (가) 안에 들어갈 용어로 옳은 것은?

감가상각비(정률법) = [취득원가 − (가)] × 상각률

① 감가상각누계액   ② 잔존가액

③ 내용연수   ④ 매입부대비용

17 다음 (가), (나)의 거래를 분개할 때 대변에 기입되는 계정과목으로 바르게 짝지은 것은?

(가) : 신제품을 생산하기 위하여 기계를 10,000,000원에 구입하고, 대금은 3개월 후에 지급하기로 하였다.

(나) : 신제품을 공급해 주기로 하고 대금 중 계약금 1,000,000원을 현금으로 받았다.

	(가)	(나)
①	미지급금	선수금
②	미지급금	선급금
③	외상매입금	선수금
④	외상매입금	선급금

18 다음 중 자본항목의 분류로 옳은 것은?

① 감자차익 : 자본잉여금

② 이익준비금 : 자본조정

③ 주식발행초과금 : 이익잉여금

④ 주식할인발행차금 : 자본잉여금

19 다음은 개인기업의 자본금계정이다. (가)와 (나)에 기입될 수 있는 것을 바르게 짝지은 것은?

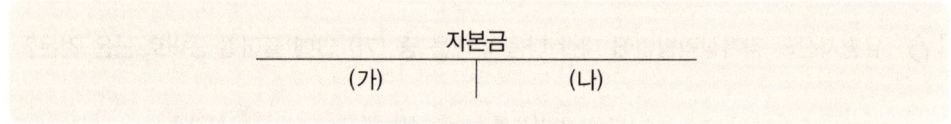

	자본금	
	(가)	(나)

	(가)	(나)
①	인출금, 차기이월	추가출자, 전기이월
②	인출금, 추가출자	전기이월, 당기순이익
③	전기이월, 당기순이익	차기이월, 추가출자
④	추가출자, 당기순손실	전기이월, 인출금

20 다음의 자료를 이용하여 기말자본을 계산하면 얼마인가?

• 기초자본 : 300,000원

• 총수익 : 600,000원

• 총비용 : 400,000원

① 300,000원   ② 400,000원

③ 500,000원   ④ 600,000원

제89회 3급 기출문제

1부 회계원리

※ 재무회계의 문제에서 별도의 언급이 없으면 일반기업회계기준을 적용하고 해당 문제에서 중소기업회계기준을 명시한 경우 중소기업회계기준을 적용한다.

01 다음 중 재무제표 작성 시 필수 기재사항이 아닌 것은?

① 기업명
② 담당자명
③ 재무제표의 명칭
④ 보고기간 종료일 또는 회계기간

02 다음 중 회계상 거래에 속하지 않는 것은?

① 매출 대금으로 받아 보관 중인 받을어음 1,000,000원이 지급 거절되어 부도 처리하였다.
② 신제품 개발을 위하여 ㈜세무와 1,000,000원의 연구개발 용역을 체결하였다.
③ 공장에 화재가 발생하여 1,000,000원의 기계장치가 불에 전소되었다.
④ 폭우로 인해 1,000,000원의 건물 지붕이 소실되었다.

03 거래 발생 시 다음의 과정을 거쳐 회계처리를 하게 된다. 각 과정을 부르는 용어로 옳은 것은?

회계상 거래 발생	⇨ (가)	분개장	⇨ (나)	총계정원장

	(가)	(나)
①	분 개	마 감
②	분 개	전 기
③	마 감	이 월
④	이 월	분 개

04 다음은 8월 중 매입처 원장의 각 계정에 기재된 내용이다. 8월 말 현재 외상매입금의 잔액은 얼마인가?

갑 상점					
8월 10일	매 입	50,000원	8월 1일	전월이월	20,000원
			8월 15일	매 입	300,000원

을 상점					
8월 25일	당좌예금	100,000원	8월 1일	전월이월	10,000원
			8월 20일	매 입	200,000원

① 350,000원 　　　　　　　② 380,000원

③ 430,000원 　　　　　　　④ 530,000원

05 다음의 회계 등식 중 옳지 않은 것은?

① 기말자본 = 기말자산 − 기말부채

② 기말자산 = 기말부채 + 기초자본 + 당기순이익

③ 기말자본 = 기초자본 + 총수익 − 총비용

④ 기말자산 + 총비용 = 기말부채 + 기말자본 + 총수익

06 다음 중 손익거래에 해당하는 것은?

① 사무용 비품 300,000원을 현금으로 구입하였다.

② 현금 1,000,000원을 출자하여 영업을 개시하였다.

③ 건물 임대차 계약을 맺고 월세 200,000원을 현금으로 받았다.

④ 상품을 500,000원(원가 300,000원)에 매출하고 대금은 현금으로 받았다.

07 세무상사의 2025년 1월 1일 현재의 재무상태가 다음과 같을 때 단기대여금을 구하시오.

- 현금 : 3,700,000원
- 선수금 : 1,400,000원
- 받을어음 : 1,900,000원
- 단기대여금 : (   )원
- 자본금 : 5,000,000원
- 미지급금 : 1,800,000원

① 1,200,000원
② 2,600,000원
③ 2,000,000원
④ 2,400,000원

08 다음 중 재무상태표에만 영향을 주는 거래는?
① 외상 매입 대금을 현금으로 지급
② 대여금의 이자를 현금으로 회수
③ 업무용 차량의 자동차세를 현금으로 지급
④ 차입금에 대한 이자를 현금으로 지급

09 다음의 자료를 이용하여 매출원가를 계산하면 얼마인가?(단, 원가흐름에 대한 가정은 선입선출법이다)

- 기초재고자산 : 50,000원
- 당기매입액 : 600,000원
- 기말재고자산 : 90,000원
- 판매가능액 : 650,000원

① 560,000원
② 650,000원
③ 690,000원
④ 740,000원

10 다음은 회계 정보의 질적 특성 중 무엇에 대한 설명인가?

> 의사결정 시점에 정보가 이용 가능해야 한다는 속성

① 예측 가치   ② 피드백 가치

③ 적시성   ④ 검증 가능성

11 다음 중 영업외비용 계정은 몇 개인가?

> 가. 복리후생비
> 나. 지급임차료
> 다. 잡손실
> 라. 기부금

① 1개   ② 2개

③ 3개   ④ 4개

12 다음 중 영업이익의 계산과 관련이 없는 계정은?

① 이자수익   ② 세금과공과

③ 수도광열비   ④ 기업업무추진비

13 ㈜세무백화점은 2025년 6월에 상품을 판매하면서 자사 상품권을 받았다. 해당 거래를 회계처리할 경우 차변의 계정과목으로 옳은 것은?

① 외상매입금   ② 현금

③ 매출   ④ 상품권선수금

14 회계순환과정 중 분개장 작성 후에 수행하는 절차와 가장 관련이 있는 것은?

① 시산표   ② 보조부
③ 총계정원장   ④ 매입·매출장

15 세무상점은 2025년 4월 1일 건물의 1년분 임대료(2025년 4월 1일 ~ 2026년 3월 31일) 180,000원을 전액 현금으로 받고 임대료 계정으로 회계처리 하였다. 2025년 12월 31일 결산 재무상태표에 기록되는 선수임대료 금액은 얼마인가?

① 45,000원   ② 60,000원
③ 120,000원   ④ 135,000원

16 다음 중 시산표에서 발견할 수 있는 오류로 올바른 것은?

① 거래를 완전히 누락한 경우
② 거래를 중복하여 두 번 전기한 경우
③ 대차 중 어느 한 변의 전기를 누락한 경우
④ 차변과 대변의 계정과목을 바꾸어 전기한 경우

17 다음 중 판매비와관리비가 발생하는 거래를 모두 고른 것은?

가. 기말에 영업용 사무실건물에 대한 감가상각비 60,000원을 계상하였다.
나. 화재로 인하여 영업용 차량 500,000원이 소실되었다.
다. 차입금에 대한 이자 100,000원을 현금으로 지급하였다.
라. 거래처 사장의 결혼 축의금 200,000원을 현금으로 지급하였다.

① 가, 나   ② 가, 라
③ 나, 라   ④ 다, 라

18 회계상점의 결산 결과 당기순이익은 900,000원이었으나 아래의 사항이 누락 되었음을 발견하였다. 수정 후의 올바른 당기순이익은 얼마인가?

> • 보험료 미지급액 : 150,000원
> • 임대료 미수분 : 100,000원
> • 이자비용 선급분 : 70,000원

① 750,000원 ② 920,000원
③ 1,000,000원 ④ 1,170,000원

19 다음 중 회계기간에 대한 설명으로 틀린 것은?
① 인위적으로 구분한 기간으로 회계연도라고도 한다.
② 1 회계기간은 당기 기초시점부터 기말시점까지를 말한다.
③ 기업의 경영성과와 재무상태를 파악하기 위한 시간적인 개념이다.
④ 회계기간은 원칙적으로 2년을 초과할 수 없다.

20 [중소기업회계기준] 다음 중 재무제표 작성기준에 대한 설명으로 틀린 것은?
① 수익과 비용을 상계하도록 요구하는 경우에는 상계하여 표시할 수 있다.
② 손익계산서에 중단사업손익을 별도 구분하여 표시하지 않는다.
③ 자본계정에 기타포괄손익누계액을 구분하여 표시하지 않는다.
④ 대차대조표에 기타비유동자산을 구분하여 표시하지 않는다.

2부 회계원리

※ 재무회계의 문제에서 별도의 언급이 없으면 일반기업회계기준을 적용하고 해당 문제에서 중소기업회계기준을 명시한 경우 중소기업회계기준을 적용한다.

01 다음 중 현금 및 현금성자산에 해당하지 않는 것은?

① 기업이 통화 및 통화대용증권을 금고에 보관하고 있는 것
② 단기금융상품 중 취득 당시 만기가 3개월 미만인 것
③ 당좌예금, 보통예금, 타인발행수표
④ 만기가 1년 이내 도래하는 특정현금예금

02 다음 중 대손처리할 수 없는 계정과목은?

① 선수금
② 외상매출금
③ 받을어음
④ 미수금

03 다음 중 단기금융상품에 해당하지 않는 것을 고르면?

① 정기예금
② 정기적금
③ 사용이 제한된 예금
④ 당좌예금

04 다음의 유가증권 중 만기보유증권으로 분류될 수 없는 것은?

① 회사채
② 국·공채
③ 지방채
④ 주식

05 다음의 자료에서 당기 손익계산서에 보고되는 외상매출금의 대손상각비는 얼마인가?

> • 전기 말 외상매출금의 대손충당금 잔액은 40,000원이다.
> • 당기 중 외상매출금 30,000원을 회수 불능으로 대손 처리하였다.
> • 당기 말 외상매출금 잔액 5,000,000원에 대해 1%의 대손을 설정하였다.

① 20,000원 ② 30,000원
③ 40,000원 ④ 50,000원

06 다음 중 결산 시 단기매매증권과 매도가능증권을 공정가치로 평가하는 경우 평가손익을 재무제표에 올바르게 반영한 것은?

	단기매매증권평가손익	매도가능증권평가손익
①	재무상태표	재무상태표
②	손익계산서	손익계산서
③	재무상태표	손익계산서
④	손익계산서	재무상태표

07 다음 설명은 회계의 구성 요소에 대한 설명이다. 이에 해당하는 계정과목으로 올바른 것은?

> 과거 거래나 사건의 결과로서 보고기간 종료일 현재 기업에 의해 지배되고 미래에 경제적 가치를 창출할 것으로 기대되는 자원이다.

① 받을어음 ② 임차료
③ 이자수익 ④ 외상매입금

08 다음의 거래를 분개할 때 차변 계정과목으로 옳은 것은?

> 매입처 부산상점에 상품을 주문하고 계약금 300,000원을 현금으로 지급하였다.

① 가수금 ② 선수금
③ 선급금 ④ 가지급금

09 다음 중 재고자산의 취득원가를 결정하는 데 반영되지 않는 것은?

① 제조가능한 장소까지 이동시키는 데 소요되는 보험료와 수수료
② 매입상품과 관련된 취급, 보관을 위해 지출한 비용
③ 매입상품에 대한 운반비(도착지 인도조건의 경우)
④ 매입할인 및 매입에누리와 환출

10 다음 중 상품을 외상으로 매입하고 거래처별로 그 거래내역을 기록하는 보조장부는?

① 매입처원장
② 매입장
③ 상품재고장
④ 매출처원장

11 다음 중 비정상적인 원인으로 원재료의 재고감모손실이 발생된 경우 올바른 회계처리는?

① 제조원가에 산입한다.
② 영업외비용으로 보고한다.
③ 매출원가에 산입한다.
④ 판매비와관리비에 산입한다.

12 다음 중 유형자산의 정의에 포함되지 않는 것은?

① 화폐성 자산
② 물리적 실체가 있음
③ 미래의 경제적 효익이 있음
④ 영업활동에 사용

13 다음 중 무형자산에 대한 설명으로 옳지 않은 것은?

① 무형자산이란 타인에게 임대하거나 직접 사용하기 위하여 보유한, 물리적 형체가 없는 자산을 말한다.
② 무형자산에는 지식재산권, 개발비, 경상연구개발비, 영업권 등이 포함된다.
③ 무형자산을 처분하는 경우 처분금액과 장부금액의 차액을 무형자산처분손익으로 인식한다.
④ 무형자산은 상각누계액을 취득원가에서 직접 차감한 잔액으로 대차대조표에 표시한다.

14 유형자산 취득 후의 지출 사례 중 자본적 지출에 해당하지 않는 것은?

① 자동차 타이어의 교체비용
② 건물의 증축 공사비용
③ 건물의 피난 시설 설치비용
④ 창고를 사무실로 개조하는 비용

15 다음 ㈜강원의 자료에서 건물의 2025년 감가상각비로 계상될 금액에 대한 설명으로 올바른 것은?

- 2025년 1월 1일에 건물을 100,000,000원에 취득
- 내용연수 20년, 정액법 상각

① 업무용인 경우 감가상각비는 5,000,000원이다.
② 판매용인 경우 감가상각비는 5,000,000원이다.
③ 판매용, 업무용 구분 없이 감가상각비는 5,000,000원이다.
④ 판매용, 업무용 구분 없이 건물에 대하여 감가상각을 하지 않는다.

16 다음 중 일반기업회계기준에서 분류하는 기타비유동자산에 해당하지 않는 것은?

① 영업권　　　　　　　　　② 임차보증금
③ 장기미수금　　　　　　　④ 장기매출채권

17 다음 중 유동자산에 대한 설명으로 틀린 것은?

① 당좌자산과 재고자산으로 분류된다.
② 당좌자산에는 금융자산이 포함된다.
③ 당좌자산에는 대손충당금 설정 대상 채권이 포함된다.
④ 재고자산에는 감가상각 대상 자산이 포함된다.

18 다음 거래의 결과로 발생하는 비유동부채의 증감액을 계산하면 얼마인가?

> • 장기차입금 70,000원 중 40,000원이 1년 이내에 만기가 도래하였다.
> • 기말에 액면금액 100,000원의 사채를 100,000원에 액면발행(만기 : 3년, 액면이자율 : 5%, 이자지급 : 매년 말일)하여 당좌예입하였다.

① 총감소액 17,000원
② 총증가액 23,000원
③ 총감소액 50,000원
④ 총증가액 60,000원

19 다음의 계정과목 중 성격이 다른 하나는 무엇인가?
① 자산수증이익
② 채무면제이익
③ 자기주식처분이익
④ 유형자산처분이익

20 다음 중 주식회사가 이사회나 주주총회의 결의에 의하여 이익잉여금 또는 자본잉여금을 자본에 전입하고 기존 주주들에게 신주를 교부하는 경우에 해당하는 것은?
① 무상증자   ② 유상증자
③ 현금배당   ④ 주식배당

1부 회계원리

※ 재무회계의 문제에서 별도의 언급이 없으면 일반기업회계기준을 적용하고 해당 문제에서 중소기업회계기준을 명시한 경우 중소기업회계기준을 적용한다.

01 다음 중 회계의 주된 목적에 대한 설명으로 가장 옳은 것은?

① 자금 조달을 원활하게 할 수 있도록 자료를 제공한다.
② 기업의 소유주에게 이익을 극대화 시켜준다.
③ 기업이해관계자들의 의사결정에 유용한 회계 정보를 제공한다.
④ 거래처의 채권과 채무를 기록 및 계산한다.

02 다음 중 계정의 기록이 옳지 않은 것은?

① 매출채권의 감소 : 대변
② 선급금의 감소 : 대변
③ 매입채무의 증가 : 대변
④ 차입금의 감소 : 대변

03 다음 거래의 분개로 옳은 것은?

㈜서울은 투자목적으로 건물을 100,000,000원에 구입하고 대금은 현금으로 지급하였다.

① (차) 투자부동산 100,000,000원 (대) 현 금 100,000,000원
② (차) 건설중인자산 100,000,000원 (대) 현 금 100,000,000원
③ (차) 장기금융상품 100,000,000원 (대) 현 금 100,000,000원
④ (차) 매도가능증권 100,000,000원 (대) 현 금 100,000,000원

04 다음 중 계정의 잔액을 올바르게 기재한 것은?

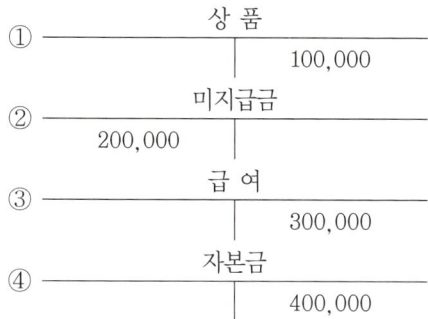

05 다음에서 설명하는 재무제표의 구성요소는 무엇인가?

> 기업이 거래나 과거사건의 결과로 미래에 타인에게 현금이나 서비스를 지급해야 하는 채무 또는 의무를 말한다.

① 자 산   ② 부 채
③ 수 익   ④ 비 용

06 다음 거래에 대한 결합관계를 설명한 것 중 올바른 것은?

> 법인회사를 설립하기 위해 주주들이 현금 10,000,000원을 출자하였다.

① 비용의 증가   ② 수익의 증가
③ 자본의 증가   ④ 부채의 증가

07 다음 중 계정과목을 자산, 부채, 자본 항목으로 연결한 것 중 옳지 않은 것은?

① 단기대여금 : 자산   ② 미지급금 : 부채
③ 영업권 : 부채   ④ 주식발행초과금 : 자본

08 다음 자료에 의해 계상될 판매비와관리비 금액은 얼마인가?

> • 매출액 : 1,500,000원
> • 급여 : 300,000원
> • 여비교통비 : 70,000원
> • 소모품비 : 50,000원
> • 매출원가 : 700,000원
> • 복리후생비 : 100,000원
> • 유형자산처분손실 : 80,000원
> • 기부금 : 20,000원

① 320,000원　　　　　　　　② 520,000원
③ 550,000원　　　　　　　　④ 600,000원

09 다음의 자료를 이용하여 순자산(자본) 금액을 계산하면 얼마인가?

> • 단기대여금 : 200,000원
> • 매입채무 : 100,000원
> • 토지 : 300,000원
> • 장기차입금 : 500,000원
> • 임차보증금 : 600,000원

① 500,000원　　　　　　　　② 600,000원
③ 700,000원　　　　　　　　④ 800,000원

10 다음 중 수익이 발생하는 분개를 할 때 나타날 수 있는 영향으로 올바른 것은?
① 자본의 감소　　　　　　② 자산의 증가
③ 부채의 증가　　　　　　④ 비용의 발생

11 휴대폰을 판매하는 개인 회사 사장이 판매용 휴대폰을 업무가 아닌 개인적인 용도로 사용한 경우의 분개로 옳은 것은?

	차변	금액		대변	금액
①	(차) 인출금	500,000원	(대)	현 금	500,000원
②	(차) 비 품	500,000원	(대)	인출금	500,000원
③	(차) 인출금	500,000원	(대)	자본금	500,000원
④	(차) 인출금	500,000원	(대)	매 입	500,000원

12 다음의 자료를 이용하여 손익계산서에 표시될 매출액을 계산하면 얼마인가?

- 총매출액 : 500,000원
- 매출환입 : 50,000원
- 매출할인 : 30,000원
- 매출운반비 : 20,000원

① 400,000원
② 420,000원
③ 450,000원
④ 540,000원

13 다음 중 회계상의 거래에 대한 설명으로 가장 옳지 않은 것은?

① 계약을 체결하거나 주문을 접수한 경우도 회계거래로 취급한다.
② 건물이 불에 탔다면 건물이라는 자산에 변화가 일어났으므로 회계상 거래이다.
③ 회계에서는 자산, 부채, 자본의 변화를 가져오는 것이면서 그 변화의 크기를 금액으로 측정할 수 있는 사건을 거래라고 하며 장부기록의 대상이 된다.
④ '회계거래로 인식한다'라는 의미는 금액으로 표시하여 장부상에 반영함으로써 재무상태표와 손익계산서에 그 영향이 나타나도록 하는 것이다.

14 다음은 2024년 ㈜공인의 재고자산과 관련된 자료이다. 당해 연도 상품매출원가를 계산하면 얼마인가?

- 기초상품재고액 : 300,000원
- 기말상품재고액 : 100,000원
- 당기상품순매입액 : 600,000원

① 300,000원
② 700,000원
③ 800,000원
④ 1,000,000원

15 다음 중 재무상태표에 대한 설명으로 옳지 않은 것은?

① 재무상태표는 일정 기간 현재 기업실체가 보유하고 있는 자산, 부채, 자본에 대한 정보를 제공하는 재무보고서이다.
② 불확실성이나 비용 대비 효익의 고려 등으로 인해 재무상태표는 모든 자산과 부채를 나타내지 않을 수 있다.
③ 재무상태표는 다른 재무제표와 함께 기업가치의 평가에 유용한 정보를 제공하여야 한다.
④ 재무상태표는 정보이용자들이 기업실체의 유동성, 재무적 탄력성, 수익성, 위험 등을 평가하는 데 유용한 정보를 제공하여야 한다.

16 다음 중 영업외수익에 해당하는 내용으로 옳은 것은?

① 문구점의 노트 판매액
② 가구점의 소파 판매액
③ 택시회사의 택시요금 수입액
④ 전자제품 판매회사의 예금이자 수익액

17 다음 중 영업이익의 감소에 영향을 주는 것은?

① 재해손실 발생   ② 기업업무추진비 지출
③ 법인세비용 납부   ④ 유형자산처분손실 발생

18 현금 1,000,000원을 출자하여 영업을 시작한 세무상사의 기말자본금은 1,700,000원이다. 해당 회계 기간에 발생한 총수익이 1,800,000원이라면 총비용은 얼마인가?

① 700,000원   ② 900,000원
③ 1,100,000원   ④ 1,300,000원

19 다음 중 자산총액과 수익총액의 변동을 동시에 발생시키는 결산 정리 사항으로 옳은 것은?

① 보험료 중 기간미경과액은 100,000원이다.
② 소모품 중 미사용액은 200,000원이다.
③ 차입금에 대한 이자 선급액은 300,000원이다.
④ 임대료에 대한 미수액은 400,000원이다.

20 [중소기업회계기준] 다음 중 당좌자산에 대한 설명으로 옳지 않은 것은?

① 당좌자산이란 재고자산에 속하지 않는 유동자산을 말한다.
② 당좌자산에는 현금및현금성자산, 단기투자자산, 매출채권, 선급비용 등이 포함된다.
③ 선급금은 상품, 원재료 등의 매입을 위하여 선급한 금액을 말한다.
④ 미수금은 일반적 상거래(예 : 상품, 제품 판매)에서 발생한 채권을 말한다.

2부 회계원리

※ 재무회계의 문제에서 별도의 언급이 없으면 일반기업회계기준을 적용하고 해당 문제에서 중소기업회계기준을 명시한 경우 중소기업회계기준을 적용한다.

01 현금및현금성자산 중 통화 및 통화대용증권에 포함되지 않는 것은?

① 가계수표
② 차용증서
③ 송금환
④ 우편환

02 다음 중 당좌예금에 대한 설명으로 옳지 않은 것은?

① 당좌예금을 인출하기 위하여 당좌수표를 발행하여야 한다.
② 당좌수표를 발행하는 경우 당좌예금 계정의 대변에 기록한다.
③ 당좌차월은 다른 은행의 당좌예금과 상계한다.
④ 당좌예금은 현금및현금성자산에 포함한다.

03 다음의 자료를 이용하여 단기매매증권의 매각금액을 계산하면 얼마인가?

- 당기 중 단기매매증권을 980,000원에 매입하면서 수수료 20,000원을 지급하였다.
- 당기 말에 단기매매증권을 매각하여 처분이익 40,000원이 발생하였다.

① 980,000원
② 1,000,000원
③ 1,020,000원
④ 1,040,000원

04 ㈜수원은 2024년 10월 20일 50,000원의 매출채권을 거래 은행에 매각(통제권 이전)하고 48,000원을 수령한 경우 올바른 회계처리는 무엇인가?

① (차) 현 금	48,000원	(대) 매출채권		48,000원
② (차) 현 금	48,000원	(대) 단기차입금		48,000원
③ (차) 현 금	48,000원	(대) 매출채권		50,000원
매출채권처분손실	2,000원			
④ (차) 현 금	48,000원	(대) 단기차입금		50,000원
이자비용	2,000원			

05 다음 중 대손충당금의 회계처리에 대한 설명으로 옳지 않은 것은?

① 회수가 불확실한 채권은 대손추산액을 대손충당금으로 설정한다.

② 대손추산액에서 대손충당금잔액을 가산한 금액을 대손상각비로 계상한다.

③ 회수가 불가능한 채권은 대손충당금과 상계한다.

④ 매출채권에 대한 대손상각비는 판매비와관리비로 처리하고 기타채권에 관한 대손상각비는 영업외비용으로 처리한다.

06 다음 중 유동자산의 분류가 다르게 되는 것은 무엇인가?

① 매출채권   ② 상 품

③ 재공품   ④ 제 품

07 다음의 자료에서 설명하는 것으로 가장 올바른 것은?

> 현금 및 거래상대방에게서 현금을 수취할 목적으로 보유하는 계약상 모든 권리

① 단기투자자산   ② 매출채권

③ 금융자산   ④ 자본금

08 다음 중 부채계정으로만 짝지어진 것은?

① 선수금, 미지급금   ② 미지급금, 미수금

③ 선급금, 미수금   ④ 선급금, 선수금

09 다음 중 받을어음계정의 대변에 기록되는 거래가 아닌 것은?

① 거래처가 발행한 환어음의 인수제시가 있어 인수를 승낙하였다.

② 매출대금으로 받아 보관 중인 거래처발행 약속어음이 만기가 되어 현금으로 받았다.

③ 외상매입금을 지급하기 위해 소지하고 있던 거래처발행 약속어음을 배서양도 하였다.

④ 거래처로부터 받아 보관 중인 약속어음을 만기일 전에 은행에서 할인하였다.

10 다음 중 재고자산에 해당하지 않는 것은?

① 생산에 투입되기 위해 대기 중인 자산
② 생산이 완료되었으나 아직 판매되지 않고 보관 중인 자산
③ 생산 과정 중에 있는 자산
④ 생산이 완료되어 할부판매된 제품

11 다음의 외상거래 중 매입채무로 처리하기에 가장 적절하지 않은 것은?

① 부동산매매업을 주업으로 하는 회사에서 판매용 상가를 매입하였다.
② 커피 제조회사에서 기계장치를 매입하였다.
③ 자동차판매회사에서 판매용 트럭을 매입하였다.
④ 제약회사에서 약품 원재료를 매입하였다.

12 다음의 자료를 이용하여 기말 장부금액에 포함될 재고자산을 계산하면 얼마인가?

- 판매한 선적지 인도조건의 상품 : 400,000원
- 판매하여 매입자가 매입의사를 표시한 시송품 : 200,000원
- 위탁자에 발송하여 판매되지 않은 적송품 : 300,000원

① 200,000원   ② 300,000원
③ 400,000원   ④ 500,000원

13 다음의 자료로 상품의 당기 순매입액을 계산하면?

- 당기에 상품 500개를 개당 1,000원에 외상으로 매입하였다.
- 이때 30,000원의 운반비가 발생하였다.
- 상품 500개 중 20개가 반품되었다.
- 외상매입금을 조기지급하여 8,000원의 매입할인을 받았다.

① 502,000원   ② 510,000원
③ 522,000원   ④ 530,000원

14 다음 중 무형자산과 가장 관련이 없는 것은?

① 비유동자산　　　　　　　② 유상취득한 영업권
③ 비화폐성자산　　　　　　④ 연구비

15 다음 중 비유동자산의 분류가 나머지와 다른 것은?

① 만기보유증권　　　　　　② 장기대여금
③ 장기매출채권　　　　　　④ 투자부동산

16 다음 중 업무용으로 사용할 목적으로 컴퓨터를 보유하는 경우 회계처리에 사용하는 계정은?

① 재고자산　　　　　　　　② 투자자산
③ 유형자산　　　　　　　　④ 무형자산

17 다음은 ㈜전주의 2024년 재무상태표 중 일부이다. 다음의 설명 중 옳지 않은 것은?(단, 모든 자산은 2024년에 취득하였다)

재무상태표		
㈜전주	2024년 12월 31일 현재	(단위 : 원)
2. 유형자산		?
비품	10,000,000	
감가상각누계액	(4,500,000)	5,500,000
차량운반구	30,000,000	
감가상각누계액	(12,000,000)	18,000,000

① 비품의 취득원가는 10,000,000원이다.
② 차량운반구의 장부가액은 18,000,000원이다.
③ 2024년 손익계산서의 감가상각비는 16,500,000원이다.
④ 재무상태표에 표시되는 유형자산 장부금액의 합계액은 40,000,000원이다.

18 다음의 자료를 이용하여 2024년도 12월 31일에 손익계산서에 계상할 감가상각비는 얼마인가?

- 2024년 8월 1일에 시설장치를 60,000,000원에 구입하였다.
- 내용연수는 5년이고 잔존가치는 취득원가의 10%이다.
- 회계기간은 1월 1일 ~ 12월 31일까지이다.
- 감가상각방법은 정액법을 적용하며 월할계산한다.

① 4,500,000원   ② 5,000,000원
③ 7,000,000원   ④ 12,000,000원

19 다음 중 자본의 분류상 성격이 다른 것은?

① 주식발행초과금   ② 주식할인발행차금
③ 감자차손   ④ 자기주식처분손실

20 다음 중 무상감자의 방법에 해당하지 않는 것은?

① 발행주식수를 감소시키는 방법
② 주당액면금액을 감소시키는 방법
③ 자기주식을 취득하여 소각하는 방법
④ 발행주식수와 주당액면가액을 감소시키는 방법

1부 회계원리

※ 재무회계의 문제에서 별도의 언급이 없으면 일반기업회계기준을 적용하고 해당 문제에서 중소기업회계기준을 명시한 경우 중소기업회계기준을 적용한다.

01 다음 중 재무회계와 관련이 없는 것은?

① 기업회계기준　　　　　　　② 외부정보이용자
③ 비화폐적 정보　　　　　　　④ 과거의 실적정보

02 다음 중 재무상태표의 구성요소가 아닌 것은?

① 자 산　　　　　　　　② 부 채
③ 자 본　　　　　　　　④ 비 용

03 다음의 회계장부 중 주요부로만 짝지어진 것은?

① 총계정원장, 상품재고장　　　② 분개장, 매입장
③ 분개장, 총계정원장　　　　　④ 매입장, 매출장

04 다음 중 가구 제조·판매를 주업으로 하는 회사의 회계처리와 관련하여 거래내용과 계정과목의 연결이 적절하지 않은 것은?

① 가구 배달용 트럭을 외상으로 처분했다 : 미수금
② 가구 전시장 임차료 1년분을 미리 지급했다 : 선급비용
③ 건설회사에 가구를 외상으로 납품했다 : 매출채권
④ 가구를 인도하기 전에 대금을 일부 받았다 : 선급금

05 다음 중 둘 이상의 거래요소의 결합관계로 옳지 않은 것은?

① (차) 자산의 증가   (대) 부채의 감소
       비용의 발생

② (차) 자산의 증가   (대) 자산의 감소
                        수익의 발생

③ (차) 자산의 증가   (대) 수익의 발생
       비용의 발생   자산의 감소

④ (차) 부채의 감소   (대) 자산의 감소
       비용의 발생

06 다음 중 순자산을 증가시키는 거래에 해당하는 것은?

① 자산의 감소   ② 부채의 감소
③ 비용의 발생   ④ 자본의 감소

07 다음 중 외상매입금 계정을 대변에 기입하는 거래로 올바른 것은?

① 상품을 외상으로 매입한 경우
② 외상매입한 상품을 환출한 경우
③ 외상매입대금을 할인받은 경우
④ 외상매입금을 어음 발행하여 지급한 경우

08 결산의 절차 중 빈칸 (가)의 단계에 해당하는 것은?

| 예비 절차 | → | (가) | → | 보고서 작성 |

① 총계정원장 마감   ② 결산 수정 분개
③ 시산표 작성   ④ 재무상태표 작성

09 ㈜이윤이 2024년 매입한 상품은 5,700,000원이었다. 2024년 ㈜이윤의 기말 재무상태표에 표시되는 상품이 다음과 같을 때 2024년의 매출원가는?

	2024년	2023년
2. 재고자산		
상 품	550,000원	650,000원

① 5,600,000원
② 5,700,000원
③ 5,800,000원
④ 5,900,000원

10 다음 중 유동성배열법에 의한 재무상태표 작성 시 가장 나중에 기재되는 자산계정은 무엇인가?

① 전세권
② 단기대여금
③ 미지급비용
④ 차량운반구

11 다음 중 회계의 기본가정인 계속기업 가정과 관련이 없는 것은?

① 역사적 원가
② 현행원가
③ 감가상각
④ 유동성배열

12 다음 중 손익계산서의 작성기준으로 올바르지 않은 것은?

① 발생주의
② 현금주의
③ 수익·비용대응 원칙
④ 실현주의

13 다음 중 영업이익을 계산할 때 아무 영향이 없는 계정과목의 합계액은 얼마인가?

> • 이자비용 : 50,000원
> • 임차료 : 30,000원
> • 기부금 : 40,000원
> • 유형자산처분손실 : 20,000원
> • 건물 감가상각비 : 10,000원
> • 퇴직급여 : 50,000원

① 90,000원 ② 110,000원
③ 130,000원 ④ 150,000원

14 다음 중 상품권에 대한 수익을 인식하는 시기로 옳은 것은?

① 상품권을 할인하여 판매한 때
② 상품권을 발행하여 판매한 때
③ 상품권의 유효기간이 경과한 때
④ 물품 등을 제공 또는 판매하여 상품권을 회수한 때

15 수익은 재화의 판매, 용역의 제공이나 자산의 사용에 대하여 받았거나 또는 받을 대가의 (　)로 측정한다. (　)안에 들어갈 단어로 옳은 것은?

① 역사적 원가 ② 상각후원가
③ 공정가치 ④ 미래가치

16 다음 중 결산정리분개 유형에 해당하지 않는 것은?

① 미지급비용 ② 미수금
③ 미수수익 ④ 선급비용

17 다음 중 손익계산서에 표시될 수 없는 계정과목은?

① 선수수익   ② 감가상각비

③ 여비교통비   ④ 기부금

18 다음 중 손익거래에 해당하는 것은?

① 현금 1,000,000원을 추가 출자하다.

② 비품 200,000원을 외상으로 구입하다.

③ 전기료 1,000,000원을 현금으로 지급하다.

④ 은행에서 1,000,000원을 3개월 후 상환하기로 하고 차입하다.

19 세무상사의 회계 담당자가 자본적 지출을 수익적 지출로 잘못 회계처리한 경우, 재무제표에 미치는 영향으로 옳은 것은?

① 자산 과대계상   ② 자본 과대계상

③ 수익 과대계상   ④ 비용 과대계상

20 [중소기업회계기준] 다음 중 재고자산의 평가에 대한 설명으로 옳지 않은 것은?

① 재고자산의 취득원가는 매입원가 또는 제조원가를 말한다.

② 재고자산의 순실현가능가치가 취득원가보다 중요하게 낮아지면 순실현가능가치를 장부금액으로 한다.

③ 재고자산의 단위원가는 개별법, 선입선출법, 평균법, 정률법 등을 사용하여 결정한다.

④ 재고자산의 취득 과정에서 정상적으로 발생한 부대원가는 취득원가에 포함한다.

2부 회계원리

※ 재무회계의 문제에서 별도의 언급이 없으면 일반기업회계기준을 적용하고 해당 문제에서 중소기업회계기준을 명시한 경우 중소기업회계기준을 적용한다.

01 다음 중 회계처리 과정에서 차변에 현금계정이 기입되는 거래는?

① 상품을 매입하고 자기앞수표로 지급하다.
② 상품매입대금을 약속어음을 발행하여 지급하다.
③ 상품외상대금으로 약속어음을 받다.
④ 상품매출대금으로 거래처발행 수표를 받다.

02 다음은 당좌예금과 관련된 내용이다. 빈칸 (가), (나)에 해당하는 내용으로 올바른 것은?

기업이 은행과 당좌 거래 계약을 맺고 일정액을 개설 보증금으로 납입하여 계약을 체결하면 일정 한도액까지 예금액을 초과하여 수표를 발행할 수 있다. 이렇게 당좌예금의 잔액을 초과하여 지급된 금액을 (가) 이라 하고 재무상태표에는 (나) 계정으로 표시한다.

	(가)	(나)
①	당좌예금	단기대여금
②	당좌예금	단기차입금
③	당좌차월	단기대여금
④	당좌차월	단기차입금

03 ㈜제주는 당기인 2024년에 1,200,000원의 매출액을 기록하였다. 매출채권 자료가 다음과 같을 때 2024년 ㈜제주의 매출 회수액은 얼마인가?

- 기초매출채권 : 0원
- 기말매출채권 : 100,000원

① 900,000원
② 1,000,000원
③ 1,100,000원
④ 1,200,000원

04 다음의 설명 중 올바르지 않은 것은?

① 감가상각은 수익·비용 대응의 원칙에 의해 유형자산의 취득원가를 내용연수 동안 체계적인
방법으로 회계기간에 비용으로 배분하는 절차이다.

② 유형자산을 처분할 때 처분대가가 장부금액보다 크면 유형자산처분이익이 발생한다.

③ 유형자산 중 대지, 임야, 전답 등은 토지 계정을 사용하고 감가상각을 한다.

④ 감가상각방법에는 정액법, 정률법 등이 있다.

05 ㈜공정이 보유 중인 유가증권(시장성이 있으며 단기매매목적)에 대한 내역이다. 손익계산서에 계상
될 단기매매증권평가이익은 얼마인가?

- 보유 주식 수 : 300주
- 취득단가 : 1주당 50,000원
- 기말 공정가액 : 1주당 70,000원

① 5,000,000원   ② 6,000,000원
③ 7,000,000원   ④ 8,000,000원

06 다음 자료를 이용하여 매출채권을 계산하면 얼마인가?

- 선급금 : 100,000원
- 지급어음 : 50,000원
- 외상매출금 : 250,000원
- 받을어음 : 150,000원
- 외상매입금 : 150,000원
- 단기대여금 : 350,000원

① 300,000원   ② 400,000원
③ 500,000원   ④ 600,000원

07 ㈜대손의 기초 대손충당금 잔액이 3,000원이고 당기에 대손 1,000원이 발생하였다. 당기 말 400,000원의 매출채권 잔액에 대하여 1%의 대손충당금을 설정하고자 한다. ㈜대손의 회계처리로 올바른 것은?

① (차) 대손상각비   2,000원   (대) 대손충당금   2,000원
② (차) 대손상각비   1,000원   (대) 매출채권   1,000원
③ (차) 대손충당금   3,000원   (대) 매출채권   3,000원
④ (차) 대손상각비   4,000원   (대) 대손충당금   4,000원

08 ㈜자본의 다음 자료를 이용하여 기초자본을 계산하면 얼마인가?

- 기초자산은 7,000,000원이었고 기말에 5,000,000원이 증가하였다.
- 기말부채액은 3,000,000원이고 당기순이익은 4,000,000원이었다.

① 5,000,000원   ② 8,000,000원
③ 9,000,000원   ④ 12,000,000원

09 다음 중 재고자산에 대한 설명으로 옳지 않은 것은?
① 시송품은 매입자가 매입의사표시를 하기 전까지는 판매자의 재고자산에 포함한다.
② 적송품은 수탁자가 제3자에게 판매하기 전까지는 위탁자의 재고자산에 포함한다.
③ 목적지인도조건인 경우 아직 도착하지 않은 미착상품은 매입자의 재고자산에 포함한다.
④ 할부판매상품은 대금이 모두 회수되지 않았다고 하더라도 상품의 판매 시점에 판매자의 재고자산에서 제외한다.

10 다음 중 재고자산의 매입원가에 가산하는 항목으로 틀린 것은?
① 하역료   ② 매입운임
③ 매입에누리   ④ 매입 관련 보험료

11 다음의 계정과목 중에서 임시계정으로 기말 재무상태표에는 표시하지 않는 것은?

① 현금과부족   ② 예수금
③ 선급금   ④ 미지급금

12 다음 중 재고자산의 단가 결정 방법으로 옳지 않은 것은?

① 개별법   ② 선입선출법
③ 계속기록법   ④ 총평균법

13 다음 중 (가)에 해당하지 않는 계정과목은 무엇인가?

> 자산은 보고기간 종료일로부터 1년 이내에 현금화가 가능한지 여부에 따라 유동자산과 비유동자산으로 분류한다. 비유동자산은 투자자산, (가), 무형자산, 기타비유동자산으로 분류된다.

① 토 지   ② 소모품
③ 차량운반구   ④ 건설중인자산

14 다음의 유형자산 중 감가상각의 대상이 아닌 것은?

① 건설중인자산   ② 건 물
③ 비 품   ④ 차량운반구

15 유형자산의 감가상각방법에 대한 다음의 내용 중 A와 B에 해당하는 것으로 모두 옳은 것은?

> • 정액법 = (취득원가 − A) ÷ 내용연수
> • 정률법 = (취득원가 − B) × 상각률

	A	B
①	잔존가액	내용연수
②	잔존가액	감가상각누계액
③	감가상각누계액	잔존가액
④	내용연수	잔존가액

16 다음 중 무형자산에 대한 설명으로 틀린 것은?

① 법률상의 권리 또는 경제적 가치를 나타내는 자산이다.
② 저작권, 산업재산권, 라이선스와 프랜차이즈 등이 있다.
③ 미래에 기업의 수익 창출에 기여할 것으로 예상되는 자산이다.
④ 무형자산을 취득할 때 소요되는 비용은 판매비와관리비로 처리한다.

17 다음 중 현금지출이 이루어졌으나 계정과목과 금액이 확정되지 않을 경우, 자산계정인 차변에 기록하는 계정은?

① 대급금　　　　　　　　　　② 선급금
③ 가수금　　　　　　　　　　④ 가지급금

18 다음 중 미지급금 계정으로 처리할 수 없는 거래는 무엇인가?

① 전월 소모품 구입 시 결제한 카드대금 50,000원이 보통예금에서 자동이체되다.
② 영업용 화물자동차를 1,000,000원에 무이자 할부로 구입하다.
③ 사무용 컴퓨터를 300,000원에 구입하고 대금은 월말에 지급하기로 하다.
④ 판매용 의자를 210,000원에 구입하고 대금은 1개월 후 지급하기로 하다.

19 다음 중 기업이 거액의 자금을 비교적 장기간 사용하기 위하여 일반투자자들로부터 집단적·공개적으로 자금을 차용하고 그 증거로서 발행하는 유가증권에 해당하는 계정은?

① 차입금　　　　　　　　　　② 투자채권
③ 사 채　　　　　　　　　　④ 자본금

20 주식발행금액이 액면금액보다 작다면 그 차액을 주식발행초과금의 범위 내에서 상계하여 처리하고, 미상계된 잔액이 있는 경우에는 자본조정의 (　　)으로 회계처리한다. (　　)안에 들어갈 계정으로 옳은 것은?

① 이익잉여금　　　　　　　　② 주식할인발행차금
③ 자기주식　　　　　　　　　④ 감자차손

※ 문제에서 별도의 언급이 없으면 일반기업회계기준을 적용하고 해당 문제에서 중소기업회계기준을 명시한 경우 중소기업회계기준을 적용한다.

1부 회계원리

01 다음 중 회계기간에 대한 설명으로 옳은 것은?

① 사업개시일부터 청산일까지를 말한다.
② 회계기간은 반드시 1년을 기준으로 설정하여야 한다.
③ 기업의 경영성과와 재무상태를 파악하기 위한 시간적인 개념이다.
④ 기업의 각종 재산 및 자본의 증감변화를 기록, 계산하기 위하여 설정한 장소적 범위이다.

02 다음 중 손익계산서의 계정과목이 아닌 것은?

① 대손상각비
② 감가상각비
③ 임차료
④ 미지급법인세

03 시산표 등식에서 다음의 빈칸 (가), (나), (다)에 해당하는 내용으로 올바른 것은?

(가) + 총비용 = (나) + (다) + 총수익

	(가)	(나)	(다)
①	기초 자산	기초 부채	기말 자본
②	기초 자산	기말 부채	기초 자본
③	기말 자산	기초 부채	기말 자본
④	기말 자산	기말 부채	기초 자본

04 ㈜재무는 상품 100,000원을 매입하고 대금은 당좌수표를 발행하여 지급하는 경우 ㈜재무가 기입해야 하는 전표로 옳은 것은?(단, 3전표제를 채택한다)

① 입금전표　　　　　　　　　　② 출금전표
③ 대체전표　　　　　　　　　　④ 매입전표

05 다음의 거래를 추정한 것으로 옳은 것은?

현 금		
보통예금	200,000원	

① 거래처에 현금 200,000원을 송금하였다.
② 보통예금에 현금 200,000원을 예입하였다.
③ 보통예금에서 현금 200,000원을 인출하였다.
④ 거래대금 200,000원을 수표를 발행하여 지급하였다.

06 다음의 거래에 대한 거래요소의 결합관계로 옳은 것은?

거래처에 대한 외상 대금 200,000원을 약속어음을 발행하여 지급하다.

① (차) 부채의 감소　　　(대) 자산의 감소
② (차) 부채의 감소　　　(대) 부채의 증가
③ (차) 자산의 증가　　　(대) 부채의 증가
④ (차) 비용의 발생　　　(대) 자산의 감소

07 다음 중 기업의 재무제표에 해당하지 않는 것은?

① 재무상태표　　　　　　　　　② 현금흐름표
③ 이월시산표　　　　　　　　　④ 손익계산서

08 다음의 자산 계정들을 재무상태표에 기록할 경우 유동성배열법에 따라 표기했을 때 가장 먼저 배열되는 것은?

① 건 물　　　　　　　　　　　② 투자부동산
③ 산업재산권　　　　　　　　　④ 당좌예금

09 다음 자료를 이용하여 순매출액을 계산하면 얼마인가?

> • 총매출액 : 600,000원 • 매출에누리 : 40,000원
> • 매출운임 : 30,000원 • 매출환입 : 40,000원

① 490,000원 ② 520,000원
③ 600,000원 ④ 630,000원

10 다음 자료를 이용하여 매출총이익을 계산하면 얼마인가?

> • 총매출액 : 1,100,000원
> • 당기상품매입액 : 900,000원
> • 기초상품재고액은 없다.
> • 기말상품재고액은 당기상품매입액의 20%이다.

① 320,000원 ② 340,000원
③ 360,000원 ④ 380,000원

11 다음 중 영업이익의 계산에 영향을 미치지 않는 것은?

① 당기 상품 매입액 ② 매출환입 및 에누리
③ 상품 매입 운반비 ④ 당기 발생분 이자비용

12 다음의 거래를 분개한 것으로 옳은 것은?

> 업무용 차량의 자동차세 300,000원을 소지하고 있던 자기앞수표로 납부하였다.

① (차) 여비교통비	300,000원	(대) 현 금	300,000원
② (차) 여비교통비	300,000원	(대) 당좌예금	300,000원
③ (차) 세금과공과	300,000원	(대) 현 금	300,000원
④ (차) 세금과공과	300,000원	(대) 당좌예금	300,000원

13 다음은 결산 절차를 나타낸 것이다. ㉠과 ㉡ 단계에서 실시하는 절차를 바르게 연결한 것은?

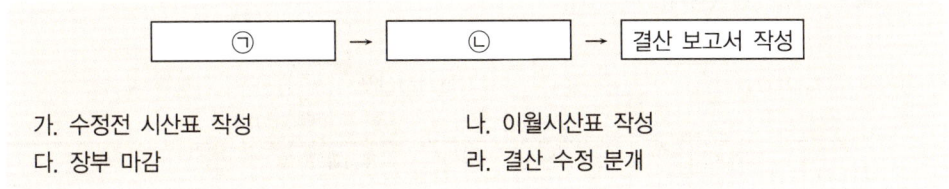

| ㉠ | → | ㉡ | → | 결산 보고서 작성 |

가. 수정전 시산표 작성   나. 이월시산표 작성
다. 장부 마감   라. 결산 수정 분개

	㉠	㉡
①	가, 나	다, 라
②	가, 라	나, 다
③	나, 라	가, 다
④	다, 라	가, 나

14 다음의 거래를 총계정원장에 전기한 것으로 옳은 것은?

영업용 차량운반구를 5,000,000원에 취득하고 대금은 1개월 후 지급하기로 하였다.

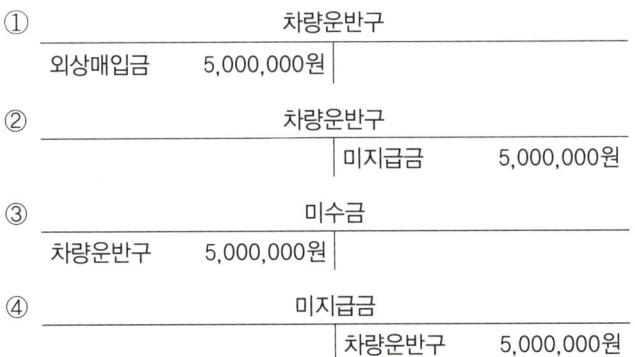

①   차량운반구
외상매입금   5,000,000원 |

②   차량운반구
                          | 미지급금   5,000,000원

③   미수금
차량운반구   5,000,000원 |

④   미지급금
                          | 차량운반구   5,000,000원

15 다음 중 결산 거래가 아닌 것은?

① 유가증권의 평가
② 유형자산의 감가상각
③ 대손충당금의 설정
④ 투자자산의 처분

16 ㈜서울은 잔액시산표를 작성하였으나 차변과 대변이 일치하지 않음을 발견하였다. 잔액시산표상 오류가 있는 계정과목은?

잔액시산표

㈜서울   2024년 1월 1일 ~ 2024년 12월 31일   (단위 : 원)

차 변	원 면	계정과목	대 변
120,000	1	현금	
90,000	2	외상매출금	
170,000	3	상품	
	4	건물	220,000
	5	외상매입금	70,000
	6	자본금	530,000
380,000			820,000

① 현 금   ② 상 품
③ 건 물   ④ 외상매입금

17 다음 자료에서 재무상태표의 계정과목을 모두 고른 것은?

가. 개발비	나. 복리후생비
다. 매도가능증권처분이익	라. 매도가능증권평가손실

① 가, 나   ② 가, 라
③ 나, 다   ④ 다, 라

18 다음 중 기업의 경영자 등 내부회계정보이용자에게 필요한 정보를 제공하기 위해 내부 보고를 목적으로 하는 회계로 가장 올바른 것은?

① 관리회계   ② 재무회계
③ 세무회계   ④ 영리회계

19 영업용 건물을 3,000,000원에 신축하기로 계약을 체결하고 착수금 300,000원을 현금으로 지급하였다. 이를 회계처리할 때 차변에 기재할 계정과목으로 올바른 것은?

① 선급금 　　　　　　　　　　② 선수금
③ 건설중인자산 　　　　　　　　④ 건 물

20 7월 1일에 1년분 보험료 360,000원을 현금으로 지급한 거래에 대하여 결산 시 다음과 같이 결산 정리 분개를 하였다. 이러한 오류가 재무제표에 미치는 영향으로 옳은 것은?

• 7월 1일	보험료 지급 시 : (차)	보험료	360,000원	(대) 현 금	360,000원
• 12월 31일 결산 정리 분개 : (차)		선수수익	180,000원	(대) 보험료	180,000원

① 유동자산이 과소계상된다.
② 유동부채가 과대계상된다.
③ 판매비와관리비가 과소계상된다.
④ 영업이익이 과대계상된다.

2부 회계원리

01 다음 중 계정과목의 구분이 틀린 것은?

① 현금 : 당좌자산 　　　　　　② 원재료 : 재고자산
③ 비품 : 유형자산 　　　　　　④ 임차보증금 : 무형자산

02 다음 중 자산에 대한 설명으로 틀린 것은?

① 1년을 기준으로 유동자산과 비유동자산으로 분류한다.
② 매도가능증권은 1년 이내에 실현될 수 있어도 비유동자산으로 분류한다.
③ 단기매매 목적으로 보유하는 자산은 유동자산으로 분류한다.
④ 정상적인 영업주기 내에 판매되는 재고자산은 1년 이내에 실현되지 않더라도 유동자산으로 분류한다.

03 다음의 계정과 관련이 없는 것은?

> • 매출채권   • 현금및현금성자산
> • 미수금   • 선급금

① 재무상태표   ② 당좌자산
③ 재고자산   ④ 유동자산

04 다음은 어떤 계정과목에 대한 설명인가?

> • 취득일로부터 만기가 3개월 이내인 채권
> • 취득일로부터 만기가 3개월 이내인 단기 금융 상품
> • 취득일로부터 만기가 3개월 이내인 상환 우선주

① 매출채권   ② 현금성자산
③ 단기매매증권   ④ 단기예금

05 다음 중 당좌예금 거래에 대한 설명으로 틀린 것은?

① 당좌 거래를 통해 현금 거래의 위험성 및 불편을 해소할 수 있다.
② 재무상태표에 통합계정인 현금및현금성자산으로 표시한다.
③ 당좌 거래 계약을 맺으면 언제든지 수표를 발행하여 인출할 수 있는 요구불예금이다.
④ 당좌수표를 발행하여 인출하면 당좌예금 계정 차변에 기록한다.

06 다음 중 단기매매증권에 대한 설명으로 틀린 것은?

① 재무상태표에는 단기투자자산으로 통합하여 표시한다.
② 단기매매증권을 취득한 경우 취득원가는 공정가치로 측정한다.
③ 단기매매증권의 취득 시 발생한 증권 회사의 취급 수수료 등은 취득원가에 포함하여 처리한다.
④ 단기간에 매매 차익을 얻을 목적으로 취득한 시장성 있는 주식, 국채, 사채 등의 유가증권이다.

07 다음 중 외상매출금 계정에서 (가)에 기입할 수 없는 것은?

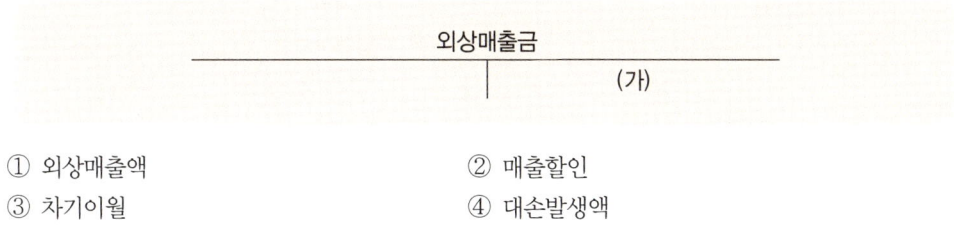

① 외상매출액　　　　　　　　　② 매출할인
③ 차기이월　　　　　　　　　　④ 대손발생액

08 거래처의 부도로 인하여 전기에 대손 처리한 외상매출금 50,000원을 현금으로 회수한 경우의 분개로 올바른 것은?

① (차) 대손상각비	50,000원	(대) 현 금	50,000원
② (차) 현 금	50,000원	(대) 대손충당금	50,000원
③ (차) 현 금	50,000원	(대) 외상매출금	50,000원
④ (차) 현 금	50,000원	(대) 기타의대손상각비	50,000원

09 다음에 제시된 회계처리는 어음의 배서 중 어떤 경우에 발생하게 되는가?

(차) 당좌예금	1,980,000원	(대) 받을어음	2,000,000원
매출채권처분손실	20,000원		

① 어음의 할인　　　　　　　　　② 어음의 개서
③ 어음의 배서양도　　　　　　　④ 어음의 부도

10 다음 중 최초 취득연도에 정액법에 의하여 감가상각비를 계산하는데 있어서 필요하지 않은 자료는?

① 취득원가　　　　　　　　　　② 잔존가액
③ 내용연수　　　　　　　　　　④ 감가상각누계액

11 다음 중 판매용 상품의 거래에 대한 채권, 채무계정과 관련이 없는 것은?

① 외상매출금 　　　　　② 외상매입금
③ 미수금 　　　　　　　④ 매입채무

12 다음은 ㈜전남의 영업용 건물과 관련된 자료이다. 2024년 ㈜전남의 손익계산서에 표시될 감가상각비를 계산하면 얼마인가?

- 취득일 : 2024년 1월 1일
- 취득금액 : 5,000,000원
- 내용연수 : 5년
- 잔존가치 : 500,000원
- 해당 건물은 취득일부터 사용하였으며, ㈜전남의 회계기간은 매년 1월 1일부터 12월 31일까지이다.
- ㈜전남은 매기 일정한 금액의 감가상각비가 계상되는 방법으로 상각한다.

① 900,000원 　　　　　② 1,000,000원
③ 1,800,000원 　　　　④ 2,000,000원

13 다음 중 무형자산의 정의에 대한 설명으로 옳지 않은 것은?

무형자산이란 재화의 생산 등에 사용할 목적으로 기업이 보유하고 있는 자산으로서 ㉠ 물리적 실체는 없지만 ㉡ 식별할 수 있고, ㉢ 통제할 수 있으며, 미래 경제적 효익이 있는 ㉣ 화폐성 자산이다.

① ㉠ 　　　　　　　　② ㉡
③ ㉢ 　　　　　　　　④ ㉣

14 다음의 거래 중 유동부채에 해당하는 계정과목을 기입하는 거래로 옳은 것은?

① 종업원 출장을 위해 여비 개산액 100,000원을 수표로 발행하여 지급하였다.
② 상품을 100,000원에 매입하기로 하고 계약금 10,000원을 현금으로 지급하였다.
③ 영업용 차량운반구를 500,000원에 처분하고 대금은 1개월 후 수취하기로 하였다.
④ 종업원 급여 1,000,000원 중 소득세 50,000원을 제외한 잔액을 보통예금에서 이체하여 지급하였다.

15 다음 중 비유동부채를 모두 고른 것은?

> 가. 사 채   나. 미지급금
> 다. 장기차입금   라. 유동성장기부채

① 가, 다   ② 가, 라
③ 나, 다   ④ 나, 라

16 다음의 자료를 이용하여 부채 총액을 계산하면 얼마인가?

> • 현금 : 150,000원   • 외상매출금 : 120,000원
> • 비품 : 380,000원   • 자본금 : 250,000원

① 30,000원   ② 280,000원
③ 400,000원   ④ 900,000원

17 다음은 ㈜전북의 거래와 이에 대한 회계처리이다. (가)에 기입할 계정과목으로 옳은 것은?

> • ㈜전북은 자금 융통을 위해 3년 만기의 사채(액면금액 10,000,000원)를 9,800,000원에 발행하고, 대금은 보통예금으로 받았다.
> (차) 보통예금   9,800,000원   (대) 사 채   10,000,000원
> (가)   200,000원

① 감자차손
② 사채할인발행차금
③ 주식할인발행차금
④ 미처분이익잉여금

18 회사 설립, 증자를 위하여 주식을 발행할 때 발행금액을 액면금액보다 높게 발행한 경우 그 초과액을 무엇이라 하는가?

① 감자차익   ② 주식발행초과금

③ 자본금   ④ 자기주식

19 다음은 이익준비금(법정적립금)에 대한 설명이다. 빈칸 (가), (나)에 들어갈 내용으로 올바른 것은?

이익준비금은 「상법」에 의해 적립해야 하는 법정적립금으로, 기업은 자본금의 (가)에 달할 때까지 매 결산 시 금전에 의한 배당액의 (나) 이상의 금액을 이익준비금으로 적립하여야 한다.

	(가)	(나)
①	1/3	1/5
②	1/3	1/10
③	1/2	1/5
④	1/2	1/10

20 [중소기업회계기준] 다음 중 유형자산에 대한 설명으로 틀린 것은?

① 타인에게 임대하거나 직접 사용하기 위하여 보유한 물리적 형체가 있는 자산으로 1년을 초과하여 사용할 것으로 예상되는 자산을 말한다.

② 유형자산의 감가상각누계액은 유형자산 각 항목의 차감계정으로 대차대조표에 표시한다.

③ 유형자산을 처분하는 경우 처분금액과 장부금액의 차액을 유형자산평가손익으로 인식한다.

④ 유형자산에는 토지, 건물, 구축물, 차량운반구 등이 포함된다.

PART 4

2026 hoa
기업회계 2 · 3급

정답 및 해설

할 수 있다고 믿는 사람은 그렇게 되고,
할 수 없다고 믿는 사람도 역시 그렇게 된다.

– 샤를 드골 –

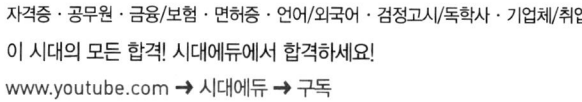

T·E·S·T
01 제91회 2급 정답 및 해설

1부 재무회계

01		06		11		16		21	
01	③	06	①	11	②	16	③	21	③
02	③	07	③	12	③	17	②	22	③
03	②	08	②	13	②	18	②	23	①
04	③	09	③	14	④	19	①	24	③
05	③	10	④	15	②	20	①	25	③

01 경영자는 투자자와 채권자들이 이용하는 회계정보를 이용하기도 한다.

02
- 자기주식 취득, 보유, 처분과 관련하여 손익계산서상 영향을 주지 아니한다.
- 기업이 매입 등을 통하여 취득하는 자기주식은 취득원가를 자기주식의 과목으로 하여 자본조정으로 회계처리한다.
- 자기주식을 처분하는 경우 처분금액이 장부금액보다 크다면 그 차액을 자기주식처분이익으로 하여 자본잉여금으로 회계처리한다. 처분금액이 장부금액보다 작다면 그 차액을 자기주식처분이익의 범위내에서 상계처리하고, 미상계된 잔액이 있는 경우에는 자본조정의 자기주식처분손실로 회계처리한다. 이익잉여금(결손금) 처분(처리)으로 상각되지 않은 자기주식처분손실은 향후 발생하는 자기주식처분이익과 우선적으로 상계한다.

03
- ① 현행원가로 측정한 자산은 동일하거나 동등한 자산을 현재 시점에 취득할 때 그 대가로 지급할 현금이나 현금성 자산의 금액으로 평가한다.
- ③ 자산의 실현 가능 가치는 정상적인 처분거래에서 실현 가능할 것으로 예상되는 현금이나 현금성 자산의 금액으로 평가한다.
- ④ 현재가치로 측정한 자산은 정상적인 영업과정에서 그 자산이 창출할 것으로 기대되는 미래 순 현금유입액의 현재 할인가치로 평가한다.

04 채용, 주문, 계약은 아직 확정된 회계상 거래가 아니다.

05
- 사채할인발행차금상각액 = 936,600원 × 5% − 1,000,000원 × 4% = 6,830원
- ※ 연 2회 이자를 지급하므로 이자율도 1/2을 적용한다.

06
- 이익준비금 적립액 = 현금배당 40,000원 × 10% = 4,000원
- ∴ 차기이월이익잉여금 = (전기미처분이익잉여금 80,000원 + 당기순이익 120,000원) + 임의적립금이입액 30,000원 − (현금배당 40,000원 + 이익준비금적립액 4,000원 + 주식배당 10,000원 + 사업확장적립금 25,000원) = 151,000원

07 • 결산일 현재 매출채권 6,450,000원은 당기 중 회수불능 대손처리액 중 충당금 잔액 초과금인 100,000원이 차감된 금액이므로 기초 매출채권 잔액은 6,550,000원이다.
∴ 회수가능 매출채권 추정액 = 기초 매출채권 6,550,000원 − 당기 대손상각비 1,050,000원 = 5,500,000원

08 • 단기매매증권 = 100주 × 5,000원 = 500,000원
※ 단기매매증권은 유동자산으로 분류하며 취득 시 발생한 수수료를 취득원가에 가산하지 않는다.

09 • 2025년 말 재고자산 장부가액은 3,000,000원이다.
※ 저가법 적용에 따른 평가손실을 초래했던 상황이 해소되어 새로운 시가가 장부금액보다 상승한 경우에는 최초의 장부금액을 초과하지 않는 범위에서 평가손실을 환입한다. 재고자산평가손실의 환입은 매출원가에 차감한다.

10 매출원가 = (100개 × 50원 + 150개 × 65원) + (50개 × 65원 + 150개 × 75원) = 29,250원

11 1,000,000원 + 8,000,000원 = (10,000,000원 × 70%) + 기말재고금액 ∴ 기말재고금액 = 2,000,000원

12 신뢰성에 관한 설명이다.

13 토지를 보유하는 동안 납부하는 부동산 보유세는 토지의 취득원가가 아닌 당기손익(세금과공과)로 처리한다.

14 • 9월 30일 건물 장부가액 = 13,000,000원 − (13,000,000원 − 1,000,000원) × 18/120 = 11,200,000원
∴ 9월 30일 처분손익 = 6,000,000원 − (11,200,000원 × 50%) = 400,000원

15 • 기초장부가액 = 취득가 15,000,000원 − 정부보조금 3,000,000원 = 12,000,000원
∴ 기말장부가액 = 취득가 15,000,000원 − 감가상각누계액 1,500,000원 − 정부보조금 2,700,000원 = 10,800,000원

16 • 경상연구개발비 = 연구단계 3억원 + 개발단계(2억원 − 1억원) = 4억원
※ 개발비 중 무형자산 인식요건을 갖추지 못한 경우 비용으로 처리한다.

17 • 매도가능증권처분손익 = 처분가액 6,000,000원 − 취득원가 5,000,000원 = 1,000,000원
※ 매도가능증권평가손익은 미실현보유손익으로 그 주식을 처분할 때 실현되어 [매도가능증권 처분손익 = 처분가액 − 취득원가]이다.

18 (현금 100,000원 + 상품 300,000원 + 미수수익 130,000원 + 선급금 180,000원) − (선수금 250,000원 + 미지급금 110,000원) = 350,000원

19 • 충당부채는 지출 시기 또는 그 금액이 불확실한 것으로, 부채로 인식 가능하다.
• 우발부채는 재무제표에 인식하지 않는다.
• 만기가 1년 초과하는 장기차입금, 장기매입채무 등은 비유동부채에 해당한다.

20　자본금은 법정자본금으로 한다.

21　• 현금및현금성자산 = 통화 25,000원 + 보통예금 70,000원 + 배당금지급통지서 50,000원 + 지점전도금 120,000원
　　= 265,000원
　　※ 정기적금은 단기금융자산에 해당한다.

22　시용판매의 경우 매입자가 매입의사를 표시하는 날 수익 인식을 한다.

23　• 2025년 공사원가 : 25,000,000원
　　∴ 2025년 공사이익 = 50,000,000원 × 75% − 25,000,000원 = 12,500,000원

24　• 보험료 = 120,000원 × 5/6 = 100,000원
　　• 선급비용 = 120,000원 × 1/6 = 20,000원

25　• 중소기업회계상 재무제표는 대차대조표 / 손익계산서 /자본변동표[또는 이익잉여금처분(결손금처리)계산서]이다.
　　※ 자본변동표와 이익잉여금처분(결손금처리)계산서는 둘 중에 하나를 선택하여 작성한다.

2부　원가회계

01	②	06	③	11	②	16	④	21	①
02	③	07	③	12	④	17	③	22	④
03	④	08	③	13	①	18	④	23	④
04	②	09	④	14	②	19	④	24	①
05	④	10	④	15	①	20	②	25	②

01　직접원가는 원가대상에 개별적으로 구분되어 포함되므로 개별원가라고도 한다.

02

AQ × AP	AQ × SP	SQ × SP
560시간 ×	140,000원 ÷ 250원	100개 × 6시간
145,600원 ÷ 560시간	× 250원	× 150,000원 ÷ 600시간
= 145,600원	= 140,000원	= 150,000원

　　　　　　임률차이 5,600원 불리　　　　　능률차이 10,000원 유리

03　표준원가계산은 원가흐름에 대한 가정이 필요 없다.

04　공장전체의 하나의 배부기준을 적용 시 보조부문원가를 제조부문에 배분할 필요가 없다.

05
- 직접재료원가 = 기초 20,000원 + 매입 190,000원 − 기말 10,000원 = 200,000원
- 직접노무원가 = 기본원가 500,000원 − 직접재료원가 200,000원 = 300,000원
- 제조간접원가 = 300,000원(가공원가의 50%이므로 직접노무원가와 동일함)
- 당기총제조원가 = 200,000원 + 300,000원 + 300,000원 = 800,000원
- ∴ 당기제품제조원가 = 60,000원 + 800,000원 − 80,000원 = 780,000원
- ∴ 매출원가 = 50,000원 + 780,000원 − 30,000원 = 800,000원

06
- 매출원가 2,120,000원 + 기말제품 180,000원 − 기초제품 100,000원 = 당기제품제조원가 2,200,000원
- ∴ 당기총제조원가 = 당기제품제조원가 2,200,000원 + 기말재공품 400,000원 − 기초재공품 300,000원
  = 2,300,000원

07 기본원가는 직접재료원가와 직접노무원가를 더한 원가이고, 가공원가는 제조간접원가와 직접노무원가를 더한 원가이다. 따라서 기본원가와 가공원가에 공통으로 속하는 원가는 직접노무원가이다.

08
- 제조간접원가 배부액 = 실제 480,000원 − 과소배부 40,000원 = 440,000원
- 제조간접원가 배부율 = 440,000원 ÷ 2,200시간 = 200원/시간
- ∴ 연간 예산 직접노무시간 = 500,000원 ÷ 200원/시간 = 2,500시간

09 5,000원 + 10,000원 + 20,000원 + 10,000원 = 45,000원

10 공손 단위를 산출 단위에 포함시키는 경우에는 공손의 완성품환산량도 계산한다. 따라서 공손 단위를 산출 단위에 포함시키지 않은 경우에 비하여 완성품환산량이 커지므로 완성품환산량 단위당 원가는 작아진다.

11
- 당기총제조원가 = 10,000원 + 8,000원 + 16,000원 = 34,000원
- 당기제품제조원가 = 6,000원 + 34,000원 − 12,000원 = 28,000원
- 매출원가 = 12,000원 + 28,000원 − 24,000원 = 16,000원
- ∴ 매출총이익 = 30,000원 − 16,000원 = 14,000원

12 단계배분법은 배분순서가 중요하다.

13
- 직접재료원가 = 25,000원 + 38,000원 − 16,000원 = 47,000원
- 당기제품제조원가 97,000원 = 50,000원 + (47,000원 + 가공원가) − 35,000원
- ∴ 가공원가 = 35,000원

14 수혜기준에 대한 설명이다.

15

제공부문 \ 사용부문	보조부문		제조부문	
	전력부문	수선부문	A제조부문	B제조부문
배분 전 원가	3,000,000원	2,000,000원	4,000,000원	3,500,000원
전력부문 배분	(3,000,000원)	900,000원	1,200,000원	900,000원
수선부문 배분	−	(2,900,000원)	1,450,000원	1,450,000원
배분 후 원가	−	−	6,650,000원	5,850,000원

16   원가계산자료가 상세하고 복잡해서 오류가 발생할 가능성이 크다.

17   • 예정배부액 = 실제 발생액 3,000,000원 + 과다배부 300,000원 = 3,300,000원
　　• 예정배부율 = 예정배부액 3,300,000원 ÷ 실제 기계사용시간 10,000시간 = 330원/시간
　　∴ 제조간접원가 예산 = 예상 기계사용시간 13,000시간 × 예정배부율 330원/시간 = 4,290,000원

18   ① 제품의 수익성을 낮게 판단하는 방법은 순실현가치법이다.
　　② 순실현가치법은 분리점 판매가치를 알 수 없는 경우에도 사용가능하다.
　　③ 균등매출총이익률법은 결합공정이 많은 경우 순실현가치법보다 적용이 어렵다.

19   • 순실현가치
　　　－ A제품 = 500개 × (최종판매가 400원 － 추가 가공원가 0원) = 200,000원
　　　－ B제품 = 800개 × (최종판매가 900원 － 추가 가공원가 150원) = 600,000원
　　　∴ 합계 = 800,000원
　　• 결합원가
　　　－ A제품 배부 결합원가 50,000원 = 결합원가 × (200,000원/800,000원)
　　　∴ 결합원가 = 200,000원

20

	[1단계]	[2단계] 완성품환산량	
	물량의 흐름	직접재료원가	가공원가
기초재공품	200단위 (30%)		
당기착수	800단위		
	1,000단위		
당기완성			
기초재공품	200단위		140단위
당기착수	500단위	500단위	500단위
기말재공품	300단위 (　%)	300단위	? 단위
	1,000단위	800단위	850단위

　　※ 완성품환산량이 850단위이므로 기말재공품의 완성품환산량은 210단위이다.

21   ⓛ 가중평균법은 전기에 투입되어 이월된 원가와 당기에 투입된 원가를 평균하는 방법이므로 당기의 성과와 이전 기
　　간의 성과를 독립적으로 평가하기에는 부적절하다.
　　ⓒ 종합원가계산에서 기초재공품이 없을 때 제품 제조원가는 선입선출법과 평균법이 동일하게 산정된다.

22   • 평균법 완성품 환산량과 선입선출법 완성품 환산량은 기초재공품의 완성품 환산량만큼 차이가 난다.
　　• 기초재공품의 재료원가 완성품 환산량 = 5,000단위 － 4,500단위 = 500단위
　　• 기초재공품의 가공원가 완성품 환산량 = 3,000단위 － 2,600단위 = 400단위
　　∴ 기초재공품의 가공원가 완성도 = 400단위 ÷ 500단위 = 80%

23   완성품의 완성품환산량 = 완성품 800개 + 기말재공품의 완성품환산량 700개 = 1,500개

24   고정원가의 경우 관련 범위 내에서 생산량이 증가하여도 총 고정원가는 일정하다.

25 ② 제조간접원가 계정의 차변 금액이 대변 금액보다 적은 상태이다.

① 제조간접원가 배부액 : 400원 × 300시간 = 120,000원   ∴ 배부차이 : 10,000원 과다배부

③ 과다배부되었으므로 매출원가조정법으로 조정 시 매출원가가 차감되어 매출총이익은 증가한다.

④ 기말재고자산(기말재공품, 기말제품)이 전혀 없는 경우 배부차이에 대해 총원가 비례배분법을 적용하나, 원가요소별 비례배분법을 적용하나 동일하다.

T·E·S·T
02 제90회 2급 정답 및 해설

1부 재무회계

01	③	06	①	11	③	16	②	21	②
02	①	07	②	12	②	17	②	22	③
03	③	08	④	13	④	18	②	23	②
04	②	09	④	14	③	19	②	24	②
05	④	10	③	15	①	20	④	25	①

01 재무제표의 기간별 비교가능성을 제고하기 위하여 원칙적으로 재무제표 항목의 표시는 매기 동일하여야 한다.

02 모두 옳은 설명이다.

03 주기가 아니라 주석에 표시한다.

04 현금및현금성자산 = 배당금 지급통지표 150,000원 + 지점전도금 70,000원 + 우편환증서 40,000원 = 260,000원

05 • 대손이 발생하면 장부상 대손충당금을 먼저 상계한 후, 부족한 부분은 대손상각비로 처리한다.
• 대손상각비 = 회수불능채권 1,000,000원 − 대손충당금 400,000원 = 600,000원

06 • 단기매매증권 1주당 취득가액 = 6,000,000원 ÷ 300주 = 20,000원/주
• 단기매매증권 처분이익 = 100주 × (24,000원/주 − 20,000원/주) = 400,000원
∴ 당기순이익 증가액 = 처분이익 400,000원 − 수수료비용 100,000원 = 300,000원

07 취득원가 = 매입 재고 22,000,000원 + 보험료 및 하역료 400,000원 + 매입운임 400,000원 − 매입 할인 300,000원
= 22,500,000원

08 • 6월 23일 매출원가 = [(10,000원 + 60,000원) ÷ 400개] × 300개 = 52,500원
• 11월 20일 매출원가 = [(10,000원 + 60,000원 − 52,500원) + 100,000원] ÷ 500개 × 400개 = 94,000원
∴ 매출원가 = 6월 23일 매출원가 52,500원 + 11월 20일 매출원가 94,000원 + 평가손실 5,000원 + 정상적인 재고
감모손실 3,000원 = 154,500원
∴ 영업외비용 = 비정상적인 재고감모손실 2,500원

09 물가 상승 시 기말재고금액은 선입선출법이 후입선출법보다 크게 계상된다.

10
- 토지의 취득원가 = B건물(토지 포함)의 취득원가 500,000원 + B건물의 철거 비용 100,000원 + B건물의 매매계약 및 등기 등과 관련된 법률 비용 80,000원 − B건물을 철거할 때 나온 고철 등 판매 수입 50,000원 = 630,000원
- 건물의 취득원가 = A공장의 건축 설계비용 150,000원 + A공장 건축비용 2,000,000원 = 2,150,000원

11 자본적 지출을 수익적 지출로 처리하게 되면 자산 장부가액이 과소계상되고 비용이 과대계상된다.

13
- 2025년 1월 1일 감가상각누계액 = (100,000원 − 10,000원) × (5 + 4)/15 = 54,000원
- 2025년 1월 1일 A기계 장부가액 = 100,000원 − 54,000원 = 46,000원
∴ 2025년도 A기계 감가상각비 = (46,000원 − 0원)/5년 = 9,200원

14 무형자산의 상각은 자산이 사용가능한 때부터 시작한다.

15
(1) 법규에 따르는 매연여과장치의 설치원가에 대한 의무발생사건이 없어 현재 의무가 존재하지 않으므로 설치비용에 대한 충당부채를 인식하지 않는다.
(2) 임차점포시설물을 원상복구 시켜야 할 의무가 있고 현재가치 금액은 6,200,000원이므로 6,200,000원을 충당부채로 인식한다.

16 사채발행비는 사채 발행으로 인해 조달된 현금을 감소시키는 효과로 인하여 사채발행가액에서 차감하여 처리한다.

17
- 원금에 대한 현재가치 = 100,000원 × 0.7513 = 75,130원
- 이자에 대한 현재가치 = 100,000원 × 8% × 2.4868 = 19,894원
∴ 사채의 발행가액 = 75,130원 + 19,894원 = 95,024원

18 자본잉여금 = 주식발행초과금(7,000원 − 2,000원) + 자기주식처분이익(8,000원 − 3,000원) = 10,000원

19 가지급금은 재무제표상 자산에 해당한다.

20 (5,000,000원 × 어음 50%) + 외상매출금(잔액) 1,500,000원 = 4,000,000원

21
- 백신프로그램 = 300,000원 − 120,000원 = 180,000원
- 사후관리 용역수익 = 120,000원/4 × 2/12 = 5,000원
∴ 수익인식 금액 = 180,000원 + 5,000원 = 185,000원

22
- 2024년 공사진행률 = 3,000,000원/8,000,000원 = 37.5%
- 2025년 공사진행률 = 5,500,000원/8,000,000원 = 68.75%
- 2024년 공사수익금액 = 3,750,000원
∴ 2025년 공사수익금액 = 6,875,000원 − 3,750,000원 = 3,125,000원
※ 당기 공사수익은 공사계약금액에 보고기간 종료일 현재의 공사진행률을 적용하여 인식한 누적공사수익에서 전기말까지 계상한 누적공사수익을 차감하여 산출한다.

23
- 영업외비용 = 이자비용 3,000원 + 유형자산처분손실 1,000원 = 4,000원
※ 복리후생비와 접대비는 판매관리비이고 미수금은 자산에 해당한다.

24 매출채권과 관련하여 다음의 요건을 모두 충족한 경우에는 매각거래로 본다.
- 양도인은 매출채권 양도 후 당해 매출채권에 대한 권리를 행사할 수 없어야 한다.
- 양수인은 양수한 매출채권을 처분(양도 및 담보제공 등)할 자유로운 권리를 갖고 있어야 한다.
- 양도인은 매출채권 양도 후에 효율적인 통제권을 행사할 수 없어야 한다.

25 손익계산서상 수익과 비용은 총액으로 표시하는 것을 원칙으로 한다.

2부 원가회계

01	②	06	②	11	④	16	②	21	①
02	①	07	③	12	②	17	③	22	④
03	①	08	②	13	②	18	④	23	②
04	④	09	④	14	④	19	③	24	③
05	②	10	④	15	②	20	②	25	①

01 • 제조간접원가 = (직접노무원가 10,000원 + 제조간접원가) × 0.2
∴ 제조간접원가 = 2,500원
∴ 가공원가 = 직접노무원가 10,000원 + 제조간접원가 2,500원 = 12,500원

02 비제조원가 = 영업용 접대비 200,000원 + 광고선전비 500,000원 + 관리자 급여 중 영업부서 부분(5,000,000원 × 30%) = 2,200,000원

03 ② 기간원가, ③ 한계원가, ④ 고정원가에 관한 설명이다.

05 선입선출법 완성품환산량 = 평균법 완성품환산량 100개 − 기초재공품 완성품환산량 30개 = 70개

06 가공원가는 직접노무원가와 제조간접원가를 합한 것을 말한다.

07 실제원가가 표준원가 범위 내에서 발생하고 있는지를 분석함으로써 원가통제를 보다 효과적으로 수행할 수 있다.

08 • 당기제품제조원가 = 기초재공품 120,000원 + 당기총제조원가 360,000원 − 기말재공품 60,000원 = 420,000원
∴ 매출원가 = 기초제품 40,000원 + 당기제품제조원가 420,000원 − 기말제품 260,000원 = 200,000원

09 기말재공품 = 기초재공품 10,000원 + 직접재료원가 20,000원 + 가공원가 30,000원 − 당기제품제조원가 30,000원 = 30,000원

10 • 제조간접원가실제배부율 = 실제제조간접원가 2,400,000원 ÷ 실제직접노무원가 합계 2,000,000원 = 1.2
• 각 작업별 집계금액

구분	여객선 작업(판매완료)	화물선 작업(재고)
직접재료원가	800,000원	700,000원
직접노무원가	800,000원	1,200,000원
제조간접원가	960,000원 (= 800,000원 × 1.2)	1,440,000원 (= 1,200,000원 × 1.2)
합계	2,560,000원	3,340,000원

∴ 당기제품제조원가 = 2,560,000원 + 3,340,000원 = 5,900,000원
∴ 매출원가 : 2,560,000원(판매완료된 여객선 작업 원가 합계액)

11 • 제조간접원가 배부율 = 400,000원 ÷ 2,000시간 = 200원/시간
∴ 제조지시서(A) 제조간접원가 배부액 = 200원/시간 × 실제직접노동시간 150시간 = 30,000원

12 • 직접재료원가 = 기초 0원 + 매입 4,200,000원 − 기말 400,000원 = 3,800,000원
• 직접노무원가 = 총급여액 9,700,000원 − 24년 미지급분 500,000원 + 25년 미지급분 800,000원 = 10,000,000원
• 제조간접원가 = 직접노무원가 10,000,000원 × 20% = 2,000,000원
∴ 당기총제조원가 = 직접재료원가 3,800,000원 + 직접노무원가 10,000,000원 + 제조간접원가 2,000,000원
          = 15,800,000원

13 가. 직접배분법은 원가배분의 정확성이 낮다.
라. 단계배분법은 배분순서가 달라지면 배분 후의 결과가 달라진다.
마. 상호배분법은 배분과정이 복잡하다.

14 • 매출원가 = 기초제품 + 당기제품제조원가 − 기말제품 = 5,000,000원 − 100,000원 = 4,900,000원
∴ 매출총이익 = 매출 7,000,000원 − 매출원가 4,900,000원 = 2,100,000원

15 • 검사부문 = 60,000원 × 200시간/600시간 = 20,000원
• 전기부문 = [(60,000원 × 100시간/600시간) + 90,000원] × 300kwh/500kwh = 60,000원
∴ A공정에 배분되는 원가 = 검사부문 20,000원 + 전기부문 60,000원 = 80,000원

16 제조간접원가는 작업별로 측정가능한 배부기준에 따라 각 작업에 배부한다(실제개별원가계산, 정상개별원가계산).

17 분리점 이후의 추가 가공원가는 결합제품별로 직접 추적이 가능한 원가이다.

18 • 제조간접원가 예정배부율 = 14,400원 ÷ 1,600시간 = 9원/시간
• 제조간접원가 예정배부액 = 1,700시간 × 9원/시간 = 15,300원
• 제조간접원가 배부차이 = 배부 15,300원 − 실제 14,500원 = 800원(과대배부)
• 배부차이 매출원가 배분 = 800원 × 80,000원 ÷ (5,000원 + 15,000원 + 80,000원) = 640원
∴ 배부차이 조정 후 매출원가 = 80,000원 − 640원 = 79,360원

19 • 가공원가 완성품환산량 = 기초완성품 100개 + 당기착수완성분 800개 + 기말분(100개 × 50%) = 950개
  • 가공원가 = 기초재공품 63,500원 + 당기발생 459,000원 = 522,500원
  ∴ 완성품환산량 단위당 가공원가 = 522,500원 ÷ 950개 = 550원

20 • 분리점의 상대적 판매가치는 결합원가를 상대적 판매가치로 배분하는데, C에 결합원가의 20%가 배분되므로 C의 분리점에서의 판매가치는 60,000원이다.
  ∴ B의 분리점의 판매가치 = 300,000원 − 80,000원(A) − 60,000원(C) = 160,000원

21 가공원가의 완성품환산량 = 8,000개 × 30% + (25,000개 − 8,000개) + 13,000개 × 50% = 25,900개

22 정상공손은 양질의 제품을 생산하는 과정에 불가피하게 발생하는 공손을 말하는 것으로 정상공손원가는 검사합격물량 원가에 포함시킨다.

23 • 예정배부율 = 5,000,000원/250,000시간 = 20원/시간
  • 예정배부액 = 20원/시간 × 230,000시간 = 4,600,000원
  ∴ 제조간접원가 배부차이 = 5,200,000원 − 4,600,000원 = 600,000원(과소배부)

24 • 고정제조간접원가는 조업도의 변화에 따라 능률적으로 통제할 수 있는 원가가 아니므로 능률차이는 없다.

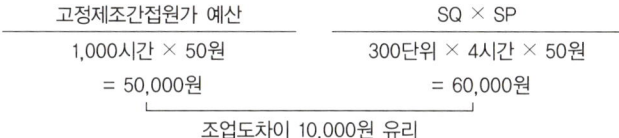

고정제조간접원가 예산	SQ × SP
1,000시간 × 50원	300단위 × 4시간 × 50원
= 50,000원	= 60,000원

조업도차이 10,000원 유리

25

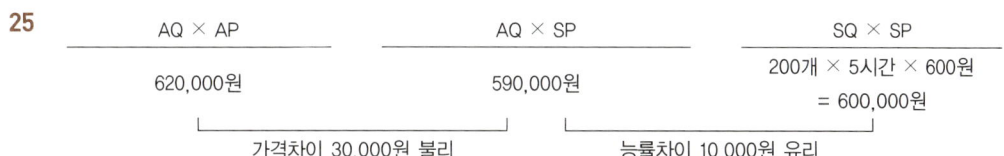

AQ × AP	AQ × SP	SQ × SP
		200개 × 5시간 × 600원
620,000원	590,000원	= 600,000원

가격차이 30,000원 불리 능률차이 10,000원 유리

1부 재무회계

01	②	06	②	11	③	16	④	21	③
02	④	07	④	12	④	17	③	22	④
03	①	08	②	13	③	18	①	23	③
04	③	09	④	14	③	19	②	24	③
05	②	10	②	15	②	20	③	25	④

01 ② 경제환경, 사회환경이 회계실무에 미치는 영향으로 인해 회계원칙도 변화하는 특성이 있다.
① 회계원칙은 회계실무에서 권위 있는 자들에게서 일반적으로 수용된 원칙으로 회계원칙 제정과정에도 영향을 미치게 된다.
③ 회계원칙은 회계기준 제정 당시의 이용 가능한 회계실무로서 기업실무에서 수용해야 한다.
④ 회계원칙은 회계감사인의 재무제표 감사의 판단 기준이 되는 회계기준이다.

02 재무제표는 기업실체에 관한 정보를 제공하며, 산업 또는 경제 전반에 관한 정보를 제공하지 않는다.

03 공정가치(또는 공정가액)는 독립된 당사자 간의 현행 거래에서 자산이 매각 또는 구입되거나 부채가 결제 또는 이전될 수 있는 교환가치이다.

04 보통예금 500,000원 + 당좌예금 200,000원 + 취득 시 3개월 이내의 환매조건인 환매체 600,000원 = 1,300,000원

05 • 2024년 말 대손충당금 잔액 = 기초잔액 5,000,000원 − 대손 2,000,000원 = 3,000,000원
∴ 2024년 말 대손충당금 보충액 = (기말 잔액 400,000,000원 × 대손율 1%) − 대손충당금 기말 잔액 3,000,000원
= 1,000,000원(대손상각비 계상액)

06 처분손익 = 처분가액 9,600,000원 − 취득가액 10,000,000원 = 400,000원(손실)

07 유동자산 = 당좌자산(단기매매증권 100,000원 + 대여금 230,000원 + 매출채권 340,000원 + 현금및현금성자산 150,000원) + 재고자산(원재료 220,000원) = 1,040,000원

08 재고자산 = 실지재고액 800,000원 + 매입의사를 표시하지 않은 시송품 110,000원 + 판매하지 못한 위탁품 200,000원
= 1,110,000원

09 300개 × 200원 = 60,000원

10 건물을 신축하기 위하여 사용 중인 기존 건물을 철거하는 경우 건물의 장부금액은 제거하여 처분손실로 반영하고, 철거비용은 전액 당기비용으로 처리한다.

11 • 2023년 감가상각비 = 400,000원 × 4/10 × 9개월/12개월 = 120,000원
　• 2024년 처분 당시 감가상각비 = 400,000원 × 4/10 × 3개월/12개월 + 400,000원 × 3/10 × 5개월/12개월
　　　　　　　　　　　　　 = 90,000원
　• 2024년 처분 당시 장부가액(감가상각비 조정 후) = 400,000원 − 감가상각누계액 210,000원 = 190,000원
　∴ 2024년 기계장치처분손익 = 250,000원 − 190,000원 = 60,000원(이익)

12 유형자산의 경제적 사용이 종료된 후에 원상회복을 위하여 그 자산을 제거, 해체하거나 부지를 복원하는 데 소요될 것으로 추정되는 비용이 충당부채의 인식요건을 충족하는 경우, 그 지출액의 현재가치를 복구충당부채로 인식하고 유형자산의 취득원가에 가산한다.

13 • 당기손익에 미치는 영향 = (취득가액 5,000,000원 ÷ 내용연수 5년) − (국고보조금 2,000,000원 ÷ 내용연수 5년)
　　　　　　　　　　　　　 = 600,000원 손실
　• 2024년 회계처리
　　− 12월 31일　(차) 감가상각비　　　　　1,000,000원　　(대) 감가상각누계액　　　　　1,000,000원
　　　　　　　　　　국고보조금　　　　　　400,000원　　　　감가상각비　　　　　　　400,000원

14 무형자산의 상각방법에는 정액법, 정률법 등이 있는데, 소비되는 형태를 신뢰성 있게 결정할 수 없는 경우에는 정액법을 사용한다.

15 ① 충당부채의 명목금액과 현재가치의 차이가 중요한 경우에는 의무를 이행하기 위하여 예상되는 지출액의 현재가치로 평가한다.
　③ 우발자산은 자산으로 인식하지 아니하고 자원의 유입가능성이 매우 높은 경우에만 주석에 기재한다.
　④ 충당부채를 발생시킨 사건과 밀접하게 관련된 자산의 처분차익이 예상되는 경우에 당해 처분차익은 충당부채 금액을 측정하면서 고려하지 아니한다.

16 • 현재가치 = 10,000원 × 0.7513 + 10,000원 × 0.08 × (0.9091 + 0.8264 + 0.7513) = 9,502원
　• 2023년 12월 31일 장부가액 = 9,502원 + 9,502원 × 0.1 − 800원 = 9,652원
　∴ 2024년 12월 31일 인식할 이자수익 = 9,652원 × 0.1 = 965원

17 • 액면발행 : 액면이자율과 시장이자율이 같을 경우에 액면금액으로 사채를 발행하는 것이다.
　• 할증발행 : 액면이자율보다 시장이자율이 더 낮은 경우에 액면금액보다 할증된 금액으로 사채를 발행하는 것이다.
　• 할인발행 : 액면이자율보다 시장이자율이 더 높은 경우에 액면금액보다 할인된 금액으로 사채를 발행하는 것이다.

18 인도기준 : 판매자가 재화를 구매자에게 인도한 시점에 수익을 인식한다.

19 • 어음의 만기 가치가 액면금액과 일치하기 때문에 매출채권처분손실은 어음할인료와 동일하다.
　∴ 매출채권처분손실 = 2,000,000원 × 5% × 3/12 = 25,000원

20
- 처분이익 = (처분가 6,500원 − 취득가 5,000원) × 처분주식 40주 = 60,000원
- 평가이익 = (공정가치 6,300원 − 취득가 5,000원) × 기말시점 보유주식 60주 = 78,000원
- ∴ 순손익 = 처분이익 60,000원 + 평가이익 78,000원 − 수수료비용 15,000원 = 123,000원

21 영업이익 = 매출액 20,000,000원 − (기초상품재고 2,000,000원 + 당기상품매입액 8,000,000원 − 기말상품재고 5,000,000원) − (직원급여 5,000,000원 + 광고선전비 2,500,000원 + 세금과공과 4,000,000원) = 3,500,000원

22 미지급이자 = 3,000,000원 × 6% × 6/12 = 90,000원

23 거래의 발생 → 분개 → 전기 → 수정전시산표 작성 → 계정 마감

24
- 장기매출채권의 현재가치 = 1,000,000원 × 2.5770 = 2,577,000원
- 유효이자율법에 의한 상각표

일 자	유효이자(8%)	현금회수액	채권회수액	채권잔액
2023년 초				2,577,000원
2023년 말	206,160원	1,000,000원	793,840원	1,783,160원
2024년 말	142,653원	1,000,000원	857,347원	925,813원

25 유형자산과 무형자산의 생산능력을 향상시키거나 내용연수를 연장시키는 등 자산의 가치를 실질적으로 높이는 자본적 지출은 해당 자산의 장부금액에 가산하고, 원상을 회복시키거나 능률을 유지하기 위한 지출은 발생한 회계연도의 비용으로 인식한다.

2부 원가회계

01	④	06	①	11	④	16	②	21	③
02	①	07	②	12	④	17	②	22	①
03	②	08	④	13	③	18	③	23	④
04	②	09	④	14	①	19	②	24	③
05	②	10	④	15	③	20	②	25	①

01 외부정보이용자에게 정보를 제공하는 목적은 재무회계의 목적이다.

02

AQ × AP	AQ × SP	SQ × SP
250시간 × 800원	250시간 × 1,000원	500시간 × 1,000원
= 200,000원	= 250,000원	= 500,000원

유리한 임률차이 50,000원   유리한 능률차이 250,000원

03
- 공손수량 = 300개 + 500개 − 600개 − 30개 = 170개
- 정상공손수량 = 600개 × 20% = 120개
- ∴ 비정상공손수량 = 170개 − 120개 = 50개

04 　 제조원가명세서는 직접재료원가, 직접노무원가, 제조간접원가를 표시하고 있다.

05
- 제조간접원가 = (직접노무원가 90,000원 + 제조간접원가) × 40%
- ∴ 제조간접원가 = 60,000원

06
② 제조간접비의 비중이 높을수록 보다 정확한 원가계산을 위해서는 제조간접비를 발생시키는 다양한 요인을 고려한 배부기준을 적용해야 한다.
③ 공정성과 공평성 기준은 원가배분을 통해 달성하고자 하는 목표이지 구체적으로 적용할 수 있는 배부기준은 아니다.
④ 수혜기준은 원가대상이 원가발생과 관련된 용역을 수혜한 수준에 따라 적용하는 배부기준이다.

07
- 기본원가 = 직접재료원가 20,000원 + 직접노무원가 30,000원 = 50,000원
- 가공원가 = 직접노무원가 30,000원 + 제조간접원가 50,000원 = 80,000원

08 　 고정비와 변동비가 혼합된 준변동비이다.

09
- 직접재료원가 = 기초 10,000원 + 매입 30,000원 − 기말 5,000원 = 35,000원
- ∴ 총제조원가 = 직접재료원가 35,000원 + 가공원가 60,000원 = 95,000원

10 　 종합원가계산에 대한 설명이다.

11
- 제조간접원가 예정배부율 = 4,000,000원 ÷ 400시간 = 10,000원/직접노무시간
- ∴ 제조간접원가 배부차이 = 실제발생액 4,400,000원 − 배부액(직접노무시간 410시간 × 배부율 10,000원)
  = 300,000원(과소배부)

12
- 당기원재료 사용액 = 기초재고액 250,000원 + 당기매입액 1,050,000원 − 기말재고액 180,000원 = 1,120,000원
- 당기 가공원가 총액 1,300,000원 = 직접노무원가 + 제조간접원가 550,000원
- ∴ 직접노무원가 = 750,000원
- 당기총제조원가 = 직접재료원가 1,120,000원 + 직접노무원가 750,000원 + 제조간접원가 550,000원 = 2,420,000원
- ∴ 당기 제품제조원가 = 기초재공품재고액 500,000원 + 당기총제조원가 2,420,000원 − 기말재공품재고액 150,000원
  = 2,770,000원

13 　 기회비용은 재화·용역 또는 생산설비를 현재의 용도가 아닌 차선의 용도로 사용하였을 경우 얻을 수 있었던 최대금액을 말한다.

14

구 분	순실현가능가치
A	1,800단위 × (400원 − 30원 − 20원) = 630,000원
B	2,000단위 × (300원 − 10원 − 40원) = 500,000원
C	3,000단위 × (200원 − 10원 − 10원) = 540,000원

- 순실현가치가 가장 많은 A제품에 결합원가가 가장 많이 배부된다.

15 개별원가계산은 개별제품의 제조지시서 별로 원가요소를 집계하지만, 종합원가계산은 공정별로 원가요소를 집계한다.

16 배부차이는 영업외비용으로 처리되므로, 매출원가에는 영향이 없다.

17 단계배분법은 배분 순서가 중요하다.

18

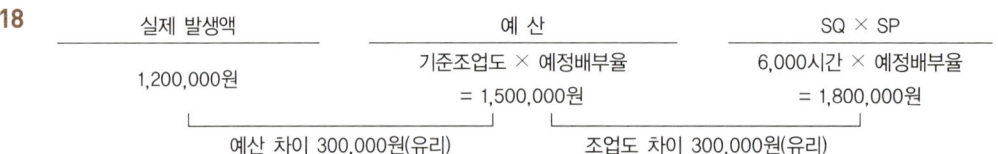

실제 발생액	예 산	SQ × SP
	기준조업도 × 예정배부율	6,000시간 × 예정배부율
1,200,000원	= 1,500,000원	= 1,800,000원

예산 차이 300,000원(유리)   조업도 차이 300,000원(유리)

∴ 예정배부율 = 300원
∴ 기준조업도 = 5,000시간

19 공손품을 검사하는 수준에서 월말재고는 제외되기 때문에, 정상공손원가는 월초재고 및 당기 완성품에만 배분해야 한다.

20
- 재료비의 완성품환산량 = 기초완성품 500개 + 기말재공품 500개 = 1,000개
- ∴ 재료비의 완성품환산량 단위당원가 = 600,000원 ÷ 1,000개 = 600원/개

21
- 제품단위당 제조원가 = 100원 + 40원 + 32원 = 172원
- 기말제품재고액 = 500단위 × 172원 = 86,000원

22
② 직접재료원가 구입가격차이에 대해서는 구매담당자가, 직접재료원가 수량(능률)차이에 대해서는 생산담당자가 책임을 지도록 해야 한다.
③ 직접재료원가 총차이가 유리 또는 불리한 경우와 상관없이 가격차이와 수량(능률)차이로 구분할 필요가 있다. 차이 원인에 대한 책임담당자가 다르기 때문이다.
④ 유리 또는 불리한 직접재료원가차이에 따라 책임담당자가 다른 것이 아니라 그 원인이 가격차이인지 수량차이인지에 따라 책임자가 달라진다.

23 제조간접비 배부차이 = 실제 발생액 100,000원 − 배부액 80,000원 = 20,000원(과소배부) → 매출원가에 가산

24 용접부에 배분되는 원가 = (200,000원 × 3,000시간/6,000시간) + (140,000원 × 4,000kwh/7,000kwh) = 180,000원

제88회 2급 정답 및 해설

1부 재무회계

01	③	06	③	11	③	16	③	21	①
02	②	07	③	12	②	17	④	22	③
03	②	08	②	13	④	18	④	23	②
04	①	09	④	14	②	19	③	24	④
05	①	10	③	15	④	20	①	25	①

01   재무제표의 작성과 표시에 대한 책임은 경영자에게 있다.

02   • 판매비와관리비 = 세금과공과 20,000원 + 차량유지비 10,000원 + 수도광열비 25,000원 + 통신비 30,000원
          = 85,000원
   • 영업외비용 = 외환차손 50,000원 + 기부금 100,000원 + 이자비용 15,000원 + 유형자산처분손실 5,000원
          = 170,000원

03   무형자산은 물리적 형태가 없어도 된다.

04   • 기말 자본 = 50,000원 + 80,000원 + 100,000원 = 230,000원
   • 기말 부채 = 기말 자산 300,000원 − 기말 자본 230,000원 = 70,000원
   ∴ 기말 비유동부채 = 70,000원 − 50,000원 = 20,000원

05   • 2024년 말 매출채권 잔액 = 외상매출금(기초 4,000,000원 + 당기발생 12,000,000원 − 당기회수 8,000,000원 −
      대손발생 500,000원) + 받을어음(기초 2,000,000원 − 당기회수 2,000,000원) = 7,500,000원
   • 2024년 말 대손충당금 설정액 = 매출채권 잔액 7,500,000원 × 대손율 1% = 75,000원
   ∴ 대손충당금 보충액 = 설정액 75,000원 − (기초잔액 550,000원 − 당기발생 500,000원) = 25,000원(대손상각비)

06   • 현금및현금성자산 = 50,000원 + 10,000원 + 3,000원 + 2,000원 = 65,000원
   • 단기금융상품 = 40,000원 + 12,000원 = 52,000원

07   • 단기매매증권평가이익 = 140,000원 − 110,000원 = 30,000원(당기순이익)
   • 매도가능증권평가이익 = 160,000원 − 150,000원 = 10,000원(기타포괄손익)

08   양도인이 파산 또는 법정관리 등에 들어가더라도 양도인 및 양도인의 채권자는 양도한 금융자산에 대한 권리를 행사
      할 수 없어야 한다.

09 기말재고자산 = 실사액 20,000,000원 + 적송품(10,000,000원 × 20%) + 시송품(1,000,000원 − 200,000원)

= 22,800,000원

10 • 어음의 만기금액 = 500,000원 + (500,000원 × 8% × 3/12) = 510,000원

∴ 할인액 = 510,000원 × 10% × 2/12 = 8,500원

11 • 재고단가 = (기초 8,800원 + 9일분 39,200원 + 24일분 120,000원) ÷ 150개 = 1,120원/개

∴ 월말재고자산 = 재고단가 1,120원 × 재고수량 110개 = 123,200원

12 매입할인 등이 있는 경우에는 이를 차감하여 취득원가를 산출하며 취득과 무관한 재산세와 같은 비용은 별도로 처리한다.

13 • 감가상각비 = (2,000,000원 − 2,000,000원 × 10%) × 1/3 = 600,000원

• 유형자산처분이익 = 1,500,000원 − 1,400,000원 = 100,000원

• 당기순이익에 미치는 영향 : 감가상각비 (−)600,000원 + 유형자산처분이익 100,000원 = (−)500,000원

14 유형자산의 취득 시, 불가피하게 매입하는 채권의 경우 채권 매입가액과 현재가치와의 차액은 유형자산의 취득원가에 가산한다.

15 무형자산 = 개발비 인식요건을 충족한 개발비 15,000원 + 영업권 50,000원 + 소프트웨어 20,000원 + 산업재산권 30,000원 = 115,000원

16 • 2024년 말 사채할인발행차금 상각액 = (기초장부금액 913,492원 × 유효이자율 12%) − (액면가 1,000,000원

× 액면이자율 10%) = 9,619원

∴ 2024년 만기보유증권 기말잔액 = 기초장부금액 913,492원 + 사채할인발행차금 상각액 9,619원 = 923,111원

17 사채할인발행차금은 유효이자율법을 적용하여 상각한다.

18 회사 설립 시 발생하는 주식발행비는 판매비와관리비로 처리하고, 추가적인 증자 시 발생하는 주식발행비는 주식발행 초과금이 있는 경우 주식발행초과금에서 차감하고, 주식할인발행차금이 발생할 경우 주식할인발행차금에 가산한다.

19 • 자본 = 자본금 1,000,000원 + 주식발행초과금 100,000원 + 매도가능증권평가이익 20,000원 − 자기주식 30,000원

+ 미처분이익잉여금 300,000원 = 1,390,000원

※ 단기매매증권평가이익은 당기손익에 반영한다.

20 용역의 제공으로 인한 수익은 용역제공거래의 성과를 신뢰성 있게 추정할 수 있을 때 진행기준에 따라 인식한다.

21 당기 말 기말재고액의 과소계상은 당기 매출원가 과대계상으로 당기순이익은 과소계상되고, 차기의 기초재고액이 과 소계상되어 차기 매출원가 과소계상, 차기 순이익 과대계상으로 재고자산가액은 자동으로 오류가 상쇄되어 조정된다.

22 확정급여제도를 설정한 경우에는 당해 회계기간에 대하여 기업이 납부하여야 할 부담금(기여금)을 퇴직연금운용자산 으로 인식한다.

23 목적적합성과 신뢰성 중 어느 하나가 완전히 상실된 경우 그 정보는 유용한 정보가 될 수 없다.

24 • 2024년 작업진행률 25% = (100,000,000원 ÷ 총공사예정원가)
∴ 총공사예정원가 = 400,000,000원

25 시장가격이 있는 유가증권의 취득 시, 해당 자산의 거래원가를 최초 인식하는 시점에 비용으로 회계처리한다.

2부 원가회계

01	②	06	④	11	②	16	④	21	③
02	②	07	④	12	①	17	③	22	①
03	③	08	②	13	③	18	①	23	④
04	④	09	④	14	④	19	①	24	③
05	④	10	④	15	①	20	②	25	①

01 매몰원가에 대한 설명이다.

02

$AQ \times AP$	$AQ \times SP$	$SQ \times SP$
$900 \times @52$	$900 \times @50$	생산량 $\times$ 7개 $\times$ @50
= 46,800원	= 45,000원	= 38,500원

가격차이 1,800원 불리   수량차이 6,500원 불리

∴ 생산량 : 110단위

03 • 직접재료원가의 기말재공품 수량 = 9,000단위 − 6,000단위 = 3,000단위
• 가공원가의 기말재공품 수량 = 1,500단위
∴ 기말재공품의 완성도 = 1,500단위/3,000단위 = 50%

04 단위당 원가 = 110원/개 + (80,000원/800개) = 210원/개

05 • 판매수익(매출) = 700단위 $\times$ 1,000원 = 700,000원
• 단위당 제조원가 = 300원 + 250원 + 70원 + (150,000원 ÷ 1,000단위) = 770원
• 판매된 제품원가(매출원가) = 700단위 $\times$ 770원 = 539,000원
∴ 매출총이익 = 매출 700,000원 − 539,000원 = 161,000원

06 보조부문비를 가장 정확하게 배분하는 방법은 상호배분법이다.

07   가공원가 = 공장건물 재산세 30,000원 + 공장건물 감가상각비 100,000원 + 공장관리자 급여 20,000원 + 생산직 사원 급여 30,000원 = 180,000원

08   ② 당기총제조원가 = 직접재료원가 650,000원 + 직접노무원가 500,000원 + 제조공장 임차료 80,000원 + 소모품 사용액 20,000원 + 제조공장 전력비 240,000원 = 1,490,000원
    ① 제조간접원가 = 소모품 사용액 20,000원 + 제조공장 임차료 80,000원 + 제조공장 전력비 240,000원 = 340,000원
    ③ 기본원가 = 직접재료원가 650,000원 + 직접노무원가 500,000원 = 1,150,000원
    ④ 기간원가 = 광고선전비 120,000원

09   제조간접원가는 작업별로 추적할 수 없어서 배분한다.

10   • 제조간접원가 배부율 = 300,000원 ÷ 600시간 = @500원/시간
    • 제조간접원가 배부액 = 예정배부율 @500원/시간 × 실제조업도 = 550,000원
    ∴ 실제조업도(기계시간) = 1,100시간

11   파손된 제품의 원가 1,000,000원은 매몰원가이며, 파손된 제품을 수선하여 처분하는 의사결정을 하는 경우 기회비용은 파손된 상태에서 처분가능한 400,000원을 기회비용으로 고려해야 한다.

12   • X의 순실현가치 = 8,000원/개 × 500개 = 4,000,000원
    • Y의 순실현가치 = 10,000원/개 × 300개 − 1,000,000원 = 2,000,000원
    • 순실현가치법에 따른 결합원가 배분

구 분	순실현가치	비 율	결합원가배분
X	4,000,000원	2/3	600,000원
Y	2,000,000원	1/3	300,000원
합계	6,000,000원	100%	900,000원

13   • 가공원가 = 직접노무원가 + 제조간접원가
    • 당기총제조원가 = 직접재료원가 + 직접노무원가 + 제조간접원가
    • 기초원가 = 직접재료원가 + 직접노무원가

14   상호배분법은 보조부문원가를 배분하는 방법이다.

16   평균법에서는 당기투입원가와 기초재공품원가를 합한 금액을 전체 완성품환산량으로 나누어 계산한다.

17

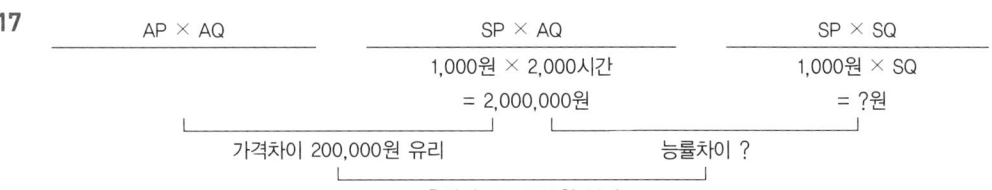

AP × AQ	SP × AQ	SP × SQ
	1,000원 × 2,000시간	1,000원 × SQ
	= 2,000,000원	= ?원

가격차이 200,000원 유리   능률차이 ?

총차이 500,000원 불리

- 총차이가 500,000원 불리인데 가격차이가 200,000원 유리이므로 능률차이는 700,000원 불리가 된다.
- SP 1,000원 × SQ = 1,300,000원
- ∴ 표준직접노동시간(SQ) = 1,300시간
- ∴ 당기 생산량 = 1,300시간 ÷ 2시간/개 = 650개

18 완성품환산량 계산(단위)

	물량의 흐름(완성도)	평균법		선입선출법	
		재료비	가공비	재료비	가공비
기초재공품	100(40%)				
당기착수량	900				
계	1,000				
완성품 기초재고	100	100	100	–	60
완성품 당기착수	700	700	700	700	700
기말재공품	200(60%)	200	120	200	120
계	1,000	1,000	920	900	880

20

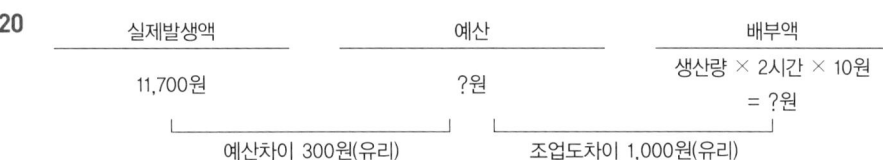

실제발생액	예산	배부액
11,700원	?원	생산량 × 2시간 × 10원
		= ?원

예산차이 300원(유리)   조업도차이 1,000원(유리)

- 예산 = 실제발생액 11,7000원 + 예산차이 300원 = 12,000원
- 배부액 = 예산 12,000원 + 조업도차이 1,000원 = 13,000원
- 배부액 13,000원 = 생산량 × 2시간 × 10원
- ∴ 생산량 = 650단위

21
- 공정진행률 50% 시점에서 검사를 실시하므로 기초재공품(60%)은 검사가 완료되어 있고 기말재공품(30%)은 대상에서 제외된다.
- 대상수량(선입선출법) = (기초 200개 + 당기착수 800개) – (기초 200개 + 기말 100개) = 700개
- ∴ 정상공손물량 = 대상수량 700단위 × 정상공손율 10% = 70단위

22
- 당기총제조원가 = 80,000원 + 70,000원 + 50,000원 = 200,000원
- 기초재공품 = 당기총제조원가 200,000원 × 20% = 40,000원
- 기말재공품 = 기초재공품 40,000원 × 2.5 = 100,000원
- ∴ 당기제품제조원가 = 기초재공품 40,000원 + 당기총제조원가 200,000원 – 기말재공품 100,000원 = 140,000원

23 • 단계배분법에 의한 배부

구 분	자재부문	시설부문	세단부문	SUV부문
변동원가 발생액	10,000원	7,000원		
자재부문	(10,000원)	2,000원(20%)	5,000원(50%)	3,000원(30%)
시설부문		(9,000원)	6,000원(50%)	3,000원(25%)
합 계	–	–	11,000원	6,000원

∴ 세단부문에 배부되는 보조부문의 원가 = 11,000원

24 수선유지부문 : 작업시간, 기계시간

25 • 매출원가 = 매출액 1,200,000원 ÷ (1 + 20%) = 1,000,000원
• 당기총제조원가 = 직접재료원가 200,000원 + 직접노무원가 200,000원 + 제조간접원가 300,000원 = 700,000원
• 매출원가 1,000,000원 = 기초재공품원가 400,000원 + 당기총제조원가 700,000원 − 기말재공품원가
∴ 기말재공품원가 = 100,000원

제87회 2급 정답 및 해설

01	①	06	①	11	③	16	④	21	①
02	①	07	④	12	③	17	④	22	①
03	②	08	④	13	②	18	③	23	②
04	④	09	②	14	③	19	①	24	②
05	④	10	④	15	③	20	③	25	④

01 재무정보 이용자는 현재 및 잠재적 투자자, 채권자, 기타정보이용자를 포함한다.

02 보강적 질적특성에는 이해가능성, 검증가능성, 적시성, 비교가능성이 있다.

03 재무제표는 발생기준에 따라 작성된다. 발생주의 회계는 재무회계의 기본적 특징으로서 재무제표의 기본요소의 정의 및 인식, 측정과 관련이 있다. 다만, 현금흐름표는 발생기준에 따라 작성되지 않는다.

04 당좌자산 = 미수수익 60,000원 + 선급금 40,000원 + 단기대여금 20,000원 + 보통예금 30,000원 + 매출채권 110,000원 = 260,000원

05 • 대손충당금 보충액 70,000원 = (기말 매출채권 잔액 2,000,000원 × 대손예상률) − 대손충당금 잔액 30,000원
∴ 대손예상률 = 5%

06 • 매출원가 = 기초상품재고액 100,000원 + 당기상품매입액 400,000원 − 기말상품재고액 200,000원 = 300,000원
• 매출액 = 매출원가 300,000원 + 매출총이익 200,000원 = 500,000원
• 당기 매출채권 발생액 = 매출액 500,000원 − 당기현금매출액 100,000원 = 400,000원
∴ 기말매출채권 = 기초매출채권 50,000원 + 당기 매출채권 발생액 400,000원 − 당기 매출채권 회수액 300,000원
= 150,000원

07 기말 장부가액 = 보유주식수 100주 × 기말 공정가치 6,000원 = 600,000원

08 • 재고자산 전체 감모분 = (장부상 재고수량 3,000개 − 실제 재고수량 2,800개) × 단가 200원 = 40,000원
• 비정상적 감모손실 = 전체 감모분 40,000원 × 비정상 확률 10% = 4,000원
∴ 전체감모분 40,000원 중 비정상적 감모손실인 4,000원은 재고자산감모손실로 처리하고 정상적 감모손실인 36,000원 은 매출원가로 처리한다.

09 • 매출원가 = 매출액 1,000,000원 × (1 − 매출이익률 25%) = 750,000원
  • 매출원가 750,000원 = 기초재고 220,000원 + 당기매입 780,000원 − 기말재고
  ∴ 기말재고 = 250,000원

10 • 기말재고자산 = 선적지인도조건으로 매입한 미착상품 2,000,000원 + 도착지인도조건으로 판매한 운송 중인 상품 3,000,000원 + 고객이 구매의사를 표시하기 전인 시송상품 1,000,000원 = 6,000,000원
  ※ 판매 시 반품률을 예측할 수 있는 판매상품은 판매된 것으로 보아 기말재고자산에 포함하지 않는다.

11 ① 감가상각방법에 따라 다르다.
  ② 모든 기업이 일치하지 않아도 된다.
  ④ 모든 자산이 동일한 감가상각방법을 적용할 필요는 없다.

12 • 기계장치 취득원가 = 제공한 자산(차량운반구)의 공정가치 12,500,000원 + 현금지급액 2,000,000원 = 14,500,000원
  • 취득시점의 회계처리

(차) 기계장치	14,500,000원	(대) 차량운반구	10,000,000원
		현 금	2,000,000원
		유형자산처분이익	2,500,000원

13 • 기말 감가상각비 = (취득원가 5,000,000원 − 잔존가치 0원) ÷ 내용연수 10년 × 월할상각 6/12 = 250,000원
  • 기말정부보조금 차감액 = 정부보조금 1,000,000원 ÷ 내용연수 10년 × 월할상각 6/12 = 50,000원
  • 2024년 회계처리

− 7월 1일	(차) 현금 등	1,000,000원	(대) 정부보조금	1,000,000원
	(차) 기계장치	5,000,000원	(대) 현금 등	5,000,000원
− 12월 31일	(차) 감가상각비	250,000원	(대) 감가상각누계액	250,000원
	(차) 정부보조금	50,000원	(대) 감가상각비	50,000원

  ∴ 2024년 12월 31일 기계장치 장부가액 = 취득원가 5,000,000원 − 정부보조금 950,000원 − 감가상각누계액 250,000원 = 3,800,000원

14 프로젝트 연구단계에서 발생한 지출은 발생기간의 비용으로 인식한다.

15 • 2024년 기초 장부가액 = 기말 장부가액 981,794원 − 사채할인발행차금 16,527원 = 965,267원
  ∴ 유효이자율 = 2024년 말 이자비용 96,527원 ÷ 2024년 기초 장부가액 965,267원 = 10%

16 판매자는 판매된 재화의 소유권에 대하여 지속적 관여를 하지 않을 뿐만 아니라 효과적인 통제를 하지도 아니한다.

17 • 기초자본 = (기초자산 10,000,000원 − 기초부채 5,000,000원) = 15,000,000원
  • 기초이익잉여금 = 기초자본 15,000,000원 − 기초자본금 2,000,000원 = 3,000,000원
  ∴ 기말이익잉여금 = 기초이익잉여금 3,000,000원 + 당기순이익 3,600,000원 = 6,600,000원

18 보험료 비용이 과대계상되고, 미도래한 기간의 보험료에 대하여 선급비용을 계상하지 않아 자산, 자본이 과소계상된다.

19　자기주식은 일반기업회계기준에서는 자본조정으로 규정하고 있다.

20　할인발행 : 액면금액보다 발행가액이 작게 주식을 발행하는 것으로 주식할인발행차금이 발생한다.

21　• 공사진행율 = 실제투입공사비 30,000,000원 ÷ 총공사예정원가 80,000,000원 = 0.375
　• 공사수익 = 도급금액 100,000,000원 × 공사진행률 37.5% = 37,500,000원
　∴ 공사이익 = 공사수익 37,500,000원 − 실제투입공사비 30,000,000원 = 7,500,000원

22　• 발생주의에 의하여 현금의 수취가 2023년과 20234년에 이루어지더라도 그 영향이 발생한 2023년에 해당 손익에 대한 회계처리를 한다.

	2023년	2024년
매출(수익)	1,500,000원	0원
매출원가(비용)	(−)1,000,000원	0원
순이익	500,000원	0원

23　• 해당 거래로 인해 2024년에 발행할 수 있는 영업외손익은 외화환산손익이다.
　∴ 외화환산손익 = (기말시점환율 1,150원/$ − 거래시점환율 1,100원/$) × $10,000 = 500,000원(이익)

24　당기 이자 현금지급액 = 당기 이자비용 계상액 1,600,000원 + 기초 미지급이자비용 400,000원 − 기말 미지급이자비용 300,000원 = 1,700,000원

25　퇴직연금운용자산은 퇴직급여충당부채의 차감계정으로 표시한다. 다만, 퇴직연금운용자산이 퇴직급여충당부채보다 큰 경우에는 그 초과액을 투자자산의 퇴직연금운용자산으로 표시한다.

2부　원가회계

01	④	06	④	11	②	16	①	21	②
02	③	07	①	12	②	17	④	22	④
03	③	08	③	13	③	18	③	23	②
04	①	09	④	14	②	19	①	24	①
05	④	10	④	15	②	20	③	25	①

01　원재료 → 재공품 → 제품 → 매출원가

02

AQ × AP	AQ × SP	SQ × SP
970,000원	23,000시간 × 50원 = 1,150,000원	7,000개 × 3시간 × 50원 = 1,050,000원

              소비차이 180,000원 유리   능률차이 100,000원 불리

03 각 부서별 기계장치의 사용시간에 따른 원가 배분이므로, 각 부서의 입장에서 해당 원가는 변동원가로 분류한다.

04 기초 재공품과 기말 재공품, 기초 제품과 기말 제품이 같으므로 당기총제조원가는 매출원가와 같다.

05 • 매출총이익 1,500,000원 = (총매출액 2,300,000원 − 매출에누리 100,000원) − 매출원가
∴ 매출원가 = 700,000원
• 매출원가 700,000원 = 기초제품 150,000원 + 당기제품제조원가 − 기말제품 100,000원
∴ 당기제품제조원가 = 650,000원

06 보조부문원가를 하나의 배분율을 사용하여 배분하는 것은 단일배분율법의 특징이다.

07 • 직접재료원가 = 기초재고액 2,400원 + 당기매입액 3,600원 − 기말재고액 1,400원 = 4,600원
• 직접노무원가 = 가공원가 5,400원 − 당기발생제조간접비 2,200원 = 3,200원
∴ 기본원가 = 직접재료원가 4,600원 + 직접노무원가 3,200원 = 7,800원

08 당기총제조원가 = 직접재료원가 + 직접노무원가 + 제조간접원가

09 • 가공원가 = 직접노무원가 90,000원 + (가공원가 × 0.2)
∴ 가공원가 = 112,500원
∴ 제조간접원가 = 가공원가 112,500원 × 0.2 = 22,500원

10 정상개별원가계산은 예정배부율을 추측하여 배부하므로 기중에 작업이 완료되더라도 제품원가계산을 할 수 있다.

11 • 예정배부액 = 8,000,000원 − 200,000원 = 7,800,000원
∴ 제조간접원가 배부율 = 7,800,000원 ÷ 50,000시간 = 156원/시간

12 • 손익계산서 : 매출원가, 기말제품재고액, 당기제품제조원가
• 제조원가명세서 : 당기총제조원가, 당기제품제조원가

13 • 갑 제품의 순실현가치 = 300,000원 − 50,000원 = 250,000원
• 을 제품인 순실현가치 = 180,000원 − 30,000원 = 150,000원
• 부산물 병 제품의 순실현가치 = 20,000원 − 2,000원 = 18,000원
• 주산물에 배분해야 할 결합원가 = 200,000원 − 18,000원 = 182,000원

구 분	순실현가치	비 율	결합원가배분액
갑 제품	250,000원	62.5%	113,750원
을 제품	150,000원	37.5%	68,250원

14 원가통제의 목적으로 경영자는 기중에도 원가에 대한 정보를 필요로 한다. 따라서, 예정배부나 표준원가를 이용하여 배부한 원가로 의사결정에 필요한 정보를 수집한다.

15 배부차이는 영업외비용으로 처리되므로, 영업이익에는 영향이 없다.

16 정상공손은 생산과정에서 어쩔 수 없이 발생하는 것으로, 기업이 통제할 수 없다.

17 선입선출법이 평균법에 비해 실제 물량흐름에 보다 충실한 원가흐름가정이다.

18 • 평균법 완성품환산량과 선입선출법 완성품환산량은 기초재공품의 완성품환산량만큼 차이가 난다.
  • 기초재공품의 재료원가 완성품환산량 = 100,000단위 − 90,000단위 = 10,000단위
  • 기초재공품의 가공원가 완성품환산량 = 64,000단위 − 57,000단위 = 7,000단위
  ∴ 기초재공품의 완성도 = 7,000단위 ÷ 10,000단위 = 70%

19 • 재료비 = 700개 + 300개 = 1,000개
  • 가공비 = 600개 × (1 − 60%) + 700개 + 300개 × 40% = 1,060개

20 고정제조간접원가에서는 능률차이가 아닌 예산차이가 발생할 수 있다.

21 • 광고로 인한 이미지 홍보는 매출증가액에 따르는 것이 가장 합리적이다.
  ∴ X제품의 광고비 부담액 = 20,000,000원 × 3,000,000원/(3,000,000원 + 7,000,000원) = 6,000,000원

22 개별원가계산에 대한 설명이다.

23 보조부문원가는 보조부문 자체발생원가에 타보조부문 발생원가 총액에서 제공받은 용역비율을 합산한 금액이다.

24 • 기말재공품 원가 80,000원 = 기말재공품 물량 5,000단위 × (완성품환산량 단위당 직접재료원가 20원 × 완성도 60% + 완성품환산량 단위당 가공원가 × 완성도 40%)
  ∴ 완성품환산량 단위당 가공원가 = 10원

25

AP × AQ	SP × AQ
400원 × AQ	300원 × AQ

가격차이 1,800,000원 불리

∴ 실제투입량(AQ) = 18,000kg

1부 재무회계

01	②	06	②	11	④	16	①	21	②
02	②	07	③	12	③	17	①	22	①
03	③	08	②	13	①	18	②	23	①
04	④	09	③	14	④	19	④	24	②
05	①	10	①	15	②	20	④	25	①

01 일반적으로 인정된 회계원칙(GAAP)은 사회적 합의의 산물이기 때문에 경제적 환경, 사회적 환경이 변화하면 변화된 환경에 대한 회계정보를 제공해야 하므로 변화하는 특성이 있다.

02 • 처분 시 주당 장부가액 = [2023년 취득가액(500주 × 330원) + 2024년 취득가액(300주 × 410원)] ÷ 총주식수 800주
　　　　　　　　　　　= 360원
∴ 처분이익 = 처분주식수 400주 × (처분단가 400원 − 장부단가 360원) − 처분수수료 5,000원 = 11,000원
※ 취득 시의 수수료는 당기 비용 처리하며, 처분 시의 수수료는 처분가액에서 차감한다.

03 유형자산을 포함한 많은 자산이 물리적 형태를 가지고 있지만 물리적 형태가 자산의 본질적인 특성은 아니다. 예를 들어, 물리적 형태가 없는 자원이라도 특정 실체에 의하여 지배되고 그 실체에게 미래의 경제적 효익을 창출할 것으로 기대되는 경우 당해 항목은 자산의 정의를 충족할 수 있다.

04 현금및현금등가물 = 초단기수익증권 300,000원 + 보통예금 300,000원 + 은행 발행 자기앞수표 350,000원 = 950,000원

05 ① 중요성은 기업특유의 목적적합성으로 미리 정할 수 없다.
② 중요성, ③ 중립적 서술, ④ 예측가치

06 • 손상차손 환입 = (12,000원 − 10,000원) × 200주 = 400,000원
∴ 손익계산서상 이익이 400,000원 증가한다.

07 미수금 1,000,000원이 대손 확정되었으므로 그 금액만큼 미수금을 감소시키고, 대손액과 미수금의 대손충당금 500,000원을 먼저 상계한 후, 부족분 500,000원은 대손상각비로 처리한다.

08 일반적인 상거래와 관련된 매출채권의 대손상각비는 판매관리비로, 기타 채권의 대손상각비는 영업외비용으로 인식한다.

09
- 주식발행초과금(1월 5일) = 발행가 5,000원 − 액면가 1,000원 − 신주발행비 1,000원 = 3,000원
- 자기주식처분이익 = 처분가 5,000원 − 매입가 2,000원 − 자기주식처분손실(전기이월) 1,000원 = 2,000원
- 매도가능증권평가이익 = 공정가액 11,000원 − 매입가 10,000원 = 1,000원
- ∴ 자본잉여금 = 주식발행초과금 3,000원 + 자기주식처분이익 2,000원 = 5,000원
- ∴ 기타포괄손익누계액 = 매도가능증권평가이익 1,000원
- ※ 주식할인발행차금(3월 5일)은 자본조정에 해당한다.

10　장기 할부판매상품은 이미 판매되고 없는 자산이므로 가산하지 아니한다.

11
- 매출원가(추정) = (매출액 1,850,000원 − 매출환입 250,000원) ÷ (1 + 0.25) = 1,280,000원
- 매출원가 1,280,000원 = 월초재고 520,000원 + (매입액 1,300,000원 − 매입환출 50,000원) − 월말재고
- ∴ 월말재고(장부) = 490,000원
- ∴ 재해손실액 = 기말재고(장부) 490,000원 − 상품재고(화재 후) 35,000원 = 455,000원

12
- ① 사채발행비는 사채발행으로 인해 조달된 현금을 감소시키는 효과로 인하여 사채발행가액에서 차감처리한다.
- ② 사채의 할인발행이란 사채의 발행금액을 액면금액보다 낮게 발행하는 것을 의미한다.
- ④ 유효이자율법 적용 시 사채를 할인 발행하는 경우 사채의 장부금액은 매년 증가한다.

13　확정기여형 퇴직연금의 회계처리는 적립부담금 납입액을 퇴직급여로 처리한다.

14
- 직접 관련된 지출과 간접 지출을 모두 포함한다.
- 내부적으로 창출한 무형자산의 원가에 가산하는 항목의 예시
  - 무형자산 창출에 직접 종사한 인원의 인건비와 직접재료비, 용역비
  - 무형자산 창출에 직접 사용된 유형자산의 감가상각비와 무형자산 상각비
  - 법적 등록을 위한 수수료 등 직접 관련 지출
  - 무형자산 창출에 필요한 간접비용(연구관리직원의 인건비, 임차료, 보험료 등)

15
- 다른 종류의 무형자산이나 다른 자산과의 교환으로 무형자산을 취득하는 경우에는 무형자산의 원가를 교환으로 제공한 자산의 공정가치로 측정한다.
- ∴ 실용신안권의 취득원가 = 보통주 250주 × 공정가액 5,500원 = 1,375,000원

16　우발부채는 재무상태표상에 부채로 인식하지 않는다.

17
- 사용 중인 건물을 철거하고 신축한 경우에는 신축에 들어간 비용만 취득원가로 한다.
- ∴ 취득원가 = 신축비용 150,000,000원 + 신축건물 취득세등 15,000,000원 = 165,000,000원
- ※ 건물 신축을 위해 사용 중인 기존 건물을 철거하는 경우 사용 중인 기존 건물의 장부금액은 제거하여 처분손실로 반영하고, 철거비용은 전액 당기비용으로 처리한다.

18 • 3년, 12% 연금현가계수 = 0.8929(1년, 12% 현가계수) + 0.7972(2년, 12% 현가계수) + 0.7118(3년, 12% 현가계수)
      = 2.4019

• 취득시점 현재가치 = 액면가 100,000원 × 0.7118(3년, 12% 현가계수) + 액면가 100,000원 × 액면이자율 10% × 2.4019(3년, 12% 연금현가계수) = 95,199원

구 분	시장이자(12%)	표시이자(10%)	상각액	장부금액
2024년 취득				95,199원
2024년 기말	11,423	10,000	1,423	96,622원

19 • 갑은 순실현가능가치가 취득원가 이상으로 상승하였으므로 취득원가로 평가하고, 을과 병은 취득원가 이하로 순실현가능가치가 하락하였으므로 순실현가능가치로 평가한다.

구 분	수 량	취득원가	순실현가능가치	평가손익
갑	100단위	1,200,000원	1,300,000원	
을	200단위	3,000,000원	2,300,000원	평가손실 700,000원
병	100단위	1,800,000원	1,650,000원	평가손실 150,000원
합 계				평가손실 850,000원

20 • 차기이월 이익잉여금 12,500,000원 = 전기이월 이익잉여금 10,000,000원 + 당기순이익 - 이익준비금 적립액 500,000원 - 현금배당금 5,000,000원

∴ 당기순이익 = 8,000,000원

21 ① 수익은 실현되었거나 또는 실현가능한 시점에 인식한다.

③ 부동산 판매는 법적소유권이 이전되기 전이라도 소유에 따른 위험과 효익이 구매자에게 실질적으로 이전되는 경우에는 이전시점에 수익으로 인식할 수 있다.

④ 상품권을 할인 판매하는 경우 액면금액 전액을 선수금으로 계상하고 할인액은 상품권 할인액 계정으로 하여 해당 선수금 계정에서 차감하는 형식으로 표시한다.

22

구 분	2023년	2024년	2025년
당기 발생원가	300,000원	200,000원	300,000원
누적 발생원가 (①)	300,000원	500,000원	800,000원
추가 발생원가 예상액 (②)	500,000원	300,000원	–
총공사예정원가 (③ = ① + ②)	800,000원	800,000원	800,000원
누적 진행률 (④ = ① ÷ ③)	37.5%	62.5%	100%
당기 진행률(= 당기누적 - 전기누적)	37.5%	25%	37.5%

∴ 2024년 공사이익 = 공사계약금 1,200,000원 × 25%(2024년 진행률) - 2024년 발생원가 200,000원 = 100,000원

23 • 선급보험료 = 120,000원 × 7/12 = 70,000원(비용 과대계상액)

∴ 선급보험료에 대한 기말수정분개를 하지 않은 경우, 비용이 과대계상되고 당기순이익은 과소계상된다.

24 • 장기미수금 장부금액(현재가치) = 연간 회수액 2,000,000원 × 2.4868(3년, 10% 연금현가계수) = 4,973,600원

※ 매각대금의 명목가액과 현재가치의 차이가 중요하므로 현재가치로 환산해야 한다.

25 같은 종류의 자산(토지와 건물 제외)을 교환하였을 때에는 제공한 자산의 장부금액을 취득원가로 한다.

2부 원가회계

01	②	06	①	11	④	16	②	21	①
02	④	07	①	12	②	17	②	22	②
03	③	08	④	13	④	18	③	23	②
04	②	09	③	14	③	19	②	24	③
05	④	10	①	15	④	20	③	25	①

01
- 기본원가 = 직접재료원가 + 직접노무원가
- 가공원가 = 직접노무원가 + 제조간접원가
- 제품원가 = 직접재료원가 + 직접노무원가 + 제조간접원가
- 기간비용 : 당기에 비용처리되는 항목으로 제품제조와 관련 없는 원가

02 준고정원가는 관련 범위 내에서 계단형을 나타낸다.

03 자본금 변동에 대한 정보를 제공하는 것은 재무회계의 목적에 해당한다.

04
- 매출원가 4,605,000원 = 기초제품재고액 250,000원 + 당기제품제조원가 − 기말제품재고액 425,000원
  ∴ 당기제품제조원가 = 4,780,000원

재공품

기초재공품재고	480,000원	기말재공품재고	400,000원
직접재료원가	XXX원		
직접노무원가	1,100,000원	당기제품제조원가	4,780,000원
제조간접원가	1,650,000원		
	5,180,000원		5,180,000원

∴ 원재료 매입액(직접재료원가) = 1,950,000원
※ 문제에서 직접재료원가 사용액과 원재료 매입액이 동일하다고 전제함

05 변동원가는 비제조원가도 구성한다. 예 판매수수료

06
- 제조간접원가 = 가공원가 × 0.4 = 2,000,000원
  ∴ 가공원가 = 5,000,000원
- 당기총제조원가 = 직접재료원가 800,000원 + 가공원가 5,000,000원 = 5,800,000원
- 당기제품제조원가 = 기초재공품재고 300,000원 + 당기총제조원가 5,800,000원 − 기말재공품재고 400,000원
  = 5,700,000원
- 매출원가 = 매출액 10,000,000원 × (1 − 0.5)
  ∴ 매출원가 = 500,000원
- 매출원가 500,000원 = 기초제품재고 300,000원 + 당기제품제조원가 5,700,000원 − 기말제품재고
  ∴ 기말제품재고 = 1,000,000원

07

구 분	S1	S2	A	B	합 계
배분 전 원가	400,000원	200,000원			600,000원
S1 원가배분	(400,000원)	160,000원	80,000원	160,000원	
S2 원가배분		(360,000원)	180,000원	180,000원	
배분 후 원가			260,000원	340,000원	600,000원

08 제품제조원가 = 직접재료원가 180,000원 + 직접노무원가 120,000원 + 변동제조간접원가 150,000원 + 고정제조간접원가 30,000원 = 480,000원

09 ① 원가부문은 원가요소를 분류·집계하는 계산상의 구분으로서 제조부문과 보조부문으로 구분한다.
② 제조간접원가를 보다 더 정확하게 배분하기 위하여 사용한다.
④ 제조부문이 복수인 기업에서 많이 사용한다.

10 영업외손익법은 매출총이익에 영향을 미치지 않는다.

11 • 제조간접원가 배부차이 = 실제원가 100,000원 − 예정배부액 90,000원 = 부족배부액 10,000원
※ 부족배부액 10,000원을 매출원가에 가산한다.
∴ 2024년 제조간접원가는 10,000원 부족배부 상태이다.

12 가. 이중 배분율이란 보조부문의 원가를 고정원가와 변동원가로 구분하고 고정원가는 보조부문이 제공하는 용역에 대한 각 부문의 최대사용 가능량을 기준으로 배분한다.
라. 원가 배분의 정확성이 가능 낮은 배분방법은 직접배분법이다.
마. 직접 배분법은 보조부문 상호간의 용역수수를 고려하지 않는다.

13 • 당기총제조원가 1,700,000원 = 직접재료원가 500,000원 + 직접노무원가(X) + 제조간접원가(0.5X)
  ∴ 직접노무원가 = 800,000원, 제조간접원가 = 400,000원
• 기본원가 = 직접재료원가 500,000원 + 직접노무원가 800,000원 = 1,300,000원
• 가공원가 = 직접노무원가 800,000원 + 제조간접원가 400,000원 = 1,200,000원

14 기업이익을 극대화하기 위한 추가가공 의사결정을 할 때 이미 배분된 결합원가를 고려하지 않는다.

15

제 품	순실현가치	배분비율	결합원가
A	200단위 × 2,000원 = 400,000원	80%	200,000원
B	300단위 × 1,000원 − 200,000원 = 100,000원	20%	50,000원
합 계		100%	250,000원

16

AP × AQp	SP × AQp
42원/g × 1,000g = 42,000원	45원/g × 1,000g = 45,000원

가격차이(3,000원 유리)

17 공손품수량 = 기초 10,000단위 + 착수 40,000단위 − 완성 30,000단위 − 기말 14,000단위 = 6,000단위

18 추가가공원가는 분리원가라고도 하며 분리점 이후에 발생하는 원가로, 결합제품별로 직접 추적이 가능한 원가를 말한다.

19 완성품환산량 = 완성품 380개 + 기말 재공품 200개 × 완성도 60% = 500개

20 • 완성품환산량 단위당 가공원가 2,400원 = 가공원가 1,200,000원 ÷ [완성품 300개 + (기말재공품 400개 × 완성도)]
∴ 기말재공품 완성도 = 50%

21 종합원가계산 평균법에서 기말 재공품의 완성도를 과대평가하면 완성품환산량이 과대평가되고, 따라서 완성품환산량 단위당 원가는 과소평가된다. 완성품환산량단위당원가가 과소평가되므로 당기완성품원가는 과소평가되고, 기말재공품은 환산량이 과대평가되어 기말재공품원가도 과대평가된다.

22 영업외손익법은 부족배부차이를 영업외비용으로 처리하는 것이므로, 매출원가에는 영향이 없다.

23 능률차이는 실제 산출량에 허용된 표준사용량과 실제 사용량과의 차이를 산정한다.

24

고정제조간접원가 예산	SQ × SP
1,000시간 × 50원	600단위 × 2시간 × 50원
= 50,000원	= 60,000원

조업도차이 10,000원 유리

25 생산과 판매할 때 수익을 인식하지 않고 분리점에서 분리될 때 순실현가치를 평가하여 부산물에 원가를 배분하고 기타 결합원가에서 부산물 실현가치만큼을 차감하는 방법은 생산기준법이다.

1부 회계원리

01	③	06	③	11	③	16	④
02	②	07	②	12	②	17	③
03	③	08	③	13	②	18	②
04	③	09	④	14	②	19	①
05	③	10	②	15	②	20	④

01 재무회계는 기업외부이용자에게 정보를 제공할 목적, 관리회계는 내부보고목적, 세무회계는 과세소득을 측정하는 목적을 가지고 있다.

02 기부금은 비용의 발생이고 현금의 지출은 자산의 감소이다.

03 당기순이익이 배당으로 유출되지 않고 매년 기업에 누적되어 남아있는 것을 이익잉여금이라 한다.

04 해당 회계처리에서 자산인 선급보험료 계정이 대변에 위치하므로 전기에 이연 처리한 보험료를 당기의 비용으로 대체하는 분개로 추정할 수 있다.

05 재고자산은 유동자산이다.

06 신주를 발행하면 기업의 자본이 증가하고 주식대금은 당좌예입 하였으므로 자산이 증가한다.

07 자산의 감소는 대변 요소, 비용의 발생은 차변 요소이다.

08 미지급금은 상품 이외의 물품을 구입하고 대금은 이후에 지급하기로 한 경우 사용하는 계정과목으로 임시계정이 아니다.

09 채용, 주문하는 행위는 재무상태의 증감을 가져오지 않기 때문에 회계상 거래가 아니다.

10 • 판매비와관리비 : 복리후생비, 지급임차료
  • 영업외비용 : 이자비용, 기부금

11 결산 후 당기순이익 = 결산정리 전 순이익 500,000원 + 이자미수액 150,000원 − 급여미지급액 100,000원 + 보험료선급액 50,000원 = 600,000원

12　• 매출원가 = 기초재고 120,000원 + 당기매입 410,000원 − 기말재고 180,000원 = 350,000원
　　∴ 매출액 = 매출원가 350,000원 + 매출총이익 220,000원 = 570,000원

13　전기이월액이 차변에 기입되었으므로 (가)는 자산에 해당하는 계정과목이다. 지급어음은 부채에 해당하는 계정과목으로 전기이월액이 대변에 기입된다.

14　외상으로 매입, 매출 시 작성하는 보조장부는 매입처원장과 매출처원장이다.

15　정확한 전기를 확인할 수 있는 장부는 시산표이다.

16　자산, 부채, 자본은 차기이월로 마감하고 수익과 비용계정은 손익으로 마감한다.

17　100,000원을 10,000원으로 잘못 분개하였으므로 부족한 금액 90,000원을 추가로 분개한다.

18　자동차세는 매년 납부하는 금액으로 세금과공과로 처리한다.

19　(가) 현금지출은 출금전표, (나) 타인발행수표는 현금 입금이므로 입금전표이다.

20　부채는 회계연도 말부터 1년 이내 상환 등을 통하여 소멸할 것으로 예상되면 유동부채로, 그 밖의 경우는 비유동부채로 구분한다.

2부 회계원리

01	③	06	③	11	①	16	④
02	②	07	③	12	①	17	②
03	②	08	③	13	②	18	①
04	②	09	①	14	④	19	④
05	②	10	③	15	②	20	①

01　유동자산 중 판매과정을 거치지 아니하고 즉시 현금화할 수 있는 자산을 당좌자산이라 한다. 당좌자산은 받을어음, 단기매매증권이 있고 상품은 재고자산이며 장기대여금은 투자자산이다.

02　유동자산은 당좌자산(당좌예금)과 재고자산, 비유동자산(투자부동산, 건물, 산업재산권) 순으로 배열한다.

03　대손상각비 중 일반적 상거래상의 채권에서 발생한 것은 판매비와관리비로 분류하고 매출 이외의 대여금이나 미수금 등에서 발생한 대손상각비는 영업외비용으로 분류한다.

04 단기매매증권의 취득과 관련된 부대비용(증권거래수수료 등)은 당기비용으로 인식한다.

05 기말잔액 = 전기이월 50,000원 + 당기매출 200,000원 − 당기회수 70,000원 − 대손발생 5,000 = 175,000원

06 현금및현금성자산은 취득 당시 만기일(또는 상환일)이 3개월 이내인 것을 말한다.

07
- 총매입액 = (매입수량 100개 × 단가 3,000원) + 운반비 50,000원 = 350,000원
- 매입환출 = 반품수량 10개 × 단가 3,000원 = 30,000원
- 매입할인 = 8,000원
- ∴ 순매입액 = 총매입액 350,000원 − 매입환출 30,000원 − 매입할인 8,000원 = 312,000원

08
- 매출원가 = 매출액 3,000,000원 − 매출총이익 800,000원 = 2,200,000원
- 매출원가 2,200,000원 = 기초재고 1,000,000원 + 당기매입 2,000,000원 − 기말재고
- ∴ 기말재고액 = 800,000원

09
- 판매가능금액 = 기초 1,000원 + 5월 매입 30,000원 + 11월 매입 6,000원 = 37,000원
- 7월 10일 매출은 계속기록법과 후입선출법에 의해 7월 10일 기준에서 가장 늦게 들어온 재고부터 판매되게 되어 5월 5일 매입분 150개가 팔리게 된다.
- ∴ 7월 10일 매출원가 = 150개 × 150원 = 22,500원
- 매출원가 22,500원 = 판매가능금액 37,000원 − 기말재고
- ∴ 기말재고 = 14,500원

10
- 지출된 금액으로 인하여 가치가 증대되거나 내용연수가 연장되는 지출은 자본적 지출로 해당 자산의 취득원가에 포함한다.
- 원상회복, 현상유지를 위한 지출은 수익적 지출로 수선비(비용)로 처리한다.

11
- 2023년 말 감가상각비 = 취득원가 1,000,000원 × 0.4 = 400,000원
- 2024년 말 감가상각비 = (1,000,000원 − 400,000원) × 0.4 = 240,000원
- 2024년 말 장부가액 = 1,000,000원 − (400,000원 + 240,000원) = 360,000원
- ∴ 처분손익 = 장부가액 360,000원 − 처분가액 300,000원 = 60,000원(손실)

12 시험 과정에서 생산된 재화(시제품)의 순매각금액(매각금액에서 매각부대원가를 뺀 금액)은 당해 원가에서 차감한다.

13 산업재산권(무형자산)의 종류로는 특허권, 실용신안권, 상표권 등이 있고, 투자부동산은 투자자산, 임차보증금은 기타비유동자산이다.

14 기타비유동자산은 투자자산, 유형자산 및 무형자산에 속하지 않는 비유동자산을 말하며 건설중인자산은 유형자산이다.

15
- 유동부채 : 외상매입금, 지급어음, 단기차입금, 미지급금, 미지급법인세
- 유동자산 : 단기대여금

16　예수금은 종업원의 급여 지급 시 근로소득세, 건강보험료, 국민연금 등을 기업이 원천징수 하였다가 국세청, 국민건강보험공단, 국민연금관리공단에 종업원 대신 납부하는 것을 말한다.

17　장기차입금 중 결산일 기준 상환기간이 1년 이내로 도래하면 유동성장기부채로 대체되어 유동부채를 상환한 것이다.

18　사업축소를 위해 발행한 주식을 소각하는 것은 유상감자이며, 감소하는 자본금(주당 10,000원)보다 유상감자를 위해 지불한 대가(주당 8,000원)가 작으므로 감자차익이 발생한다.

19　• 기말자산 = 기초자산 8,000,000원 + 자산증가액 5,000,000원 = 13,000,000원
　　• 기말자본 = 기말자산 13,000,000원 − 기말부채 4,000,000원 = 9,000,000원
　　∴ 기초자본 = 기말자본 9,000,000원 − 당기순이익 3,000,000원 = 6,000,000원

20　주식할인발행차금은 자본조정 항목, 유형자산처분이익과 단기매매증권처분이익은 기타수익 항목으로 분류한다.

02 제90회 3급 정답 및 해설

1부 회계원리

01	③	06	③	11	③	16	③
02	④	07	③	12	②	17	①
03	①	08	④	13	②	18	②
04	④	09	④	14	①	19	④
05	③	10	③	15	②	20	④

01 역사적 원가는 자산취득시점의 공정한 시장가치를 말한다.

02 손익계산서의 작성기준은 발생주의, 실현주의, 수익·비용대응의 원칙, 총액주의, 구분표시의 원칙이 있다.

03 (차) 현금(자산 증가) 10,000,000원 (대) 자본금(자본 증가) 10,000,000원

04 (차) 지급어음(유동부채 감소) 100,000원 (대) 외상매출금(유동자산 감소) 100,000원

05 영업활동에 사용되는 자동차는 유형자산이며, 투자 목적으로 보유하는 토지는 투자자산으로 분류한다.

06 현금거래가 없으므로 대체전표로 처리한다.

07 재무제표는 기업실체가 외부의 정보이용자에게 재무정보를 전달하는 핵심적 수단으로서 일반적으로 재무상태표, 손익계산서, 자본변동표, 현금흐름표로 구성되며 주석을 포함한다.

08
④	(차) 가지급금	10,000원	(대) 현 금	10,000원
①	(차) 현 금	10,000원	(대) 가수금	10,000원
②	(차) 선급금	10,000원	(대) 현 금	10,000원
③	(차) 현 금	10,000원	(대) 가지급금	10,000원

09 공장에서 사용할 기계장치를 구입하기로 약정한 것만으로는 자산이 증가하거나 대금을 지급할 채무가 생기지 않았기 때문에 회계상 거래에 해당하지 않는다.

10　• 순매출액 = 총매출액 700,000원 − 매출환입 20,000원 − 매출할인 10,000원 = 670,000원
　　　※ 손익계산서상의 매출액은 순매출액이며 매출운반비는 당기비용으로 인식한다.

11　매출원가 = 매출액 800,000원 − 매출총이익 200,000원 = 600,000원

12　손익계산서의 차변에는 비용을 기록하며 대변에는 수익을 기록한다.

13　복리후생비는 판매비와관리비이며 자기앞수표는 현금으로 유동자산에 해당한다.

14　당기순손익 = 매출총이익 35,000원 − 급여 10,000원 − 세금과공과 5,000원 − 보험료 4,000원 = 16,000원(이익)

15　판매비와관리비에 대한 설명이며 급여, 감가상각비, 복리후생비는 판매비와관리비에 해당한다. 기부금은 영업외비용에 해당한다.

16　• 자산의 이연항목(선급보험료 등)의 수정분개를 누락하면 자산이 과대계상, 비용이 과소계상된다.
　　　• 미지급비용과 같은 수정분개 누락은 부채의 과소계상과 비용의 과소계상을 초래한다.
　　　• 선수금 계상 분개를 누락하면 자산이 과소계상, 부채가 과소계상된다.

17　건물은 자산으로 재무상태표 계정이다.

18　자산을 비용으로 처리하였으므로 자산이 과소계상되고, 비용이 과대계상된다.

19　결산수정분개를 통해 당기 보험료 지급액 중 차기분에 해당하는 금액이 선급보험료로 계상되었으니 결산 전 보험료는 당기보험료 220,000원과 선급보험료 100,000원의 합계액이다.

20　• 유형자산 상각방법 : 정액법, 정률법, 생산량비례법
　　　• 무형자산 상각방법 : 정액법, 생산량비례법

2부 회계원리

01	①	06	③	11	①	16	①
02	④	07	①	12	②	17	①
03	③	08	③	13	④	18	①
04	②	09	④	14	②	19	①
05	②	10	②	15	②	20	③

01　만기가 1년 이내 도래하는 특정현금예금은 유동자산 중 당좌자산의 단기금융상품에 속한다.

02   • 현금및현금성자산 = 소액현금 100,000원 + 타인발행 수표 200,000원 + 배당금 지급통지표300,000원 = 600,000원
※ 타인발행 약속어음은 매출채권이다.

03   결산 시 현금부족분의 원인이 판명되지 않은 경우이므로 잡손실 계정으로 처리한다.

04   받을어음은 자산으로, 증가의 경우 어음의 수취가 차변 기입에 해당한다.

05   • 취득단가 = 취득원가 12,000원 ÷ 취득주식수 10주 = 1,200원
∴ 처분손익 = (처분단가 15,000원 − 취득단가 12,000원) × 처분주식수 7주 − 수수료비용 5,000원 = 16,000원

06   • 기중 대손상각비 발생액 = 당기 대손발생 150,000원 − 기초 대손충당금 잔액 100,000원 = 50,000원
• 기말 대손상각비 발생액 = (외상매출금 잔액 500,000원 − 대손충당금 잔액 0원) × 3% = 15,000원
∴ 당기 대손상각비 = 50,000원 + 15,000원 = 65,000원

07   매출원가가 과소계상되어 매출총이익 및 당기순이익이 과대계상되고 차기에는 순이익이 과소계상되어 자동 조정된다.

08   물가상승 시 기말재고는 선입선출법이 가장 크고 후입선출법이 가장 작다.

09   • 기말상품재고액 = 장부상 금액 1,000,000원 + 위탁상품 200,000원 = 1,200,000원
※ 수탁자가 판매하지 못한 위탁상품은 위탁자의 기말재고자산에 포함한다.

10   기존 건물의 철거비용은 토지를 사용 가능하게 만드는 비용이므로 토지의 취득원가로 처리한다.

11   • 연간 감가상각비 = (20,000,000원 − 4,000,000원) ÷ 8년 = 2,000,000원
• 매각 연도의 감가상각누계액 = 2,000,000원 × 9/12 = 1,500,000원
• 매각 시 감가상각누계액 = 6,000,000원 + 1,500,000원 = 7,500,000원
∴ 유형자산처분이익 = 14,000,000원 − 12,500,000원 = 1,500,000원

12   전기이월액에 당기외상매입액을 가산하고 당기 중 현금지급액을 차감하여 미지급액을 계산한다.

13   장기적인 투자 이윤을 목적으로 취득한 자산은 투자자산으로 분류한다.

14   무형자산은 물질적인 형태가 나타나지 않는 자산을 말한다.

15   • 유동부채 = 예수금 150,000원 + 외상매입금 200,000원 + 단기차입금 300,000원 = 650,000원
※ 사채는 비유동부채에 해당한다.

16   정률법은 유형자산의 미상각잔액에 상각률을 곱한 금액을 비용처리 하는 것을 말한다.

17
- (가) : 상품 외의 외상거래는 미수금, 미지급금 계정을 사용한다. 따라서 대금을 3개월 후에 지급하는 것은 미지급금 계정을 사용한다.
- (나) : 계약금을 먼저 받을 때는 선수금 계정을 사용한다.

18
- 주식발행초과금, 감자차익 : 자본잉여금
- 이익준비금 : 이익잉여금
- 주식할인발행차금 : 자본조정

19
- 개인기업의 자본금 계정

자본금	
인출금	전기이월
당기순손실	추가출자액
차기이월	당기순이익

20   기말자본 = 기초자본 300,000원 + (총수익 600,000원 − 총비용 400,000원) = 500,000원

03 제89회 3급 정답 및 해설

1부 회계원리

01	②	06	③	11	②	16	③
02	②	07	②	12	①	17	②
03	②	08	①	13	④	18	②
04	②	09	①	14	③	19	④
05	④	10	③	15	①	20	④

01 재무제표는 재무제표의 명칭, 기업명, 보고기간 종료일 또는 회계기간, 보고통화 및 금액 단위를 함께 기재해야 한다.

02 계약의 체결, 약속 및 주문 행위는 기업의 자산, 부채 및 자본에 영향을 미치지 않으므로 회계상의 거래가 아니다.

03 회계상 거래가 발생하면 분개장에 분개를 하고 총계정원장으로 전기한다.

04 • 매입처 원장은 외상매입금을 거래처별로 기입하는 보조원장이며, 각 상점 계정의 대변 합계에서 차변 합계를 차감한 금액이 외상매입금의 잔액을 나타낸다.
∴ 외상매입금 잔액 = 갑 상점(20,000원 + 300,000원 − 50,000원) + 을 상점(10,000원 + 200,000원 − 100,000원)
= 380,000원

05 시산표 등식 : 기말자산 + 총비용 = 기말부채 + 기초자본 + 총수익

06 • 손익거래는 비용이나 수익의 발생으로 자본이 증감하는 거래를 말한다.
• ①, ②는 교환거래, ④는 혼합거래이다.

07 • 자산 = 부채(선수금 1,400,000원 + 미지급금 1,800,000원) + 자본금 5,000,000원 = 8,200,000원
• 자산 8,200,000원 = 현금 3,700,000원 + 받을어음 1,900,000원 + 단기대여금
∴ 단기대여금 = 2,600,000원

08 외상매입 대금의 현금 지급은 부채의 감소와 자산의 감소로 결합된 거래이고 나머지는 수익이나 비용이 발생한다.

09 매출원가 = 기초재고자산 50,000원 + 당기매입액 600,000원 − 기말재고자산 90,000원 = 560,000원

10 적시성은 의사결정 시점에 정보가 이용가능해야 한다는 속성을 말한다.

11 • 판매비와관리비 : 복리후생비, 지급임차료
   • 영업외비용 : 잡손실, 기부금

12 이자수익은 영업외수익에 해당한다.

13 • 회계처리   (차) 상품권선수금   (대) 매 출

14 총계정원장은 회계장부 중 주요부에 해당하며 분개장의 기록을 총계정원장에 전기한다.

15 매월 임대료는 15,000원이므로 선수임대료는 3개월분 45,000원이다.

16 차변과 대변에 이중으로 전기하거나 전기가 모두 누락되면 시산표에서 오류를 발견할 수 없으나 차변과 대변 중 한 쪽에만 잘못 전기된 경우에는 오류를 발견할 수 있다.

17 영업용 사무실건물에 대한 감가상각비와 거래처 사장의 결혼 축의금은 판매비와관리비이고 재해손실과 이자비용은 영업외비용이다.

18 • 보험료 미지급액(비용에 가산), 임대료 미수분(수익에 가산), 이자비용 선급분(비용에 차감)
   ∴ 당기순이익 = 수정전 900,000원 − 150,000원 + 100,000원 + 70,000원 = 920,000원

19 회계기간은 원칙적으로 1년을 초과할 수 없다.

20 대차대조표의 비유동자산은 투자자산, 유형자산, 무형자산, 기타비유동자산으로 구분하여 표시한다.

2부 회계원리

01	④	06	④	11	②	16	①
02	①	07	①	12	①	17	④
03	④	08	③	13	②	18	④
04	④	09	③	14	①	19	③
05	③	10	①	15	①	20	①

01 만기가 1년 이내에 도래하는 특정현금예금은 유동자산 중 단기금융상품에 속한다.

02 선수금은 부채계정이다.

03 단기금융상품에는 금융기관이 취급하는 정기예금, 정기적금, 사용이 제한된 예금, 만기가 1년 이내에 도래하는 특정현금예금 등이 있다. 당좌예금, 보통예금은 현금및현금성자산에 포함된다.

04 만기보유증권은 만기가 확정된 채무증권으로서 상환금액이 확정되었거나 확정이 가능한 채무증권을 만기까지 보유할 의도와 능력이 있는 경우에는 만기보유증권으로 분류한다. 주식은 확정된 채무증권이 아니다.

05 • 대손충당금 기말 잔액 = 기초잔액 40,000원 − 대손발생 30,000원 = 10,000원
∴ 대손충당금 보충액(대손상각비) = 외상매출금 잔액 5,000,000원 × 대손율 1% − 대손충당금 잔액 10,000원
= 40,000원

06 단기매매증권평가손익은 손익계산서의 당기손익으로 반영하고 매도가능증권평가손익은 재무상태표의 기타포괄손익누계액으로 반영한다.

07 자산에 대한 설명이다. 임차료는 비용, 이자수익은 수익, 외상매입금은 부채이다.

08 상품 매입대금의 일부를 계약금으로 지급한 경우 선급금 계정의 차변에 기입하고 나중에 상품을 인수하면 매입계정으로 대체한다.

09 재고자산의 취득원가는 제품의 구입가격 뿐만 아니라 제품을 구입자의 영업장소까지 옮겨와 판매가능한 상태로 만들기까지의 모든 부대비용을 포함한다. 도착지 인도조건의 경우 상품에 대한 운반비는 판매자의 판매비에 해당한다.

10 외상으로 매입, 매출 시 작성하는 보조장부는 매입처원장과 매출처원장이다.

11 비정상적인 재고자산감모손실은 영업외비용으로 처리한다.

12 유형자산은 비화폐성 자산에 해당한다. 화폐성 자산이란 현금 및 확정되었거나 확정가능한 화폐 금액으로 받을 자산을 말한다.

13 경상연구개발비는 판매비와관리비에 해당한다.

14 자본적 지출은 유형자산의 가치를 증대시키거나 내용연수를 연장시키는 지출(냉난방 장치 설치, 개량, 증설, 확장 등)을 말한다. 수익적 지출은 해당 자산의 가치나 내용연수의 연장과 무관하게 원상회복, 현상 유지 또는 능률 유지를 위한 지출을 말한다.

15 • 판매용은 상품(재고자산)이므로 감가상각대상 자산이 아니다.
• 업무용은 유형자산으로 감가상각비는 5,000,000원(= 100,000,000원 ÷ 20년)이다.

16 영업권은 무형자산에 해당한다.

17 감가상각은 유형자산 등 비유동자산에 대하여 수행하므로 재고자산은 감가상각 대상에 포함되지 않는다.

18   • 1년 이내에 만기가 도래하는 40,000원만큼 장기차입금(비유동부채)에서 차감하여 유동성장기부채(유동부채)로 처리 한다.

        • 3년 만기 사채 100,000원을 발행하였으므로 해당 금액만큼 비유동부채가 증가하였다.

        ∴ 비유동부채 증감액 = 증가액 100,000원 − 감소액 40,000원 = 60,000원(증가)

19   자기주식처분이익은 자본항목의 자본잉여금에 해당한다.

20   • 무상증자라고 하며 이익잉여금(자본잉여금)을 자본에 전입하고 신주를 발행한 경우 다음과 같이 처리한다.

        – 회계처리   (차) 이익잉여금(자본잉여금)   (대) 자본금

제88회 3급 정답 및 해설

1부 회계원리

01	③	06	③	11	④	16	④
02	④	07	③	12	②	17	②
03	①	08	②	13	①	18	③
04	④	09	①	14	③	19	④
05	②	10	②	15	①	20	④

01 회계의 주된 목적은 기업이해관계자들의 의사결정에 유용한 회계 정보를 제공하는 것이다.

02 차입금은 부채계정으로 증가 시 대변, 감소 시 차변에 기록한다.

03 투자목적으로 건물을 구입한 경우 투자부동산으로 회계처리한다.

04 자산, 비용에 속하는 계정은 항상 차변에 잔액이 발생한다. 부채, 자본, 수익에 속하는 계정은 항상 대변에 잔액이 발생한다.

05 기업이 미래에 지급해야 하는 채무 또는 의무를 부채라고 한다.

06 (차) 현금(자산의 증가)   10,000,000원   (대) 자본금(자본의 증가)   10,000,000원

07 무형자산에 해당하며 영업권, 개발비, 특허권, 상표권, 소프트웨어 등의 계정과목이 있다.

08 • 판매비와관리비 = 급여 300,000원 + 복리후생비 100,000원 + 여비교통비 70,000원 + 소모품비 50,000원
          = 520,000원
※ 기부금, 유형자산처분손실은 영업외비용에 해당한다.

09 • 자산 = 단기대여금 200,000원 + 토지 300,000원 + 임차보증금 600,000원 = 1,100,000원
• 부채 = 매입채무 100,000원 + 장기차입금 500,000원 = 600,000원
∴ 자본 = 자산 1,100,000원 − 부채 600,000원 = 500,000원

10 수익의 발생은 자산의 증가와 부채의 감소를 초래한다.

11 판매용 상품을 사장이 개인적 용도로 사용한 경우 매입에서 차감하고 인출금으로 처리한다.

12 • 손익계산서에 계상되는 매출액은 순매출액이며 매출운반비는 당기비용으로 인식한다.
∴ 순매출액 = 총매출액 500,000원 − 매출환입 50,000원 − 매출할인 30,000원 = 420,000원

13 계약의 체결이나 주문의 접수 그 자체로는 재무상태인 자산, 부채, 자본에 변동이 없으므로 회계거래로 취급하지 않는다.

14 상품매출원가 = 기초상품재고액 300,000원 + 당기상품순매입액 600,000원 − 기말상품재고액 100,000원
= 800,000원

15 재무상태표는 일정 시점 현재 기업실체가 보유하고 있는 자산과 부채 그리고 자본에 대한 정보를 제공하는 재무보고서이다.

16 영업활동과 관계가 없는 이자수익은 영업외수익으로 처리한다.

17 기업업무추진비를 지출하면 판매비와관리비가 증가하여 영업이익을 감소시킨다.

18 • 당기순이익 = 기말자본 1,700,000원 − 기초자본 1,000,000원 = 당기순이익 700,000원
• 당기순이익 700,000원 = 총수익 1,800,000원 − 총비용
∴ 총비용 = 1,100,000원

19 • 자산(미수수익)의 증가와 수익(임대료)의 발생이 결합된 거래이므로 자산과 수익의 총액이 동시에 변동된다.
(차) 미수수익(자산의 증가)　　　　400,000원　　(대) 임대료(수익의 발생)　　　　400,000원
• 다른 거래들은 자산과 비용이 변동되는 거래이다.

20 미수금은 유형자산 처분과 같은 일반적인 상거래 외의 거래에서 발생한 채권이다.

2부 회계원리

01	②	06	①	11	②	16	③
02	③	07	③	12	②	17	④
03	③	08	①	13	①	18	①
04	③	09	①	14	④	19	①
05	②	10	④	15	③	20	③

01   차용증서, 선일자수표, 수입인지 등은 통화 및 통화대용증권에 포함되지 않는다.

02   당좌차월은 다른 은행의 당좌예금과 상계하지 않고 단기차입금으로 대체시킨다.

03   • 단기매매증권은 부대비용을 당기의 비용으로 처리하므로 매입금액만을 취득원가로 한다.
     ∴ 매각금액 = 매입금액 980,000원 + 처분이익 40,000원 = 1,020,000원

04   매각거래에 해당하는 경우 채권과 수령한 현금과의 차액은 매출채권처분손익으로 인식한다.

05   대손추산액에서 대손충당금 잔액을 차감한 금액을 대손상각비로 계상한다.

06   매출채권은 당좌자산으로, 상품, 재공품 및 제품은 재고자산으로 분류된다.

07   금융자산이란 현금 및 거래상대방에게서 현금을 수취할 목적으로 보유하는 계약상 모든 권리를 의미한다.

08   선수금·미지급금 부채에 속하고, 선급금, 미수금은 자산에 속한다.

09   받을어음 계정 대변에는 자산의 감소, 즉 받을어음의 할인, 상환, 배서, 부도 등이 기록된다. 환어음의 인수는 지급어음 계정 대변에 기록된다.

10   할부판매된 제품은 판매가 되었으므로 판매자의 재고자산이 아니다.

11   사업용 유형자산(기계장치)의 취득은 일반적인 상거래 외의 거래이므로 미지급금으로 처리한다.

12   • 적송품은 위탁자가 아닌 제3자에게 판매되기 전까지 재고자산으로 본다.
     • 선적지 인도조건으로 선전하여 판매한 상품과 매입자가 매입의사를 표시한 시송품은 판매된 것으로 본다.

13   당기 순매입액 = (당기매입 500개 – 반품 20개) × 매입단가 1,000원 + 운반비 30,000원 – 매입할인 8,000원 = 502,000원

14   연구비는 연구단계에서 발생한 비용으로 무형자산으로 인식하지 않고 판매비와관리비로 처리한다.

15 장기매출채권은 기타의 비유동자산으로 분류하며 만기보유증권, 장기대여금, 투자부동산은 투자자산으로 분류한다.

16 업무용으로 사용할 목적으로 보유하는 토지, 건물, 차량, 집기비품 등은 유형자산으로 회계처리한다.

17 재무상태표상의 유형자산 가액은 상각 후 금액으로 표시되므로 유형자산 장부금액 합계액은 23,500,000원(= 5,500,000원 + 18,000,000원)이다.

18 감가상각비 = (취득가 60,000,000원 − 잔존가치 6,000,000원) ÷ 5년 × 월할상각 5/12 = 4,500,000원

19 주식발행초과금은 자본잉여금으로 분류되고 나머지는 자본조정으로 분류된다.

20 자기주식을 취득하여 소각하는 방법은 유상감자에 해당한다.

제87회 3급 정답 및 해설

1부 회계원리

01	③	06	②	11	②	16	②
02	④	07	①	12	②	17	①
03	③	08	①	13	②	18	③
04	④	09	③	14	④	19	④
05	①	10	①	15	③	20	③

01   재무회계는 화폐적 정보를 제공한다.

02   자산, 부채, 자본은 재무상태표 구성요소에 속하고 수익과 비용은 손익계산서 구성요소에 속한다.

03
- 주요부 : 분개장, 총계정원장
- 보조원장 : 상품재고장, 매출처원장, 매입처원장, 가지급원장, 전도금원장
- 보조기입장 : 현금출납장, 당좌예금출납장, 받을어음기입장, 지급어음기입장, 매입장, 매출장 등

04
- 선수금 : 상품 등을 판매하거나 인도하기 전에 대금의 일부를 미리 받은 경우 앞으로 상품 등을 제공해줘야 할 의무를 표시하는 부채이다.
- 선급금 : 상품 등을 매입하기 이전에 대금의 일부를 미리 지급한 경우 앞으로 상품 등을 인도받아야 할 권리를 표시하는 자산이다.

05   대변에 발생한 거래는 부채의 증가 또는 자산의 감소 등과 같이 결합되어야 한다.

06   자산의 감소, 비용의 발생, 자본의 감소는 순자산을 감소시키는 거래에 해당한다.

07   외상으로 매입한 상품을 환출, 에누리, 할인, 대금 지급을 하지 않았을 때에는 외상매입금 계정의 차변에 기입한다.

08
- (가)는 결산 본 절차이다.
- 예비 절차 : 시산표 작성, 결산 수정 분개, 총계정원장 계정 정리 기입
- 본 절차 : 수익·비용 계정 잔액 손익계정 대체, 총계정원장 마감, 분개장, 보조부 마감
- 보고서 작성 : 재무제표의 작성

09   매출원가 = 기초상품 650,000원 + 당기매입 5,700,000원 − 기말상품 550,000원 = 5,800,000원

10 유동성이 높은 항목부터 배열하는 유동성배열법을 원칙에 따라 당좌자산, 재고자산, 투자자산, 유형자산, 무형자산, 기타비유동자산 순으로 배열되므로 기타비유동자산에 속하는 전세권이 가장 나중에 기재된다.

11 • 계속기업의 가정은 역사적 원가, 감가상각, 유동성배열의 회계처리에 정당성을 부여한다.
- 현행원가는 자산과 부채의 측정 시 역사적원가 대신 계상하는 회계로 개별자산의 가격변동을 반영하여 시장에서 형성된 가격으로 회계처리하는 방법이다.

12 • 손익계산서 작성기준 : 발생주의, 실현주의, 수익·비용 대응의 원칙, 총액주의, 구분표시의 원칙
- 경제적 거래나 사건과 관련된 수익과 비용을 현금유출입이 있는 기간에 인식하는 현금주의가 아니라 거래나 사건이 발생한 기간에 수익과 비용을 대응하여 인식한다.

13 • 이자비용 50,000원 + 기부금 40,000원 + 유형자산처분손실 20,000원 = 110,000원
※ 임차료, 퇴직급여, 건물의 감가상각비는 판매비와관리비에 해당하는 계정과목으로 영업이익을 계산할 때 반영한다.

14 매출수익은 물품 등을 제공 또는 판매하여 상품권을 회수한 때에 인식하며 상품권 판매 시는 선수금(상품권선수금계정 등)으로 처리한다.

15 공정가치란 합리적인 판단력과 거래의사가 있는 독립된 당사자 간의 현행 거래에서 자산이 매각 또는 구입되거나 부채가 결제 또는 이전될 수 있는 교환가치를 말한다.

16 결산정리분개 유형에는 미지급비용, 미수수익, 선수수익, 선급비용이 있다. 미수금은 상품 이외의 자산을 외상으로 처분하고 그 대금을 받아야 할 권리를 나타내는 계정이다.

17 대가의 수입은 이루어졌으나 수익의 귀속 시기가 차기 이후인 수익으로 계속적인 용역의 제공을 통하여 변제되는 부채이다.

18 전기료를 현금 지급하는 것은 손익거래이며 나머지는 기간 손익에 영향을 미치지 않는 교환거래이다.

19 자본적 지출을 수익적 지출로 잘못 회계처리한 경우 자산은 과소계상되고 비용은 과대계상된다.

20 정률법은 감가상각방법이다.

2부 회계원리

01	④	06	②	11	①	16	④
02	④	07	①	12	③	17	④
03	③	08	①	13	②	18	④
04	③	09	③	14	①	19	③
05	②	10	③	15	②	20	②

01 자기앞수표를 지급하면 대변에 현금, 약속어음을 발행하면 대변에 지급어음계정, 약속어음을 받으면 차변에 받을어음 계정을 사용한다.

02 당좌예금의 잔액을 초과하여 지급된 금액을 당좌차월이라 하고 재무상태표에는 단기차입금 계정으로 표시한다.

03 매출채권 잔액이 기초보다 기말에 100,000원 증가하였으므로 당기 총매출액 중 외상매출은 100,000원이었음을 확인할 수 있다. 따라서 당기의 매출 회수액은 1,100,000원이다.

04 토지는 감가상각 대상 자산에 해당하지 않는다.

05 단기매매증권평가이익 = 보유주식수 300주 × (공정가 70,000원 − 취득가 50,000원) = 6,000,000원

06 매출채권 = 외상매출금 250,000원 + 받을어음 150,000원 = 400,000원

07 기말 대손충당금 보충액 = (기말 매출채권 잔액 400,000원 × 대손율 1%) − (기초대손충당금 잔액 3,000원 − 당기 대손발생액 1,000원) = 2,000원

08
- 기말자산 = 기초자산 7,000,000원 + 증가액 5,000,000원 = 12,000,000원
- 기말자본 = 기말자산 12,000,000원 − 기말부채 3,000,000원 = 9,000,000원
- ∴ 기초자본 = 기말자본 9,000,000원 − 당기순이익 4,000,000원 = 5,000,000원

09 목적지인도조건인 경우에는 상품이 목적지에 도착하여 매입자가 인수한 시점에 소유권이 매입자에게 이전되기 때문에 매입자의 재고자산에 포함되지 않는다.

10 재고자산의 매입원가는 매입금액에 매입운임, 하역료 및 보험료 등 취득 과정에서 정상적으로 발생한 부대원가를 가산한 금액이다. 매입과 관련된 할인, 에누리 및 기타 유사한 항목은 매입원가에서 차감한다.

11 현금과부족계정은 현금의 실제액과 장부액의 차이에 대하여 발견 당시 그 원인을 파악하지 못하는 경우에 처리하는 계정으로, 기말까지 원인을 알 수 없는 경우에는 반대 계정으로 대체시켜 잡이익이나 잡손실로 처리하여야 한다.

12
- 단가 결정 방법 : 개별법, 선입선출법, 후입선출법, 가중평균법
- 수량 결정 방법 : 계속기록법, 실지재고조사법

13 비유동자산은 투자자산, 유형자산, 무형자산, 기타비유동자산으로 분류된다. 소모품은 유동자산 중 재고자산에 해당한다.

14 토지와 건설중인자산은 감가상각을 하지 않는다.

15 • 정액법 = (취득원가 − 잔존가액) ÷ 내용연수
• 정률법 = (취득원가 − 감가상각누계액) × 상각률

16 무형자산을 취득할 때 소요되는 비용은 취득원가에 포함하여 해당 계정 차변에 기입한다.

17 가지급금에 대한 설명이다. 가지급금은 재무상태표에 그대로 표시할 수 없으므로 결산 시 그 내용을 적절하게 설명할 수 있는 과목으로 바꾸어야 한다.

18 판매용 의자를 외상으로 구입하면 외상매입금으로 처리한다.

19 사채에 대한 설명으로 발행기업이 부채로 계상한다.

20 주식할인발행차금에 대한 설명이다. 이익잉여금 처분으로 상각되지 않은 주식할인발행차금은 향후 발생하는 주식발행초과금과 우선 상계한다.

06 제86회 3급 정답 및 해설

1부 회계원리

01	③	06	②	11	④	16	③
02	④	07	③	12	③	17	②
03	④	08	④	13	②	18	①
04	③	09	②	14	④	19	③
05	③	10	④	15	④	20	①

01 기업의 경영성과와 재무상태를 파악하기 위한 시간적인 개념이 회계기간이다.

02 미지급법인세는 재무상태표의 유동부채 항목이다.

03 기말 자산 + 총비용 = 기말 부채 + 기초 자본 + 총수익

04 • 회계처리 　(차) 상 품 　　　　100,000원 　(대) 당좌예금 　　　　100,000원
　　• 3전표제를 채택하는 경우 현금 거래가 발생하지 않으므로 대체전표에 기입한다.

05 • 회계처리 　(차) 현 금 　　　　200,000원 　(대) 보통예금 　　　　200,000원
　　• 현금이 증가하고 보통예금이 감소하므로 보통예금에서 현금 200,000원을 인출한 거래이다.

06 • 회계처리 　(차) 외상매입금(부채의 감소) 　200,000원 　(대) 지급어음(부채의 증가) 　200,000원
　　• 외상 대금(외상매입금, 부채)을 지급어음(부채)을 발행하여 상환하는 거래이다.

07 재무보고의 목적을 달성하기 위한 재무제표에는 재무상태표, 손익계산서, 현금흐름표와 자본변동표가 있다.

08 유동자산(당좌예금), 비유동자산(투자부동산, 건물, 산업재산권) 순으로 기록한다.

09 순매출액 = 총매출액 600,000원 − 매출에누리 40,000원 − 매출환입 40,000원 = 520,000원

10 • 매출원가 = 매입액 900,000원 − 기말상품재고액(900,000원 × 20%) = 720,000원
　　∴ 매출총이익 = 매출액 1,100,000원 − 매출원가 720,000원 = 380,000원

11 이자비용은 영업외비용에 해당하므로 영업이익의 계산에 영향을 미치지 않는다.

12 업무용 차량의 자동차세, 상공회의소회비, 적십자회비 등은 비용계정인 세금과공과 계정으로 처리하며 자기앞수표는 통화대용증권이므로 현금 계정이다.

13 ㉠ 결산 예비 절차 : 수정전 시산표 작성, 결산 수정 분개, 정산표 작성 절차를 진행
㉡ 결산 본 절차 : 장부 마감과 이월시산표 작성 절차를 진행

14 • 회계처리 　　(차) 차량운반구　　　　　　5,000,000원　　(대) 미지급금　　　　　　5,000,000원
• 전 기

<table>
<tr><td colspan="2" align="center">차량운반구</td></tr>
<tr><td>미지급금　　5,000,000원</td><td></td></tr>
</table>

<table>
<tr><td colspan="2" align="center">미지급금</td></tr>
<tr><td></td><td>차량운반구　　5,000,000원</td></tr>
</table>

15 • 결산 거래란 기말 장부 마감을 위해 실시하는 거래로 유가증권의 공정가치 평가, 유형자산의 감가상각, 채권에 대한 대손의 예상 등이 있다.
• 투자자산의 처분은 결산 시에만 하는 것이 아니다.

16 • 시산표는 전기 과정의 오류 유무를 파악하기 위해 작성하는 계정 집계표이며, 각 계정의 잔액만으로 작성하는 시산 표를 잔액시산표라고 한다.
• 건물은 자산이므로 잔액이 차변에 기재되어야 한다.

17 • 개발비는 무형자산, 매도가능증권평가손실은 자본의 기타포괄손익누계액에 해당한다.
• 복리후생비는 판매비와관리비, 매도가능증권처분이익은 영업외수익으로 손익계산서 계정이다.

18 내부 보고 목적의 회계는 관리회계이다.

19 건설을 위해 지급한 계약금은 건설중인자산으로 처리한다.

20 선급비용(유동자산)으로 처리했어야 할 계정을 선수수익(유동부채)으로 처리하였으므로, 유동자산이 과소계상되고, 유 동부채도 과소계상된다. 보험료 계정에는 오류가 없으므로 판매비와관리비, 영업이익은 영향이 없다. 제시된 거래의 올바른 결산 정리 분개는 다음과 같다.
• 결산정리 　　(차) 선급비용　　　　　　180,000원　　(대) 보험료　　　　　　180,000원

2부 회계원리

01	④	06	③	11	③	16	③
02	②	07	①	12	①	17	②
03	③	08	②	13	④	18	②
04	②	09	①	14	④	19	④
05	④	10	④	15	①	20	③

01 임차보증금은 기타비유동자산에 해당한다.

02 자산은 1년을 기준으로 유동자산과 비유동자산으로 분류한다. 다만, 정상적인 영업주기 내에 판매되거나 사용되는 재고자산 및 회수 가능한 매출채권 등은 보고기간 종료일로부터 1년 이내에 실현되지 않더라도 유동자산으로 분류한다. 또한, 매도가능증권 등의 비유동자산 중 1년 이내에 실현되는 부분은 유동자산으로 분류한다.

03 열거된 자산들은 재무상태표의 유동자산 중 당좌자산에 해당하는 자산이다.

04 취득 당시 만기가 3개월 이내에 도래하며 큰 거래 비용 없이 현금 전환이 쉬운 것은 현금성자산이라고 한다.

05 당좌수표를 발행하여 인출하면 당좌예금 계정 대변에 기록한다.

06 단기매매증권의 취득 시 발생한 증권 회사의 취급 수수료 등은 수수료 비용 계정으로 처리한다.

07 외상매출금 계정 대변은 자산을 감소시키는 요인들을 기재한다. 따라서 외상 대금 회수액, 대손 발생액, 매출환입액, 매출할인, 매출에누리액, 차기이월액을 기재할 수 있다.

08 거래처의 부도나 파산으로 인하여 전기에 이미 대손 처리한 채권을 회수하는 경우 감소시킨 대손충당금을 회복시킨다.

09 자금을 융통할 목적으로 소유하던 어음을 만기일 전에 거래 은행에 배서 양도하고 만기일까지의 이자를 차감한 금액을 융통하는 거래를 어음의 할인이라고 하며, 차감한 금액은 매출채권처분손실로 처리한다.

10 감가상각누계액은 필요하지 않다.

11 외상매출금은 상품 판매에 따른 채권이며 외상매입금과 매입채무는 상품매입에 따른 채무와 관련된 계정이다. 미수금은 상품 거래 외의 거래에 대한 채권계정에 해당한다.

12 • 매기 일정한 금액의 감가상각비가 계상되는 방법은 정액법이다.
∴ 감가상각비 = (취득가액 5,000,000원 − 잔존가치 500,000원) ÷ 내용연수 5년 = 900,000원

13 무형자산이란 재화의 생산이나 용역의 제공, 타인에 대한 임대, 관리에 사용할 목적으로 기업이 보유하고 있으며, 물리적 실체는 없지만 식별할 수 있고, 기업이 통제하고 있으며, 미래 경제적 효익이 있는 비화폐성자산이다.

14

①	(차)	가지급금(당좌자산)	100,000원	(대)	당좌예금(당좌자산)		100,000원
②	(차)	선급금(당좌자산)	10,000원	(대)	현금(당좌자산)		10,000원
③	(차)	미수금(당좌자산)	500,000원	(대)	차량운반구(유형자산)		500,000원
④	(차)	급여(판매비와관리비)	1,000,000원	(대)	예수금(유동부채)		50,000원
					보통예금(당좌자산)		950,000원

15   사채, 장기차입금은 비유동부채이며 미지급금과 유동성장기부채는 유동부채 항목이다.

16   • 자산 총액 = 현금 150,000원 + 외상매출금 120,000원 + 비품 380,000원 = 650,000원
      • 자본 총액 = 자본금 250,000원
      ∴ 부채 총액 = 자산 총액 650,000원 − 자본 총액 250,000원 = 400,000원

17   사채발행 시 액면금액보다 낮은 금액으로 발행하면 액면금액과의 차액을 사채할인발행차금 계정으로 처리한다.

18   발행금액이 액면금액보다 큰 경우 발생하는 차액은 주식발행초과금으로 처리한다.

19   자본금의 1/2에 달할 때까지 금전 배당액의 1/10 이상을 이익준비금으로 적립해야 한다.

20   유형자산 처분 시 처분금액과 장부금액의 차액은 유형자산처분손익으로 인식한다.

성공을 위해서는 가장 먼저 자신을 믿어야 한다.

− 아리스토텔레스 −

기업회계 2 · 3급 한권으로 끝내기

개정15판1쇄 발행	2026년 01월 05일 (인쇄 2025년 09월 11일)
초 판 발 행	2013년 02월 20일 (인쇄 2012년 11월 02일)
발 행 인	박영일
책 임 편 집	이해욱
편 저	김경태
편 집 진 행	김준일 · 백한강 · 권민협
표지디자인	김도연
편집디자인	김기화 · 고현준
발 행 처	(주)시대고시기획
출 판 등 록	제10-1521호
주 소	서울시 마포구 큰우물로 75 [도화동 538 성지 B/D] 9F
전 화	1600-3600
팩 스	02-701-8823
홈 페 이 지	www.sdedu.co.kr

I S B N	979-11-434-0020-8 (13320)
정 가	35,000원

시대에듀
회계 · 세무 관련 수험서 시리즈

출판사	도서명	판형	가격
한국 세무사회	전산회계 1급 이론 + 실무 + 기출문제 한권으로 끝내기	4×6배판	25,000원
	전산세무 2급 이론 + 실무 + 기출문제 한권으로 끝내기	4×6배판	26,000원
	hoa 기업회계 2 · 3급 한권으로 끝내기	4×6배판	35,000원
	hoa 세무회계 2 · 3급 전과목 이론 + 모의고사 + 기출문제 한권으로 끝내기	4×6배판	36,000원
	전산회계 1급 엄선기출 20회 기출문제해설집	4×6배판	20,000원
삼일 회계법인	hoa 재경관리사 전과목 핵심이론 + 적중문제 + 기출 동형문제 한권으로 끝내기	4×6배판	37,000원
	hoa 재경관리사 3주 완성	4×6배판	28,000원
	hoa 회계관리 1급 전과목 핵심이론 + 적중문제 + 기출문제 한권으로 끝내기	4×6배판	27,000원
	hoa 회계관리 2급 핵심이론 + 최신 기출문제 한권으로 끝내기	4×6배판	23,000원
한국공인 회계사회	TAT 2급 기출문제해설집 7회	4×6배판	19,000원
	FAT 1급 기출문제해설 10회 + 핵심요약집	4×6배판	20,000원
	FAT 2급 기출문제해설 10회 + 핵심요약집	4×6배판	18,000원
대한상공 회의소	무료 동영상 강의를 제공하는 전산회계운용사 2급 필기	4×6배판	20,000원
	무료 동영상 강의를 제공하는 전산회계운용사 2급 실기	4×6배판	22,000원
	무료 동영상 강의를 제공하는 전산회계운용사 3급 필기	4×6배판	19,000원
	무료 동영상 강의를 제공하는 전산회계운용사 3급 실기	4×6배판	19,000원
한국 생산성본부	ERP 정보관리사 회계 2급 기출문제해설집 12회	4×6배판	18,000원
	ERP 정보관리사 인사 2급 기출문제해설집 12회	4×6배판	20,000원
	ERP 정보관리사 생산 2급 기출문제해설집 10회	4×6배판	17,000원
	ERP 정보관리사 물류 2급 기출문제해설집 10회	4×6배판	17,000원
한국산업 인력공단	세무사 1차 회계학개론 기출문제해설집 10개년	4×6배판	24,000원
	세무사 1차 세법학개론 기출문제해설집 9개년	4×6배판	23,000원
	세무사 1차 재정학 기출문제해설집 10개년	4×6배판	23,000원

※ 도서의 제목 및 가격은 변동될 수 있습니다.

시대에듀와 함께하는
합격의 STEP

Step. 1 회계를 처음 접하는 당신을 위한 도서

★☆☆☆☆
회계 입문자

무료 동영상 + 기출 24회
**전산회계운용사
3급 필기**

전강 무료강의 제공
**hoa 전산회계운용사
3급 실기**

핵심이론+기출 600제
**hoa 회계관리 2급
한권으로 끝내기**

자격증, 취업, 실무를 위한
회계 입문서
왕초보 회계원리

Step. 2 회계의 기초를 이해한 당신을 위한 도서

★★☆☆☆
회계 초급자

무료 동영상 + 기출 23회
**전산회계운용사
2급 필기**

전강 무료강의 제공
**hoa 전산회계운용사
2급 실기**

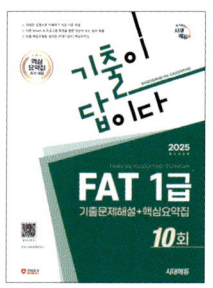

기출 핵심요약집을 제공하는
**[기출이 답이다]
FAT 1급**

실제 화면으로 쉽게 배우는
**[기출이 답이다]
ERP 인사 2급**

Step. 3 회계의 기본을 이해한 당신을 위한 도서

★★★☆☆
회계 중급자

단원별 기출 1,400제 +
모의고사 3회 +
최신기출 6회
**hoa 세무회계 2·3급
한권으로 끝내기**

핵심이론 + 적중문제 +
기출문제로 합격하는
**hoa 회계관리 1급
한권으로 끝내기**

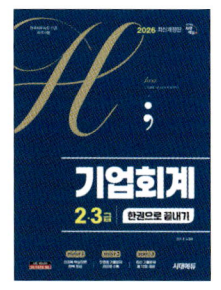

기출 트렌드를
분석하여 정리한
**hoa 기업회계 2·3급
한권으로 끝내기**

동영상 강의 없이
혼자서도 쉽게 합격하는
**[기출이 답이다]
TAT 2급**

Step. 4 회계의 전반을 이해한 당신을 위한 도서

★★★★★
회계 상급자

기출유형이 완벽 적용된
**hoa 재경관리사
3주 완성**

합격으로 가는 최단코스
**hoa 재경관리사
한권으로 끝내기**

※ 도서의 이미지 및 세부사항은 변경될 수 있습니다.